国家哲学社会科学成果文库

NATIONAL ACHIEVEMENTS LIBRARY
OF PHILOSOPHY AND SOCIAL SCIENCES

商法的独特品格与我国民法典编纂(上)

许中缘 著

人民出版社

作者简介

许中缘 1975年生，湖南武冈人，中国人民大学民法博士，吉林大学法学硕士、学士，现为中南大学法学院教授、博士生导师，江西理工大学文法学院名誉院长，中南大学法学院教授委员会主任，中南大学法学院院长助理，民商法研究所所长。兼任中国仲裁法学研究会常务理事、中国法学教育研究会理事、董必武法学思想（中国特色社会主义法治理论）研究会理事、湖南省人民检察院专家咨询委员会委员、湖南省法学会民商法研究会副会长、湖南省法学会工程法研究会副会长，国家社科基金重大招标项目"中外土地征收制度的资料整理与比较研究"首席专家。先后主持国家重大招标项目、国家社科基金青年项目、教育部后期重点资助项目、司法部重点项目多项。在《中国社会科学》《中国法学》等刊物发表学术论文60余篇，出版《民法总则原理》《民法强行性规范》《体系化的民法与法学方法》等学术著作三部，译著《欧共体私法与各国私法之协调及法律解释之经典方法》一部。

《国家哲学社会科学成果文库》
出版说明

为充分发挥哲学社会科学研究优秀成果和优秀人才的示范带动作用，促进我国哲学社会科学繁荣发展，全国哲学社会科学规划领导小组决定自2010年始，设立《国家哲学社会科学成果文库》，每年评审一次。入选成果经过了同行专家严格评审，代表当前相关领域学术研究的前沿水平，体现我国哲学社会科学界的学术创造力，按照"统一标识、统一封面、统一版式、统一标准"的总体要求组织出版。

全国哲学社会科学规划办公室
2011 年 3 月

目　　录

CONTENTS

绪　　论

一、问题及界定

（一）问题

"历史性"的宿命从一开始就伴随着我国《民法通则》：一方面是历史性的贡献——填补空白、意义重大；另一方面是历史性的局限——捉襟见肘、勉为其难。[①] 因此，制定一部系统而完整的民法典无论在理论界还是实务界早已达成共识。我国曾在 1954—1956 年、1962—1964 年、1972—1982 年三度进行民法典的起草工作，但由于各种原因最终都没有完成。1998 年年初，第四次民法典编纂拉开序幕。在这漫长的过程中，《合同法》《婚姻法》《继承法》《物权法》以及《侵权责任法》陆续颁布，民事单行法的工作已大体完成，民法典编纂已经提上日程。2014 年 10 月 23 日，中国共产党第十八届中央委员会第四次全体会议通过了《中共中央关于全面推进依法治国若干重大问题的决定》。该决定在加强重点领域立法内容中，明确了"加强市场法律制度建设，编纂民法典"这一任务。民法典是"社会生活的百科全书"，是市场经济的基本法和市民生活的基本行为准则。毫无疑问，中国政治、经济和社会的"新常态"为民法典的制定提供了深厚的现实基础，同时也提出了更高的要求。然而，在民法理论研究领域，有关民法典的

[①]　参见杨振山：《一部历史性的基本法律——纪念〈民法通则〉实施十周年》，《中国法学》1997 年第 1 期。

制定还存在层次有别、观点殊异的理论争点，许多重大问题尚未形成理论共识。

其中，一个突出的问题就是民商合一与民商分立的问题。实行民商合一立法模式、在民法中保持商法的独特性是对中国特色社会主义法律体系重要组成部分的民法与商法关系所作出的政治决断。2011 年国务院新闻办公室发布的《中国特色社会主义法律体系》白皮书，其中明确规定：

> 民法是调整平等主体的公民之间、法人之间、公民和法人之间的财产关系和人身关系的法律规范，遵循民事主体地位平等、意思自治、公平、诚实信用等基本原则。商法调整商事主体之间的商事关系，遵循民法的基本原则，同时秉承保障商事交易自由、等价有偿、便捷安全等原则。中国制定了民法通则，对民事商事活动应当遵循的基本规则作出规定。[1]

这些论断表明两点：一是商法只是民法规范的一部分，现行立法实行的是民商合一立法模式；二是商法规范具有特殊性，民法规范不能掩盖商法规范的特殊性。全国人大常委会法制工作委员会及学术界已经达成了应在民商合一体例下编纂中国民法典的共识。[2] 遗憾的是，仍然有部分商法学者认为："民商合一既无必要也无可能"，"商法通则的制定不仅有充分的法理基础与现实根据，还将使商法的中国特色表现得更为鲜明，超越民商合一与民商分立模式的两难选择，并与我国民商立法以解决问题为导向的指导思想和现实格局高度契合。"[3] "无论从构建统一私法体系的形式理性立场，抑或从商事立法体系化的现实主义立场，'民法典+单行商事法'范式都难称最优，'在民商合一体例下制定民法典总则'的范式应受质疑，民法总则制定应该果决放弃民商合一的理想化追求，剥离难以承载的提供商法规范之重任，循'民法典+商法通则+单行商事法'范式构建统一私法体系，借由实现商事立

---

① 国务院新闻办公室发布的《中国特色社会主义法律体系》白皮书（2011）。

② 参见《中华人民共和国民法典民法总则专家建议稿（征求意见稿）》，民事主体立法问题研讨会（会议记录稿），2015 年 4 月 30 日。

③ 赵旭东：《民法典的编纂与商事立法》，《中国法学》2016 年第 4 期。

法的体系化，是符合中国民商事立法现实的理性立法选择。"① 而诸多民法学者认为，民法典原则上"以普通人像及其生活为出发点"②，在民事立法中，应该以民法规范实现商法主体、商事行为、商事责任、商事时效的统一。③ 尽管民法学者在立法层面赞同实现真正的民商合一，但实质意义上的民商合一从来也没有得到立法者的真正回应，立法实践与理论的悖反使学者对民商合一的可行性提出质疑，实质意义上的民商合一也没有得到商法学者的认同。④ 如此，在规则制定上的民商很难合而为一。另外，就世界经典法典化国家，如法国、德国而言，由于历史的原因，它们在民法典编纂中大都采用真正意义上的民商分立的立法体例。⑤ 即使实质意义上采用民商合一的《意大利民法典》，也没有采用德国潘德克吞式总则模式。在美国，关于商法法典化提出的设想则是"基于特定的商事交易而有不同的商事法典"⑥。但该种法典与大陆法系的法典具有根本不同。就中国民法典编纂，采用德国潘德克吞式民法典总则，在世界范围内并没有可以借鉴的立法例。⑦ 因此，在我国民法典编纂的今天，如何在立法上，特别是在民法总则中实现真正的民商合一立法体例，并没有达成共识。商法学者大多仍以商法有别于普通民事立法的特殊性，要求制定商法通则，但民法学者基于商法与民法调整对象以及基本价值等追求方面的重合性，强调二者同属于私法范畴的相似性，从而来论证民商合一立法体例的必要性。⑧

---

① 李建伟：《民法总则设置商法规范的限度及其理论解释》，《中国法学》2016 年第 4 期。

② 谢鸿飞：《民法典与特别民法关系的建构》，《中国社会科学》2013 年第 2 期。

③ 参见王利明：《民商合一体例下我国民法典总则的制定》，《法商研究》2015 年第 4 期。

④ 其中产生根源：一是民法学者与商法学者对话的缺乏，就我国现有民法学者而言，在商法学的研究中具有重要成就者屈指可数，商法学者对民法学（狭义）的研究具有重要影响的也为数寥寥，基于学者研究各自拘束于自己所在领域，并不能形成有效对话；二是民法学者对商法规则的忽视与强烈的民法话语意识和商法学者强调商法规则的独立与缺乏对民法典的关注。不过，基于民法典编纂话题的丰富，学者也开始对如何实现民商合一进行探讨。参见姚辉、熊谓龙：《2003 年民商法学学术研究回顾》，《法学家》2004 年第 1 期。

⑤ 即使在商法法典化国家，学者反对民商分立的声音仍存在，如学者认为，商法与民法规范的差异"不是定量问题，而是根本不存在"。Thaller, *De l'attraction exercée par le Code Civil et par ses méthodes sur le Droit Commercial*, Livre du Centenaire du Code Civil, p. 235.

⑥ Roy Goode, "The Codification of Commercial Law", *Monash University Law Review*, 1988, p. 137.

⑦ 参见张谷：《商法，这只寄居蟹——兼论商法的独立性及其特点》，《东方法学》2006 年第 1 期。

⑧ 参见王利明：《民商合一体例下我国民法典总则的制定》，《法商研究》2015 年第 4 期。

（二）界定

民法典编纂是党和国家需要实现的政治任务。党的十八届三中全会颁布的《中共中央关于全面深化改革若干重大问题的决定》指出，要"完善市场经济法律制度"，从而实现"法治化营商环境"，而党的十八届四中全会通过的《中共中央关于全面推进依法治国若干重大问题的决定》提出"加强市场法律制度建设，编纂民法典"。由此得知，编纂民法典是加强市场法律制度建设的重要组成部分。从上述两个决定可以看出，编纂民法典也是实现"法治化营商环境"的重要内容。

现代商法的发展表明，商事规则具有杂乱无章的特点，因而难以具有体系性。如《德国商法典》从一开始就没有把票据、保险、破产、商事法院等内容规定在商法典之内，有关这方面的内容都另立单行法。"对于以前同样由《德国商法典》调整的股份有限公司和股份两合公司，现适用1965年9月6日颁布的《股份法》；对于有限责任公司，适用1892年4月20日发布的《有限责任公司法》；对于营业经济合作社，则适用1889年5月1日的法律。可见《德国商法典》中有关公司法的规定，只涉及商法上的人合公司。"[1] 在英美国家，反对制定商事法典的声音也主要集中在法典中的法律不灵活，无法适应变化中的规则。而且，实际上很多除强制性规范之外的法律已经被合意的内容所替代了。历史已经证明，采用实质意义上的民商分立立法体例，即在民法典之外单独制定商法典的模式已经不能适应当今时代，正如史尚宽先生所言：

> 商法应规定之事项，原无一定范围，而划分独立之法典，亦只能自取烦恼。[2]

由此，在民法典内部实现商事规则的独特性是顺应历史发展的现实需求。

二、研究路径

依据诺斯教授的观点，在制度的选择中存在某种"路径依赖"（path

---

[1] 《德国商法典》，杜景林、卢谌译，中国政法大学出版社2000年版，第3页。
[2] 史尚宽：《民法总论》，中国政法大学出版社2000年版，第62页。

dependence），一种制度一旦形成，不管是否有效，都会在一定时期内持续存在并影响其后的制度选择，在路径变迁的自我锁定与自我强化效应中，变迁只能按照这种路径下去。① 一项好的制度选择会带来环环相扣的优良后果，而一项错误的制度选择在路径依赖中就会出现"路径封锁"，从而给制度改变带来非常严重的后果。因此，在既有的制度目标下，要理性地科学选择某种制度并不断调整方向，避免出现路径依赖的"路径封锁"，避免在选择路径中积重难返。本书围绕"现有民商合一立法体系没有实现商法的独特性"与"民商合一需要体现商法的独特性"两条主线，这两条主线能统率以下四个问题。

（一）《德国民法典》只是民法的法典

民法有其相对成熟的民事权利体系，其中尤以在物权与债权二分基础上建构的以德国为代表的潘德克吞体系为典型。潘德克吞体系最早在胡果出版的《罗马法大纲》中采用，后由萨维尼在其潘德克吞教材中使用，后在《德国民法典》中第一次以法律形式确定下来。但德国是采用民商分立立法模式的国家，《德国民法典》总则是对具体民法分则规范（物权、债权、亲属、继承）的抽象。大陆法系民法典更偏重于个人主义的价值哲学，因此导致其民法传统中普遍存在对团体法轻视的弊病。② 法人制度的不发达，直接限制了团体法制度的发展，从而影响到民事主体二元体制的构建——以民事主体自然人、法人的简单分类来建构相关制度。这从法人的本质主流学说"法人的拟制论"即可得以求证。就世界经典法典化国家如法国、德国而言，由于历史的原因，它们在民法典编纂中大都采用真正意义上的民商分立的立法体例。③ 可以说，整部《德国民法典》几乎没有涉及商法内容。④ 诚如学者所言：

> 《德国民法典》为真正"民法化"的法典，其内容和体系更加符合

---

① 参见刘和旺：《诺斯制度变迁的路径依赖理论新发展》，《经济评论》2006 年第 2 期。

② 参见陈醇：《意思形成与意思表示的区别：决议的独立性初探》，《比较法研究》2008 年第 6 期。

③ 即使在商法法典化国家，学者反对民商分立的声音仍存在，如学者认为，商法与民法规范的差异"不是定量问题，而是根本不存在"。Thaller, *De l'attraction exercée par le Code Civil et par ses méthodes sur le Droit Commercial*, Livre du Centenaire du Code Civil, p. 235.

④ 参见《德国民法典》（第四版），陈卫佐译，法律出版社 2015 年版，第 23—78 页。

民法体系结构要求，是一部名副其实的民法典。①

（二）我国现有法律体系并没有考虑商法规则的独特性

1. 我国继受的是德国潘德克吞民法典体系

《德国民法典》编章结构为我国所继受。清末第一部民律草案《大清民律草案》（1910 年）、1925 年的《民国民律草案》的体例都包含总则、债权、物权、亲属、继承五编。但在《大清民律草案》中，采用的是民商分立的立法体例。光绪皇帝在变法维新、推行新政中，将制定法律看作是"通商惠工之经国要政"，为了"重振商政，力图振兴"，制定了商事法律，即 1904 年的《大清商律》。② 但 1926 年，国民党第 183 次中央政治会议在《民商划一提按审查报告书》中提出了八大点原因应采用民商合一立法体例。③ 1929 年《中华民国民法典》一改清末以来采用民商分立模式为民商合一立法模式，但体例仍为五编。④ "关于清末至民国时期对西方私法的借鉴，学界已有定论，其时之私法纯为继受大陆法系国家尤其是德国私法的产物。"⑤ 新中国成立后，受到苏联立法观念的巨大影响，⑥ 先后三部民法草案的编制也不相同。《民法草案》（1956 年）分为总则、所有权、债、继承四编；《民法草案（试拟稿）》（1962 年）分为总则、财产的所有、财产的流转三编；《民法草案（征求意见稿）》（1980 年）分为总则、财产所有权、合同、劳动报酬和奖励、损害责任、财产继承。由于诸多原因，我国三次起草民法均以失败告终。党的十一届三中全会以后制定的《民法通则》（1987 年）尽管含有大量民法典分则内容，在作用上大体相当于民法典总则编，包括自然人、法人、民事法律行为、民事权利、民事责任和诉讼时效。⑦

---

① 苗延波：《中国民法体系研究》，知识产权出版社 2009 年版，第 12 页。

② 参见王洵、于秋华：《中国近代经济史》，东北财经大学出版社 2004 年版，第 77—78 页。

③ 参见季立刚：《民国商事立法研究》，复旦大学出版社 2006 年版，第 137—138 页。

④ 参见杨立新：《中国百年民法典汇编》，中国法制出版社 2011 年版，第 7—18 页。

⑤ 柳经纬：《当代中国私法之发展与对西方私法的借鉴》，《暨南学报》2011 年第 3 期。

⑥ 参见鄢一美：《俄罗斯当代民法研究》，中国政法大学出版社 2006 年版，第 6 页。

⑦ 在民法典的整体框架中，民事权利和民事责任分属于民法分则，自然人、法人、民事法律行为和诉讼时效正是传统民法典总则编的基本制度。参见彭诚信：《论我国未来民法典总则编的结构设计》，《烟台大学学报》（哲学社会科学版）2005 年第 3 期。

《民法典草案（征求意见稿）》（2002 年）的框架设计仍然没有跳出德国民法典的窠臼。有学者认为，1978 年中国对私法的借鉴，呈现出"多元继受"的特点，但"以借鉴大陆法系法为主（又主要是德国法）"①。

　　基于民事立法的传承和既有逻辑体系，我国之前各种民法典草案和《民法通则》基本参照德国和日本，采用潘德克吞体系构建，但是德国民法典及其总则建立的逻辑起点是民商分立框架下，对民事规则的高度概括和抽象而形成的体系。原则上"以普通人像及其生活为出发点"，而我国自 1929 年《中华民国民法典》采用民商合一立法模式，之后民法典草案和《民法通则》均沿用此种模式，为实现民商合一，些许商事规则规定在民法典债编中，可以说，民商合一只能是债编中的民商合一。② 中国自此走上一条有特色的民商合一的立法模式道路：商法在性质上能与民法合一规定的均纳入民法债编，性质特异不能与民法合一规定的，如公司、票据、保险等则另行制定单行法。③

　　2. 该种体系没有实现民商合一

　　我国现有的民事立法是围绕《民法通则》为中心而建立的民事普通法与民事单行法并存的体系，采用的正是民商合一的立法模式。一些立法也贯彻了民商合一的立法体例。典型的如《合同法》区分民事与商事规则，对相应的规则进行分别规定。如保管合同与仓储合同，居间合同与行纪合同等，但毕竟是少数。最为重要的是，《民法通则》并没有贯彻民商合一的原则，使现有的商事法律与民事法律处于平行体系，尽管采用的立法例是民商合一，但实质是民商分立。因此，未来民法典适应民商合一需要将此局面予以改变。

　　而继受大陆法系的中国民法，既缺乏理论上的整体反思，也少有对具体制度的精致分析。我国目前的民事权利体系基本上是将传统民事权利体系进行涵盖，缺乏对商法的独特品格的关照。一个典型的表现就是习惯法的法律渊源地位、成员权的内容、权利体系本身、责任制度的建立等，都是传统民

---

①　柳经纬：《当代中国私法之发展与对西方私法的借鉴》，《暨南学报》2011 年第 3 期。

②　参见谢振民：《中华民国立法史》（下册），张知本校正，中国政法大学出版社 2000 年版，第 806 页。

③　参见《德国商法典》，杜景林、卢谌译，法律出版社 2010 年版，第 141 页。

事主体的体现，并没有顾及商法的独特品格。如何在民法的继受、积累与选择基础上进行创新，构建理念先进、概念明晰、位序得当、逻辑严谨的民事权利体系，合理安排和容纳特征明显却丰富多样的商事权利类型，既是民法基础理论研究不可或缺的重大命题，更是当前民法典制定不可回避的现实问题。中国法学会民法典编纂项目领导小组颁布的《中华人民共和国法典·民法总则专家建议稿（征求意见稿）》（以下简称《民法总则专家意见稿》）与《中华人民共和国民法典·民法总则专家建议稿（提交稿）》（以下简称《民法总则专家意见提交稿》）以及全国人大法制委员会公布的《中华人民共和国民法总则（草案）》（以下简称《民法总则（草案）》）以及《中华人民共和国民法典总则（草案二次审议稿）》（以下简称《民法总则（草案二次审议稿）》）、《中华人民共和国民法总则（草案三次审议稿）》（以下简称《民法总则（草案三次审议稿）》）在实现民商合一立法模式上，进行了些许努力，① 如确定习惯的法源性效力、规定商事登记、规定商事行为规则的特殊性等内容。但如何真正实现民商合一立法模式，仍有很远的道路要走。正如有学者所言：

> 我们必须用手头现有的材料而且我们的所作所为在很大程度上也是以我们手头的材料为基础开展的研究，但是我们却不需要也不应当始终根据传统的脉络去整理或型构这些材料，我们可以发现新的模式，实际上我们还应该去发现新的模式。②

（三）民商合一需要体现商法的独特性

围绕这个问题，需要回答"商法的独特品格是否可以融进民法典"与"民法典如何实现商法的独特品格"。

第一，"商法的独特品格是否可以融进民法典"？围绕这一问题的回答

---

① 在我国 2000 年全国人大法工委颁布的《中华人民共和国民法草案》以及学者梁慧星教授、王利明教授与徐国栋教授主持下出版的民法典建议稿中关于民法典总则的规范设计，基本上找不到民商合一的规则阐述。

② ［美］罗斯科·庞德：《法理学》（第 1 卷），邓正来译，中国政法大学出版社 2004 年版，第102 页。

需要解决以下两个问题：一是商法规则是否具有自己的独特品格？二是民法典是否可以吸收商法规则的独特品格？对于前者，并不当然成为一个真问题。依诸多学者看来，"商法本来就是一个没有理论底蕴的技术性法律领域""商法规范的法理基础或将商法加以理论的升华就是民法的理论"，[①] 加之商人作为独立阶层消失，商法民法化现象产生，商法规则的独立性并没有当然被证伪。对于后者，涉及商法的独立规则是否可以在其他路径安排下进行选择。换言之，在商法的独特性需要保持的情况下，是否必然采用民商分立或者商法通则的路径？对于这个问题，学者之间存在争议。民法学者多主张"民商合一"，基于商法与民法的调整对象以及基本价值追求等方面的重合性，强调二者同属于私法范畴的相似性，从而论证民商合一立法体例的必要性。而商法学者则多主张"民商分立"。双方的立场似乎都和自己谋生的"专业"有关，在"专业"事先决定立场的情况下去讨论问题，价值立场选择、争议焦点与论据、结论和论辩方法都会存在问题。因此，"民商合一"的体例之争还关乎一定限度内的民法价值共识的达成、民法问题属性的判断以及民法方法的科学应用。在民法典编纂如何体现商事规则的特殊性方面，有商法学者主张在民事规则制定过程中，融合商事规则，从而实现民商合一的立法路径是最差选择，而制定商事通则，并由商法通则统率我国现有的商事单行法，是目前体现商事法律特殊性的最优安排。因此，理论需要对此进行系统回应。

第二，"民法典如何实现商法的独特品格"？在第一个问题被证立的情况下，也就是说，在保持商法独特性的前提下，应如何构建民法典的民商事权利体系。我国现有的民事权利体系在理念基础与建构方法上主要是从传统民事的视角而不是从民商合一的视角来构建的。在强大的民商合一立法模式下，存在一些本应属于商法调整的规则由民法规则予以调整的问题。有学者也认为：

> 对于商事主体应享有的权利，无论是按照人身权与财产权的理论进行的划分，还是按照民法一般理论以民事权利中的各种财产权进行划

---

① 赵旭东：《商法的困惑与思考》，《政法论坛》2002 年第 1 期。

分，都存在理论上难以说明和事实上无法有效的局面。①

以传统民法为主体的视角来构建传统民事权利规范，必然导致商法的独特品格得不到尊重。商法的独特品格得不到尊重，从而导致现有民法权利体系在涵摄范围、类型化标准以及权利结构安排上难以满足现代市民生活的规范需求。建立在传统债—物二分结构基础的民事权利体系，更多的是侧重于从权利的效力与方法上去区分权利，而对权利的内容、性质与目的关注不够，其结果是作为主体固有属性的人格权难以在该体系中获得妥当安排，身份权也难以归位，而且随着社会的发展，各种新型权利层出不穷，原有的民事权利体系无法从结构和类型上加以有效回应，甚至产生了负面的体系效应。比如，随着社会的发展而权利类型不断增多，如果对权利的确定与分类过于细致，则社会发展出现的"异质"的权利难以在法律中找到容身之地。商事权利的多样化与多变化更是难以合理安置。

（四）商法的独特品格是横亘在民法典编纂中的首要任务

在传统民商合一立法体例中，如果没有考虑到商法规则的独特品格，对民法典乃至整个经济的发展是不利的。作为"衡量市场经济法律体系科学程度的主要标准，也是反映市场经济成熟程度的主要标志"②的商法规则成熟与否，更是关乎市场经济法制建设的成败。我国未来民法典总则若能够实现民商合一，既是对世界民法典的卓越贡献，也是21世纪的中国民法典在世界法典编纂历史上获得重要地位的关键因素。民法调整的是独立个人行为，主体体现自治品格，民法规范如何调整并不会导致严重的社会影响。但商事交易因其在社会经济发展中具有重要地位，故而商事规则如何规定将会对社会经济发展影响甚大。民法典除了实现规范整合之外，还需要承担价值引领的作用。其中，一个重要方面需要对陷入危机的诚信价值起到相应的价值共塑的作用。因为民事主体与商事主体专业性之差异，以快速、便捷为核心价值的商事交易与以公平为核心价值的民事交易具有差异，因此就不能简

---

① 吕来明：《论商事权利体系》，徐学鹿主编：《商法研究》（第2辑），人民法院出版社2000年版，第45页；李建华、麻锐：《论商事权利研究范式》，《社会科学战线》2014年第10期。

② 赵万一、赵吟：《论商法在中国社会主义市场经济法律体系中的地位和作用》，《现代法学》2012年第4期。

单用民事规范来实现商事规范的调整。诚信是商品经济运行的基础，作为激励机制的法律，在社会诚信的建立中具有重要作用。法律预设了行为人违反规则所应承担的后果，由此使得市场的主体能够实现"言必行，行必果"。但商事规则的缺失，就会导致商事主体的"出尔反尔"，这也是现代社会诚信建设所应解决的一大问题。此外，商法独特性规则欠缺，本应适用商事规则的案件而简单地适用民事规则进行处理，本身就是规则适用的错误。

三、本书的任务

第一，立法层面，为我国民法典编纂实现民商合一立法模式提供理论基础。正如汉马斯（Harmathy）教授指出的："在法典编纂这一复杂工作中，法学理论必须应被考虑，因为法学理论的排除将导致低水平和不充足的立法。"① "法学的质量能够保证制定法的质量" "法典的特征的形成完全取决于当时的法学水平，这是毫无疑问的"。② 基于民事立法的传承和既有逻辑体系，德国采用的潘德克吞体系对我国立法与学说产生深刻影响，我国之前各个民法典草案和《民法通则》基本继承了该种体系。尽管我国采用潘德克吞体系具有天然的合理性，但《德国民法典》建立的逻辑起点是在民商分立框架下，对民事规则的高度概括和抽象而形成的体系。既然我国坚持民商合一立法体例，我国民法典就应当是对既有民事与商事法律关系进行规范的基本法。我国民法典是在"成熟一个、制定一个"的若干单行民事法律的基础上进行编纂。在民法典编纂之前，这些单行民事法律已经发挥效力而且大体形成了统一适用的局面。然而，这些单行法律，反映出对商事权利的忽视。一是尽管有些法律在规定民事权利的同时也对商事权利的类型进行规定，但这些规定欠缺商事权利的整体考虑，也没有对商事权利的类型规定进行系统界定。二是有些法律完全忽视了商事权利的特殊性，对商事权利的特性基本没有规定。如何实现民事与商事规则的合一，需要进行相应的顶层设计与制度安排。本书从民法的调整对象（人身关系与财产关系）入手，对

---

① Attila Harmathy, "Codification in a Period of Transition", *U. C. Davis Law Review*, Spring, 1998, p. 797.

② ［德］霍尔斯特·海因里希·雅科布斯：《十九世纪德国民法科学与立法》，王娜译，法律出版社 2003 年版，第 159 页。

商事规则的独特性进行系统探讨，并就如何实现商法的独特品格提出相应建议。

第二，理论研究层面，为丰富团体法的相关理论提供借鉴性意见。德国学者梅迪库斯认为：

> 《德国民法典》人法部分是一部未完成的作品，对此的研究，必须考察其他具有人法内容的领域，特别是德国基本法基本权利部分、著作权法和商法相关的内容。①

大陆法系国家对团体法的研究一直处于弱势地位。自罗马法以来，大陆法系国家在个人主义基础上建立了相关法律规则，而团体法制度并没有得到多大发展。如《法国民法典》基于对封建团体的本能排斥，为了防止封建团体的复辟而没有规定法人制度。《德国民法典》的制定者将团体看成是国家权力的潜在威胁，虽规定了法人制度，但设置了严格的限制和审查条件。学术界没有对团体法进行系统反思，没有构建出团体法的一般理论。如德国法学家托马斯·莱赛尔所言：

> 一百多年以来，有关法人之理论在本质上也未超出 19 世纪末的水平。②

由于理论研究的欠缺，现有立法是根据"自然人——法人"的逻辑推演，用传统的自然人制度与规则来建立法人的相应制度与规则，忽视了团体法的独特性。因此，本书以商法的独特品格为切入点，对商法的独特品格进行反思，试图构建团体法的一般理论。

第三，司法实践层面，为商事规则的正确适用提供相应的参考意见。基于商事主体的特殊诉求，商事规则具有自身的独特性。因此，司法实践应该尊重商事规则的独特品格，而不能简单地以民事规则代替商事规则的适用，

---

① ［德］迪特尔·梅迪库斯：《德国民法总论》，邵建东译，法律出版社 2001 年版，第 811—812 页。
② ［德］托马斯·莱赛尔：《德国民法中的法人制度》，张双根译，《中外法学》2001 年第 1 期。

《最高人民法院关于当前形势下审理民商事合同纠纷案件若干问题的指导意
见》（法释〔2009〕40 号）就指出：

> 与民事主体不同，市场主体应当对于市场风险存在一定程度的预见
和判断。人民法院要合理区分情势变更与商业风险。商业风险属于从事
商业活动的固有风险，诸如尚未达到异常变动程度的供求关系变化、价
格涨跌等。情势变更是当事人在缔约时无法预见的非市场系统固有的风
险。人民法院在判断某种重大客观变化是否属于情势变更时，应当注意
衡量风险类型是否属于社会一般观念上的事先无法预见、风险程度是否
远远超出正常人的合理预期、风险是否可以防范和控制、交易性质是否
属于通常的"高风险高收益"范围等因素，并结合市场的具体情况，
在个案中识别情势变更和商业风险。对于涉及石油、焦炭、有色金属等
市场属性活泼、长期以来价格波动较大的大宗商品标的物以及股票、期
货等风险投资型金融产品标的物的合同，更要慎重适用情势变更
原则。①

典型的如司法实践中，"双方约定的违约金不得超过主合同标的的百分
之三十"，就是以民事规则代替商事规则的适用，从而导致诸多不诚信的事
例。理论与相关立法对商事规则的独特性予以正确定位，是保障司法实践正
确适用商事规则的前提与保障。

四、本书的创新之处

第一，为传统民商合一立法提供新模式。商法绝不是游离于民法典之外
的特别法，为了在因我国特定历史条件形成的既有法律现状中实现民商合
一，我们不能继续困守《民法通则》和民法典草案及其总则编的思维路径，
传承仅规范民事规则的德国民法典式总则。而继受大陆法系的中国民法，既
缺乏理论上的整体反思，也少有对具体制度的精致分析。因此，在立法模式

① 《最高人民法院关于当前形势下审理民商事合同纠纷案件若干问题的指导意见》（法释〔2009〕
40 号）。

上，与其说是民商合一立法模式的体现，倒不如说是在坚持民商合一视角下，仅仅增加了商法的独特品格的润滑油而已。以民商合一历史必然性为逻辑出发点，基于民事立法的传承，我国未来民法典总则应当选择潘德克吞式逻辑体系。遗憾的是，我们囿于民商分立框架下德国式民法总则，盖学者提出制定独立商事通则或商事总则，乃正是因为我们民法典总则缺乏有关商法的独特性安排。然打破民法典"形合实分"的理论瓶颈，单独制定商事通则并不可取，潘德克吞式思维方式本身没有错，错的是我们将仅对民事规则抽象的体例结构运用于我国民商合一体例的民法典总则之中。实质上，我国未来民法典总则应当是对民事和商事规则抽象而构建的逻辑体系，因而，现有的总则体例中必须融合商法的独特性，如此，方能真正实现民商合一。

第二，融合式立法突破传统民商合一的理论瓶颈。可以说，民法作为一般法，可以为商法难题"找到回家"的路。首先，将商事单行法归于民法学科，用法教义学的方法将其改造，将其整体纳入民法典，避免民法典解构。其次，在商事规则的认定上，以营业作为标准，明确商事独特性本质，避免用商主体与商行为循环定义，确保商法顺利融入民法典之中。再次，坚持个人（民法）主义与团体（商法）主义方法论并重，打破传统中以自然人为逻辑起点的人格权体系，确定法人人格权，打破传统中以个人财产为逻辑起点的绝对权与相对权二元区分模式确定财产权的一般规定，构建适应民商合一的人格权、财产权立法体系。复次，商业社会时代下，反由人格权完成民事主体资格的保护已然不可能，由总则确认主体的身份权，构建适应民商合一的身份权体系。最后，构建商人私人实施机制解决传统民法单一保护方式之困境。

第三，有针对性地提出可操作性强的具体建议。首先，本书指出，民法典作为商事特别法的一般法，因此，在总则的一般规定中规范商事规则，对商事特别法予以统摄，在方法论上具有重要的意义。其次，在主体制度中，应该坚持自然人、法人二元主体制度，在自然人章节废除个体经营户，规定自然人可以自由经商，将其他组织并入法人一章。在法人章节一般规定中明确团体人格的法定化、类型化，明确团体人格权以及团体人格责任。在法人一章中的社团法人一节，规定个人独资企业、合伙企业、公司等商企业为营业社团法人。再次，在财产权法中，应该在总则中确定法人财产权的一系列具体规则，包括法人财产独立规则、法人财产优先承担责任规则、法人财产的营利规则等，对法人财产权的行使方式作出一般规定，并规定成员权。复次，在行为制度中，将商行为作为特殊法律行为安排在总则法律行为章节，并以营业为标准设计商行为的特殊性规则。同时，在身份权制度中，应区分亲属法上的身份权与非亲属法上的身份权，同时确立身份权请求权和身份权侵害的损害赔偿规则。最后，本书在民事权利的行使和保护中提出应确定商事习惯的基本法源地位，同时，确立商事习惯具有优先于任意性规范而适用的规则，确立商人私法自治的内容。这些建议对民法典总则乃至整个民法典具有较强的指导意义。

第 一 章

商事规则的独特品格与
我国民法典编纂体例的路径选择

　　商事规则具有特殊性，这是商法作为单独法律部门存在的基础，也是商法典存在的先决条件。商事规则与民事规则的差异性如何？商事规则是否能够为法典提供逻辑自足性？不仅需要理论的分析，也需要历史的考察。采用民商分立立法体例的国家，商法规则的独特性由商法典予以保障。但就民商合一立法体例的国家，商法规则的特殊性隐藏在民法典中。抛开政治决断不论，作为一种立法技术选择，论者主张民商合一立法模式还是民商分立立法模式，首先需要论证商事规则是否具有独立性抑或独特性。然后，才涉及采用何种规范来予以实现，笔者将对此进行探讨。

第一节　商事规则是否具有独立品格

一、"商"向商法规则的演进①

　　"正确理解'商'的含义，对正确认识商法无疑具有非常重要的意

_____

　　① 此处的商法规则指的是现代意义上的调整平等主体之间的商法规范，主要表现为制定法，当然还有很小部分的习惯法，但是现代法律主要表现为习惯法向制定法演进，故本节重点论述"商"发展中商事规则从习惯——习惯法——制定法（商法规则）的演进，即"商"向商法规则的演进。

义"。① "要准确定位商人、商人法及其所属的领域——商法，首先必须阐明'商'的含义。"② 诚如学者所言：

> 把握商法概念，须了解"商"的含义。因为明确了"商"的含义和范围，也就明确了商法调整的社会关系的内容和范围。③

可见，"商"对商事规则的把握具有关键性作用，我们应当在探索"商"的基础上进而开展商法的研究。"商"在英语和法语中是"commerce"，德语中是"der handel"，日语中是"商业"，西班牙语中是"negocios"，意大利语中是"affari"，俄罗斯语中是"факторчастное"，荷兰语中是"bedrijf"。在论述"商"的含义时，学者们多从一般意义上的"商"、经济学意义上的"商"、法学意义上的"商"三个层面对"商"展开分析。从一般层面上来说，"商"指人们之间利用物形成的关系。就经济学层面而言，"商"仅为物质流通和分配活动。就法学层面而言，"商"则指物质流通活动、分配活动以及生产活动。④ 马克思明确了"商"的本质为"商品交换或买卖之行为"⑤。"商"确实是一个使用普遍又相对抽象的概念，在不同的社会历史条件和不同的语境中含义往往不同。但是不同层面意义上的"商"，都揭示出"商"是一个古老的社会现象，与人类社会起源同步。"商"的发展是一个历史嬗变的过程，在商事规则从商事习惯演变到商法规则的过程中，"商"呈现出发展性、阶段性以及丰富性，同时又有相对的稳定性。⑥ 然而，不同时期的"商"的状态又对商事规则的演进具有决定性的

---

①　范健、王建文：《商法的价值、源流与本体》（第二版），中国人民大学出版 2007 年版，第 155 页。

②　于新循：《现代商人法纵论》，人民法院出版社 2007 年版，第 2 页。

③　柳经纬：《商法》（上册），厦门大学出版社 2002 年版，第 1 页。

④　参见张民安：《商法总则制度研究》，法律出版社 2007 年版，第 3—4 页；刘宏渭：《商法总则基本问题研究》，华中科技大学出版社 2013 年版，第 28—32 页；范健、王建文：《商法的价值、源流及本体》（第二版），中国人民大学出版社 2007 年版，第 155—158 页；覃有土：《商法》，中国政法大学出版社 2006 年版，第 3—4 页；顾功耘主编：《商法教程》（第二版），上海人民出版社 2006 年版，第 3—4 页；陈华东：《文艺复兴时期的西欧商人》，硕士学位论文，贵州师范大学法学院，2006 年，第 23 页。

⑤　《马克思恩格斯选集》第 2 卷，人民出版社 2012 年版，第 58 页。

⑥　参见柳经纬：《商法》（上册），厦门大学出版社 2002 年版，第 1—2 页。

作用。因此，对商法规则独立品性的考察，首先需要探究不同时代中"商"的发展，即探究"商"向商法规则的演进过程。

"哪里有贸易，哪里就有法律（ubicommerciumibiius）。"① "商"，最早可以追溯到古巴比伦时期，古巴比伦人被称为"商人民众"（peuple de commercants）。公元前18世纪《汉谟拉比法典》第10条规定：

> 倘若买者不能领到出售与彼之卖者及时作证之证人，而仅失物之主提出知其失物之人，则买者为窃贼，应处死，失物之主应收回其所失之物。②

《摩奴法典》《赫梯法典》中也有有关"商"的规定，但是商法是以现代市场商业为前提而产生的。因此，尽管古代法典中有调整商事交易的条款，也只是规范早期民事活动的雏形。③

随着商品经济的扩大，商业形成市场，人类社会逐步由自然经济、原始经济发展到简单商品经济时代。在私法发达的罗马法时代，从古罗马对市民法（jus civile）和万民法（jus gentium）的区分之中，可以看到商法与民法区分的先兆。④ 古希腊、古罗马的地理环境对发展海上商业极为有利。"只有大海才是希腊文明的摇篮和归宿，而且历久不变。"⑤ 随着商品交易的开展，古希腊的工商奴隶主拥有一定权力，进而推动了商业的进步与变革。在古罗马后期，则出现了商人这一特殊利益集团，出现了一系列调整贸易活动的规则。⑥ 例如古希腊港口出现的通行规则以及《罗德海法》（Lex Rhodia）中的风险融资、共同海损、海商信贷等。但是调整简单商品生产的罗马法从本质上还是排斥商法的。⑦ 罗马法和希腊法也缺乏后世商法赖以存在的各种

---

① 何勤华、魏琼主编：《西方商法史》，北京大学出版社2006年版，第22—23页。

② 范健：《德国商法：传统框架与新规则》，法律出版社2003年版，第27页。

③ 范健：《德国商法：传统框架与新规则》，法律出版社2003年版，第28页。

④ ［法］伊夫·居荣：《法国商法》（第一卷），罗杰珍、赵海峰译，法律出版社2004年版，第13页。

⑤ 余秋雨：《千年一叹》，作家出版社2000年版，第19页。

⑥ 参见何勤华、魏琼主编：《西方商法史》，北京大学出版社2007年版，第48页。

⑦ 参见徐学鹿：《商法研究》（第1辑），人民法院出版社2000年版，第4页。

观念、原则和制度。"当时简单的商品生产完善法并没有特别的资格，其商品交换大体上受帝国私法的规范，而帝国私法基本被看作是现代民法的起源。"① 罗马法和希腊法中的"商"并没有演进形成商法规则。商法最初就意味着万民法（jus gentium），万民法对商事法律规则尤其是对后来商法的基本要素、概念、原则有重大影响。② 就这个意义而言，可以看出古代民事规范中的"商"向商法规则演进的趋势。

中世纪后，罗马帝国的衰亡，接续其存在的法兰克和撒克逊各国政治黑暗、经济萧条，重新回到了纯粹的农业经济时代。"商业的营利精神与教会的道德标准有冲突，商业被教会明文禁止，不受保护。"③ 只有欧洲沿海地区残留有零星的商业，"商"处于长期的消亡时代，也就不存在所谓的商法。中世纪中期，商业开始在欧洲沿海城市复兴。商业的发展促进了简单商品经济的发展，推动了城市的兴起、商人团体的形成以及商务机构的诞生。

11世纪在意大利的佛罗伦萨出现了商人基特尔的团体，后于英格兰、西班牙、荷兰等许多地域陆续出现，基特尔本质上是商人共同体为了脱离封建社会束缚、用以维护利益和自由的行会组织。④

此时期的商人行业的章程、城市法和条例、商事法院的判例、地方习惯法以及君主颁布的单行法条例都是商法规则的渊源。⑤

其实，"商"向商法规则推进具有历史的必然性，这种必然性表现为中世纪商法产生的政治和经济因素。首先，其表现为农村以及城市经济的蓬勃发展。其次，"农业革命"带来了农村经济的快速发展，城市兴起带来了商业经济的迅速发展，商人阶级产生。再次，商人联合的商业行会具备宗教的

---

① 梁慧星：《经济法的理论问题》，中国政法大学出版社1986年版，第112页；张洋：《试论商法之独立性》，《中国科技信息》2005年第8期。

② 参见范健：《德国商法：传统框架与新规则》，法律出版社2003年版，第29页。

③ ［法］克洛德·商波：《商法》，刘庆余译，商务印书馆1998年版，第6页。

④ 覃有土：《商法学》（第二版），高等教育出版社2008年版，第11页；李军：《论商法的国际性》，《北京工商大学学报（社会科学版）》2003年第3期。

⑤ 参见［德］科英编著：《现代欧洲私法的起源与文献手册》（第1卷），商务印书馆1996年版，第801页。

作用，使商业活动能够保持一定的道德水准。最后，商人在商业实践中根据实际需要建立了商法规则。商业的复兴与发展推动了城市的出现，城市的兴起反过来又促进了商业组织的建立，促进了商业机构的完善，从而确定了习惯法控制和管理商业，完成"商"到商事习惯的演变。正如马克思指出的：

> 规则首先表现为习惯，后来成为了法律。①

商法规则也是如此。"商法体系中存在着一种习俗意义上的习惯到更为细致的习惯法的运动"②，中世纪商事习惯法的内容十分丰富，既有海上贸易规则，也有陆地贸易交易规则，包括意大利比萨、威尼斯出现的《比萨习惯法》《威尼斯航海条例》，法国的《蒙特皮列习惯法》《马赛习惯法》和《奥莱龙规则》以及西班牙的《巴塞罗那海上习惯法》，③ 整个商法体系都处在演化的过程中。尽管中世纪的商事习惯法确立了诸多现代商法制度，对现代的商事立法具有重大意义、产生了巨大的影响，例如，商事组织、诚信规则、表见规则、汇票、本票、提单和其他票据规则、海商事规则、破产制度等，但是中世纪的商法是规范特殊商人阶层的法，商法规则应该是调整平等商事主体的规范，中世纪的商法规则并不是现代意义上的商法，所以尽管中世纪完成了"商"向商事习惯的演变，但仍然没有完成"商"向现代商法规则的演进。

到英国资产阶级革命时期，商品经济得到空前发展，人类历史跨入近代。商品交往和交换成为商品经济和市场经济的表现形式和运作方式，所以"在文明状态中，每个人都是商人，而社会则是商业社会"④。商业社会中的"商"实际上是人的一种基本的生存方式，商业社会的商事规则也彰显出人人平等的现代商法精神，高度发达的经济市场中的"商"基本完成了从"商"到商法规则的演变，由于不同国家经济、政治条件各不相同，国家之间"商"到商法规则的具体演进路线也不一样。1673 年法兰西国王路易十

---

① 《马克思恩格斯选集》第 2 卷，人民出版社 2012 年版，第 539 页。

② Hayek, *Law, Legislation and Libetty*, The University of Chicago Press, 1973, p. 43.

③ 参见王保树：《中国商法》，人民法院出版社 2010 年版，第 34 页。

④ ［德］卡尔·马克思：《1844 年经济学—哲学手稿》，人民出版社 2002 年版，第 104 页。

四颁布《商事条例》，其于 1681 年又颁布《海商法》，对后来的欧洲国家的商事立法产生了重要的影响。19 世纪以后，商法规则在体系上发展创立了世界三大商法规则的法律体系（简称"商法体系"）。① 一是以 1807 年《法国商法典》、1900 年生效的新版《德国商法典》和 1894 年《日本商法典》为代表的大陆法系中民商分立体例的商法体系。其中，《法国商法典》是以行为主义即客观主义为基础建构的商事规范体系，《德国商法典》是以商人主义即主观主义为原则构建的商法体系，《日本商法典》则是客观主义和主观主义折中而构建的商事体系。二是以 1907 年《瑞士民法典》《意大利民法典》、1992 年新的《荷兰民法典》《俄罗斯联邦民法典》为代表的大陆法系中民商合一的立法体例的商法体系。尽管在民商合一立法体例下，并没有名义上的商法典，商事规则与民事规则统一规范在民法典中，但实质上由于商事规则的独特性，民商合一立法体例中的民法典有大量关于商事制度的具体规定，商事规则以民事规则为基础而又融于其中，且不同于一般的民事规则。三是以美国《统一商法典》和英国商法规则为代表的英美商法法系。概而论之，英美法系中的商法起源于英国法，主要是英国商事习惯法、判例法还有部分商事成文法。美国商事体系则传承英国法，其于 1952 年公布的《统一商法典》成为英美法系商事法律的旗帜。

"商"在我国古代第一部词典《说文解字》中出现："埠通货，贿注行曰商"，后《白虎通》中具体化为"商其远近，度其有无，通四方之物，故之为商"。② 在延续几千年的封建社会中，自给自足的自然经济占主导地位，

---

① 有学者认为商法体系可以分为：民商分立立法模式、民商合一立法模式、复合模式、平行模式。参见任先行、周林彬：《比较商法导论》，北京大学出版社 2000 年版，第 69—74 页。还有学者认为可以分为：法国商法体系、德国商法体系、折中商法体系、英美商法体系。参见曾咏梅：《中国商法教程》，武汉大学出版社 1997 年版，第 7—9 页。有学者认为商法体系可以分为：大陆法系商法、英美法系商法和中国商法。参见覃有土：《商法学》（第二版），高等教育出版社 2008 年版，第 10—23 页。参见范健、王建文：《商法的价值、源流及本体》（第二版），中国人民大学出版社 2007 年版，第 114—127 页。还有学者认为，商法体系应为：民商合一模式商法、民商分立模式商法、示范性商法、单行商事法模式。参见雷兴虎：《商法学》，人民法院出版社 2003 年版，第 14—16 页。也有学者认为，纵观各国商事立法，其立法模式有三种不同的类型：民商分立模式、民商合一模式、英美法系国家模式。参见李玉泉、何邵军：《中国商事法》，武汉大学出版社 1995 年版，第 14—17 页。其实学者们的不同分类方式对商法体系的划分都包括大陆法系、英美法系国家的商事规则，只是具体划分标准不一样。纵观世界范围内的商法规则表现方式，笔者赞同最后一种划分方式，能够最大限度地呈现出不同商法规则间的异同。

② 李功国：《中国古代商法史稿》，中国社会科学出版社 2013 年版，第 3 页。

虽然有商事交换，但是在整个经济中起不到决定性作用，因而我国封建社会缺乏商事规则产生的经济基础和思想理论。① 故此时期我国并没有完成"商"向商法规则，甚至商事习惯法的演进。直到清末，光绪皇帝在变法维新、推行新政中，将制定商法看作是"通商惠工之经国要政"，为了"重振商政，力图振兴"，制定了商事法律，即 1904 年的《大清商律》。② 1926 年国民党第 183 次中央政治会议上，《民商划一提案审查报告书》提出八大点原因应采用民商合一立法体例：

> 第一，因历史关系，认为应订民商统一之法典。盖我国自古民商不分，故无需在民法典之外，成立特别法典者。第二，因社会之进步，认为应订立民商统一法典。商法所定，重在进步，民法所定，多属固定，故民商不便合并。第三，因世界之交通，认为应订民商统一法典也。商事法规具有国际性。第四，因各国立法趋势，认为应订民商统一法典也。民商合一已成为世界立法之新趋势，为何我国相反？第五，因人民平等，认为应订民商统一法典也。人民在法律上应平等，若因职业不同或行为之不同，即与普通民众不同，违背平等原则。第六，因编订之标准，认为应订民商统一法典也。商事主体抑或商事行为的标准区分颇不容易，故我国编订商法典，标准亦殊难定也。第七，因编订之体例，认为应订民商统一法典也。各国商法中内容，极其不一致，商法规定之事项，原无一定范围，即划入独立之法典，亦自取烦恼。第八，因商法与民法之关系，认为应订民商统一法典也。在有商法法典之国，其商法仅系民法之特别法，而最重要之买卖契约仍多规定于民法，民法规定的营利性社团法人，仍准用商法。③

1929 年《中华民国民法典》即采用民商合一立法体例，标志着我国直接完成了从"商"向现代意义上商法规则的演变。

其实早自 1847 年摩坦尼利提出的"民商二法统一论"，就可以算是民

---

① 参见李功国：《中国古代商法史稿》，中国社会科学出版社 2013 年版，第 4 页。
② 参见王淘、于秋华：《中国近代经济史》，东北财经大学出版社 2004 年版，第 77—78 页。
③ 季立刚：《民国商事立法研究》，复旦大学出版社 2006 年版，第 137—138 页。

商合一理论的开端。① 之后各个国家纷纷效仿民商合一的立法主义，最先实行的是瑞士，其在 1887 年制定的《债法典》中，不仅包含传统商法中固有的商事规则，而且并入了民法中有关于债的内容。追寻我国的民商事立法轨迹，除了清末因模仿德国和日本而采用民商分立模式外，绝大部分时期的主流思想是民商合一。新中国成立后，受到苏联立法观念的巨大影响，虽然没有编纂统一的民法典，但是于民法通则中采用民商合一的立法体制。在未来民商合一立法体系中，对商事规则的处理则显得尤为重要。商事规则存在诸多的特殊性，如商事关系及商行为的私法调整和规制功能。如何界定与规范才能使其在统一与融合中充分保护商事交易的安全性与交易效率，从而适应商事交易优化调整的需求，是中国民法典编纂过程中需要认真考虑的问题。为防止民法典的编纂演变成一场自大的"民法"法典化运动，我们应该在民法典中优化商事规则的设计，即开拓商事规则的特别需求与安排。

从自然经济到简单商品经济再到发达市场经济的历史发展中，商业也在逐步发展、扩大、繁盛。商业发展轨迹决定了商事规则的演变，从习惯到习惯法最后到商法规则的发展，最终完成了"商"向商法规则的演进过程。事实上，世界三大商法规则的法律体系中形成的商法规则主要是沿着两条路径演进：一条是罗马法的历程，大陆法系国家继受罗马法，演进成为大陆法系的近代商法。另一条是希腊通过交易实践形成的商法自主发展的历程，经过中世纪商法、商人习惯法，在实践交易中形成英美法系中的商法规则。② 无论商事规则是沿着哪条路径演进，"商"从最开始民商不分的古代法典中呈现出的民事活动的早期形态，到古罗马、古希腊中初见商事习惯，再到中世纪彰显着商事规则独特性的商事习惯法，最后在 19 世纪各国纷纷编撰商法典，进入商事规则演进的巅峰期，后商法规则又回归于民法典之中，最终演变形成世界三大商法规则的法律体系。其实，三大商法法系呈现的两条不同路径的演进历程最终又可以归于相同的演进阶段，即从习惯到习惯法最终到国家制定法。

"商"向商法规则演进的历史过程中呈现出明显的阶段性，即从商事习

---

① 参见郑玉波：《民法总则》，中国政法大学出版社 2004 年版，第 2 页。

② 参见徐学鹿：《商法研究》（第 1 辑），人民法院出版社 2000 年版，第 4 页。

惯、商事习惯法，到国家制定的商法规则。在这个历史阶段中，大陆法系中民商合一的立法体例本身就表明商法的相关内容应纳入民法典，作为民法典的特殊规则，同一路径演进的民商分立立法体例的国家，也是如此，其民法与商法存在密切的联系。对于商事纠纷，商法有规定的适用商法典，其没有规定的才适用民法典的一般规定。例如：我国澳门特区的《澳门商法典》第4条规定：

> 本法典未规定之情况，由本法典中适用类似情况之规定；如无该规定，则由《澳门民法典》中与商法之原则不相抵触之规定。①

无论是民商合一还是民商分立，商法都是民法的特别法。英美法系虽没有成文的民商法典，可是最终商法规则的演变也是从民事法调整到习惯法最后到商事制定法。商事规则的历史演进过程告诉我们，商法本质上是自然法，是经济规律的反映并自发性演进形成的规范。商法还是发现法，是人们在商品交换过程中进行市场交易实践中发现的规范。② "商法最初的发展在很大程度上不是全部通过商人自身完成的。"③ 可见商法最初脱胎于民法，成为具有特定的调整对象和特殊规范内容的法律，但是最终还是无法脱离民法存在。法律历史发展过程中，先有民法后有商法；内容上，民法是一般规定，商法是特殊规定。总之，民法是商法的一般法，商法则是特殊的民法。

二、商事规则独特而不独立

（一）商事规则缺乏独立的学理基础

商法学者一直对商法的独立性持有追问，大体有如下几个方面。

第一，商法是缺乏独立性的学科。尽管学者对商法的特征描述作出了诸多努力，却并没有给出商法独立且明确的特征。德国学者卡纳里斯追问："使商法在立法和学术上享有独立性的依据是什么？"他认为，即使德国商

---

① 赵秉志：《澳门商法典》，中国人民大学出版社2010年版，第2页。
② 参见徐学鹿、梁鹏：《商法总论》（修订版），中国人民大学出版社2009年版，第48—71页。
③ ［美］哈罗德·J. 伯尔曼：《法律与革命——西方法律传统的形成》，中国大百科全书出版社1993年版，第414页。

法典存在，这也改变不了学科独立性的认识，而且，这部法典内部本身的合理性仍然值得怀疑。[①] 在我国商法学界，著名学者赵旭东也提出这样的困惑：

> 法的内容是朦胧的，商法的边界是模糊的。在中国 20 年的法学史上，这样的情况的确少见：一方面我们在念叨着商法，但不能确定商法为何物；一方面我们在呼喊着商法的理论和学说，但却说不清商法的概念和范围。面对着古老成熟的民法，商法的位置在哪里？我们教着商法，写着商法，眼观商法的兴旺和繁荣，我们热衷商法的事业和发展，同时我们也在怀疑着商法。我们知道它的过去，但却说不清它的现在，也看不透它的未来。[②]

学者因此认为："商法学作为特别私法，实在是一般私法制度的延伸，其独立性虽不可磨灭，但其概念体系、权利义务体系和研究方法绝不可与民法完全分离。"[③]

第二，商法与民法缺乏区分的标准。商法作为私法，一直与民法具有紧密的联系。沃尔夫网·瑟勒特（Wolfgang Sellert）教授认为：

> 一直到今天，民商法的界定标准问题仍然没有得到可以作出成熟决定的解决。我们也很难相信，在不久的将来，人们能够在界定民商法的基础性标准方面有什么突破。因此，商法法典化一如既往地欠缺一种实体方面的基础和合理性。所以，今天，我们只能用历史原因来解释德国编纂商法典的事实，而这些历史因素今天早已销声匿迹了。[④]

---

① 参见［德］C. W. 卡纳里斯：《德国商法》，杨继译，法律出版社 2006 年版，第 7—8 页。

② 赵旭东：《商法的困惑与思考》，《政法论坛》2002 年第 1 期；王艳梅：《信用研究的商法视角——商法精神的制度化》，《中国商法年刊》（2002），第 43 页。

③ 《德国商法典》，杜景林、卢谌译，中国政法大学出版社 2010 年版，第 12 页；郑青：《构建现代商法基础理论的核心——构建完整的商法理念系统》，《商事法论集》2012 年第 1 期。

④ ［德］Wolfgang Sellert：《从德国商法典编纂历史看德国民商法之间的关系》，范健、邵建东译，奎生主编：《中德法律继受与法典编纂》，法律出版社 2000 年版，第 10 页。

　　卡纳里斯教授也认为："商法在实质性内容上和民法没有深刻的不同。能作为商法这个独立法律部门的基本特征的，实在不多。"①

　　第三，商法规则的适用主体并不明确。法国学者伊夫·居荣（Yves Guyon）也认为，"商法是否就是'商事业务活动之法'，或者相反，商法是否就是'商人之法'。"② 但中世纪的商人作为一个特定阶层已不复存在。民法中的主体制度其实是商品经济活动的主体资格的规定。也就是说，商法中的主体制度只是民事主体参与商品经济营利性活动的表现而已。比如说，公司只不过是法人的典型形式，而合伙企业制度只不过是合伙制度的典型或高级形态而已。③

　　第四，商行为只不过是法律行为的表现形式。法律行为理论是大陆法系民法的典型特征。法律行为是连接主体、客体的纽带，也是法典化的基础。④ 无论坚持商人立法（主观主义）、商行为立法（客观主义）还是兼采商人与商行为主义（折中主义）的立法，均不能回避商行为的内容。但商行为不过是法律行为的一种特殊表现形式而已，该种特殊表现形式在民法中也有所体现。⑤ 但商法典若缺乏法律行为的一般规则，商行为就失去了法律调整的内容。

　　商法中的"商事特有"制度亦脱胎于民法，如商事代理仍是本人、代理人、第三人的关系。商事留置权的基本功能与民事留置权一致，在原有民事留置权的权利构造上对主体、留置范围等因素进行改造，商法是民法的特别法的观点至今仍有可取之处。因此，民商合一立法模式可以兼顾民商法两者的联系与商事规则的特殊性，较之于民商分立模式有显著的优越性。

　　（二）商法只是规则独特的民法

　　尽管商法范畴包括商主体、商行为，但其所调整的范围难以确定，因而

---

　　① ［德］C. W. 卡纳里斯：《德国商法》，杨继译，法律出版社 2006 年版，第 11 页；彭真明、江华：《商法法典化的反思——以制定〈商事通则〉为中心》，《浙江师范大学学报》2005 年第 1 期。

　　② ［法］伊夫·居荣：《法国商法》（第 1 卷），法律出版社 2004 年版，第 3 页。

　　③ 参见范健、王建文：《商法的价值、源流及本体》（第二版），中国人民大学出版社 2007 年版，第 148 页。

　　④ 参见喻胜云：《法律行为、民事行为及商行为比较研究——基于德国民、商法典及我国相关法律比较考察》，《商事法论集》2010 年第 2 期。

　　⑤ 具体内容参见"商行为的独特品格与我国民法典中的法律行为制度"。

商法与民法规则所具有的紧张关系仍然存在。

第一，主体的专业性差异。商事主体与民事主体相比，具有较强的专业性，由此更具有后果的承受预见性。而民事主体缺乏商事主体的专业性，因此在违反规则的后果承担上更注重公平性。尽管所有市场主体都是经济人，由此使得民事与商事主体二者难以区分。但民法所设计的"人"是"根植于启蒙时代，模仿着始终追求和打算着利润的商人形象创造出的概念，并非出于义务，而是受利益诱导的个人"①。而商法规范的人"是以个人主义的典型商人为形象，根据商人纯粹追逐利润和自私自利的特性而刻画的众所周知'商场如战场'"的专业人。② 在商事交易中，市场对主体的专业知识具有更高的要求，因此，在制度的构建中不能构建与普通的民事主体相同的规则，否则会降低商事主体的专业性。同时，一般民事主体不具有该种专业性，因此又不能用商事主体的专业要求来规范民事主体。比如，针对格式条款制定者的不利解释原则，该原则只能限定在商事主体。如果扩展到所有的民事主体，势必导致对一般自然人苛责过重。另如，保证人在责任性质没有约定的情况下，基于商事主体的专业性，令其承担连带责任，符合风险控制的要求，但如果强制性要求所有的民事主体承担连带责任，则对缺乏风险意识的民事保证人不公平，也容易被恶意利用。③ 因此，在商法中，债务人之间的连带关系是一种推定的连带关系，而在民法中，连带关系不得推定。④ 而我国《担保法》第 19 条规定，对保证方式未作约定的，按连带责任论，体现出商事主体的专业性，但扩大了民事主体对风险控制的基本要求。

第二，意思表示在二者中的地位有差异。民法上，强调"意思主义"，保护主体的是实质性的权利，其意思表示符合内心真意；而商法则强调"外观主义"，保护主体权利的外观，即对外观的信赖利益。⑤ 在传统民事领

---

① ［日］星野英一：《私法中的人》，王闯译，中国法制出版社 2004 年版，第 35 页。
② 参见［美］孟罗·斯密：《欧陆法律发达史》，姚梅镇译，中国政法大学出版社 2010 年版，第 73 页。
③ 参见范健、王建文：《商法的价值、源流及本体》（第二版），中国人民大学出版社 2007 年版，第 45 页。
④ 参见［法］伊夫·居荣：《法国商法》（第 1 卷），罗结珍、赵海峰译，法律出版社 2004 年版，第 75 页。
⑤ 参见钱玉林：《商法的价值、功能及其定位——兼与史际春、陈岳琴商榷》，《中国法学》2001 年第 5 期；张昊远、张萍：《论商法的价值理念》，《商场现代化》2013 年第 11 期。

域，更多地追求民事主体的意思表示真实。例如《德国商法典》第766条、第780条和第781条规定保证和债务的承认在具有书面形式时方为有效，但其第350条规定口头保证或承认债务对商人具有约束力。在商事交易中，为了实现商事交易的快速与便捷的要求，更注重交易的形式化，在形式化的交易中，当事人的意思表示并不是那么重要或者经常被忽视。在传统的民事行为中，基于私法自治理念，对他人具有约束力的行为需要授权。只有在法律明确规定之外，该行为不需要他人授权，如表见代理、夫妻日常家事代理、合伙人之间的代理行为。但如果超出法律规定的范围，在具体的法律行为中均需要行为人的明确授权。但在商事活动中，基于权利外观即可推定行为人具有行使该项行为的权利，比如《德国商法典》第49条第1款对经理权的规定。[1] 因此，与商事业务经营有关的业务，经理并不需要授权。对于行纪代理商也是如此。

第三，商事活动的营利性差异。"商的本质并不是商品交换，而是资本的营利活动。商人也不是从事商品交换活动的人，而是资本的人格化化身"[2]，基于此，保障商事主体追求营利是商法的根本宗旨，也是商法发展与完善的基本动力，[3] 商法依据营利性建立了相应的价值体系与规则，[4] 即所谓在商言商。因此，一些运用于自然人时显得不合理的规则如果运用到商人身上则非常贴切。[5] 比如说，自然人之间的借贷合同在没有约定有偿的情况下应该为无偿的，但作为企业之间的借贷，即使对利息没有约定也应是有偿的。另如报酬请求权，即使商事主体之间对报酬请求没有约定，只要完成相关行为，均具有报酬请求权，而对于民事主体则不能以此进行解释。如《德国商法典》第354条、《日本商法典》第512条均考虑到商事主体的营利性要求而作出了与民法典不同的规定。

---

①　即经理权使经理在法庭内外实施所有与商事业务经营管理有关的行为。

②　范健、王建文：《商法的价值、源流与本体》（第二版），中国人民大学出版社2007年版，第191页；蔡江：《试论我国的商事立法模式之选择》，《社会心理科学》2005年第3期。

③　参见苏慧祥主编：《中国商法概论》（修订本），吉林人民出版社1996年版，第6页。

④　Michel Germain, *Traité de Droit Commercial*, Seizème édition, L. G. D. J., 2002, p. 6.

⑤　学者在考虑商人经营场所转让时，不能沿用传统的民法规范，我国《合同法》的众多规定没有考虑商人经营场所的特殊性，没有反映商事营业资产的特殊要求……如果在商人经营场所租得到严格适用，将不仅会严重损害商人的利益，而且不符合商事经营场所租赁的特殊性要求。参见张民安、龚赛红：《商事经营场所租赁权研究》，《当代法学》2006年第4期。

第四，商法结构的双重性差异。商法在与民法的共同发展中，随着商品经济之推进不断地与时俱进，商事基本原理融入民事，进而两者逐渐相互融合。[①] 对此首先要明确，民法只是提供商品经济交易的基础，但不规范市场经济关系本体，[②] 故商法具有"法律发展的开路者"[③] 一说。虽然商事规则较于民法有一定的重合性，即都调整合同及私人关系之间的法律问题，但不容忽视的是，商事规则的结构独立于民事规则，即在结构上具有双重性。商事规则不仅具有"管制"功能，而且彰显"交易"之意。前者指私人之间较为简单的民事有名合同，后者为经济、交易安排、贸易、金融秩序等甚为烦杂的商事合同。所以，基于立法目的的考量，民事合同与商事合同迥然不同，尤其是商事合同更为重视管制而呈现出的公法色彩。[④] 基于此，有关商法立法，不仅需要考虑商事规则的性质为强制性或任意性，更需要强调商事规则的强制性不同于民事规则，不能简单套用民事规则。而且，在商事规则的立法政策与立法特色上，还要考虑票据（本票、汇票、支票）提示、保险业务监理、公司结构以及治理、单据载货证券等问题，注重市场思维与商业实务之灵活需求的配合。简言之，在管制层面不容偏失，在交易层面应保持一定的弹性，这就是商事规则与商法结构上的独特性。[⑤]

综上所述，正是因为民法与商法之间的差异，即使在民商合一立法模式的背景下，民法典也不能漠视商事法所具有的特殊性。因此，如何在民法典中容纳商事法律的特殊规则，是我们需要谨慎考虑的问题。

（三）商事规则的依附性

商事规则缺乏固有的原则、方法与完备的理论体系，难以实现真正意义上的民商分立。其实，在采用民商分立立法模式的国家，其绝大部分学者也

---

①　参见江平：《民法典：建设社会主义法治国家的基础——关于制定民法典的几点意见》，《法律科学》1998 年第 3 期。

②　参见范健、王建文：《商法的价值、源流及本体》（第二版），中国人民大学出版社 2007 年版，第 57—61 页。

③　[德] C. W. 卡纳里斯：《德国商法》，杨继译，法律出版社 2006 年版，第 9—10 页。

④　参见王保树：《商事法的理念与理念上的商法》，《商事法论集》（第一卷），法律出版社 1998 年版，第 23 页。

⑤　参见王文宇：《从商法特色论民法典编纂——兼论台湾地区民商合一法制》，《清华法学》2015 年第 6 期。

主张商法是特别性私法，民法是一般性私法，是私法的基础与核心。① 应当肯定的是，商事规则与民事规则的确存在一定的差异性，但这种差异更多地体现在具体内容与规范的特定对象上。而关于适用的基本原则与核心内容，商事规则的产生还需要借助民法的基本理念。商法主体本身不能独立，主要有以下几个方面的原因。

第一，商事主体的特定化与民事主体的一般化，要求商事主体只能依附于民事主体。商事行为出于主体的财产性需求。商业的目的是人类的消费需求，该种需求只是人类实施的财产行为的类型之一，这也是地中海沿岸商人出现的原因。但商人作为一个阶层，只是特定历史时代的产物，随着社会的发展，法律面前人人平等的需要，要求不断地取消行业门槛限制，也导致了"人人为商"的情形发生。但现代社会的发展，为实现消费需求的多元化，需要在激烈的竞争中进行分工的调整以及实现专业化。因而，特定领域的商人仍有存在的必要性，比如说从事保险业需要一定的资格与规模，但也仅仅限于这一种特定情形，在离开该种领域时，其行为还是由民事主体规则进行调整。

第二，民法与商法规则差异的非本质性导致商法并不能真正独立。的确，民事规则与商事规则具有一些差异，但该种差异并不是本质性的。在很多情形中，仅仅是为了适应商事交易的需要，而在具体规则上设置了体现差异性的独有规则，但该种规则并不能脱离民事规则而存在。由于商事融资交易及信誉的要求，五花八门的担保制度应运而生。为保障债权人的利益不受损害，商事规则拟定在债权人没有获得支付时，其可以占有并转卖担保物以清偿债务。由此商事习惯产生的商事规则是动产抵押制度的雏形，而后，一些新的物权制度，如所有权保留、权利质权、担保让与等，先是作为商事规范，接着又被纳入民法。可见，商事规则随着商事实践及商法的调整不断丰富起来，但是其仍然离不开民法的物权制度，尤其是他物权制度。

第三，商法非理性的体系结构以民法为基础，使商法与民法产生密不可分的联系。在司法实践中，在大陆法系的现状下，商法体系在实践中的具体运用必然是以民法的基础制度与理论为基础。因民商同源于商品经济，故大

---

① 参见王利明：《民法总则的制定应体现民商合一体制》，《法制日报》2015 年 5 月 27 日第 3 版。

陆法系概念法学的抽象与归纳方法在私法发展过程中得以适用，而在实践中不断创新与飞速发展的商法也被归纳和充实到民法中去，因此，以民法为基础的私法体系就被建构起来。由于商法体系的松散性，即商法典或单行的商事法律规范缺乏一般原则及内在一致性，所以民法典就被频繁地用于填补商事法律规则的缺漏。商法在司法实践过程中，坚持在运用民法调整方法的基础上优先适用商法的效力原则，即以民法的基本理论作为商法体系化的基石与补充。商法以民法为基底，是在整个私法发展中逐渐形成的，对此不可忽视，这也决定了商法体系与民法理论密不可分的关系，"民商合一"成为大势所趋。

第四，即便是实行民商分立的德国也体现出商事规则不可脱离民法而单独生存的特点。《德国商法典》中的许多商事规则，必须依照德国民法典的相关规定进行具体理解，也只有结合德国民法典才能完成对案件事实的认知与判定。例如，《合同法》领域的行纪合同，在《德国商法典》中作了十分详尽的规定，是一项迄今为止仍保持先进性的立法规则。但是在基础的规范上，仍然需要参照民法典中的合同规范，以清晰界定合同的成立、效力及履行与否所发生的后果。德国的商法典在形式上可以说已经达到最大限度的独立，但其目前的法律适用状况与我国目前的实际状况相符。我国以单行法规形式颁布了《海商法》《票据法》《公司法》等商事规则，以辅助《合同法》的具体实施，但是我国的《合同法》除了调整商事交易规则外，更多的是依托传统的民事交易原则来开展。所以，商事规则在我国商事理论累积不够、发展时间不长的情况下，只有实现"民商合一"才能克服社会剧烈转型、欠缺配套规则所带来的不利影响。

商事规则所缺乏的统一的适用规则，正好可以在民法中找到最佳答案。作为一个独立的法律部门，应当有其统一的主体制度、法律行为制度、权利制度和法律保护制度等来构成统一严密的有机整体。但商事规则中的商主体、商行为、商业名称、商业登记等并不能统一适用于其中的《公司法》《破产法》《保险法》《票据法》等具体的法律制度。所以说，商事规则并没有统一的商事主体、商事行为、商事权利和责任等规则。史尚宽先生如是说：

商法应规定之事项，原无一定范围，而划分独立之法典，亦只能自取烦恼。①

因此，那些长期独立于法典之外的商事单行法规，彼此之间没有紧密的关联，迫切需要抓住最后一根救命稻草，即民法典。民法与商法的关系应为一般法与特别法的关系。商法为民法的特别法，并非否认其独立性，反而是对其地位的尊重。商法规范适用于商事活动中，传统的民事制度、权利必须加以改造才能适应商事活动的营利性、流动性以及安全性。因此，一方面我们必须承认《公司法》《证券法》仍然是商法的部门法，另一方面也应当在研究中把握商事法律与民事基本原则的关系。例如，学者在研究《公司法》时，特别应注意运用私法自治原则对法律规范的强制性予以反思。在适用法律规范时，首先适用商事规范。在没有商事规范时应当适用民法的一般原则进行裁判，不能恣意采用交易成本论、外部性等经济分析法。运用民法基本原则如主体平等、意思自治对商事疑难案件进行解释，符合法教义学的要求，能够保证同类案件相同判决，从而保证司法公正，这是经济分析法所不能达到的。可以说，民法作为一般法，可以为商法难题找到"回家"的路。

第二节　比较法视角下的商事规则

一、民商分立国家立法模式的历史及现状

（一）法国民商分立立法模式的历史及现状

在沃森看来，《法国商法典》的制定，纯粹是传统民法法典化的漏网之鱼。② 学者认为，在《法国民法典》中，并不存在关于商事规则的只言片语。其中一个原因就在于《法国民法典》是自然法的产物，而罗马法是自然法的表现形式。如古典自然法哲学创始人胡果·格劳秀斯（Hugo Grotius）认为自然法是建立在一种遍及人类的永恒理性的基础之上；霍布斯强调人类

---

① 史尚宽：《民法总论》，中国政法大学出版社 2000 年版，第 62 页。

② 参见［美］艾伦·沃森：《民法法系的演变与形成》，李静冰等译，中国政法大学出版社 1992 年版，第 166 页。

社会中的每个人都有尽力使自己的身体与肢体免遭他人侵犯的"自然权利"；而洛克则指出，"自然法是一种适用于所有的人（包括立法者和其他人）的永恒规则"①。多玛在《自然秩序中的民法》中阐述，罗马法中并没有准确定义"正义是什么"，因为罗马法是由自然法组成的。② 而在罗马法中，商法一直被注释法学家所遗漏。无论是在罗马法文本体现的《法学阶梯》中，还是《法典》中，均看不到有关商法的论述。因此，沃森认为：

> 从中世纪往前，在罗马法中没有它们（商法）存在的法律基础，在个别政体里，立法权受到了极端的压制。因而在相当程度上，法律不得不在商人间的贸易活动中形成的习惯的基础上发展。③

基于特定的历史原因，罗马法在西方世界被尊奉为神明。罗马法的规范也就成为压迫"本土法"的化身。在强大的罗马法的影响下，任何由民族习惯组成的法律也就难以在法典之中容身。④ 就其内容而言，《法国民法典》不可能脱离其产生的源头——罗马法。如学者所言：

> 支配法国民法典制定的，不是罗马法精神，而是势力旺盛的罗马法传统。⑤

无论就其内容或形式而论，"《法国民法典》只是相当程度上代表着民法传统在法国的发展。它的形式由法国法学理论著作发展而来；它的内容是

---

① ［美］E. 博登海默：《法理学：法律哲学与法律方法》，邓正来译，中国政法大学出版社 2000 年版，第 52 页。

② 参见［美］艾伦·沃森：《民法法系的演变与形成》，李静冰等译，中国政法大学出版社 1992 年版，第 167 页。

③ ［美］艾伦·沃森：《民法法系的演变与形成》，李静冰等译，中国政法大学出版社 1992 年版，第 226 页。

④ 不过，这只是相对意义上而言的，习惯法也在一定程度上对民法典的编纂起到一定贡献。但是，与《法国民法典》相比，德国的法学与习惯的脱节更为严重。至少，在《法国民法典》编纂之初，立法者对该国的民事习惯进行整理，而这种工作在《德国民法典》编纂之中并不存在。

⑤ ［美］艾伦·沃森：《民法法系的演变及形成》，李静冰等译，中国政法大学出版社 1992 年版，第 168 页。

罗马法与习惯法的混合物，在契约……以及所有权方面，罗马法占据统治地位。"①《法国民法典》的编纂者对商业阶层怀有敌意，革命领袖也害怕波旁王朝凭借团体制度来实现复辟。因此，他们试图压制商人阶层。在1791年7月14日至17日颁布了一个法律，要求废除公司并不得设立公司。商人作为一个阶层没有存在的必要。因此，在《法国民法典》中缺乏商业阶层发展与进行商业贸易所需要凭借的法人制度。一错再错之情形下，商法并没有被当成民法看待。

但商法并没有因为被立法者忽视而限制其发展。在罗马法中，商法本身是通过一种自生自发的方式形成的。有商业活动必然需要商业规则，同时也需要商法。在罗马帝国中，商业的发达使得商法依靠习惯法的力量得到成长。尽管罗马法并没有包含商法的规则，但因为罗马帝国的强大使得罗马法成为世界的法，罗马法中的贸易规则也成为属地国家调整商业的必然内容。正如学者所言：

> 罗马法取代了罗马帝国的属地法，罗马法也为帝国内的商业关系提供了最低限度的商法原则。②

如罗马法中关于企业的一般性规定，如买卖、借贷、租赁、合伙以及委托等规定，完全可以规范交换意义上的商业活动，这也注定了商法不能脱离民法而存在。当然，还有经济方面的原因，当时法国农业经济对商品经济的拒绝导致了商法规则的非权威化与非系统化。但随着商业的发展以及拿破仑需要将他的法典带入国家政府的需要，商法的法典化也就存在必然。这可用卡纳里斯的话语来解释，历史经验表明：

> 第一，商事教义领域对于制定清晰、可信的基础规范以及制定相应的法典有着强烈的需求；第二，商事法律以及成文商法典是商事规范恰当的试验场，有些经受了商事交易考验的规范即可移植于一般的法律交

---

① 许中缘：《论民族主义与中国民法典》，《私法》2013年第1期；〔美〕艾伦·沃森：《民法法系的演变及形成》，李静冰等译，中国政法大学出版社1992年版，第168页。

② 徐金海：《商法源流论——以商法结构变迁为视角》，中国经济出版社2011年版，第66页。

易，并被统一的民法典所吸收。①

　　法国大学者伊夫·居荣也明确提出，商事规则具有独特的调整领域。如果说民法所关注的是"静态的财富"（fortunesstagnantes），其出发点主要是"人"（personne）和个人的"总财产"（patrimoine）（资产与负债的总和）来思考的"财富"（fortune）；那么，商法所规范的则是"动态的财富"，包括财产（richesses）的生产活动以及销售活动。② 《法国商法典》的编纂者试图将商法独立于民法，以此来发展本国的工商业，特别是重商主义的兴起，更是将这种思潮推至极端。法国 1807 年商法典的制定过程过于匆忙，基本上沿袭了路易十四在 1673 年颁布的贸易法令，但是此法令被学者批评为"过分实用的规范文件"。所以，很大程度上可以说，《法国商法典》的产生是基于历史发展而非逻辑的先验推理。③

　　《法国商法典》共 9 卷 1800 余条。第一卷是商事总则；第二卷是公司及经济利益组织；第三卷是特定形式的买卖和排他性条款；第四卷是价格与竞争；第五卷是商业票据与担保；第六卷是企业困境；第七卷是商事组织；第八卷是有规范的职业；第九卷是适用于海外省与海外领土的规定。根据 1811 年议会的决议，《法国商法典》是普通法（droit commun）而不是民法的特别法（loi d'exception），由此确定了民商分立的立法模式。然而，因为商法并不具有自恰体系，很多内容只能回归民法典寻求相关规则。如"商事合同只是特定主体类型的民事合同"，该种合同的相关规则仍然不得不回归合同法的相关规定。④ 19 世纪下半叶以来，法国根据其司法实践的要求，频繁地对原商法典加以修订并增加单行法，商法典中相应条文也被废止。正如有的学者所言：

---

　　① ［德］C. W. 卡纳里斯：《德国商法》，杨继译，法律出版社 2006 年版，第 2 页。

　　② 参见［法］伊夫·居荣：《法国商法》（第 1 卷），罗结珍、赵海峰译，法律出版社 2004 年版，第 3 页；另参见蒋大兴：《论民法典（民法总则）对商行为之调整——透视法观念、法技术与商行为之特殊性》，《比较法研究》2015 年第 4 期。

　　③ 参见［法］伊夫·居荣：《法国商法》（第 1 卷），罗结珍、赵海峰译，法律出版社 2004 年版，第 16 页；叶林：《商行为的性质》，《清华法学》2008 年第 4 期。

　　④ Michel Germain, *Le Code Civil er le Droit Commercia*, Le Code Civil un passé, un présent, un avenu, 2004, p. 641.

由于发生了这种变化，严格地说，现在的《法国商法典》只成了整个商事法规中的一个通则部分。①

现行《法国商法典》修改中加入的公法，经济法（竞争法、工商业公会、商业整治等）甚至社会法（薪金监护）的内容，导致商法只能成为整个商事法规中的一个通则部分，② 法国商法法典化 200 年的历史已经证明商事法典化的失败或多此一举。③ 在《法国民法典》颁行 200 周年反思之际，学者甚至就对民法典如何实现商法规范的融合提出建议。④

（二）德国民商分立立法模式的历史及现状

艾伦·沃森认为："自然法学是为了得到普遍的、基本的法律原则而利用非常抽象的推理方法的产物。与此同时，总则到底是不是正宗的自然法和'简化'的自然法相区分的衍生物，这点几乎辨认不出来，因此，在内容和结构上，《法国民法典》与《德国民法典》在结构上的重大差异，理当由自然法对于德国民法传统的更大渗透性来解释。"⑤ 与法国一样，自然法对法律传统的浸透，在德国远比法国要深刻一些。在德国，罗马法已在整个德意志深深扎下了根，德意志私法的范围仅局限于某些规定，不可能使整个德国法非罗马化与民族化。在法典编纂的大辩论中，当时的历史法学派认为一个民族的法律应该秉有自身确定的特性，其应为一个民族所独有，如同其语言、行为方式和基本的社会组织方式。⑥ 可是，这个学派的公认领袖萨维尼先生用这些前提为德国接受和发展罗马法提供辩护，其本质并不是想在德国发展罗马法，而是主张罗马法已成为德国法的一部分，已融入于德国民族精

---

① 任先行、周林彬：《比较商法导论》，北京大学出版社 2000 年版，第 159 页；彭真明、江华：《商法法典化的反思——以制定〈商事通则〉为中心》，《浙江师范大学学报》2005 年第 1 期。

② 参见任先行、周林彬：《比较商法导论》，北京大学出版社 2000 年版，第 159 页。

③ 参见聂卫锋：《法典化与〈法国商法典〉的最新发展》，《国家检察官学院学报》2013 年第 2 期。

④ Michel Germain, *Le Code Civil er le Droit Commercial*, Le Code Civil un passé, un présent, un avenu, 2004, p. 645.

⑤ ［美］艾伦·沃森：《民法法系的演变与形成》，中国政法大学出版社 1992 年版，第 150 页；另参见王煜、张萍：《罗马法与各国民事立法》，《安康师专学报》2001 年第 12 期。

⑥ 参见［德］萨维尼：《论立法与法学的当代使命》，许章润译，中国法制出版社 2001 年版，第 7 页。

神之中。如艾伦·沃森所认为：

> 那种要求从书本中排除罗马法的要求是比较情绪化的，罗马法根植在德国的教育体制的传统里。甚至，在认识到本土化的日耳曼私法存在之后，大学里仍然继续教授罗马法和教会法。①

也正如萨莱伊总结这段历史时所说："要在制定法典时排除罗马法，其结果可能是（在19世纪末）制定一部无德国法的德国法典。"② 在以萨维尼为代表的历史法学派的坚持下，德国民法典完成了对习惯形式的传承，而后又经法律科学和法院发展。1896年通过的《德国民法典》正是抛弃了诸多日耳曼法的思想而采用了罗马私法制度的产物。③ 因此，《德国民法典》并没有吸收商法的内容。其实，在1811年的《奥地利普通民法典》中，也少有商法规范。

德国实行民商分立立法模式，还有一个重要原因：即在民法典编纂之前，早在1794年，德国《普鲁士邦普通法》就存在调整商法和营业法规范的法律，并且规定了商人的含义。另外一个原因就是受1807年《法国商法典》的影响，在法国入侵德国之后，该法典曾经在德国西部地区一直有效，即使德国对法战争胜利之后，该法在19世纪中叶也一直存在效力。随着德意志帝国的统一，商法的统一也提上立法日程。1848年，帝国尝试对商法进行统一，并在1857年制定了《德意志普通法商法典》（ADHGB），该部法律大部分内容为后来的《德国商法典》所吸收。不过，由于当时德国并没有民法典，该法典第4条关于商人的规定既可以适用于商人，也可以根据其第271条与第307条适用于非商人。④ 随着《德国民法典》的编纂，修改的《德意志普通法商法典》（ADHGB）也即现在的商法典得以通过。《德国商法典》共五编905条。第一编为商人身份，共9章，包括商人、商事登记

---

① ［美］艾伦·沃森：《民法法系的演变及形成》，李静冰等译，中国政法大学出版社1992年版，第44页。

② ［法］勒内·达维德：《当代主要法律体系》，漆竹生译，上海译文出版社1984年版，第56页。

③ 参见许中缘：《论民族主义与中国民法典》，《私法》2013年第1期。

④ 参见［德］C. W. 卡纳里斯：《德国商法》，杨继译，法律出版社2006年版，第24—25页。

簿和企业登记簿、商号、商事账簿、经理权和代办权、商业辅助人和商业学徒、商事代理人、商事居间人。第二编为非独资的商事企业和隐名合伙，共3章，包括普通合伙、有限合伙以及隐名合伙。第三编为商业账簿，共6章，包括对所有商人的规定、对公司的补充规定、对登记合伙社的补充规定、对特定营业部类企业的补充规定、私人账目委员会、账目审查机构。第四编为商行为，共6章。第五编为海商，共11章，包括一般规定、船东与航运企业、船长、货运营业、旅客及行李送达、抵押、海损、救助、船舶债权人、海上保险、时效。《德国商法典》自始没有把破产、票据、保险、商事法院等内容规定在内，对此都另制定商事单行法。"对于以前同样由《德国商法典》调整的股份有限公司和股份两合公司，现适用1965年9月6日颁布的《股份法》；对于有限责任公司，适用1892年4月20日发布的《有限责任公司法》；对于营业经济合作社，则适用1889年5月1日的法律。可见《德国商法典》中有关公司法的规定，只涉及商法上的人合公司。"①

学者认为，在私法的整体框架下，《德国商法典》主要呈现两大作用：一是将商事行为的各种法律表现形式统合，如行纪业务或居间等特殊形式的代理；二是在商业领域，为一些成交非常迅速的商业活动人提供保护。这主要体现为关于商业名称和商业登记的规定，以及商人对第三人的责任及商人对自己的行为和承诺的责任要比普通人严格的规定。② 但除了这些规定，《德国商法典》所确立的一般原则，只有依据《德国民法典》的相关规定才能理解，而《德国商法典》的规定只是对这些一般性的原则加以变更、补充和排除。③ 在德国，尽管《商法典施行法》第2条明确民法典补充适用的属性，④ 但商法规范在解决案例中，不得不依靠民法规范才能够予以适用。学者认为，"能作为商法这个独立法律部门的基本特征的，实在不多。正因为如此，相当正式的说法是，它是商人的特别法，区别于民法实质的独立性

①　彭真明、江华：《商法法典化的反思——以制定〈商事通则〉为中心》，《浙江师范大学学报》2005年第1期。

②　参见［德］罗伯特·霍恩等：《德国民商法导论》，楚建译，中国大百科全书出版社1996年版，第236页。

③　参见［德］罗伯特·霍恩等：《德国民商法导论》，楚建译，中国大百科全书出版社1996年版，第239页。

④　"在商事活动中，《民法典》仅在《商法典》未作规定时方可适用。"

并不存在"①。现有的商事实然法逐渐出现了萎缩趋势，立法者准备促成商法与民法之间的融合。②

（三）日本民商分立立法模式的历史及现状

日本商法是明治维新的产物。1868年，日本发生明治维新运动，革新主张商业交易和商法的世界性、废除治外法权并力求制定商法典。日本在制定民法典时，原来想全面继受《法国民法典》，"误译也无妨，为求速译"。但是他们发现，这种原封不动翻译过来的《日本民法典》与日本当时的社会生活格格不入。于是，日本从法国请来民法学家博瓦索纳德（Boissonade）与日本起草委员共同指导民法典的制定。博瓦索纳德在《日本民法典》的制定中，尽量考虑日本亲族法与继承法的风俗习惯与国民意识，认为"以古有之详尽习惯规范今天的家族利益为已足矣"，而在财产法中，尽量吸取《法国民法典》的规定。③《日本商法典》于1890年通过，共1064条，分为总则、海商和破产三编，但是该法典严重脱离日本的国情。后日本成立法典调查委员会，由梅谦次郎等日本人负责编纂，并于1899年通过。新的《日本商法典》共五编689条，第一编为商事总则，第二编为会社，第三编为商行为，第四编为票据（本票、汇票、支票），第五编为海商。20世纪30年代初，日本在商法典之外又单独制定了《票据法》和《支票法》，并取消了商法典中票据编，此后又单独制定了《有限责任公司法》对公司编也有较大的修改，现行的商法典共851条，分为总则、公司、商行为、海商四编。④

日本学者志田钾太郎认为，商法为国内法的一部分，是作为私法原则的民法（普通法）的特别法。但对于"商法典之所以能够存在，乃诸历史沿

---

①　[德] C. W. 卡纳里斯：《德国商法》，杨继译，法律出版社2006年版，第11页；另参见孟强：《经由编纂民法典实现民商合——兼评〈民法总则专家建议稿〉与〈商事通则立法建议稿〉》，《社会科学战线》2015年第12期。

②　参见 [德] C. W. 卡纳里斯：《德国商法》，杨继译，法律出版社2006年版，第20页。

③　参见 [日] 星野英一：《日本民法典编纂中遇到的问题》，渠涛译，渠涛主编：《中日民商法研究》，法律出版社2003年版，第37页。

④　参见王萍：《日本商法教程》（修订版），上海外语教育出版社2005年版，第8—32页；《日本公司法典》，崔延花译，中国政法大学出版社2005年版，第1—21页。

革之需，而非由现今商业文明社会所驱"①。并列举了几点理由：第一，他认为适用商法，"当分别商行为与商以外之行为专就客观主义之商法言，庶适用之范围有定，既不能明晰分别，则商法对于商行为固可适用，即对于商以外之行为亦可适用，而商法法典成为一种普通法，既有民法为普通法，则商法不复存在"②。第二，商法缺乏应有的体系性，缺乏商事总则的存在，"体势散漫，无所归宿"，因此不具有法典存在之必要。第三，就商法法典的内容而言，日本商法法典的会社，作为营利性社会法人，规定在民法附属单行法中比较恰当，而海商法大部分准用于与商行为绝无关系的船舶，应该作为单行法而存在。第四，就法制沿革而言，罗马法并不存在民商分立的商法典，英美国家也无与民法明确区别的商法，《瑞士债务法》也将传统商法中的内容归纳在民法典当中，而俄罗斯民法也没有采用与民法典分立的商法典。最后，他认为，实则不存在独立商法典，"然吾辈主张商法法典与民法法典对立而存在，不过为历史沿革之惰性，亦非谓必须将从来组织商法法典之规定悉使综合于法典中也。关于某制度之固定，固可插入民法法典中，关于某制度之规定，亦可使之与关于其制度之行政法规相结合，使之以纯然私法所组织之单行法。惟其解除商法法典，使其中关于各制度之规定以各自适当方法而为成文法而已"③。

二、民商合一国家立法模式的历史及现状

自 1907 年通过的《瑞士民法典》开创民商合一立法体例的先河，大多数外国法学家都赞赏这个法典，许多人简直入了迷，在德国甚至有学者提出要废除《德国民法典》取而代之以《瑞士民法典》。④ 20 世纪以后制定私法法典的国家，基本以《瑞士民法典》为民商合一的立法模式，或仅仅结合

---

① ［日］志田钾太郎口述，熊元楷编：《商法总则》，上海人民出版社 2013 年版，第 10—12 页；李秀清：《20 世纪前期民法新潮流与〈中华民国民法〉》，《政法论坛》2002 年第 1 期。

② ［日］志田钾太郎口述，熊元楷编：《商法总则》，上海人民出版社 2013 年版，第 10 页。

③ ［日］志田钾太郎口述，熊元楷编：《商法总则》，上海人民出版社 2013 年版，第 12 页；另参见《20 世纪前期民法新潮流与〈中华民国民法〉》，《政法论坛》2002 年第 1 期。

④ 参见［德］康·茨威格特、海·克茨：《瑞士民法典的制定及其特色》，谢怀栻译，《法学译丛》1984 年第 3 期。

本国法律现状稍作改变而制定本国法典。① 目前世界范围内，采用民商合一立法模式，最典型的是西欧的瑞士、意大利与荷兰，以及俄罗斯联邦共和国。②

（一）瑞士民商合一立法模式的历史及现状

瑞士说德语地区的法律没有像德国一样，经历对罗马法的全面继受，直到 18 世纪，瑞士联邦在其全部领土上实施了根据本地法律实践而建立的大众化法律。长期以来，瑞士西部和南部各州的法律就与法国的法律发展有密切的关系，它们的法典是以《法国民法典》为基础而制定的。另外，瑞士北部和东部的许多州的法典都追随苏黎世的立法模式。③ 自 19 世纪开始，瑞士人发现调整简单商品经济的法律已经不能适应现实经济发展的需要。瑞士联邦日益感到有统一法律的必要，对于究竟是否授予联邦立法机构司法上的私法立法权，在全国范围内展开了热烈的讨论，不过还是有学者担心："扩大联邦的权限可能使丰富多彩的各州法律趋于千篇一律。"④

到 19 世纪 80 年代，瑞士立法才初步探索合同与商法的结合。1874 年宪法改革中授予联邦机构在某些司法方面的立法权限，特别是债法和商法方面，这是《瑞士联邦债法典》产生的法律根据。《瑞士联邦债法典》就是依据 1874 年《瑞士联邦宪法》第 64 条的精神制定的，该条规定："所谓债法包括与商事和动产交易有关的法律。"《瑞士联邦债法典》共分为 5 个部分，共 1186 条。第一部分为总则；第二部分为契约各则，包括行纪、仓库、寄托、运送、承揽运送、经理权等；第三部分为公司；第四部分为商业登记册；第五部分为有价证券。《瑞士联邦债法典》于 1881 年 6 月 14 日公布，自 1883 年 1 月 1 日起开始施行，主要内容表现出商事和动产交易的结合。其中，商法作为民法特别法，必然混杂着一些民法的规定，而民法之中又混杂着商法的规定。这种探索对于商品经济的发展是有益的，有学者热情地赞

---

① 参见谢怀栻：《大陆法系民法研究》，《外国法译评》1994 年第 3 期；谢怀栻：《大陆法国家民法典研究》，《私法》2001 年第 1 期。

② 另外还有芬兰、丹麦、委内瑞拉、瑞典、泰国、蒙古、巴西、越南等等。

③ 主要是包含反映德国历史法学派和罗马法继受学派的新理论的第一部法典。该法典较之任何其他州的法典，对于瑞士民法典都有很大的影响，它同当地的法律传统保有牢固的联系。

④ ［德］康·茨威格特、海·克茨：《瑞士民法典的制定及其特色》，谢怀栻译，《法学译丛》1984 年第 3 期。

扬瑞士联邦债法的制定是体现"私法一体化"思想的举措，认为这是"民商合一"的成果范例。① 15年后，在联邦取得补正立法权后，瑞士又开始起草民法典，于1907年制定的《瑞士民法典》共五编：人法、家庭法、继承法、财产法和债务法，相应地修改《瑞士联邦债法典》，并于1911年将债法纳入民法典的第五编之中，1912年1月1日正式实施。但由于修订时间有限，只能对总则部分②和各种契约部分加以修订并与民法同时实行，该部分的条款顺序号是单独编写的，其本质应是单行法，只是标题又明显标注为《瑞士民法典》第五编。其中，《瑞士联邦债法典》第552条以后有关公司法、商事登记法、有价证券法等商事规范并未涵括于《瑞士民法典》第五编之中。后通过1928年和1931年两次重大修订，直到1936年，《瑞士民法典》第五编债法编才制定完毕。③ 尽管如此，《瑞士民法典》当之无愧地为开创民商合一立法模式的首部民法典。

由于瑞士的特殊政治、经济情况及其生活传统，《瑞士民法典》整体表现为一部通俗易懂的法典，既不追求法条的完备，也广泛使用一般条款使法官能够建立判案的准则和标准，同时还实现了民事规则与商事规则在民法典中的结合。④ 一方面，《瑞士民法典》共2163条（约数，其中有删除的和增订的），第五编的五个部分就占1186条，其中第三部分的公司和合作社，第四部分的商事登记、商号和商业账簿等都是专门的商事规则。⑤ 另一方面，尽管民法典并没有专门的一编、一章或一节规定商事主体，但有在民事主体基础上的特别条款规范。例如，《瑞士民法典》总则第一编人法中规定统一民事主体——自然人和法人。第52条规定："团体组织以及有特殊目的的独立机构，在商事登记簿上登记后，取得法人资格（第1款）。公法上的团体

---

① 参见《瑞士民法典》，殷生根、王燕译，中国政法大学出版社2010年版，第1—66页。

② 包括契约总则、侵权行为和不当得利。

③ 《瑞士债法典》，吴兆祥译，法律出版社2002年版，第167—328页。

④ 参见［德］康·茨威格特、海·克茨：《瑞士民法典的制定及其特色》，谢怀栻译，《法学译丛》1984年第3期。

⑤ 第五编债法的第一部分是总则，包括债之发生、债的效力、债的消灭、特别的债之关系、债权的转移与债务的承担；第二部分为各种契约的关系，包括买卖、交换、赠与、租赁、借贷、劳动契约、承揽、出版契约、委托、无因管理等等；第五部分为有价证券，包括记名证券、无记名证券、汇票、支票、债权等等。最后是另编条文序号的终编与过渡条款。参见谢怀栻：《外国民商法精要》，法律出版社2002年版，第119—120页。

组织及机构，非经济目的社团的宗教团体、家庭团体，不需要上述登记（第 2 款）。违背善良风俗或有违目的的机构、团体组织不能取得法人资格（第 3 款）。"可见，瑞士法中的法人也是不同于自然人的团体组织，而且经济目的社团必须经过商事登记才可以取得法人资格。① 可见，《瑞士民法典》中还是存在以经济为目的、必须经过商事登记的商事主体。

（二）意大利民商合一立法模式的历史及现状

随着意大利王国的统一，在统一立法愿望的指引下，意大利于 1865 年制定了《意大利民法典》（Codice Civile），1866 年生效，该法典主要是效仿《法国民法典》的立法模式。到 19 世纪末，1865 年的《意大利民法典》所代表的社会和法律价值观已经逐渐不能满足发展的需要。随着意大利工商业的发展，民法典与社会之间愈发缺乏联系，主要因为大企业的发展、无产阶级的形成、劳工问题剧增以及社会思想的进步等等。② 因此，意大利于 1882 年制定了《意大利商法典》并随后颁布了一些解决这些情况的专门法律，基本形成了民商分立的格局。在 19 世纪末到 20 世纪初，罗马史学家维多里奥·夏洛亚主张"私法统一"③，对新法律的起草作出了特有的贡献，他已经开始构想将私法各领域编排在一部新的法律中的立法体例，在他的推动下，1927 年制定并通过《意大利债与契约法典草案》（第一部分包含债的一般性规定，表现出 1804 年的《法国民法典》、1865 年的《意大利民法典》和 1990 年的《德国民法典》之间模式的平衡）。尽管该草案最终没有生效，但对 1942 年《意大利民法典》产生了巨大的影响。④

意大利将民法典与商法典统一起来，是由民商分立转而采用民商合一模式的第一个大陆法系国家。1924 年成立了一个由法学家和罗马法教授组成的委员会起草民法典，具体人员是：P. 彭梵得、V. 塞格雷、F. 瓦萨里、E. 本萨等。1939 年和 1940 年新的《意大利民法典》的前两编分别生效，

---

① 参见《瑞士民法典》，殷生根、王燕译，中国政法大学出版社 2010 年版，第 1—66 页。

② ［美］艾伦·沃森：《民法法系的演变及形成》，李静冰等译，中国政法大学出版社 1992 年版，第 199 页。

③ 即民商法二元统一论，首次由意大利法学家摩坦尼特于 1847 年提出，认为商人这一特殊阶层单独制定商法典的现实情况已无必要，从而应将商事规则纳入民法典之中。参见［日］松本蒸治：《民商二法统一论》，转引自谢怀栻：《外国民商法精要》，法律出版社 2002 年版，第 121 页。

④ 参见余能斌主编：《民法典专题研究》，武汉大学出版社 2004 年版，第 228 页。

此时，委员会决定废除《意大利商法典》，将商法与民法统一起来。后整个《意大利民法典》于 1942 年 3 月 16 日生效，分为序编和主体六编，共 55 章 2969 条，第一编序编是一般原则，主要是关于法律的一般性规定；第一编是人与家庭，关于自然人的家庭亲属与法人的一般规定；第二编是继承，主要是继承一般原则、继承形式、遗产分割、遗赠等；第三编是所有权，具体是物、所有权、地上权、地役权、共有、占有等等；第四编是债，包括债法总则、契约总则、各种契约等等；第五编是劳动，具体又分职业活动规则、企业劳动、自由职业、公司、合作社、企业等等；第六编是权利保护，具体是登记、证据、权利的司法救济等等。从结构上看，《意大利民法典》是一部民商法典，该法典将传统的民法典与商法典的内容都纳入了同一部法典之中。就发展而言，意大利为商业发达最早之国，而该国之学者，主张民商合一最力。毫无疑问的是：

　　1942 年《意大利民法典》是罗马法系法典化历史中的一个重要里程碑。①

　　《意大利民法典》作为典型的民商合一立法的法典，正确地处理了继承和创新的关系，法典既显现了历史连续性，又具有鲜明的时代特征。② 如此一来，该法典不仅没有显得杂乱无章而且它还统一适用于一切主体，从而更能体现法律的公正性，发挥法律对经济的调整关系。③ 例如，《意大利民法典》第一编"人与家庭"中即规定自然人和法人的二元主体结构。第五章法人中先将法人分为公法人和私法人，再将私法人分为社团和财团。第五章第 13 条又规定："公司和合伙受本法第五编调整。"第五编第五章第 2249 条规定："以商业活动为目的的公司应该按照本章第三节及后节规定的形式设立（第 1 款）。以其他活动为目的的公司，受本法有关一般合伙规则调整，股东愿意的不在此限（第 2 款）。"意大利商法中也并没有严格区分公司与

───────────────

① 《意大利民法典》，费安玲译，中国政法大学出版社 2004 年版，第 1—9 页。

② 参见杨振山：《罗马法、中国法与民法法典化》，中国政法大学出版社 2001 年版，第 390—391 页。

③ 参见余能斌主编：《民法典专题研究》，武汉大学出版社 2004 年版，第 242—243 页。

合伙，将公司视为与合伙具有相同含义的法律概念，其中一般合伙是不从事商业活动的公司。《意大利民法典》第 2291 条第 1 款规定："无限公司的股东对公司债务承担无限连带责任。"第 2313 条规定："普通两合公司的无限责任股东对公司债务承担无限连带责任，有限责任股东对公司债务承担的责任以出资额为限。"第 2325 条规定："股份公司是以其资产为限对公司债务承担责任的公司。"① 可见，《意大利民法典》第 13 条规定的商事主体（合伙和公司）都是民事主体（法人）的表现形式。另外，民法典的第四编充分体现了商法的特殊性，将许多商事规则的原则融入民法典之中。例如第 1293 条规定："连带不排除个别债务人以不同形式承担任何债务，或者共同债务人以不同形式对诸个别债权人承担债务"② 即债务人之债的连带推定，即使不同债务人之间以不同的方式负债，每个债务人均须就全部清偿。此条款旨在削弱对债务人的保护，强化对债权人的保护，从而使商事规则成为一切人都适用的一般规则的典型。③

（三）俄罗斯民商合一立法模式的历史及现状

19 世纪，俄罗斯进入法典编纂的近代化时期，但此时亚历山大与拿破仑决裂，使得《法国民法典》并未得到俄罗斯的青睐。1833 年，俄罗斯开始对本国杂乱无章的法律进行系统整理，最终形成了《俄罗斯帝国法律全书》，为"俄罗斯最有代表性的一部庞大的立法汇编"④。1922 年，在列宁的直接指导之下，苏俄以大陆法系为基础，在恢复商品经济为特征的新政策驱动下，制定了世界上第一部具有社会主义性质的新型民法典——《苏俄民法典》，并采用了民商合一的立法体系。民法典很大程度上是为实施当时新的经济政策制定的，对当时的经济具有积极的推进作用，但是在新政策结束与开始社会主义建设后，越来越无法适应苏俄社会经济的发展，于是 1958 年苏俄开始着手制定民法典以适应社会经济的发展，最后于 1964 年 6 月 11 日通过并取代了 1922 年的《苏俄民法典》，1964 年的《苏俄民法典》

---

① 《意大利民法典》，费安玲译，中国政法大学出版社 2004 年版，第 13 页。

② 《意大利民法典》，费安玲译，中国政法大学出版社 2004 年版，第 315—316 页。

③ 商事规则中对商事主体的责任要求较之相对交易的第三人更为严格，债法中吸收对商事主体严格责任的精神而立法设计使得债务人较债权人的责任更为严格。参见余能斌主编：《民法典专题研究》，武汉大学出版社 2004 年版，第 235—236 页。

④ 李欣主编：《外国法制史》，湖南师范大学出版社 2000 年版，第 420 页。

仍坚持民商合一的立法例。①

1991 年苏联解体，伴随国家解体的同时，苏联的法律也死亡了。但俄罗斯的法律不仅没有解体，反而重生了，其强有力地支撑着俄罗斯的国家、经济、社会运作。② 俄罗斯的法律既有继承神圣罗马帝国的历史传统的一面，又有接受国际共同生活准则现代化的一面。③《俄罗斯联邦民法典》也是民商合一立法体例的法典。《俄罗斯联邦民法典》先后通过四个部分，共七编 77 章 1551 条。《俄罗斯联邦民法典》第一部分自 1994 年 10 月 21 日通过，1995 年 1 月 1 日开始施行，共三编 29 章 453 条。第一编是总则，又分为三分编，包括第一分编基本规则、人、民事权利的客体。第二编是所有权和其他物权。第三编是债法总则，又分为两分编，第一分编是关于债的一般规定，第二分编是关于合同的一般规定。《俄罗斯联邦民法典》第二部分，1995 年 12 月 22 日通过，1996 年 3 月 1 日开始施行，为该法典的第四编，共 31 章 656 条，第四编是债的种类，主要内容是合同、侵权、不当得利之债。《俄罗斯联邦民法典》第三部分，2001 年 11 月 1 日通过，2002 年 3 月 1 日开始施行，共两编 8 章 115 条，分为第五编继承法和第六编国际私法。《俄罗斯联邦民法典》第四部分则是 2006 年 11 月 24 日通过，自 2008 年 1 月 1 日起开始施行，为第七编共 9 章 327 条，第七编是智力活动成果和个别化手段的权利。在长达 12 年的时间里，俄罗斯的社会和民商事关系发生了巨大的变化，这部民法典也必然反映了这些发展和变化。④

《俄罗斯联邦民法典》中融入了传统商法的基本内容，真正地实现了民商合一。俄罗斯与西欧的很多国家将私法划分为民法和商法的做法不同，俄罗斯商法从来就没有独立于民法而被分离出来过，商法的独立在俄罗斯既没有历史原因，也没有社会政治的原因，私法的"二元论"，即使在 1917 年十月革命以前也是不存在的，《俄罗斯联邦民法典》的草案都是建立在民法统一，即民商合一的基础之上。现代商法也是如此，并不能独立于民法，但

---

① 参见张建文：《俄罗斯民法典编纂史研究》，中国政法大学出版社 2012 年版，第 250—251 页。
② 参见《俄罗斯联邦民法典》（全译本），黄道秀译，北京大学出版社 2007 年版，第 1 页。
③ 参见《俄罗斯联邦民法典》（全译本），黄道秀译，北京大学出版社 2007 年版，第 2 页。
④ 参见《俄罗斯联邦民法典》（全译本），黄道秀译，北京大学出版社 2007 年版，第 562 页。

是这并不妨碍商法或商事规则的特殊性。① 一方面随着经济的发展，法律对民商已经不做特别的区分。民法典并不排除不从事商事活动的自然人或非商企业订立合同。② 例如：《俄罗斯联邦民法典》第二部分关于债的种类对买卖、租赁、运输、借贷、信贷等 26 类合同中除商业特许合同（第 1027 条第 3 款规定："商业特许合同的当事人可以是商业组织和以个体经营者资格注册的公民是完全商事的"③）、只能商事主体参与的赠与合同（第 575 条赠与的禁止第 4 款商业组织之间的赠与）④ 之外，其他合同中都不区分民事主体和商事主体，一律适用于所有的主体。其实"民法典的编纂，恰恰是把调整商事关系的一般规定，也列入民法典之中"⑤。另一方面确定了商业活动参与者的一些特殊的法律规范，基于商业活动的特殊性，商人享有更为宽泛的权利和义务。例如，第二编"人"确定了自然人和法人二元主体制度。⑥《俄罗斯联邦民法典》第 48 条第 2 款明确规定商合伙和商公司为法人，并且在法典中区分商业组织与非商业组织。并在第 310 条第 2 款规定："一方拒绝履行与双方的经营活动有关的债务或者一方变更债务的条件，只有在合同规定的场合方可为之。但是根据法律规定或者债的性质另有不同规定的除外。"⑦ 可见，俄罗斯民法典中的商事规则只是特殊的民事规则，其以民事规则为基础，并且有特定条款予以规范而不同于一般的民事规则。

（四）荷兰民商合一立法模式的历史与现状

荷兰民法典的发展，从民商关系的角度而言，可以分为三个主要阶段：1838 年前是民商合一的立法体例；1838 年到 1992 年是民商分立的立法体

---

① 参见鄢一美：《俄罗斯当代民法研究》，中国政法大学出版社 2006 年版，第 6 页。

② 杨遂全：《比较民商法学》，法律出版社 2007 年版，第 25 页。

③ 《俄罗斯联邦民法典》（全译本），黄道秀译，北京大学出版社 2007 年版，第 352 页。

④ 《俄罗斯联邦民法典》（全译本），黄道秀译，北京大学出版社 2007 年版，第 220 页。

⑤ 鄢一美：《俄罗斯当代民法研究》，中国政法大学出版社 2006 年版，第 9 页。

⑥ 该法典第 48 条规定："凡对独立财产享有所有权、经营权或业务管理权并以此财产对自己债务承担责任，能够以自己名义取得和实现财产权利和人身非财产权利并承担义务的都是法人，法人应具有独立资产负债表或预算（第 1 款）。法人的发起人由于参与创立法人财产，能够对该法人享有债权或对其他财产享有物权，商合伙和商业公司、生产合作社和消费社属于参加对其财产享有债权的法人（第 2 款）。"第 50 条第 2 款明确规定："作为商业组织法人可以以商合伙和商业公司、生产合作社、国有和自治地方所有单一企业的形式成立。"参见《俄罗斯联邦民法典》（全译本），黄道秀译，北京大学出版社 2007 年版，第 53 页。

⑦ 《俄罗斯联邦民法典》（全译本），黄道秀译，北京大学出版社 2007 年版，第 143 页。

例；1992 年以后又回归民商合一的立法体例。①

　　荷兰第一部民法典是 1809 年生效的《荷兰民法典》，与《法国民法典》大部分相同，该法典于 1811 年被法兰西帝国《法国民法典》取代。1813 年荷兰取得独立后，于 1838 年编纂本国的民法典。② 1838 年编纂的《荷兰民法典》是荷兰第三部生效的民法典，除了人法、家庭法、继承法、财产法中的部分内容外，基本沿袭了《法国民法典》。《荷兰商法典》也是 1838 年颁布的，前身为《法国商法典》，此时荷兰采用的是民商分立的立法体例。尽管如此，以雨果·格劳秀斯为代表的学者们在《荷兰法律导论》中极力主张对民商法律部门进行统一，1838 年的《荷兰商法典》第 1 条规定："除有明文限制外，民法典适用于商法典规定调整的所有事项。"同年，《荷兰商法典》取消了商事法庭，随后又将破产法从商法典中独立出来。此时虽有商法典存在，但实质上并没有商法典适用的空间。可以说，商法脱离了商人法的窠臼，成为全社会普遍适用的法律，民法与商法的区分实际上已并无必要。③

　　从 1947 年开始，荷兰民法开展再法典化运动，在梅尔斯（Meijers）起草的民法典中，商法典被整合到民法典第二编（法人）、第七编（具体合同）和第八编（运输法）之中，后该草案中的第一编（人法与家庭法）于 1970 年生效，第二编（法人）于 1976 年生效，直到 1992 年，新的民商合一体例的《荷兰民法典》正式生效（准确地说是法典的核心部分第 3、5、6 编生效）。④ 新《荷兰民法典》共十编，第一编是人法和家庭法，包括婚姻、婚姻财产和离婚收养等；第二编是法人，包括社团、合作社、互助保险社、公司和基金会；第三编是财产法总则，包括有形物和无形物财产的转让、占有、共有等；第四编是继承法，继承范围包括无形财产，如知识产权、债权、用益物权等；第五编是物权，包括动产和不动产的所有权、共有、各种用益物权以及相邻关系中的权利义务；第六编是债法总则，为债的一般规

---

　　① 参见余能斌主编：《民法典专题研究》，武汉大学出版社 2004 年版，第 247 页。
　　② 参见《荷兰民法典》（第 3、5、6 编），王卫国主译，中国政法大学出版社 2006 年版，第 1 页。
　　③ 参见《荷兰民法典》（第 3、5、6 编），王卫国主译，中国政法大学出版社 2006 年版，第 2 页。
　　④ 参见［荷兰］亚瑟·S. 哈特坎普：《荷兰民法典的修订：1947—1992》，《外国法译评》1998 年第 1 期。

定、合同法总则等；第七编是有名合同，包括以有形物为标的的合同、提供服务和劳动的合同、与信用交易相关的合同；第八编是运输法，包括海商法、内河航运法、道路运输法、航空运输法和铁路运输法；第九编是智力成果法，包括商标权、著作权和版权等；第十编是国际私法，该编是对荷兰已有的国际私法进一步的法典化。《荷兰民法典》的编订体现了所有的私法都应纳入民法典的思想。①

新《荷兰民法典》将商法合并于民法典之中引发了一场深刻的民法商法化的运动。② 一方面，民法典通过将商法规则一般化，把商事规则变成合同法的一般规则进行具体体现。例如，《荷兰民法典》将商法规则中有关合同的特殊性规范整合入民法典的第七编有名合同中，即买卖合同、互易合同、旅游合同、保管合同、劳动合同、建筑合同、保证合同、和解合同、结算合同、保险合同等具体不同类型的合同之中，作为其一般性的规范。③ 当然，有时也是因为特殊商事规则已经没有例外存在的必要了，特殊规则被普通规则所覆盖。例如，最初在海事运输法中的规定，如果债权人对雇员的行为免除责任，则雇员可以引用相关条款对抗债权人对其提出的侵权之诉，后整合入民法典第八编被普通性规定覆盖。另一方面，某些商事特殊规则得以保留，商法又被作为一个整体而成为整个私法制度的一部分。民法典基本确定了自然人和法人的二元民事主体制度，第二编（法人）中首先规定了许多适用于所有法人的一般规则，规定的法人类型包括：社团、合作社、互助保险社、公司和基金会。其后主要围绕有限责任公司和股份有限公司设置具体规则。④ 商事特殊规则直接规定在通则之中而成为一般规定，又通过插入一些具有特殊性的规则转变成新的特殊性规则，可见商事规则还是有相当一部分作为传统商法领域的特殊规则并形成一定体系而被保存。我们至少可以确定，新的《荷兰民法典》实现的民商合一是在一般性规则与特殊性规则融合的基础之上实现民法与商法合并，而非用民事规则替代商事规则。

① 参见《荷兰民法典》（第3、5、6编），王卫国主译，中国政法大学出版社2006年版，第8页。
② 参见余能斌主编：《民法典专题研究》，武汉大学出版社2004年版，第254页。
③ 参见徐国栋：《比较法视角中的民法典编纂》（一），北京大学出版社2007年版，第3—7页。
④ 参见《荷兰民法典》（第3、5、6编），王卫国主译，中国政法大学出版社2006年版，第2—10页。

三、英美法系中独特的商事规则

(一) 美国《统一商法典》不是民商分立的趋势

英美法系，又称普通法系，以判例作为主要法律渊源，制定法只是判例法的修正和补充。故英美法系的商事规则跟以法典为主的大陆法系中民商分立或民商合一立法体例国家的商事规则必然不同。[①] 英美法系中的商事规则是沿着古希腊通过交易实践形成的商法自主发展，经过中世纪商人习惯法，在实践交易中形成的商法规则。

1.《统一商法典》的制定历史

美国《统一商法典》与大陆法系国家法典的制定历程相似。到 19 世纪末和 20 世纪初，美国法律、法规和各种判例的数量发展使得人们难以驾驭。根据统计，法院在 1919 年存在大约 1 万册判例，在 1923 年已经存在 18500万册。[②] 过多的判例对司法造成困难，为了顺应经济贸易的发展，美国工商界早有统一各州商法的呼声，于 1892 年就开始寻求各州的商法统一，即制定全国范围内的商事法律。19 世纪末，美国的一些官方机构，如美国法学会（American Law Institute）和美国律师协会（American Bar Association）发起并推动了持续强大的法律统一运动，其中 1896 年的《统一流动证券法》（Uniform Negotiable Act）、1906 年的《统一买卖法》（Uniform Sales Act）、1909 年的《统一货运证券法》（Uniform Bill of Loading Act）和《统一提单法》（Uniform Warehouse Receipts Act）、1918 年的《统一附条件销售法》（Uniform Conditional Sales Law），以及后来制定的《统一信托收据法》（Uniform Trust Receipts Act）都是美国努力尝试统一立法的成果。这些法律最终为《统一商法典》（Uniform Business Corporation Law）的编撰提供了宝贵的法律基础和立法经验。

1923 年，美国律师在华盛顿组成了美国法律协会，该组织决定对法进

---

① 对于英美法系国家而言，立法法典化的问题，其中包括民法法典化和商法法典化的问题，一般而言，不具有原则性的意义，仅仅在个别地区有法典（加拿大魁北克省和美国路易斯安那州有自己的民法典），并不能在历史上起到欧洲大陆法典的作用。

② 参见许中缘：《论普通法系国家法典的编纂》，《比较法研究》2006 年第 5 期。

行"重述"，意图对支配各个领域的原则进行系统化。① 第一步计划完成的是代理法（1923—1933 年）、冲突法（1923—1934 年）、合同法（1923—1932 年）、财产法（1927—1944 年）、回复原状法（1933—1937 年）、侵权法（1923—1939 年）、信托法（1927—1935 年）、保险法（1936—1941 年）。此后，第二次重述与第三次重述增加了诸多内容，如担保法（1989—1996 年）等。法律重述的目的是取代不断出现的判例，提出"一个有条理的关于美国一般普通法的阐述，在'阐述'一词中，不但包括完全由司法判决发展而来的普通法，而且包括法院通过对制定多年且尚有效力的成文法的适用发展起来的法律"②。但是法律重述也不限于对判例与成文法的重述。③ 如学者所言：

> 其目标应该不仅帮助我们确定现在很大程度不确定以及简化不必要的复杂的内容，而且使这些变化更好地适应社会生活的需要。我们预想中重述的特征最好描述为，其应该同时是分析的、批判的与构建的综合。④

法律重述为法典的订立提供了可能：其一，法律重述是法学学者对既有的判例与成文法的总结而提出的一般规则，这是法律得以统一与系统化的基础。其二，法律重述使成文法的形式的权威得以确立，尽管重述是民间进行的，本身不具有立法的权威。法律重述的背后是美国法学会的著名学者的权威作为后盾，该重述对美国的司法产生重大的影响。这可以从美国的司法判例对法律重述的援用看出。其三，法律重述是美国学者为了防止制定法典需要进行的繁杂的立法的一种折中道路，这也必然为法典的制定提供一种选择

---

① 参见许中缘：《论普通法系国家法典的编纂》，《比较法研究》2006 年第 5 期。

② ［美］伯纳德·施瓦茨：《美国法律史》，王军、洪德、杨静辉译，中国政法大学出版社 1989 年版，第 219 页。

③ 参见许中缘：《论普通法系国家法典的编纂》，《比较法研究》2006 年第 5 期。

④ Gunther A. Weiss, "The Enchantment of Codification in the Common-Law World", *Journal of International Law*, Summer, 2000, p. 519；许中缘：《论普通法系国家法典的编纂》，《比较法研究》2006 年第 5 期。

的道路。可以说，法律重述是法典编纂的"起点"①。随着时代的发展，新一代的法律现实主义学者开始着眼于不仅形成重述的规则，而且形成统一的法律，即《统一商法典》。②

《统一商法典》是在联邦法典编纂机关的主持下，美国统一州法委员会（NCCUSL）和美国法学会（ALI）联合组织制定的一部示范法，现已为美国50个州所采纳，对世界各国的民商事立法及国际商事公约产生了深远的影响，其重要地位举世公认，被誉为普通法系历史上最伟大的一部成文法典。③

> 美国《统一商法典》是 20 世纪法律制度史上最具有历史意义的伟大事件之一。④

2.《统一商法典》的特点

《统一商法典》是一部著名的"标准法典"，该法典无论是在大陆法系国家还是普通法系国家均有广泛的影响。据美国学者的说法，《统一商法典》是在大陆法系法典化的精神上构建的整个商法秩序，从而为全国的商事交易提供一种预见规则。⑤该法典在体系的构成上，具有如下特点。

第一，《统一商法典》具有大陆法系法典的总分结构。该法典分为 11

---

① See James Gordley, *European Codes and American Restatements: Some Difficulties*, 81 Colum. L. Rev., 1981, p. 156. 许中缘：《论普通法系国家法典的编纂》，《比较法研究》2006 年第 5 期。但是也有学者认为，法律重述也不是严格科学意义的法典，那种认为法律重述使美国法庞大的编纂法典的要求获得了满足也不正确。[美] 伯纳德·施瓦茨：《美国法律史》，王军、洪德、杨静辉译，中国政法大学出版社 1989 年版，第 220 页。

② See Gunther A. Weiss, "The Enchantment of Codification in the Common-Law World", *Journal of International Law*, Summer, 2000, pp. 474-475. 许中缘：《论普通法系国家法典的编纂》，《比较法研究》2006 年第 5 期。

③ 参见 ALI（美国法学会）、NCCUSL（美国统一州法委员会）：《美国〈统一商法典〉及其评述》，孙新强译，中国人民大学出版社 2004 年版，第 3—4 页；许中缘：《论普通法系国家法典的编纂》，《比较法研究》2006 年第 5 期。

④ 徐学鹿、梁鹏：《商法总论》（修订版），中国人民大学出版社 2009 年版，第 258 页。

⑤ See C. P. Callens, *Louisiana Civil Law and the Uniform Commercial Code: Interpreting the New Louisiana U. C. C. —Inspired Sales Articles on Price*, 69 TUL. L. Rev., 2002, p. 1660. 显然，这对那种认为普通法系法典不具有大陆法系国家法典所具有的预见性是一个有力的打击。

编（Article），以总则（General Provisions）和各分则的形式，涉及货物销售合同、消费租赁、融资租赁、商业票据法、银行存款单据、资金转移、信用证、仓单、提单、投资证券和担保等方面的法律，在结构上则由法律条文和附注于条文的官方解释组成。①《统一商法典》对现实中的商事规则和商事惯例进行了归纳和制度层面的架构。因为总则把法典统一的法律概念、解释规则、法律渊源等容纳在其中。法律渊源的规定，一方面使法典的内容得以统一；另一方面，使私法的相关领域的内容通过法律渊源有机地协调在一起。所以说，该法典基本消除了各州商法对州际交易因规定不同而造成的障碍，实现了商事规则在州与州之间关于销售、信贷、票据（本票、支票、汇票等）商事活动方面的法律的统合，并为各种类型的商事活动提供了一种优良的交易模式，被美国国内乃至国际商事交往规则所广泛采用和吸收，实现了商法的国际性。

第二，法典的各编之间具有紧密的关联。在该法典中，不同章、节、条款之间具有密切的联系。如在《统一商法典》的第二编"买卖"中，第一章有关"简称、一般释义与调整范围"乃是针对整篇而言的。该编由合同的形式、合同的一般义务、权利转让的规则、合同的履行、违约以及救济组成了买卖中所需要的各种规则。这些使该法典成为一部构造性的、"关联性的"制定法。法典中的许多条款在规定了一般规则的同时，也对例外规则进行了规定。而且，这些例外规定是通过一定的参照条款得以进行的。同时，法典对法律的解决方法以及规则进行了规定。② 如戈蒂德对该法典评价道：

> 该法典由环环相扣的十编组成，每编涉及一个主要法律领域。……每一部分又同时涵盖指引性总则、基本规定、一般原则以及规范领域。各部分还可以有条理地分解为具备更细致的内容的一章（part）或各个条（section）。除此以外，在各部分的章节下，条款通常可聚集为一组，每组为以补充又整体的方式构成具有内在关联且内容更为具体的部分。

---

① 参见［美］布拉德福德·斯通：《统一商法典》（第5版），法律出版社2003年版，第2页。
② 参见约翰·L.戈蒂德：《〈统一商法典〉的方法论：现实主义地看待〈商法典〉》，徐涤宇、吴淑萍、陈华庭译，《私法研究》（第2卷），中国政法大学出版社2002年版，第65—67页。

其实现了法典的有序性、权威性、选择性、全面性和统一性。①

有学者认为："一国在适用或解释《商法典》时，无法孤立看各个条款。因为商法典可以被整合，大部分概念、术语、原则之间在法典内能够相互补充、解释。所以，当我们考虑某个术语的内涵时，应该整体考量这个术语所在部分的上下文，还有该术语一般在何种语境中使用；同时也应该考量在什么情境下，于更为广泛的意义上使用该术语。除此之外，我们还需要思考商法典中规定的基本性权利、义务、原则与政策以及法律条款中具有与其他章节不同的术语、定义，且不管这样的条款是有待解释适用的条款，或是只是和它具有紧密联系的术语。"这样保证了法律的内部有机统一。

3.《统一商法典》在美国法律中的地位

"《统一商法典》对美国商事法律的发展具有划时代的意义。"② 它不仅克服了美国商事规则的混乱，统一了美国的商事法律，而且健全了美国商法体系，开创了美国成文法的局面。的确，《统一商法典》在美国商法发展中具有重要的作用。但无论如何，美国《统一商法典》不能等同于大陆法系法典。

第一，就法律渊源而言，美国《统一商法典》并不当然是美国商法的来源，也并不是美国商法的主要来源。一方面，《统一商法典》是在普通法的基础之上制定的，形式上相当于普通法中判例法的成文化。《统一商法典》的内容，需要服务于判例法。因此，对其内容的理解，只能从判例法的角度，而不能从大陆法系法典化的角度来理解。③ "英美法系的商事制定法本身来源于判例法，又服务于判例法。"④ 另一方面，为了适应现代商业经济的发展，美国近一百年制定了大量的商事制定法，甚至还突破了普通法中许多古老的原则，在英美法系国家的商事法律中，商法规则的渊源包括商

---

① 约翰·L. 戈蒂德：《〈统一商法典〉的方法论：现实主义地看待〈商法典〉》，徐涤宇、吴淑萍、陈华庭译，《私法研究》（第 2 卷），中国政法大学出版社 2002 年版，第 65 页。

② ALI（美国法学会）、NCCUSL（美国统一州法委员会）：《美国〈统一商法典〉及其正式评述》，高圣平译，中国政法大学出版社 2006 年版，第 2—3 页。

③ 参见范健、王建文：《商法的价值、源流及本体》（第二版），中国人民大学出版 2007 年版，第 123 页。

④ ［美］哈伊：《美国法律概论》，沈宗灵译，北京大学出版社 1983 年版，第 78 页。

事判例法、商事协约、商事制定法以及商事习惯。但是，美国商法的主要来源仍然是判例法，即法官创造的法律，制定法仅仅是对判例法的补充。[①]

第二，就法律地位而言，《统一商法典》只是商事交易的部分内容，并没有涉及全部商事交易规则，其意义和法律效力都不可与大陆法系商事制定法相提并论。一般而言，大陆法系法典内容周全且具有至高无上的法律权威。但是美国《统一商法典》的内容涉及商事交易的部分内容，仅仅只是美国商事判例很小的部分，目的只是给法官司法提供技术性操作的便利，使法官从相互冲突的判例法中快捷地找到正确适用的法律原则。对于美国《统一商法典》涉及的问题，最终还是需要依靠判例法进行解释和运用，所以在美国，判例法仍然具有至高无上的地位，对法官具有绝对权威性，制定法则不然。[②]

第三，就法律性质而言，美国《统一商法典》是示范性质的法律。法典并非专门的立法机关组织编纂，只是向各州推荐一个建议性使用的范本，各州可以采用也可以不采用，一旦采用就成为具有软商法性质的硬商法。[③]大陆法系的法典则是国家有权机关制定的具有强制执行力的规范性法律文件，而且法典一经颁布生效，在全国范围内，法典的文本内容和法律效力具有统一性，但是美国《统一商法典》并没有统一的文本，实质上也不是法律而只是推荐介绍性的文件。尽管美国所有的州都批准并采用《统一商法典》，但是每个州都对《统一商法典》进行各种不同的修改和变化后批准采用，不同州之间的《统一商法典》的版本存在极大差别。[④]

《统一商法典》是一个能不断自我补充完整的法典形式，取代了美国以前那些分散的立法，法典开放的规定形式能够避免拘泥于形式，支持法官在实践中使用一般法律原则来补充法典规定的不足。但是，《统一商法典》虽然名义上是商法典，却并不是大陆法系传统意义上的商法典，也不仅仅是对

---

① 参见覃有土：《商法学》（第二版），高等教育出版社 2008 年版，第 21 页。

② See Ronald A. Anderson, *On the Uniform Commercial Code*, Oxford Press, 2001, p.14.

③ 软法是制定机关特别、不依靠国家强制力保障实施以及纠纷不一定经法院裁决的规范。硬法则是国家有权机关制定的具有强制执行力的规范。同样，软商法是制定机关特别、不依靠国家强制力保障实施以及纠纷不一定经法院裁决的商事规范。硬商法则是国家有权机关制定的具有强制执行力的商事规范。参见徐学鹿：《商法的轨迹——从传统到现代》，法律出版社 2014 年版，第 120—126 页。

④ 参见徐学鹿、梁鹏：《商法总论》（修订版），中国人民大学出版社 2009 年版，第 239 页。

普通法的汇编和系统化，其性质介于两者之间。一方面，法典的编纂融入了大陆法系法典的系统性、全面性和确定性的精神；另一方面，它仍然贯穿着判例法的传统思想。①

（二）英国法律中独特的商事规则

同属英美法系的英国也并没有成文的民商法典，甚至没有像美国一样的《统一商法典》。它的商事法律从开始就以习惯、判例法为渊源。传统的英国商法，起源于商事习惯，即在贸易中被普遍承认和适用于规范交易和解决纠纷的一套规则、惯例和习俗，是"商"长期历史发展演变的产物，故英国传统的商法概念并不明确。② 英国法学家西斯蒙认为商法是英国总的法律中的一部分；法学家米特霍夫认为商法是指对商事交易具有特殊意义的法律总称，包括商事契约、合伙、公司、代理、票据、保险、商事买卖、破产、专利、商标等；法学家沃克则认为商法是一个相当不确定的一般性术语，用来指与商事有关的各种法律，如合同、代理、买卖以及破产等。③ 于 17 世纪开始，这些商事习惯和商事习惯法逐渐被普通法吸收，到 19 世纪后演变成为成文法，并有学者主张通过制定法的形式使商事规范条理化、明确化。④

由于学者们大力推进商事规则成文法化甚至法律法典化，再加上实践中调整商事活动的需要，英国开始尝试将商事规则成文法化，表现为制定商事单行法，主要包括：1720 年的《泡沫公司条例》（Regulation of Bubbles Company）、1862 年的《公司法》（Company Law）、1882 年的《票据法》（Bill of the Exchange Law）、1885 年的《货运证券法》（Act to Amend the Law Relating to Bill of the Loading）、1889 年的《行纪法》（Factor Law）和《商务

---

① 参见［美］布拉德福德·斯通：《统一商法典》（第 5 版），法律出版社 2003 年版，第 3 页。
② 参见［英］斯蒂芬·加奇：《商法》（第二版），屈广清、陈小云译，中国政法大学出版社 2004 年版，第 3—7 页。
③ 参见范健、王建文：《商法的价值、源流及本体》（第二版），中国人民大学出版社 2007 年版，第 120—121 页。
④ 以弗兰西斯·培根、马修·黑尔、威廉·布莱克斯通、杰米·边沁、威廉·梅特兰、约翰·奥斯丁、约翰·罗米丽为代表的都是英国历史上支持成文法化甚至法律法典化的学者，他们之中有人主张创造两种不同的法律体系来整理普通法：一是成文法组成的体系，二是判例法组成的体系，成文法在必要的时候可以改革废除过时的内容，并编纂成法典。甚至还有学者编纂法典草案并出版。参见［日］大木雅夫：《比较法》，范愉译，法律出版社 2010 年版，第 247—250 页。

代理法》（Business Agency Law）、1890 年的《合伙法》（Partnership Act）、1893 年的《商品买卖法》（Sale of Goods Act）、1894 年的《商船法》（Merchant Shipping Act）和《企业破产法》（Bankrupt Act）、1906 年的《海上保险法》（Marine Insurance Act）、1907 年的《有限合伙法》（Limited Partnership Act）、1924 年的《海上货物运输法》（Carriage of the Goods by Sea Act）、1962 年的《空中运输法》（Carriage by Air Act）。

众所周知，英国是英美法系国家，法律以判例法为主，成文法为辅，但是在民商法领域，英国的单行制定法大有取代原来判例法占多数地位的趋势。[①] 英国商事单行法规范的商事组织包括：个体经营者（sole trade）、合伙（partnership）、注册公司（register company）。例如，英国有统一的《普通合伙法》（1890 年），法律中规定合伙指两个或两个以上的个人或法人以营利为目的而共同开展经营的一种组织形式（firm）。[②] 合伙属于企业但不是独立的法律主体，合伙人对债务和其他责任共同承担无限责任。[③] 所以，合伙原则上不属于法人（苏格兰地区例外）。但其实合伙在英国法律上是一个相当宽泛的概念。1907 年颁布的《有限合伙法》和英国会议在 2000 年引入的《有限责任合伙法》，认为合伙可以分为一般合伙（GP）和有限合伙（LP），其中，有限合伙又包括有限合伙（LP）和有限责任合伙（LLP）。有限合伙取决于其设立是否需要经过登记，如果不登记则视为一般合伙，需要承担无限责任；经过登记，则为有限合伙或有限责任合伙。其实，有限合伙的内涵更接近于公司而非合伙，当有限合伙登记后，即具有独立的法人人格，有限合伙人不对合伙企业债务承担责任。[④] 英国公司法中的公司，按照责任承担方式的不同可以分为有限责任公司（Limited Company）[⑤] 和无限责任公司（Unlimited Company）。然后，又围绕着商事组织制定了相关的商事

---

① 参见葛伟军：《英国公司法要义》，法律出版社 2013 年版，第 8 页。

② See Partnership Act 1890.

③ ［英］斯蒂芬·加奇：《商法》（第二版），屈广清、陈小云译，中国政法大学出版社 2004 年版，第 188 页。

④ See Limited Partnership Act 1907；See Limited Liability Partnership Act 2000.

⑤ 有限责任公司为股东承担有限责任的公司，但是和我国有限责任公司内涵和外延的定义还是不一样。英国商法中的有限责任公司是大范围的有限责任公司，只要股东承担有限责任即是有限责任公司，有限责任根据是否有股本又可以分为：股份有限公司（company limited by shares）、保证有限责任公司（company limited by guarantee）。See Company Act 2006.

代理、商事买卖等商事交易法和商事保险法、商事票据法、商事破产法。甚至可以说，英国商事制定法构建了英国的商法体系。①

我们可以看到，英国的商事立法发展速度远远快于大陆法系商事立法。商事单行法对经济发展和刺激作用相当巨大，一旦社会生活中出现了某种新的经济运作形式，法律就能够极其快捷地制定相应的商事规则指导，规范其正常的运作。商事单行法在英国民商法中得到很好的发挥，它避开了法典烦琐程序和完整严谨的各种弊端，又能及时把一些成熟的商事规则用单行法的形式固定下来。大陆法系国家也开始借鉴这种立法模式。例如，法国法院的许多判例作为有效力的规范被编入法典之中。② 19 世纪以来英国根据实践需要及时地制定了商事规则单行法，这些单行法其实就是对商事组织、商事交易的特殊性规范，这些单行的制定法是英国商法在当代的杰出成就，标志着其商事体系日趋成熟。当然，尽管英国商法中存在大量商事制定法且有较为完整的商法体系，但是其商法的主要渊源仍然是商事判例法。③

四、不同商法体系的立法模式比较分析

通过对大陆法系典型民商分立立法模式国家、民商合一立法模式国家以及典型的英美法系国家的商事规则立法的历史现状之比较，我们可以得知，不同国家的商法体系立法模式的选择，具有以下规律。

第一，商法体系的立法模式是历史选择而非立法者理性选择的结果。不同国家选择不同商法体系的立法模式是历史的产物，也只能是历史的产物。④ 从法国商法典、德国商法典的制定历史可以看出，如果不是对罗马法作为自然法的迷恋，民商分立的历史可能需要重写。商法尚没有成为学者所考虑的对象，但是传统上，商法事实上存在于民法之外，世界各国陆续编纂并颁布商法法典。⑤ 诚如学者所言：

①　参见覃有土：《商法学》（第二版），高等教育出版社 2008 年版，第 17 页。
②　参见杨遂全：《比较民商法学》，法律出版社 2007 年版，第 22—23 页。
③　参见范健、王建文：《商法的价值、源流及本体》（第二版），中国人民大学出版社 2007 年版，第 121—122 页。
④　参见余能斌主编：《民法典专题研究》，武汉大学出版社 2004 年版，第 211 页。
⑤　参见彭真明、江华：《商法法典化的反思——以制定〈商事通则〉为中心》，《浙江师范大学学报》2005 年第 1 期。

《民法典》里没有商法的简单原因是商法没有被当成"民法"来看待，商法已经形成它独特的法律传统。①

本质上，"民法和商法的划分与其说是一种科学的划分，还不如说是一种历史的沿革。传统因素对民商分立的形式具有压倒一切的影响。"② 由法国法、德国法发展的实际情况可知，再在民法典之外颁行商法典无疑是历史的倒退。在 20 世纪，大陆法系国家纷纷采用民商合一的立法体例，并不单独制定商法典，很大程度是因为商法典不符合现代要求，不适应本国社会经济发展，例如随着意大利工商业进程的发展，尤其是大企业的发展、无产阶级的形成、劳工问题剧增以及社会思想的进步等原因，民法典与社会之间愈发缺乏联系。1865 年的《意大利民法典》所代表的社会和法律的价值观，已经逐渐不能满足意大利的需要，所以有必要制定民商合一的《意大利民法典》。其他民商合一立法体例的国家的民法典如《瑞士民法典》《巴西民法典》无一不是如此。英美法系中单行法立法模式更是如此。英美法系中以美国《统一商法典》为代表的商事规则，不同于大陆法系的法典，其本质区别就是由于不同法系的历史选择路线、价值传承不一样，最终商法体系的立法模式也不一样。

第二，民商绝对分立是不可能的。基于民法与商法二者的共通性，立法者试图严格区分民法规则与商法规则也是不可能的。从私法发展的历史过程中不难发现民法因"商法化"而丰富，商法因"民法化"而富有生命力，商法具有其他法律领域难以匹敌的更新能力和应变能力，不断产生新的商事规则，这些规则短期内停留在商事领域内，然后随着法律发展的进阶，融合于民事规则。③ 例如，商事规则对商事组织的调整为法人制度的产生奠定了基础，有关商事规则制度的发展不断丰富了诚实信用的内涵以及民法上的动产抵押权

---

① ［美］艾伦·沃森：《民法法系的演变与形成》，李静冰等译，中国政法大学出版社 1992 年版，第 166 页。

② ［德］Wolfgang Sellert：《从德国商法典编纂历史看德国民商法之间的关系》，范健、邵建东、奎生主编：《中德法律继受与法典编纂》，法律出版社 2000 年版，第 10 页；另参见彭真明、江华：《商法法典化的反思——以制定〈商事通则〉为中心》，《浙江师范大学学报》2005 年第 1 期。

③ 参见［德］拉德布鲁赫：《法学导论》，米健、朱林译，法律出版社 2012 年版，第 73—74 页；张谷：《商法，这只寄居蟹——兼论商法的独立性及其特点》，《清华法治论衡》2005 年第 2 期。

登记、所有权保留、权利质权等物权制度都是从商事习惯基础上发展而来的。即使是民商分立立法模式国家的商法典，如法国、德国和日本，也均需要依靠民法的规范产生法律效力。而且，在法国商法典未确立的时期，民法规范也能够对商事关系进行调整。而在德国民法尚未法典化时代，德国商法典也对民事关系予以调整。随着社会经济的发展，商人作为一个区别于一般民事主体的独立群体已不复存在。商事行为与民事行为之间的界限越来越模糊。譬如，商事代理可以适用民事代理的规定、信托行为，可以适用财产委托管理行为的内容等。

今天，我们只能用历史原因来解释德国编纂商法典的事实，而这些历史因素在今天早已销声匿迹了。①

第三，民法与商法的融合，特别是商法与民法合一立法是现代法典发展的趋势。无论是法国、德国还是日本的商法典，在施行之中都强调与民法的合作。从现有商法典的发展来看，最早实行商法法典化的法国，根据1811年议会的决议，《法国商法典》作为普通法（droit commun）而不是民法的特别法（loid'exception），然而，因为商法并不具有自恰体系，很多内容只能回归民法典寻求相关规则。如"商事合同只是特定主体类型的民事合同"，该种合同的相关规则仍然不得不回归合同法的相关规定。② 不得不指出，20世纪后的西欧发达国家，无论任何一个国家都没有走上商法独立法典化的道路。从世界各国的立法趋势来看，民商合一立法体例是现代国家立法发展的趋势，同时是世界范围内大陆法系国家制定民商合一的民法典的趋势，也是商法是特殊的民法在法律层面的集中体现。③ 1907年的《瑞士民法典》、1942年的《意大利民法典》和新的《荷兰民法典》的制定就是典型

---

① ［德］Wolfgang Sellert：《从德国商法典编纂历史看德国民商法之间的关系》，范健、邵建东译，奎生主编：《中德法律继受与法典编纂》，法律出版社2000年版，第10页；另参见彭真明、江华：《商法法典化的反思——以制定〈商事通则〉为中心》，《浙江师范大学学报》2005年第1期。

② See Michel Germain, *Le Code Civil er le Droit Commercial*, Le Code Civil un passé, un présent, un avenu, 2004, p. 641.

③ 参见王璟：《商法特性论》，知识产权出版社2007年版，第41页。

的说明。① 西欧民商分立模式的国家在立法中强调民商事结合，民商合一模式的国家制定民法典本身就是将商事规则融合于民法典的典范。同时，还有部分国家，例如俄罗斯自古以来就是统一的民事立法，将商事规则融合在民法典之中，后来也一直没有单独编纂商法典。甚至在英美等商事交易较为发达的地区，它们也都认为，对于强调货物买卖的法律的独立性都是过时的。②

第四，英美法系中的商事制定法并不是民商分立立法趋势的反映。英美法系以美国《统一商法典》为代表的制定法，是商事交易活动特殊性商事规则的立法典型而非民商分立的趋势。③ 首先，美国《统一商法典》并不是大陆法系意义上的法典。大陆法系上的商法典以民法典为基础，前者只是后者的特殊法，但是英美法系并不区分民事规则和商事规则，不存在大陆法系中的民法典，自然也不存在大陆法系所谓的商法典。其次，英美法系中的商事制定法中实际上包含了许多民事规则。作为英美法系民商法律制度中的商事规则，几乎全部是在判例法的基础上发展而来的，判例中往往不区分民商事。例如，美国《统一商法典》第九编动产担保交易，共 7 章 709 条，其中第 2 章担保合同的效力，担保物权的有效成立，担保合同当事人的权利；第3 章公示与优先顺位；第 4 章第三人的权利；第 5 章登记机关，担保声明和内容效力，登记机关的职责和运作；第 6 章违约等规定；第 1 章和第 7 章则是一般性规定和过渡性规定，可以说《统一商法典》第九编几乎都是大陆法系民法中物权法的规定。④ 最后，英美法系中商事制定法其实是普通法之上的特别法。英美法系即普通法系，英美法系国家的法律渊源基本是普通法，商事制定法毕竟只是普通法的一部分，只是对某些商事交易的特殊规则

---

① 从 1942 年的《意大利民法典》制定过程中就可以明显发现，其民法典就是将以前的商法典融入民法典之中，成为新的民法典，新《荷兰民法典》与 1942 年的《意大利民法典》一样。同样地，1907年的《瑞士民法典》也是将商事属性的债务法融入民法典之中而产生民商合一立法体例的民法典。

② 学者列举关于马匹和干草的交易被适用到商品交易前就已经受到了很大的争议，然而当其法典化之后，马匹和干草已经不是商品交易的主要标的物了。参见 Grant Gilmore, "On the Difficulties of Codifying Commercial Law", *The Yale Law Journal*, 1948, 57 (8), p.1341.

③ 参见徐学鹿:《什么是现代商法——创新中国市场经济商法理论与实践的思索》，中国法制出版社 2003 年版，第 118 页。

④ 参见［美］布拉德福德·斯通:《统一商法典》（第 5 版），法律出版社 2003 年版，第 1—68 页。

的非全面也非全部的规定，所有商事制定法最终都无法离开普通法独立地运用，它必须结合判例法、习惯法等普通法解释、运用。所以，商事制定法只是普通法之上的特别法而已。

第五，不管是民商分立模式还是民商合一模式或英美法系模式的商事规则体系的建立都是渐进的，不可能超越它所处的时代。尽管法律的内容具有一定的超越性，但充其量都是对既有法律按照一定体系加以选择和安排而已。不同于大陆法系，英美法系中的商事法律是一种从司法实践中发展起来、一开始就以纠纷解决为其出发点和落脚点的法律规范，并不追求理论化的商事法律体系。但是，通过对大陆法系和英美法系的比较可以发现，商法规则体系化并不是大陆法系法典的专利，英美法系中的商事法律规范在很大程度上也存在体系化，而且体系化是多样性的，并不存在唯一科学的体系，体系本身也没有优劣之分，与大陆法系法典过于注重法律的逻辑性相比，普通法系国家更注重于法律的实用主义。其实，从各国的法典体系的发展历程可以看出法典的体系发展也是从注重逻辑性到逻辑性与实用性并重。例如，《瑞士民法典》就杂糅了法学阶梯式的体系，还在债法编规定了诸多商事特别法的规定。实际上，所有商事规则的立法模式都是一种历史的存在、历史的选择，并不存在某种固定的标准和模式，无论国家选择何种模式都是历史选择的结果，具有历史的机缘和偶然性。法典编纂最终的任务在于构建一个逻辑清晰、结构科学的体系，主要包括内部体系和外部体系，前者指"法秩序内在的意义关联"，后者指抽象概念式的体系，就此角度而言，内部体系和外部体系结合建立的商事规则，大陆法系与英美法系国家构建的商事法律体系基本相同。① 所以，一国选择何种商法体系的立法模式，其实是历史选择的结果，我们不能改变历史，也不应该抗拒历史，我们能做的是在历史选择结果的基础上，建立一个逻辑清晰、结构科学的民商法律体系，即明确商事规则是特殊的民事规则，民法并不排斥商法的特殊性。反之，则在寻求并选择一种恰当合理的方式将商法规则融入自身体系之中。

---

① 参见许中缘：《体系化的民法与法学方法》，法律出版社 2007 年版，第 78—79 页。

第三节　新商法与商法法典化

新商法（The New Lex Mercatoria，简称 NLM），即国际性商法，自诞生之初，就备受争议。尤其是关于新商法法典化需求与法律实证主义之间长达五十余年的争论，一度使得新商法法典化进程停滞不前。直到后来提出统一法原则、欧洲法原则，新商法法典化才又开始步入轨道。现代国际社会更是将国际法原则视为新商法法典化的"完成"①。然而，新商法典并不意味着世界范围内的民商分立趋势。首先，国际商法背景下的"新商法法典"本身并不是我们通常所理解的法典，而是一种"永续发展的商法典"②。其次，国际商法典也无法脱离社会而独立存在。笔者拟围绕上述两个问题，在本部分通过对新商法历史源流的探究、新商法法典化争议的交锋、新商法法典化的路径以及新商法法典的内涵展开论证说明。

一、新商法的历史源流

（一）新商法的"偶然"（accident）萌芽

新商法是伴随着 19 世纪 50 年代的苏伊士运河集团（Suez Canal Company）危机而萌生的。理论上的新商法，则是由法国比较法学家贝斯德·高盛（Berthhold Goldman）在《世界报》（Le Monde）上发表有关重新构建商法的理论一文，其以苏伊士运河集团的特性为出发点，正式提出新商法理论。高盛指出，尽管苏伊士运河集团性质上属于私法上的法人（juridical person），但问题是，该集团并不是埃及、英国、法国或混合的公司。事实上，由于苏伊士运河集团特殊的资本构造、组织结构以及商事活动的全球性，其具有国际性（international），是介于世界银行与一国法人之间的特殊团体。也正是因为集团的国际性，传统的商法无法再调整国际公司的商事活动，从而直接催生了国际性的法令（international legal order）。这是

---

① See Klaus Peter Berger, *The Creeping Codification of the Lex Mereatoria*（*Second Edition*）, The Hague, Boston, Kluwer Law International, 2010, p. 255.

② See "Purpose and Concept", at www. Trans-Lex. orgn/000010. 2016. 9. 23.

一个诞生于现实商事交易之中的全新的商法理念，也就是新商法。①

尽管高盛教授认为苏伊士运河集团的资本及结构具有跨国的特性，应当是国际性公司。但是，高盛教授本人并未意识到，其提出的苏伊士运河集团的法律特性标志着全新的跨国商法理论的诞生。后菲尔普·卡恩（Philpe Kahn）助理整理了高盛教授的《对传统商法的质疑》一文，并在文章的附言中指出高盛教授以及参与研究的团队成员（Jean Stouffler，Philpe Kahn，Philippe Fouchard），在 19 世纪 60 年代初期，并未有意地"再发明"（reinvent）商法以及商法国际性的理念，更确切地说，新商法的理念是"偶然地"从押汇信用证（documentary credit）、国际贸易（international sales）以及国际商业仲裁（international commercial arbitration）等实践导向性（practice—oriented）② 研究之中萌发的。③

可以说，新商法理论的诞生是法律历史发展的偶然（accident of legal history）。但毋庸置疑，高盛教授以及第戎（Dijon）学派的其他成员，推动了传统商法④理念或商法迈出了现代化新商法概念最为重要的第一步。⑤

（二）新商法的"缓慢"（creeping）发展

在 19 世纪 60 年代初，弗拉基斯塔斯（Fragistas）发表了有关跨国性仲裁程序（transnationalization of arbitral procedure）的法律述评一文，高夫斯蒂（Golfstajn）教授则发表了有关自发性商法进化一文。在此基础上，1962 年

---

①　See Klaus Peter Berger, *The Creeping Codification of the Lex Mereatoria*（*Second Edition*），The Hague, Boston, Kluwer Law International，2010，p. 1.

②　Philpe Kahn 强调此时期第戎（Dijon）学派所采用的方法是真正意义上的实用方法（pragmatic approach），即是以研究现有法律或实践或其他制度运行情形为出发点展开研究的。See Philpe Kahn, *La Vente Commerciale Internationale*，Notown Press 1964，p. 365.

③　See Klaus Peter Berger, *The Creeping Codification of the Lex Mereatoria*（*Second Edition*），The Hague, Boston, Kluwer Law International，2010，pp. 1-2.

④　一般认为，传统商法是作为 13 世纪末布里斯托尔红宝书（Little Red Book of Bristol）中科尔福德集（Colford Collection）的一部分延续发展的，随后的 1622 年，克瑞·马洛斯（Ceraed Malynes）教授在其著名的论文《传统商法》（Consuetudo Vel Lex Mercatoria）中重构传统商法，指出商法较其他的法律更具有古老性和传统型，是基于理性和正义的基础而构建的。然而，克瑞·马洛斯教授关于商法的观点仍未脱离国家主权，停留在传统商法理论上。直到 19 世纪法典化的潮流中，传统商法基本被国家商法典所吸收，传统商人概念也基本过时。See "Facsimile Excerpt of the Book"，at www. trans-ex. org/ 10497. 2016. 9. 21.

⑤　See Klaus Peter Berger, *The Creeping Codification of the Lex Mereatoria*（*Second Edition*），The Hague, Boston, Kluwer Law International，2010，pp. 1-2.

克莱夫·施米托夫（Clive Schmitthoff）教授主持在英国皇家学院召开的有关国际性贸易法律的座谈会，该会是世界范围内首个研究新商法裁决方面的会议，对于新商法的发展具有重大的意义，是新商法学术研究的早期里程碑，标志着自发性新商事法律的演进迈过难以逾越的障栏（iron curtain），步入第二个发展阶段。①

施米托夫教授认为国际性贸易是自主发展的法律，是国际商业行为准则之中普遍被商事主体接受的规则，代表着当今时代法律科学最为重要的发展趋势。"自发性国际商法"（autonomous law of international trade）理论是植根于自我规范的实用性理论（pragmatic theory of self-regulation）而构建的，该理论强调双方自治，将自治视为自发性国家商法重要组成因素的商业习惯的基础。如此一来，国际性商法能够以融入双方当事人自我约束性的合同作为法源，也就是说，在跨国交易中，当事人可以脱离国内法（municipal law）的适用，选择双方制定的合同性规范。尽管施米托夫教授提出的国际贸易自治法是十分自由地解决跨国商业贸易的理念，但是，当事人之间的自治仅存于主权国家意志允许的前提下，即在国家立法机构授权的基础上，当事人可以自由地选择他们认为合适的国际性贸易合同而不是国家法律或行政法规作为处理双方交易的规则。就此意义而言，施米托夫教授提出的"自治性国际商法"理念较传统商法理论有一定的发展和进步意义，但从严格层面来说，仍然未脱离传统商法的范畴。

如果说施米托夫教授提出的"自治性国际商法"理念是在国内法边界之内的事实层面的自治（de facto），高盛教授提出的国际自治商法则是脱离国内法，在一定程度上是法律上的自治（de iure autonomy）。其实，高盛教授早在其1964年公开发表的诸多文章之中，就明确阐明新商法实质上是民间法律机构自发制定商法过程之中衍生的普通原则以及法律规则的结合（ensemble），是完全脱离于国内法律而存在的。

事实上，新商法的产生是商人和商学会（societas mercatorum）从事跨国交易的产物，自治性的商法不再是于某些特别的层面补充国内法，而是国

---

① See Clive Schmitthoff（Eds.），*The Sources of the Law of International Trade*，Oxford Press，1964，pp. 3-5.

内法和国际法补充尚有不足或缺陷的自助性法令，是世界贸易的自治性规则。① 因此，新商法产生的过程脱离了国内法律系统并且不受国内立法者本国领域内各自管辖权的限制。可以说，国际自治商法演进过程中超越国家性的理念推动了新商法进一步的发展，也是新商法区别于传统商法最为关键性的要素。②

（三）新商法的"长期"（fifty years）争议

在 19 世纪 60 年代中期，施米托夫和高盛教授所提出的新商法理论掀起了狂风骤雨般（tumultuous）的争论，从未有过其他的国际商法话题引发过如此富有争议性和激烈性的探讨。事实上，自高盛教授首次提出自发性的第三法律体系（autonomous third legal system）的理论，就在研究传统法律渊源原理的实证主义学派之中激起了惊涛骇浪（shock wave）。围绕新商法的争论，学者们分成了两个极端对立阵营，即保守主义者（traditionalists）与新商法主义者（internationalists）。之后近五十年，新商法的历史进程都未翻离此争论的篇章。

保守主义者指出，欧洲法律专家发展新商法是为了继续维持北方和南方政治和经济发展的不平衡性，因为第三世界的律师很少或几乎没有成为专家（grand professor）的资格，他们认为，欧洲商法只是由占主导地位的意大利商人所制定的规定。故而：

> 新商法中所谓基本原则的认同，不仅允许西方企业在面对第三世界日益增加的需求的形势中赢得时间，还允许规则的创造者（即国际裁决的先导者"pioneer of international arbitration"）获取保持其优势地位的时间（即寻求国际裁决"for international arbitration"）。③

到 19 世纪 70 年代，尤其是在重大石油仲裁案件之中，新商法理论对于处在第三世界的一方当事人无效，所谓新商法的弹性是为克服合同的严格解

① See Clive Schmitthoff, *The Source of the Law of International Trade*, Oxford Press, 1964, p. 33.
② See Klaus Peter Berger, *The Creeping Codification of the Lex Mereatoria* (*Second Edition*), The Hague, Boston, Kluwer Law International, 2010, pp. 3-6.
③ Dezalay, *Dealing in Virtue*, Addison-Wesley Press, 2001, p. 89.

释，妨碍发展中国家对西方国家提出的抗议，概言之，是为西方国家服务的。保守主义的这些理论随后上升为国家主权理论，认为新国际经济指令损害了发展中国家的主权，使发展中国家沦丧为后殖民地（post-colonial）。①

1995 年，美国律师协会针对在国际商法中扮演重要角色的律师，进行过世界范围的调查，结果表明，绝大部分律师并不建议当事人在合同之中增加新商法作为适用准据法，他们认为：

> 新商法并没有国内法的"证明力"（provable）以及"确定性"（definitive）：新商法所确定的标准，是站不住脚的。一方面，新商法缺乏"可证性"（probability），即没有配套的综合性的原则性规范；另一方面，新商法缺乏"确定性"，即不能提供配套的综合性的解决案件的裁决规则。②

正因如此，新商法理论几乎在所有方面，从新商法适用的概念术语以及理论的可行性，到新商法的法律原理、法律特征、理论基础以及民主正当性，都极具争议性。面对如此激烈的争议，不少学者感到震惊，并质疑新商法理论究竟是"灵丹妙药"（cure-all），还是"痴心妄想"（chimera）。有学者甚至认为新商法是"法律上的尼斯湖水怪"（legal Lond Ness monster）。

二、新商法法典化的理论困境

50 年后，随着世界经济迅猛发展，国际政治环境的优化，除了少数学者认为新商法法典化只是试图为专家提供需要，为少数律师提供更多的宣传法典的工作机会以外，绝大部分学者都开始认识到新商法基本理论在全球市场（global market place）之中发挥的重要作用。可以说，日趋发达的全球商业贸易使有关新商法的争论丧失了存在的意义，也因此产生了新商法法典化的需求。

---

① See Edole, *The Goverment of the State of Kuwait V*, *The American Independent Oil Company*（*AMINO-IL*），ILM, 1982, p. 976.

② Selden, *The International Law with the Bonding Relationship*, Oxford Press, 2002, p. 119.

（一）全球化贸易发展所带来的法典化需求（**need for codification**）

最开始，学术上有关新商法的争论只是聚焦在法律理论基础（theoretical foundation）的正当（justification）与否，有关新商法理论基础的激烈的"海沟战斗"（trench fighting）①，阻止任何试图转移视角或寻求新商法法典化（codifying the NLM）的实用主义方式（pragmatic means）。50 年后，有关新商法理论上的争论逐渐平息后，实用主义者萌生了新商法法典化的念头。

实用主义者指出，尽管新商法理论是基于国际性的视角，但还是很难为法律适用者呈现出有关新商法规则的全景（full picture），尤其是在寻求新商法体系内的普遍性、共同性以及一般性的规则时，适用新商法的当事人时常会面临一些困难。典型的如，有关国际合同法之中最为基础性的要约和承诺（offer and acceptance）的规定，由于世界范围内不同国家的法律系统之中有关要约和承诺都有较为明确的、严格的定义以及范畴，并且不同法律系统之中律师所使用的术语表达也存在不同含义。因此，律师在确定国际合同法之中有关要约和承诺的一般性规则都显得极其困难，更遑论普通商人。②因而，可以说，此时亟须法典化的新商法。

其实，随着国际贸易的发展，特别是在商业全球化、国际性时代，商事交易越来越依赖于新商法规则的适用。新商法理论的支持者将新商法定位为"国际商法缓慢发展的记录者"③。由此可见，主体之间频繁进行的国际商事贸易呼唤国际商事规则的统一，而统一新商法的需求则呼唤新商法法典化。

另一方面，新商法法律结构和法律体系构建也在全球市场的推动下逐步健全。事实上，也正是因为国家市场向全球市场演进的经济因素，打破国与国之间既有的边界，尤其是产量以及理性化生产、减少交易成本的动因以及发展推动国内或区域向世界市场的进程，国际贸易对新商法系统的发展产生了重大的影响，完善了新商法的法律结构。也就是说，迅速发展的全球化贸

---

① 即前文所指的新商法萌生后 50 年间涉及新商法各个方面的激烈的争论。

② See Klaus Peter Berger, *The Creeping Codification of the Lex Mercatoria*（*Second Edition*），*The Hague*，*Boston*，*Kluwer Law International*，2010，pp. 162–163.

③ See Berger（Eds.），*The Practice of Translation Law*，Oxford Press，2003，p. 1.

易也促使新商法具备法典化所需的要素。[①]

（二）法律实证主义（legal positivism[②]）与新商法法典化

然而，自实用主义者提出有关新商法法典化的构思开始，就遭到实证主义者猛烈的反击。实证主义者认为法律原理更多的是指引（provenance）法律规则而不是法律特征，而国际化商法法典规则最终所表达的理念还是一国主权问题。可以说，政治上的自由主义是实证主义反对新商法法典化一个核心原因。依据此种观点，法律是行为人对国家形成的一种义务。[③] 没有国家的存在，也不应当存在国际上所谓的商法典。因此，尽管超越国家层面的新商法法典在理论上高于国内法，但根本就没有可编纂成法典规则的依据和空间。

其实，那个时代的法律实证主义（ius positium），本质上也就是唯立法主义。[④] 法律实证主义的典型代表人物布伯德（Bergbohm）认为：

> 法律绝不需要从外在加以填补，因为它在任何时刻都是圆满的，它的内在丰富性，它的逻辑延展力，在自己的领域中任何时刻都涵盖了法

---

① See Klaus Peter Berger, *The Creeping Codification of the Lex Mereatoria*（*Second Edition*），The Hague, Boston, Kluwer Law International, 2010, pp. 7-8.

② 所谓实证主义（positivism），是强调主体的感觉经验，排除形而上学传统的西方学派主义。该学派以现象论观点为出发点，拒绝通过理性把握材料，认为通过对现象的观察归纳就可以得出科学定律。而所谓实用主义（pragmaticism），则是美国本土生长的哲学流派，该学派把确定的信念作为出发点，把采取行动当作主要的手段，把获得实际效果当作最高目的，即只管行动是否给个人或集团带来了实际利益和报酬，不管是否符合客观实际。由此可见，实证主义与实用主义的基本出发点是不同的，新商法法典化的过程可以说是从实证主义向实用主义转变的过程，特此说明。See Klaus Peter Berger, *The Creeping Codification of the Lex Mereatoria*（*Second Edition*），The Hague, Boston, Kluwer Law International, 2010, pp. 53-55.

③ 参见［德］罗尔夫·克尼佩尔：《法律与历史——论〈德国民法典〉的形成与变迁》，朱岩译，法律出版社2003年版，第139页。

④ 值得指出的是，19世纪的实证主义与我们现在所说的实证主义具有巨大的差别。实证主义的奠基人奥古斯特·孔德（Auguste Comte）将人类思想的进化分为三个阶段，第一阶段是神学阶段，人们用超自然的原因和神的干预来解释所有的现象。第二阶段是形而上学阶段，人们用终极的原则与理念来解释社会现象以及推动社会的进步。第三阶段就是实证阶段，在这一阶段，人们在自然科学所使用的方法的指导下，摒弃了哲学、历史学和科学中的一切假设性建构，而仅关注经验性的考察与事实的联系来阐释社会现象和建构社会理论。现今我们所阐述的实证主义主要是对实证主义的第三阶段而言的。

律判决的整体需要。①

可见，法律实证主义思想主要表现在以下几个方面。

其一，只有国家确立的实在法才是法律。实证主义者认为，只有国家颁布的法才是法律。② 实证主义者坚持把法与伦理、道德以及社会政策严格区分开来，他们认为，所谓正义也就是合乎法律，即服从国家制定的规则。③即使在人们的生活中具有约束力的习惯法也不能称其为法律的内容。

其二，在法律方法中，实证主义认为，脱离价值评判的以经验性的"思辨"方式即自然科学的方式建立的法学才是真正的"科学"。该思想坚持以特定的法律制度为其出发点，通过归纳的方法从法律制度中抽象出基本的观念、概念和特点并进行比较，然后抽象出共同的因素，从而组建法学体系。④

其三，在法律适用中，他们仅仅通过演绎的方法来达到对客观案件的涵摄，反对价值评判。实证主义把法官的任务限制在分析和剖析现有的法律制度，法官的分析仅于两个客观的范围，即法律和案件，并不需要法官的价值评判。该理论是以法律体系没有漏洞为基础的。事实上，在 19 世纪，法典的解释也曾经遭到禁止，但是时间不长，因为，法律体系的漏洞是客观存在的。⑤

概言之，实证主义者通过法律制定、法律方法以及法律适用三个方面论证新商法法典化缺乏合理性、正当性。甚至有实证主义学者明确指出：

① ［德］亚图·考夫曼：《类推与"事物本质"——兼论类型理论》，吴从周译，（台湾）学林文化事业有限公司 2010 年版，第 7 页。

② See James E. Herget and Stephen Wallace, "The Geman Free Law Movement as the Source of American Legal Realism", *Virginia Law Review*, March, 1987, p. 406. 不过，其并不排除法官造的法，如奥斯丁的观点，法官造的法才是真正的法，因为法官所造的规则是从国家授予他们的权利中取得法律效力的。［美］E. 博登海默：《法理学：法律哲学与法律方法》，邓正来译，中国政法大学出版社 2000 年版，第119 页。

③ 参见［美］E. 博登海默：《法理学：法律哲学与法律方法》，邓正来译，中国政法大学出版社 2000 年版，第 117 页。

④ 参见［美］E. 博登海默：《法理学：法律哲学与法律方法》，邓正来译，中国政法大学出版社 2000 年版，第 117 页。

⑤ 参见［德］考夫曼：《法律哲学》，刘幸义等译，法律出版社 2004 年版，第 40 页。

所谓的新商法法典不符合法典的基本要素，根本就不存在超越一国法律之上的国际商法典。①

可以说，"实证主义者眼里只有法律，他封杀了法的一切超法律成分"②。实证主义的视角之中，新商法法典化是无法完成的。不难发现，实证主义对国际性新商法法典化产生了否定性的影响。至少可以说，实证主义对新商法法典化提出的质疑大大地延迟了新商法法典化的进程。

可见，有关新商法是否应当法典化的问题，实用主义与实证主义处于两个对立极端。一方面，实用主义者认为全球化国际贸易的发展呼唤新商法法典。然而另一方面，实证主义者却基于国家主权反对存在超越国家主权的新商法法典。如此一来，新商法法典化也随之陷入两难的理论困境。

（三）实证主义转向实用主义

在此后长达四十年的时间里，新商法法典化的进程困在实证主义与实用主义之间举步维艰。直到有学者提出可以通过适当的法典化技术手段协调新商法法典与一国法律体系，法律实证主义与新商法法典化的关系才趋于缓和（reconcile）。

这样的困境主要是由于两个方面的因素：当我们比较现代国际性商法与中世纪商法时，我们注意到现代商法有一个巨大优势，也有一个巨大缺陷。缺陷在于，现代国际商法必须克服现代国家构成的国内法律系统所造成的障碍；优势则在于，相比于中世纪，现代社会构建国际商法的立法技术和技能发生了质的飞跃。③

也就是说，在现代社会，我们已经具备较为高超的法典化技术（codification techniques），能够克服国际商法典与一国商法典法律体系上的阻隔。

另外，针对实证主义基于国家主权性而否定国际性商法典，实用主义学

---

① Bonell, *Essays in Honor of Roy Goode*, 2009, p. 91.
② ［德］阿图尔·考夫曼：《法哲学，法学理论和法律教义学》，阿图尔·考夫曼、温弗里得·哈斯默尔主编：《当代法哲学和法律理论导论》，郑永流译，法律出版社 2002 年版，第 18 页。
③ Schmitthoff, *Supra Note*, 2012, p. 37.

者指出"全球化发展使得地域主权愈发不重要"①。其实，在当代社会，国家影响或驱动国内以及跨国贸易发展的权力已经相对降低，进而，国内市场边界出现模糊性（erosion）或不相关性（irrelavance）。这样一来，我们亟须超越狭隘的实证主义（narrow-minded positivism）重新考虑国际性商法作为法律渊源的理论，即推进国际商法法典化进程。②　此时，非实证主义的法律理念开始崭露头角。

也正是因为有关新商法的性质和渊源的理论研究方法从实证主义占主导转向实用主义占主导，从而极大地推动新商法法典化的进程。到 19 世纪 90 年代中期，已经有大量的学者倾向于基于实用主义的视角展开新商法研究，并且将重点聚焦于新商法法典化的编纂方式和手段。③

三、新商法法典化的路径

事实上，实证主义向实用主义的转型主要是通过三种新商法法典化的编纂路径方式实现的，并且不同的路径都与新商法理论密切相关。即不同的商法法典化路径都折射出了国际商法法典化范式的变迁，即从官方国际机构（international formulating agencies）制定正式的官方商事规则，到私人机构编制商法典（private codification）。可以说，跨国商法法典化的过程也就是法典"私人化"（privatized）的过程。

因此，尽管不同的新商法法典化路径的起草者，对于新商法的存在（existence）以及实用性（practical viability）的态度不完全一样，但是新商法法典化过程至少表明了长期有关新商法性质（nature）和理论根基（dogmatic underpinnings）的争议告一段落。今天，法律理论和国际实践也都倾向于接受跨国性的商事"法典"④ 所确定的内容（content）。⑤

---

① Walker, *Global Legal Studies Journal*, 1996, pp. 375–380.

② See Juenger (Eds.), *Lex Mercatoria and Arbitration*, Carbonneau Press, 2003, pp. 265–276.

③ See Klaus Peter Berger, *The Creeping Codification of the Lex Mereatoria* (*Second Edition*), The Hague, Boston, Kluwer Law International, 2010, p. 10.

④ 此处的法典并不是我们通常所谓严格意义上的法典，而是在新商法情境之中的商法典，是一种永不止步、永远在法典化进程之中的"法典"，也就是所谓 creeping codification。笔者将在第四部分详细介绍，特此说明。

⑤ See Kronke, *Creeping Codification*, Unif. L. Rev.,2000, pp. 13–18.

（一）国际商事合同的统一法原则（**UNIDROIT Principles**）

1994 年，坐落于罗马的国际统一私法协会（international institute for the unification of private law）率先通过"重述"（restatement）的形式发布了法文和英文版国际商法合同的统一法原则，① 后又提供了包括德文、意大利文、西班牙文、阿拉伯文、中文等在内的多种语言版本。其实，协会的马瑞欧（Mario）秘书长，早在 1968 年就提出了有关法律重述的概念，后重述的方式逐渐发展成为协会制定私法的官方形式。② 事实上，统一法原则就是统一私法协会在"重述"国际合同法的基础上确定的。

到 2004 年，统一私法协会又发布了统一法原则的新版本，该版本较 1994 年版增加了有关国际法律和商业团体机构的代理权、第三方当事人的权利（third party rights）、抵销（set-off）、委托权、义务的转让、合同委托以及时效期间等内容。③ 统一法原则颁布本身，即意味着开创了国际商事合同适用"普遍规则"（general rules）的路径。

尽管统一法原则仅取决于授权人同意适用而具有说服力（authoritative persuasive），但统一私法协会还是试图通过"一种超越国家之上的法律命令"（ratio scripta of a spura-national legal order）为学者以及实践者提供统一的、普遍的适用规则。起草者将统一法原则视为国际商法典的现代表达形式（a kind of modern ius commune）。④ 毫无疑问，无论是从理论还是从实践出发，"重述"都不仅是法律的简单重复，而且是以分析性、批判性以及建构性的方式重新将既有法律以及案例组合，具有重大的开创性意义。

同时需要明确的是，国际统一法原则的"重述"并不等同于美国统一法的重述：

　　其一，重述的范围不一样。美国重述法限于美国司法领域内的重述，其所覆盖的或多或少是同质的（homogeneous）经济社会结构。然

① See Unidroit（Eds.），*Principles of International Commercial Contracts*，1994，pp. 12–14.
② See Klaus Peter Berger，*The Creeping Codification of the Lex Mereatoria*（*Second Edition*），The Hague，Boston，Kluwer Law International，2010，pp. 147–148.
③ See Introduction to the 2004 Edition，Unidroit（Eds.），*Unidroit Principles of International Commercial Contracts* 2004，at VIII.
④ See Bonell，*Rabels*，Zimmon Press，1992，pp. 274–287.

而，国际统一法原则的"重述"是在全球范围内对国际合同法的统一重述，其所覆盖的完全是不同文化背景下异质的（heterogeneous）理论、方法论以及经济结构。其二，重述的基础不一样。美国重述法是在长期且获得普遍认可的理论架构的基础之上展开的重述，而国际统一法原则的"重述"所包含的原则和规则仍存在广泛且普遍的争议。①

因此可以说，美国法重述比国际统一法原则的"重述"的法律效力层别更高。

（二）欧洲合同法原则（Principles of European Contract Law）②

历经数十年的准备工作，1995 年春，兰登（Lando）教授带领欧洲合同法委员会（Commission on European Contract Law）发布了欧洲合同法原则的第一部分，③ 其后在 2000 年，又发布了第一部分和第二部分的联合版本，④ 最后于 2003 年发表第三部分。⑤ 至此，欧洲合同法原则式的"商法典"基本完成。

欧洲合同法原则设立的最初目的乃在于，推动欧洲共同法（European ius commune）的发展。其适用的基本原则与统一法原则一样，仅在当事人授权新商法管辖的情形下，才予以规范当事人之间的国际商事合同。两者的不同之处在于：其一，适用范围上的差异。统一法原则是在全球范围内适用的商法原则，欧洲合同法原则却局限于区域范围内适用，更确切地说，仅适用于欧盟成员。其二，适用对象上的差异。统一法原则仅适用于 b2b 国际性贸易（商事组织之间），欧洲合同法原则既适用于 b2b，还适用于 b2c 国际性贸易（商事组织与商事个人之间）。但是为了更好地保护消费者权益，在 b2c 的交易模式下，双方当事人的自治程度与 b2b 国际性贸易基本等同。⑥

---

① See Cf. Hartkamp（Eds.），*Towards a European Civil Code*，Hartkamp Press，2003，pp. 125–127.

② 欧洲合同法原则是在兰登（Ole Lando）教授的带领下起草的，故又称为兰登（Lando）原则。

③ See Lando，*Principles of European Contract Law*，Beale（Eds.），Part I：Performance，Non-Performance and Remedies，1995，p. 12.

④ See Lando（Eds.），*Principles of European Contract Law*，Beale Press，Part I and Part II：Performance，Combined and Revised，2000，p. 15.

⑤ Lando/Clive/Prum/Zimmermann（Eds.），*Principles of European Contract Law*，Part III，2003，p. 16.

⑥ See Klaus Peter Berger，*The Creeping Codification of the Lex Mereatoria（Second Edition）*，The Hague，Boston，Kluwer Law International，2010，pp. 11–12.

一般而论，欧洲合同法原则也是以重述的方式展开的，对经验解释方法（anticipatory method of interpretation）的发展具有重要的作用。首先，欧洲合同法原则式的商法典更便于寻找可适用的法则，其是可以接纳国内法解释的比较法。其次，正是基于区域性的限制，解释国内法的比较法定位较统一法原则程度更高。最后，法典授权适当的修正协定，当事人可以协商修订或终止合同、单方允诺（unilateral promises）、其他陈述以及意思表示行为（conduct indicating intention）。① 另外，兰登原则式的新商法典并未局限于商业视角，其中还贯彻消费者保护理念，尤其是诚实信用的理念，较统一法原则式新商法典具有进步的意义。②

兰登原则的适用不必局限于国际法律关系之中，起草者为解决国际性案件在法典之中的共享引致国内法的一般条款（general aversion），这是欧盟范围内合同法统一的切实可行的方式。因此，尽管对于国际性商法法典而言，欧洲合同法原则的适用范围具有局限性，但是还是有学者将其称为《现代统一商法典》（Modern European Mercatoria）。③ 当然也有学者指出：

> 欧洲商法统一法典在某种程度上，即意味着世界范围内的国际合同法重述的"死亡"。④

（三）国际法原则（The Trans-lex Principles）

2009年4月，位于德国的国际法中心发布了国际法原则，试图将其作为新网络时代背景下的商法典，并研发国际法原则的网络平台，⑤ 同年10月，国际法原则涵盖了128条原则和新商法的若干规则。如今，国际法原则式商法典之中已有超过130条的基本原则。其实，国际法原则最早可以追溯

① *Principles*，*Definitions and Model Rules of European Private Law Draft Common Frame of Reference*（DCFR），Full Edition，Volume 1，European Law Publishers GmbH，Munishch，2009，pp. 3-6.

② Cf. Hartkamp（Eds.），*Towards a European Civil Law*，Hartkamp Press，pp. 125-131.

③ See Bonell（Eds.），*Essays in Honor of Roy Goode*，Cranston Press，2004，p. 110.

④ Klaus Peter Berger，*The Creeping Codification of the Lex Mereatoria*（Second Edition），The Hague，Boston，Kluwer Law International，2010，p. 247.

⑤ 即 www. trans-lex.org。

到 2001 年网络上创办并运营至 2008 年 10 月的"国际法数据库与参考目录"（transnational law Database & Bibliography）平台中所提出的国际法一般原则。

不同于欧洲合同法原则以及统一法原则，所谓国际法原则是系统性的国际商法原则和规则的在线集合体（online-collection），涉及的原则和规则是建立在获得普遍一致认同的、无争议的基本法律标准要素（black letter law①）之上的，例如，填补损害义务（duty to mitigate damages）、征收补偿（compensation for expropriation）等等。而且，原则之后一般还全文附有国际法仲裁判例、惯例、国内法规、法院判例、原理、裁决、统一法以及国际合同法重述、合同形式等软法，这些都是综合性的比较法参考资料。也就是说，每一个原则或规则之后，都附有注释（commentary），以解释原则如何运用于实践以及实践是如何与原则相联系的，这种注释评论的方式具有特别重要的意义，即揭示了新商法逐渐发展成为真正的法律体系的过程。

毫无疑问，国际商法背景下的比较方法论具有重要的作用，其不仅仅联合实践和原则，同时还创造一种国内法律体系缺失的新的或"更好"的商法规则。②

尽管与欧洲合同法原则以及统一法原则式商法典一致，国际法原则式商法典也通过授权当事人自主选择适用与否，即"如果当事人选择国际商法，商法或类似法律的普遍原则才予以适用"③。但国际法原则通过网络平台的方式找到了一条全新的商法法典化路径，具有开创性意义：第一，普遍性原则在保持法律系统的开放性从而有利于保障商法典的开放性的同时，详细的附录能够确保新商法规则在日常法律实践中的可操作性；第二，国际法原则式商法典能够确保法律原则和规则实质上属于新商法但又不限于惯例、商业通则等初级阶段的组构方式，网络平台的便利性使得新商法可以涵盖广泛的

---

① 国家法原则是建立在 black letter law 的基础之上的，所谓的 black letter law，是在英美法语境下获得一致认可的，绝大部分州法院达成共识并接受的法律，也就是完善的判例法原则。此处是在国际法的语境下运用 black letter law 这一概念，特此说明。

② Perles Viscasilllas, *Ariz Law System*, Oxford Press, 1996, pp. 383-397.

③ See "Purpose and Concept", at www. Trans-Lex. orgn/000010. 2016. 9. 23.

国际法律理论、实践、仲裁以及国内层面的法律规范。①

(四) 新商法法典化路径的比较分析

首先，新商法法典化路径完成了从传统商法到新商法观念的转换。相比于传统的国际性惯例 (international convention) 或现代商法 (modern law) 的商法法典化方式，三种新商法法典化路径都不是基于纯粹的社会学或某些达尔文主义者所理解的法律，也不是基于"征税权和司法主观主义" (judicial subjectivism) 的视角去处理国际商法，而是基于实用主义的视角处理经济和法律之间的关系来发展新商法，即经济和法律并不是对映体 (antipode)，而是相互补充的元素，那么，可以通过当事人"制定"的法律结合经济交易和法律规则从而产生有效的国际法，也就是"协议一致产生商法" (contractual consensus create commercial law)。换而言之，基于辩证主义 (dialectical) 的视角合理论证并分配商法实践和法律之间的相互关系，"新商法得以成为法律科学" (introduction into legal science)。② 诚如学者所言：

> 不同于任何其他的法律科学，新商法的规则是现实的法，而不是纸上的法，新商法一般性原则并不能在制定法之中发现，而必须通过法律实践本身予以发现。不同于任何其他的法律科学，新商法本身是法律利益以及法律利益影响斗争的过程，只能有限地提供事实以及最终规范性事实的控制力量。简而言之，新商法揭示了经济历史中所折射的经济与法律的一般关系。③

其次，重述的形式有利于实现新商法法典化。可以说，统一法原则以及欧洲合同法原则都主要是通过对原则的"重述"实现商法法典化。第一，重述克服了惯例或公约规则可能会涉及的国家主权方面的问题以及通过国际

---

① See Klaus Peter Berger, *The Creeping Codification of the Lex Mereatoria (Second Edition)*, The Hague, Boston, Kluwer Law International, 2010, pp. 253-254.

② Rittner, *Die Sogenannte Wirtshaftliche Betrachtungsweise*, der Rechtsprechung der Bundesgerichtshofes, 2002, p. 56.

③ Radbruch, *Einfuhrung in die Rechtswissenschaft*, der Rechtsprechung der Bundesgerichtshofes, 2003, p. 133.

会议复杂的和耗时的协商困难，并且最终逃离了"令人困惑的混乱"的现象（hardly comprehensive mess），即因为国家一般会对传统国际惯例或公约设置保留条款，限制国际法典的范围，从而淡化（dilute）了国际商法典概念的情形。第二，重述也使实践者认识到新商法法典化的需要。面对日益增加的国际商事交易，仲裁者裁决或解决纠纷争端都需要可预见性以及确定性的商法典。① 第三，重述还为进一步比较研究提供了一个理想的出发点。法典重述的前提，即是确定国际商法的存在和基本原则。而且重述能够增加新商法原理本身的可靠性。② 因而，重述对新商法法典化运动起到了极为重要的作用。

再者，仅凭借重述尚不足以完成新商法法典化。尽管重述技术极具吸引力，但因为重述本身存在两方面的重大缺陷，因而，不能成为新商法法典化最终所选择的路径：第一，重述的起草者缺乏有关新商法存在的正面性述评。就新商法概念的有效性探讨，统一法原则及欧洲合同法原则都未明确地采取有关自发性的世界贸易法存在的立场。因此，只要当事人明确地支持或反对新商法的基本原理就会危及重述所赖以依存的根基。事实上，实践者对于重述的法律特征极不确定，有些甚至怀疑可能存在不同的新商法。③ 第二，重述仅仅被作为"比较性的快照"（comparative snapshot）。统一法原则及欧洲合同法原则所确定的松散的新商法特征使严格法律概念和理念所构成的法典系统以及加快法典化进程的尝试功亏一篑。可以说，重述只是国际性合同法部分的"比较性快照"，并没有实质法典化的意义。④ 因此，尽管统一法原则以及欧洲合同法原则的重述"温和地推动"（gentle pushing）了新商法法典化，但是起草者最初重述国际性商事规则构成新商法法典化的依据，仅仅是作为一部重要的"指导教科书"（leading textbook），而不是作为

---

① See Raeschke-Kesskler（Eds.），*Unidriot Principle of International Commerical Contracts：A New Lex Mercatoria？*，Institute of International Business Law and Practice，2005，pp. 167-175.

② See Klaus Peter Berger，*The Creeping Codification of the Lex Mereatoria（Second Edition）*，The Hague，Boston，Kluwer Law International，2010，p. 250.

③ See Cf. Kahn（Eds.），*Contratti Commerciali Iinternazionali E Principi Unidroit*，Bonell Press，2003，pp. 41-45.

④ See Raeschke-Kesskler（Eds.），*Unidriot Principle of International Commerical Contracts：A New Lex Mercatoria？* Institute of International Business Law and Practice，2005，pp. 145-151.

商法典。①

最后，新商法法典与新商法法典化之间存在矛盾。一方面，新商法法典是由当事人选择是否适用，或在当事人没有选择的情况下由国际仲裁者选择考虑是否适用，即自我约定规范（contrat sans loi）。另一方面，国际仲裁员并不仅仅是依据填补法律空白（legal vacuum）或公平观念（equity）的新商法法典作出判决，相反，他们是适用新商法法典体系的具体规则和原则进行裁决，并且其裁决能够获得国内法的承认。② 具而言之，就程序而论，新商法法典化具有非法定性、非官方性、非正式性的特征，而商法法典则应具有公开性、合法性；就内容而论，新商法法典化具有自发性、灵活性以及多变性，而商法法典则应是确定以及具有系统性的。可见，新商法法典与商法法典化之间在程序上以及内容上都存在冲突矛盾之处。③ 如学者所言：

> 新国际商法实质上是动态的，经常会随着商业逻辑以及市场需求而变化，在实践中呈现不同的表达形式。新商法的研究通常可以从参与者所表达的国际性、统一法典和规则中获取或从他们广泛的实践需求，既已建立的交易模式，机构规则以及国际交易内在的合理性之中汲取相关的内容。因此，新商法法典是一个向前移动的过程。④

因而，可以说，任何构建新法典路径本身都是相互矛盾的（paradoxical）。⑤ 如此一来，新商法法典化的路径探索也使法律理论重新思考新商法法典之中所谓"法典"的理念。

四、难以完成的新商法法典

事实上，国际法意义上的商法典并不是传统意义上的商法典，也不能按照实证主义所主张的主权国家编纂法典的方式进行。

---

① See David Brierley, *Major Legal Systems in the World Today*, p. 439.

② See Goode Kronke McKendrick, *Transnational Commercial Law*, No. 1. 47.

③ See Klaus Peter Berger, *The Creeping Codification of the Lex Mereatoria*（*Second Edition*）, The Hague, Boston, Kluwer Law International, 2010, pp. 65-137.

④ Dalhuisen, *Berkelry Code*, Notown Press, 2006, pp. 129-133.

⑤ See "Purpose and Concept", at www. Trans-Lex. orgn/000010. 2016. 9. 23.

　　　　新商法的法典不应当按照技术性、字面含义予以解释，而应当从新的、发展的视角看待法典化技术，如此方能与新商法的灵活性以及弹性相调和。①

　　那么，所谓的国际法原则式商法典，更确切地说，应是"永续发展的商法典"，主要有两个特征：第一，程序上不同于传统的法律程序，甚至是对立的。新商法法典并非通过正式的传统法典化程序予以编纂的，而是通过学术和法律实践以"私人"的方式完成的；第二，实质上不同于传统的商法典，意味着其是稳定、逐渐发展的法典。"永续发展的商法典"不仅是非正式与私人化的，而且其还是缓慢、稳定的发展过程，永远无法结束并且总是向着更富有功效性、实践性的规则迈进的过程。② 简而言之，"永续发展的商法典"，即形式上意味着是开放性原则和规则的清单（list of principles），实质上则是持续更新却永无止境的法典化过程。新商法这些特性，类似于正式的普通法（ius commune）所呈现的"永续性"（ongoing）与"持久性"（vitality）。因此，新商法必然不能与传统商法典无隙齿合。另外，永远在发展的新商法典也符合国际商法的理论和实践。更是有学者明确指出：

　　　　新商法私人化制定法律的过程，描述为"永续发展的商法典"的更为恰当。③

　　其实，学者指出之所以提出"永续发展的商法典"的理念以"实现商法法典化"④ 也主要是基于两个方面的考虑：其一，为国际贸易者（合同当事人、仲裁者、律师以及国家仲裁程序中的双方当事人的代表人）提供可

---

　　① Klaus Peter Berger, *The Creeping Codification of the Lex Mereatoria* (*Second Edition*), The Hague, Boston, Kluwer Law International, 2010, pp. 252.

　　② See Karrer (Eds.), *Internationals Law Privatrecht*, Honsell/Vogt/Schnyder Press, 1996, p. 187.

　　③ Brower/Sharpe, *Va Jerfied Internation Law*, Oxford Press, 2004, pp. 199-201.

　　④ 此处的"实现商法法典化"并不是我们传统意义上理解编纂成文法确定的商法典以实现商法法典化，而是以一种动态的、发展的方式实现法典化。如上文指出的，在国际商法之中，"法典"一词也并不是通常意义上的法典。应用发展的眼光看待新商法法典，特此强调说明。

以在日常国际法律实践中适用的工具。因为国际法原则提供了极其广泛的国际商法资源，包括国际仲裁和征收法，故而能够有效弥补国际商法理论与国际法律实践之间缺失的一环。① 其二，"永续发展的商法典"概念与互联网相联合，旨在使新商法法典化能够脱离长期所处的两难困境。② 众所周知，新商法法典化所需要的在程序上达到极致的弹性以及高度开放性，是传统"呆滞的法典化程序"（petrification of the codication process）无法企及的。③

（一）清单式新商法典的开放性（open-endness）

"永续发展的商法典"，形式上即清单式的商法典是比较性学术研究的客体。④ 比较性研究最为突出的特征即是比较多元化要素展开研究。事实上，清单式的商法典实质上就是将既有不同类别的塑造国际商法法律体系的多种渊源整合成为统一的、开放式的一套规则和原则：即吸收法律一般原则、"规划机构"编纂的国际商法典、国际审判庭的案例法、制定规范的国际合同形式驱动力、贸易惯例以及比较法科学的分析，最终整合成为系统的清单。⑤ 因而，清单之中既呈现了所有国际裁决与合同实践之中接受的有关新商法的普遍性、无争议的原则和规则，同时又附上综合的比较性参考资料，从而呈现出开放性，构成永续发展的商法典。可见，永续发展的商法典应当是具有开放性的清单式商法典，而清单式新商法法典所呈现出的开放性，主要表现为：

首先，清单之中的国际仲裁案例法以及仲裁程序提供新商法法典与实践的链接点。其实，大多数论述案例注释、文章以及国际商法的著作都是与国际商法仲裁相关的产物。⑥ 国际商法领域的研究，与实践性的法律尤为相关。可以说，新商法的原理并非是纯粹理论性的，仅仅强调通过法律理论接受并推进国际实际的进程并不切合实际。事实上，清单包含了所有可能为新

---

①　See "Purpose and Concept", at www. Trans-Lex. orgn/000010. 2016. 9. 23.

②　See Redfern Hunter on International Arbitration, No. 3. 174.

③　See Klaus Peter Berger, *The Creeping Codification of the Lex Mereatoria*（*Second Edition*）, The Hague, Boston, Kluwer Law International, 2010, pp. 12–13.

④　See the Master Thesis by Emmanuel Lamaud, "Comparision between the Central List and Vienna Convention for the International Sales of Goods-Specific Topics", available at www. trans-lex. org/85000. 2016. 9. 24.

⑤　See Cf. Langen, *Studien zum Internationalen Wirtschaftsrecht*, No. 11.

⑥　今天，超过90%的国际商事合同之中涵盖了商事仲裁的条款。See from the Perspective of Public International Law Baade, Horn（Eds.）, *Legal Problems of Codes of Conduct for MNEs*, pp. 407–413.

商法提供必要的合法性以及权威性的规则和原则等组成要素。清单的内容不仅能够反映法律理论，更是记载了比较性研究以及全面且综合的国际商事仲裁庭裁决的案件。清单之中所蕴含的实践性要素，在新商法法典化的背景之中具有双重功能，对新商法的发展显得尤为重要：

> 第一，当事人和仲裁员是清单之中规则和原则的主要践行者；第二，国际仲裁程序为"发现"清单之中所包含新的国际商法规则和原则提供了程序性基础。①

清单之中的裁决以及程序使法典规则及原则与实践性要素相连接，因而，也使清单规范系统呈现出开放性。就此而论，清单所传达的理念与20世纪中叶的普通法之中的"摘要"（digest）的功能一致。

> 摘要不同于法典，摘要所包含的规则是既有权威法所覆盖的，即通过恰当的方式从制定法和判例法之中抽象提要。如此一来，摘要就是简洁、概括并且以最为便利和可接受的形式表达的权威法。②

其次，清单之中的原则或规则要素是持续更新与不断扩展的。新商法法典作为动态的"发展法律"（law in action），必然要求不断地更新清单内容。但是，清单不断更新的特质也使清单呈现出一种不稳定性，反过来又会制约清单本身的有效性（effective）以及实用性（usefulness）。事实上，在国际交易之中，商事纠纷形态万千，特别是在仲裁员或国际贸易当事人无法于清单之上找到任何与解决纠纷相关的规则或原则的情形下，根本就不能预期仲裁员依据新商法法典的清单恰当地处理纠纷。因而，我们必须清楚地认识到清单并非是包罗万象的，同时清单内容更是不断发展、更新的。这也就意味着仲裁员或当事人能够不断填补清单要素，甚至是直接在既有清单之中的规则和原则的基础上提取出解决特定纠纷的"新的"规则或"新的"法律原

---

① Klaus Peter Berger, *The Creeping Codification of the Lex Mereatoria* (*Second Edition*), The Hague, Boston, Kluwer Law International, 2010, p. 257.

② Jenks, *A Digest of English Civil Law*, Notown Press, 1921, p. 123.

则。由此可见，清单的主要目的绝不仅仅是总结经验，提供一幅新商法过去以及现状（status quo）的全图景，更为重要的乃是展望未来，为开放性体系的国际商法未来持续地发展提供原动力。①

再次，"清单之争"（battle of list）进一步推动了新商法开放式的发展。清单式商法典是由当事人选择适用的，也就是说，当事人之间的清单列项可能出现不一致的情形，这样一来，不同的清单之间可能会发生冲突，由此会引发所谓的"清单之争"。其实，鉴于新商法的特性，如果当事人特定清单之上并没有包含新商法抽象的（in abstracto）规则或原则，而是涵盖了综合比较性的参考资料，那么，仲裁员和律师就能够凭借这些参考资料，分析双方清单是否只是存在文本上的区别，而实质内容上是等同的。② 如此，清单之间相互冲突的情况反而为国际性商法提供了进一步演进和发展的机会。事实上，任何清单式新商法法典都不可能移除适用国际性商法所带来的不确定性（uncertainty）。可以说，不确定性是新商法保持开放性而自然带来的结果，也正是因为清单所具有的不确定性，从而国际商法才能够满足持续进化和不断发展的国际贸易和商业所要求的灵活性的需求。③

最后，清单式新商法法典能够适用于整个商事领域。就调整范围而言，统一法原则以及欧洲合同法原则式商法典的调整范围局限于商事合同法领域，而清单式商法典则涵盖整个商事领域。就不同新商法法典形式而言，重述仅是对原则、规则或案例系统性的组合，而清单在包含规则和原则之后，还附有国际仲裁的判例实践。④ 因而，清单能够涵盖在国际商事交易之中占据主导地位的其他领域的法律原则，例如国际公司法、国际竞争法、国际仲裁证据规则、国际征收法以及一般仲裁法。可见，清单具有开放性，能够容纳除合同法领域之外其他商事领域的规则和原则。如此一来，清单式新商法法典也就能够为我们提供更为宽泛意义上的"国际商法"。

---

① See Klaus Peter Berger, *The Creeping Codification of the Lex Mereatoria* (*Second Edition*), The Hague, Boston, Kluwer Law International, 2010, pp. 257-258.

② See Brunner, *Force Majeure and Hardship under General Contract Principle*, 2003, p. 21.

③ See Klaus Peter Berger, *The Creeping Codification of the Lex Mereatoria* (*Second Edition*), The Hague, Boston, Kluwer Law International, 2010, p. 258.

④ See Blase, *Die Grundregeln des Europaischen Vertragsrechts als Rechts grenzuberschreitender Vertrage*, p. 275.

很显然，清单所呈现出的开放性是重述技术所不及的。通过国际商事规则和原则列举清单方式而"永续发展的新商法典"也是通过公开重述方式构建的国际合同法典所无法取代的。事实上，重述仅能为清单的发展和扩张提供一个有价值的动因以及研究的出发视角。① 另外，开放性清单并不意味着商法典是不能成型的，新商法法典在发展的过程之中也是能够形成一定中间形态的。如学者所言：

> 需要明确的是，清单的概念，在现代社会与我们无限贴近，其规范新商法并将其塑造成可用的形态。②

（二）21 世纪新商法典的全球化（globalizaiton）

在 21 世纪的背景之下，用世界经济"全球化"的理念去解释国际商法典的现状似乎是遥不可及的。"全球化"这一抽象的术语，已经演变成了一个没有实质内容的陈词滥调（cliche）。③ 事实上，全球化的理念是新商法法典化的出发点。在全球化的环境下，商法法典化需要考虑：

第一，当事人申请适用国内法转变为国际商法典所需的交易费用，已经阻碍了全球化市场中国外法的发展，成为"全球化陷阱"（globalizaiton trap），自然也阻碍了国际性商法的发展，成为新商法法典化的阻碍。

第二，全球化所必然面临的是国家主权问题，国家主权也成为现代商法法典化的最大障碍。

第三，新商法原理的创始人，总是不厌其烦地强调新商法法典化的经济因素，其中最为重要的是增加产量理论、生产正当化理论，以及降低交易费用同时从国内或区域向世界市场发展等。这些经济学理论都对国际性商法体系发展起到至为关键的作用。④

其实，赞成新商法法典化的学者，更倾向于将新商法视为"缓慢发展

---

① See Klaus Peter Berger, *The Creeping Codification of the Lex Mereatoria（Second Edition）*, The Hague, Boston, Kluwer Law International, 2010, pp. 258-259.

② *Fortier*, International Press, 2001, pp. 121-127.

③ See Walker, "Globalization of Commercial Code", *Global Legal Studies Journal*, 1996, pp. 375-379.

④ See Klaus Peter Berger, "The New Law Merchant and the Global Market Place-A 21st Century View of Translational Commercial Law", available at www. trans-lex. org/85000. 2016. 9. 24.

的国际商法以及从观察现实生活中提取出来的法律结构环境"①。当代国际商法伴随着世界范围经济交易的步伐迅猛发展。可以说，在极其宽泛的幅度内，创造国际法律结构的"呆滞"（periphery）法律程序是与国际社会和经济环境直接密切相关联的。因此，全球化背景下的国际商法既需要靠经济因素也需要考虑法律发展的因素。②

那么，21 世纪，我们就需要从"全球化"定位下的宽泛视角出发考量新商法法典化。如此一来，也就明确了新商法法典之中的规则或原则不能仅仅从事实或法律正义本身予以解释，例如简单地复制普通合同条款，或者商事惯例的常规价值判断。③ 在经济迅猛变化、发展以及全球化政治条件下，我们应当考虑现代经济的各个方面，并从综合性的视角出发以实现新商法法典化，例如，欧洲统一的发展以及欧盟市场的产生，全球通信交易技术的变革，全球现金流的大量增加，全球金融以及资本市场的产生，非政府性组织（NGO）重要性的增加以及许多案例之中意识到国内法规则技术并不适用于国际贸易等等。这些因素都有三个共同的特征（denominators）：

> 第一，全球化侵蚀并淡化了国家边界，地区主权重要性的退化，也可以被称为真正意义上的全球化；第二，国家影响或驱动国家或国际经济发展的权力相对降低；第三，国际商法法典化呈现出非正式性的潮流。④

可以说，"全球化"浪潮中所衍生的规则与所孕育的法律理论直接决定了国际贸易实践，对国际商法理念的发展显得尤其重要。因此，尽管"全球化"的理念具有分散性与抽象性，但是我们还是能够通过分析"全球化"所涉及的各方面的因素，进而发现国际商法所呈现出的"去区域国家化"（de-nationalization）这一具体的现象。由此可见，"全球化"对国际商法法

① Goldstain, Supra Note 25, p. 13; Kahn, Supra Note 31, p. 365.

② See Juenger（Eds.）, *Lex Mercatoria and Arbitration*, Carbonneau Press, 1997, pp. 265-276.

③ See Hobe Supra Note 95, 207 who points at the development of a global society as opposed to the world of states.

④ Tetley（Eds.）, *Lex Mercatoria and Arbitration*, Carbonneau Press, 1997, p. 50.

典化进程产生重大的影响，同时也意味着新商法法典应当是全球化的新商法法典。

（三）新商法法典的民法属性

事实上，在 19 世纪 80 年代中期，经互会（COMECON）提出起草国际商事合同法的统一规则，其本意在于强制不同成员国家适用统一规则从而使国际交易当事人能够享有共同的交易环境和条件。[①] 到 1990 年 10 月，来自意大利帕维亚的商人律师协会组成了 GEDEC 团队，在甘多尔菲（Gandolfi）教授的领导下决定起草《欧洲民法典》（European Civil Law）。[②] GEDEC 团队起草《欧洲民法典》的最初动因来自于欧盟确定起草《欧洲民法典》的决议，因而，团队选择了两个既有的立法性"范本"（models），一是《意大利民法典》第四版，二是麦克格雷戈（McGregor）教授为英国法律委员会所起草的合同法典，决定最终草拟一个正式的法典大纲，为《欧洲民法典》确定"基础性的纲要"（basics cheme）。其中，GEDEC 团队之所以选择《意大利民法典》作为范本又主要是基于两个方面的考虑：其一，《意大利民法典》不仅处于欧洲大陆传统民法典与普通法系统中的"过渡性"位置，而且是现代民法典与商法典一体的典范；其二，《意大利民法典》内涵的现代属性，不同于其他欧洲大陆国家法典，并未遭受到任何保守主义派的阻碍。值得注意的是，GEDEC 团队在起草法典的第二部分时，不仅以《意大利民法典》《英国合同法典》作为综合比较性研究的出发点，而且涉及了瑞士、法国、西班牙、澳大利亚、德国以及荷兰的民法典以及其他国家国内法和欧洲共同法的某些条款。[③] 1998 年，欧盟的研究团体（Study Group）正式启动了起草《欧洲民法典》的进程。

由此可见，就编纂国际性商法典的历史过程，尤其是新商法法典化所涉及的基本参考要素而言，制定国际性商法典本身就是基于新法典基础之上而编纂的，无论是民商合一体例下的民法典，如《意大利民法典》《荷兰民法

---

①　See Bonell, *RDA*, 1988, pp. 873-887.

②　See *Principles*, *Definitions and Model Rules of European Private Law Draft Common Frame of Reference*（*DCFR*）, Full Edition,（Volume 1）, European Law Publishers GmbH, Munishch Press, 2009, pp. 1-4.

③　See Klaus Peter Berger, *The Creeping Codification of the Lex Mereatoria*（*Second Edition*）, The Hague, Boston, Kluwer Law International, 2010, pp. 159-160.

典》，或是民商分立体例下的民法典，如《德国民法典》，都是新商法法典化的出发点。因而，可以说，新商法法典本质上是具有民法属性的商法典。

其实，研究团体（Study Group）最初起草的《欧洲民法典》不仅包含合同法的原则和规则，还包括了侵权条款、担保交易以及不动产法的相关条款。① 但是，后来由于无法就宽泛民法层面上的原则或规则达成共识，为了确保规则的统一性、无争议性并且最终能够顺利完成欧洲民法典的制定，研究团体将欧洲民法典的编纂重点聚焦于国际环境之中适用最为频繁的合同规则，也就是商事交易的基本原则或规则。② 如此一来，《欧洲民法典》相应地就更名为《欧洲合同法典》，③ 同时由于合同所涉多数是在国际商事交易之中，因而也经常被学者称为《欧洲商法典》。④ 必须明确的是，无论是《欧洲合同法典》还是欧洲商法法典化以及所谓的欧洲商法典，其本质属性都是民事法典。

综上可知，国际法原则式商法典是一项伟大的成就，它完美地呈现了新商法法典化的发展趋势。事实上，国际法原则式商法典建立的根据，是因为新商法法典本身不可能指向也不可能考虑某一具体的国际商法规范体系所涵盖的全部基础性的商法关系。"永续发展的商法典"无疑是国际商法领域的一项伟大的成就，其不仅仅在于提供开放性的清单本身，更多的是表征产生了一项确保开放性以及持续性发展的技术，也就是"永续发展的商法典"技术。⑤ 但是，我们还需要明确的是，一方面，永续发展的商法典是不断更新、永无止境的过程，就此而论，其实不存在所谓固定的、统一的新商法法典；另一方面，国际性商事法律实质上还是民事属性的法典。也就是说，新商法法典并不意味着世界范围内呈现出所谓的民商分立体例下商法法典化的趋势。

---

① See Klaus Peter Berger, *The Creeping Codification of the Lex Mercatoria* (*Second Edition*), The Hague, Boston, Kluwer Law International, 2010, pp. 161-162.

② See Klaus Peter Berger, "The Concept of the 'Creeping Codification' of Transnational Commercial Law", available at www. trans-lex. org/000004. 2016. 9. 24.

③ See Von Bar (Eds.), *Draft Common Frame of Reference* (*DCFR*), Outline Edition, p. 30.

④ See *Principles*, *Definitions and Model Rules of European Private Law Draft Common Frame of Reference* (*DCFR*), Full Edition, Volume 1, European Law Publishers GmbH, Munishch, 2009, p. 3.

⑤ See Klaus Peter Berger, *The Creeping Codification of the Lex Mercatoria* (*Second Edition*), The Hague, Boston, Kluwer Law International, 2010, pp. 254-255.

第四节　商事规则立法模式

民法与商法的融合是现代私法体系发展的趋势，不论是民商分立抑或民商合一立法体例的大陆法系国家的民商事立法都表明这一趋势。英美法系中商事单行法更是如此，甚至在英美法系中商事交易较为发达的国家和地区，它们也认为过于强调货物买卖法律的独立性都是过时的。[①] 由于民商内容的本质性差异并不存在，法官在适用商事纠纷时不再需要对民法的相关规则进行转变，如果继续困守于民商分立的立法体例是一种历史的倒退，必然会带来立法资源的浪费，破坏司法适用的统一性。

一、《商事通则》路径

近年来，学者将制定商事通则视为商法以后的发展方向，制定"商事通则"是继《民法通则》之后的又一次"法律革命"。制定独立的商事通则是"可替代的最优模式"[②]。有学者主张，按照我国《民法通则》的体系，同时制定一部《商事通则》，其中规定商事交易的基本原则、商事主体、商行为、商事代理、商企业的组织形式、商业账簿、商事基本权利等，进而能够良好地规范市场交易秩序，为统一商事法制奠定基础。[③] 学者提出此种主张，既看到了商法体系缺乏独立性而不能采取民商分立立法模式的现实，亦考虑到了商法规则本身的独特性。

还有学者提出《商事通则》是超越民商合一和民商分立争议的务实选择。[④] 如此一来，有助于商事法律制度自身体系化、科学化，是填补我国目前商事法律不足、统一协调和解决法律冲突的理性手段，也是提升立法层

---

① 学者列举关于马匹和干草的交易被适用到商品交易前就已经受到了很大的争议，然而当其法典化之后，马匹和干草已经不是商品交易的主要标的物了。See Grant Gilmore, "On the Difficulties of Codifying Commercial Law", *The Yale Law Journal*, 1948, p. 1341.

② 蒋大兴：《论民法典〈民法总则〉对商行为之调整——透视法观念、法技术与商行为之特殊性》，《比较法研究》2015 年第 4 期。

③ 参见石少侠：《我国应实行实质商法主义的民商分立——兼论我国的商事立法模式》，《法制与社会发展》2003 年第 5 期；任尔昕：《我国商事立法模式之选择——兼论〈商事通则〉的制定》，《现代法学》2004 年第 1 期。

④ 参见王保树：《商事通则：超越民商合一与民商分立》，《法学研究》2005 年第 1 期。

次、加强商事法律关系的法律调整的合理途径。制定《商事通则》也有社会经济、法律意识、立法与司法实践和理论研究成果的基础。所以我国目前应当尽快制定一部一般性、统领性的商事通则。① 学者从各个方位、各个角度考虑《商事通则》制定的必要性，充分论述了制定《商事通则》的理由。

另外，关于《商事通则》体系结构的安排，有学者认为《商事通则》应确定为：商事原则、商业商号、商主体、商事登记、商行为和代理、责任、附则七个部分。② 有学者认为《商法通则》可以分为三编：第一编总则，又包括立法宗旨、原则、法律适用、商人基本制度、商事登记、商事分类、商业账簿、经理破产、商行为概念、营业概念、特许经营、电子商务、商事担保等；第二编分则，又包括商事买卖、商事代理、行纪经营、居间营业、货运营业等；第三编附则，包括适用说明、解释机关、生效时间等。③ 还有学者认为《商事通则》应由总则、商事主体、商事行为、商事权利、商事登记、商会、商事账簿、商事诉讼时效、商事责任、附则十章构成。④ 也有学者认为《商事通则》主要是基于主体——行为——权利——责任的逻辑思路展开，主要内容为：总则、商事主体、商事行为和商事代理、商事权利、商事责任。⑤ 学者们关于《商事通则》各种各样的体系建构不胜枚举，但相关条款设计较为完备，都提倡建立一个体系上相对完整的《商事通则》。

但是，不论制定《商事通则》的理由如何充分、体系结构安排如何完善，主张制定《商事通则》的学者们都试图总结归纳出商法的一般性规范，即总则。然后设计相关条款规范商事主体、商事权利、商事行为、商事责任等，具体而言，学者们主张制定的《商事通则》存在以下不足。

第一，法理上解释不清。《商事通则》制定之初就产生难以准确定位的问题。如果定位为商法典的总则，又不得不陷入商法典的立法泥淖，无疑又

---

① 参见赵旭东：《制定"商事通则"的五大理由》，中国商法年刊 2007 年版，第 1—11 页。
② 参见任尔昕：《制定〈商事通则〉论纲——以总体思路、体系结构为内容》，《甘肃政法学院学报》2004 年第 3 期；程淑娟：《我国商事立法模式的再思考——兼论〈商法典〉、〈商事通则〉的不可行性》，《甘肃理论学刊》2008 年第 1 期。
③ 参见刘云生：《商事通则构造论》，《河北法学》2007 年第 4 期。
④ 参见雷兴虎：《商事总则：中国商事立法的基本形式》，《湖南社会科学》2004 年第 6 期。
⑤ 参见曾大鹏：《中国商法通则理论与立法研究》，法律出版社 2013 年版，第 30—31 页。

走上民商分立立法模式的旧路，而这已经证明行不通。有学者试图证明，商事通则将超越立法模式之争，其不是商法典的总则，只是民法的特别法。① 还有学者进一步将《商事通则》定位为：既非民商分立的标志也非民商合一的典型表现，而是区别于民商合一和民商分立的第三种模式；民法与商法是一般法与特别法的关系，《商事通则》并不取代民法在私法领域的一般法的地位。② 但问题是，《商事通则》是民法典的特别法，其与商事其他单行法律是何种关系？如果商事单行法与商事通则是平行关系，又如何予以适用？商事通则与民法典总则之间的关系怎么厘清？主张制定《商事通则》的学者并没有考虑到超越民商合一和民商分立的商事通则如何定性问题，③ 既然商事通则不是民商合一也不是民商分立，那么我国未来民法典与《商事通则》之间的关系又该如何处理？因此，商事通则不具有存在的法理，而且会产生立法上的重复。

第二，逻辑上行不通。虽然学者将《商事通则》视为超越民商合一和民商分立的立法途径，主张制定《商事通则》的绝大部分学者并非要主张民商分立或单独制定商法典。"无论是内容还是形式，商事通则均不应追求商法典的结构"④，从内容上而言，商事通则类似于商法典总则。例如有学者认为《商事通则》内容主要为："立法宗旨、原则、法律适用、商人基本制度、商事登记、商事分类等等。"⑤ 学者们设计的体例结构和具体条款，较民法法系之中采用民商分立国家制定的商法法典而言，可以说，很大程度上就是仿照商法法典的总则编的内容而展开的。⑥ 从形式上看，《商事通则》独立于民法典立法，与大陆法系民商分立国家的商法典也有相似之处。因此，主张制定《商事通则》仍是坚持民商分立，割裂商事规则与民事规则的关联性，实质是在民法典之外重现制定商法典的做法，只不过是外在形式的改变而已。

① 参见冯乐坤：《民法设计思路之检讨——从法人视角观察》，《法学评论》2004 年第 2 期。
② 参见王保树主编：《商事法论集》（2011），法律出版社 2012 年版，第 1—2 页。
③ 参见王保树：《卷首语》，《商事法论集》2012 年第 1 期。
④ 王保树：《商事通则：超越民商合一与民商分立》，《法学研究》2005 年第 1 期。
⑤ 刘云生：《商事通则构造论》，《河北法学》2007 年第 4 期。
⑥ 参见程淑娟：《我国商事立法模式的再思考——兼论〈商法典〉、〈商事通则〉的不可行性》，《甘肃理论学刊》2008 年第 1 期。

第三，理论上不顺畅。尽管学者们主张制定《商事通则》，但是不同学者对《商事通则》理论上的定位和体系上的安排难以达成共识，导致制定《商事通则》的理论产生之初就极其不顺畅。一方面，有学者将《商事通则》定性为超越民商分立和民商合一的选择路径，[①] 还有学者则将《商事通则》定性为民商分立新的表现形式，[②] 也有学者认为《商事通则》是民商关系的第三条道路，与未来的民法典共同支撑我国二元私法体系。[③] 另一方面，《商事通则》的体系、逻辑结构极其混乱，并没有统一标准，少的由三部分构成，多的由七部分、十部分组成。有以商行为为中心构建的，也有以商事主体为中心构建的，还有结合两者构建的。2010 年 4 月中国组成调研组制定的《商事通则》建议稿共 10 章 92 条，具体为：

> 商事总则、商人（商事主体）、商事登记、商号（商业）、营业转让、商业账簿、经理权与其他商事代理权、商代理（主体）、商行为、附则。[④]

该通则就某些方面达成一定共识具有积极的意义，但是很大程度上只是综合不同学者拟定的《商事通则》的内容构建的大杂烩，并无法从根本上解决《商事通则》理论定位和体系构建混乱的问题。

第四，操作上不可行。"商法的内容是朦胧的，商法的边界是模糊的"[⑤]，这是商法的特性。首先，商法学者对于商主体、商行为等基本概念没有定论，缺乏编纂所谓《商事通则》的理论根基。其次，从实践上看，《商事通则》很难如民法典总则那样通过提取公因式之法从各类商行为中概括出共性。最后，新型民商事行为的出现，根本不能以传统的民事或商事行为进行区分。例如网络商事交易产生的诸如配送企业等新时代商事主体，与传统主体有很大的区别，但不能因此就认为可以通过商事通则予以解决。因

---

① 参见王保树：《商事通则：超越民商合一与民商分立》，《法学研究》2005 年第 1 期。

② 参见郭峰：《民商分立与民商合一的理论评析》，《中国法学》1996 年第 5 期。

③ 参见曾大鹏：《中国商法通则理论与立法研究》，法律出版社 2013 年版，第 26—27 页。

④ 王保树主编：《商事法论集》（2011），法律出版社 2012 年版，第 1—11 页；王保树：《商事通则：超越民商合一与民商分立》，《法学研究》2005 年第 1 期。

⑤ 赵旭东：《商法的困惑与思考》，《政法论坛》2002 年第 1 期。

此，以一部《商事通则》妄图穷尽商法的所有基本概念，是不切实际也是不可能的。只有将商法作为民法的特别法，针对特定人与行为，适用商法规范。在其不能调整或者存在争议时，运用民法关于法律行为、意思表示、要约与承诺的一般规定，解决具体问题。

二、民商合一立法路径

学者认为："在现代社会，每个人都可能参与市场交易，这就使得区分商人和非商人、商事行为和民事行为、商事代理和民事代理、商法上的时效与民法上的时效变得越来越困难。"[①] 因此，应该利用民事规则实现商事规则的统一，从而实现民商合一。多数情形之中，商法规则耦合民法基本制度能够在商法领域内适用。然而，"商事生活适用自己独特的、有别于民事制度的法律规定才更为适合。"[②] 现代社会的发展，为实现分工的调整，需要在激烈的竞争中实现专业化，特定领域的商人仍然存在，比如说从事保险业需要一定的资格与规模。因此，立法不能忽视商事主体的独立存在。

第一，商事主体是一般性商事规范制度的逻辑出发点。民事主体规则无法解决商事主体的所有问题。一方面，商事主体规范相对于对民事主体规范而言是特别规范。另一方面，商事主体规范相对商事主体的具体内容则是一般性的规范。作为一般性的规范，既可以为商事主体的地位和资格的认定提供指导，填补民事主体和商事主体之间的空白，缓和大量具体的商事主体而无一般商事主体的矛盾，又能够实现商事主体具体法律形态所需的一般性规范与民事主体规则所需的特殊性的统一。[③] 如合伙企业与其他组织，存在商事主体与民事主体的概念差异，其他组织是对现实存在的其他组织的民事主体地位的承认，从形式和名义上赋予其作为独立存在的主体地位，具有很大的进步意义，这也仅能解决其他组织作为民事主体参加民事活动承担民事责任的问题，而作为商事主体的合伙企业的营业、内部治理等问题都是抽象的民事主体规则无法解决的。所以，我们应该认识到商事主体的独特性，商事

---

① 王利明：《关于我国民法典体系构建的几个问题》，《法学》2003 年第 1 期。

② 程淑娟：《我国商事立法模式的再思考——兼论〈商法典〉、〈商事通则〉的不可行性》，《甘肃理论学刊》2008 年第 1 期。

③ 参见王保树：《商法概论》，高等教育出版社 2001 年版，第 13—27 页。

主体作为特别民事主体的存在，正是一般性商事规范制度之所以存在的逻辑出发点。

第二，确定商事主体是市场经济快速、健康、发展的保障。商事交易是商品经济最为重要与最为集中的领域，商人作为具有一定专业知识与技能的主体，更清楚规则的漏洞与如何趋利避害，商事主体作为商事规则的引导者与创制者，与民事主体相比，具有更多的话语权与更多的灵活性。如果将商事主体与民事主体的规则不加区分而同一适用，无论是对民事主体还是商事主体均是不公平的。对民事主体而言，可能赋予其更高的义务，而对于商事主体而言，如果以民事主体的义务来规制商事主体，这种义务未免过于简单，并不能对商事主体形成有效规制。比如，在"苏州阳光新地置业有限公司新地中心酒店诉苏州文化国际旅行社有限公司新区塔园路营业部、苏州文化国际旅行社有限公司委托合同纠纷案"中，法院认为：

> 获得银行的境外信用卡的特约商户资格，意味着应掌握包括"无卡无密"在内的各种信用卡结算方式、操作流程和应审查事项，具备一定的专业知识和风险防范能力……新地中心对信用卡刷卡特别是无卡无密等非一般正常联机刷卡方式应当履行谨慎审核与风险提示的义务……新地中心作为获得专业培训、掌握专业知识并常年进行 POS 机刷卡及信用卡支付的受托人，未对涉案的 25 笔交易的授权书、身份证明和签字进行谨慎审核，也未提示委托人塔园路营业部"无卡无密"支付方式存在的风险，因此在处理委托事务方面存在重大过失。①

又如《合同法》第 107 条确立了合同违约的责任，并没有考虑主体是否有过错，这对商事主体而言，严格责任有利于合同的履行，为了保障商事交易的快速、便捷，严格责任对于合同的履行与遵守以及对整个商事交易与社会经济的发展是有利的。商事交易呈链状体系，一个环节的掉链将导致整个链条失去其应有的机能。但对于民事主体，合同的严格责任对其而言可能是过重的负担，因为民事主体的个体性，令其承担严格责任并不具有合理的

---

① 《最高人民法院公报》2012 年第 8 期。

基础。比如说自然人之间的租赁合同，只要有违约就需承担违约责任，则使社会失去了多变的自我调节机会。

第三，确立商事主体与民事主体适用不同的规则是建立诚信社会的保障。正如学者所言，作为现阶段的民法典，"民法如何在价值目标的摄取上，有助于我们回归到'好的社会'？我们如何通过民法去建设一个'更诚信'、'更宽容'、'更善良'、'更有秩序'的国家"[①]。诚信是商品经济的最高道德，尽管对于民事主体与商事主体而言，诚信规则同等重要，但就民事主体而言，基于趋利避害行为的影响，诚信作为道德的法律化规则，对其并不能形成强有力的制约。商事主体则不同，由于经营的稳定性、连续性与长期性，诚信规则在交易行为中非常重要。这是商业交易顺利、快速、高效进行的前提。在一个商业诚信不能确立的社会，必然是一个交易缓慢、低效的社会，这不利于商业经济的发展。多年来，我国民法所确立的诚信规则，试图普遍适用于所有的主体，社会诚信观念并不能有效形成，其中一个不可忽视的原因就是并没有对商事主体规定较高的诚信要求，将商事主体较高层次的诚信与民事主体较低层次的诚信予以等同，使商人在社会诚信建立上不仅没有起到良好的导向作用，反而起到了不应该有的负面作用。社会诚信制度的建立需要一个有机体系，所有的规则应该相辅相成，形成合力，才能促进社会诚信规则的形成。

三、民商分立立法路径

（一）民商分立的弊端

有学者主张，民法与商法具有不同的价值取向，民法与商法的调整对象、方法及制度设计上应存在区别，故采用民商分立模式国家的商法典具有特定的规范内容，并从法制现代化中的矛盾运动和法制转型两个角度论证编纂商法典的必要性。[②] 学者论证考虑到了中国自古"重农抑商"的社会现状和法制转型的形式理性，以民法和商法价值取向不同来论证商法典的独立

---

① 蒋大兴：《论民法典〈民法总则〉对商行为之调整——透视法观念、法技术与商行为之特殊性》，《比较法研究》2015 年第 4 期。

② 参见王璟：《商法特性论》，知识产权出版社 2007 年版，第 186—193 页；王璟：《中国商法的立法模式再研究》，《法律适用》2003 年第 2 期。

性。但该论据仍然是基于商法是特殊民法展开的，并不足以论证学者提出的论点，即我国应当制定独立的商法法典，其推论既缺乏单独制定商法法典的必要性论证，也缺乏采用民商分立模式立法的充分性论证。

还有学者认为，我国目前制定独立的商事法典的时机已基本成熟，甚至比制定民法典的时机更成熟，因为我国已经制定了众多的商事法规，只要将商事法规进行整合，附加商法总则，即构成商事法典。并对商事法典结构进行了体系设计：第一编商事法总则，包括商事法的基本原则、商人、商行为、商代理、商号、商事登记等；第二编商事合伙法，包括一般商事合伙和有限合伙；第三编公司法，具体为有限责任公司、上市公司以及股份有限公司；第四编证券交易法，包括证券的发行、证券的交易以及收购；第五编票据法，包括汇票、本票、支票；第六编保险法，包括人身保险和财产保险；第七编信托法，包括信托法基本理念、当事人权利义务责任以及各种形式的信托；第八编海商事法，包括船舶、海上运送契约、海上事故以及各种形式的信托。① 学者挖空心思试图构建一个包罗万象的商事法典，但是：

> 无论从国外商法典形成的历史因素和它们现在的命运，还是从我国商事法规理论的发展和商事立法的现状来看，我国目前设想制定一部无所不包的商法典完全是不可行的。②

笔者认为，目前我国主张采用民商分立立法的模式，即分别制定独立的民法典和商法典是不合时宜的，具体原因如下：

第一，商法与民法的区分标准无法明晰。无论何国采取民商分立体例制定商法典，必先区分商事规则与民事规则，然后明确两者标准，主要为主体说、行为说以及混合说三种。主体说乃是明确商事主体的内涵与外延，从而明确商事规则的规范内容，例如，《德国商法典》中明确规定："在本法典所称商人，指经营商事营利事业的人。"行为说则是用商事主体是否从事营业行为判断商事行为与否。例如，《法国民法典》规定商人为："实施商行

---

① 参见张民安：《商法总则制度研究》，法律出版社 2007 年版，第 14—15 页。

② 任尔昕：《我国商事立法模式之选择——兼论〈商事通则〉的制定》，《现代法学》2004 年第 1 期；任尔昕等：《商法体系构建与制度完善》，高等教育出版社 2011 年版，第 8 页。

为并以之为其经常性职业的人。"混合说是以商事主体和商行为的规定综合判断商人和非商人的依据。例如,《日本商法典》规定商人为:"以自己名义实施商行为为业者,店铺及其他类似设备出售物品为业的人。"但事实上,不论是主体说、行为说还是综合说都很难对商人和非商人作出准确的区分,无法区分商人和非商人,也无从明确区别商事规则和民事规则。而商品经济发达的社会中,自然也无法再凭借主体标准或商行为标准辨别某一主体为商事主体与否,从而适用商法规范。那么,在商法规则的规范内容以及适用范围都无法明确的情况下,又如何制定独立的商法典,采取民商分立的立法体例也显得不切实际。

第二,商事规则并无一般性、整体性适用准则,商事单行法散落在商法体系之中。例如,学者设计的商事法典共八编,包括:总则、合伙企业法、公司法、证券交易法、票据法、信托法、海商法事等,但实际上其商事法典中的每一部单行法都是各自独立的,商事法典设计也只是对我国目前商事立法的综合概括、总结归纳并没有也无法形成一个紧密联系的商法体系。商法的产生源于民法,商法的适用也依赖民法。例如《法国商法典》的制定正是为了弥补其民法典对商人规定太少的缺憾。也正是因为商法并没有像民法一样有统一的适用规则,若商法对某些具体问题没有规定,商法仍需要回归到民法体系之中寻求解答。在此意义下,在民商合一视角下对民事权利体系进行研究更有现实意义。

第三,若采用民商分立的模式,将商法与民法并列,不仅会混淆这两个法律部门之间的界限,使整个法律体系的内容重复冗杂,在适用上也会出现混乱的局面。例如,民法中对自然人、合伙、法人等主体进行规定,商法又对商人、商事公司、商事合伙进行规定;民法对主体的字号等人身权进行规定,商法又对商号进行规定;民法中已经有代理、居间制度,商法若再对商业代理、代理商和商业居间人进行规定,则只能使法律制度变得更加冗杂繁复,不仅不利于法律体系自身的简便,反而使法律的适用变得更加困难,在实践上会带来更多的难题。① 例如《法国商法典》将公司界定为一种契约,

---

① 参见郭珊珊:《民商合一视角下民事权利体系的构建》,硕士学位论文,湖南大学法学院,2013年,第12页。

但是除了对公司契约的必备内容作出强制性的规定外，商法典中并无契约构成要件的规定，因此有关契约构成要件的规定必须适用民法典中的规定。

第四，商法典无法调整快速变化的商事活动。商法具有较强的技术性，社会经济和科技的不断发展，要求商法不断革新，但是商法典形式本身就具有一定的稳定性，不能朝令夕改，以致法典形式的商法越来越无法调整日益变化的商事活动，加之社会经济生活快速发展，只有一方面频繁地修订商法典，另一方面大量制定单行法方能实现法律对生活的调整。首先，在大陆法系采用民商分立立法模式的国家或地区都不难发现，自商法典制定之初就被大量地、频繁地进行修改，以适应社会经济的发展。《德国商法典》自颁布以来，已修改四十多次，涉及数百个条款。① 《法国商法典》每一编都有频繁的修改，其第一编"商人"共 7 个条文，6 条经过修改。② 《日本商法典》自颁布起进行了三十余次的修改，虽然章节变动不大，但是内容变化甚多，条文增加了近一倍，第一编、第二编几乎做了全面的修改。③ 随着经济的快速发展，商法典呈现不断衰败的趋势。各国大量地、频繁地修改商法典，商法典实际上已不具备存在的意义。其次，采用民商分立立法模式的国家或地区大量制定商事单行法，以满足经济生活的快速发展，但是大量制定单行商事法律基本架空了商法典的规范效力，例如，1807 年《法国商法典》自颁布时共有 648 条，1966 年颁布《公司法》后废止部分条款，到目前为止绝大部分的条款都被废止，其中只有 30 个条款继续保留。④ 实际上，独立的商法典已经没有存在意义。

（二）法典化的商法典并没有实现商法的统一

在采用民商分立立法模式将商事规则法典化并制定商法典的国家或地区，都存在以下两个事实：

第一，商事单行法律在法典之外大量存在。在《德国商法典》中，规

---

① 有学者言明：《德国商法典》一百年的历史，实际上就是商法典衰败的历史，这一过程中，我们可以发现一份被视为商法典衰败的证据的商法典"损失表"。参见范健：《德国商法的历史命运》，《南京大学法学评论》2002 年秋季号。

② 参见《法国商法典》，金邦贵译，中国法制出版社 2000 年版，第 1 页。

③ 参见王萍：《日本商法教程》（修订版），上海外语教育出版社 2005 年版，第 2—18 页；《日本公司法典》，崔延花译，中国政法大学出版社 2005 年版，第 1—87 页。

④ 参见《法国商法典》，金邦贵译，中国法制出版社 2000 年版，第 2—3 页。

定了非独资的商事企业、合伙（隐名合伙与有限合伙）、公司、登记合作社和海商法的内容，在总则中规定了经理权、代办权、商事代理人、商事居间人以及在分则中规定了商业买卖、行纪营业、货运营业、运输代理营业、仓库营业等商行为，并没有规定票据法、破产法、保险法的内容。《法国商法典》规定了公司法、票据法、海商法以及破产法的内容，还规定了经纪人、代理商、运输商、商业代理人和独立销售商等内容，但未涉及保险法。《日本商法典》规定了有限公司法、票据法、支票法、和解法、海商法、公司法的内容，又规定了买卖、交互计算、隐名合伙、居间营业、行纪营业、承揽运送业、运送营业、寄托、保险等商行为，但未涉及破产法。《韩国商法典》的体系与《日本商法典》的体系基本一致，亦未包含破产法。在通常所称的商法的几大部分中，只有公司法为各国商法典所共有，海商法、票据法为多数国家所规定，而破产法只在少数国家商法中有规定，保险法的内容虽然在一些国家的商法中有所体现，但却不是与公司法、海商法并行，而是作为商行为的一种。这些国家的商事立法的情况表明，商法从来就没有一个统一的经典的体系和公认的范围。①

第二，商法必然依赖于民法而存在。脱离了民法，商法基本不可能独立存在。商事规则是特别的民事规则，本质上是由其规范内容或对象所决定的。商事关系与民事关系具有同质性，正如学者指出的：

> 商事仅为民事的一部分，偏于经济生活方面，故商事对民事具有特殊性。②

商法是民法的特别法，从本质上看，商法并不能真正地独立于民法，在民商合一立法例的国家，商法本身就作为民法的特别法而存在，即使是在民商分立的国家，商法仍然是作为民法的特别法存在。典型采用民商分立立法

---

① 参见赵旭东：《商法的困惑与思考》，《政法论坛》2002 年第 1 期。
② 董安生：《中国商法总论》，吉林大学出版社 1994 年版，第 8—9 页。同样观点的还有林咏荣：《商事法新诠》，五南图书出版公司 1990 年版，第 3 页。

体例的国家，如德国，有学者提出"商法与民法的联系非常紧密"①。《德国商法施行法》第 2 条规定："商事案件中，如果商法未作相反规定，民法典的规定始可适用"，德国司法实践也是如此，几乎任何一起商事案件，都必须适用民法才能解决。②《日本商法典》第 1 条也规定："关于商事，本法无规定者，适用商事习惯法，无商事习惯法者，适用民法典。"③《法国商法典》根本没有关于商事买卖的规定，商事买卖必须依托民法典中买卖的一般规定。《荷兰商法典》也明确规定民法可规范商事内容。④ 可见，单独制定商法典也不能隔断商法与民法之间的密切联系，商事纠纷有商法规定适用商法典，没有规定则适用民法典，商法典同样具有作为民法典特别法的属性，并不能脱离民法典而独立存在。

没有任何法律上的区分比民法和商法的区分更缺少法律的分裂因素。商事单行法律在法典之外大量存在以及商法必然依赖于民法而存在，已经很好地说明了在法典化的商法典之中也并没有实现商法的统一。商法并不能独立于民法存在，商法典的存在并不能割裂商法与民法的关系，相反，商法典的存在更好地说明了商法乃至商法典都只是民法的特殊组成部分，商法体系是特殊民法体系，从而商法的统一也必须在民法统一中方可实现。

（三）无法施行的《商事通则》或《商法典》

综上所述，无论是我国学者独创制定《商事通则》或是有学者主张采用民商分立立法模式制定《商法典》，将商事规则独立立法的模式都是不可行的。尽管有相当部分学者称《商事通则》为超越民商分立立法模式与民商合一立法模式的另外路径，能够有效解决民商分立立法模式或民商合一立法模式的争论。但是，从学者们拟定的不同版本的《商事通则》中不难发现，《商事通则》是对民商分立立法模式国家制定的《商法典》之复辟，是高度浓缩版的《商法典》。采用民商分立立法模式的国家制定《商法典》的

---

① ［德］沃尔夫冈·塞勒特：《从德国商法编纂看德国民商法的法系》，范健主编：《中德民法继受与法典编纂》，法律出版社 2000 年版，第 1 页。
② ［德］沃尔夫冈·塞勒特：《从德国商法编纂看德国民商法的法系》，范健主编：《中德民法继受与法典编纂》，法律出版社 2000 年版，第 2 页。
③ 王萍：《日本商法教程》（修订版），上海外语教育出版社 2005 年版，第 2—3 页。
④ 参见《荷兰民法典》第 1 条规定：除有明文限制外，民法适用于商法典规定调整的所有事项。

历史和现状都证明《商法典》无法割裂民法与商法之间的联系，商法仍然是特殊的民法。但是，学者们主张采用商事规则独立立法模式制定《商事通则》或《商法典》的前提都是坚持商法是可以独立于民法存在的，也就是商法与民法之间是截然分开的，① 主张民商分立的学者虽然清楚地认识到民法和商法的区别，但是其设想缺乏现实性。这样一来，结果会严重破坏私法作为一个整体的连贯性和完整性，将产生诸多无法解决的问题。《商事通则》或《商法典》的制定不仅没有解决既存的问题，反而产生了更多新的问题。五花八门的《商事通则》版本就是最好的说明。

故我国未来民法典的制定应当继续坚持民商合一的立法模式。首先，明确商法的界限与日益剧增的不明确性导致其与民法不可能绝对区分的情况下，必须坚持民商合一。其次，商人与其他当事人在商业上的、交易上的或团体实体行为的模糊性又决定了在避免完全区分的情况下，也能够实现民商合一。最后，坚持民商合一有效地解决了混合交易的自然属性问题。② 诚如学者所言：

> 商法和民法的关系是普通法和特殊法的关系。民法是对一般社会生活原则性的规定，而商法所规定的内容则是特殊社会生活的具体性或技术性规定。③

只有坚持民商合一立法模式，才能正确处理民法和商法之间的关系。在民商合一的视角下，根本地、彻底地认识商法是特殊的民法，即商法是对民法规定的个别补充、变更，商法是对民法一般制度的特别化以及商法创设民法没有的特殊制度。商法本质上只是具有某些特殊性的民法，这些特殊性的体现并不能说明商法独立于民法，而是在坚持商法属于民法的基础上，在民

---

① 当然也有学者在主张制定《商事通则》或《商法典》时，既承认商法是独立的，又认为商法是民法的特殊法，即商法始终是其特别法，民法是私法的普通法。参见张民安著：《商法总则制度研究》，法律出版社 2007 年版，第 20 页。但实际上设计《商事通则》或《商法典》的逻辑前提应是商法独立于民法，既然商法独立于民法，又如何是特殊民法？

② 参见余能斌主编：《民法典专题研究》，武汉大学出版社 2004 年版，第 254—255 页。

③ 覃有土：《商法学》（第二版），高等教育出版社 2008 年版，第 26 页；聂卫锋：《中国民商立法体例历史考——从晚清到民国的立法政策与学说争论》，《政法论坛》2014 年第 1 期。

法中用特定的规则明确商法的特殊性。也只有彻底认识到商法是特殊的民法，才能正确地展开对商法、商法体系的认识，从而准确定位商事主体、商事行为、商事权利、商事责任等，其都不过是民法体系中的特殊性规则形成的特殊调整内容而已。

当然，"民商合一"并不是"民法包容商法"①，"民法包容商法"只注意到民法、商法的一致性，并没有看到商法规范的特殊性。商法不独立于民法，商法是具有特殊性的民法。在统一的私法制度中，商法与民法确实是具有不同价值取向的法律，也正是因为价值取向的不同，商法才具有特殊性。民法和商法价值取向上的主要差异为：民法最根本的价值取向是意思自治和公平，商法最高的价值取向则是效率。② 例如商法中的有限责任制度设计就是为了鼓励投资、实现商事效率而在某种程度上牺牲公平。因此，在不同制度的价值取向之中，民法和商法必须找到自己相应的位置。我国坚持采用民商合一立法体例，商法作为特殊的民法制度安排下，如何在民法价值取向中准确定位商法自身的价值取向？其实也就是在商事规则与民事规则融合时，如何准确地定位商法和民法的价值取向，从而恰当地将商事规则融入民事规则之中。③

---

① 有学者认为商法对民法调整社会经济关系起到补充作用，但随着经济的发展出现了"民法商法化"的现象，加之经济法的产生，民事商事的共同性，使得民法和商法越来越趋同，是包容与被包容的关系，因此商法只是民法的一部分而已。参见曹平：《我国商法法律地位初探》，《法律适用》2000 年第8 期。

② 参见顾功耘主编：《商法教程》（第二版），上海人民出版社 2006 年版，第 21—22 页。

③ 参见赵旭东：《商法的困惑与思考》，《政法论坛》2002 年第 1 期。

第 二 章

商事规则与民事规则的融合

既然我国《民法总则（草案）》中已明确指出："民法立法秉承民商合一的传统。通过编纂民法典，完善我国民商事领域的基本规则，亦为商事活动提供基本遵循。"① 商事规则不同于民事规则无疑。然商事规则与民事规则是否可以融合？又如何在民法典中融入商事规则的特殊性？不仅需要理论上的分析，也需要价值上的探索。在采用民商分立立法体例的国家，商法规则的独特性由商法典予以保障，以实现商事规则的独立性。但就民商合一立法体例的国家，商法规则的特殊性则隐藏在民法典中，商事规则是具有特殊性的民事规则。可见，实现民商合一所面临的必然的问题，首先即商事规则能否融入民事规则的问题，然后才是探究如何在民法典中融入商事规则的独特性。本章将围绕这些问题展开探讨，以求教于方家。

第一节　商事规则与民事规则融合的必然性

一、民商合一立法体例遵循了现有的立法传统

基于民事立法的传承和既有逻辑体系，我国之前各种民法典草案和

---

① 《关于〈中华人民共和国民法总则（草案）〉的说明，全国人民代表大会常务委员会第二十一次会议，2016 年 6 月 27 日，第 3 页。

《民法通则》基本仿照德国和日本采用潘德克吞体系构建，但《德国民法典》《日本民法典》及其总则建立的逻辑起点是在民商分立的框架下，对民事规则的高度概括和抽象而形成的体系。而我国 1929 年《中华民国民法典》采用民商合一立法模式，之后的民法典草案和《民法通则》均沿用此种模式。为实现民商合一，将些许商事规则规定在民法典债编中，① 但如此，民商合一只能是债编中的民商合一。中国自此走上一条有特色的民商合一的立法模式道路：在性质上能与民法合一规定的，则纳入民法债编和物权编，性质特异不能与民法合一规定的，如公司、票据、保险等则另定单行法。②

　　由于我国立法是分步骤、分阶段式的立法，随着理论对商事规则的特殊性的认识深入，在遵循民商合一立法体例的前提下，我国既有的《合同法》《物权法》《侵权责任法》对此也有诸多创造。我国民事部门法中对商事规则的处理大体表现为以下几种形式：一是对商事主体特殊的规则予以规定。如《合同法》对融资租赁合同、建设工程合同等典型商事合同的详细规定，《物权法》对企业与其他社会团体的财产权予以规定。二是不区分民事主体与商事主体进行统一规定。比如《合同法》规定借款合同、租赁合同、运输合同、承揽合同、供用电、水、气、热力合同等合同类型，《物权法》中不加区分民事主体还是商事主体对担保物权进行统一规定。三是区分民事与商事规则，对相应的规则分别进行规定。如《合同法》区分保管合同与仓储合同、居间合同与行纪合同。四是在具体规则中对商事规则予以特别规定。比如《合同法》在借款合同中区分商事借贷与民事借贷，从而适用不同的规则。在赠与合同中区分自然人赠与与商事主体之间的赠与，从而适用不同的条件。《物权法》对民事留置与商事留置分别予以规定。《物权法》中特别规定企业与社会团体的财产权，在担保物权编统一对自然人与企业的担保物权进行规定。《侵权责任法》规定了商事主体侵权的特别规则。这些立法传统与立法经验应该在我国未来民法典制定中得以继承与发展。

---

① 参见谢振民：《中华民国立法史》（下册），张知本校正，中国政法大学出版社 2000 年版，第 806 页。

② 参见季立刚：《民国商事立法研究》，复旦大学出版社 2006 年版，第 141 页。

二、民商合一立法体例的实践优势

学者认为,在实现民商合一立法体例中,详细规定商事主体的特殊规则,这是一项"神"的工作。其实,这过于夸大了民商合一立法体例中的困难,也没有正确认识到我国现有立法工作所取得的成绩。基于前文所述,我国在具体的立法实践中,采用的正是在具体规则中融合商事规则的立法例。尽管现有的法律在如何处理商事规则的特殊性方面尚有考虑不周的地方,这主要是因为我国现有理论尚不能对民商合一立法体例的实现提供相应的指导性意见,同时也说明在未来民法典总则中实现民商合一立法体例的重要性。这些已为实践证明成功的做法也说明了民商合一的立法体例是可行的。而且,由于民事规则与商事规则差异的非实质性,民法典中的具体规则只有体现商事规则的特殊性才是现行立法可以选取的方案。

我国改革开放将近四十年,市场经济实践中已经取得了一定成就,而市场经济最为重要的特征就是强调市场主体的交易平等性。因此,再制定独立的《商事通则》或《商法典》以将商事主体、商事行为、商事权利等作为独立于民法典的制度规定,是违反市场经济的,也是不切实际的,市场经济已经扩大到生活的方方面面,在现代商业社会,所有主体都有可能成为商事主体,涉入商事关系之中,因此,必须在民商合一的基础上以特定规则规范商事关系。

另外,在司法实践的法律适用中,民法和商法也无法区分。在证据方面,具体的案件中并没有民法和商法的区分,所有种类的证据都能自由地被接受。在责任认定方面,对当事人的过错认定和连带责任的认定并不因其民事主体或商事主体身份而不同。在责任承担方面,损害赔偿规则对于所有支付损害赔偿的债务都适用,补偿规则也对所有的债务均可以适用。在诉讼时效方面,不区分民法和商法的不同而适用不同的诉讼时效,商事关系与民事关系一样,一律适用统一的诉讼时效。

三、民商合一立法体例的体系优势

德国作为大陆法系潘德克吞体系的代表,一个重要特点是具有民法典总则。"首创总则编的德国民法典确实代表民法体系化发展的一个新里程碑"。

通过提取公因式的方法，将民法典各编中的共性规则规定在民法典总则。因此，对于民商合一的立法体例，只有通过总则的规定，才能很好地统辖各种商事法规，才能实现传统商事立法与民法之间的沟通。

第一，总则将民商事法律关系的主体、行为、客体及权利保护进行统一，为统率各民商事特别法确定基础。我们坚持民商合一的立法体例，但不是如《意大利民法典》那样把所有的商事规则纳入民法典中加以规定，而是使民法典与若干单行商事特别法律，如公司法、票据法、破产法以及海商法等并行存在。在这种立法背景下，规定民法典总则恰恰是民法典统率若干商事特别法律的最好形式。因民法典总则的主体、法律行为、诉讼时效以及代理制度均可以适用于商事特别法，也只有在民法典总则的立法体例下，才能实现民法与商法真正统一的民商法体系。①

第二，在民法典总则中实现民商合一，能够促进商事法律的体系性，避免法律规定的重复。现代商法的发展表明，商事法律具有杂乱无章的特点，因而很难具有体系性。如《德国商法典》从一开始就没有把票据、保险、破产、商事法院等内容规定在商法典之内，有关这方面的内容都另立单行法。"对于以前同样由《德国商法典》调整的股份有限公司和股份两合公司，现适用 1965 年 9 月 6 日颁布的《股份法》；对于有限责任公司，适用 1892 年 4 月 20 日发布的《有限责任公司法》；对于营业经济合作社，则适用 1889 年 5 月 1 日的法律。可见《德国商法典》中有关公司法的规定，只涉及商法上的人合公司。"② 在英美国家，反对制定商事法典的主要声音也集中在法典中的法律不灵活，无法适应变化中的规则，而且实际上很多除强制性规范之外的法律已经被合意的内容所替代了。但在各项杂乱的商事立法中隐藏着一条线，即主体、行为、客体以及权利保护的一般规定是确定的。在民法典总则中规定商事法律的这些内容，从而在商事单行法律中就不需要再对此进行规定，这样既保障了商事法律的体系性，也能够避免法律规定的重复。比如说如果不在民法典总则中规定共同法律行为相关规则，就不可避免地需要在各商事法律中对此进行详细规定，而这种规定将不可避免地造成

---

① 参见许中缘：《论民法典与我国私法发展》，易继明主编：《私法》2004 年第 8 辑。

② 彭真明、江华：《商法法典化的反思——以制定〈商事通则〉为中心》，《浙江师范大学学报》2005 年第 1 期。

法律规定的重复，同时也有可能引发彼此冲突的情形。

第三，在总则中实现民商合一，对于民法典而言，有利于保障其稳定性和开放性。法典总则是对法典的基本制度、基本原则、基本概念的高度总结和概括。① 民法典总则也能够为民法典对商事法律的发展起到全面的指导作用。商事法律的一个重要特点就是要能够及时反映社会发展的变化，从而作出相应的调整。但民法典基于体系性的限制，具有稳定性，不可能经常修改，因此只有在民法典总则中实现民商合一，才能对经济社会快速发展及时调整，才能适应商事法律不断发展变化的特点。

第二节　商事规则与民事规则的价值融合

商法与民法的价值差异似乎是一个已达成的普遍共识，这是倡导民法与商法形式分离的一个重要观点。商法与民法具有不同的价值理念，似乎成为学者论证商法具有独立价值，进而否定民商合一立法体例的强而有力的支撑。然而，就商法与民法的本质差异，很大程度上并没有厘清。笔者认为，尽管商法与民法的价值存在差异，但两者价值本质并无不同，并不是绝对不可分离的。商法本身并不具有价值独立性，只是在具体规则适用方面，较民法的价值取向具有独特性而已。

一、民法典的功能在于价值宣示与价值整合

法典乃是经整理而成的系统完备的某一类型法律的总称，是单行法律规范构成的体系。② 民法典则是按照一定体系、逻辑编排而成的，是用以调整民事法律关系的制度和规范的有机结合体。③ 可见，民法典并不同于单行的民事法规，是由诸多民事单行法律规定组合而成的具有一定目的的体系。尽管现代民法典的编纂不再需要通过公开法典而达成正当性，也不需要通过包

---

① 参见许中缘：《论民法典与我国私法发展》，易继明主编：《私法》2004 年第 8 辑。
② 参见中国社会科学院语言研究所词典编辑室编：《现代汉语词典》（第 6 版），商务印书馆 2012 年版，第 353 页。
③ 参见石佳友：《民法法典化的方法论问题研究》，法律出版社 2007 年版，第 3 页。

罗万象而具有完备性，但民法典之编纂仍然倚重逻辑、系统而构成体系性。① 事实上，民法典作为成文法的最高形式，最为重要的特征就在于其体系性。

另一方面，民法典的功能取决于结构体系的设计，乃是系统运动结果的表现形式。② 事实上：

> 系统的各个组成部分正是通过结构体系才构为一个整体。结构体系越发合理，系统各个组成部分的相互关系也就越发和谐，整体系统则达到最优化。③

因而，各个民事单行法部分通过体系化构成统一、整合之结构，以协调内部法律规范、法律价值之间的矛盾，消除法典规则与价值上的冲突，从而实现民法典之功能。可见，民法典最为重要的功能就在于法典的体系性。

民法典的体系化，是由具有内在逻辑联系的制度和规范以及具有内在一致性的价值所组合的体系结构。④ 事实上，民法典之体系性不仅包含了逻辑性、形式化规范所构成的系统结构的外部体系，还涵盖了制度规范所彰显的精神或价值的内部体系，两者相辅相成，构成民法典体系的辩证关系。其实，法律规定与功能之间具有设计与目的之关系。功能是制度、规范、价值所欲实现之目的效果，制度、规范、价值则是实现功能之法律设计。简而言之，功能则是实现法律理念之目的。⑤ 可以说，民法典体系化的功能，就是民法典通过内在逻辑联系的制度和规范和内在一致性价值的设计所欲实现之目的。目的与设计而言，民法典体系化之功能有利于认识或论断法律规定应有之内容，是具体制度规范得以实现法典理念之桥梁。如此一来，可以明确，民法典体系化之功能，即在于统合外部体系与内部体系，从而发挥法规

---

① 参见陈卫佐：《现代民法典编纂的沿革——困境与出路》，《中国法学》2014 年第 5 期。
② 参见徐国栋：《论现代民法典的结构——功能模式》，《法学研究》1992 年第 1 期。
③ 周德铭、曹洪泽：《信息系统结构控制审计框架研究》，《审计研究》2014 年第 5 期。
④ 参见王泽鉴：《民法总则》，中国政法大学出版社 2001 年版，第 22 页。
⑤ 参见［美］艾伦·沃森：《民法法系的演变与形成》，李静冰等译，中国法制出版社 2009 年版，第 132 页。

的应有作用并彰显法典的精神价值。①

（一）价值宣示

制度本身没有目的，价值理念又过于抽象，民法典则巧妙地将规则与价值融合于法典之中，是"规则和价值的汇合点"②。一方面，民法典的内部体系所追求的价值理念能够沟通、指导外部体系之制度规则，使得制度为一定价值所设计；③ 另一方面，民法典的外部体系所倚靠的制度规范能够实现法典内部所欲表达的价值目的，使得价值在一定的规则中彰显。也正是在外部体系之制度与内部体系之价值的良性互动之中，民法典价值宣示之功能得以实现。④

首先，民法典是外部体系与内部体系统一的民法典，民法典本身宣示着国家主权统一以及私法统一。事实上，编纂民法典的过程，也就是宣示私法统一、国家统一的过程。盖拟编纂一国之民法典，必是以本国特定价值理念为基本精神，而统合单行民事规范形成制度规则之过程。⑤ 典型的如《法国民法典》，其是法国大革命的产物，是近代史上第一部宣示自由、平等的法典。⑥ 其实，法国编纂民法典的主要目的就是期望通过法典的形式巩固大革命成果，宣示人人平等、自由之基本价值精神，防止封建主义复辟，实现私法的统一，从而实现国家统一。⑦ 此乃百年之后滑铁卢已被历史遗忘，但人们仍记得拿破仑民法典之根本缘由，民法典不仅是会被时代所淘汰的法条，更多的还是在特定时期所表达国家主权统一之意志，尊重人民自由、平等之精神。⑧ 可以说，正是大革命渲染的《法国民法典》中确定的平等、自由、民主的精神以及经济、社会生活的基本权利奠定了《法国民法典》在世界

① 参见黄茂荣：《法学方法与现代法学》（第五版），法律出版社 2013 年版，第 614 页。
② ［英］麦考密克、［奥］魏因贝格尔：《制度法论》，中国政法大学出版社 1994 年版，第 66 页。
③ 参见李少伟：《潘德克吞立法模式的当代价值与我国民法典的模式选择》，《河北法学》2009 年第 5 期。
④ 参见余艺：《民法典化的政治向度与核心价值之实现》，《甘肃政法学院学报》2008 年第 1 期。
⑤ 参见龙卫球：《民法总则》（第二版），中国法制出版社 2002 年版，第 69 页。
⑥ 参见肖厚国：《民法法典化的价值——模式与学理》，《现代法学》2001 年第 4 期。
⑦ 参见张霄：《法律文化特征考察——兼论法国民法典的价值取向》，《福建省社会主义学院学报》2004 年第 3 期。
⑧ 参见［美］艾伦·沃森：《民法法系的演变与形成》，李静冰等译，中国法制出版社 2009 年版，第 166—169 页。

民法典中超然的地位。①

　　其次，民法典是一国民族之民法典，民族民法典宣示着一国民族品格、民族精神。民法典是基于一国民族认同感，即保护本国民族所认同基本价值的基础上而编纂的。事实上，民族认同感是以民族通用的语言为载体的。②因而，可以说，民法典首先是以本民族通用的语言而编纂的。如此一来，在本国语言基础上形成的民法典基本理论、体例结构、制度内容都会体现本国独特的用语习惯，从而充分尊重并体现民族民事习惯，诠释民族精神和民族文化，彰显民族自信心和自豪感，以民族国家的精神气质象征民族统一，民法典的民族性最终得以实现。③典型的如《德国民法典》，正是民法典所赖于成型的德意志语言、民族思维习惯，以及所形成的潘德克吞法学体系，都极富民族精神，从而全方位地体现了德意志独特的民法文化。④可见，正是法典所宣示的民族性价值，使一国之民法典绝不仅仅只是条文的简单堆砌，更为重要的是条文背后所蕴藏的深厚的民族文化和价值观念。⑤

　　最后，民法典是记载一国民众权利之法典，是人们权利的宣言书。毋庸置疑，"人民的福祉是最高的法律"。民法典本质上是人法，民法人文关怀的终极目的亦应当是造福民众。⑥既然民法典本质上是私法，民法典其实也就是通过隔离公权力对私权利的干涉，通过保障权利平衡民事主体之间的权利义务关系，以表达对人格尊严的尊重、对人的全面关怀以及发展的全方位保护之法典。⑦自党的十八届四中全会明确指出"编纂民法典"，我国民法典之编纂进程已稳步推进。事实上，民法典已成为完善和发展中国特色社会主义法律体系、构建完备法律体系的重大任务，也是全面深化改革、全面建

---

　　① 参见［美］玛丽·A.格林顿、麦克·W.戈登、保罗·G.卡罗兹：《比较法律传统》（第二版），法律出版社2003年版，第35页。

　　② 参见［美］艾伦·沃森：《民法法系的演变与形成》，李静冰等译，中国法制出版社2009年版，第178—179页。

　　③ 参见许章润：《萨维尼与历史法学派》，广西师范大学出版社2004年版，第192页。

　　④ 参见吴治繁：《论民法典的民族性》，《法制与社会发展》2015年第5期。

　　⑤ 参见王崇敏、陈敖翔：《论民法典的民族品格》，《当代法学》2007年第1期。

　　⑥ 薛军：《人的保护：中国民法典编撰的价值基础》，《中国社会科学》2006年第4期。

　　⑦ 参见余艺：《民法法典化的政治向度与核心价值之实现》，《甘肃政法学院学报》2008年第1期。

成小康社会的重要举措，还是具有重大时代意义的法治建设实践。① 可以说，民法典是法制建设的标志性事件，也是推进国家治理和实现社会现代化的强劲动力。其实，民法典之所以对法治建设以及国家建设具有重要意义，进而成为人民"社会生活的百科全书"，根源就在于民法本质上是保护人之法，民法典是保护民众的基本权利之法典。就此意义而言，民法典应当是民众权利之宣言书，更确切地说是私权之宣言书。

（二）价值整合

就法典本体而论，民法典之所以为法典，在于其乃统一有机体，即能够通过一定的价值指导从而将民事领域内杂乱无章的单行民事制度规范统合成为一个整体。也就是说，"法典应当是形式价值和实体价值和谐的统一体"②。一般而论，"每个法律条文，都表现出存在的理性而条文的结构整体也呈现出组织的原则"③。事实上，不仅是法律条文，法律概念、法律制度以及法律规范都在一定程度上体现出法典的内在价值理念。但是，另一方面，民事法律调整范围宽广、内容繁杂。因而，法条、概念等背后所体现的价值理念不可避免地会出现冲突。例如，无权处分行为制度，涉及静态的交易秩序与动态的交易安全之间的冲突。④ 可见，统合外部体系与内部体系还需要具备一定的前提条件，即整合民法内部之价值因素，使之协调成为一个有机价值体系，从而能够指导外部规则体系，形成民法典调整之合力。⑤

> 从立法技术而言，将法律诸价值各负载于法律结构的某一原件之上，成为其功能，从而在法典的结构设计上求得对法律诸价值冲突的解释。⑥

---

① 参见王乐泉：《开放包容，编纂世界水准的民法典》，第十一届中国法学家论坛，2016 年 8 月 24 日。

② 龙卫球：《民法总则》（第二版），中国法制出版社 2002 年版，第 69 页。

③ 参见黄茂荣：《法学方法与现代法学》（第五版），法律出版社 2013 年版，第 132 页。

④ 参见王利明：《民法典体系研究》（第二版），中国人民大学出版社 2012 年版，第 290—291 页。

⑤ 参见孙宪忠：《防止立法碎片化、尽快出台民法典》，《中国政法大学学报》2013 年第 1 期。

⑥ 徐国栋：《民法基本原则解释——诚实信用的历史、实务、法理研究》（再造版），北京大学出版社 2013 年版，第 420 页。

其实，解决不同价值之间矛盾冲突的关键，就在于寻求民法典的合理结构，使民法诸多价值理念能够整合到一定的体系结构之中，成为一个整体的体系。因而，可以先通过分析法典的结构求得构成法典之要素，再分析结构之要素，以寻求可以解决价值冲突之合理结构。[①]

法典结构组成要素包括法律概念、法律条文、法律规范以及法律基本原则。其中，法律概念是最为基础性的要素，指对各种法律现象的共同特征加以抽象、概括后形成的范畴。[②]"在法律概念的构成上，必须考虑拟借助于该法律概念达成的法律目的或实现的价值。"[③] 盖法律概念乃应目的而生，为确保法律概念经济有效地实现其规范目的，构建的中心系于概念实现预设之价值的功能，即法律的安全价值。概念的确定性程度越高就越有利于保障法律的安全价值。[④] 法律条文则由法律概念以及连接词、限制词、判断词组成。法条以其不完全性的特征，[⑤] 承载了法律的效率、简短价值。法律条文之于法律规范，乃体系意义下部分与整体之关系。可以说，法律规范系由法条构成的体系。[⑥] 一般而言，法律规范是立法者根据正义而制定的，承载了正义价值；具有普遍的适用性而承载效率价值；宣示法律结果并具有稳定性，同时也承载安全价值。[⑦]

由此可见，法律条文、法律概念以及法律规范之间所承载的价值会发生冲突，甚至法律规范本身所承载的价值就相互矛盾。此时，需要法律基本原则干预法律概念、法律条文以及法律规范的运行实现法律价值的整合。[⑧] 首先，法律基本原则是法律具有模糊性的根本规则。其次，法律原则几乎承载

---

① 参见徐国栋：《论现代民法典的结构——功能模式》，《法学研究》1992 年第 1 期。

② 参见徐国栋：《民法基本原则解释——诚实信用的历史、实务、法理研究》（再造版），北京大学出版社 2013 年版，第 422 页。

③ 黄茂荣：《法学方法与现代法学》（第五版），法律出版社 2013 年版，第 66 页。

④ 参见徐国栋：《民法基本原则解释——诚实信用的历史、实务、法理研究》（再造版），北京大学出版社 2013 年版，第 422 页。

⑤ 尽管法条可以分类为完全法条与不完全法条，但是某一法条只有与其他法条结合后才能发挥应有的功能作用，就此角度而言，没有完全法条。换而言之，法条具有不完全性。参见黄茂荣：《法学方法与现代法学》（第五版），法律出版社 2013 年版，第 132—134 页。

⑥ 参见黄茂荣：《法学方法与现代法学》（第五版），法律出版社 2013 年版，第 136 页。

⑦ 参见徐国栋：《民法基本原则解释——诚实信用的历史、实务、法理研究》（再造版），北京大学出版社 2013 年版，第 424—425 页。

⑧ 参见王利明：《民法典体系研究》（第二版），中国人民大学出版社 2012 年版，第 294—295 页。

所有的法律价值。事实上，原则的模糊性本身代表多样化的价值体系，模糊性即意味着法律需要解释而承载灵活性价值，也意味着开放性、抽象性法律规范能够实现法律的效率价值。还意味着法典具有与时俱进的稳定，从而保证法律的安全价值。法律原则的模糊性为原则干涉法律结构的其他要素提供了依据。如此一来，当具体的法律规则相互冲突时，法官即可利用具有模糊性的法律原则整合具有承载不同价值的法律条文、法律概念或法律规范，确保法律适用一致、法律价值协调。例如，法律概念的解释，可扩张可限缩，究竟采用何种解释方法取决于法律基本原则的规定；法律条文的组合，不同的方式所产生的法律效果不一样，此时就需要法律原则的指引。① 可以说，民法典正是通过法律基本原则对法律概念、法律条文以及法律规范的整合，成为一个有机的体系，从而具备整体性。

简而言之，民法典之功能是外部规则体系和内部价值体系沟通的连接点。民法典规则制度得以在价值目的指导下，发挥调整的作用，价值理念也在规则制度运行之中予以彰显，两者相互作用，以民法典的价值宣示和价值整合的功能为连接点。也就是说，民法典之编纂在宣示或整合一定价值之中，实现了对具体单行法规的制定和统率作用，从而得以成就体系化之民法典。② 换而言之，民法典通过价值宣示以及价值整合的功能实现了民法典之体系性。

二、商事规则与民事规则的价值取向差异

（一）学者的观点

归根结底，学者之所以赞成采用民商分立的体例，很大程度上乃在于其认为商法与民法具有不同的价值理念或说两者价值理念相差巨大，根本无法融合在民法典之中。③ 也就是说，商事规则与民事规则之所以具有本质上的差异，乃在于两者价值理念上的区别，正是由于价值取向上的不同，商事规则应当采用独立的体例，适用不同的制度设计。正如学者所言：

---

① 参见徐国栋：《民法基本原则解释——诚实信用的历史、实务、法理研究》（再造版），北京大学出版社 2013 年版，第 428—430 页。

② 参见王利明：《民法典体系研究》（第二版），中国人民大学出版社 2012 年版，第 291 页。

③ 参见徐胜强：《商法导论》，法律出版社 2013 年版，第 113—114 页。

商法之所以独立于民法，主要是由于商事规则具有独立的价值理念和精神。正是商法价值的独立性，使得商法独立的精神实质迥异地存在，从而商法得以保持实质的独立。①

具体而论，商事规则与民事规则的价值取向差异之处在于：在商法中，商事规则注重的最基本的原则乃在于效率原则，可见，其最高的价值取向乃是效率原则；然而，在民法中，民事规则更侧重于平等以及意思自治原则，视平等和意思自治原则为最高的价值取向。②

进而言之，在民法之中，平等以及意思自治是民事规则的最高价值指导，也是民事立法所应当确定的最为基本的民事原则，折射到制度规范设计之上，具体的民事规则应当反映平等以及自治的价值理念。例如，民法规范之中有关合同自由的规定以及侵权责任之中一般过错责任等。然而，在商法之中，效率为最高价值指导，并作为商事立法最为基本的原则，不同于民法的追求效率兼顾公平的价值，商法为实现效率价值甚至会牺牲公平价值。折射到具体制度规范上，商事主体制度、商事行为制度都是以效率优先而设计的。典型的如商事领域的短期消灭时效、权利证券化等规范。另外，商法之中还设计有诸多强制性规定以实现效率至上的价值取向。③

那么，可以说，民法并未给商法提供商事规则调整所需要的价值指导，相应地，也无法提供商事活动所需要的具体制度规范。商事规则具有不同于民事规则独立的价值取向，因而，商法应当独立于民法而存在。④

（二）表象差异抑或实质差异

其实不然，商事规则所呈现的不同价值取向只是价值在商事领域所适用的侧重点不同。商事规则与民事规则在价值取向上的差异，本质上只是表象层面的差异而非实质层面的差异。也就是说，民事规则与商事规则的价值取向并不存在本质上的差异，具体原因如下：

---

① 张谷：《商法，这只寄居蟹——兼论商法的独立性及其特点》，《东方法学》2006年第1期。
② 参见郑曙光、胡新建：《现代商法：理论基点与规范体系》，中国人民大学出版社2013年版，第86—87页。
③ 参见刘宏渭：《商法总则基本问题研究》，华中科技大学出版社2013年版，第63—69页。
④ 参见陈淳：《商法原理重述》，法律出版社2010年版，第360—361页。

首先，商事规则与民事规则价值取向上的差异，只是侧重点的不同。商事规则的价值理念要有不同于民事规则质上的区别，也就是实质层面上的区别，商事规则的价值取向才能独立于民事规则。所谓实质差异，是指某一类型事物本质上具有不同于其他类型事物的差异，是"质"上的不同，而非"量"上的区别，如民法与公法就存在实质上的区别。但事实上，民法与商法在价值理念上没有本质上的差异，平等、自由、正义、效率是商事规则与民事规则共通的价值取向。① 当然，需要明确的是，事物之间的差异都是相对的，是在某一界定类型之中的差异，例如法人与自然人，在法律主体制度层面并不存在本质上的差异，都属于民事主体，不能因为法人不同于自然人而否认法人的主体资格。同样地，在价值取向层面，并不能因为商事规则与民事规则价值取向的侧重点不同，就认为两者存在本质上的差异。②

其次，公平原则与效率原则本身并不是绝对区分对立的。价值具有抽象性，不同价值之间本身就是相互矛盾、相互协调、相辅相成的关系。③ 可以说，公平原则与效率原则绝对分立是不可能的。公平原则所涵盖的平等原则以及私法自治原则在一定程度上也是相互冲突的，绝对的自治必然会导致不平等。事实上，所谓私法自治应是保障平等基础之上的自治，所谓的公平原则也应是在效率基础之上达成的公平，即"迟到的正义并非正义"。诚如学者所言：

> 平等实现的程度需要以一定的社会经济条件为基础，整个社会越有效率，交易越有效，就越能促进平等价值的实现。④

因此，只有在公平的基础之上才有保障效率的必要，也只有符合一定的效率才能保障公平。⑤

---

① 参见郑曙光、胡新建：《现代商法：理论基点与规范体系》，中国人民大学出版社 2013 年版，第 86 页。

② 参见徐金海：《商法源流论——以商法结构变迁为视角》，中国经济出版社 2011 年版，第 157—164 页。

③ 参见卓泽渊：《法的价值论》（第二版），法律出版社 2006 年版，第 59—60 页。

④ 王利明：《民法典体系研究》（第二版），中国人民大学出版社 2012 年版，第 358 页。

⑤ 参见马新福：《法理学》，吉林大学出版社 2003 年版，第 38—46 页。

最后，不可否认的是，商事规则的价值取向具有不同于民事规则的表象差异。商事规则与民事规则在价值取向上还是存在表象差异。所谓表象差异，即事物之间"量"上的差异，即同一类型或同一性质事物之间在具体表现形态、特征上的差异。[①] 例如，股份有限公司和有限责任公司，两者均为承担有限责任的法人，只是在组成人员以及机构设置上存在差异，这些差异是表层上的差异，不能说股份有限公司等同于有限责任公司，也不能说股份有限公司就不是公司法人。同样，商事规则与民事规则价值取向上的表象差异，不能说商事规则的价值就脱离民事规则的基本价值，也不能否认商事规则价值的独特性。商事规则的价值本质上还是民事规则所涵盖的价值，只是在具体的商事领域适用中呈现出独特性价值，也就是说，两者只是在价值取向具体侧重点上存在差异。[②] 因而，可以说，商法价值是具有独特性的民法价值。

（三）差异产生的具体原因

尽管商事规则的价值取向并不存在可以区分于民事规则价值取向的本质上的差别，但还是存在表层特征上的差异，也就是商事规则价值的独特性所呈现出的差异。一方面，商事规则价值不同于民事规则价值，呈现出价值的独特性是必然的。商事规则价值是指导商事主体从事商事活动、适用商事法律的基本标准，是能够体现商法特征并贯穿商事立法和司法活动的根本准则。概言之，商事规则价值应能体现商事规则之基本特征。[③] 价值取向折射到适用的原则以及具体制度上，则体现为在商事领域更侧重于效率原则，兼顾公平，在民事领域则侧重于公平原则，兼顾效率。商事制度上追求效率、便捷，例如，票据法确定的票据的无因性；民事制度上则追求公示、公信，例如不动产登记所发生的推定效力。[④] 由此可见，商事规则的价值取向必然存在不同于民事规则价值的特征，即具备一定的独特性。

另一方面，商事规则价值所呈现的独特性是最为直观的，也会直接影响

[①] 参见周林彬、官欣荣：《我国商法总则理论与实践的再思考》，法律出版社 2015 年版，第 301—304 页。

[②] 参见赵中孚：《商法总论》（第二版），中国人民大学出版社 2003 年版，第 25—29 页。

[③] 参见徐强胜：《商法导论》，法律出版社 2013 年版，第 114—115 页。

[④] 参见郑曙光、胡新建：《现代商法：理论基点与规范体系》，中国人民大学出版社 2013 年版，第 86—87 页。

商事规则诸多方面的特征。首先，商事规则价值是商法体系最高层面上的概念。各国立法在制定法律时，都有相对明确的价值取向，这种价值取向是立法者为实现某种目的或达到某种效果的价值指导，是研究一国法律的出发点和根本归宿。① 那么，商事规则价值取向作为商事法律最高的指导，可以说，其所呈现出的不同于民事规则价值取向上的独特性是直观可见的。其次，商事规则价值的独特性会直接折射到商事原则以及商事具体制度规范之上。"商法的具体规则是商法价值的实在化、具体化，与商法价值具有共同的精神理念。"② 正是由于商事规则价值不同于民事规则价值，在设计具体商事制度以调整商事活动时，会基于商事规则价值的独特性，使具体的商事领域内适用独特的商事规则。③ 例如，商事领域设计适用的交易定型化规则。可见，商事规则价值的独特性会直接影响到整个商事领域适用规范、制度上的独特性。

因而，可以明确的是，商事规则与民事规则之所以在价值取向上存在差异，既是由商事规则的价值独特性所决定的，也会受到商事规则价值本身结构特点的影响。

其实，学者之所以认为商事规则价值取向不同于民事规则的，从而推论商事规则应当独立于民事规则，④ 乃是因为其将商事规则与民事规则价值取向表层上的差异等同于实质层面的差异。当然，更深层次的原因乃在于比较分析商事规则与民事规则价值取向的差异时，过分侧重个性而忽视共性。⑤ 进而言之，也就是过分关注商事规则价值取向上的独特性，强调商事规则具有不同于民事规则的调整对象和调整内容，却没有准确把握商事规则价值与

① 参见赵万一：《商法基本问题研究》，法律出版社 2002 年版，第 85 页。

② 张秀全：《商法基本原则研究》，《现代法学》2010 年第 5 期。

③ 参见徐金海：《商法源流论——以商法结构变迁为视角》，中国经济出版社 2011 年版，第 165—167 页。

④ 参见曾大鹏：《中国商法通则理论与立法研究》，法律出版社 2013 年版，第 40—43 页。

⑤ 纵观既有论述商法独立于民事的著作，都会论及商事规则价值上具有不同于民事规则价值之处，但并没有进一步分析该差异是否属于本质上的差异，只是侧重于差异性却忽视共同性。参见范健、王建文：《商法的价值、源流与本体》（第二版），中国人民大学出版社 2007 年版，第 50—54 页；刘宏渭：《商法总则基本问题研究》，华中科技大学出版社 2013 年版，第 63—69 页；郑曙光、胡新建：《现代商法：理论基点与规范体系》，中国人民大学出版社 2013 年版，第 86—87 页；赵中孚：《商法总论》（第二版），中国人民大学出版社 2003 年版，第 25—29 页。

民事规则价值没有实质性差别的基本定位，未能认清商事规则的价值首先也应是民事规则的价值，忽视了商事规则的独特性是建立在民事规则价值基础之上的，从而得出商事规则具有独立的价值取向之结论。[①]

三、商事规则与民事规则价值的融合是否可能

（一）商法规范价值并不具有独立性

事实上，商事规则价值并不存在可区分于民事规则价值的本质差异，如学者所言"商事规则的价值取向是具有独特性，但绝不具备独立于民事规则价值取向之特质"[②]，殊值赞同。笔者也认为商事规则不具有独立的价值取向，具体原因如下：

首先，就法律性质而论，商事规则的本质是私法，在法律属性上并不存在区分于民事规则之处，基于私法基本定位，两者价值取向上也应当不存在实质差异。即使学者认为民法与商法价值取向上存在差异，进而主张商法的独立性，也并未否认商法的私法属性以及商法是民法的特别法的定位。[③] 其实，从商事规则私法范畴的角度定位商法的基本价值，可以发现商法与民法一样，同为调整市场经济之私法，均以秩序、自由、平等、公平、效率等价值为基本准则。[④] 其中，作为调整市场经济秩序之私法，最为根本的目的在于保障当事人之间的契约自由与意思自治，"在私法领域，自由以及私法自治是私法的出发点"[⑤]。契约自由与私法自治是近代以来，民法价值理念上最伟大的变革。[⑥] 其实，商法作为私法，其一般价值也是：

一、内蕴于商事规则之营业自由；二、植根于商法灵魂之商事自

---

① 参见王利明：《民法典体系研究》（第二版），中国人民大学出版社 2012 年版，第 201—202 页。

② 王利明：《民商合一体例下我国民法典总则的制定》，《法商研究》2015 年第 4 期。

③ 参见刘宏渭：《商法总则基本问题研究》，华中科技大学出版社 2013 年版，第 62—63 页。

④ 参见郑曙光、胡新建：《现代商法：理论基点与规范体系》，中国人民大学出版社 2013 年版，第 85 页。

⑤ ［德］迪特尔·梅迪库斯：《德国民法总论》（第二版），邵建东译，法律出版社 2001 年版，第 144 页。

⑥ 参见［美］罗斯科·庞德：《法律史解释》，邓正来译，中国法制出版社 2002 年版，第 17—18 页。

治。营业自由与商事自治相互依赖，共同构建商法的基石和精神。①

由此可见，无论是强调公平价值的民事规则或强调效率价值的商事规则，两者的最终目的都在于保护当事人契约自由以及意思自治，从而保障市场经济得以健康有序地发展，价值取向上的侧重点虽不一样，着眼点以及最终落脚点却一致。因而，商事规则价值并不能脱离民事规则而独立存在。

其次，就价值体系而论，民法价值体系具有开放性，可以容纳蕴含独特价值的商事规则。传统商法所重视的价值，也已经成为民法重要的价值理念，可以说，商法独特性的价值范畴，并没有超越民法价值范畴之外，商事规则价值还是能够在民法价值体系之中寻求合理的位置予以安放。② 一方面，民法价值体系是开放性的价值体系。盖一国之民法典欲在世纪交替之中保持稳定性，必须保持法典体系的开放性，尤其是法典价值体系的开放性，法典之价值体系只有不断容纳新时代背景之下的精神和价值理念，法典才能不被时代所淘汰。③ 例如，19 世纪的公平正义价值注重形式上的公平与正义，民事法律中强调抽象意义上平等的形式性宣言。然而，步入 20 世纪后，民法之中公平正义价值更加侧重于实质意义上的公平，民事法律中强调在具体层面上对弱势群体的特别保护。④ 另一方面，商事规则独特的价值已容纳入民法价值体系之中。商事规则侧重的效率价值，事实上也成为民事立法所强调的价值取向。其一，市场经济要求效率。民法为调整市场经济的基本法，如果市场交易达不到经济发展所要求的效率，民法也无法实现对市场经济有效的调整。⑤ 例如，我国《合同法》所确定的合同形式自由就是对商事交易效率价值的反映。其二，资源的有限性要求效率。《物权法》作为资源分配的重要法律，其所倡导的基本价值理念即物尽其用。他物权制度设置的

---

① 徐金海：《商法源流论——以商法结构变迁为视角》，中国经济出版社 2011 年版，第 166 页。

② 参见伍治良：《"总纲+单行法"模式：中国民法形式体系化之现实选择》，张礼洪主编：《民法法典化、解法典化和反法典化》，中国政法大学出版社 2008 年版，第 396 页。

③ 参见王利明：《民法典体系研究》（第二版），中国人民大学出版社 2012 年版，第 288—289 页。

④ 参见［美］罗斯科·庞德：《法律史解释》，邓正来译，中国法制出版社 2002 年版，第 21—25 页。

⑤ 参见范健：《论我国商事立法的体系化》，《清华法学》2008 年第 4 期。

目的就是为了实现有效、充分地利用资源。① 可见，效率价值绝不只是商事规则所独有的价值取向，现代民法价值体系之中已经融入效率价值，在民事立法之中也洋溢着效率价值。

另外，在商法的发展过程之中，存在"民法价值商法化"以及"商法价值民法化"的现象，使得商事规则与民事规则价值取向上趋同。② 事实上，法的价值，是以主体与客体的关系作为基础，存在的条件就是人与法的关系。可以说，法的价值是客体对主体的意义和主体关于客体的绝对超越指向。③ 在主体与客体互动之中以及价值客体发展过程之中，价值本身并非是一成不变的，商事规则与民事规则的价值取向也是如此。在价值层面，"民法商法化"以及"商法民法化"的现象，就表现为"民法价值商法化"以及"商法价值民法化"，商法与民法的价值取向相互吸收融合。④ 在制度层面，民法与商法价值的交融使得传统具有独立性价值的商事规则为民法所吸收和借鉴，反映在具体制度规范上，传统商法独立制度变成一般性的制度规范。⑤ 例如，我国《合同法》规定的格式合同，正是通过商事定型化交易规则反映出商事规则的效率价值。

可见，商事规则所侧重的独特性价值，并非是商事规则所独有之价值理念，只是在具体商事领域内更侧重于适用商事规则独特价值之指导。然而，在市场经济高速发展的 21 世纪，全民皆可为商的时代，特别是网络信息与商事交易相结合的时代，从商的准入门槛几乎没有，大多数情况下甚至无法区分商事领域与民事领域，商法之价值已经渗透到市民生活的方方面面，更遑论商事规则独立之价值。

（二）并不存在区分商法与民法规范的基本原则

民法基本原则，是指贯穿在整个民法制度之中，是民法本质和特征的集

---

① 参见任尔昕、石旭雯：《商法理论探索与制度创新》，法律出版社 2005 年版，第 176 页。

② 参见赵万一：《论民法的商法化与商法的民法化——兼谈我国民法典编纂的基本理念和思路》，《法学论坛》2005 年第 4 期。

③ 参见卓泽渊：《法的价值论》（第二版），法律出版社 2006 年版，第 49 页。

④ 参见赵万一：《论民法的商法化与商法的民法化——兼谈我国民法典编纂的基本理念和思路》，《法学论坛》2005 年第 4 期。

⑤ See Denis Tallon, *Civil Law and Commercial Law*, in *International Encyclopedia of Comparative Law*, Vol. 8, Specific Contracts, Chap. 2, J. C. B. Mohr (Paul Siebeck), Tübingen Press, 1983, p. 4. 转引自王利明：《民法典体系研究》（第二版），中国人民大学出版社 2012 年版，第 200 页。

中体现，是高度抽象、最为一般的民事行为规范和价值判断的标准。① 商法学者普遍认为，商事领域还存在区别于民法的商法基本原则，是指贯穿于商事领域，对各类商事关系具有普遍指导意义或司法意义，对统一的商法规则体系具有统领作用的一般性规范。② 其实，所谓法律基本原则，是指法律的基础性真理、原理或为其他法律要素提供基础或本源的综合性原理或出发点的最为一般性规范。③ 那么，商法是否存在区分于民法的基本原则，关键在于是否存在可区分的基础性或本源性的一般商法规范。

盖目前我国主张存在独立于民事规则的商事规则基本原则之学者，就商法基本原则的标准划分并不一致，仅代表性观点就达数十种：典型如二原则说，即保证交易便捷与维护交易安全的原则；还有学者将二原则划分为营业自由与商法自治原则；④ 三原则说，即交易自由、交易便捷以及交易公平原则；也有学者将三原则分为维护市场正常运行、提高商事交易效率以及保证商事交易安全的原则；⑤ 四原则说，即强化企业组织、提高经济效益、维护交易公平以及保证交易安全的原则；⑥ 五原则说，即商主体严格法定、维护交易公平、保障交易快捷、保障交易确定性以及维护交易安全原则；⑦ 六原则说，即企业形态法定、企业维持、保证交易安全、维护交易自由、促进交易便捷以及企业社会责任原则；⑧ 八原则说，即依法自由行使权利、商事主体意思自治、诚实信用、合法、尊重公共利益、公序良俗、鼓励交易、保证交易便捷以及维护交易安全原则；⑨ 九原则说，即利润最大化、诚实信用、互惠、磋商调节、简单便捷、安全、经营自主、强化企业组织以及企业社会责任原则。⑩

---

①　参见王利明：《民法典体系研究》（第二版），中国人民大学出版社 2012 年版，第 294 页。

②　参见赵中孚主编：《商法总论》（第二版），中国人民大学出版社 2003 年版，第 28 页。

③　参见张文显：《法理学》（第四版），高等教育出版社 2012 年版，第 74 页。

④　参见徐金海：《商法源流论——以商法结构变迁为视角》，中国经济出版社 2011 年版，第 166—172 页。

⑤　参见顾功耘主编：《商法教程》，北京大学出版社 2006 年版，第 20—23 页。

⑥　参见王保树：《中国商法》，人民法院出版社 2010 年版，第 12—15 页。

⑦　参见王璟：《商法特性论》，知识产权出版社 2007 年版，第 134 页。

⑧　参见徐强胜：《商法导论》，法律出版社 2013 年版，第 123—143 页。

⑨　参见赵中孚主编：《商法总论》，中国人民大学出版社 2007 年版，第 32—42 页。

⑩　参见任先行、周林彬：《比较商法导论》，北京大学出版社 2000 年版，第 82—96 页。

其实，商法基本原则之所以如此多元化，只是因为学者采用的标准和角度不同。通过分析上述二元说或多元说，不难发现学者所确立的商事基本原则实质上都涵盖了交易效率以及商事自治的内容，交易效率即意味着交易简单、便捷、有效率，商事自治即意味着交易自由、企业自治，两者的目的均在于维护交易安全，也就是说，交易安全是遵循交易效率和商事自治原则所预期的结果。事实上，大部分商法学者在此点上达成一定的共识，即商事基本原则至少应当包括交易效率原则以及商事自治原则。[①]

如此一来，问题就可以简化为，交易效率原则以及商事自治原则能否区分于民事基本原则。答案是否定的：第一，民法中意思自治可以涵盖商事自治原则。意思自治是民法最为精华之价值理念，也是民法得以区分于公法的核心要素。[②] 商法本质是私法，商事自治核心内容乃营业自由，即商事主体根据自己意志展开商事营业活动的自由，契合意思自治之精神。故而，商事自治只是意思自治在商事领域的表现形式而已。第二，效率原则已被民法典的财产法所吸收。随着市场经济发展，效率原则在民法中不断增强，一方面，公平原则强调有效率的公平，即有效率才有公平；[③] 另一方面，交易效率原则贯穿到民事主体、民事行为，尤其是合同法、物权法之中。例如物权法所确定的外观主义原则就是对商事交易效率原则的反映。[④]

另外，企业社会责任与民法所倡导的社会本位观念的转向也不谋而合。[⑤] 事实上，即使采用民商分立体例制度，拥有商法典的国家，典型的如德国、法国以及日本，也都没有规定商事基本原则。[⑥] 可见，根本就不存在商法基础性原理或本源的一般规范，也不存在独立的商法原则。所谓商事基本原则只是民事基本原则在商事领域的具体化、特殊化而已。

---

① 参见周林彬、官欣荣：《我国商法总则理论与实践的再思考》，法律出版社 2015 年版，第148 页。

② 参见房绍坤主编：《民法》（第三版），中国人民大学出版社 2014 年版，第 2—8 页。

③ 参见王保树主编：《中国商法年刊——商法的现代化与民法典的编纂》（2015 年），法律出版社 2015 年版，第 300—301 页。

④ 参见王利明：《民法典体系研究》（第二版），中国人民大学出版社 2012 年版，第 355—356 页。

⑤ 参见徐强胜：《商法导论》，法律出版社 2013 年版，第 141—143 页。

⑥ 参见赵旭东：《商法教程》，中国政法大学出版社 2004 年版，第 12—19 页。

（三）商法与民法的价值差异只在具体规范中

法律基本原则是法律基本价值和理念在法律体系之中的条文化。① 既然商事规则并不具备独立于民事规则之价值，相应地，商事规则也不具备可区分于民事规则的基本原则。另一方面，民法基本原则承载几乎所有的法律价值，能够实现相互冲突的民商法价值的整合。② 民法基本原则之所以负有这样整合的功能，究其根源，还是在于商法与民法的具体规范会呈现出不同的价值理念。换而言之，商事规则与民事规则的价值差异还是存在，但是该差异并不是实质层面的差异，而是存在于表层上的具体规范之中。其实，商法与民法价值差异存在于具体规范之中，主要是因为：

首先，具体规范与民事基本原则所承载价值的差异。民事基本原则承载着几乎所有民商法律价值，诸如平等、自由、正义以及效率价值。然而，具体规范却承载着不同的价值理念，某一具体规范往往承载某一相对固定的价值理念。由此可知，具体的民事规范与具体的商事规范往往承载着不同的价值理念。例如民事规则之中，有关自然人民事行为能力的规范承载着正义的价值理念，而商事规则之中，有关法人登记的规范却承载着效率的价值理念。可见，具体规范并不像基本原则那样能够承载所有或多个价值理念。如此一来，具体的商事规则与民事规则之间必然会承载不同的价值理念。

其次，具体规范与民法基本原则具有不同的特性。一般而论，具体规范是基本原则的具体化、实体化的表征。③ 民事基本原则具有高度抽象性、概括性以及模糊性。具体规范却是相对具体的、实在的以及明确的。尽管法律是从具体的生活现象之中高度抽象、概括而制定的行为准则，但是相对于基本原则而言，无论是民事规则或是商事规则都只是调整某一类型或适用于某一领域的具体准则。④ 也就是说，具体商事规范应当是能够规范某一商事领域之准则，具体民事规范则应当是规范某一民事生活之准则。如此一来，具

---

① 参见范健、王建文：《商法的价值、源流与本体》（第二版），中国人民大学出版社 2007 年版，第 53 页。

② 参见徐国栋：《民法基本原则解释——诚实信用的历史、实务、法理研究》（再造版），北京大学出版社 2013 年版，第 427 页。

③ 参见周林彬、官欣荣：《我国商法总则理论与实践的再思考》，法律出版社 2015 年版，第 145 页。

④ 参见黄茂荣：《法学方法与现代法学》（第五版），法律出版社 2013 年版，第 140—143 页。

体的商事规范与具体的民事规范所调整的领域必然不同，从而所折射的价值理念也必然有所不同。而民法基本原则正是通过抽象、概括之特质实现对具体规范的干涉，即以其原则之模糊性协调规范背后反映的冲突的价值理念，从而实现民商价值体系的整合。[①]

综上，由于具体规范所承载价值理念的单一性、调整领域的特定性以及具体规范本身具体性、实在性以及明确性之特质，商事规则与民事规则价值取向的差异也只能体现在具体的规范之中。

（四）民法典之中融合商事规则价值的路径

在我国编纂民法典之际，对于商事规则与民事规则价值取向上"实同形差"之表征，亟须重新排列民法典价值体系的构成要素，整合民法典中洋溢的多元化价值取向，以期明确商事规则与民事规则价值取向的内在一致性，进而达成编纂民法典内容及体例之共识。"法律的价值理念，所负有的特殊任务之一，就是把支离破碎的困境，重新组合成一个结构严密的统一整体。"[②]

如此一来，必然需要对商事规则与民事规则所呈现出的各种相异的价值因子进行梳理与整合。商事规则与民事规则的价值整合，应当把握：

第一，达成编纂民商合一的立法模式的民法典的体例共识。《商事通则》与《商法典》都背离民法典采用民商合一的立法模式的基本体例共识。基于商事主体与民事主体、商事行为与民事行为的不可分性，决定了商事通则以及商法典在实现商事规则独特性立法路径的不可行。历史已经证明采用实质意义上的民商分立的立法体例，即在民法典之外单独制定商法典或商事通则的模式已经不能适应今天的时代，正如史尚宽先生所言："商法应规定之事项，原无一定范围，而划分独立之法典，亦只能自取烦恼。"[③] 一方面，就主体制度而言，民事主体制度的构建基础即是传统的商人概念，由此导致商事主体与民事主体合二为一。另一方面，就行为制度而言，商事行为制度其实是法律行为在商法中的体现。"商行为是商事法律行为的简称，是指商

[①]　参见徐国栋：《民法基本原则解释——诚实信用的历史、实务、法理研究》（再造版），北京大学出版社 2013 年版，第 428—430 页。

[②]　[美] 罗杰·科特威尔：《法律社会学导论》，潘大松译，华夏出版社 1989 年版，第 87 页。

[③]　史尚宽：《民法总论》，中国政法大学出版社 2000 年版，第 124 页。

主体所为的各种受商法规范的商事行为"① "其独特之处就在于商事法律行为的营利性和经营属性"②。事实上，商事规则并不能单独予以适用。商事规则只是规范商事主体或商事行为的特殊性调整，但是在其不能调整或者存在争议时，还是需要回归民法的一般规定，运用民法关于法律行为、意思表示、要约与承诺的一般规定，解决具体问题。③ 就此而言，民商合一是民法典编纂的必然路径。

第二，达成由民法典统一规范调整民商事法律关系的体系共识。民商合一立法模式并非舍弃商事规则的独特性。需要明确的是，坚持民商合一当然不是淡漠或忽视商事规则的独特性。相反，商事主体相关规则的确立是市场经济快速、健康、发展的保障，也是建立诚信社会的保障。民法典形式理性可以为民商事活动中的争议以及纠纷提供一种规范化、统一性的处理方式与规则。④ 因而，民商合一立法模式下，应当由民法典统一规范民商事活动。其中，民法典总则应当成为各商事规则的教义法，坚持以体系性、统摄性、谦抑性原则容纳商事规则，同时，摒弃以传统民法来审视商事规则而不是从商法的独特品格来确定商事规则的方法论立场。其实，民法总则教义学的这些功能，关键在于民法法典化的体系价值。体系作为教义学的基础，其实与教义具有同等的含义，体系"使我们对科学有最佳的共同认识"⑤。事实上，坚持体系统一的民法典，也就是从实质上认可民法典体系性价值。

第三，达成民法典应当包含传统习惯，尤其是商事惯例的实体价值之共识。诚如学者所言：

> 历史是我们的文化基因，使我们难以摆脱的"现实"。⑥

我国民法典编纂亦是如此。中国的民法典应首先是中华民族之民法典，

---

① 马洪主编：《商法》，上海财经大学出版社 2003 年版，第 23 页。

② 赵中孚主编：《商法总论》（第二版），中国人民大学出版社 2003 年版，第 167 页。

③ 参见王利明：《民商合一体例下我国民法典总则的制定》，《法商研究》2015 年第 4 期。

④ 参见彭诚信：《主体性与私权制度研究——以财产、契约的历史考察为基础》，中国人民法学出版社 2005 年版，第 178 页。

⑤ 转引自吴从周：《民事法学与法学方法》（第二册），一品文化出版社 2007 年版，第 5 页。

⑥ 谢鸿飞：《中国民法典的生活世界、价值体系与立法表达》，《清华法学》2014 年第 6 期。

绝对不能脱离我国历史发展以及现实国情，盲目地借鉴国外先进立法技术或成熟法律制度。改革开放近四十年给中国带来的不仅仅是经济上的腾飞、政治上的自主，更重要的还是法治上的完善。随着中国特色社会主义法律体系的推进，时至今日，我们对民法的理论认识、立法技术、司法实践以及在民众实践中累积的民事习惯，特别是商事习惯早已不同于旧时代背景下制定的《民法通则》。《民法总则（草案）》的制定说明也明确指出民法典编纂应当遵循：

> 尊重民事立法的历史延续性，又适应当前经济社会发展的客观要求；既立足中国实际，传承我国优良的法律文化传统，又借鉴国外立法的有益经验。[①]

该指导思想和基本原则具有重要的意义。但问题是，我国自新中国成立翻开制定法律的新篇章之后，起草的民法典以及制定相关民事法规的主要部分就是借鉴德国、日本的立法体例以及内容，甚少考虑我国的既有习惯与中国特色国情。事实上，我国民事立法的传统可以追溯到清末甚至历史更悠远的年代，同时，民事立法还应当充分融入当代中国社会延续以及发展的习惯，尤其是商事习惯。[②] 那么，我们必须熟稔地掌握与时俱进的民法理论，并且充分研究既有民法立法结构以及多方位地调研民事司法实践。如此，方能编纂新时代中国之民法典。

第四，在确保民法典蕴含时代性实体价值的基础上，同时确保民法典能够有利于健全市场秩序、维护交易安全，促进社会主义市场经济健康发展。民法本质上是人法，民法典最为核心的价值理念乃在于保障人格尊严，实现人的全面发展。也就是说，我国未来民法典体系安排以及内容设计都应当围绕保障人民最基本的权利而开展，以保护人的自由、平等、民主以及全面发展为核心，充分彰显民法典所蕴含的时代性精神。另一方面，我国改革开放将近四十年，市场经济实践中已经取得了一定成就，而市场经济最为重要的

---

① 参见《中华人民共和国民法总则（草案）》的说明，第十二届全国人民代表大会常务委员会第二十一次会议，2016 年 6 月 27 日，第 5 页。

② 参见杨立新：《中国百年民法典汇编》，中国法制出版社 2011 年版，第 29—30 页。

特征就是强调市场主体的交易平等性，因此再制定独立的《商事通则》或《商法典》将商事主体、商事行为、商事权利等作为独立于民法典的制度规定，是违反市场经济、不利于经济发展的，也是不切实际的。市场经济已经扩大到生活的方方面面，可以说，21世纪的中国社会是全民皆商的商业社会，浸染在"大众创新、万众创业"的经济背景下，所有主体都有可能成为商事主体，涉入商事关系之中。因此，只有在民法典之中调整商事规则，方能最大限度地保障社会主义市场经济稳健发展。

其实，我国现有的民法体系之中就有体现商事规则价值取向的相关的法律制度设计。例如，在民事主体制度之中，2016年11月发布的《民法总则（草案二次审议稿）》就于第三章法人制度之中明确规定了营利性法人，并进一步指出营利性法人从事经营活动应当承担社会责任。然而，遗憾的是，尽管我国民法典秉承民商合一的立法体例，却有意无意忽视了商事规则所具有的特殊价值取向。事实上，民法总则应为整个民商事法律提供必需的价值指导，进而在民法典之中体现商事规则的独特价值。① 但既定的《民法总则（草案二次审议稿）》之中恰恰缺乏商事规则的一般性价值，尤其是交易效率价值的一般性规定。

第三节　民法典中融合商事规则应坚持的原则

民商合一并不是单纯地将商法并入民法，抑或将商法完全融入民法，甚至由民法替代商法。② 民商合一这一说法本身就强调了民法与商法之间并不完全等同，即是以承认民商有别为前提的。要将复杂烦琐的商事规则并入民法典中，首先应承认民法对其有指导与统率作用。而现代意义上的民商合一，应当把目光更加凝聚在商事规则的特殊性，在承认民法与商法各具有其特性的基础上对其加以整合，从而最大限度地推动社会主义市场经济的发展。

---

① 参见王利明：《民法典体系研究》（第二版），中国人民大学出版社2012年版，第354页。

② 参见赵万一：《论民法的商法化和商法的民法化——兼谈我国民法典编纂的基本理念和思路》，《法学论坛》2005年第4期。

一、坚持团体主义方法论与个人主义方法论并重

"道德科学、社会科学或政治科学之本质是它的方法"①，民法亦然。然而学术界一直缺乏对方法论的关注，导致民法学方法论的单调和薄弱。有学者指出，个人主义方法在私法中居基础地位，是私法研究无可替代的方式，团体主义方法只存在于非常有限的适用空间，在不得已的情况下才能适用。个人主义方法论在私法中主要表现为：私人主体、私人利益、私人自治、自己责任、权利本位、形式平等、交换正义、程序正义、主观价值论等，② 为了保障个人主义价值的发挥必须时刻警惕团体主义限制私人自治。总之，团体主义观念在私法中过度张扬必然会导致私法萎缩，甚至丧失存在空间。

尽管个人主义方法论是我国民法典编纂中应该恪守的价值和方法，但却不是唯一的价值和方法，片面地强调个人主义方法论会带来一系列不利后果：首先，民法个体主义隐含着导向"无公德个人"的可能性；其次，片面地强调个人主义方法论可能导向分散、孤立、不讲究组织协同合作的个人；最后，民法个人主义方法论主导可能导向只看当下利益、不顾及代际正义的个人。③ 有学者进一步指出，个人主义过分侧重强调对既有私权的静态享有和安全保护，忽视了私有权利的动态生成机制，进而忽视了私人社会生活和私法的合作面向，即私人之间共同合作创造的过程。受此影响，"个人主义认识论不仅无力对现有私法制度作出系统合理的解释，而且很可能成为中国私法学在两大法系传统智慧之外构想更优替代方案的绊脚石"④。"中国私法学有必要认真对待私人社会生活的合作面向，在认识论上从个人主义走向合作主义。"⑤

---

① ［德］拉德布鲁赫：《法律智慧警句集》，舒国滢译，中国法制出版社 2001 年版，第 193 页；王安乾：《动物福利立法理念研究——以整体主义法律观为视角》，《清华法治论衡》2012 年第 2 期。

② 参见熊丙万：《私法的基础：从个人主义走向合作主义》，《中国法学》2014 年第 3 期；另参见易军：《民法基础理论新视域》，法律出版社 2012 年版，第 12—34 页。

③ 王雷：《民法典编纂中对个体主义方法论的必要矫正》，《法学研究》2015 秋季论坛，第 104—105 页。

④ 熊丙万：《私法的基础：从个人主义走向合作主义》，《中国法学》2014 年第 3 期。

⑤ 刘训智：《商事信用权的理论结构与法律塑造：以公司为例》，《山东行政学院学报》2015 年第 5 期。

　　然而"从个人主义走向合作主义"难免有矫枉过正之嫌。整个法律发展历史就是"从身份法到契约法再到身份法的过程"。其中身份法表现为团体主义方法论主导立法，契约法表现为个人主义方法论主导立法，但是历史发展再回到身份法并非历史倒退而是螺旋上升。现代身份法是在坚持个人主义方法论的前提下强调团体主义方法论主导立法。"在民法慈母般的眼里，每一个个体就是整个国家"①，团体主义方法论固然是我国民法典编纂中应该坚持的价值和方法，但法典编纂前提仍然是坚持个人主义方法论，否则仅坚持团体主义方法论立法只是古代法的复辟，是历史的倒退，没有任何意义。纵观现代国家民商事立法也无一不是如此。例如，意大利民法典"改善形式、零星地修改其实质内容、放弃一些过时的规则、现代化和生动化，在某些方面强调社会意识"（意大利王室委员会报告第 5 号）。意大利民法典实质上就是社会团体观念和个人主义观念相结合的法律。②

　　民法未来的发展趋势由此明晰起来，那就是克服 19 世纪民法的极端个人主义的偏颇，建立个人人格与团体人格之间的和谐共荣。③ 故我国未来民法典制定要体现个人主义方法论与团体主义方法论并重的立法原则。而在我国民法典编纂中洋溢着个人主义方法论是主导价值和方法论观念及指导立法实践的情况下，④ 坚持个体主义方法论与团体主义方法论并重的立法原则，主要就是在民法典编纂过程中从个人主义、个人自由中发现团体人格的类型，以及团体人格如何法定化、类型化，团体人格中的社员权以及团体人格责任等问题。

　　第一，坚持团体人格法定主义。首先，团体人格的有无取决于是否有相

---

　　① ［法］孟德斯鸠：《论法的精神》，高尚译，人民出版社 2010 年版，第 308 页。

　　② 参见［美］艾伦·沃森：《民法法系的演变与形成》，李静冰等译，中国政法大学出版社 1992年版，第 199 页。

　　③ 参见王卫国主译：《荷兰经验与民法再法典化》，中国政法大学出版社 2007 年版，第 8 页。

　　④ 学者认为，学界和立法机关已不自觉地在私法领域使用个人主义方法论，个人主义方法论成为主导，团体主义方法论只能有限适用。参见易军：《民法基础理论新视域》，法律出版社 2012 年版，第123—143 页。即使有学者认为应该对民法典编纂中个体主义方法论进行必要矫正，其前提还是认为个人主义方法论应该在民法典编纂中占主导地位，团体主义方法论只是修正个人主义方法论的途径之一。参见王雷：《民法典编纂中对个体主义方法论的必要矫正》，《法学研究》2015 秋季论坛，第 104—105 页。典型的如我国《中华人民共和国民法典·民法总则专家建议稿》就是以个人主义方法论为主导而制定的，并没有坚持个人主义与团体主义方法论并重的原则。

关的法律规定。团体是人的集合体，古已有之，而团体人格绝非如此。[①] 直到 1900 年的《德国民法典》中才首次明确通过登记或国家授权赋予团体组织以人格（权利能力），[②] 使团体可以依照法律规定成为法人。在团体演变成为法人的漫长过程中可以发现，团体人格的取得实际上取决于登记或授权的法律认可。这也就是所谓的团体人格法定原则，即团体必须符合相应的法律规定才能取得人格。故法人制度的设计与自然人不一样，由于不同国家的法律授权范围、认可程度的差异，团体人格的内涵和外延以及规范制度也自然不一样。其次，团体人格的法定原则包括：类型法定、内容法定、程序法定。[③] 类型法定，指只有法律规定的类型才能取得法人资格。尽管法人体系的重构，原则上对法人类型体系构建呈现开放性的态度，但并不等同于无须法律授权任何团体都能成为法人。例如，目前我国《个人独资企业法》《合伙企业法》《公司法》等法律明确规定了法人类型并认可个人独资企业、合伙企业、公司的团体人格，但是对于补充责任型的法人我国法律尚未规定，故不可以将之直接视为法人，其团体人格的取得仍然需要法律认可。内容法定，是指法人的具体制度构建必须遵循相关的法律规定。法律对不同类型的团体人格的人数、组织机构、财产、责任承担方式具有不同的要求。例如我国《公司法》第 78 条规定股份公司的发起人人数资格要求，与第 24 条规定有限责任公司发起人的要求，完全不一样。程序法定，则是指团体必须履行法定程序依法取得、变更、消灭团体人格。例如，我国的《社会团体登记管理条例》第 3 条第 1 款规定，如果未经过登记程序，法律并不认可其团体人格，同条第 2 款则明确应予登记的团体类型。

第二，在团体人格的法律制度中规定团体成员的社员权。社员权是社团法人中的社员对社团享有的各种权利的总称，包括社员的自益权和共益权。社员权是团体法上的权利，体现了社员经过私法自治组成社团的目的性，社

[①]　参见江平：《法人制度论》，中国政法大学出版社 1994 年版，第 2 页。

[②]　《德国民法典》第 21 条和第 22 条明确规定非经济社团和经济社团，经过国家登记或授权认可后，团体组织即成为法人。参见《德国民法典》（第四版），陈卫佐译，法律出版社 2015 年版，第 10—12 页。

[③]　参见柳经纬：《民法典编纂中的法人制度重构——以法人责任为核心》，《法学》2015 年第 5 期。

团中社员的权利、义务由章程规定。① 我国未来民法典将法人分为机关法人、社团法人、财团法人具有进步意义，同时还应当在社团法人中对成员的社员权作出一般性的规定。② 商行为（法律行为）作为意思表示的外壳，意思表示是商行为（法律行为）的核心内容。行为人欲使意思表示发生法律效果，必须采用特定的方式，遵循必要的规则，而这个抽象规则就是法律行为制度。其中，社员共益权的行使就是通过决议行为实现的，决议行为是法律行为的重要类型，是社员实现意思自治的核心工具。③ 民商事法律是决定如何定位行为主体的行为规则，这些规则是现代民商法的基石。那么，如何恰当处理以营业者为基础的商事规则与以抽象人为基础的民事规则的关系？传统的民法理论认为众生平等，尊重每个人的意思自治表达。所以，当效果意思经证实有欠缺时，原则上以排除表示的效力去保护表意人。而商事活动遵循外观主义，即只要表意人作出了意思表示，就不可以该表意非其真实意思为由而主张无效。否则，商业活动中的交易秩序与安全便不能实现，从而会损害交易活动有效地进行与稳定发展。那么，当下亟须解决的是普通市民与更高职业要求的商人之间的能力标准评定的平衡问题，即如何在普通民众与专业性、职业性较高的商企业的意思表示间找到一个认定的平衡点，既不忽略普通人的真实意思表示需要，又能兼顾商企业意思表示的外观主义，将商事规则一般化为普通的民事行为规则。

第三，强调团体人格严格责任。团体人格与普通自然人具有不同的行为规则，前者注重义务与责任的承担，而后者强调权利的实施与保护。尽管改革开放以来，绝大多数民众都切身体会到了商业化的潮流。但由于商业化程度的不平等、农村商业化的被动性以及新兴商业现象的产生，导致普通人成

---

① 参见王雷：《论民法中的决议行为：从农民集体决议、业主管理规约到公司决议》，《中外法学》2015 年第 1 期。

② 社团法人的社员权，盖社团法人包括营利性社团法人和非营利性社团法人，社团法人的共同性事项可以设计为社员共益权，包括制定和修改章程，选举或更换社团执行机关、监督机关等等，另外配合兜底性条款。参见王振嵩：《关于社员权的法律概念、性质的研究》，《理论界》2007 年第 6 期。

③ 对民法典总则中决议行为的规定有两种代表性意见：一种认为民法典中有关法律行为成立部分不必规定决议行为；另一种认为决议行为应置于民法典法人制度一章规定。参见王雷：《论民法中的决议行为：从农民集体决议、业主管理规约到公司决议》，《中外法学》2015 年第 1 期。笔者建议决议行为在法律行为一章予以规定，后文将集中论述，在此不做赘述，特此说明。

了商业化的弄潮儿。但是实质上，他们却与传统上所谓的商企业团体有着显著的区别，其无法职业化地处理商事规则中的经济事务，而更多的是带有生活性及随意性地处理相关"小打小闹"的经济活动。因此，将二者的定性区分开来有利于在民法典中强调营业者的义务与责任，从而体现商事规则与个人之间偶然行为的区分度。

二、坚持民事规则与商事规则融合的立法论

民法与商法的融合特别是商法与民法合一立法是现代法典发展的趋势。其实，在统一的私法制度中，商法与民法确实是具有不同价值取向的法律，也正是因为价值取向的不同，商法才具有特殊性。民法和商法价值取向上的主要差异为：民法最根本的价值取向是意思自治和公平，商法最高的价值取向则是效率。[①] 例如，商法中的有限责任制度设计就是为了鼓励投资实现商事效率而在某种程度上牺牲公平。因此在不同制度的价值取向之中，民法和商法必须找到自己相应的位置。我国坚持采用民商合一的立法体例，商法作为特殊的民法制度安排下，如何在民法价值取向中准确定位商法自身的价值取向？归根结底也就是在坚持商事规则与民事规则融合的方法论的基础上，准确地定位商法和民法的价值取向，从而恰当地将商事规则融入民事规则之中。

所以，我国未来民法典要建立一个逻辑清晰、结构科学的民商法律体系，必须要坚持民事规则与商事规则融合的立法论，即明确商事规则是特殊的民事规则，民法并不排斥商法的特殊性，反之，其寻求并选择一种恰当合理的方式将商法规则融入自身体系之中。

三、坚持民法原则性与商法独特性综合考量的司法论

我国司法实践中，商法规范要么得不到民法规范的支持，要么不能体现出应有的特殊性。商事单行法律作为民法的特别法在理论上是可行的，但在法律适用上必然需要有相应的规范支持。对于商事法律纠纷，在缺乏商事单行法明确指引的情况下，法官通常会选择以民法的思维作为裁判的理念，但

---

① 参见顾云耕主编：《商法教程》（第二版），上海人民出版社 2006 年版，第 21—22 页。

这会忽视了民事与商事法律的差异性，由此导致相关规则适用的错误。例如，最高人民法院在 2010 年遴选的指导性案例"桂冠电力与永臣房屋买卖合同纠纷案"中，一审裁判摘要为：

> 《合同法》第 97 条："合同解除后，尚未履行的，终止履行，已经履行的，根据履行情况和合同性质，当事人可以请求恢复原状、采取其他补救措施，并有权要求赔偿损失。"合同解除导致合同关系归于消灭，故合同解除的法律后果不表现为违约责任，而是返还不当得利、赔偿损失等形式的民事责任。[①]

二审法院亦认为合同解除后违约方的责任承担方式也不表现为支付违约金。而最高人民法院《关于当前形势下审理民商事合同纠纷案件若干问题的指导意见》（法释〔2009〕40 号）第 8 条规定："合同解除后，当事人主张违约金条款继续有效的，人民法院可以根据《合同法》第 98 条的规定进行处理。"又，最高人民法院《关于审理城镇房屋租赁合同纠纷案件具体应用法律若干问题的解释》（法释〔2009〕11 号）第 17 条第 1 款规定："因承租人拖欠租金，出租人请求解除合同时，次承租人请求代承租人支付欠付的租金和违约金以抗辩出租人合同解除权的，人民法院应予支持。"很显然，上述指导案例的判决与我国的司法解释相冲突。根据《合同法》第 114 条及最高人民法院《关于适用〈中华人民共和国合同法〉若干问题的解释（二）》第 28、29 条的规定，在适用违约金条款确定违约金数额时，因违约金具有损失填补的功能，因此不得超过当事人违约造成的损失，若在违约金与损害赔偿所指向的为同一损害时，要避免重复适用而加重违约方的负担。因此，指导案例所要指出的规则为：

> 根据合同法第 97 条的规定，如果合同解除后，违约方以赔偿损失的方式承担责任，且赔偿足以弥补其对非违约方造成的损失，则违约方

---

① 《最高人民法院公报》2010 年第 5 期。

不再承担支付违约金的责任。[①]

此种混乱的情形原因在于我国立法对合同解除并没有结合民事还是商事主体的行为来进行考虑。例如，有关商人之间的违约金，法官不得酌情予以调整，因为如果对此信赖不予保护，会损害当事人的信赖利益。而传统民事主体之间的合同并不具有此种营利性质，[②] 因此对其调整并不损害当事人的利益。

其实，商法与民法的关系是特别法与普通法的关系。大陆法系中，法律主要分为公法与私法，划分的依据源于罗马法公私划分的理论。[③] 之后受到自然法思想的影响，公法与私法的划分更加明显，一定程度上加快了概念法学构建统一私法体系的速度。因此，抽象出商事规则的一般原理归入民法，以此建立统一的私法体系而有别于公法体系，而用民法包含商法，将商法作为民法的特别法，无疑是抽象出私法统一体系的最佳办法。由此，基于公、私法划界的需要，"商法是民法的特别法"的观点随之产生。在商事规则中，商法应以民法原则为基本，商事规则的适用是对民法原则的有效延伸。此外，在商事规则未对商事活动作出具体规定时，民法的基本原则才得以适用与补充。商事法规为民事法规的特殊法，按照特殊法优于一般法的原理，商法应当优先于民法。

所以，在司法实践中，凡是与商事相关的规则，应当优先适用商法的特别条款。只有在商法无具体条款之情形下，才适用民法中的一般规范。但商事单行法规的商事规则与民法的基本原则相冲突时，由效力位阶可得知，民法的效力优于商法，因此应当适用民法的相关规定。

[①]　周江洪：《合同解除与违约责任之辩——桂冠电力与永臣房产房屋买卖合同纠纷案评析》，《华东政法大学学报》2011 年第 3 期。

[②]　See Nobert Horn Hein Kotz and Hans G. Leser, *German*, *Private and Commercial Law*, Clarendon press, 1982, p. 216.《德国商法典》第 348 条就明确规定："商人在经营其营业中约定的违约金，不得依《民法典》第 343 条的规定减少。"

[③]　参见江平：《西方国家民商法概要》，法律出版社 1984 年版，第 3 页。

第四节　民法典中融合商事规则独特性的内容安排

尽管商事规则的价值理念与民事规则的价值理念并无实质上的区别，但是两者的侧重点还是不一样，商事规则相应地呈现为独特的民事规则。那么，具有特殊性的商事规则应当如何融入民法典之中，尤其是如何在民法典的一般规定之中融入商事规则的特殊性规定。笔者拟从民法典与商事单行法及其关系方面予以阐述。

一、制定统一的民法典及单行的民事及商事法规

首先，商主体、商行为及商事关系等方面与民法之间的关联特征导致商法对民法产生了一定的依附性。经济市场中再也无法用商人标准或行为标准来区分行为主体是商人与否，在"大众创业"环境中，尽管商业具有独特性，却无须也无法再区分商事主体并专门立法。其次，商事行为和民事行为并无本质上的差异，高度概括的商事行为早已失去时代的含义，而现代社会严重的泛商化与民商重合现象导致以商行为为支柱的商法理论濒临崩塌。最后，商法理论的不成熟是商事规则理应融合于民法中的关键所在。对部门法的认识与建立，理论储备为先导。民法有源于罗马法的完整体系结构与丰富理论底蕴，而商法的理论相对而言则显得薄弱。

故有学者指出，商法从一开始就是"实用主义与折中主义的产物，其立法过程中缺乏类似于民事立法那样的理论准备，因此在缺乏理论准备下建立起来的欧洲各国商法体系，随着经济生活的发展，其内容被不断修改和补充，从而成为发展最快、变化最迅速，但同时又缺乏必要理论指导的法律部门"[①]。诚如学者所言：

> 由于商法没有罗马私法这样坚实的基石和传统，没有一套严密精深的商法理论和商法学说来影响欧洲各国的法律制度和立法活动，因此，

---

① 赵万一：《论民法的商法化和商法的民法化——兼谈我国民法典编纂的基本理念和思路》，《法学论坛》2005 年第 4 期。

一旦在一个国家的理论界和立法部门形成私法一元化的优势力量，民法包容商法的可能性就会变成现实。①

因此，在立法上并不应制定统一的商法典对商事规则进行调整，而应在强调商事规则与民事规则存在共性的基础上，着眼于商事规则的个性，将商事关系作为一种特殊的民事关系来加以调整与规范。

二、制定商事单行法规对商事规则的独特性予以规定

从商法的发展趋势来看，商法典产生的趋势不断减弱，取而代之的是越来越多的商事单行法规。如学者所指出的：

> 从民商分立体制国家对商法的修改扩充来看，一个十分有趣的现象是商法的改革不是来自商法典本身的完善，而是来自法典以外的单行立法。②

例如，最早实行民商分立的法国于 1807 年制定的《法国商法典》，迄今为止有效条文仅剩三十余条，许多内容已从商法典中剥离出来成为商事单行法规。前车之鉴，吾不可重蹈覆辙。

在我国当前的立法条件上看，制定一部包含所有商事规则的民法典是可望而不可及的。市场经济发展迅速、交易方式创新多变、交易关系日益复杂以及商法的高度适应性是商事规则所固有的特性，将其一味糅合进民法典会导致民法典体系的混乱以及稳定性被打破。因此，在立法制定的方向上，应选择在民法典之外，制定商事单行法规来有效调整商事活动。这样既能保障民法的稳定性与原则性，又不打破商法的灵活性与具体性，从而使商事规则达到前所未有的高度统一。

---

① 朱文雁：《试论民商合一体系中商法的地位》，《理论学刊》2005 年第 5 期。

② 郭峰：《民商分立与民商合一的理论评析》，《中国法学》1996 年第 5 期；黄榕森：《民商合一与民商分立——对我国商事立法模式的再思考》，《广西师范大学学报（哲学社会科学版）》2010 年第 2 期。

三、商事规则与民事规则的关系是特别法与普通法的关系

在大陆法系中，法律主要分为公法与私法，划分的依据源于罗马法公私法划分的理论。① 基上所述，商事法规为民事法规的特殊法，按照特殊法优于一般法的原理，商法应当优先于民法适用。所以，凡是与商事相关的规则，应当优先适用商法的特别条款。只有在商法无具体条款之情形下，才适用民法中的一般规范。但商事单行法规的商事规则与民法的基本原则相冲突时，由效力位阶可得知，民法的效力优于商法，因此应当适用民法的相关规定。

因此，为在民法典中实现商事规则的独特性，我们应该在民法典中融入商事规则并优化商事规则的设计，即开拓商事规则的特别需求与安排。我国未来民法典中应当规范商法的独特性使商事规则处于恰当的位置，而不是独立于民法典之外单独编纂《商法典》或《商事通则》。

日本学者我妻荣曾说，即使是某一原理已经成为商事交易特有的原理，它此后也可能逐渐地发展成为财产交易关系共通的一般原理。换言之，民法的商法化，乃至商法特殊性的丧失是不断发生的现象，商法好比冰川——在其上部不断地创造出新的原理，而在其下又在不断地融入原理之中。② 我们选择民商合一，并不是根本否认民法与商法之间的区别，也不是基于现实的无奈或一时的理论冲动，而是基于商事规则与民事规则在调整内容和调整方法上存在大量相同点，在理论和实践上存在密切的逻辑联系。因此，应以现存的整个私法的理论与制度体系为基础，从民法典中凸显商事规则本身的特性，使商法能够充分发挥其对商事交易活动的法律调整作用，以适应经济发展的客观需要。

我们研究商法必须牢牢地把握近现代商事法规是特殊的民事法规，整体、系统地开展逻辑推论。③ 对于商法是特殊民法的思考，有学者认为商法是特殊的民法，主要体现在民事规则的三个方面：

① 参见江平：《西方国家民商法概要》，法律出版社1984年版，第3页。
② 参见〔日〕我妻荣：《民法讲义I新订民法总则》，于敏译，中国法制出版社2008年版，第5页。
③ 参见徐学鹿：《什么是现代商法——创新中国市场经济商法理论与实践的思索》，中国法制出版社2003年版，第8页。

一是所有权制度是对从事商品经济活动的正常条件的一般规定。例如公司法中有关股东股权的规定。二是民事主体基本制度是商品交易中商事主体基础性制度。例如公司制度的具体规定只是特别的民事主体规定。三是民法的债权制度是对关于流通领域的商品交换活动的一般规定。例如票据法中若干具体规定其实只是特殊的民事基本权利，即债权规定。①

还有学者认为民法是普通法，商法是特殊法，从内容上看商法的各项制度是民法制度的具体化和扩大，例如公司是法人的主要形式，票据关系属于债权关系，从法律适用的效力看商法优先于民法适用。②

从商法演进历史中，我们可以看出商法最初脱胎于民法，成为具有特定调整对象和特殊规范内容的法律，但是最终还是无法脱离民法存在。法律历史发展过程中，先有民法后有商法。内容上，民法是一般规定，商法是特殊规定。总之，民法是商法的一般法，商法则是特殊的民法。无论如何，我们研究商法的独特性品格，必须分析商法理论、立法模式产生的经济、政治根源。分析这种构想在简单商品生产中具有一定的合理性、科学性，在经济全球化、知识经济时代这种思想则具有反科学、反时代性。总之，我们要把商法学习、研究引入深向，时刻不放松对商法是民法的特别法的这种大陆法系构思的分析、研究。③ 而对这一问题的深入研究，最终也使我国民法典编纂中路径选择的争论迎刃而解，即商法是特殊的民法，商法典也是特殊的民法典，无论是《商法典》抑或《商事通则》，都是基于商法独立于民法的民商分立的立法路径之上构建的，并不可取。只有在民商合一立法模式的基础上编纂民法典，才能正确地把握商法的特殊性。我国未来民法典应将商事规则的特殊性融入民法典之中，使商事规则能够运用民法基本原则，如以主体平等、意思自治对商事疑难案件进行解释，这符合法教义学的要求，也能够保证同类案件相同地判决，从而保证司法公正，也使得民法成为商法的一般法，对商法没有规定的问题最终回归适用民法典的规定。

① 覃有土：《商法学》（第二版），高等教育出版社 2008 年版，第 26—27 页。
② 参见柳经纬：《商法》（上册），厦门大学出版社 2002 年版，第 8 页。
③ 参见王保树：《中国商法》，人民法院出版社 2010 年版，第 19 页。

第　三　章

商法的独特品格与我国民法典的内容选择

　　民商合一的立法模式要求商法的内容在民法规则中体系化。这包含两层含义：一是宏观上，何种商法规范的内容应该在民法典中予以规定。二是微观上，商事规则如何与民法规范相衔接。就前者而言，涉及民法的内容的编排。对此，世界大陆法系采用民商合一立法体例的国家，并没有统一的立法例，因此，理论上需要采用合适的标准对民法典的内容进行编排。而就后者，涉及商事具体规则的内容，相应的主体、身份、人格权、财产权、责任规则等在本书具体位置均会体现，这一章不再进行阐述。

　　19 世纪的法国民法典、德国民法典是采用民商分立立法模式，而采用民商分立立法模式的国家，如意大利民法典、瑞士民法典、荷兰民法典等，并没有为民商合一立法模式确立标准。就我国采用民商合一立法模式，理论上需要对商事单行法律的内容如何进行体系化进行探讨。同时，由于 21 世纪的《中国民法典》是世界法典编纂史的一个组成部分，理论上需要对民法典在世界法典编纂中所处的地位进行反思，以此进一步确定各商事单行法律与民法典的关系。

第一节 商法是"民法"还是"私法"的特别法

一、民法典属于私法的一般法

民法的本质是私法。① 私法是与公法相对应的概念，对私法的含义的解释，应该与公法比较才能明晰。② 根据学者对私法与公法的区分，大致有以下几种观点：

主体说。该说认为私法的主体乃为私人或私团体，公法的主体最少一方是国家或在国家之下的公团体。美浓部达吉先生认为：

> 因法所规律的社会现象之差异，便当然生出法的类别。而所谓法所规律的社会之差异，又不外是那法所规律的权利义务的主体（法主体）之差异。据此，就可明白从法所规律的法主体之差异去求公法与私法的区别标准的学说，即所谓"主体说"之所以正当的理由。③

其认为"有时国家内的公共团体及其他——间或个人亦可做与国家相等的公法的主体；又有时却是国家做与私人同等的私法的法主体"乃是该"主体说"学说附加的"副标准"的结果，而不是该"主体说"的分类标准的不正当。④ 笔者认为，虽然"主体说"在一定程度上作为公法与私法区分标准具有正当性，不过，这种区分并没有很好地描绘公法与私法的区分的本质，也没有指出公法与私法区别的真正意旨，具有一定的片面性。该说对公法主体与私法主体在法律生活中的互换性阐释的理由也不充分。⑤

利益说。该说源于罗马法学家乌尔比安（Ulpians），该说认为："公法

---

① 参见江平、张楚：《民法的本质特征是私法》，《中国法学》1998 年第 6 期。

② 参见许中缘：《论民法典与我国私法发展》，易继明主编：《私法》2004 年第 8 辑。

③ 参见［日］美浓部达吉：《公法与私法》，黄冯明译，周旋勘校，中国政法大学出版社 2003 年版，第 36—37 页。

④ 参见［日］美浓部达吉：《公法与私法》，黄冯明译，周旋勘校，中国政法大学出版社 2003 年版，第 36—37 页。

⑤ 参见许中缘：《论民法典与我国私法发展》，易继明主编：《私法》2004 年第 8 辑。

是有关罗马国家稳定的法，私法是涉及个人利益的法。"现代学者也是这么认为的，私法是"以维护个人利益为宗旨，通过私人间自己的行为即可实现其利益追求的法规范"，而公法是"以维护统治集团利益，对社会采用行政、刑事、经济等手段进行治理的法规范"①。的确，在很大程度上，私法主要是调整平等主体之间的利益而存在的法律，公法则主要是调整国家的自身利益与社会存在的基础要求的公共利益的法律。因为社会是众多利益的组合体，私法并不局限于调整私人利益，公共利益也是其调整的内容，如政府机构在市场中的采购行为。同理，公法也不仅仅调整公共利益，私人利益也进入其规制的客体。正如学者所认为的那样，这些区分"都不过是大体的倾向而已，并不能以之为两者的区别标准"②。

关系说。该说认为私法中调整的关系是主体平等的关系，而公法调整的是一种"权力者与服从者"的关系。这种学说具有其合理性，但也有其理论上的弊端。如公法的关系并不一定是隶属关系，如行政契约中的行政管理者与行政相对人之间就是平等的关系，如学者指出：

> 国家不一定只是强制和命令人民的，同时亦站在以利益供应人民和负担义务的地位。人民亦不单站在服从国家的命令和忍受其强制的地位，同时还有向国家要求某事的权利。国家与人民的关系，是互相享有权利负有义务的关系，而不能单纯地断定为权力服从的关系。③

而私法中父母与子女之间的关系也并不总是平等的，典型的如亲权中就含有父母对子女的惩戒的权利，如我国台湾地区"民法"第 1085 条规定："父母得于必要的范围内惩戒其子女。"④

意思说。该说认为私法调整的主体之间遵循意思自治原则，而公法的主体之间不存在意思自由的关系。该说也有其合理性，因为其很好地揭示了私法

---

① 李建华、彭诚信：《民法总论》，吉林大学出版社 1998 年版，第 57 页。

② 许中缘：《论民法典与我国私法发展》，易继明主编：《私法》2004 年第 8 辑；[日] 美浓部达吉：《公法与私法》，黄冯明译，周旋勘校，中国政法大学出版社 2003 年版，第 39 页。

③ [日] 美浓部达吉：《公法与私法》，黄冯明译，周旋勘校，中国政法大学出版社 2003 年版，第 28 页。

④ 许中缘：《论民法典与我国私法发展》，易继明主编：《私法》2004 年第 8 辑。

的本质特征在于私法自治。不过这种学说也具有其局限性，如公法中行政契约也有一定的意思自由，而私法中的强制合同的意思自由也受到了一定的强制。[1]

凡此诸说，并不能很好地揭示私法的特征与内涵。笔者认为，由于现代社会生活的复杂性，任何法律部门的区分不是绝对的，存在着你中有我、我中有你的局面。私法与公法的关系也是如此。利用任何单一的区分标准很难达到区分的效果。已故的美浓部达吉先生生前也是这么认为的：

> 关于公法与私法的区别标准的学说之纷然不一……实在于从事该区别，不能只根据任何单一的标准，而应将各种不同的标准结合起来才有可能的缘故。[2]

我国著名学者王利明教授也指出："各种分类标准都是相对合理的，不可能存在一种绝对的划分标准。"[3] "公法与私法在法律上如何界定远比它在法学原理上如何划分要难得多。现今的世界上恐怕很难找到一部不掺入任何一点点公权力的民法典。"[4] 但是，区分标准的模糊并不表明二者的区分并没有标准。也正如德国著名民法学家梅迪库斯所说：

> 任何一种旨在用一种空洞的公式来描述公法与私法之间界限的尝试，都是徒劳无益的。毋宁说，还是应当让历史因素来作出决定。自应然法观之，只有对新产生的法律制度，才能对其合理的归属问题进行考察，在考察时，应根据"公法是指约束的决策的法，而私法则是自由决策的法"这一标准。[5]

---

① 参见许中缘：《论民法典与我国私法发展》，易继明主编：《私法》2004 年第 8 辑。

② ［日］美浓部达吉：《公法与私法》，黄冯明译，周旋勘校，中国政法大学出版社 2003 年版，第32 页。

③ 许中缘：《论民法典与我国私法发展》，易继明主编：《私法》2004 年第 8 辑；王利明：《民法总则研究》，中国人民大学出版社 2003 年版，第 14 页。

④ 江平：《民法典：建设社会主义法治国家的基础》，《法律科学（西北政法大学学报）》1998 年第 3 期；邢星：《论商事主体的商事权利》，《广西社会科学》2006 年第 6 期。

⑤ 许中缘：《论民法典与我国私法发展》，易继明主编：《私法》2004 年第 8 辑；［德］迪特尔·梅迪库斯：《德国民法总论》，邵建东译，法律出版社 2000 年版，第 13 页。

尽管随着社会的发展，私法与公法纷繁交错，"私法公法化"与"公法私法化"的现象出现，但私法与公法的区分并没有因为社会的复杂性而湮没。笔者认为，根据私法的主体平等，意思自治的本质特性，私法是调整主体平等、其权利义务的设定以遵循意思自治为原则的法律，其应包括物权法、债权法（合同法）、亲属法、继承法以及知识产权法、商事法律中去除国家管理的部分内容的法律。经济法与社会法因具有国家公权力管理性的特点从而不属于纯正私法的范畴。在大陆法系实行民商合一的法典化的国家，私法的大体范畴相当于民法典以及根据民法典而制定的单行法律。在实行民商分立的国家，其范畴相当于民法典与商法典共同建立的私法体系。①

二、商法是私法的特别法还是民法的特别法

有学者认为，商法属于私法，但不属于民法，② 商法是适用于商人的特别私法。③ 这种观点试图从商法与民法的起源不同来论证商法相对于民法规则的独立性，需要根据一般法与特别法的关系进行阐述。所谓一般法，在罗马又称为"共同法"（ius commune），而"特别法"又称为"个别法"（ius Singulare），"特别法是法律制定者为一定利益背离法律普通规范的规则"。由此确立了"特别法优于一般法（lex speeialist derosat legi generali）"的规则。④ 我国学者认为"对某个一般规范加以变通的个别规范，即由于特殊原因而表现为一般规范的例外的个别规范，为个别法。如赠与是允许的，但禁止夫妻之间的赠与，该禁止规范就是个别规范。与此相对应，在狭窄的例外范围之外而被适用的一般规则（规则）称为共同法。"⑤《立法法》第 83 条及之下所称的"一般规定"与"特别规定"即是"一般法"与"特别法"。其中，就一般法与特别法的关系而言，可以归纳为三种情形：一是同一机关

---

① 参见许中缘：《论民法典与我国私法发展》，易继明主编：《私法》2004 年第 8 辑。

② 参见［德］卡尔·拉伦茨：《德国民法通论》（上册），王晓晔等译，法律出版社 2003 年版，第 9 页。

③ 参见［德］迪特尔·梅迪库斯：《德国民法总论》，邵建东等译，法律出版社 2001 年版，第 16 页。

④ 参见［意］彼德罗·彭梵得：《罗马法教科书》，黄风译，中国政法大学出版社 1992 年版，第 10 页。

⑤ 孔祥俊：《法律规范冲突的选择选用与漏洞补充》，人民法院出版社 2004 年版，第 268 页；汪全胜：《"特别法"与"一般法"之关系及适用问题探讨》，《法律科学（西北政法学院学报）》2006 年第 6 期。

制定的法律规定之间的特别规定与一般规定之间的关系；二是不同机关的变通规定与原规定的关系；三是下位法与上位法的特别规定与一般规定的关系。① 这些情形均涉及特别法优先于一般法的适用。

如果从实证法视角出发，无论是商法还是民法，都具有相应的立法机关。如果就同一层级的立法而言，因为商法是针对具体情形、具体主体制定的，而民法是针对一般主体、一般情形制定的，当然属于特别法与一般法的关系。因此，商法只能是民法的特别法。但如果从法律来源方面，学者所言的商法属于私法的特别法，而民法作为私法的一般法这一结论如果存在，需要证明：一是商法与民法在私法的规则中具有并行性，民法并不对商法的适用具有补充作用；二是商法具有自己的独立规则体系，不需要依赖民法而存在。

的确，就罗马法的产生而言，商法与民法作为并行的规则，并不能证明两者处于何种位置。究其原因，乃在于当时商法并不需要一个单独的法律部门，因为商主体本身具有独立性。但时至今日，商事主体已经不再作为一个主体存在，商法规则不依赖民法规则就不能够独立存在，商行为为法律行为在商法的特殊表现，"在现代社会，每个人都可能参与市场交易，这就使得区分商人和非商人、商事行为和民事行为、商事代理和民事代理、商法上的时效与民法上的时效变得越来越困难"②。寻求商事规则的独立性，也基本不可能。

三、民法典为商法的一般法的意义

系统是一组要素与一组要素之间存在的关系，要素的关系群显示了系统的结构。法学作为一个有机的系统，由此决定了其需要运用整体分析的形式。③ "商法的本原为民法，民法法典由推究一般的私法关系而成，为普通法，此一般学者所公认……商法法典为特别法，亦一般学者所公认。"④ 民法作为商法的一般法，对于商法的确定与发展具有重要意义：

---

① 参见汪全胜：《"特别法"与"一般法"之关系及适用问题探讨》，《法律科学（西北政法学院学报）》2006 年第 6 期；另参见孔祥俊：《法律规范冲突的选择选用与漏洞补充》，人民法院出版社 2004年版，第 268 页。

② 王利明：《民商合一体例下民法典总则的制定》，《法商研究》2015 年第 4 期。

③ 参见［德］阿图尔·考夫曼、温弗里德·哈斯默尔主编：《当代法哲学和法律理论导论》，郑永流译，法律出版社 2002 年版，第 412 页。

④ ［日］志田钾太郎口述，熊元楷编：《商法总则》，上海人民出版社 2013 年版，第 9 页。

第一，为商法的自治确立提供了条件。商法的本质是营利，在追求利益的行动决策过程中，要实现收益与成本的最大化，从而对所有的资源作出安排，实现路径有两种：一是通过自治的途径实现利益最大化；二是通过一种强制的途径实现利益最大化安排。事实证明，由于信息不对称以及管制者的成本存在，以强制性的手段实现利益安排往往是效率最为低下的方式。因此，莫如让利益主体根据市场的变化恰当地进行调整，从而实现利益的最佳安排。而只有在外部性与公共产品的提供中，才能依赖管制从而解决私人竞争不足的问题。因此，在商法中，仍然采用自治而不是管制的方式。确立商法自治法的地位，从而为商法的制度确立基础。

第二，民法调整的范围即人身关系与财产关系，为民法规范商法的内容提供了基础。根据商法学者对商法调整对象的定义，商法是以因商事交易而进行的或发生的社会关系为调整对象，亦即以商事主体因实施商行为而进行或发生的社会关系为调整对象。① 尽管商法调整的财产关系具有营利性，但这并不能与民法财产性的构成具有实质性差异。因此，商法所调整的关系仍然为平等主体之间的人身关系与财产关系，民法千百年来发展出来的丰富制度，可以为商法制度的不足提供基础。比如说，商法的行纪制度，就是起源于民法中的代理制度；商法中的合伙制度，本身与民法的合伙没有实质差异。离开了民法丰富的制度土壤，商法可能寸步难行。

第三，商法作为民法的特别法，为解析商法的制度确立了条件。诸多商法制度是基于实践发展的产物，因此具有更强的技术性与程式性。但这并不表明商法的发展不需要理论。商法理论是商法制度发展的基石，也是检验商法技术性正当与否的直尺。由于商法基本原理的欠缺以及落后于商法实践的滞后性，于是民法理论就会频繁地被运用于填补商法规范之间的漏洞。正如学者所说，"要找出那些并非源于一般民法理论，仅仅发端于商事交易的独特性质及其欧洲商事实践的主导性原则"是非常困难的。② 既然商法的理论来源于民法，这为民法解析商法制度提供了基础。

第四，提供了商法与民法的紧密联系的制度土壤。在主张民商分立的学

① 参见王保树主编：《中国商事法》，人民法院出版社1996年版，第9页。
② 参见王璟：《商法特性论》，知识产权出版社2007年版，第92页。

者看来，商事主体与民事主体具有差异，不能简单地运用民法规则解决商法中的问题。该种理论正是没有看到商法为民法的特别法的关系。如学者所言，"民法作为私法领域之一般法或'基本法'，属于抽象化的法律表现；而商法作为私法领域就特殊的商事法律关系作出具体或特殊规定的特别法，属于具体化的法律表现，因而其行为性质存在着一定的区别"①。但该种差异并不是本质的。当然，理论需要看到该种差异，而不是视而不见，但同时也不能过于扩大该种差异。

第五，确立了正确适用商法的安全链。民法典为各商事单行法律的适用确立了两道防护链：一是在适用法律时，首先适用各商事单行法律的规定，在商事单行法律规定不足的情形，适用民法典。因为各商事单行法律具有理论不足的弊端，回到民法典的内容，可以避免法律适用的天马行空。二是在适用各商事单行法律存在价值冲突时，应该回到民法典，实现民法典与各商事单行法律的价值统一。如学者所言，法律规范与案件事实的连接并不是一个自然而然的涵摄过程。以连接的目的最密切联系原则为依据所确定法律规范与事实要件中，不仅涉及逻辑推理，而且涉及价值判断。② 脱离民法典的体系，单纯对单行法律的规范进行价值判断会导致价值判断的天马行空，因此，遵循民法典与各商事单行法律的内在体系即价值判断的一致性，商事单行法律的价值判断应该在民法典内在体系中进行。

第二节　民法典的解构与重构

一、法典化的解构

（一）法典化解构的表现

所谓法典化的解构，是法典的内容与地位被单行法律与判例所取代的一种现象。法典不是万能的，不可能涵盖社会生活的全部。同时，由于市场经

---

① 苗延波：《论商法的独立性》，《河南省政法管理干部学院学报》2008 年第 1 期；范健、王建文：《商法的价值、源流及本体》（第二版），中国人民大学出版社 2007 年版，第 148 页。

② 参见许中缘：《论法学方法论与中国法学发展》，《比较法研究》2012 年第 4 期；参见王利明：《法学方法论》，中国人民大学出版社 2011 年版，第 260—261 页。

济的繁盛，新兴事物的出现，法典规范对象将会不适应市场经济的需要，因而，法典的内容将变得老化，这时单行法与判例不可避免地将在法典之外成长。同时，由于法典的体系限制，对法典的修改将很难进行。即使修改，也不可能在很短的时间对法典进行全部完善。所以，随着社会的发展，法官对法律的适用不再求助于法典找"答案"，而是转向单行法律与判例法中的内容。比如，如果民法典不对保险合同的有关内容进行规定，在适用中，法官裁判案件时只会虑及《保险法》的内容，如此，久而久之，法典的地位将被单行法律与判例所取代，法典在法律体系中的核心地位也将发生动摇。

法典的解构主要表现在以下几个方面：

第一，单行法律在法典之外的成长。法典调整的领域具有一定的局限性。随着社会的发展，特别是与既有的法典的调整手段与方法具有实质不同的新兴领域的出现，为了适应这些领域调整的需要，无数的单行法被迫予以制定，如《消费者权益保护法》的产生。依据一般的原理，只要是当事人订立的合同，在没有外在欺诈、胁迫等意思表示不真实的情形，该合同必须严守。但事实上，势力单薄的消费者在势力强大的厂家面前，只有订立或者不订立合同的自由，如果要求消费者也要严格按照合同的规定履行，无疑将会导致诸多不公平的后果。尽管，法官可以基于契约自由的目的性扩张解释即维护真正的契约自由来实现消费者权益的保护。但是，仅仅依靠法官根据契约自由的目的性扩张来维护消费者的合法利益是远远不够的。因为这种处理，一方面具有一定个案的性质，即使能够形成判例，可以为后来的法官遇到类似案件进行类似处理所遵循，但这并不能真正保护消费者的合法权益。另一方面，消费者权益的保护仅仅通过事后合同的效力的否认很难得到真正的保护，因为这种救济具有事后的特征，并不是所有的消费者在受到不公平对待面前均能主张自己的权利。作为行为规范指导的私法，更应该从规范的角度为这些势力强大的经营者或生产者提供行为规则以维护消费者的合法权益，如规定经营者的告知、说明义务，维护消费者身体健康安全的义务等。尽管这些义务可以规定在法典之中，① 但是如果将这些义务纳入法典之中，

---

① 参见许中缘：《论民法典与民事单行法律的关系——兼评我国物权法草案》，《法学》2006年第2期。

这将导致：其一，这些内容与法典的相关内容相冲突。因为法典原有的规定是针对所有的人抹消身份的差别而进行的平等立法，而该内容的规定是一种典型的"身份立法"。其二，产生法典的该内容条款过度膨胀的效果。对消费者权益保护的具体规则仅仅依靠一至两个条文并不能很好地解决问题，对消费者权利与经营者义务的详细列举的规定无疑将会导致该内容的条文在法典中急剧增加。其三，对消费者等特殊群体的利益保护不具有单行法律所彰显的价值。单行立法对消费者等特殊弱势群体的利益保护更能够彰显保护消费者的利益。正如那塔利诺·伊尔蒂（Natalino Irti）所言：

> "特别法"作为一种最为合适的工具，从一方面讲，提供民法典统一体外在的附属品，从另外的方面来讲，也可以对现实提出的紧迫要求给出答案。①

单行法律的制定成为一种现实。单行法律的存在，对法典的编纂造成巨大的冲击。②

第二，判例在法典之外的不断出现。社会的发展、新兴案件的出现，适用既有的法律将违背法律公平正义的理念。法官在无"法"所适用又不得拒绝司法时，被迫采用法律的一般原则或一般条款来创造性地处理案件，尽管这将导致法官的司法权的扩张，但这是维护法典的生命力所必需的。法官对案件的判决能够对一类案件具有很好的指引作用，在法官遇到相同类型的案件时，适用先例更能够实现法律的妥当性和安定性的调和。当适用新情形的判例大量产生，法典的相关内容也就为法官创造性的司法所发展。

第三，各个民族国家加入的国际条约增多，使国际条约也成为民法典的渊源。随着国际交往的增强，为了促进各国经济的交流，打破经济交往下法律的不统一，各国纷纷签订国际条约或者区域性协定，如《联合国国际货物销售合同公约》，该条约不仅对参与制定的国家即创始国具有拘束力，而

---

①　[意] 那塔利诺·伊尔蒂（Natalino Irti）：《解法典的时代》，薛军译，徐国栋主编：《罗马法与现代民法》（第四卷），中国人民大学出版社 2004 年版，第 86 页。

②　参见许中缘：《论民法典与民事单行法律的关系——兼评我国物权法草案》，《法学》2006 年第 2 期。

且对承认国际条约的国家也具有拘束力。更为重要的是，该国际条约具有超越国内立法的效力。既有的民族国家制定的法律适用于民族国家的观点被打碎了。"民族法"趋向于成为一种"共通法"。该类型的典型例子就是欧共体法律的建立。欧盟在实现市场的统一中，不断制定欧盟法要求民族国家实现法律统一。从《欧洲合同法原则》的颁布，到《欧洲民法典草案》的制定，正是民族国家法律逐渐被侵蚀甚至消逝的结果。①

根据传统的共识，民法典比单行法律享有更高的权威。因为：

> 民法典具有相对永恒的生命力、完整的结构、逻辑一致的体系，在民法法系的国家具有类似于宪法或普通法系国家大宪章的地位。②

由于判例与单行法的成长，各国法律出现了民法典弱于判例与单行法律适用的现象。因为，制定于过去的法典的内容已经不能适应社会的发展，而判例法与单行法律恰恰是适应社会发展的需要而制定的，针对不断出现的新的案件，再从法典之中寻找适用规范显得不合时宜。③ 这个地位伴随法律渊源的多元化而被动摇，法典化国家认为的法典为法官司法的唯一渊源而且是最高渊源的思想传统受到了挑战。所以，法典也就被解构了。

既然法典不能适应社会发展的需要，对法典的修改就是必须的。尽管法典的修改并不是一件非常容易的事情，但是，法典只能在解构中得以永恒。

（二）法典化解构的必然性

第一，由于社会的变动及发展与人类的预见性及法典的制定本身固有的局限性，民法典不可能容纳社会生活的一切，单行法律也不可避免地在法典之外"安营扎寨"。根据梅迪库斯先生的观点，这些单行法律是以民法

---

① 这三种情形对应于约翰·亨利·梅利曼（John Merryman）所揭示的大陆法系变化的三种倾向。一是"非法典化"，亦即立法至上的权威受到挑战；二是"宪法化"；三是"联邦化"，亦即欧共体立法在效力上要高于法国、德国、英国等国家的立法。参见［美］约翰·亨利·梅利曼：《大陆法系》，顾培东、禄正平译，李浩校，法律出版社2004年版，第7页。约翰·亨利·梅利曼先生这里所阐述的是法典的发展所出现的三种倾向，与笔者所讨论的并不能等同。而且，约翰·亨利·梅利曼所说的这三种倾向也很难适用于与我国有类似国情的国家法典的发展状况。

② Vernon V. Palmer, *The Death of a Code—The Birth of a Digest*, 63 Tul. L. Rev. 221, p. 235.

③ 参见许中缘、熊丙万：《民法典体系化的哲学——评王利明教授的"民法体系化"思想》，《法制与社会发展》2009年第3期。

（典）的存在为前提，其没有自成一体的规则，仅仅为民法的一些纯补充性规范，所以要在民法典与单行法律之间画出一条清晰的界限是不可能的。各单行法律在民法（典）之门外存在，也具有历史的基础，因为学说汇纂体系难以容纳民法的特别领域。① 既然单行法律与民法典并行是一个事实，但单行法律的制定首先不能与民法典的基本内容相矛盾。换言之，单行法律的内容应该与民法典的既定内容相符合，至少，也不能与民法典的内容相冲突。这给立法者造成了一个难题，如果民法典的规定不科学或不合理或随着社会的发展逐渐不再适应社会发展的需要，单行法律的制定的内容将不可避免地与民法典的相关规定相冲突，当修改法典相关规定的时机尚不成熟时，这种弊端就显得尤为严重。另一方面，如果单行法律制定过多，就会在一定程度上架空民法典的相关规定，从而使民法典成为一部美丽但没有价值的摆设。正如学者所说：

> 社会的发展和复杂化，就需要不断地制定法律规范，……民法典制定之后，社会发展导致的对民法典的补充和修正的法规，在现代社会已远远超过了民法典本身；甚至可以说民法典已沦为补充单行法规之不足的地位。传统民法典的一些内容已经过时，许多内容已经被大量单行的法规所肢解（或替代）。②

但如果不制定单行法律，就会在需要调整的民事生活面前，出现法律调整的缺位，不利于对社会生活的调整。再者，如果允许单行法律在民法典之外大量存在，无疑也会造成法律适用的混乱，正如学者所言，这将"毁灭法典的优点（usefulness），并将导致编纂法典所要防止的立法的混乱"③。在单行法律的不得不制定与不能过多制定的双重悖论中，立法者也只能在民法

---

① 参见［德］迪特尔·梅迪库斯：《德国民法总论》，邵建东译，法律出版社 2000 年版，第17 页。

② 高富平：《民法法典化的历史回顾》，《华东政法学院学报》2010 年第 2 期；祁全明：《我国民法法典化的历史反思》，《中北大学学报（社会科学版）》2014 年第 4 期。

③ Jean Louis Bergel, "Principle Features and Methods of Codification", *Louisiana Law Review*, May, 1988, p. 1080.

典与单行法律中进行彷徨选择。①

　　第二，法典的明确性、可预见性与法典规定具体明确之间的悖论，要求在法典之外的单行法律存在。法典规范的民事生活是有限的，而民事生活却是无尽无限的，如果法典规定过于复杂，过于精细，过于全面，过于具体，法典也就难以成为一部法典。如果法典规定过于笼统，过于概括，过于抽象，则不免使法典难以为民事生活的主体所合理预见，也难以归纳民事生活。如学者所言：

　　　　就法典本身的状况而言，人们期其最具精确性，同时在适用中最具统一性。②

　　民法典要适应现实生活，与不断变化发展的社会生活相适应，其规定不能太具体与细致，其内容要保持一定的概括性与抽象性，"立法机关的任务是要从大处着眼确立法律的一般准则。它必须是确立高度概括的原则，而不是陷于对每一发生问题的琐碎规定"③。正是基于此，民法典"如人们所期求的那样，旨在成为唯一的法律权威，因而，它实际上应当包含适用于可能发生的每一个案件的裁判。人们常常揣测，似乎仅凭经验就可能并且甚为便利地去获得关于具体案件的完美知识，然后再根据法典相应的规定对其逐一进行裁判。但是，因为各种情形错综复杂，千差万别，所以，无论谁对于法律、案件作过审慎思考，都会一眼看出，此举必败"④。这种概括性是与当事人合理预见法律权利义务的分配相矛盾的。⑤

　　拉伦茨先生在论及民法典的立法技术时，曾提出了三种民法典的思维方

---

① 参见许中缘：《论民法典与我国私法发展》，易继明主编：《私法》2004 年第 8 辑。

② ［德］弗里德里希·卡尔·冯·萨维尼：《论当代立法和法学的当代使命》，许章润译，中国法制出版社 2001 年版，第 16 页。

③ ［德］K. 茨威格特、H. 克茨：《比较法总论》，潘汉典等译，潘汉典校，贵州人民出版社 1992 年版，第 169—170 页。

④ ［德］弗里德里希·卡尔·冯·萨维尼：《论当代立法和法学的当代使命》，许章润译，中国法制出版社 2001 年版，第 17 页。

⑤ 参见许中缘：《论民法典与我国私法发展》，易继明主编：《私法》2004 年第 8 辑。

式，即个案列举式、抽象概括式以及指令准则式。① 他认为个案列举式的法律体裁能够制定一个尽可能完整的规则体系，但是这种信念是一种乐观的理性主义，由于其仅仅是针对具体事物的规范，当新事物出现时缺乏适应的柔性而不具有广泛的适应力，这已经被失败的《普鲁士普通邦法》所证实。他认为：

> 如果立法者意识到自己不可能预见到所有可能发生的情形，因此只能设计一般规则，通过法官将一般规则适用于具体案件，其应该选择抽象概括式或指令准则式。不过，由于指令准则式留给法官的自由裁量的权利过大，不利于保持法的安定性和裁判的可预见性。立法者要维持法的稳定性与裁判的可预见性，同时又要保持法典的广泛的适应性，应该采用抽象概括式的立法。但是，无论采用何种思维方式，将具有难以克服的固有的弊端与局限性。②

第三，民法典体系的"刚性"与法律发展的悖论，需要单行法律不断发展。民法典是一个完整的逻辑自洽的体系，由于民法典的各个部分是整个体系的一分子，在这个体系中，某个细小部分的修订，"牵一发而动全身"，将产生整个体系发生改变的效果。诚如学者所言：

> 法典的编纂者并不想废除既有的法。毋庸置疑，在他们谨慎地处理这些非常重要的领域的时候，会虑及到这些法律产生作用的期限。该种行为并不是自我欺骗，而是因为新的法律文本与旧的法律文本具有如此紧密的联系，乃至人们怀疑颁布法典的重大行为能够将它与之割裂。这些（旧有的法律）都是民众生活的必备要素，革命的法典应该对之进

---

① 参见［德］卡尔·拉伦茨：《德国民法通论》，王晓晔、邵建东、程建英、徐国建、谢怀栻译，谢怀栻校，法律出版社 2003 年版，第 32—35 页。

② 许中缘：《论民法典的法律概念》，硕士学位论文，吉林大学法学院，2005 年，第 27 页；许中缘：《论民法典中法律概念的构建》，《当代法学》2006 年第 6 期；许中缘：《论法律的概念——从民法典的角度》，《私法》2006 年第 1 辑；祁全明：《我国民法法典化的历史反思》，《中北大学学报（社会科学版）》2014 年第 4 期。

行很少的修葺（*ébranlé*）与修改（*modifié*）。①

如果民法典的某个部分在变化的现实生活中不能满足调整社会生活的需要，那么，该条款的修订会过多地虑及体系的完整性而不得不维持其现有的局面。这从《法国民法典》的修订中就可见一斑。尽管由于现代社会发展，对该法典进行根本性改革的呼声迭起，可所有的改革推动均未奏效。在1904年该法典一百周年纪念之际，法国专门组成了一个由100人组成的改革委员会，其中也包括不少法律职业者，但工作不久便停止。在第二次世界大战后的最初激情中，1945年组成了以莫朗迪埃尔（Julliot de la Morandière）教授为主席，由12名成员参加的法典改革委员会。1954年该委员会提交了一篇序言草案和关于人法、家庭法的第一编草案。1961年又提交了第二编继承和赠与法的草案。然而，这些也并未促成实际的立法。② 其实，民法典修改的时间历程之长，也是民法典修改的另一道风景。开始于1947年，对1839年制定的《荷兰民法典》的修改历经半个世纪后才基本完成，开始于1955年的《魁北克民法典》的修改直到1978年才完成。值得说明的是，到目前为止，仅仅《荷兰民法典》与《魁北克民法典》在付出大量的人力、物力的艰苦奋斗下才取得民法典的全面修改成功，而其他民法典总是只能进行局部的增删与填补，很难全面修改以达到理想的结局。③ 正是民法典这个逻辑自洽的体系，在某种程度上，成为民法典体系的弊病，使民法典不能维持其在变动的现实生活中调整的需要，成为阻碍私法发展的绊脚石。④

第四，法学的发展还需要不断地完善民法典的相关内容。一个国家民法典的完善与该国法学的水平是紧密联系在一起的。法典的编纂是一项复杂的任务，需要良好的法学理论基础，一般来说，在一国法学理论水平不高的情

---

① Savigny, *Traite de Droit romain*, t. I, p. 195. A. Esmein, *De la nécessitéd' une édition du Code Civil an Point de vue Historique*, in Le Livre Ducentenaire, le Code Civil, Dalloz, 2004, p. 28.

② 参见［德］K. 茨威格特、H. 克茨：《比较法总论》，潘汉典等译，潘汉典校对，贵州人民出版社1992年版，第178页。

③ See Michel MuAuley, "Proposal for a Theory of Recodification", *Loy. L. Rev.*, Summer, 2003, pp. 273-274.

④ 参见许中缘：《论民法典与我国私法发展》，易继明主编：《私法》2004年第8辑；许中缘：《论法律的概念——从民法典的角度》，《私法》2006年第1辑。

况下，民法典的制定是不可能的，即使制定，民法典具体内容的规定及相关技术水平也不会很高，法典的可预见性与可适用性也将大打折扣。正如汉马斯（Harmathy）教授指出：

> 在法典编纂这一复杂工作中，法学理论必须应被考虑，因为法学理论的排除将导致低水平和不充足的立法。[①]

一个国家的学术品格促进了法典法的发展，这为历史各个时期的民法典的制定所证明。罗马法在私法中的超越之处正在于古罗马法学家的发展很高的学术品格，[②] 德国著名学者温德沙伊德就对德国民法典草案提出过批评：

> 这部法典规定的不少规范都是不完善的，其原因就是学说还不完善。立法者已经发现了这一点，所以要在根本上完善这部法典，必须完善相应的学说并且将其与先进的成果进行比较。[③]

然而，即使吸纳了在一定时期所有的法学研究成果的民法典，其制定结束之后，也难以再吸收不断出现的新兴法学知识而落后于法学的发展。因为法学随着人们对社会生活实践的不断深入而不断发展，但是民法典却会永远落后于法学的发展。另外，由于众多的原因，并不是高水平的法学理论一定就会产出高水平的法典，编纂法典就应该更加小心了。同时，法学理论的发展并不总是与社会发展相一致的。社会常常出现以下两种情形，有时，为了与社会的变革相适应，出于政治目的需要，在理论尚没有完全探讨清楚某项规则的内容以及该规则将会在实践中产生的后果时，仅凭主观意志在法律中对之加以规定；而有时，即使某一个时期经济、政治发生根本改变，理论家

---

① Attila Harmathy, "Codification in a Period of Transition", *U. C. Davis Law Review*, Spring, 1998, p. 797.

② 易继明在考察古罗马法比古希腊法的超越之处时就指出了古罗马的学术品格是罗马法的优越之源，在该书中对此有精辟的分析。具体参见易继明：《私法精神与制度选择——大陆私法古典模式的历史含义》，中国政法大学出版社 2003 年版，第 155—169 页。

③ ［德］霍尔斯特·海因里希·雅科布斯：《十九世纪德国民法科学与立法》，王娜译，法律出版社 2003 年版，第 156 页。

并没有意识到变化了的社会经济的需要而仍坚守某种旧的过时理论。无疑，这些情形不仅影响了法典制定的质量，而且会导致法典编纂的失败。所以，如何使民法典与法学发展的水平相适应，在较高的法学水平中编纂法典，同时，使民法典不断吸收先进的法学发展成果，使民法典与法学发展水平相适应，使民法典在法学发展中不断展现其存在的魅力，乃是制定民法典所要解决的一个重要问题。①

如麦克穆尔（Michel MuAule）先生所指出的，法典"总是作为法律积极有效的发展方式使其具有持续的独有的优点"，但是，其也有很多缺陷。首先，当一部法典被制定出来的时候，已经丢弃了其永恒的特性，它是被固定在一段时期的、静态的，以及不能涵盖法典制定后出现的社会与经济发展的表达。尽管反过来说，这种永恒对社会与经济的契约的预期与一贯的适用是必要的。其次，法典编纂的漫长历史也似乎很难满足对频繁变化的事情的调整。再次，法典的语言也经常是晦涩（inelegant）的。它常常体现于这种形式："每个人不可能被滞后、僵硬、抽象与冷漠的风格的法典的条文所打动。"② 所以，任何一部法典都不是永恒的，在社会经济的发展中，法典都存在一定的宿命。

在社会的进步、法学的发展中，法典的内容不可避免地会出现过时的现象，法典的内容将会老化，法典面临着解构（decodification）的危险。③ 一方面，单行法律不可避免地在法典之外大量成长，民法典的涵盖领域逐渐被单行法律所侵蚀。正如姆瑞尔（Murillo）教授所指出的那样：

> 在与社会、经济变化的回应中，当专门立法从民法典移走（removed）许多由民法典涵盖的领域，并且，专门立法创造了新的法律领域或者创造与初始结构的意识与方法不同的、细微体系

---

① 参见许中缘：《论民法典与我国私法发展》，易继明主编：《私法》2004 年第 8 辑。
② Michel MuAuley，"Proposal for a Theory of Recodification"，*Loy. L. Rev.*，Summer，2003，p. 268.
③ 所谓法典的解构，是指"在法典外，单行法律的激增并且使其在一个统一的民法典体系内部产生重大的分裂"的情形。See Maria Luisa Murillo，"The Evolution of Codification in the Civil Law Legal Systems：Towards Decodificationof Recodifition"，*Journal of Transnational Law & Policy*，Fall，2001，p. 174.

（microsyetem）的时候，法典面临着被解构的危险。①

另一方面，为了使民法典能够适应社会发展的需要，在弥补法典漏洞、确定概念内涵的过程中，法官不断创造出新的原则与具体的内容，这些原则与内容也对既有法典的内容起到解构原来法典的效果。前者如"善意""诚实信用原则""社会公共利益"等内容随着社会的发展而不断更新。后者如法国的《侵权行为法》就是司法判例发展的一个典型事例，大陆法系民法的缔约过失责任的确立也是司法判例的一个产物，我国民法隐私权的保护也是司法过程中逐渐确立的结果。这些单行法律与判例制度的建立已经使民法典失去了其应有的权威，甚至在一些情形下，这些特别立法"比民法典规定更有权威或者建立的原则与民法典的内容相冲突"，当人们"不再依靠法典的内容来合理地表达他们的权利与义务"的时候，法典已经开始被解构（decodified）了。② 所以，如姆瑞尔教授所言：

> 随着社会的发展，"古老"的法典在新的社会与法律秩序中已经得到了改变，表征法律变化的动力有多种因素，其中两个更具有关联性的特征就是法典的解构（dcodification）与重构（recodification）过程。③

（三）法典化解构对法典中心主义的影响

第一，由于其他法律部门对民法的影响，民法体系将会出现异质的内容。时代的发展，传统属于公法的内容如宪法、行政法的内容正在逐步渗透于私法，如"宪法的私法化""公法的私法化"就是此谓。而社会法作为一个新的法律部门，正在对民法产生实质的影响。在不断激荡的各个法律部门的内容影响下，民法典的制定就需要考虑这些因素对民法典所造成的影响。

---

① Maria Luisa Murillo, "The Evolution of Codification in the Civil Law Legal Systems: Towards Decodification of Recodition", *Journal of Transnational Law & Policy*, Fall, 2001, p. 174.

② Michel MuAuley, "Proposal for a Theory of Recodification", *Loy. L. Rev.*, Summer, 2003, pp. 275-276.

③ Maria Luisa Murillo, "The Evolution of Codification in the Civil Law Legal Systems: Towards Decodification of Recodition", *Journal of Transnational Law & Policy*, Fall, 2001, p. 165.

与此同时，民法典的内容日益受到这些法律发展的挑战。这些异质因素融进民法典，必然对民法典的体系造成冲突。如在德国债法修改中融进了消费者契约的内容，这被学者认为将会导致德国民法典"体系的混乱"①。为了使这些异质因素不会使民法典受到影响而变异，就必然需要对此进行协调。

第二，组成民法典的所有制度、规则并不总是在所有的情形下都是功能互补的。在很多情形下，各种制度、规则是互相矛盾、彼此冲突的。如表见代理制度就与一般代理制度存在价值矛盾、利益冲突。表见代理制度主要保护产生信赖的第三人的利益、实现交易动态利益的调整。而一般代理主要是维持被代理人的利益保护，实现静的利益的保护。与此同理，善意取得、时效取得、消灭时效制度与一般财产权取得制度是互相矛盾、彼此冲突的。这就需要把这些彼此冲突、相互矛盾的具体制度与规则统一在民法典中，并且非常协调有序地发挥其制度调整功能。这些概念、规则以及制度等需要一个上位概念，对此进行引领与统率，使这些内容不会因为制度的冲突而产生抵消的作用，也避免导致法官在适用相关法律时无所适从。②

第三，新出现的内容与民法典相关内容的冲突。法律对随着社会的发展而不断出现的内容进行调整，就必然需要制定一些新的制度与规则。因为这些规则与制度是为了弥补既定的规则与制度对社会调整不足而制定的，顺乎逻辑，这些规则与制度必然会与既有的规则与制度产生一定的冲突。有时这种冲突是隐性的，甚至是价值层面的，仅仅通过法律的冲突规则并不能对此实现调整。这就需要找到解决此类冲突更高的规则。

第四，法典中心地位的消除。"不管在哪里，民法典都往往被当作整个法律制度的核心。"③ 但单行法律的出现，使法典基本法地位得以消除。法官在裁判案件时，并没有依据基本法而是依据各民事单行法律来裁判，由此可能会出现同案不同判的情形。④

---

① 许中缘：《论民法典与我国私法发展》，易继明主编：《私法》2004 年第 8 辑；杨振山：《民法典制定中的几个重大问题》，《政法论坛》2003 年第 1 期。

② 参见许中缘：《论民法典与我国私法发展》，易继明主编：《私法》2004 年第 8 辑。

③ ［美］艾伦·沃森：《民法法系的演变及形成》，李静冰等译，中国政法大学出版社 1992 年版，第 191 页。

④ 参见王利明：《民法典体系研究》（第二版），中国人民大学出版社 2012 年版，第 118—119 页。

二、法典化的重构

（一）再法典化的必要性

第一，民法典具有高度的形式理性，需要将各单行法律进行再体系化。民法法系与普通法系的法律表现方式具有差异，就此点而言，最为关键的是前者呈现出的法典化。由于其可形式化性，法律系统变得可计算，因而可与其他的形式化系统比较。另外，它是可变的，并在整体上是可计划的（如法律政策、社会政策、犯罪政策）。社会计划以系统关联的分析为前提。[①]法典化代表了：

> 一种通过逻辑清晰、前后一致的方式和至少在理论上是完美无缺的规则体系，将所有分析得出的法律命题综合起来，这种规则可以适用于任何实际情况，以免出现法律真空。[②]

形式理性本身代表着对价值理性的追求，这种形式理性，克服了司法者主观任意的癖好，使法的正义、自由、安全、利益等价值的追求能够通过非人格的制度来实现。民法典的制定限制了法官司法的范围，保障了法的确定性。把长期分散的民事基本法律编纂在一起，其本身保障了法官确定的司法成为可能。其实：

> 编纂的规范本身在判决理由上不再要求是合法化的，它是"有效的"。判决的正确性之说明在此仅意味着，从规范中推出法律判决可能被证明，不必再依据基本的法律原则，且一般地看令人生疑。[③]

[①] 参见［德］考夫曼、哈斯默尔主编：《当代法哲学和法律理论导论》，郑永流译，法律出版社2001年版，第396页。

[②] ［德］马克斯·韦伯：《论经济与社会中的法律》，张乃根译，中国大百科全书出版社1998年版，第61页。

[③] ［德］温弗里得·哈斯默尔：《法律体系与法典：法律对法官的约束》，［德］阿图尔·考夫曼·温弗里得·哈斯默尔主编：《当代法哲学和法律理论导论》，郑永流译，法律出版社2002年版，第277页。

法典的存在使法官的行为根据法典可以查证，有力地克服了法官司法的肆意。① 民事单行法律在法典之外大量出现，损害了法典的形式理性，为了实现法典的形式理性，需要将各民事单行法律再法典化，从而实现私法规则的统一。

第二，民法典的稳定性与权威性，需要将单行法律的内容进行再法典化。民法典是私法的宪章，为私法的"宪法"，正是因其权威性和具有高度的稳定性，指导着一切民事单行法律的制定。一切民事单行法律都应该从民法典的规定出发，从而使私法成为一个内容协调的体系。民法典的体系"有助于消除现行民事法律制度的混乱与冲突，将各项法律制度整合为一个有机的整体，从而建立起内在和谐一致的民事规范体系"②。正因为统一私法体系的存在，所以：

> 民法典比单行法和法规具有更为集中、系统地反映或表现立法者、决策者、主权者的意志、利益和政策，也便于社会公众更集中、系统地了解、理解和遵守现行法律制度，更有利于形成和维护法制统一、政治统一的局面，也更适宜于为单一制的、多民族的、统一的大国所采行。③

第三，民法典再编纂本身代表着一种编纂技术要求，有助于法的简化和规范化，为法学和司法的发展提供一个新的起点。④ 民法典的编纂代表着一种对既有、陈旧、过时的法律制度的整理与革新。由于每一个时期制定的法律都具有一定的局限性，随着时间的发展将不能适应调整现实社会生活的需要。这时需要对既有的法律进行整理与汇编，使之系统化，进行法典编纂是一种很好的形式。"法典编纂常常是一种革命性的步骤。尽管所有的法典声

---

① 参见许中缘：《论民法典与我国私法发展》，易继明主编：《私法》2004 年第 8 辑。

② 王利明：《关于民法典体系的再思考》，王利明主编：《民商法研究》（第 6 辑），法律出版社 2004 年版，第 5 页；王利明：《关于我国民法典体系构建的几个问题》，《法学》2003 年第 1 期。

③ 许中缘：《论民法典与我国私法发展》，易继明主编：《私法》2004 年第 8 辑；周旺生：《法典在制度文明中的位置》，《法学论坛》2002 年第 4 期。同时参见封丽霞：《法典编纂论——一个比较法的视角》，清华大学出版社 2003 年版，第 1—2 页。

④ 参见封丽霞：《法典编纂论——一个比较法的视角》，清华大学出版社 2003 年版，第 242 页。

称仅仅表述旧的、先已存在的法律，但多数伟大的法典编纂委员会都曾利用
这种机会进行革新和变革旧的法律。同时，因为法典编纂需要将大量的、迄
今未加整理的杂乱无章的材料系统化，法典编纂本身必然把业已存在的法律
精确化、现代化。"① 如波塔利斯（Portalis）所说：

> 一部法典不是立法者的思想的主观的即刻（spontaneous）产品……
> （它）在它的条文是过去几个世纪的理性劳动的结果。的确，一部真正
> 的法典在很大程度上是对一个民族的、历史的、社会的、文化的以及经
> 济的遗产（legacy）的复述，但它也是被设计出来的，在某种意义上，
> 它是新的立法的产物，是新的原则、规则的创造。②

第四，民法典是各个私法部门圆洽融合的产物，也是社会生活的基本诉
求，需要将民事单行法律的内容涵盖在民法典之中。民法典是社会的基本
法。民法典调整的平等主体之间的人身关系与财产关系正是社会的基本关系
的体现。法典对私人生活关系中人身权与财产权的保护也是社会人权保护的
基本需求。法典对私法统一的同时也是平等、自由、独立、进步等价值的彰
显，这也是社会中主体的平等、自由精神的反映。正因为民法典的编纂孕育
着立法者对这些人类永恒价值的追求，能反映社会发展的基本诉求，适应社
会发展的基本规律，所以民法典是社会中的人永恒追求的动力。③

第五，法典再编纂有助于将民法的价值观念贯彻于整个法律体系中，同
时有助于消除并防止整个法典价值观念彼此之间的冲突和矛盾。④ 民法的各
种规范与制度的设立，是为适应各种民事生活调整的需要，由于民事生活的
各种利益的错综复杂性，各种规范与制度之间不可避免地存在诸多冲突与矛

---

① ［美］艾德华·麦克威利：《法典法与普通法的比较》，梁慧星译，陆元校，《法学译丛》1989
年第 5 期。

② Jean Louis Bergel, "Principle Features and Methods of Codification", *Louisiana Law Review*, May,
1988, p. 1081.

③ 参见许中缘：《论民法典与我国私法发展》，易继明主编：《私法》2004 年第 8 辑。

④ 参见许中缘：《论民法典与我国私法发展》，易继明主编：《私法》2004 年第 8 辑；王利明：《中
国民法典的体系》，《现代法学》2001 年第 4 期。佟林：《浅谈对民法典制定的认识和建议》，《经济研究
导刊》2012 年第 9 期。

盾。令我们惊奇的是，这些规范与制度能够非常协调有序地在统一的民法典体系中发挥其应有的功能，这就在于民法典具有一个完整的体系。① 如表见代理制度是以牺牲本人的利益为代价而侧重保护具有信赖利益的相对人利益的，这与代理制度保护本人的利益具有一定的冲突性。但是，它们非常和谐地在民法典中发挥其应有的作用，这取决于民法典体系的功能。

第六，民法典的再编纂为私法的发展提供了一个基本的框架与发展的平台。民法典的编纂是对既有的私法的概括及与新引进的法律制度进行融合的结果，其主要是建立一种新的私法秩序或者巩固既有的私法秩序。尽管法典的发展历史已经证明通过法典建立一种新的理性法律秩序的努力难以成功，因为法典的制定很大程度上是各种力量对比、新旧利益的磨合、折中的产物，任何民法典的制定难以是激进的，很大程度上带有保守的色彩。但是，历史也同时证明，尽管法典不能完全建立一个新秩序，但其在新的法律秩序的建立与转变中具有不可磨灭的作用。其对既有的法律规则与新制定的法律规则的统一，为私法的进一步发展所做的贡献无疑是巨大的。对于我们这样一个后跟进的国家制定民法典而言，一方面，既可以对既有的私法规则、制度进行总结。另一方面，也可以广泛吸收其他国家经过立法实践证实、与市场经济相合的、成熟的规则与制度。正是由于民法典是对过去的私法规则的总结和新的原则、规则的创造，加之民法典较长的固定性与永恒的生命力，其建立的私法秩序也在一定程度上为私法的发展奠定了一个发展的基调与平台。如学者所言：

> 民法典是所有的真正法典的最好的一个典型，具有创造一个永恒的结构（framework），指导着法律发展的方向。法典可以作为法律应该怎样或者将要怎样，以及怎样创造与改革的表达。②

（二）法典化重构的表现

真正的法典编纂不等于法典汇编，这种统一不仅仅是形式上把各个分散

---

① 参见许中缘：《论民法典的法律概念》，硕士学位论文，吉林大学法学院，2005年，第62页。

② 许中缘：《论民法典与我国私法发展》，易继明主编：《私法》2004年第8辑；Michel MuAuley，"Proposal for a Theory of Recodification"，*Loy. L. Rev.*，Summer，2003，p. 265.

的单行法纳入一部法典当中。它吸取了法典编纂前存在的法律调整的先进经验，摒弃或修正了其落后或难以适应社会发展的具体规定。而且，法典编纂移植了其他国家对经济社会调整的先进规范，经过立法者的归纳改造，并使之与该国的经济社会相适应。与此同时，它吸收了法典编纂前由习惯调整的秩序的优秀成果，经过立法者的归纳、分析与改造使之成为法典的内容。尽管在制定法典之后，单行法律自会在法典的衔接处不断成长，然而，这些法律反过来成了法典的内容，丰富了法典的内涵。如学者所言：

> 法律的解释和诠注一经生效，其结果将反过来被法典所吸收，并自此之后成为法典的组成部分……由于法典能够反映法律的变革和新的经验，因此它能够延存下去，并适应新的任务和发展。①

因此，法典的重构，并不是简单地将各民事单行法律规定在法典之中，而是重新确立法典的中心地位。不过，该种法典的中心地位与 19 世纪法典的中心地位不同，之前的法典中心提倡法典是法官司法的唯一渊源，其实是一种唯法典主义的表现。而当今的法典中心主义，表现在：

第一，构建以民法典为中心，民事单行法为补充的民法体系。在现代社会，单行法律在民法典之外存在已经成为不可改变的事实。但单行法律并不是脱离民法典而单独存在的。单行法律作为民法典的补充法，即在民法典没有规定的地方，单行法律对法典的适用起到补充作用。各民事单行法律与民法典的关系是特别法与普通法的关系。这表明：一是在适用单行法律具有不足时，应该回到民法典。二是判断适用单行法律是否正确，应该回到民法典。

第二，将单行法律的内容上升为民法典的内容。单行法律的出现，使民法典的规定出现了真空，为了使民法典对单行法律的内容进行规定，在修改民法典的时候，适当将单行法律的内容规定在民法典中。比如《德国民法典》在修改过程中，将《消费者权益保护法》中的消费合同规定在债法当

---

① 许中缘：《论民法典与我国私法发展》，易继明主编：《私法》2004 年第 8 辑；［德］罗伯特·霍恩等：《德国民商法导论》，楚建译，中国大百科全书出版社 1996 年版，第 65 页。

中。《法国民法典》在修订之际，不断增加住房契约的内容，这是单行法律法典化的表现。

第三，拓展民法典一般条款的解释作用，确立民法典一般法的地位。民法典一般规则作为法律的概括条款，具有丰富的内涵，可以发挥防止法典在各民事单行法律的冲击中失去中心轴的稳定功能。一方面，民法典中的一般条款保障了体系的稳定性，各单行法律的规定不能违背民法典的一般条款内容。另一方面，民法典中的一般条款保障了法典价值体系的稳定性，使得各单行法律不会成为民法典变异的内容。

第三节　民法典与商事单行法律

一、建立大而全的民商法典是否可能

民法典不能涵盖所有的民事生活，也不能将所有的民事法律统归在法典之中。如学者所指出：

> 今天，已经不存在或者所有的内容都被法典化或者没有任何内容被法典化这样一个高度发展的法律体系。[1]

"民法典不是无所不包的、庞杂的法律汇编。"[2] 民法典是概念法学的产物，是 18 世纪以来人类理性发展的表现，但由于人类理性的限制，纵使法典编纂者想对市民生活的基本内容在法典之中加以规定，也不能囊括生活的所有内容。即使能在一定程度上制定出"完备的法典"，这种所谓"完备的法典"也不能满足社会的需要。人们期望法典颁布以后，"即能确保获得一种体制化的、精确的司法运作下的新的法典，如此这般，则法官们亦能免于

---

[1]　Maria Luisa Murillo，"The Evolution of Codification in the Civil Law Legal Systems：Towards Decodification of Recodifition"，*Journal of Transnational Law & Policy*，Fall，2001，p. 170.

[2]　王利明：《关于我国民法典体系构建的几个问题》，《法学》2003 年第 1 期。

一己私见，而仅当囿于将来作文字性的适用即可"①。如莫若思（Morris R. Cohen）所批评的那样：

> 法学家毋需考虑法律是什么。这种观念源自下列神话：法学是一个完善、封闭的体系，法官和法学家们仅仅是记录其意志自动机器或是宣告其规定的留声机。②

但立法万能的神话在残酷的现实面前已经破灭，即使人类能够制造出囊括所有有关市民生活的法典，这种制定出来的法典也难以达到理想的效果。这已为 18 世纪的《普鲁士普通邦法》所证明：

> （普通邦法）最终发生效用的是一种"万能"管理的要求，按照这种万能管理的判断，要一劳永逸、面面俱到地规定其臣民的所有生活关系。③

《普鲁士普通邦法》的制定是为了从清晰和明确的法律规范中，防止法官对裁判哪怕是轻微的专断，不管是在一些依陈述进行逻辑推理的场合或者基于对法律假定目的进行解释这样的借口。④ 然而这部多达 17000 条的法典随着《德国民法典》的出台，这部象征理性法的法典马上成为历史的遗忘物，可以说：

> 从来未能成为独立的法官或法律科学发展的对象；作为德国内部私

---

①　［德］弗里德里希·卡尔·冯·萨维尼：《论当代立法和法学的当代使命》，许章润译，中国法制出版社 2001 年版，第 4 页。

②　Morris R. Cohen, "Positivism and the Limits of Idealism in the Law", *Columbia Law Review*, pp. 237-238. 转引自［美］本杰明·N. 卡多佐：《法律的成长——法律科学的悖论》，董炯、彭冰译，中国法制出版社 2001 年版，第 102 页。

③　许中缘：《论民法典与我国私法发展》，易继明主编：《私法》2004 年第 8 辑；［德］K. 茨威格特、H. 克茨《比较法总论》，潘汉典等译，潘汉典校对，贵州人民出版社 1992 年版，第 256 页。

④　See Reinhard Zimmermann, *Codification*, *in XXIVth Colloquy on European Law*, *Reform of Civil Law in Europe*, Council of Europe Publishing, 1994, p. 17.

法统一的典范和模式，它根本不在考虑之列。①

二、民法典与商事单行法的关系

（一）民法典作为商事单行法的教义法的功能

民法典总则中实现民商合一，本质是将民法典总则作为各商事独特性规则的教义法。法教义学（juristiche dogmatic）是一门将现行实在法秩序作为坚定信奉而不加怀疑的前提，并以此为出发点开展体系化与解释工作的规范科学。② 教义（dogmatik）来源于神学中对某种事物的确信，具有信念、定见、教条、信条的含义，作为法学中的用语，表明法律是一种具有约束力的规则，应该得到遵循。法典化的教义，其实质是基于对理性的教义。

> 教义学是最终的要求、被普遍接受的基本价值、原则及为数甚多的"既存"规范间的桥梁，同时也是规范——间接也是前述原则——与其于不同情境之"适用"间的媒介。③

教义学的这些功能，关键在于法典的体系。体系作为教义学的基础，其实与教义具有同等的含义，体系"使我们对科学有最佳的共同认识"。民法典总则承担了包括分则在内的所有商事规则所具有的简化、给出解决问题建议的功能。

第一，简化法律的功能。此种功能可以说是建构体系功能。立法者的教义遵从，其实就是如何达致"简化法律"从而使法律人"能够支配"法律。简化法律，就是减少法学的素材，增加法律规范的涵盖性。"简化法律"被耶林称为"节约法则"（gesetz der sparsamkeit），这是"所有法学的生命法

---

① 许中缘：《论民法典与我国私法发展》，易继明主编：《私法》2004 年第 8 辑；［德］K. 茨威格特、H. 克茨：《比较法总论》，潘汉典等译，潘汉典校对，贵州人民出版社 1992 年版，第 257 页。
② 参见孔元：《法教义学与中国宪法教义学体系的建构》，《企业导报》2016 年第 4 期。
③ 王天华：《作为教义学概念的行政裁量——兼论行政裁量论的范式》，《政治与法律》2011 年第 5 期；夏立安、钱炜江：《论法律中的形式与实质》，《浙江大学学报（人文社会科学版）》2011 年第 5 期。

则之一"。民法中对自然人、合伙、法人等主体进行规定，商法若又对商人、商事公司、商事合伙进行规定；民法对主体字号等人身权进行规定，商法若又对商号进行规定；民法中已经有代理、居间制度，商法若再对商业代理、代理商和商业居间人作出规定，这些只能使法律制度变得更加冗杂和繁复，不仅不利于法律体系自身的简便，也将使法律的适用变得更加困难。[①]但如使民法典总则为商法规则的教义则能够使法律得以简化。如单单靠《德国商法典》中对商事交易的规定无法规范现实中的商事交易，对商事买卖关系的规范，还是要回归《德国民法典》的相关内容。《法国商法典》的适用也是如此。法国学者认为：

> 民法典为商事法律关系适用提供了内部一致的框架，如民法典中合同的具体类型（有名合同）乃至无名合同的相关规定为银行、信用、有价证券等商事交易提供了适用的规则。[②]

第二，给出解决问题建议的功能。作为教义法的民法典总则，本质是统合民事和商事规则，把它们作为一个逻辑一致的体系加以解释。民法典总则对商事规则的规定具有解释结论正确与否的检视功能。法秩序是不完全的，法官需要对法律规则进行解释，有些时候还需要"基于法伦理原则及正义的考量来继续发展"。但是在商事规则的适用中，有可能存在多种解释，何种解释符合法律的规定，就不能径行通过法律原则来寻求妥当的法律后果，必须穷竭法律规范的隐藏意义来实现价值判断，此时，法官"必须为其裁判承担沉重的责任，没有一种方法论能够，或想要免除他这种责任"[③]。

第三，检视结果是否正确的功能。面对不断发展变化的社会，回归民法典总则有助于达成共识。

> 法教义学可以把已有的对于法律问题的论证与学说整合到自己的知

---

① 参见郭珊珊：《民商合一视角下民事权利体系的构建》，硕士学位论文，湖南大学法学院，2013年，第31页。

② Michel Germain, *Le Code Civil er le Droit Commercial*, 2000, p. 644.

③ 韩继亮：《实现司法合理性的修辞学进路》，《北方经贸》2014年第6期。

识体系中，使得法律人在面对新问题时，可以从这个体系中提取所需要的知识，所以法教义学可以降低法官审判时在对同一法律条文的不同理解中做出选择所遇到的困难。①

正因为如果民法典总则缺乏商事法律规范的教义，则在商事规则不足的时候，法院容易陷入成本分析、外部性等经济分析法和价值分析法来达到审判目的。故将民法典总则作为商事法律的教义法，在没有相关商事规范时，可以回归适用民法典总则，为商法难题"找到回家"的路，从而能够保证同类案件相同判决，避免司法裁判的肆意。

（二）商事规则教义法缺失的弊端

现有采取民商合一立法模式国家的民法典，并没有考虑到商事规则的存在，正如有的学者所言：

　　《民法典》里没有商法的简单原因是商法没有被当成"民法"来看待，商法已经形成它独特的法律传统。②

而基于商事法律存在的多样性与商事规则的技术性，我们承认商事规则的特殊性，因此，商法的规则由商法来予以调整。但问题是，商法属于民法的特别法，在商法规范不足的情形下，应该回归民法。过于强调商法规范的特殊性，忽视了商法规范的一般性，使商法缺乏民法教义学立场。

第一，在体系建构上，商法规范不能实现体系上的统一。由于商法规范调整内容的复杂性与多样性，即使是在民法典之外再编纂商法典的国家，均不能将所有的商法规范融入法典之中。如《德国商法典》从一开始就没有把票据、保险、破产、商事法院等内容规定在商法典之内，有关这方面的内容都另立单行法。③ 缺乏商法总则的统率，单行商事法律和法规杂乱无章、

① 张翔：《宪法教义学初阶》，《中外法学》2013 年第 5 期。

② 彭真明、江华：《商法法典化的反思——以制定〈商事通则〉为中心》，《浙江师范大学学报》2005 年第 1 期。

③ 参见彭真明、江华：《商法法典化的反思——以制定〈商事通则〉为中心》，《浙江师范大学学报》2005 年第 1 期。

孤立、单一，不能形成商法内在应有的体系。① 在商法典与商事通则均不能实现这样使命的时候，自然而然，该种使命就应由民法典总则予以承担。

第二，导致立法的错误。由于缺乏商事规则既定的教义法，因而使商事规则的特殊性得不到维持。如《物权法》第78条第2款以"业主大会或者业主委员会作出的决定侵害业主合法权益"作为标准来确定撤销权，与决议撤销权的一般规则相悖。② 其根本原因在于将双方法律行为的一般规则作为共同法律行为的规则予以处理。我国关于人格权的立法规定也是如此，在近代西方哲学中，人格只是人的本质哲学总结，由此，内在化的伦理价值观念成为近代民法关于人的伦理性认识的核心，并由此构成近代民法人格构造的基础。"传统人格权的概念、定义及制度设计，是以自然人为基点而展开的。"③ 法国、德国如此，我国亦然。自然人人格权法制度在法人人格权制度中的逻辑推演也在我国法律中得以体现，典型的就是《民法通则》第101条对自然人、法人名誉权的规定。这种逻辑推演导致我国人格权类型的构建仅仅满足于自然人的人格权，而对法人人格权及其本质的认识无疑会陷入错误。司法实践中保护事业单位法人、机关法人的名誉权更是这种逻辑推演的谬误典型。

第三，在司法适用上，商法规范要么得不到民法规范的支持，要么不能体现出应有的特殊性。商事单行法律作为民法的特别法在理论上是可行的，但在法律规范上必然需要有相应的规范支持。在民商合一立法模式的背景下，民事单行法律中不可能详细规定商事规则，否则就会破坏法律的体系性。对于商事法律纠纷，在缺乏商事单行法明确指引的情况下，法官通常会选择以民法思维作为裁判的理念，但这会忽视民事与商事法律的差异性，由此导致相关规则适用的错误。典型的如《物权法》第231条在规定民事留置权之外，规定了商事留置权，改变了《担保法》第84条以及最高人民法

① 参见余能斌、程淑娟：《我国"民商合一"立法借鉴的新选择——由〈俄罗斯联邦民法典〉引出的思考》，《当代法学》2006年第1期。

② 参见许中缘：《论意思表示瑕疵的共同法律行为——以社团决议撤销为研究视角》，《中国法学》2013年第6期。

③ 吴汉东：《试论人格利益和无形财产利益的权利构造——以法人人格权为研究对象》，《法商研究》2012年第1期。

院《关于适用〈中华人民共和国担保法〉若干问题的解释》第 109 条没有
对此进行明确界分的情况。《物权法》第 231 条的规定值得肯定，但此规定
极为模糊，商事留置权制度的具体规则不甚明确，尤其是未对商事留置权的
主体、留置物与主债权之间的牵连关系、主债权的取得方式、留置物的种类
与范围以及《物权法》与《合同法》《海商法》等法律制度中留置权制度
的关系等问题作明确规定。笔者查阅了北大法意网有关商事留置权的案例，
对于司法实践中所出现的商事留置权纠纷，法院在处置上五花八门，但基本
上都是依据民事留置权的相关规定类推适用于商事留置权案例，并没有考虑
到商事留置权的特殊性。又如，我国司法实践中对合同解除后的损害赔偿范
围的确定十分混乱，甚至出现同案不同判的现象，道理也在于此。

三、民法典涵盖商事单行法律的标准

（一）民商合一立法体例国家的历史考察

采用民商合一立法体例的国家，具有形式意义上的民商合一与实质意义
上的民商合一。就形式意义上的民商合一而言，是指民法典之外，不具有独
立的商法典，商法并不是一个独立的法律部门，而是民法的组成部分。即便
存在公司法、破产法、票据法等若干商事单行法律，但这些法律只是民法的
特别法。就实质意义上的民商合一而言，民法典的内容不仅包含民事法律的
内容，也包括商事法律如公司法、破产法、票据法等内容，《意大利民法
典》就是实质意义上的民商合一国家的立法典型。但就传统严格的理由，
我国采用民商合一立法体例，并不将商事单行法律全部涵盖在民法典
之中。①

就世界民商合一立法体例国家而言，并没有一个涵盖商法内容规定的明
确标准。如《意大利民法典》采用的是实质主义民商合一立法例，在该法
典中，规定了公司企业法、工业产权法、劳动法等内容，但在《意大利民
法典》之外，仍然制定了破产法、海商法等法律。《瑞士民法典》第五编
"瑞士债务法"包含了公司、商号、商业账簿、汇票、本票、支票等内容。
《荷兰民法典》规定了公司法、保险法、运输法、消费者法以及一些商事合

---

① 参见王泽鉴：《民法总则》，中国政法大学出版社 2001 年版，第 17 页。

同。《俄罗斯联邦民法典》第2条第1款第3项确立了民法典调整的商事关系的内容，并对商行为概念进行规定，指出经营活动是商行为的法定概念。所谓经营活动是指：

> 依照法定程序对其经营资格进行注册的人实施的，旨在通过使用财产、出售商品、完成工作和提供服务而不断取得利润，并由自己承担风险的独立自主的活动。①

该法典在法人制度第2节规定了商合伙与商业公司。由此可知，民商合一体例国家就民法典涵盖商事法律的规定并没有采取明确的标准，也没有统一的立法例。尽管没有统一的标准，但商法作为民法的特别法已经成为这些国家的共识。如在俄罗斯，有学者认为：

> 商法学不是独立的学科，仅仅只是民法学的组成部分，课堂设置商法学，只是为了便宜讲解而已。②

（二）民法典吸纳商事单行法律的原则

萨维尼在《方法论》中明确指出：

> 在语言学处理中被个别辨识的，在体系处理中必须被视为整体……此之所谓体系的内容时立法，质言之，法条。为了有时个别，有时整体地加以认识，我们必须发展出逻辑的媒介（形式），质言之，对于所有立法内容的认识作逻辑性的处理。因此，所有的形式必须或确立个别法律规定内容（有时大家称之为定义或区分），或联系多数法律条文或确定其关联性。大家习惯因此称此为真正的体系。③

---

① 余能斌、程淑娟：《我国"民商合一"立法借鉴的新选择——由〈俄罗斯联邦民法典〉引出的思考》，《当代法学》2006年第1期。

② 鄢一美：《俄罗斯第三次民法法典化》，《比较法研究》2000年第1期。

③ 徐娜：《马克思法哲学批判视域中的政治国家与市民社会》，博士学位论文，复旦大学法学院，2013年，第126页；［德］弗朗茨·维亚克尔：《近代私法史——以德意志的发展为观察重点》（下册），陈爱娥、黄建辉译，上海三联书店2006年版，第361页。

因此，民法典的内容不能全面地涵盖所有的民事法律关系，在千变万化的社会关系中，民法典只是对其中普通的、一般的民事法律关系进行调整。由此，其仅仅能在具体、纷繁复杂的民事法律关系中，抽出具有一般的、原则性规定，在一般原则性规定的指导下，对民法典难以概括的，或者由于民法典本身的体系限制不能包含的内容由单行法律来加以规定。于此，单行法律成了民法典的补充物。

只有这样，单行法律才能够为民法典所吸收，单行法律与民法典的功能才能互补与实现价值协调，而不是与民法典"离异"存在。也只有这样，民法典才不至于被单行法律所解构。① 由此，笔者认为，民法典吸纳商事单行法律应该坚持以下原则：

第一，一般性。民法典作为权利的圣经，毫无疑问，如果若干重大的权利类型在民法典中缺位，则会有损民法典的权利圣经的功能。由于诸多的商事单行法律具有较强的技术性，这些法律缺乏民法的一般性规则特征，如《票据法》《保险法》《证券法》和《海商法》等内容体现为较强的技术性特征，因此不宜纳入法典之中。现代商法的发展表明，商事法律具有杂乱无章的特点，因而难具有体系性。如《德国商法典》从一开始就没有把票据、保险、破产、商事法院等内容规定在商法典之内，有关这方面的内容都另立单行法。

> 对于以前同样由《德国商法典》调整的股份有限公司和股份两合公司，现适用 1965 年 9 月 6 日颁布的《股份法》；对于有限责任公司，适用 1892 年 4 月 20 日发布的《有限责任公司法》；对于营业经济合作社，则适用 1889 年 5 月 1 日的法律。可见《德国商法典》中有关公司的规定，只涉及商法上的人合公司。②

第二，稳定性。稳定是法典的生命。商事法律的一个重要特点就是要能

---

① 参见许中缘：《论民法典与我国私法发展》，易继明主编：《私法》2004 年第 8 辑；许中缘：《论民法典与民事单行法律的关系——兼评我国物权法草案》，《法学》2006 年第 2 期。
② 彭真明、江华：《商法法典化的反思——以制定〈商事通则〉为中心》，《浙江师范大学学报》2005 年第 1 期。

够及时反映社会发展的变化，从而作出相应的调整。但民法典基于体系性的限制，不可能经常修改，法典不如单行法律容易修改，因而一些随着经济社会发展不断变化的法律不能融入法典之中。比如，《公司法》常常随着一国对经济相关政策的调整而改变，相关法律的内容需要不断地进行修改。

第四节　民法典中独特性的商事规则

一、民法典总则中的商事规则

"民商合一体例的核心就在于，强调民法典总则统一适用于所有民商事关系，统辖商事特别法。"[①] 在民法典总则中实现民商合一，既要肯定商法规则趋同于民法规则的共性，同时也要彰显商法规则在特定语境下的个性差异，以寻求民商合一的最佳契合点。

（一）民法典总则规定商事规则的立法路径

在民法典总则中实现民商合一的立法布局归纳起来有两种立法模式：独立成编式（独立成章式）与融合式。很多商法学者认为，最不理想和最不科学的是融合式，因为这种融合式不但会破坏民法总则合理、科学的结构，还会影响商事立法自身的立法体系。赵万一教授建议采用独立成编式的立法。他认为，在正确界定和承认民法和商法差别的基础上，以商法编的方式对民商法进行统一立法。[②] 持类似观点的学者认为，以民商合一和民商适当分离为原则，突破制定民法典、商法典或商事通则的单一思路，最终建立一个以《民商法律大纲》为统率、以单行法为支撑的民商法律网络体系。《民商法律大纲》除规定总则性的、共同适用于民商事关系的任务、基本原则、民商事法律渊源及适用规则外，还要针对民商事实践的不同特点，再分别规定民事通则和商事通则两部分。民事通则相当于学理上的民法总则，包括民事主体、民事法律行为、民事代理和民事法律渊源等。商事通则可以借鉴民商分立国家商法典的总则篇，包括商主体及其认定、商行为及其认定及商事

---

① 王利明：《民法典体系研究》（第二版），中国人民大学出版社2012年版，第201页。

② 参见赵万一：《论民法的商法化与商法的民法化——兼谈我国民法典编纂的基本理念和思路》，《法学论坛》2005年第4期；方毅：《再议民商法之差异性》，《金田（励志）》2012年第8期。

法律渊源，还需特别指明商业习惯的地位。① 这两种观点的共通性在于都承认商事法律的独立性，在民法典总则中规定商事法律内容从而实现民商合一。但该种立法模式具有以下不足：

第一，损害民法典的体系性。在民法典总则中单独规定商事法律一章，就会从形式上形成民事法律规范总则和商事法律规范总则两个立法规定。换言之，商事法律规范的总则就是商事法律一章，民事法律规范的总则就为民法典总则。这就人为地割裂了民法典的体系性。因此，需要将商事规则的内容予以整合而不是人为分离，这正是民法体系化的任务。

第二，损害民法典总则的编纂逻辑。民法典总则的编纂具有一定的立法逻辑，一般遵循主体、客体与行为的立法逻辑。由于商事法律的主体制度与民事法律的主体制度并不具有实质差异，且又没有总结出独立的客体制度，因而在总则中单独一章规定商事规则尤为困难。而如果在总则中单独规定商事法律这一章，就会出现两个主体制度，两个客体制度，两个法源制度，从而损害民法典总则的编纂逻辑。

第三，人为地割裂了民事法律规范与商事规则的统一性。随着民法的商法化与商法的民法化现象出现，传统民事规范与商事规则的区分仅仅在于名义，而不在于实质。如民事信托与商事信托仅仅是在主体的要求上具有差异，在权利与义务的规定中却无任何不同。如学者指出：

> 《法国民法典》第 1101 条规定的合意（volonté）是古典合同的表现，社会发展变化下的组织协议（contrat-organisaton）也可以适用该条，尽管该种变化具有不同，但并不能说二者具有本质差异。在民法典总则中，单独规定商事规则的内容，会人为地导致民法规范与商事规则的分割。②

（二）民法典总则容纳商事规则所应坚持的原则

第一，体系性。体系是法典的生命，无论是《德国民法典》的五编制

---

① 参见余能斌、程淑娟：《我国"民商合一"立法借鉴的新选择——由〈俄罗斯联邦民法典〉引出的思考》，《当代法学》2006 年第 1 期。

② ［法］伊夫·居荣：《法国商法》（第一卷），罗杰珍、赵海峰译，法律出版社 2004 年版，第 402 页。

还是《法国民法典》的三编制，都体现了法典在逻辑性和体系性方面的优越性。体系性是保障民法典总则教义实现的必然选择，也是总则成为民法典各分编乃至单行法律教义法的必然要求，从而充分贯彻如平等、诚实信用、私法自治、维护交易安全等民法的基本价值观念，有助于减少和消除民事法律制度之间的冲突和矛盾。民商合一立法模式下民法典总则的编纂在纳入商事规则的独特性制度时需要避免两套主体、两套规则的存在。

第二，统摄性。民法典的统摄性要求所纳入的规则不仅涵盖传统的民事法律规范，更应创新性地涵盖商事规则。民法典总则的制定过程就是"提取公因式"的过程，将民商事规则的共通性规律提炼和抽象出来，并赋予各自符合逻辑的位阶。这个过程的直接结果就是那些统摄全局、贯穿始终的内容被剥离出来并在逻辑结构上居于最高位阶。① 民法典总则的统摄性不仅要求其系统而完整地概括民商事规则的基本价值与原则，而且应为具体民商事规则的适用提供指引。

第三，谦抑性。所谓谦抑性，又名必要性。商事规则具有随着社会的发展易于改变的特点，将大量商法规范直接纳入民法典中，将会导致商法的变动性与民法的安定性之间产生矛盾。为了使民法典保持稳定性，民法典总则只能规定一些稳定的商事规则。另外，商事法律的基本价值在于鼓励交易的便捷与顺利，为了使商事主体适应急剧多变的商事交易，不能用过多的规则约束其行为。

> 商法不仅需要作为法律调整手段的自治——不仅需要意思决定自主意义上的自治，像所有的法律行为那样；而且……更重要的是需要规范创制（法律渊源、法律创制）上的自治，以及争议解决机制上的自治。……离开了规范创制上的自治，便宣告了商法的死刑。②

任何对商事法律事无巨细的规定并不有助于商事法律的发展，甚至会限制乃至破坏商事交易的发展。

---

① 参见王丽莎：《试论中国卫生基本法的制定》，《中国医院管理》2013 年第 1 期。

② 张谷：《商法，这只寄居蟹——兼论商法的独立性及其特点》，《清华法治论衡》2005 年第 1 期。

（三）民法典总则确立商事规则的内容

第一，确定商事习惯法源的地位。"依据法律发达史，法律的发展轨迹，是由习惯法进到成文法，再进到法典法。"① 商事习惯与民事习惯的演进史的轨迹并无多大差异。在法律渊源方面，商事习惯与民事习惯并无本质差异。但就商事习惯作为法律渊源程度与效力方面，远甚于民事习惯。民事习惯经过法官的法源认定才能作为法律渊源，作为处置权利与义务的规定。但就商事习惯而言，不管是否选择，其已经作为处置交易主体的裁判规范，不管是否选择与否，对交易主体当然地发生规范的效力。因此，这也是笔者所言商事习惯具有优先民法任意性规范效力的来源。②

第二，确立营业规则。营业是判断商事主体从事商事行为的基本表征。在民法典总则中确立营业概念，为商事法律规范的适用确立了一个可以操作的动态标准，避免分则对商事法律规范的立场缺位与法律适用中的错位。③

第三，确定共同决议规则。共同决议规则是团体组织内部机关依据法定或约定的程序（多数表决原则或一致同意规则）所形成的决议。决议行为是商事组织表示意思的重要机制，构成法律行为的重要组成部分。因而，共同决议行为应当在民法总则的法律行为一章中予以规范。④

二、民法典分则中商事规则

（一）合同法编的商事规则

随着全球经济的发展，在 20 世纪中叶合同法迎来重要的法律转折点，即全球化。到 20 世纪中下叶，政治和经济上达成合同条款一致性的重要性趋势也愈演愈烈。到 1990 年，合同法规则发生巨大的变化，先前社会主义转型的国家与市场经济的西方国家需要基本统一的经济规则和占据中心地位的法律规则。在此背景下，相应地，中国受此影响逐步发生变化并在 1999

---

① 梁慧星：《当前关于民法典编纂的三条思路》，《中外法学》2000 年第 1 期。

② 参见许中缘、颜克云：《商法的独特性与民法典总则编纂》，《中国社会科学》2016 年第 12 期。具体参见本书下册第十章。

③ 具体参见本书第四章。

④ 具体参见本书第八章。

年制定符合统一性规则的合同法。①

因而，我国合同法诞生必然是两大法系相互融合借鉴，达成统一规则的全球化的法律，在这种"求同性"的环境之中，合同法具有日渐完备的体系和丰富化内容，但盲目追求统一性，脱离了民法典民商合一体例的形式，固然有些许商事规则，但对商事独特性规定还远远不够。如此，也必然难以达成民商合一体例形式的要求。这一点，从我国《合同法》和《联合国国家货物买卖合同公约》以及《美国合同法重述》体系安排上和内容设计上大幅度相似就可以很好论证。

然而，尽管全球化经济发展是不可抵挡的趋势，但是在全球化追求统一性规则的趋势之中，我们的《合同法》并不应该是自成一脉脱离既有民法典体系的，也不应当一味追求统一性规则而丧失我国民法典体例编排上独特性安排。事实上，我国民法典是民商合一体例下的民法典。因此，我国未来合同法应当回归于民法典之中合同编，必须从既有的体系之中以及编纂体例的视角之下，开展对合同法的修改，这不仅是民法典体系的内在要求，更是契合民商合一体例形式的必然需要。

如何在合同法编中真正实现民商合一，在现行《合同法》的修订中尤为突出。既有《合同法》，并没有确定民商事基本立场的标准，所谓民商合一，往往是民事或商事混合不加区分，并没有体现出商事独特性，典型的如委托合同中"任意解除权"。在"全民皆商"时代，尽管商事规则已不具备独立于民事规范的基础，我们选择采用民商合一体例编纂民法典，但这绝不意味着否定民商事价值立场上差异，也不意味着忽视民商事合同权利义务配置的差异。事实上，只有在民法典合同编中有效地区分民事商事合同，区分一般性和特殊性规则的配置，才能真正地在民法典之中实现商事法律所蕴含的特殊性，民商合同的区分实践中也利于法官进行公正裁判。

1. 合理调整商事合同中双方当事人权利义务的特殊配置

第一，区分民商事基本立场。毫无疑问，合同编是以民商合一为基础的，但同时还需要考量民事商事存在不同价值导向，不能简单一体化。基于

---

① See Reiner Schulze (Eds.), "New Feature in Contract Law", *New Features in Contract Law*, Sellier European Law Publishers, p. 4.

不同民商事价值理念，有必要在合同法总则中规定基本合同类型，即民事合同和商事合同。第二，合同条文配置实现权利义务一致性。商事立场和民事基本立场贯彻到具体合同条文之中，以实现权利义务一致性，从而规范不同权利义务。因为民商事价值取向差异，在具体条文配置上，商事合同较民事合同应附加更严苛责任。典型的如当事人未约定的保证合同中，民事保证人应当负一般保证责任，商事保证人则应当承担连带保证责任。再如，民事委托可以任意解除，但是商事委托则不能任意解除。第三，具体配置上，区分不同性质合同，区分一般规定和特别规定。规范涉及民事合同为主，则以商事特殊性作为补充，如委托合同；规范涉及商事合同为主，则对民事以特别规范的方式来予以补充，如居间合同、行纪合同、仓储合同、运输合同。

2. 合理增加商事合同类型

现有《合同法》还需要增加某些特殊合同，如合伙合同和投资合同，以适用商事发展和调整的需要，此也是在合同法编中实现民商合一的重要方面。

其实，在采用民商合一立法体例的国家中，已有相关商事合同的规定。例如《俄罗斯联邦民法典》，第二部分合同的种类中，第 55 章就为普通合伙的规定，并在该章节详细地规定了普通合伙合同、合伙人出资、合伙人的共同财产、合伙人共同事务的管理、合伙人的信息权、合伙人的共同开支和亏损、合伙人负担共同债务的责任、利润的分配、普通合伙合同的终止以及普通合伙合同的解除等等。如第 1014 条规定：依照普通合伙合同，两人或数人（合伙人）为获得利益或达到其他不与法律相抵触的目的，承担义务不组成法人而联合自己出资并共同从事活动。为从事经营活动而订立普通合同的当事人，只能是个体经营者和商业组织。[①] 该条款明确普通合伙合同，并将之置于合同法合同类型中的一类，无怪乎《俄罗斯联邦民法典》是民商合一法典的典范。

无独有偶，在《阿根廷共和国民法典》中第 3 篇合同相关规定的第七章合伙中，也有相关合伙合同的规定。例如第 1648 条规定：两人或两人以上相互约定按份额出资，且旨在对各出资额的使用所取得的可作金钱评价的

[①]　参见黄道秀译：《俄罗斯联邦民法典》，北京大学出版社 2007 年版，第 357—362 页。

利益进行分配时，即为合伙合同。① 尽管有些采用民商合一立法体例的国家，并未规定合伙合同或投资等商事合同，但其在民法典中有专门章节规定合伙与投资，例如《意大利民法典》第 5 编劳动中即规定公司、企业、合伙等各种商事合同相应规范。②

然而，我国既有的法律制度和采用的潘德克吞的法律体系，使得我国未来民法典并不适合单设一篇劳动或企业以涵盖商事主体以及调整商事合同的权利义务关系。我国民法典可以借鉴《俄罗斯民法典》的规定，在合同法篇中增加普通合伙合同的规定，合同法本应当是调整交易行为的规范，自然也应当调整合伙合同以及投资合同，将相应的商事合同回归合同法的调整才是在我国民法典之中实现民商合一的可取途径。

3. 确立商事合同中违约金不得调整

《合同法》中违约责任功能设计出发点是补偿损害，且责任设计为严格责任，即一方承担合同责任无须过错只需要有违约的事实即可。例如《合同法》第 113 条第 1 款明确赔偿为"因违约所造成的损失"，"不得超过违反合同一方订立合同时预见到或者应当预见到的因违反合同可能造成的损失。"同样地，最高人民法院《合同法司法解释二》明确当事人之间的违约金不得超过实际损失，并进而确定违约金不得超过造成损失的百分之三十。由此可以看出来，《合同法》违约金设立价值基础在于补偿性，即填补损害，《合同法》并不允许存在惩罚性赔偿的存在。

但问题是，合同的本质是约定，对违约金的内容确定也是如此。违约金作为法律或当事人在订立合同时预先约定的（stipulated）违约责任形式，③便利于当事人合理调整未来的预期，法院对违约金的调整应该基于公共秩序的需要。的确，违约金的设置将会影响公共秩序的要求，法律需要阻止合同的优势方恃强凌弱从而谋取不正当利益。的确，这种情形在民事合同中同样适用。即使合同是当事人意思自治工具，但并不是每个人都是合同法专家，在合同中对当事人利益进行合理调整，法律作为公平正义的化身，对违约金

① 参见徐涤宇译注：《最新阿根廷共和国民法典》，法律出版社 2007 年版，第 371 页。
② 参见费安玲等译：《意大利民法典》，中国政法大学出版社 2004 年版，第 13—15 页。
③ ［美］Claude D. Rohwer, Gordon D. Schaber：《合同法》，汤树梅注校，中国人民大学出版社 2003 年版，第 251 页。

的调整应恰当地实现合同当事人权利与义务的公平。但在商事合同中，对违约金的调整其实在一定程度上变相地鼓励背信弃义。合同作为成熟的市场主体意思自治的工具，确定违约责任当属于意思自治的必然内容。合同的最为本质的目的是交易，当一个合同能够得到违约金所能实现的目的时，承担违约金责任恰是一方当事人自愿承担的后果。因而，法律应当允许适用法定或当事人约定违约金，这样的"惩罚性"是作为特殊的违约责任，其并不否定违约责任填补损害的价值基础，而是为了克服不足以赔偿损害（under-compensation）的特殊规定。因此，笔者认为，应该在商事合同中规定违约金不得调整的内容。

（二）物权法编的商事规则

《物权法》作为保护财产权利的基本法，其实是保护个人财产权利的基本法。当然，就物权的变动、权利的取得、权利的保护对商事主体也是适用的。因而可以说，《物权法》在一定程度上是对民商合一立法模式的贯彻。在有限的条文中，规定动产浮动抵押以及最高额抵押，为企业融资提供了相应的途径。但值得注意的是，现行《物权法》以及具体司法实践中商事规则并不足以实现物权编民商合一之需，这些主要表现在以下几个方面：

第一，立法上，绝对地不区分民商事的禁止流押（流质）条款。《物权法》第186条规定："抵押权人在债务履行期届满前，不得与抵押人约定债务人不履行到期债务时抵押财产归债权人所有"，即明确禁止当事人之间的流押条款；第211条规定："质权人在债务履行期届满前，不得与出质人约定债务人不履行到期债务时质押财产归债权人所有"，即明确禁止当事人之间的流质条款。可以看出，《物权法》中关于禁止流押（流质）的规定仅仅是出于保护债务人一方利益的考量，并没有考虑到不同主体之间差异性，尤其是商事主体适用流押（流质）的有利于抵押物（质物）快捷、便利流转的特殊性。

第二，法律适用时，难以有效地适用商事特别规定。尽管《物权法》第189条第1款规定："企业、个体工商户、农业生产经营者以本法第一百八十一条规定的动产抵押的，应当向抵押人住所地的工商行政管理部门办理登记。抵押权自抵押合同生效时设立；未经登记，不得对抗善意第三人"，确定了企业、个体工商户、农业生产经营户等商事主体的浮动抵押方式，为企业融资提供了可行的途径；第189条第2款规定："依照本法第一百八十一条规定抵押的，不得对抗正常经营活动中已支付合理价款并取得抵押财产的买受人"，均衡交易第三人的利益。但司法适用中，法院对有关主体资格、是否适用该条款以及浮动抵押的效力存在不确定。① 例如，有法院在判决中明确指出："质物需特定化，根据《质押货物监管协议》的约定，本案质物处于变化中，而《中华人民共和国物权法》并未对浮动质押作出规定。"②

第三，实践中，缺乏灵活性地适用于现代商业发展的担保方式。传统的担保物权是以保障债权的实现为基本价值而设定的，故出现以转移占有的动产质押以及登记的不动产抵押为核心的担保类型。然而，从农业社会转入工业社会并迈入商业社会后，典型担保已经愈发无法满足社会经济发展的需要。现代经济是市场经济，现代担保物权的核心价值已然无法定位于保障债权，而应当是创造信用。③ 特别是21世纪以来，"在新旧动力转换的关键时期，落实大众创业、万众创新，着力解决中小微企业融资难，民间借贷已成为广大市场主体获得资金的重要渠道。"④ 实践需要高效流通的融资方式，即担保提供信用即可融资，于是出现大量非典型担保。⑤ 相应地，大陆法系的司法裁判中，诸如德国、日本、法国也均承认了适用于现代经济的担保物权（权利保留型担保），"近代经济组织，担保权逐渐由强制手段过渡到纯粹的担保价值为目的，换而言之，是由使用价值为目的过渡到以交换价值为目的。"⑥ 我国亦是如此。

---

① 参见中华人民共和国最高人民法院民事裁定书，（2014）民申字第1628号。

② 浙江省湖州市中级人民法院民事判决书，（2016）浙05民终486号。

③ 参见张晓娟：《动产担保法律制度现代化研究》，中国政法大学出版社2013年版，第38—44页。

④ 最高人民法院召开新闻发布会，2015年8月6日最高人民法院审判委员会专职委员杜万华发布了《最高人民法院关于审理民间借贷案件适用法律若干问题的规定》并回答记者提问，2016年11月16日，见http://www.court.gov.cn/zixu-xiangqing-15147.html。

⑤ 根据法律所确立的标准不同，担保可以分为非典型担保与典型担保，其中非典型担保又称为权利保留型担保（根据法律构成分类，典型担保又被称为权利限制型担保）、变态担保、变相担保、不规则担保，通常指一国法律中未确定为担保物权但在交易实践中大量存在并运用的担保方式，如让与担保、所有权保留、买卖式担保。参见陈祥健主编：《担保物权研究》，中国检察出版社2004年版，第13页。

⑥ ［日］我妻荣：《债法在近代法中的优越地位》，王书江、张雷译，中国大百科全书出版社1999年版，第100页。

其实,《物权法》的民商合一立法模式是基于民事定纷止争基本功能而以自然人对财产的占有归属为中心而确定的,并没有体现财产现代商业流转利用以及商事规范的独特性品格。这也是《物权法》难以或者说无法真正贯彻民商合一之根本原因。那么,为了在《物权法》中实现商事规范的独特性品格,我们至少还需要:

1. 增加商事流质的特殊规定

事实上,在民商分立制国家的质权分类中突显其商事流质契约特性。也就是说,在商事流质中,依质押期满后,被担保债权未受清偿的,是否允许将质物直接归质权人所有,用以抵偿债务,有所谓归属质或流质和清偿质的划分。在民事领域这样的划分已不存在,但在商事领域,归属质和清偿质仍然存在。如《日本商法典》第515条明确规定:"民法第349条的规定不适用于为担保商行为债权而设定的质权"。在民商合一制国家如瑞士,归属质则以营业质或典当的形式表现出来。其实,商事关系的特质即使在民商合一制国家里,也不由民事关系来统领和支配,商事关系仍然存在。例如,即使在民商合一的瑞士,也不得不放弃一律禁止流质契约的立法传统,将营业质合法化。之所以如此,是因为商事关系和民事关系相比,有其特殊性,在处理交易公平和效率的关系问题上,商事法更侧重于效率。而为求效率,在商事交易本身方面,力求简便敏捷而富于弹性,乃对商行为采取自由主义。

《日本商法典》第515条规定,"民法第349条的规定不适用于为担保商行为债权而设定的质权",其中所指《民法》第349条即规定的是流质契约。日本《典当商营业法》承认营业典当商的流质权,规定于《典当商营业法》第19条。《瑞士民法典》第907—915条对典当业专门予以规定。我国台湾地区民法物权编修正案第899条之二第1款规定:"质权人系经许可可以受质为营业者,仅得就质物行使权利。出质人未于取赎期间届满后5日内取赎其质物时,质权人得质物之所有权,其所担保之债权同时消灭。"我国由梁慧星和王利明分别主编的物权法草案建议稿都对营业质权予以肯定(分别参见第384条和第491条)。

以物抵债,实质上就是营业质,是指债务人以一定财物交付于债权人(在我国仅为从事营业质业务的典当行)作担保,向债权人为金钱借贷,在一定期限(回赎期)内,债务人清偿债务后即可取回担保物,期限届满而债务人不能清偿的，担保物即归债权人所有，或者由债权人以其价值优先受偿。以物抵债中，当事人双方约定到期不偿还债务即是可以约定在债务人届期不能赎回担保物时担保物归债权人所有，其实质是典型的流质契约。实务中，担保物的价值通常均高于债务人所得到的典价，典当行以此赚取利差，而债务人则满足了应急之需。典当制度古已有之，我国现行立法和民法学界均予认可，例如有法院认为，"以物抵债"是"实现双方权利义务平衡的一种交易安排。该交易安排并未违反法律、行政法规的强制性规定，不属于《中华人民共和国物权法》第一百八十六条规定禁止的情形"，"尊重当事人嗣后形成的变更法律关系性质的一致意思表示，是贯彻合同自由原则的题中应有之意。"① 并且，近年又得以恢复发展且渐趋兴旺，恰表明其内在机理与市场经济交易规律有契合之处，流质契约制度的确立有其深刻的经济根源与现实需求。

2. 合法纳入司法解释有关非典型担保方式

近年以来，金融、房地产领域受香港法影响渐次引入英美法的一些物权担保制度，最具代表性的制度之一即楼宇按揭。债务人（按揭人）设定按揭后，按揭财产的所有权就从设定按揭时转移给债权人（按揭受益人），在债务人履行债务后，再从债权人处赎回按揭财产所有权。债务人违约后，债权人除可以变卖按揭财产（协议出卖或拍卖）外，还可以通过法院裁定允许行使止赎权，即按揭财产归债权人所有，债务人不得赎回。按揭制度在我国的应用已从房地产领域扩大到汽车消费领域，且大有扩张运用之势，而我国亦早以行政法规正式立法予以规范。我国法学界现已承认我国现行的按揭制度其实质即为英美法上的让与担保，只是隶属于让与担保的下位概念。

让与担保作为非典型担保在寻求与民法典传统担保物权融合时，是逐步趋向法定担保物权之过程。梁慧星教授即主张将让与担保纳入民法典物权法编之中，"现代让与担保已经成为重要担保方式，如果物权法不作规定，将造成法律与实践环节脱节，在实践中得不到法律规范引导，也于维护经济秩序和法律秩序不利。"② 王利明教授则持相反观点，"从传统的物权与债权二

① 最高人民法院指导案例 72 号。
② 梁慧星：《中国民法典草案建议稿附理由·物权编》，法律出版社 2004 年版，第 416 页。

元体系角度确实无法将这些新型保障债权实现的方式归入恰当的位置。"①
在法国，2007 年以前完全不承认让与担保，2007 年引入信托制度后改革传
统担保法才趋于认可，2009 年甚至在民法典之中引入"以担保名义让与所
有权"，将非典型担保上升为典型担保。可见，新型担保处于不断发展、反
复的阶段之中。"在当代国际上物权法领域的一个新发展，就是在动产担保
领域非典型担保取代典型担保，取得动产担保物权支配地位。"②

经济发展需要资金融通，融资需要担保。可以说，《最高人民法院关于
审理民间借贷案件适用法律若干问题的规定》（以下简称《民间借贷规定》）
所确定的非典型担保方式对促进商业融资意义重大，不可因《民间借贷规
定》非法律而轻易否定其效力。一方面，我们不能否认让与担保的现实功
能。另一方面，还要清楚地认识到其与法定担保物权之差异，因而如何在体
系化民法典之中为其谋求一席之地。事实上，《民间借贷规定》第 24 条所
涉担保正是一种特殊担保在向法定担保物权过渡的担保方式。然而，司法解
释必须在民法体系之中找到恰当的边界。其实，第 24 条所涉担保是一种
"正在路上"的担保物权，如何在不违反物权法定等强制性规定的前提下，
适应现代社会融资需求将其融合入担保物权体系之中，这正是司法解释在发
展法条过程中，需要把握住的界限，也是物权法定所必须具有的弹性。"司
法裁判往往会基于显然交易的需要对法律没有规定的担保形态予以认可，由
司法裁判来发展新的担保物权形态，这是一条担保物权发展的新路径，这也
是续造法在担保物权法上的体现。"③

（三）侵权责任法编的商事规则

我国现行的《侵权责任法》是仿照大陆法系国家民法典以独立成编的
形式存在的，《民法总则（草案）》说明中也明确地指出侵权责任编为民法
典单独的一编。然而，无论是《法国民法典》或《德国民法典》或《日本
民法典》都是在民商分立基础之上构建的，这也就是说简单地借鉴《法国
民法典》《德国民法典》《日本民法典》等相关侵权法模式都容易忽视侵权

---

① 王利明：《中国民法典学者建议稿及立法理由（物权编）》，法律出版社 2005 年版，第 339 页。
② 孙宪忠：《中国当前物权立法中的十五大疑难问题》，《中国人民大学复印资料·民商法学》
2006 年第 5 期。
③ 徐同远：《担保物权论——体系构成与范畴变迁》，中国法制出版社 2012 年版，第 111 页。

责任编所蕴含的独特性商事规范，我国现行《侵权责任法》即是如此，具体表现在以下几个方面：

第一，保护的权益范围失当，缺乏商事性权益。《侵权责任法》第 1 条规定"保护民事主体的合法权益"，第 2 条第 1 款则明确确定："侵害民事权益，应当依照本法承担侵权责任"，据此可以确定《侵权责任法》保护的对象是民事权益；第 2 条第 2 款又进一步明确民事权益的具体范围，即包括"生命权、健康权、姓名权、名誉权、荣誉权、肖像权、隐私权、婚姻自主权、监护权、所有权、用益物权、担保物权、著作权、专利权、商标专用权、发现权、股权、继承权等人身、财产权益。"不难发现，第 2 条第 2 款对民事权益的具体列举多涉及基本民事权利和利益，主要是自然人基于自然人性质所享有生命、健康、姓名等人格权益，基于自然人身份所享有的婚姻自主权、监护权等身份权益以及财产权益。然而，对于商事主体从事商事交易活动而享有的特殊商事权益，诸如商誉权，并未列举在内。可见，实质上《侵权责任法》所保护的权益范围并未考虑到商事性权益。

第二，未能正确区分不同类型的归责原则。社会生活中，各种侵权行为类型多样，其中的归责原则也不同。《侵权责任法》之中确立的过错归责原则、过错推定和无过错责任原则，对其如何适用是司法机关所需要解决的大问题。如果仅仅以行为人的责任，而不考虑商事主体特殊性，来确立这些归责原则是很难实现正确规则的，因为过错归责原则仅仅是针对行为人自己的侵权而言的，而其他拟制的自己行为，就只能是过错推定或者无过错归责原则。而行为人本人的行为，也有可能适用过错推定或者无过错归责原则。此时就导致问题的复杂化，何时运用过错推定归责原则，何时运用无过错归责原则，司法实践很难作出科学的决断，必然会导致司法实践中对此问题的处理不一。

《侵权责任法》作为保护人身、财产权益的基本法，但实质上是保护自然人人身财产权益的基本法。尽管商事主体也可以适用《侵权责任法》中有关归责原则、承担责任方式、责任减免及不承担责任等规定。但《侵权责任法》并未真正实现民商合一。究其本质乃在于，《侵权责任法》所谓的民商合一是以自然人为中心展开的，并没有体现团体性的商事主体在责任承担上所具有的独特性品格。

　　然而，中国民法典之编纂是以民商合一立法模式为逻辑出发点的，《侵权责任法》作为民法典有机组成部分，即侵权责任编，满足民法典民商合一立法体例的要求自是题中之义。因而，《侵权责任法》为体现商事独特性品格，成为民商合一的侵权责任编，至少应当：

　　1. 增加商事性权益的特殊规定

　　《侵权责任法》的保护范围是对侵权法调整对象的界定，其解决的核心问题是受保护权益的范围。① 比较法上，存在两种不同的保护模式：第一，抽象概况式。以法国为代表，《法国民法典》第 1382 条规定："任何行为使他人受损害时，因自己的过失而致行为发生之人对他该人负赔偿责任。"可见，法国中是通过损害和过错作为抽象标准来确定民法的保护范围。第二，具体列举式。以德国为代表，《德国民法典》第 823 条第 1 款即规定："故意或有过失地不法侵害他人的生命、身体、健康、自由、所有权或其他权利的人，有义务向该他人赔偿因此而发生的损害。"由此可见，德国民法中权益的保护范围主要是通过具体列举生命权、身体权、健康权、自由权、所有权等绝对权利来确定的。两种保护模式各有优势，抽象概况式有利于保持法律的开放性，容纳新型权益，具体列举式则有利于法律具体的适用。② 可以认为，我国现行的《侵权责任法》在权益的保护范围上采用的是德国具体列举的模式，但规范更为全面，第 2 条较为详尽地列举 18 种人身、财产等绝对性权益。③

　　其实，无论是《法国民法典》中确定保护范围所采纳的抽象概括式或《德国民法典》中采纳的具体列举式，都是架构在民商分立模式的基础之上的。也就是说，其根本没有考虑特殊的商事性权益。从《德国民法典》第832 条所列举的具体权利中就可见一斑。事实上，《侵权责任法》所保护对象范围呈现出不断扩张的趋势。④ 因而，尽管我国《侵权责任法》第 2 条极大地扩充了《德国民法典》第 823 条所列举的受保护的权益范围，增加了

---

　　①　参见姜强：《侵权责任法的立法目的与立法技术》，《人民司法应用》2010 年第 3 期。

　　②　参见曹险峰：《我国侵权责任的侵权构成模式——以"民事权益"的定位与功能分析为中心》，《法学研究》2013 年第 6 期。

　　③　参见王利明：《论我国〈侵权责任法〉保护范围的特色》，《中国人民大学学报》2010 年第 4 期。

　　④　参见杨立新：《侵权责任法》，法律出版社 2010 年版，第 14—15 页。

名誉权、荣誉权等人格权利和婚姻自主权、监护权等身份权利，规定用以物权、担保物权、知识产权等细化了的财产权利，甚至还融入公司法中的股权。但是，《侵权责任法》作为民商合一的民法典的侵权责任编所保护的权益就不应当延续《德国民法典》以民事主体为中心确定的民事权益，还应当充分地考虑商事主体所享有的特殊性的商事权益。

既有《侵权责任法》所保护权益范围中增加股权规定尽管对实现民商合一具有一定的宣示性作用，但范围过于狭窄且定性不周，尚不足以真正地在侵权责任编中实现民商合一。为在侵权责任编中贯彻民商合一之理念，必须扩大既有民事权益内涵和外延，具体如下：

第一，调整《侵权责任法》第 1 条所涉主体的范围。我国《民法总则（草案三次审议稿）》第 2 条较《民法总则（草案）》以及二审稿第 2 条有较为重大变革，即将"平等民事主体"改为"平等主体"，如此一来，去除了民法只调整民事主体之印象，强化民商合一之理念。《侵权责任法》也应当如此。第 1 条可以相应地调整为："为保护主体的合法权益，明确侵权责任，预防并制裁侵权行为，促进社会和谐稳定，制定本法。"

第二，扩充《侵权责任法》第 2 条第 1 款所保护的权益范围。《侵权责任法》第 2 条第 1 款即明确本法保护范围是民事权益。但是，民事权益并不能囊括侵权责任法所保护权益的全部范围。事实上，"民事权益"扩充为"权益"更为恰当。这样一来，就从抽象层面，扩充《侵权责任法》所保护权益的范围，为保护商事性权益预留空间。因而，第 2 条第 1 款相应地调整为："侵害权益，应当依照本法承担侵权责任。"

第三，在《侵权责任法》第 2 条第 2 款中增加商事性权益的特殊规定。第 2 条第 1 款所保护的抽象意义上的"权益"是特殊性商事权益的基础。据此，在第 2 条第 2 款中还需要具体细化商事权益，可以借鉴《德国商法典》《法国商法典》或《意大利民法典》增加由商事主体所享有的商事性权利，例如商誉权、经理权、代办权等等。[①] 第 2 条第 2 款相应地调整为："本法所称权益，包括生命权、健康权、姓名权、名誉权、荣誉权、商誉权、肖像权、隐私权、婚姻自主权、监护权、所有权、用益物权、担保物

---

① 参见《德国商法典》，杜景林、卢谌译，法律出版社 2010 年版，第 25 页。

权、著作权、专利权、商标专用权、发现权、股权、继承权、代办权、经理权等人身、财产权益。"

此外，还需要调整《侵权责任法》第 6 条、第 7 条、第 23 条、第 33 条中"民事权益"的表述，即"民事权益"相应地调整为"权益"。

2. 确定商事主体的严格责任

侵权责任的归责原则是确定侵权责任由行为人承担的根据。[①] 我国现行的《侵权责任法》第 6 条确定了过错责任原则（包括过错推定责任原则），第 7 条则确定了无过错责任原则。其实，《侵权责任法》共 12 章，结构上分为总则、分则两个部分。总则部分为第 1 章到第 3 章，内容包括侵权责任的一般规定、责任构成、责任方式以及不承担责任和减轻责任的抗辩事由。分则部分为第 4 章到第 11 章，采用类型化方式对侵权责任的主要类型作出了规定。第 5 章以后规定了产品责任、机动车交通事故责任、医疗损害责任、环境污染责任、高度危险责任、饲养动物损害责任、物件损害责任等特殊情形下，适用过错推定以及无过错的归责方式。可见，除非法律有特别规定，行为人应按自身过错承担侵权责任。也就是说，过错责任原则乃《侵权责任法》中一般性的归责原则。

一般而论，民事主体按自身过错承担侵权责任无可厚非，商事主体则不然。事实上，商事主体应当承担严格责任。民事主体，尤其是自然人，其防范风险的能力差，面对风险，仅具备有限的甚至没有相应的风险防御机制。因此，除非特殊情况，法律不能也不应当预期其承担超出适用过错原则，行为人因过错侵害他人权益而承担侵权责任是正当的归责逻辑。然而，商事主体，特别是大型商事企业，已经具备相当风险防范措施，其从事营业活动具有持续性和职业性，并且其行为往往伴有巨大利润。如此，再以过错责任原则作为商事主体一般性归责原则，实为不妥。也就是说，商事主体适用的归责原则应当不同于民事主体，即应当以无过错责任为一般性归责原则。具言之，可以在《侵权责任法》第 7 条中增加商事主体承担无过错的一般性规定。

严格责任还表现为商事主体应承担的惩罚性赔偿责任。《消费者权益保

护法》第55条第2款就确定了产品侵权责任中经营者需要承担的"惩罚性赔偿"责任，即"经营者明知商品或者服务存在缺陷，仍然向消费者提供，造成消费者或者其他受害人死亡或者健康严重损害的，受害人有权要求经营者依照本法第四十九条、第五十一条等法律规定赔偿损失，并有权要求所受损失二倍以下的惩罚性赔偿。"但问题是，我国《侵权责任法》第41条明确产品存在缺陷造成损害即产生侵权责任，产权侵权责任属于无过错责任无疑，消费者要求生产者承担侵权责任并不要求生产者具有主观过错，但是如果也按照无过错原则要求商事主体承担惩罚性赔偿，会施加给商事主体过于严苛责任，引发惩罚适当性问题。[①] 惩罚性赔偿责任应当是惩罚具有主观恶意的行为人，即适用于具有过错的侵权责任之中。换言之，《侵权责任法》中设置商事主体责任的"惩罚性赔偿"规定，应置于产品侵权责任中并只有明确在商事主体存在主观恶意（malice）时才可以适用惩罚性赔偿。

其实，在我国社会保障制度还不完善的情况下，《侵权责任法》对主体保护还意味着"强化社会保险，增加财产分担机制"。侵权责任编考虑到商事规范的独特性，则需要在商事交易之中"强化侵权责任法的救济功能，更加注重对受害人的人权保障和对弱势一方的倾斜保护。同时，应当重视侵权责任法对民商事行为的规范指引功能，深入研究如何通过具体制度设计，在传统的赔偿损失、惩罚侵权基础上，增加侵权责任编的修复社会关系、分担风险等功能"[②]。

第五节　民法典与消费者权益保护法

消费者与商事经营者相对，属于商事法律关系的弱势一方。"他们无法懂得商业中的专业术语，易受欺诈和强制。他们是信息不对称关系中的弱势一方，是限制契约自由情形中的被限制方，是市场支配力量的支配对象。"[③]

---

① 参见朱广新：《惩罚性赔偿制度的演进和适用》，《中国社会科学》2014年第4期。

② 姜建初：《把握民法典侵权责任编功能定位　反映时代特征和中国特色》，《检察日报》2016年10月31日第3版。

③ 童列春：《商法学基础理论建构：以商人身份化、行为制度化、财产功能化为基点》，法律出版社2008年版，第23页。

《消费者权益保护法》作为调整商事法律关系的特殊商法规范，其学科定位存在争议。争议根源乃在于，我国《消费者权益保护法》在 1994 年制定之时，并没有将其纳入民事法律的全盘考虑中，而是作为一部"体系独立"的消费法典存在的。事实上，自 2002 年德国《债法现代化法》将债法与消费者保护法纳入《德国民法典》之中以来，已经达成了一定的共识，即《消费者权益保护法》实质上是民事特别法，属于商法规范。基于此，将具有商事法律独特性品格的《消费者权益保护法》整合入我国未来民法典之中，对于民法典实现民商合一的立法体例，意义非凡。本节拟对这些问题进行探讨。

一、《消费者权益保护法》不具有"体系独立"的基础

法教义学要求立法者以宏观的视角考察民事单行法之间的关系，避免立法冲突，并在此基础上，立法者应当协调单行法与《民法通则》、民法基本法理，乃至未来民法典的关系，实现达到"规范化、体系化"的目标。① 法教义学要求立法"在通盘研究的基础上对这些法律进行整合"，"明确法律规定的具体含义"，通过立法解释"赋予法律条文更加准确、更具针对性的内涵"②。具体到消费者权益保护法而言，它实质上已经不能再游离于法律体系之外——民事单行法与《消费者权益保护法》存在规范重叠与适用冲突。我们以此审视《消费者权益保护法》对于消费者的权利与经营者的义务之规定，大体存在以下问题：

第一，对消费者权利的规范缺乏法教义学理念。《消费者权益保护法》对消费者权利的规定看似繁杂，却没有超出《合同法》中当事人所具有的正当权益的范畴。换而言之，知情权、受尊重权、安全保障权、公平交易权、自主选择权、损害赔偿权是合同主体的一般性权利，并非消费者所特有的权利，不能突出《消费者权益保护法》对消费者特殊的保护。并且，这一系列权利的设定顺序缺乏内在逻辑要求，可以设问：哪些权利是基本权利？侵犯消费者何种权利将导致消费合同无效？《消费者权益保护法》并未给出答案，对此类问题的解答仍需结合《合同法》的原理进行分析，实为

---

① 参见焦宝乾：《法教义学的观念及其演变》，《法商研究》2006 年第 4 期。

② 金可可：《民法实证研究方法与民法教义学》，《法学研究》2012 年第 1 期。

遗憾。此外，消费者受欺诈可获得双倍赔偿的权利并没有作为"权利类型"而是作为法律责任的承担方式，将之置于《消费者权益保护法》第7章法律责任中的第49条，体现了立法者重责任而轻权利的立法思想，与保护私权之理念不符。

第二，经营者义务的法律规范设定缺乏内在逻辑。其一，《消费者权益保护法》所列举的经营者义务，与《合同法》中，卖方应当根据诚实信用原则遵守的义务内容基本一致，前者采用"详细列举"的方法似有赘述之嫌。其二，《消费者权益保护法》对主给付义务、从给付义务与附随义务不加以区分，致使法律条文相互交错、凌乱无序。例如，该法第21条规定的给予购物凭证或发票的义务应当是从给付义务。第18条第2款提供正确方法的义务、第19条第2款作出真实答复的义务都为附随义务。更令人警醒的是，《消费者权益保护法》将主给付义务、从给付义务、附随义务都以强行性规范的形式表现，意味着经营者必须遵守，如有违背则依据《合同法》第52条，合同无效。此种结论违背了《合同法》的基本原理——对合同从给付义务、附随义务的违反并不必然导致合同的无效、解除，而将附随义务法定化并不会当然地改变此种义务的性质。因为附随义务本身的不可诉性，此种规定纯属立法的浪费。

第三，《消费者权益保护法》第24条规定明确法律天平向消费者倾斜。如果经营者违反此种义务会导致该条款无效的后果。但与《合同法》第53条相比，《消费者权益保护法》最大的不足之处在于条文中"不公平""不合理"的界定需要更多的主观价值判断，比《合同法》中的"故意""重大过失"更难认定。这在司法适用过程中，可能会导致相似案例获得不同的判决结果。

第四，该法没有赋予消费者特殊性权利，不符合民事单行法制定的特殊性。实事求是而言，《消费者权益保护法》的特殊内容，就是该法第49条惩罚性赔偿的规定，但一项法律条文不具有制定一部法律的基础。作为惩罚性赔偿的内容，并不属于《消费者权益保护法》的专利，在民事基本法中，亦可规定惩罚性赔偿条款，如《侵权责任法》第17条。

我国立法者在制定《消费者权益保护法》之初，是将其作为"体系独立"的保护消费者权益的法典形式而定位的，即将其作为保护消费者的基本法，其他相关的维护消费者权利的法律作为该法的特别法。在当时，包括《合同法》在内的大部分民事法律都欠缺，这样的规定是可以理解的。但问题是，在人人为消费者的今天，仅仅依靠《消费者权益保护法》来维护消费者利益基本不现实。作为保护消费者权益的基本法律，应该是作为规范"生活之法"的民法，《消费者权益保护法》只能是辅助性的法律。从实证法的立场看，《消费者权益保护法》不具有"体系独立"的法律基础：其一，不具有自己的法理基础，只能依靠《合同法》的基本原理论证消费者与经营者的权利义务关系。其二，《消费者权益保护法》缺乏适用基础。消费者与经营者的纠纷往往通过违约责任、《产品质量法》中产品质量责任与缺陷产品责任条款、《侵权责任法》等进行诉讼。其三，没有体现保护消费者的特色，与《合同法》对当事人的保护无太大差别，这也是造成我国消费者始终处于弱者地位的原因之一。因此，我们坦言，《消费者权益保护法》"不像法律"，缺乏作为民事单行法律的基础，更像民法部门法规范的"大杂烩"。

如果没有将《消费者权益保护法》整体纳入民法典，那么，在民法典颁行之后，保护消费者权益的法律将以民法典、《消费者权益保护法》、其他民事特别法的形式存在。这不仅浪费了大量的立法资源，也不利于法律的适用。为了解决此种尴尬局面，我们认为，在《消费者权益保护法》修改之际，应该用法教义学的方法将其改造，将其整体纳入民法典。

二、《消费者权益保护法》纳入民法典的基础

（一）对《消费者权益保护法》属于经济法性质的批判

传统观点认为，《消费者权益保护法》属于经济法体系范畴。究其根源，我国经济法概念源于苏联，并在社会法兴起后由国家经济法理论逐渐向社会经济法理论过渡，通过特别规定，对特殊主体的经济生活加以控制，从社会利益出发防止权利/力滥用，以弥补民法不善于调整部分群体利益的弱点，《消费者权益保护法》属于其中的范畴。[1] 经济法学者以需要公权力照顾特殊主体为由，将《消费者权益保护法》纳入其体系之中。该种定位带

---

[1]　参见金昱茜：《德国债法改革对我国消费者权益保护法的借鉴意义》，《消费经济》2010 年第 1 期；杨雪薇：《中德消费者保护法比较研究》，《北京警察学院学报》2014 年第 6 期；杨紫烜：《经济法》，北京大学出版社、高等教育出版社 2005 年版，第 21—36 页。

来以下问题：

第一，从法律原则上看，经济法的基本原则不能对《消费者权益保护法》起指导作用。经济法基本原则的理论学说有"一原则""二原则""三原则""七原则"等，大体都与宏观调控、公平竞争、反垄断、国家适度干预相关。从经济法学立场看，消费者权益的保护更多地是通过对市场营业主体的准入、市场平等竞争来实现，但《消费者权益保护法》更多地是调整经营者与消费者间的平等关系。因此，现行的经济法体系是以社会为本位，即便是间接起到了保护消费者的作用，这种作用也只是附带性的，不能从根本上达到直接保护消费者权益的效果。

第二，《消费者权益保护法》缺乏经济法的理论支撑。消费者通过合同购买商品，而意思表示、合意、违约、损害赔偿等涉及的都是民法基本内容，这说明消费者各种权利的理论基础与经济法体系无关。理论基础的缺失导致《消费者权益保护法》欠缺法教义学立场，当具体规则适用发生争议时，就不能找到"回家的路"。在《消费者权益保护法》适用中，围绕"王海知假打假"的行为以及商品房买卖中具有的欺诈行为是否属于《消费者权益保护法》第49条的适用范围、法人购买生活用品作为员工福利是否受《消费者权益保护法》调整所发生的争议，司法者难以跳出《消费者权益保护法》本身来解决问题。如果从民法教义法的角度，此问题将迎刃而解。因为，凡通过合同能够得以调整的，当然适用《合同法》而非《消费者权益保护法》。

第三，将《消费者权益保护法》归入经济法体系，间接导致了消费者私权利救济的缺失。该法第二章列举了消费者知情权、公平交易等一系列权利，但从权利救济的角度来看，消费者实质上没有任何实体救济权利——第11条规定的"依法求偿权"形同虚设，其没有指明请求权基础。与此相反，《消费者权益保护法》对国家保护消费者以及消费者权益组织的规定详细，反映出了通过行政权保护消费者，而忽略私权利救济的法律现实。这与将《消费者权益保护法》定性为经济法的立法思想分不开。许多情况下，公力救济无论从成本、收益或是效率都远逊于私力救济，[①] 以公力救济为主的保

---

① 　参见徐昕：《为什么私力救济？》，《中国法学》2003年第6期。

护方式无法改变消费者在市场经济中的弱势地位。

（二）《消费者权益保护法》属于民法

我们将《消费者权益保护法》归于民法学科，不仅因为该法中权利义务的规定以《合同法》原理为依据，责任承担与《产品质量法》《侵权责任法》密切联系等微观因素，更是基于我国民法学发展的宏观考量，我们将结合消费者撤回权制度来对此加以分析。

第一，民法的现代化使消费者成为特殊的民事主体。经济法学者曾经以消费者和经营者地位严重不平等而主张将消费者权益保护纳入经济法范围，[①] 这忽略了民事主体的现代化发展。民法学诞生之初，平等原则就贯彻其始终，但从 19 世纪末开始，人类经济生活发生了深刻的变化，首先是作为近代民法基础的两个基本判断即所谓平等性和互换性已经丧失，出现了严重的两极分化和对立。其一是企业主与劳动者的对立，其二是生产者与消费者的对立，劳动者和消费者成为社会生活中的弱者。[②] 传统民法不存在消费者特殊化的问题，消费者与经营者概念被包含在一个宏观的"民事主体"概念下，能够利用合同关系通过私法自治实现其交易目的。但随着社会的发展，消费者概念从民事主体中分离，打破了传统民法中的"一般平等"性，成为独立的"群体"对象。[③] 消费者基于其特殊的身份而享有特定的权利，逐渐成为民事主体的重要类型。如以民事权利体系为视角，消费者的权利可以归属于民法的身份权体系。故跳出传统的经济法领域，转而从民法学角度研究消费者的撤回权，比经济法更具有存在的基础。

第二，将《消费者权益保护法》纳入民法体系，是保护消费者的正确途径。经济法片面强调通过国家对经济的管理以保护消费者利益，使消费者权利体系脱离了民法土壤，过多地体现行政色彩。有学者指出：

---

① 参见李艳芳：《21 世纪法学系列教材·经济法案例分析》，中国人民大学出版社 2006 年版，第 185 页。

② 参见梁慧星：《从近代民法到现代民法——二十世纪民法回顾》，《中外法学》1997 年第 2 期；李莲叶：《合同自由与消费者权益保护》，《郑州轻工业学院学报（社会科学版）》2001 年第 5 期；刘青：《论格式合同的控制》，硕士学位论文，湘潭大学法学院，2003 年，第 26 页；邓佑文、郭勇：《格式合同规制问题探析》，《广西社会科学》2003 年第 1 期。

③ 参见金昱茜：《德国债法改革对我国消费者权益保护法的借鉴意义》，《消费经济》2010 年第 1 期。

如果仅仅在消费者保护思想的主题之下提及消费者撤回权制度，则未免过于简单而笼统。因为即便消费者保护思想本身，也仅限于一个法政治上的关键词而已，单纯从这一关键词，很难引导出消费者撤回权统一的制度目的。①

或许也有学者认为，《消费者权益保护法》中，更多地涉及公权力的救济，如在消费者权利受到侵害的情况下，消费者可以投诉到工商行政部门对生产者、经营者进行处罚，这涉及经济法所调整的纵向经济管理关系。这种观点有一定道理，但掩盖了问题的实质。消费者能够寻求工商行政部门的救济，本质在于公法中对经营者所应该承担的法定义务进行了规定。经营者没有违反公法规定的义务时，其与消费者作为平行主体，更应该通过民事救济途径来获取权利的保护，而不是动辄使用行政手段，致使行政权力过分介入私人领域。

第三，民法能为消费者撤回权的正当性提供理论基础。消费者撤回权的正当性基础并非因为消费者是弱者而保护消费者，而在于其在意思形成阶段的意思不自由。② 德国通说认为，消费者撤回权的基础，在于克服意思自治障碍。意思自治障碍的形成，基于预测偏差、易得性偏差、代表性启示、乐观偏差等原因，③ 使消费者在特定交易中的意思自治存在障碍，故消费者需要行使撤回权来保障意思自治的真实性。消费者撤回权作为《消费者权益保护法》改革的重点内容，是实现民法实质正义的利器。根据传统的《合同法》和现有的《消费者权益保护法》中的制度，消费者的权益往往难以得到周全的保护。④ 在适用消费者撤回权的领域，如网购、电话销售、邮售等，消费者与经营者之间对于商品或服务的知悉程度存在重大差距，消费者很难通过有效途径在交易完成之前对产品进行全方位的了解。如过于追究形式正义及买卖合同的一般规则，无疑会使消费者蒙受巨大的损失。因为现代

---

① ［德］Lorenz：《德国民法典中的新内容"远程销售指令的转化"》，《法律学习》2000 年第 8 期，转引自张学哲：《消费者撤回权制度与合同自由原则——以中国民法法典化为背景》，《比较法研究》2009 年第 6 期。

② 参见王洪亮：《消费者撤回权的正当性基础》，《法学》2010 年第 12 期。

③ 参见许中缘、魏锴：《论民法典视角下的消费者撤回权》，《河南师范大学学报》2013 年第 2 期。

④ 参见管洪彦：《运用"后悔权"保护消费者利益》，《中国社会科学报》2010 年 6 月 1 日第 10版。

社会中，消费者和商家的地位不能实现实质意义上的平等，而赋予在交易过程中本就处于劣势地位的消费者以撤回权，正是实质正义的体现。①

因此，我们认为，《消费者权益保护法》应当归属于民法，作为后发国家，将《消费者权益保护法》纳入民法典，既可以从整体上构建我国的民事法体系，也可以避免民法典被民事单行法解构的局面。② 同时更重要的是，可以使未来民法典成为《消费者权益保护法》的教义法，在相关规则与制度产生争议时，《消费者权益保护法》才具有自己的立场。

（三）《消费者权益保护法》乃民事特别法：商法规范

《消费者权益保护法》基本定性为民法无疑，但我们并不能简单地将其等同于民法的一般规范。《消费者权益保护法》具有不同于民事一般法的特性，具体如下：

第一，法律主体具有商事特殊性。一般而论，民法调整的法律主体是平等的自然人、法人和非法人组织。《民法通则》第 2 条、《民法总则（草案三次审议稿）》第 2 条都是如此规定的。《消费者权益保护法》则不然，其调整的是特殊的民事主体。该法第 2 条明确："消费者为生活消费需要购买、使用商品或者接受服务，其权益受本法保护"；第 3 条明确："经营者为消费者提供其生产、销售的商品或者提供服务，应当遵守本法。"第 5 条和第 6 条则规定保护消费者合法权益的义务主体，即国家和社会大众，但其只是辅助消费者主体，并非《消费者权益保护法》直接调整的主体。可见，《消费者权益保护法》所调整的是特殊民事主体，即为消费者和经营者。其中，经营者实质上是商事主体，具有商事特殊性，消费者作为与经营者相对应的特殊主体，在一定的程度上，也具有商事特殊性。

第二，权利义务具有商事独特性。事实上，《消费者权益保护法》调整对象是消费者和经营者之间发生商事交易法律关系，商事交易法律关系的内容即是消费者权利和经营者义务。其中，《消费者权益保护法》第 2 章专门规定消费者的权利，包括知情权、自由选择权、安全权、公平交易的权利、求偿权、参与和监督的权利、接受消费教育的权利以及建立消费者组织的权

① 参见许中缘、魏韬：《论民法典视角下消费者的撤回权》，《河南师范大学学报（哲学社会科学版）》2013 年第 2 期。

② 参见许中缘：《论民法典与我国私法发展》，易继明主编：《私法》2004 年第 8 辑。

利。第 3 章对应的是经营者的义务，包括履行法定义务和约定义务、接受监督的义务、保证商品和服务安全的义务、提供真实信息的义务、表明真实名称和标记的义务、出具购货凭证和服务单据的义务、保证质量的义务、履行"三包"或其他责任的义务，不得以格式合同、通知、声明、店堂告示等方式单方作出对消费者不利规定的义务、不得侵犯消费者人格权的义务。不难发现，《消费者权益保护法》中规定的权利义务都是在商事交易中所涉的消费者和经营者之间的权利义务。而民事权利义务则是指"民事主体在民事法律关系中所享有的民事权利和负担的民事义务"①，也就是人身关系和财产关系对应的内容。

简而言之，《消费者权益保护法》中所调整的法律主体以及所涉的权利义务均具有商事属性，应为民事特别法。进而言之，《消费者权益保护法》应区别于民事一般法，为商法规范。那么，《消费者权益保护法》就应当纳入民法典之中，而且应当按照特别商法规范纳入民法典之中。

三、《消费者权益保护法》纳入民法典的路径

（一）《消费者权益保护法》与民法典

随着德国民法典将消费者权利法纳入民法典中，作为制定民法典的后进国家，如何处理消费者权益保护法与民法典的关系就成为我们所关注的一个话题。民法典中纳入《消费者权益保护法》的内容，可以避免民法典因特别民法的侵入与蚕食，沦为"剩余法"或"补充法"，捍卫民法典作为市场经济基本法的地位。②

在民法典中确立消费者权利体系是必要的，以德国为例，其率先在总则中对消费者的概念进行一体化界定，其规定：

> 对于强调消费者保护法的私法属性、强调消费者地位的特殊性、强调消费者与经营者相对应以确定倾斜的消费者保护政策具有积极

---

① 房绍坤主编：《民法》（第三版），中国人民大学出版社 2014 年版，第 12 页。
② 参见谢鸿飞：《民法典与特别民法关系的建构》，《中国社会科学》2013 年第 2 期。

意义。①

从部门法体系上看，此次改革"解决此前《德国民法典》与《德国商法典》以及《德国反不正当竞争法》等关于消费者概念和规范之间的复杂关系"②。作为消费者基本权利，撤回权应该规定在民法典中，无论是对法律适用的简洁性还是撤回权的体系化而言，将消费者撤回权纳入民法典之中，应是更佳的选择。③ 但问题是，将《消费者权益保护法》的整体内容还是消费者的部分权利纳入民法典中，值得我们探讨。

我们不赞同将所有消费者权益保护的法律整体纳入民法典，主要基于以下理由：

其一，保护消费者权益的特别法不能完全被法典取代，作为规范特殊消费群体的对象，毕竟在制度构建上与法典的规定具有明显差异，如果全部规定在法典中，可能与民法典并不融合。④

其二，整体纳入民法典中，将导致一般法与特别法界限的混乱，不利于法律的适用。德国之所以采取"一揽子"解决方案，一方面是因为潘德克吞学派的"精密概念"在延续法典生命的同时，也将其禁锢在从罗马市民法承继而来的私法自治、形式平等、合同自由的围墙中，⑤ 如再通过司法判例与学说来弥补理论与实践的缺陷已经是举步维艰。另一方面，涉及消费者撤回权的《分期付款买卖法》《上门交易法》《不动产部分时段适用法》《消费者信贷法》《远程销售法》对于撤回权的行使与法律规定并不统一，导致消费者行使权利困难，需要与上位法整合，《德国民法典》就成了唯一的选择。其实，在《德国民法典》吸纳保护消费者权益的法律时，学者就

---

① 杨立新、刘召成：《德国民法典规定一体化消费者概念的意义及借鉴》，《法学杂志》2013年第1期；莫小春：《消费合同中格式条款的立法规制》，《商场现代化》2009年第1期。

② Gunter Weick, *Staudinger Kommentar BGB*, Vor § 13, p. 380.

③ 参见张学哲：《中国民法法典化中消费者法与民法的体系选择——自欧盟与德国私法现代化角度的考察》，社会科学文献出版社2008年版，第107—114页。

④ 例如保护消费者权益的特别法或者法规有《家用汽车产品修理、更换、退货责任规定》《产品质量法》《食品安全法》《家用电器商品维修服务工作管理办法》《全国家用电子产品维修服务管理办法》《价格管理条例》等。

⑤ 参见［意］彼得罗·彭梵得：《罗马法教科书》，黄风译，中国政法大学出版社2002年版，第50—58页。

提出批评：

> 这种不断加强的法律分裂也使专业人士应接不暇，致使其忽略
> 《民法典》范围之外特别规定的危险性越来越大。[1]

其三，将保护消费者的法律整体纳入民法典，不利于民法典的稳定。《消费者权益保护法》作为政策性法，与一国的政策变化紧密相关，整体纳入民法典，将不利于该法的稳定。此外，就操作方面的因素而言，中国民法典制定进程缓慢，许多争议概念有待厘清，全部吸收消费者保护的法律工作量太大，不切实际。

尽管我们不赞同将所有保护消费者权益的特别法纳入民法典之中，但我们仍然认为，应该废除《消费者权益保护法》的基本法地位，将其内容进行修改然后纳入民法典之中。而其他保护消费者权益的法律作为民事单行法予以存在。

第一，我们不主张将现行所有保护消费者的法律都"生搬硬套"强行地融入民法典，而是将修改后的《消费者权益保护法》整体纳入民法典之中。这需要以民法教义学为根本方法，对现行《消费者权益保护法》的基本原则、权利义务规范、救济途径等进行修改，删除重复规定、精简法律条文，使其适应民法体系。关于消费者权益保护的特别法或是特别规定仍独立于民法典之外。

第二，基于《消费者权益保护法》不具有"体系独立"的存在基础以及与民法基本原则、《合同法》《侵权责任法》联系密切等因素，民法典应当是《消费者权益保护法》的最终归宿。民法典如不调整消费关系，会大大减损其威信与司法适用力，甚至成为法典解构的诱因之一。中国旨在建立一部潘德克吞式的民法典，不将保护消费者的基本法纳入其中无法发挥法典的统领作用。

第三，整体吸纳不会削弱对消费者权益的保护，而是体现了对消费者权

---

① ［德］迪特尔·梅迪库斯：《德国债法总论》，杜景林、卢谌译，法律出版社2004年版，第33页。

益的重视。在民法典中明确消费者的概念、基本权利、保护措施以及救济途径，意味着现有民事单行法必须以此为标准进行体系协调，以达到民法体系的统一。未来民事单行法的制定也不违背保护消费者的原则。由此可见，民法典吸收《消费者权益保护法》对于整个民法体系的影响深远。

（二）德国消费者保护法入典与消费者合同

德国作为欧盟的成员国，被要求必须在 2002 年 1 月 1 日之前转化完成《欧盟消费品买卖指令》（以下简称《指令》）（Verbrauchsgueterkaufrichtlinie），德国法在转化欧盟指令（EU-Richtlinien）而不断欧洲化的进程中，于《德国民法典》之外产生了大量的特别法规，特别是产生了大量的特殊消费者权益保护法规，这一方面使《德国民法典》作为核心民法法典的地位受到质疑，另一方面也使法律适用无法一目了然，丧失了民法典的体系性。为了转化欧盟指令（EU-Richtlinien），德国联邦司法部着手进行债法改革，并于 2000 年 8 月提出了所谓的债法改革讨论方案（diskussuinsentwurf），改革过程中有众多学者建议采取特别法的形式，即将消费者保护法作为《德国民法典》的特别法一点一点地对现行法典进行修正，而不必广泛地、大规模地将《消费者权益保护法》纳入民法典之中，这就是所谓的"小解决方案"（kleine loesung），主要理由为：

第一，不应当过于仓促地对《德国民法典》中重大实质的问题进行变革；第二，实践中可能出现大量问题得不到调整的复杂情况；第三，欧洲统一合同法的努力正在进行中；第四，法律草案自身经历无数次的变动，也说明其本身欠成熟。[①]

德国这次债法改革的要求就是将这些在德国民法典之外创设的债权关系法规一体化地纳入德国民法典之中，这种一体化符合德国民法典的法典编纂思想和德国法律传统，[②] 故德国联邦政府最后还是采用了将特殊的消费者保

[①] 转引自杜景林、卢谌：《德国债法改革——德国民法典最新进展》，法律出版社 2002 年版，第 5 页。

[②] 参见杜景林、卢谌：《德国债法改革——德国民法典最新进展》，法律出版社 2002 年版，第 165—166 页。

护法整合入民法典之中的"大解决方案"（gross loesung），并于 2001 年 5 月提出了《债法现代化法律草案》（Entwurf eines Gesetzes zur Modernisierung des Schuldrechts），力图在《德国民法典》的债法篇对特别的消费者保护法进行整理，从而将其并入法典之中，后其又于 2001 年 9 月接受联邦法律委员会一百余条建议而提出建议草案，并于同年通过，次年，《德国债法现代化法》（Schuldrechtsmodernisierungsgesetz）正式生效。[①]

> 民法典具有相对永恒的生命力、完整的结构、逻辑一致的体系，在民法法系的国家具有类似于宪法或普通法系国家大宪章的地位。[②]

然而，一方面，《德国民法典》之外产生了大量的特别法，民法典的稳定性不能适应社会发展的需要，许多内容已经被大量单行的法规所肢解（或替代）。另一方面，民法典不能涵盖所有的民事生活，也不能将所有的民事法律统归在法典之中，单行特别法的地位越来越独立，使得法典越来越多地被排除在适用之外。德国著名法学家梅迪库斯（Medicus）称之为"对《民法典》的侵蚀"[③]。故我们赞同《德国债法现代化法》将民法在欧洲化进程中产生的保护消费者的特别债法（schuldrechtliche nebengesetze），尤其是《德国消费者信贷法》（Verbraucherkreditgesetz）、《德国一般交易条款规制法》（Gesetz zur Regelung des Rechts der Allgemeinen Geschaeftbedingungen）、《德国远程销售法》（Fernabsatzgesetz）整合入《德国民法典》之中，进行法典化重构，以加强民法典作为核心民法法典的地位，同时还能有利于债法的统一。[④]

其实，《德国民法典》重构的关键就在于通过 2002 年生效的《德国债法现代化法》构建一个清楚明白的体系，即创设一个既能够涵盖《德国民法典》中复杂法律的规定，又能够涵盖在此之外发展起来的法律实践的

---

① 转引自杜景林、卢谌：《德国债法改革——德国民法典最新进展》，法律出版社 2002 年版，第 3—4 页。

② Vernon V. Palmer, *The Death of a Code—The Birth of a Digest*, 63 Tul, L. Rev. 221, 2002, p. 235.

③ ［德］迪特尔·梅迪库斯：《德国民法总论》，邵建东译，法律出版社 2013 年版，第 3 页。

④ 参见杜景林、卢谌：《德国债法改革——德国民法典最新进展》，法律出版社 2002 年版，第 15—16 页。

"广泛损害赔偿规定"（umfassende schadensersatzregelung）的权利体系。在德国，最终实现这一方案的法律技术手段就是将所有的给付障碍形态都归结到违反义务这一更高的上位范畴之中，从而统辖消费者保护法以实现民法典中心主义。[①]

也就是说，为了法典重构，实现消费者保护法的整合，德国在其既定的法律体系之下，存在将消费者合同整合到民法典中的合同编体系的路径：

> 首先，在处于第二编（债务关系法）→第八章（各项债务关系）→第一节（买卖、互易）→第三目（消费品买卖）中增加消费品买卖合同；其次，通过在第二编（债务关系法）→第八章（各项债务关系）→第三节（金钱消费借贷合同；经营者和消费者之间的融资援助与分期供应合同）中融入消费者与经营者借贷和供应合同；再者，通过在第二编（债务关系法）→第八章（各项债务关系）→第七节（物的消费借贷合同）中增加了物的消费品借贷合同。最后，通过在第二编（债务关系法）→第八章（各项债务关系）→第十节（居间合同）→第一目（经营者和消费者之间的金钱消费借贷媒介合同）中增加了消费者媒介合同。[②]

从而，在民法典合同章节中增添了消费者合同，将一些单行的消费者保护特别法引入《德国民法典》当中，完成了《欧盟消费品买卖及担保指令》的转化。

德国债法现代化改革中增加的消费品买卖，指作为买受人的消费者向作为出卖人的企业主买受动产。因此，《德国民法典》第 474 条以下的规定并不适用于企业主与企业主之间订立的买卖合同以及消费者与消费者之间订立的买卖合同。该条第 1 款规定，为补充适用，也就是，对于消费品买卖合同，首先适用民法典第 433 条至第 473 条关于买卖的规定，而补充适用新法第 474 条以下的规定。并且，该条款的第 2 款排除适用第 445 条规定，即：

---

①　参见杜景林、卢谌：《德国债法改革——德国民法典最新进展》，法律出版社 2002 年版，第 38—39 页。

②　陈卫佐：《德国民法典》（第三版），法律出版社 2010 年版，第 83—346 页。

某物被基于质权而在公开拍卖中作为质物的情况下出卖的，仅在出卖人恶意不告知瑕疵或已为物的性质承担担保时，买受人才享有因瑕疵而发生的权利。[1] 也就是，对于消费品买卖，不适用新法第 445 条，因为该条款所规定的减轻出卖人的责任并不符合《欧盟消费品买卖指令》的要求。同时，第 2 款还排除适用第 447 条的规定，即出卖人将标的物交付于运输人之时，危险并未转移于买受人，即使出卖人将标的物送交于买受人，并为此目的而将标的物交付于运输代理人或承运人也不例外。

《德国民法典》第 474 条以下条款则仅仅适用于消费品买卖合同。第 475 条规定不得为损害消费者的利益而变更赋予消费者的权利，这些规定具有不可变更性。从结果上看，在消费品买卖方面，新法第 475 条赋予买受人权利的法律规定以绝对的强行性。纵使该条款所称的买卖法规定被规避，这些规定仍然适用，相当于《德国民法典》中第 306a 条规定的禁止避法（umgehungsverbot）。

《德国民法典》第 476 条则是关于举证责任倒置的规定（beweislastumkehr）。因此，在危险转移时存在瑕疵的举证责任由商事主体承担。如果在交付之后最初的 6 个月之内出现瑕疵，则商事主体必须证明，该瑕疵在危险转移时尚不存在。第 477 条则是关于企业主向消费者作出担保表示（garantieerklaerung）所应具备的要求的规定。该规定旨在使消费者在担保内容方面不会遇到证据困难。[2]

另外，《欧盟消费品买卖及担保指令》第 2（1）条规定，销售者必须向消费者交付符合买卖合同约定的商品。从实践中看，商品质量不符合合同约定的标准就是一个合同履行物瑕疵的问题。《指令》要求对物的瑕疵采取的是主观与客观相结合的标准，即除当事人约定之外，还要根据同类商品的正常用途、一般质量和性能等标准判断。并且，《指令》还明确商事主体对瑕疵担保责任的承担具有明显的顺序性，首先是修复和更换，一般情况下，修复比更换更具有优先性。只有修复和更换无法实现时，消费者才可以启动减

---

[1]　参见陈卫佐：《德国民法典》（第三版），法律出版社 2010 年版，第 155 页。
[2]　参见杜景林、卢谌：《德国债法改革——德国民法典最新进展》，法律出版社 2002 年版，第 122—125 页。

价和解除合同的救济方式。①

可见，《德国民法典》在转换欧盟指令过程中，在商事合同适用上，规定了关于权利义务、风险分配、举证责任倒置以及瑕疵担保责任等特殊规定，从而为平衡商事主体与消费者之间的权利义务关系起到巨大的作用。因而，我国未来民法典在合同法篇实现真正民商合一的关键在于，必须考虑商事合同的特殊性，即经营者与消费者之间权利义务的不对等性，为了保护消费者权益，实现双方的实质平等，应当在合同法篇中重新合理地配置双方当事人之间的权利义务以及责任的承担。

（三）消费者撤回权与民法典的内容编排

我们主张民法典吸纳《消费者权益保护法》，一方面，并不意味着关于消费者保护的法律应当如人格权一样"独立成编"。另一方面，应当选择适宜的方式将消费者基本权利安排在民法典中的篇章结构之中。

从德国的经验来看，存在消费者撤回权纳入民法典中的债权体系路径：

> 消费者的撤回权处于德国民法典的第二编（债务关系法）→第三章（因合同而发生的债务关系）→第五小节（解除；在消费者合同的情形下的撤回权与退换权）→第二目（消费合同情形下的撤回和退换权）。②

德国民法典的此种立法安排，不仅是考虑潘德克吞式"总则、债权、物权、亲属、继承"的传统，更是恪守物权与债权的二元体系。1900 年颁布的《德国民法典》最终以实证法的形式确立了大陆法系民法财产权的二元体系，将纯粹理论上的学说转变成影响人们实际生活和行为的力量。《德国民法典》第二编为"债务关系法"，规定合同、无因管理、不当得利和侵权行为等。第三编"物权法"，则由所有权、用益物权和担保物权构成的他物权以及占有组成。物权和债权的二元划分在德国占有如此重要的地位，以至于德国学者雅科布斯高调评论：

---

① 参见范明志：《欧盟合同法一体化研究》，法律出版社 2008 年版，第 150—153 页。
② 陈卫佐：《德国民法典》（第三版），法律出版社 2010 年版，第 83—128 页。

　　德国的法典编纂的体系特点并不是五编制，也不是在法典的开始设置总则编，而是对物法与债法的截然区分。①

　　德国的该种规定是有意义的，既有利于债权体系的完整性，又兼顾了消费者权益的保护。但问题是，我国并不能采用将消费者撤回权归入债法中的模式。

　　第一，德国将撤回权规定在债法中具有一定的基础，该种基础在我国并不存在，《德国民法典》将解除作为合同消灭的一种事由，该法第 323 条至第 326 条按《联合国国际货物买卖合同公约》的调整模式确立了与归责无关的解除权，学者也称之为无过失解除请求权（vershuldensunabhaengiges ruecktrittsrecht），② 因此，撤回权的法律后果可以直接援引法定解除后果的规定。③ 这与我国《合同法》第 94 条以法定违约为依据所建立的法定解除权具有根本不同。如果将撤回权规定在债法中，就有可能混淆撤回权与解除权的差异，不利于撤回权制度的实施。

　　第二，德国原有债法的最大缺陷在于，许多有关债法的规定零星地体现在一些特别法以及由联邦法院的判决形成的新型制度中，而这些规定与判例制度长期以来没有被纳入民法典之中，④ 形成了"体外循环"现象，⑤ 这种情形在中国并不存在，实无彻底改革之必要。

　　第三，如果在债法中规定撤回权，将会导致相关法律规定的混淆。我国采用的是广义合同法概念，在《合同法》总则中规定了意思表示不真实的撤销权与债权人对债务人处分债权的行为的撤销权，如果在合同解除部分又规定消费者的撤回权，无疑会导致法律适用的混乱。

　　我们认为，从中国实际来看，或许将消费者的撤回权规定在主体制度之

---

　　① 王木蕾：《物权债权二元体系的困境与出路》，硕士学位论文，暨南大学法学院，2013 年，第 12 页；朱庆育：《物权行为的规范结构与我国之所有权变动》，《法学家》2013 年第 6 期；余方：《谈康德"出售废除租赁"命题——兼论我国〈合同法〉第 229 条》，《理论界》2011 年第 3 期；［德］霍尔斯特·海因里希·雅科布斯：《十九世纪德国民法科学与立法》，王娜译，涂长风校，法律出版社 2003 年版，第 182—183 页。

　　② 参见杜景林、卢谌编著：《德国债法改革》，法律出版社 2003 年版，第 27—28 页。

　　③ 参见杜景林、卢谌编著：《德国债法改革》，法律出版社 2003 年版，第 180 页。

　　④ See Diederiehsen（Hrsg），*Das BGB im Wabdel der Epochen*，Gottingen，2002，p. 32.

　　⑤ 参见吴越：《德国民法典之债法改革对我国的启示》，《法学家》2003 年第 2 期。

中是一种较为可行的选择。

第一，符合撤回权主体特定的特点。消费者、劳动者保护的法律规定是一种典型的"身份立法"①，这些权利依附于特定主体而存在。《德国民法典》将消费者以及其撤回权的基本定义规定在民法典总则，学者认为，这既可以发挥民法典的统领作用也可以发挥单行法在实践领域的可操作性，并且可减轻立法技术的难度。因而将撤回权规定在主体制度之中，更有利于立法技术的简约。

第二，有利于民法典体系的完整性。我国民法典是以民事权利体系进行建构的，就民法所调整的人身关系与财产关系而言，可以将民事权利体系分为身份权、人格权、财产权体系。将消费者的撤回权规定在主体制度中，组建了身份权体系，这与独立成编的人格权体系以及由物权与债权编等组成的财产权体系并列，有利于民法典体系的完整性。

第三，增加消费者撤回权制度的涵盖性，有利于民法典总则与各特别法的衔接。消费者撤回权制度置于民法典总则中，更能够统领分则与各民事特别法的规定。今后不同消费合同中撤回权的具体设计，都可以以民法典为原则，保证规范适用的内在一致性。

四、《消费者权益保护法》入典：实现商事独特性的体系安排

（一）实现法律规范的有机性

《消费者权益保护法》入典，一方面是《消费者权益保护法》定位为民事特别法所使然，另一方面也是实现本身具有商事独特性的《消费者权益保护法》的条理性、层次性的必然要求。

抽象层面而言，《消费者权益保护法》入典有利于消费法典解构，实现商事规范结构性安排。我国大部分学者即认为，中国民法典编纂的基本思路就是尽可能保留现行法律，理由充分方可修订既有法条。《民法总则（草案）》说明中也明确"尊重民事立法的历史延续性"。② 当然，就民法典编纂的经济效用而言，尽量保留既有法律编纂法典的经济效用最高。但问题是，

---

① 许中缘：《论民法典与民事单行法律的关系》，《法学》2006 年第 3 期。
② 关于《中华人民共和国民法总则（草案）》的说明，2016 年 6 月 27 日，第十二届全国人民代表大会常务委员会第二十一次会议，第 7 页。

现有《消费者权益保护法》是以消费法典形式结构的，在法典编纂路径上，简单地将《消费者权益保护法》作为民法典单行法并不可取。现行的《消费者权益保护法》是具有商事独特性的消费法典，将自成体系的消费法典解构整合入民法典之中，其实质就是将具有商事独特性的规范结构入民法典。也就是说，《消费者权益保护法》入典本身也就是民法典结构商事规范之过程。

具体层面上，《消费者权益保护法》入典能够为商事违约金确定不同于民事违约金的基础。民事违约金一般高于损失，但民事违约金设立的价值基础在于补偿性，即填补损害，司法解释也明确当事人约定违约金不得超过损害的百分之三十。可见，法定或约定的民事违约金只具有补偿性并不具备"惩罚性"。然而，《合同法》第 113 条第 2 款又明确规定："经营者对消费者提供商品或者服务有欺诈行为的，依照《消费者权益保护法》的规定承担损害赔偿责任。"一方面，可以确定《消费者权益保护法》中损害赔偿责任性质应为违约金，另一方面，此条款又打破传统民事违约责任填补损害的基础引入多倍赔偿责任，即商事违约金。也就是说，在商事交易中，双方约定如"假一赔三"，属于约定俗成的行业标准，法律应当尊重交易习惯。商事交易双方约定违约金是市场经济运作的良性保障，符合经济效益原则。因而，法律应当允许适用法定或当事人约定商事违约金，这样的"惩罚性"违约金作为特殊的违约责任，其并不否定违约责任填补损害的价值基础，而是为了克服不足以赔偿损害的特殊规定。《消费者权益保护法》入典，确定了违约金不应只是补偿性民事违约金，还可以是以"惩罚性"为基础的商事违约金。如此，既有利于丰富我国违约金制度，又能呈现出法律制度多样化的功能以及多层次的定位。

（二）适应民法典体系化内在需要

体系是民法典的生命。民法是一个有机体系，应该遵循民法典体系强制的要求。所谓体系强制，指民法制度体系构造应力求系于一体，力求实现法律概念的一致性和贯彻性，在具体问题的价值判断不应违背体系一致性。民法典的体系分为内部体系与外部体系。外部体系指抽象概念式的体系，是指依形式逻辑的规则建构之抽象、一般概念式的体系。内部体系是指"法秩序内在的意义关联"，其涉及的是一般法律思想的发现、避免评价矛盾以及将法律原则具体落实为法规则的内容，同时合理地促进司法裁判。①

　　民法典体系化的根本目的，即在于获得一个关于民法典的完备体系，在该体系支撑下制定出一部具有高度逻辑性和体系性的民法典。体系化与系统化不仅是民法典的内在要求，更是贯彻民法典基本原则、消除民事法律制度之间的冲突混乱以及便于民法规范遵守适用裁判的逻辑起点。② 而《消费者权益保护法》作为民法典体系重要组成部分，入典必须适应民法典体系性的需求。

　　然而，现行《消费者权益保护法》基本定位乃是消费法典，其规定及制度安排明显存在不足。具言之，我国《消费者权益保护法》结构安排的逻辑，就是按照潘德克吞体系，从一般抽象到具体规则，一层一层展开的法规范设计。在制度内容上，从法律主体到权利义务、争议解决、法律责任构成完整法典体系。故而，我们主张将《消费者权益保护法》纳入民法典，必须是建立在一定的前提之上的，即《消费者权益保护法》应当坚持民事特别法（即商法规范）的基本定位。只有如此，《消费者权益保护法》在体系、制度结构和内容安排上方能顺应民法典的内在体系。其实，商事独特性规范始终不能脱离民法基本规范而独立存在，《消费者权益保护法》也只有在民法典体系之下，才能妥当地安排商事独特性规范。简而言之，《消费者权益保护法》入典，既要符合民法典内在体系性，又要能满足所涉商事法律独特性的内容安排。因此，在打破既定消费法典的基础上，我国《消费者权益保护法》入典，特别是在体系以及内容设计上，实现消费法典向民法典组成部分的转向，对《消费者权益保护法》实现商事独特性规范安排，意义非凡。

（三）契合民商合一立法体例形式要求

　　尽管民法典具有日渐完备的体系和丰富化内容，但盲目追求法典的统一性，脱离民法典民商合一体例的形式，固然有些许商事规则，但对商事独特性规范还远远不够，如此，也必然难以达成民商合一体例形式的要求。其实，尽管全球化经济发展是不可抵挡的趋势，但是在全球化追求统一性规则

---

① 参见王利明：《民法典体系研究》（第二版），中国人民大学出版社 2012 年版，第 201—210 页。
② 参见王利明：《中国民法典学者建议稿及立法理由·总则编》，法律出版社 2005 年版，第 1—3 页。

的趋势之中，我们的《消费者权益保护法》并不应该是自成一脉脱离既有民法典体系之外的，也不应当一味追求统一性规则而丧失我国民法典体例编排上独特性安排。我国民法典，是在遵循民商合一体例前提下编纂的民法典。民法典不仅是民事基本制度的法典，也应是商事基本制度的法典，《消费者权益保护法》为民法典有机组成部分亦是如此。

《消费者权益保护法》入典，既有利于民法典体系的完整性，避免法典解构，又契合了消费者保护法乃民事特别法的本质，突出对消费者权益的保护，同时还不失为实现民商合一的一大途径。就此而论，我国《消费者权益保护法》入典的关键乃在于契合民商合一立法体例的形式要求，即《消费者权益保护法》作为商法规范具有特殊性，要全面考量经营者与消费者之间权利义务的不对等性，充分保护消费者权益，在民法典之中重新合理的配置双方当事人之间的权利义务以及责任的承担，从而实现实质上的平等。因而，我国《消费者权益保护法》整合入民法典之中，涉及具体条文权利义务配置中应增加商事交易适用的特殊规定，以贯彻保护消费者权益的价值理念：在消费合同成立时，应强化对格式条款的说明和解释义务；结合消费者合同时代性，特别是电子网络购物，合同成立时应设置一定的反悔期；均衡商事交易中经营者和消费者之间权利义务，加重经营者一方的义务，强化消费者一方的权利，并设置消费者协会等特殊救济机制。

事实上，我国民法典是民商合一体例下的民法典。因此，我国《消费者权益保护法》应当回归于民法典之中，必须从既有的体系之中以及编纂体例的视角之下，将《消费者权益保护法》整合入民法典之中，这不仅是民法典体系的内在要求，更是契合民商合一体例形式的必然需要。

第 四 章

商事主体独特品格与我国民法典中主体制度

　　诸多学者认为，商法典乃是因为商人作为独立身份而具有存在的必要性，如胡长清教授认为："商法法典别订于民法法典之外者，乃因于历史上商人之特殊阶级也"①。诸多学者认为，由于商人作为独立阶层已经消失，商事主体制度已经与民事主体复合存在。在实践中，我们也很难区分商事主体与民事主体，因此规定商事主体并不具有必要性。这种观点有一定道理，看到了商事主体与民事主体的重合性，但并没有看到商事主体所具有的独立性。② 确定商事主体是适用商事规则的前提，如果不认可商事主体的独立存在，在规则适用时就不会虑及规则的特殊性。因此，在民法典编纂之际，有必要对商事主体存在样式进行探讨，以便确定适用的规则。在民商合一立法模式下，如果存在商事主体，必然需要考虑在规则中设置商事主体所需要的特殊规则。本章对此进行探讨。

---

　　① 胡长清：《中国民法总论》，中国政法大学出版社 1997 年版，第 27—28 页。
　　② 关于商事主体的概念，国内外学者有不同的表述方式，如：商人、商组织、商事组织、商主体、商事主体、商企业等，本书从民事主体的对比角度来论证商事主体的独立品格，而且商人这一概念虽然用于《法国商法典》及受其影响的其他国家的商法典，及以此为基础的诸多学者论述中，但《法国商法典》中的商人概念以自然人为原型而确定有其时代特征，到现代社会商事主体的存在形态主要表现为企业，故本书采用商事主体的概念，特此说明。

第一节　商事主体的发展与判断

一、商事主体的发展

（一）商事主体的历史沿革

商事主体萌芽最早可以追溯至古巴比伦时期，此时古巴比伦人被称为"商人民众"（peuple de commercants），并根据商人实力，分为大商人"塔木卡"和小商人"沙鲁马"①。在古埃及时期也已经出现了商人阶层，这一时期的商人频繁地来往于尼罗河两岸，他们已经懂得制作和记录毛衣的账目和收据文本，形成了一些买卖的规则，并以契约的形式加以确认。② 到了古希腊，商人的阶层性更明显分为：公民商人阶层、外邦商人阶层、奴隶商人阶层。③ 公元前 2000 年《汉谟拉比法典》中规定债务人和债权人之间的"借贷种子"，并规定公司商号应刻在瓦尔卡（warka）碑上。④ 腓尼基人被称为伟大的"航海家"，其发明了海事法中共同海损的技术。到私法发达的罗马法时代，市民法（jus civile）和万民法（jus gentium）的区分可以看到商法与民法区分的先兆。⑤

帝国初期，商人已结成自己的团体，在城市里成立了许多工商协会，如：商人协会、船主协会和手工业协会。⑥

---

① 梁鹏：《商人概念的历史考察》，《河北法学》2010 年第 1 期；于殿利、郑殿华：《巴比伦古文化探研》，江西出版社 1998 年版，第 26 页。

② See Russ Versteeg, *Law in Ancient Egypt*, Carolina Academic Press, Durham, North Carolina, 2002, p. 188.

③ 参见何勤华、魏琼主编：《西方商法史》，北京大学出版社 2007 年版，第 27 页。

④ 参见［法］伊夫·居荣：《法国商法》（第一卷），罗杰珍、赵海峰译，法律出版社 2004 年版，第 12 页。

⑤ 参见［法］伊夫·居荣：《法国商法》（第一卷），罗杰珍、赵海峰译，法律出版社 2004 年版，第 13 页。

⑥ 梁鹏：《商人概念的历史考察》，《河北法学》2010 年第 1 期；何勤华、魏琼主编：《西方商法史》，北京大学出版社 2007 年版，第 153 页。

可见，古罗马的商人已经结成社团。但是罗马帝国的法律是通过"身份"作为建构人格的要素的，私法主体制度演进到近现代民法是立足于"人人平等"的价值理念之上的，并实现了身份与人格的分离。因此，从形式上看，主体表现为从身份到契约的变化，民事主体法律人格表现为一种"从身份人格到伦理人格"的变迁。民事主体制度实际成为社会伦理的实在法投影，传统私法主体制度发展就是沿着"伦理"这一主线演进的。① 而沿着伦理规则演进的罗马帝国法，在以"身份"作为建构人格的法律下，并不存在独立的商事主体。

> 自罗马帝国衰落，商业关系只是在非常有限的规模上存在，当然贸易并不会消失殆尽，行销商依然出售一些农产品，同时他们也做点小奢侈品和地方手工艺品的买卖。②

伴随着罗马帝国的衰亡，接续存在的是法兰克和撒克逊各国，重新回到了纯粹的农业经济时代，从 6 世纪到 10 世纪的漫长岁月里，封闭的自然经济占据了整个欧洲。对于商法而言，虽然存在但是处于几乎消亡的时代。③"在这个社会里，交易与商品流通已经降到了最低限度，商人阶层消灭了，一个人的情况根据他与土地的关系来决定。"④ 这个时期商业经历了一段黑暗期，商事主体处于消亡的状况。

虽然商法的起源较为古老，但其独特性却是到中世纪末才确定下来的。⑤ 中世纪出现了促进商法独立化的利益阶层——商人阶层，其实力不断扩大，成为独立商法得以产生的社会力量。⑥ 中世纪的商人作为商法产生的

---

① 参见汪青松：《商事主体制度建构的理性逻辑及其一般规则》，《法律科学（西北政法大学学报）》2015 年第 2 期。

② 梁鹏：《商人概念的历史考察》，《河北法学》2010 年第 2 期；［美］哈罗德·J.伯尔曼：《法律与革命——西方法律传统的形成》，中国大百科全书出版社 1993 年版，第 406 页。

③ 参见钱玉林：《商法的价值、功能及其定位——兼与史际春、陈岳琴商榷》，《中国法学》2001 年第 5 期；［法］克洛德·商波：《商法》，刘庆余译，商务印书馆 1998 年版，第 6 页。

④ 梁鹏：《商人概念的历史考察》，《河北法学》2010 年第 2 期；［美］哈罗德·J.伯尔曼：《法律与革命——西方法律传统的形成》，中国大百科全书出版社 1993 年版，第 408 页。

⑤ 参见任先行、周林彬：《比较商法导论》，北京大学出版社 2000 年版，第 149 页。

⑥ 参见王璟：《商法特性论》，知识产权出版社 2007 年版，第 13—14 页。

力量，主要是因为中世纪的商人在社会分层，并已经作为一个庞大的团体或联盟出现，与贵族联盟、农民联盟、教会联盟、其他联盟团体一样，形成了自己的联盟团体组织，这个组织的表现形式就是商人基特尔或商人行会。

> 当时的商业联盟已经发展成了一个相对庞大、相对独立，并对贸易活动拥有很多管辖权的机构。它们顺利颁布了自己的章程，汇编了自己的商业习惯法，行使自己的审判权和裁判权。①

也正是在商人组织形成时，近代西方商法（即商人法"the law of merchant"）的基本概念和制度才得以形成。② 尽管大多数学者认为中世纪的商法确立了诸多现代商法制度，如商人商号、诚信规则、票据、海事规则、公司制度等，构建了一个相当完整的法律体系，对当代商事立法产生了巨大的影响。③ 但是学者们也普遍认为：

> 中世纪的商人法是规范商人的法，而中世纪的商人是一个特权存在，商事主体应该是平等意义上的主体，所以中世纪商人也不具有商事主体本质内涵。④

首先，因为有独立的商人阶层存在，而调整村社的地方习惯无法满足商业的充分需求，⑤ 才需要商事法律来实现商人阶层的职业特权，这时的商事法才发明了商业合同、汇票、破产公司等现代商法的主要制度。⑥ 其次，中

---

① 梁鹏：《商人概念的历史考察》，《河北法学》2010 年第 2 期；徐学鹿、梁鹏：《商法总论》，中国人民大学出版社 2009 年版，第 298 页。

② 参见钱玉林：《商法的价值、功能及其定位——兼与史际春、陈岳琴商榷》，《中国法学》2001年第 5 期；赵旭东：《商法学教程》，中国政法大学出版社 2004 年版，第 20 页。

③ 参见赵旭东：《商法学教程》，中国政法大学出版社 2004 年版，第 20—26 页；雷兴虎：《商法学》，人民法院出版社 2003 年版，第 7—14 页；曹锦俊、刘耀强：《澳门商法典》，社会科学文献出版社2015 年版，第 30—41 页。

④ 参见雷兴虎：《商事主体法基本问题研究》，中国检察出版社 2007 年版，第 1—6 页；范健、王建文：《商法的价值、源流及本体》（第二版），中国人民大学出版社 2007 年版，第 222—225 页。

⑤ 参见王利明：《民商合一例下我国民法典总则的制定》，《法商研究》2015 年第 4 期。

⑥ 参见范健主编：《商法》（第三版），高等教育出版社 2007 年版，第 20—22 页。

世纪的商人又由独特的商法赋予其特权。商人以"索赛特"（sacietas）、"康孟达"（commanda）等组织或公司的形式出现，"康孟达"（commanda）是两合公司的前身，商人有自己的商会，并设立属于商人的专门法院，又固化作为特权阶层的商人。如学者所言：

> 通过教皇革命重新审视天主教会从一种不同的观点出发所受教诲的经济道德，不再谴责金钱或者财富本身，鼓励商人组织行会，赋予行会以宗教的功能。①

中世纪商人阶层的出现有农业革命、城市兴起、贸易繁荣等各方面的原因，但主要还是教会对商业特权身份的肯定。因此，中世纪的行商并不是现代意义上的商事主体。

经历了文艺复兴、16世纪新教革命，以英国资产阶级革命作为开端，人类历史跨入近代。此时欧洲资本经济发展，中世纪的商人阶层走向灭亡。但随着经济、社会的发展，尽管作为商法独立基础的独立商人阶层已不复存在，但是独立的商事审判观念、程序和规则被统一于民事审判观念、程序和规则之中。② 例如，法国1673年颁布的《商事条例》就专门规定了商人编。③ 19世纪后，随着社会普遍商化，商人不是社会的特权阶层，其特权地位从根本上被废除，并且商人习惯法开始向制定法过渡。各国纷纷将商人作为法律基本概念确定下来。④ 1807年《法国商法典》以商行为作为其立法基础，本意是宣示"人人平等"的思想，根本上却是废除商人作为一个特权阶层存在，使人人都能从事商事活动。然而，我们认为，《法国商法典》和《法国民法典》一样，在当时因背负宣示"人人平等"思想的使命，故采用商行为主义，但是以商行为为中心的立法不代表没有商事主体，相反，任何一部商法典都离不开商事主体的规定，《法国商法典》在其法典第1卷第二

---

① 梁鹏：《商人概念的历史考察》，《河北法学》2010年第2期；［美］哈罗德·J.伯尔曼：《法律与革命——西方法律传统的形成》，中国大百科全书出版社1993年版，第412页。

② 参见王利明：《民商合一体例下我国民法典总则的制定》，《法商研究》2015年第4期。

③ 参见［美］孟罗·斯密：《欧陆法律发达史》，姚海镇译，中国政法大学出版社2010年版，第223页。

④ 参见雷兴虎：《商事主体法基本问题研究》，中国检察出版社2007年版，第4页。

编第 1 章也就是"商人"L121-1 条规定：

> 实施商行为并以为其经常性职业的人就是商人。①

　　快速发展的经济环境下，1900 年生效的新版《德国商法典》一改《法国民法典》的商行为主义，确定了商人主义。《德国商法典》第一编第 1 章商人即商人身份，其中，商人被定义为"从事商营业"之主体。② 现行的 2010 年颁布的《日本商法典》采折中主义，兼采商行为与商主体主义，《日本商法典》在第一编第 2 章，即关于"商人"的专门规则，第 4 条即明文界定商人。③《澳门商法典》总体属于商行为主义立法，但是其第一编即为商业企业主、商业企业及商行为。④ 最新修订的《韩国民法典》也在法典中赋予商主体独立的法律地位，并规定："商人是以自己名义从事商行为的人"⑤。毫无疑问，此时商事主体具有不同于民事主体的特殊身份，即现代意义上平等独立的商事主体。

　　20 世纪以后，《瑞士民法典》又在其中纳入具有商法性质的债法，开创民商合一的先河，在此之后，意大利、芬兰、丹麦、瑞典、泰国、蒙古、巴西等国家也实行了民商合一的体例。民商合一体例下似乎商事主体是在民事主体之中的，已经不存在独特的商事主体。尽管《瑞士民法典》总则规定的是统一民事主体——自然人和法人，但是在其第 59 条第 2 款也有商事主体的明文规定。⑥ 同样采民商合一立法体例的《意大利民法典》第 2083 条明确了商企业主的概念，并在第 2084 条规定：

---

　　① 《法国商法典》（上册），罗结珍译，北京大学出版社 2015 年版，第 16 页。

　　② 参见［德］C. W. 卡纳里斯：《德国商法》，杨继译，法律出版社 2006 年版，第 29 页。

　　③ 《日本商法典》第 4 条规定："本法中的商人是指以自己名义实施商行为为业者，店铺及其他类似设备出售物品为业的，也视为商人。"参见《日本商法典》，王书江、殷建平译，中国法制出版社 2000 年版，第 3 页。

　　④ 参见曹锦俊、刘耀强：《澳门商法》，社会科学文献出版社 2015 年版，第 77 页。

　　⑤ 范健、王建文：《商法的价值、源流及本体》（第二版），中国人民大学出版社 2007 年版，第 220 页。

　　⑥ 《瑞士民法典》第 59 条第 2 款规定："以经济为目的的法人，适用合伙及合作社的规定。"参见《瑞士民法典》，殷生根、王燕译，中国政法大学出版社 2010 年版，第 19 页。

自耕农、手工业、小商人以及其他从事以自己和家庭成员提供劳动为主的有组织的职业活动的人，是小企业主。①

除了民事主体，还有对商事主体的专门定义，还有国家民法典中用大量法条对商事主体的不同存在形态和商业登记、内部关系等作出的具体规定。例如，《巴西民法典》第 966 条就规定：

职业性地从事有组织地以财产或服务的生产或流通为对象的经济活动的人，视为企业主。②

相应地，《巴西民法典》第二章就是企业法，其中不仅有对商人的界定，还有关于商事能力、商事登记、合伙、公司、账目记录的大量具体规则。《俄罗斯联邦民法典》第四章法人中的第二节即是商合伙与商业公司。③ 1992 年新的《荷兰民法典》尽管看不出商人和普通市民的区别，但是法典中规定的有限责任公司和股份有限公司的规则无不体现出对消费者的特殊保护和对经营者的限制，并夹杂了鼓励商事往来的思想。④ 其他民商合一立法体例下国家的民法典也莫不如此。民商合一并不是对商事主体独特性的否定，而是基于法典编撰的技术性问题。⑤ 其实民商合一立法体例下，民法典中的商事主体名义上表现为民事主体，但从实质上来看，民法典中都有大量独特性法则规定商事主体具体制度：商事主体身份的获得需要经过法律认可；商事主体社会功能和行为需要特别规定；较于民事主体过错责任，商事主体的严格责任等等。这些都使商事主体不同于一般的民事主体，是独特的民事主体。

我国自古就有重农轻商的思想，士农工商身份等级不可逾越，并将商人

① 《意大利民法典》第 2083 条规定："凡以生产、交换商品、服务为目的的，以组织经营活动为职业的人，是企业主。"参见《意大利民法典》，费安玲译，中国政法大学出版社 2004 年版，第 488 页。

② 《巴西新民法典》，齐云译，中国法制出版社 2009 年版，第 135 页。

③ 参见《俄罗斯联邦民法典》（全译本），黄道秀译，北京大学出版社 2007 年版，第 60 页。

④ 参见［荷］J.海玛：《荷兰新民法典导论》，《荷兰民法典》（第 3、5、6 编），王卫国主译，中国政法大学出版社 2006 年版，第 30—32 页。

⑤ 参见季立刚：《民国商事立法研究》，复旦大学出版社 2006 年版，第 125 页。

阶层视为最低阶层。① 重农轻商思想经秦汉以及以后各个朝代沿用、发展直至晚清。② 直到清末中国社会面临西方列强入侵，西方列强以先进生产方式，通过资本一步步扩张，蚕食中国的经济利益，为了摆脱这种困境，"商战"观念兴起，"振新工商"③、制定商法成为朝野共识。1904 年清政府制定的《钦定大清商律》首卷即《商人通例》中第 1 条明确界定了商概念，始确定商人的法律地位。④ 1914 年《商人通例》第 1 条也规定："商人谓为商业之主体人。"晚清时期中国法典建设初期，坚持民商分立的独立商法典路线。《钦定大清商律》就是移植大陆法系商法制度、借鉴独立商法体例的典型代表，《破产律》和《钦定大清商律》及与之配套的法规从构建商法初期就致力于统一商法典的编撰。盖主张民商分立理由：

> 其一是商法本身制度的考虑，商法的独特性规则不能融入民法典；其二是社会现状处于一个贸易日益繁荣，商业社会需要专门的商事规则调整。⑤

但到 1929 年 5 月，国民党中央政治会议第 183 次会议通过《编订民商统一法典案》，主张编订统一民法典，1929 年出台的《中华民国民法典》就采用民商合一立法体例，商法独立法典体例终结，"民商合一论"最终获得了立法的支持。如学者所言：

> 我国商人本无特殊地位，强予划分，无有是处，而且鉴于每个主体都可能参与市场交易，法律不宜也难以再依主体身份来提供特定保护。⑥

---

① 参见李功国：《中国古代商法史稿》，中国社会科学出版社 2013 年版，第 10 页。
② 参见季立刚：《民国商事立法研究》，复旦大学出版社 2006 年版，第 8 页。
③ 王淘、于秋华：《中国近代经济史》，东北财经大学出版社 2004 年版，第 77 页。
④ 《钦定大清商律》第 1 条："凡经营商务贸易、买卖、贩运货物者皆为商。"参见苗延波：《中国商法体系研究》，法律出版社 2007 年版，第 58 页。
⑤ 任满军：《晚清商事立法研究》，光明日报出版社 2012 年版，第 222—267 页。
⑥ 王利明：《民商合一体例下我国民法典总则的制定》，《法商研究》2015 年第 4 期；童列春：《商法学基础理论构建》，法律出版社 2014 年版，第 59 页。

但是这种主张忽视了商事主体的独特性。其实，也正是因为这样，在现阶段我国编纂民法典过程中，相当一部分学者忽视了独特的商事主体存在。

其实无论是民商分立还是民商合一立法体例，体例本身都会特别规定专属商事领域的规则、制度。所以，尽管我国采用的是民商合一立法体例，同绝大多数民商合一立法体例的国家一样，民法典名义上可能不会规定商事主体，但是不可避免地会有商事主体存在形式，例如我国《民法通则》中的企业法人，我国未来民法典中的营利性社团法人，其实都是典型的商事主体。故而，不可避免地会有大量具体的商事主体制度的单行法规，如《公司法》《商业银行法》《个人独资企业法》等。因此，实质上仍然存在独特的商事主体。并且，随着社会生产水平大幅度提高，激烈的市场竞争使现有的生产经营方式已经无法满足大规模生产以及交易，于是出现了以公司为代表的法人组织形式。同时，由于资本的高度集中成为一种必然发展趋势，能够高度吸收资本的公司就逐渐取代了其他组织类型，成为商事主体的一种主流或是占统治地位的商事主体。[①] 以公司为代表的组织主体构成商事主体的主要组成部分，在此情况下，我们无法再将自然人人格与商事主体资格等同，也不能再用伦理思维去解释商事主体构造。现代商业社会的商事主体应是具有文化素质、营业素质、制度素质的素质商人。[②] 所以，商事主体不仅具有独特的法律主体地位，而且需要在新时代下寻找或发现不同于传统民事主体的思维逻辑路径。

（二）商事主体与民事主体的差异

商事主体制度发展到今天，商事身份早已不再是中世纪享有特权的资格认证。商事主体是独特的法律主体无疑，至于民事主体与商事主体的关系，我国大部分学者认为两者是包含关系，商事主体是特殊的民事主体，典型的如王保树教授认为，民事主体身份为商事主体身份的基础条件，前者不是全部都可以为后者。[③] 但也有学者持不同的看法，如童列春教授认为，两者是交叉关系，不是所有的商事主体都是民事主体，也不是所有的民事主体都是

---

① 参见张民安：《商法总则制度研究》，法律出版社 2007 年版，第 32—36 页。
② 参见徐学鹿、梁鹏：《商法总论》（修订版），中国人民大学出版社 2009 年版，第 304—305 页。
③ 参见王保树主编：《商法》，法律出版社 2005 年版，第 38 页。

商事主体。① 然而，坚持民商合一视角，商事主体应脱胎于民事主体，既具有民事主体的共性，更为重要的是具有不同于一般民事主体的独特品性。从商事主体的历史发展和我国的立法现状考察，笔者认为两者是包含关系，如图4.1所示。

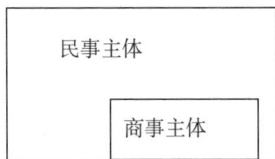

图 4.1　民事主体与商事主体关系

《民法总则专家意见提交稿》第2条规定："本法调整自然人、法人、其他组织等平等主体之间的人身关系和财产关系"；第3条第1款规定："民事主体的法律地位一律平等"；第3条第3款规定对弱者的保护。② 其中，本法第2条的措辞并不是民事主体，并在第3条中指向保护消费者的特别法（即《消费者权益保护法》），该特别法中与消费者对立的则为经营者，其实就是商事主体，可见，《民法总则专家意见提交稿》在一定程度上认可了商事主体的独特性，契合商事主体是特别民事主体的论证。《民法总则（草案）》也是如此。那么，毫无疑问，商事主体就是民事主体，但也有自身独特的品性，从而区别于民事主体，具体如下：

第一，取得主体资格的不同。现代民法发展到今天，自然人一出生即具有民事主体地位，但商事主体与之不同。商事主体是作为营业而存在，要求其具有稳定性、长期性与专业性。因此，作为商事主体而言，实质上应当具备以下条件：其一，依法设立；其二，有自己的名称；其三，有必要的财产。商事主体必须具有一定的财产，财产是其成为独立的责任承担者的保障。一般的民事主体是否具有主体资格并不以财产为条件，没有任何财产的自然人仍然是独立的民事主体，而商事主体具有主体资格则要以拥有财产为绝对要件。形式上，需要履行相应的登记手续才能作为商事主体，否则只能

---

①　参见童列春：《商法学基础理论构建》，法律出版社2014年版，第62页。

②　"法律对未成年人、老年人、妇女、身体或者精神障碍者、消费者、劳动者等民事主体有特别保护的，依照其规定。"

作为民事主体而存在。

第二，是否以营利性为目的的不同。"商的本质并不是商品交换，而是资本的营利活动。商人也不是从事商品交换活动的人，而是资本的人格化化身。"① 基于此，保障商事主体追求营利是商法的根本宗旨，也是商法发展与完善的基本动力，② 商法依据营利性建立了相应的价值体系与规则。③ 此所谓在商言商。因此，一些运用于自然人不合理的规则如果运用到商人身上则非常贴切。④ 比如说，自然人之间的借贷合同在没有约定有偿的情况下应该为无偿的，但作为企业之间的借贷，即使对利息没有约定也是有偿的。另如报酬请求权，即使商事主体之间对报酬请求权没有约定，只要完成相关行为，均具有报酬请求权，而对于民事主体则不能以此进行解释。如《德国商法典》第 354 条、《日本商法典》第 512 条均考虑到商事主体的营利性要求而作出了与民法典不同的规定。

第三，意思自治程度的不同。对民事主体，法律侧重强调保护实质性的权利，并采取"意思主义"，强调意思表示应符合真意。而商事主体则注重权利的外观，并采取"外观主义"，以保护信赖利益。⑤ 在传统民事领域，更多地追求民事主体的意思表示真实。例如，《德国民法典》第 766 条、第 780 条和第 781 条规定，保证和债务的承认在具有书面形式时方为有效，但《德国商法典》第 350 条规定口头保证或承认债务对商人具有约束力。在商事交易中，为了实现商事交易的快速与便捷要求，更注重交易的形式化，在形式化的交易中，当事人的意思表示并不是那么重要或者经常被忽视。在传统的民事行为中，基于私法自治理念，对他人具有约束力的行为需要授权。

① 蔡江：《试论我国的商事立法模式之选择》，《社会心理科学》2005 年第 3 期；殷志刚：《商的本质论》，《法律科学（西北政法学院学报）》2001 年第 6 期；范健、王建文：《商法的价值、源流与本体》，中国人民大学出版社 2004 年版，第 191 页。

② 参见苏慧祥主编：《中国商法概论》（修订本），吉林人民出版社 1996 年版，第 6 页。

③ See Michel Germain, *Traité de Droit Commercial*, Seizème édition, L. G. D. J., 2004, p. 6.

④ 学者在考察商人经营场所转让时，不能沿用传统的民法规范，"我国合同法的众多规定没有考虑商人经营场所的特殊性，没有反映商事营业资产的特殊要求……如果在商人经营场所租赁得到严格适用，将不仅会严重损害商人的利益，而且也不符合商事经营场所租赁的特殊性要求。"参见张民安、龚赛红：《商事经营场所租赁权研究》，《当代法学》2006 年第 4 期。

⑤ 参见钱玉林：《商法的价值、功能及其定位——兼与史际春、陈岳琴商榷》，《中国法学》2001 年第 5 期。

只有在法律有明确规定之时，该行为才不需要他人授权，比如表见代理、夫妻日常家事代理、合伙人之间的代理行为。但如果超出法律规定的范围，则在具体的法律行为中均需要行为人的明确授权。但在商事活动中，基于权利外观即可推定商事主体具有行使该项行为的权利。比如《德国商法典》第49条第1款对经理权的规定。因此，与商事经营有关的业务，经理并不需要授权。行纪代理商也是如此。

第四，享有权利内容的不同。尽管民法典规定了一套系统的民事权利义务规则，普遍适用于民法主体和商法主体，但仍有某些特有的权利义务规则仅仅规范商事主体。① 例如，商事主体的商号权，即指商事主体依法可以自主起商号进行经营活动，并受到法律保护的权利。商号权与民事主体的姓名权或名称权截然不同，商事主体的商号权不仅需要经商业登记取得，而且还可以作为一项无形财产加以评估并在一定条件下转让，商事主体对某一商号专用权的范围一般限于同行业、同地区等。而民事主体所享有的姓名权、名称权则是一种人格权，不得用金钱直接评估其价值，不得转让，更没有地域范围限制。再如，商事主体的商业信用权，即商事主体就社会对其产品、服务、经营管理、履约能力等综合情况的评价和信赖予以保全、利用，排除他人破坏的权利。还有商事主体的商业机会利益，即商事主体对其交易活动过程中所取得的优势可能性地位所享有的预期利益和成本利益。②

第五，承担责任类型的不同。在现代社会中，以企业为代表的商事主体不仅被看作是一种私法主体，承担私法上的权利义务，同时也被看作是一种应当承担社会责任的主体，企业的社会责任已被写入我国的公司法、合伙企业法等商事组织法中，成为商事主体普遍认可的责任制度。但是，民事主体却没有承担社会责任的义务。除此之外，在国外立法及司法实践中，设立了强调商人作为拥有专门经验与技能的专业人员的注意义务、对商人之间更多强调外观和信赖利益的保护、严格限制因误解而撤销合同等规则。再如，《消费者权益保护法》规定了消费者权利和经营者的责任，二者是互为对应的。只有双方分别为消费者和经营者时，才适用保护消费者权益的规则，也

---

① 参见吕来明：《论我国商事主体范围的界定》，《北方法学》2008年第10期。
② 参见吕来明：《论商业机会的法律保护》，《中国法学》2006年第5期。

就是说，只有商事主体需要承担对消费者的特殊责任。民事主体，一般不适用对消费者承担责任的规则。①

正因为民事主体与商事主体之间存在差异，即使在民商合一立法体例的背景下，民法典也不能漠视商事主体的特殊性。因此，如何在民法典中纳入商事主体的独特品格，是我们需要认真加以思考的问题。

（三）商事主体存在的必要性

商事主体作为相对独立于民事主体的法律主体而存在，不仅符合历史发展的规律，也是商事主体的现实写照。更为重要的是民商合一立法体例下的商事主体所彰显的价值：

第一，确立一般性商事规范制度的逻辑起点。很显然，商事主体仅仅作为民事主体存在无法解决所有商事主体的问题。例如，作为商事主体的经营者，从事经营活动就无法像一般民事主体那样遵循平等原则，由于经营者处于相对强势的地位，为了实质公平，法律往往会赋予商事主体更多的义务和责任，如《消费者权益保护法》第5条、第6条规定国家、社会对消费者的保护，第二章消费者的权利，第三章经营者的义务，第七章大量规定经营者的责任。商事主体虽然是民事主体的一部分，但其又具有独特品性。这样一方面，商事主体的规范相对于民事主体规范而言是特别规范，但是另一方面，相对于商事主体的具体内容则是一般性的规范。作为一般性的规范，既可以为商事主体的地位和资格的认定提供指导，补齐了两者的差距，缓和了有大量具体的商事主体而无一般商事主体的矛盾，又能够实现商事主体具体法律形态所需的一般性规范与民事主体规则所需的特殊性的统一。② 如作为商事主体的合伙企业与民事主体概念的非法人组织，《民法总则（草案三次审议稿）》第2条规定："民法调整平等主体的自然人、法人、非法人组织之间的人身关系和财产关系。"1987年生效的《民法通则》第2条则仅仅承认自然人与法人的主体身份。③ 民法典对现实存在的其他组织的民事主体地位的承认，从形式和名义上赋予其作为独立存在的主体地位，具有很大的进步意义，但是这仅仅能解决其他组织作为民事主体参加民事活动承担民事责

---

① 参见吕来明：《论我国商事主体范围的界定》，《北方法学》2008年第10期。
② 参见王保树：《商法概论》，高等教育出版社2001年版，第13—27页。
③ "民法调整平等主体的公民之间、法人之间、公民和法人之间的财产关系和人身关系。"

任的问题，而作为商事主体的合伙企业的营业，内部治理等问题都是抽象的民事主体制度无法解决的，所以商事规则需要民事主体规范的确定作为一般性规范，而独特的商事主体则是确定商事主体规范的逻辑出发点。

第二，规范市场经济的最终落脚点。改革开放将近四十年，毋庸讳言，从计划经济到市场经济的转换使我国的经济建设取得了重大成果。市场交易的繁盛、平等和自由理念，是现代文明社会的标志。① 而与计划经济不同，市场经济首先需要市场主体存在，没有主体的存在，没有竞争者的存在，也就没有所谓的市场，更谈不上市场经济。事实上，商事主体的确立不但改变了我国市场经济活动市场主体长期缺位的情况，同时市场主体的完善也依赖商事主体的完善。② 对于我国市场经济的建设，商事主体的确定对规范整个市场经济秩序乃至整个社会秩序都有重要的意义。③ 首先，对于市场经济的主体资格认定，权利义务确定，乃至责任的确定，都必须先确定何为商事主体。其次，国家通过立法实现对市场经济的管控，而公法对私生活的介入，应当通过必要的转介措施，也就是对商事主体资格的限制，如《企业法人登记管理条例施行细则》《个人独资企业登记管理办法》《个体工商户登记管理办法》等规定商事主体营业必须进行登记，未按照法律规定登记的不承认其主体资格，并且需要承担一定的行政责任。市场经济的有效运作既依靠自身有效的运转，又依赖国家适当的管控，而这两者最终都归于对市场主体的调控。市场主体的内部调整则有赖于商事主体的完善，而市场外部管理更需要通过登记等手段对商事主体资格进行限定，无疑，市场经济规范的最终落脚点还是在商事主体的规范上。

第三，指导商事司法实践的理论需求。商事司法判决理应有别于民事司法审判。我国法院审判庭对民事审判庭与商事审判庭的划分自是题中之意。民事与商事在司法审判中从抽象的价值取向到具体规则的适用都存在很大的区别。如我国民法的中心价值是意思自治，法院在审判民事关系时，其指导

---

① 参见范健：《略论中国商法的时代价值》，《南京大学学报（哲学·人文科学·社会科学）》2002年第3期。

② 参见范健：《略论中国商法的时代价值》，《南京大学学报（哲学·人文科学·社会科学）》2002年第3期。

③ 参见范健、王建文：《商法的价值、源流与本体》（第二版），中国人民大学出版社2007年版，第229页。

思想就应该尊重当事人意思自治，而在商事关系中，法官应要求商事主体遵循合同严守原则，但是实践中存在大量商事主体不遵守合同，信用缺失，危害整个经济秩序的现象。① 而法院判案时由于难以区分民商，往往难以要求当事人严守合同。② 如北京市高级人民法院出台《规范民、商事审判庭案件管辖分工的规定（试行）》（以下简称《规定》）的通知，就是对法院审判过程中存在的大量民商不分的判决的解决办法。《规定》的第二部分即是关于民商审判管辖的具体划分原则，第 2 条第 2 款则干脆取消了划分民商事管辖的主体标准，转而采用案由标准。③ 民事主体与商事主体的难以区分并不是说不需要区分，事实上正是由于民事主体与商事主体的难分难解，进一步说明了商事主体的重要性，并间接证明现实中存在大量需要区分的商事主体。而且，尽管《规定》用案由来区分民商事管辖，但最终还是逃不开对民事主体与商事主体的区分。所以，应当从商事主体的内涵确定出发，将其作为区分民商事管辖的理论起点，然后确定商法的价值精神与具体规范，从而指导司法实践的过程。其中，在商事主体基础上确定的商事审判的主要价值是交易效率价值、交易安全价值和交易公平价值。④ 商事主体的确定为实践中法院审判商事案件提供了理论支撑。

二、商事主体的确定标准

（一）学者与立法观点的比较及评析

1. 商行为标准

我国学者在定义商行为时，认为商行为就是商主体从事以营利为目的的经营行为。⑤《日本商法典》第 4 条以"商行为"来界定"商人"，内容为商人是指"以自己名义、以实施商行为为业者"。但该法第 503 条在规定商

---

① 参见雷雯：《论我国商事信用法律调节机制的完善》，冯果主编：《商事思维与商法实践》，长江出版社 2014 年版，第 121 页。

② 参见韩晓利：《论我国商事信用法律体系的构建》，冯果主编：《商事思维与商法实践》，长江出版社 2014 年版，第 131 页。

③ 参见《规范民、商事审判庭案件管辖分工的规定（试行）》，京高法发〔2011〕228 号。

④ 参见胡鸿高：《商法价值论》，《复旦学报（社会科学版）》2002 年第 5 期。

⑤ 参见范健主编：《商法》，高等教育出版社、北京大学出版社 2002 年版，第 49 页；徐学鹿主编：《商法教程》，中国财政经济出版社 1997 年版，第 42 页。

行为时，规定"商人为其营业实施的行为均属于商行为"，采用的是用"商人"来界定"商行为"。《德国商法典》第 343 条第 1 款亦作类似规定："商行为是商人从事商事经营的行为。"《法国商法典》开篇首条规定即用商行为与职业性特征来确定商事主体，第 632 条又没有确定商主体的内容，规定凡是从事以营利为目的的行为，均属于商行为。由此表现出商人与商行为很难区分的立法态度。

2. 商人标准

其实各国商法典中都绕不开对商人的定义，如《德国商法典》第 1 条第 1 款就定义商人即"从事商营业的人"，《法国商法典》第 1 条规定只有将商事行为作为职业经常性事实的人才可为商人。[①]《日本商法典》第 4 条第 2 款规定具备店铺和设备等条件的，及经营的矿业者可为拟制商人；第 4 条第 1 项规定的营利社团法人无法离开商人资格存在，其设立就是为了取得商人资格。[②] 与大陆法系国家不同，美国《统一商法典》对商事主体的界定是从商人的素质描述出发的。根据该法典第 2—104 条的定义：

> 商人是经营某种货物的人，或其职业表明他对交易所涉及的惯例或者货物具有专门知识或者技能的人，或他因雇佣其职业表明具有专门知识或技能的代理人、经纪人或其他中间人而被视为具有此种专门知识或者技能的人。[③]

3. 综合标准

从商法的最新发展来看，同时以商人和商行为两个概念为基础确立商事主体制度已占主流，并成为现代商法发展的一个趋势。如法国现行商法典即以商行为概念作为规定商事主体即商人的基础，但同时也在一定程度上以商

---

① 参见［法］伊夫·居荣：《法国商法》（第一卷），罗杰珍、赵海峰译，法律出版社 2004 年版，第 63 页。

② 参见王萍：《日本商法教程》（修订版），上海外语教育出版社 2005 年版，第 81—85 页。

③ 高文燕：《论商主体概念的界定及对商人的认定标准》，《商品与质量》2010 年第 6 期；参见 ALI（美国法学会）、NCCUSL（美国统一州法委员会）：《美国统一商法典及其正式评述》（第一卷），孙新强译，中国人民大学出版社 2004 年版，第 44 页。

人规定商行为的范围。① 《德国商法典》最初通过商人是否经营商事营业判断，凡需要按照商人方式从事营利事业的即商人，但 1998 年改革后的《德国商法典》第 1 条第 1 款规定："商事主体乃指'从事商营业'之主体"，第 2 款补充说明商事主体范围。② 按照这一规定，成为商事主体的标准是：从事营业行为，并根据种类和范围以商人方式经营。《日本商法典》一方面并不以实施商行为为前提条件确定商人概念，另一方面又将中间法人、公益法人、特殊法人从事商行为视为商人。③ 2004 年，《深圳经济特区商事条例》第 4 条对商事主体作出明确定义，④ 也是用商人和商行为两个概念综合确定商事主体。但其实到最后，各国法律对商事主体资格的确定都陷入了商主体与商行为的循环定义中。

（二）笔者的观点

世界立法在如何确定商主体上，一般有商事主体标准与商行为标准，但无论是在理论上还是在实践中，二者经常以同义反复的形式加以确定。如我国学者认为商行为就是商主体所从事以营利为目的的经营行为。⑤ 《民法总则专家意见稿》《民法总则专家提交稿》《民法总则（草案）》以及草案二审稿、草案三审稿均回避了这一冲突，例如《民法总则（草案二次审议稿）》第 77 条直接将营利性法人作为商主体，列举其包括有限责任公司、股份有限责任公司和其他企业法人等，并在第 74 条将商事登记作为对商事主体的规范，意图实现对营利性法人的调整。但该规定存在以下问题：

第一，营利性法人作为商主体的范围过于狭窄，不能容纳所有的商主体。营利性企业法人并不能等同于商主体的全部。我国现有法律已经明确个

---

① 参见钱玉林：《商法的价值、功能及其定位——兼与史际春、陈岳琴商榷》，《中国法学》2001年第 5 期。

② "商营业是指任何营业行为，但企业根据其种类和范围不要求以商人方式经营的除外。"参见［德］C. W. 卡纳里斯：《德国商法》，杨继译，法律出版社 2006 年版，第 40 页。

③ 参见王萍：《日本商法教程》（修订版），上海外语教育出版社 2005 年版，第 85—87 页。

④ "商人是经依法登记，以营利为目的、用自己的名义从事商行为且作为经常性职业的自然人、法人和其他经济组织。"

⑤ 参见范健主编：《商法》，高等教育出版社、北京大学出版社 2002 年版，第 49 页；徐学鹿主编：《商法教程》，中国财政经济出版社 1997 年版，第 42 页。

体工商户、农村承包经营户、个人独资企业等市场主体资格，这些主体具有稳定性、职业性、专业性的特点，不将其作为商事主体，不利于对此类主体予以规范。

第二，《民法总则专家意见稿》《民法总则专家提交稿》《民法总则（草案）》以及草案二审稿、草案三审稿都没有区分商事登记的设权与公示作用。"商事登记是法律事实的名单记录"①，只有通过商事登记才能创设商事主体。例如，《民法总则（草案）》第 74 条仅仅明确商事登记簿、商事登记信息公开所体现出权利的公示，并未体现出商事登记所具有创立商主体的功能，从而使规范不具有开放性。但《德国商法典》第 2 条、第 3 条第 2 款规定的任意商人的登记以及依据该法典第 105 条第 2 款和第 123 条第 1 款对商事合伙的登记，② 使得这些主体具有商事主体的资格。

笔者认为，将商事主体的范围限制在营利性企业法人的做法不利于商法的发展，也不利于拓展商事交易的灵活性，基于民法典总则确定商事主体的重要作用，商事主体的确定应遵循以下原则：

第一，应采用客观主义而不是主观主义的方法确定商事主体。由于现代社会民事主体与商事主体不能严格区分，不能先入为主地以主观主义来确定商事主体，而必须通过客观主义方法来确定商事主体。

第二，商事主体的确定应具有开放性。在民法典中规定商事主体这种异质性主体，是因为民事与商事规则的差异性仍然存在。商事主体是适用商事规则的前提，随着社会的发展，新的商事主体类型将会不断得以涌现，为了保持民法典的稳定性，商事主体的确定应具有开放性。

第三，商事主体的确定应该体现主体角色不断变换的特点。在现代社会，商人作为一独立的阶层已经不再存在，普通的民事主体在不同的场合也可以从事商事行为，而传统的商事主体亦可从事民事行为，因此对商事主体的确定应该能够体现商事主体角色不断变换的特点。

由此可以推论，单纯先入为主确定何种类型的主体为商事主体的立法是不可能实现的，但可以采用一种客观的标准。笔者认为，应当将营业作为确

---

① ［德］C. W. 卡纳里斯：《德国商法》，杨继译，法律出版社 2006 年版，第 70 页。

② 参见 ［德］C. W. 卡纳里斯：《德国商法》，杨继译，法律出版社 2006 年版，第 76 页。

立适用商事规则的标准。所谓营业（Gewerbe）：

> 是指一种独立的、有偿的向外公示的行为，但是对于艺术、科学的活动以及那些需要高度人身性的自由职业不包括在内。①

"营业是商法所特有的范畴与规范体系。"② 营业是连接商主体与商行为的核心，商法是以营业为中心建立起来的规范体系。因此，以营业作为适用商事规则的标准，具有天然的优势，相对既有的两户（指个体工商户、农村承包经营户）制度和营利性标准而言无疑具有进步意义：

第一，体现商事交易的本质要求。营业既是商主体的判断标准，也是商行为的认定标准。无论是商主体立法还是商行为立法均容易陷入立法的循环论证。对于商事交易的确定，最为重要的标准不在于资产的规模与人员的数量，而在于"一个理性的经营者于此是否采用商事簿记制度的基本原则的必要性"③。营业所体现出的营利性、持续性、独立性与公开性是商主体的外观表现。现代商事制度的商事主体登记制度、商业账簿制度、商号登记制度等都是围绕营业而展开的。营业是商事登记的前提与基础，也是商事交易的对外表现。营业所体现出的营业财产以及围绕营业所形成的功能体，本身是商主体的存在形式。现代商法一方面依据行为人所经营的商营业的种类，区分了法定商人（必然商人或免登记商人）、必须登记商人和可登记商人，另一方面又根据商营业的规模，区分了完全商人和小商人。④ 因此，营业被作为区分商事主体与民事主体、商行为与民事行为的一个关键标准。⑤

第二，保持商事主体的开放性。以营业作为确定商事主体的标准，为该

---

① [德] C. W. 卡纳里斯：《德国商法》，杨继译，法律出版社 2006 年版，第 36 页。

② 郑曙光、胡新建：《现代商法：理论起点与规范体系》，中国人民大学出版社 2013 年版，第 189 页。

③ [德] C. W. 卡纳里斯：《德国商法》，杨继译，法律出版社 2006 年版，第 70 页。

④ 参见邵建东：《德国商法最新修订评析》，徐学鹿主编：《商法研究》（第一辑），人民法院出版社 2000 年版，第 145 页。

⑤ 参见郑曙光、胡新建：《现代商法：理论起点与规范体系》，中国人民大学出版社 2013 年版，第 192 页。

主体自愿进入该领域提供可能，从而使民法典在设置商事主体方面具有开放性。这方面，德国商事法律制度的发展可以作为例证。在 1998 年之前，《德国商法典》立法是以依法登记作为取得商人身份资格的标准，这种立法受到学者批评，学者认为，尽管这些内容具有较强的确定性，但不能保证法律适用的实质正义。学者认为，"将小营业经营者从商法领域中排除的根本性原则是自相矛盾的"。而应该将营业作为商法的内容。可以说，德国商法改变了主体标准，而将营业作为确立商主体的标准。该种观点认为，"工商营业或者独立职业行为"也可作为商主体的内容。[①] 因此，新修改的《德国商法典》第 1 条第 2 款概括性地规定，商人身份的取得必须满足商营业的特定前提，只要是满足了商营业的一般前提条件，就可以成为法律上的商人，[②] 德国立法的发展值得我们借鉴。

第三，保障法律的正确适用。基于营业事实的稳定性，能够保障法律适用的确定性。事实上，对于商事留置权的产生以及留置权的适用，一般采用营业标准。"商人因营业所生之债权，与因营业关系而占有之动产，其债权与占有虽基于不同关系而发生，无须有任何之因果关系，即视为有牵连关系，而得成立留置权。"[③] 《德国商法典》第 369 条第 1 款采用的是营业标准，我国台湾地区"民法典"第 929 条亦是如此。

第二节　商事主体的法定类型

一、商事主体的类型化

以营业作为界定商事主体的标准，仅仅在抽象层次上确定了商事主体资格问题，但是现实生活中商事主体的具体形态万千，相关商事规则也显得颇为杂乱，此时还需要以商事主体的类型化来明晰商事主体的外延。类型是连接抽象概念与具体规则之间的桥梁。类型化，一方面可以将具体事实总结上升为抽象概念，又可以对抽象概念分类使之回归具体，另一方面，不同的类

---

① 参见［德］C. W. 卡纳里斯：《德国商法》，杨继译，法律出版社 2006 年版，第 21—23 页。

② 参见［德］C. W. 卡纳里斯：《德国商法》，杨继译，法律出版社 2006 年版，第 40—41 页。

③ 史尚宽：《物权法论》，中国政法大学出版社 2000 年版，第 500 页。

别能够呈现出整体的脉络关系。那么，就可以通过类型化来连接抽象概念的商事主体与具体存在的商事主体。诚如学者所言：

> 当抽象概念及构建的外部体系还无法充分地理解生活现象或者去把握意义脉络呈现的丰富多样的样态时，人最先求助的辅助思考方式就是类型。①

（一）商事主体类型化的意义

第一，类型化提供了一条研究商事主体外延可行的逻辑路径。法律概念虽是抽象性的，但却可以通过分类而具体化，直到与具体生活事实相连接，如法律行为的概念，高度抽象且脱离于生活，但是可以对其按照一定标准分类为有偿法律行为与无偿法律行为。其中，有偿法律行为还可以进一步分类为：买卖合同、加工合同等。这个层面上的法律行为就已经相当贴近我们的生活。其实，任何抽象概念都存在一定的层次性，而且只有同一层面上的类别才有对话意义，如主体制度包括自然人、法人、其他组织。自然人、法人、其他组织才是一个层面上的概念，它们之间才有比较区别的可能性。但是，民事主体与自然人就显然不是一个层面上的概念类别，没有相互比较的意义。正因如此，类型化可以剥笋似的将民事主体一层一层地揭开，进而明晰民事主体的外延。商事主体本身也存在这样的层次性。虽然可能会存在不同的标准对商事主体进行分类，但是当然可以通过类型化来确定商事主体的外延。②

第二，类型化是探究商事主体的必经途径。马克斯·韦伯的理想类型论、亚图·考夫曼的事物本质类型论、卡尔·拉伦茨的类型论，③ 三种类型化理论虽然侧重点不一，但不管是何种理论的类型化都主张将纷杂的社会现象类型化，从而抽象出法律。其实，法律条文本身具有极大的抽象性主要是由于构成条文的法律概念的抽象性，法律概念通过构成抽象的法律原则、法

---

① ［德］卡尔·拉伦茨：《法学方法论》，陈爱娥译，商务印书馆 2003 年版，第 316 页。
② 参见蒋大兴：《商事关系法律调整之研究——类型化路径与法体系分工》，《中国法学》2005 年第 3 期。
③ 参见刘士国：《类型化与民法解释》，《法学研究》2006 年第 6 期。

律规则，并最终构成法律本身。法律概念是对生活的抽象，本质是对客观事物的根本特征的深层次抽象，它虽然源于生活，但又超越生活。① 例如，我国最高人民法院颁布的指导性案例，而我国并不承认案例的法律渊源效力，此种情况下，指导性案例是在具体审判过程中通过对某些具体案例类型化来指导各级法院的审判。其实，民事审判过程就是将具体事实与抽象法律规则甚至法律原则通过类型化连接的过程。可见，高度抽象的概念必须通过类型化从生活中抽象而出。没有类型化就无法抽象出法律概念，同理，没有类型化也就无法从抽象概念中分出具体形态。所以，商事主体虽然存在具体形态的不同，但是可以根据相同的主要特征而归于一个类型，更有甚者，对抽象的商事主体的外延确定，必须通过类型化来确定，类型化无疑是探究商事主体外延的必经之路。

第三，类型化能清晰地显示出商事主体内部的脉络联系。构建类型化商事主体的价值是巨大的，类型化使过渡和混合化的类型成为可能。② 借助对某一类型在整体中显现出的地位，呈现出该种类型的特征，可以使自身的特征和相邻类型的特征更明白地表现出来。类型化不仅是连接个别与整体的桥梁，而且还是构建整体的支柱。例如，商事主体中的个人独资企业与合伙企业，这两类商事主体都以营利为目的，形式上需要经过登记，有合法的企业名称、固定的生产场所和营业条件和必要的从业人员，但是合伙企业要求至少两个以上的合伙人，而独资企业投资人却只有一人，所以，其实两者并不是非此即彼的关系，特别是合伙企业中只有一个显名合伙人时，跟个人独资企业组织性的差别就更小了。类型之间并不是绝对割裂的，而是相互联系又有区别，从而呈现出的一种脉络联系。所以，法律不能截然地将商事主体隔断而应当体现不同类别的流动性联系，应当以统一但又有一定差异的法律来规范不同的商事主体类别。③

---

① 参见许中缘：《论法律概念——以民法典体系构成为视角》，《法制与社会发展》2007 年第 2 期；许中缘：《论法律的概念——从民法典的角度》，易继明主编：《私法》2007 年第 9 辑。
② 参见徐胜强：《商主体的类型化思考》，《当代法学》2008 年第 7 期。
③ 参见徐胜强：《商主体的类型化思考》，《当代法学》2008 年第 7 期。

（二）商事主体类型划分及评析

1. 学者对商事主体的分类

目前我国学者所著的大部分教材中，都以主体组织形式为标准将商事主体划分为商个人、商法人、商合伙，[①] 即三元结构划分。也有学者根据主体二元论将商事主体分为：商个人与商法人，其中商个人包括商合伙。[②] 其实三元论或二元论的分类，都是在我国《民法通则》将民事主体划分为自然人、法人的基础上衍生的。这样的分类仅仅是在民事主体类别的基础上加上"商"而构建，没有从商事主体存在的具体形态对商事主体进行划分，显得过于简单，根本无法突出商事主体作为一种特别的民事主体的独特性品质，没有发挥对商事主体分类的作用。范健教授认为：

> 商事主体应定性为企业，商事主体为法律拟制且需要履行登记义务的基础上，可以划分为：个人独资企业、法人企业、合伙企业。[③]

范健教授的分类具有一定的启示意义，即商事主体的分类应该是建立在商事主体独特性的基础上的分类，而不应该简单地套用民事主体的类别。

2. 比较法中商事主体的分类

《法国商法典》将商事主体划分为商自然人与商组织，其中商自然人分为一般商人与小商人，商组织分为商公司和商合伙。[④] 《德国商法典》在1998年改革前是按照商事经营标准将商事主体分为：必然商人、应登记商人、自由登记商人，其中必然商人又可以分为完全商人和小商人，改革后的

---

① 参见施天涛：《商法学》，法律出版社 2009 年版，第 44—48 页。杨建学：《商法学》，法律出版社 2004 年版，第 31—43 页；赵旭东：《商法学教程》，中国政法大学出版社 2004 年版，第 26—39 页；雷兴虎：《商法学》，人民法院出版社 2003 年版，第 39—45 页；王卫国：《商法》，中国政法大学出版社 2014 年版，第 16—19 页；顾功耘主编：《商法教程》（第二版），上海人民出版社 2006 年版，第 37—46 页；李永军：《商法学》，中国政法大学出版社 2003 年版，第 32—37 页；王保树主编：《商法》，法律出版社 2005 年版，第 42—48 页。

② 参见徐学鹿主编：《商法研究》，人民法院出版社 2001 年版，第 38—53 页。

③ 范健、王建文：《商法的价值、源流与本体》（第二版），中国人民大学出版社 2007 年版，第 215 页。

④ 参见［法］伊夫·居荣：《法国商法》（第一卷），罗杰珍、赵海峰译，法律出版社 2004 年版，第 34—87 页。

商法典废除了小商人概念，坚持营业标准为唯一的标准，将商事主体分为必然商人和自由登记商人，体现了简化的思想，获得了广泛的好评。① 《日本商法典》则是将商事主体分为：固定商人、拟制商人、小商人。② 《韩国商法典》基本沿袭《日本商法典》将其商事主体分为：自然商人、拟制商人、小商人。③ 中国澳门特区的《澳门商法典》则以商业企业、商业企业主、企业的分类路径代替了传统商人的分类路径，此虽具有开拓创新的意义，但还相对不成熟。④ 英美法系国家的法律又具有不同于大陆法系国家法律的特点，如英国法律中将商事主体分为：个体经营者、合伙、注册公司。此分类不仅简单明了，也是英国商事主体的现实写照。⑤

　　法律终究是生活的产物。尽管不同法系、不同国家法律中的商事主体类别存在很大的区别，但是不难发现其对商事主体的分类都简洁却不失层次性，符合本地现实状况又不失创造性。从《德国民法典》改革前后对商事主体的分类就可见一斑。我国《深圳经济特区商事条例》也是如此，其第2章第5条，就创造性地将商事主体分为有限责任商人与无限责任商人。

　　3. 我国未来民法典中商事主体的分类

　　《民法总则（草案三次审议稿）》第52条和第77条、第100条第2款分别将个体工商户和企业法人等营利性社团法人、独资企业、合伙企业确定为商事主体类型，反映了将团体性企业作为商事主体核心概念的潮流，⑥ 并试图将商事主体以个体工商户和营利性社团法人、独资企业、合伙企业的形态引入民法典中，实现民商合一，较《民法通则》将商事主体分为法人、个体工商户、个人合伙，无疑具有进步意义，但是如此简单的构造也难以让人信服：

　　第一，不仅丧失了商事主体分类的层次性，而且商事主体外延也不周

---

① 参见李政辉：《商人主体性的法律建构》，法律出版社2013年版，第45—55页。
② 参见王萍：《日本商法教程》（修订版），上海外语教育出版社2005年版，第79—82页。
③ 参见《韩国商法》，吴日焕译，中国政法大学出版社2010年版，第27—38页。
④ 参见曹锦俊、刘耀强：《澳门商法》，社会科学文献出版社2015年版，第77—104页。
⑤ 参见［英］斯蒂芬·加奇：《商法》（第二版），屈广清、陈小云译，中国政法大学出版社2004年版，第157—311页。
⑥ 参见范健、王建文：《商法的价值、源流及本体》（第二版），中国人民大学出版社2007年版，第266页。

全。一方面，简单地将商事主体类别分为个体工商户、营利性社团法人、独资企业、合伙企业，使商事主体的划分也无法再延续。例如，《法国商法典》先将商事主体分为商自然人与商组织，再将商自然人分为一般商人与小商人，商组织分为商公司和商合伙。不难发现，商事主体的划分是有层次性的，没有层次性就没有体系性也没有分类的必要。另一方面，除个体工商户、营利性社团法人、独资企业、合伙企业外，还存在大量其他的商事主体，如国有独资企业、城镇集体企业、外商投资企业等等，我国民商事法律体系中也承认这些企业的商事主体地位。① 那么，如此划分商事主体的类型会大大地缩减商事主体应有的外延范围，而且由于我国法律中还大量存在其他类型的商事主体，如此分类将使我国未来民法典作为一部统率民商事法律的法典功能大大减弱。

第二，简单沿袭农业社会的个体工商户，照搬民事主体社团法人的类别加上营利性，毫无新意，无法凸显商事主体独特性。商事主体首先应该是民事主体，绝不意味着民事主体类别加上商事某些特征就成了商事主体，商事主体是特别的民事主体，商事主体具有独特性，有其独特的确认标准和适用规则。但在商业社会，还沿袭以前个体工商户，用"户"的身份来代替个人的做法，明显不符合商事主体本质。同样，营利性社团法人的类别，也根本没有突出商事主体的本质特征，而且，营利性也不符合确定商事主体的标准，营利性只是商事主体的必要而绝非充分条件。例如，我国有学者将营利、资本、营业作为商事主体的前提条件，② 无独有偶，《德国商法典》中的经营性行为不仅包括了营利性而且还需要满足《德国商法典》规定的商人设置。③ 故可以说，我国《民法总则（草案）》对商事主体类别的构建是极其不科学的。

（三）商事主体分类的前提

既然《民法总则（草案三次审议稿）》将商事主体类型定位为个体工商户、营利性社团法人、独资企业、合伙企业存在诸多弊病，那应当如何对商事主体进行分类？笔者认为，在民商合一立法体例下编纂民法典的大背景

---

① 参见苗延波：《商法通则立法研究》，知识产权出版社 2004 年版，第 82—96 页。

② 参见李政辉：《商人主体性的法律建构》，法律出版社 2013 年版，第 74 页。

③ 参见［德］C. W. 卡纳里斯：《德国商法》，杨继译，法律出版社 2006 年版，第 43 页。

下，商事主体的内涵定性是确定商事主体外延分类的前提性设置，商事主体的分类应该在此基础上展开：

第一，商事主体是特殊的民事主体。我们认为商事主体是特殊的民事主体，包含两个层次的意思：其一，商事主体是民事主体。其二，商事主体是特别的民事主体。一方面，既然商事主体是民事主体，而我国未来民法典将民事主体划分为自然人、法人、其他组织，商事主体也应当有这三个类别，这为商事主体外延确定了一个可靠的边界。另一方面，商事主体又是特殊的民事主体，民事主体无法全部地具备商事主体身份，民事主体需要具备某些特质才是商事主体，所以，绝不能简单地将商事主体按照民事主体的类别划分。

第二，商事主体的确认标准：营业。商事主体首先是民事主体，然后如果满足营业条件就是特殊的民事主体——商事主体，那么，既然民事主体可以分为自然人、法人、其他组织，自然满足营业条件的自然人是商事主体，满足营业条件的法人是商事主体，满足营业条件的其他组织也是商事主体。所以，营业也是界定商事主体外延的标准。这样似乎可以简单地将商事主体分为：商个人、商法人、商其他组织，商事主体的外延得以周延。但抽象的"商"无法反映营业内涵，如此分类得不偿失。事实上，营业有极其丰富的含义，既要求以商人的方式经营且相关活动需具备独立性和有偿性，而且还有对艺术、科学的活动以及那些需要高度人身性的自由职业的消极条件。[①]满足营业条件的自然人确认为商个人尚可，但是满足营业条件的法人和其他组织确认为商法人、商其他组织就相当不精确。例如，我国《民法通则》将团体划分为企业、机关、事业单位以及社会团体法人，其中，企业法人是商事主体无疑，但是其余三类团体根本无法满足营业的要求从而不可能是商事主体。同时，除了法律另有规定外，对于从事律师、审计、税务等与人身关系密切联系职业的个人也无法成为商事主体。

（四）商事主体分类：商个人与商企业

也就是说，商事主体的分类首先应当建立在民事主体类别的基础上，然后再通过营业对其外延进行界定。《民法总则专家意见提交稿》改变了《民

---

① 参见［德］C. W. 卡纳里斯：《德国商法》，杨继译，法律出版社2006年版，第30—32页。

法通则》将法人分为企业法人和非企业法人的做法，其第 3 章将法人分为：机关法人、财团法人、社团法人，其中第 3 节又将社团法人分为营利性社团法人和非营利性社团法人，并且增加了其他组织，并在第 4 章将其他组织分为：独资企业、合伙企业、业主大会、业主委员会。《民法总则（草案）》以及草案二审稿、三审稿更是直接将法人分类为营利性法人与非营利性法人，但实际上，其中的机关法人、财团法人、非营利性社团法人、业主大会、业主委员会根本无法满足营业条件故不能成为商事主体，所以，笔者主张将商事主体划分为商个人和商企业。商个人和商企业的分类具有体例上的优势：

第一，周延、精确的商事主体类别。我国学者普遍将商事主体分为商个人、商法人、商合伙，[①] 但是，民事主体应分为自然人、法人、其他组织。于是，这样划分一方面不周延，例如，其他组织中的私营企业应属于商事主体，却无法划入商个人、商法人、商合伙的类别中。同样，范健教授对商事主体的划分也存在这样的问题。另一方面，无法反映商事主体的特质，例如，《日本民法典》明文规定即便公法人从事商行为也不能视为商事主体，因为其存在的目的与营利目的相矛盾，[②] 但商法人这一类别难以判断公法人是否属于商事主体。反观商个人与商企业的分类，既可以囊括自然人、法人、其他组织类别中的商事主体，又没有简单地照搬民事主体的分类，而用商与企业来反映营业条件，分类更加准确，例如，我国 1950 年《私营企业条例》第 3 条明文规定企业就包括独资、合伙和公司三大类。因而商个人、商企业这一划分使得商事主体外延周全而且反映商事主体的实质内涵，商个人是满足营业条件的自然人，而商企业则是经过国家法定程序、法律认可进行营业的组织体，而不是泛泛而谈的法人、其他组织。

第二，契合商事主体的历史发展规律。商人的发展史就是从自然人到资本人格化的发展。[③] 而资本人格化其实就是激烈市场竞争迫使出现的可以高度集中资本的以公司为代表的企业组织形式。企业最初仅仅作为法律客体存在，是债权债务关系的综合，但企业概念发展到今天已是通常意义上的法律主体，而不是权利的客体，许多西方国家普遍性地界定企业为商事主体。后

---

① 参见王保树主编：《商法》，法律出版社 2005 年版，第 42 页。

② 参见王萍：《日本商法教程》（修订版），上海外语教育出版社 2005 年版，第 87 页。

③ 参见李政辉：《商人主体性的法律建构》，法律出版社 2013 年版，第 78 页。

来企业的含义越发丰富，既可以作为商事主体存在又可以成为商事法律关系的客体。① 例如，某企业在市场中经营运作时是商事主体，但企业并购、清算时，企业作为财产的集合体应是商事法律关系中的客体。企业概念变迁本身也反映了企业对商法的重要性。在日本，"企业法说"已经成为主流学说，同样地，德国大多数学者主张商法是以企业为中心的法律体系，而法国部分学者更是主张商法就是企业法，是企业的对外私法。② 而我国大量"企业的法律"，如《合伙企业法》《全民所有制工业企业法》《城镇集体所有制企业条例》《中外合资企业法》等等基本上构成了商事法律的绝大部分。毫无疑问，企业已成为商事规则的中心概念。因此，当下将商企业定为商事主体的类别是历史发展的必然潮流，而商个人、商企业的分类，更有助于反映从商个人到商企业的变迁。

第三，符合信息时代的商业特征。"商法企业法化"的现象盛行，部分国家在商法中引入企业和企业主的概念，并以此构建本国的商事法律体系。奥地利甚至废弃了原来的商法典，单独制定了《奥地利企业法典》。③ 我国也有部分学者主张应在企业的基础上整合现有的商法法律体系。如范健教授主张：

> 商事主体应定性为企业，企业指依法成立具备组织形式，以营利为目的，独立从事生产和服务性活动，具有独立法律主体地位的经济组织。④

在此基础上，商事主体可进一步划分为：个人独资企业、法人企业、合伙企业。但是，企业终究只是营业的组织，无法涵盖营业的个人。特别是现代互联网发达的信息时代，信息技术不仅改变了我们的生活，也改变了我们的经商方式，以淘宝网为代表的各种销售平台不计其数，截至 2014 年 6 月，

---

① 参见范健、王建文：《商法的价值、源流及本体》（第二版），中国人民大学出版社 2007 年版，第 256—265 页。

② 参见蒋大兴：《商人，抑或企业？——制定〈商法通则〉的前提性疑问》，《清华法学》2008 年第 4 期。

③ 参见叶林：《企业的商法意义及"企业进入商法"的新趋势》，《中国法学》2012 年第 4 期。

④ 范健、王建文：《商法的价值、源流及本体》（第二版），中国人民大学出版社 2007 年版，第 265—296 页；金涛：《论商主体与企业会计主体的同一性》，《财会月刊》2013 年第 4 期。

单淘宝网天猫商城的店铺数量就有 109733 家。① 还有微信中大量存在的"微商""微店"以及我国现实中大量存在的个体工商户，② 无固定摊位的小商贩，其中不乏满足营业条件的个人，从数量上来看，商个人还是占据了商事主体的多数。从商人到企业的发展，本就不是对商个人的否定，而是扬弃，我国商事主体理论不应只限于对商企业的研究，而忽视大量存在的商个人。经济的稳定既需要商企业，更需要商个人。③ 可见，企业确实是现代商事主体的重要组成部分但绝非全部。商个人与商企业并重的商事主体分类才符合我国的实际情况。

二、商个人：自主选择

我国学者普遍认为，商个人应分为个体工商户、农村承包经营户、个人独资企业三大类。④ 部分学者认为界定的三类外延过小。如雷兴虎教授认为商个人除了传统的三大类还应该包括公民个人，公民个人除法律、行政法规禁止经商外，原则上都可以成为商个人。⑤ 赵旭东、王卫国教授认为商个人还应当包括特殊的从事商品买卖活动的人，即小商贩、手工匠等小商人。⑥ 杨建学教授甚至认为凡是从事商事营利活动的个人都可以是商个人。⑦ 还有部分学者则认为外延过大。范健教授主张将商个人限定为个体工商户、个人独资企业、私营企业。⑧ 顾功耘教授则认为商个人应分为个体工商户和个人独资企业两类。⑨ 学者们争议的焦点主要在于：是否承认小摊贩的商事主体

---

① 目前尚无官方统计，也没有全面的统计，2016 年 3 月 8 日，见 http：//www. douban. com/note/177539656/？ type＝like。

② 截至 2007 年，全国共有私营企业 551 万户，个体工商户 2741.5 万户，私营企业占全国企业总数的 61%，成为数量最多的企业群体。自 2009—2012 年，我国个体工商户从业人员从 6632 万人升至 8000 万人，约占全国人口的 5.9%，是一个庞大的群体。参见汪海粟、姜玉勇：《个体工商户的行业分布、生存状态及其或然走向》，《企业发展》2014 年第 4 期。

③ 参见徐强胜：《商主体的类型化思考》，《当代法学》2008 年第 7 期。

④ 参见王保树：《中国商事法》，人民法院出版社 2001 年版，第 44—49 页。

⑤ 参见雷兴虎：《商法学》，人民法院出版社 2003 年版，第 29 页。

⑥ 参见赵旭东：《商法学教程》，中国政法大学出版社 2004 年版，第 30 页。

⑦ 参见杨建学：《商法学》，法律出版社 2004 年版，第 32 页。

⑧ 参见范健、王建文：《商法的价值、源流及本体》（第二版），中国人民大学出版社 2007 年版，第 207 页。

⑨ 参见顾功耘主编：《商法教程》（第二版），上海人民出版社 2006 年版，第 37 页。

地位、个体工商户与农村承包经营户的商事主体地位以及个人独资企业应为何种商事类别。

盖我国未来民法典和我国学者对商个人范围截然不同的界定，源于对商个人内涵认识上的差异。如顾功耘教授认为，自然人在社会经济生活中只有民事主体的身份，以消费者身份参加社会商品交易，当他参加经营活动时是以个体工商户和个人独资企业的身份而成为商事主体。杨建学教授则认为，商个人是法律拟制的主体，所以，凡是符合现行法律规定的均可以成为商事主体。我国未来民法典则应延续《民法通则》的做法，将登记作为商事主体的前置条件，只承认满足登记条件的个人为个体工商户存在。

笔者认为，商个人是指依商事法规经营营业的自然人。商个人首先应该是自然人，然后才是进行营业的自然人。这与大部分学者对商个人的定义和我国《民法总则（草案三次审议稿）》对个体工商户的界定一致。但笔者并不认同将营利性与登记作为自然人与商个人的区分标准，营利性的内涵过于狭隘，自然人无需登记，商个人自然也如此，登记只是法律管理商个人的手段而不是创设商个人的条件。笔者主张商个人认定标准应为营业。具备营业条件的自然人即是商个人，这是商个人的实质，只要法律没有明文禁止，选择何种形式是个人的营业自由。诚如学者所言：

> 经商自由与意愿立业是商业与手工业活动的基础，营业自由是个人神圣的宪法权利。[①]

所以，商个人可以也应当自主地选择是否从事商事交易以及参与商事活动的方式。

（一）个人独资企业应为商企业

我国学者对个人独资企业的定义，普遍参照《个人独资企业法》第2条的规定，并基于此将个人独资企业定性为商事主体，为商个人中的一类。典型的如范健教授将个人独资企业定义为一个自然人单独投资、经营并由投

---

① ［法］伊夫·居荣：《法国商法》（第一卷），罗杰珍、赵海峰译，法律出版社2004年版，第35页。

资者一人承担无限责任的企业。商事主体是在企业的基础上构建的，而企业的表现形式应为组织体，但其又将商个人称为个体商人，而商个人首先又应是自然人。① 应当看到自然人与企业之间存在伦理与市场理性的巨大鸿沟。② 商个人的主体基础是自然人，绝不可能以组织体的企业形态存在，我们应当明确：

第一，个人独资企业是企业而不是自然人，自然人只能作为企业主存在。比较法上，《澳门商法典》中商事企业与商事企业主，就很明确地区分了个人独资企业与作为商个人的企业主。其第 1 章第 1 条和第 2 条分别规定：

> 商事企业主就是以自己名义、自行或通过第三人经营商业企业的一切自然人或法人。③
> 商事企业是持续及营利为目的的从事经济活动之生产要素之具体组织。④

自然人商事企业主并不是商事企业本身，企业主的特性表现为控制企业的主动性和承担企业的风险性。自然人的商事企业主才是个体商人或商个人。⑤ 其次，同样地，《私营企业暂行条例》规定，个人独资企业应当具有一定的规模且受聘的人数要超过 8 人。强调个人独资企业的组织性，但作为商事企业主的自然人却并不需要。最后，《德国商法典》第 2 条第 2 款指出商人身份是依商营业产生的，⑥《法国商法典》第 488 条第 1 款规定原则上

---

① 参见范健、王建文：《商法的价值、源流及本体》（第二版），中国人民大学出版社 2007 年版，第 293—294 页。
② 参见汪青松：《商事主体构造的理性逻辑与一般规则》，《法律科学（西北政法大学学报）》2015 年第 2 期。
③ 叶林：《企业的商法意义及"企业进入商法"的新趋势》，《中国法学》2012 年第 4 期；曹锦俊、刘耀强：《澳门商法》，社会科学文献出版社 2015 年版，第 105 页。
④ 曹锦俊、刘耀强：《澳门商法》，社会科学文献出版社 2015 年版，第 78 页。
⑤ 参见曹锦俊、刘耀强：《澳门商法》，社会科学文献出版社 2015 年版，第 108—109 页。
⑥ 参见［德］C. W. 卡纳里斯：《德国商法》，杨继译，法律出版社 2006 年版，第 40 页。

年满 18 周岁的成年人，就可以成为商人。① 可见，自然人营业经营个人独资企业成为商个人但不是成为个人独资企业本身，其当然也可以经营一人公司，但也只是作为商事企业主存在，而不是作为公司存在。可见，个人独资企业并不是企业主，因而也不是商个人。

第二，我国未来民法典应明确将个人独资企业归于其他组织。《民法总则专家意见提交稿》第 4 章第 91 条第 2 款规定：

> 依法登记领取营业执照的独资企业、合伙企业等以及依法成立的业主大会、业主委员会等属于其他组织。

该规则明确将个人独资企业划入其他组织而不是自然人，表明我国已经认识到了个人独资企业是以组织形态存在，而非自然人形态，这对商事主体类型的明确有重要意义。其实，个人独资企业是组织体的认识早就存在，我国《个人独资企业法》中将其定性为经济实体、《私营企业暂行条例》则将其定性为企业，这都是组织体的同义词。② 我国学者也一致认同个人独资企业是以组织形态而存在的，但是由于在个人独资企业中，企业主的唯一性且其需要对企业承担无限连带责任，就容易将个人独资企业与自然人混同在一起，认为个人独资企业是商个人。③ 然而，责任的承担并不改变主体的属性，例如，《德国商法典》第 105—160 条规定的无限公司类型，个人也需要对债权人承担无限连带责任，④ 但是我们却从来不会把个人当成公司本身。个人独资企业是商事主体，且是以组织形态存在的商事主体，故应为商企业。

（二）个体工商户不应成为民事主体

1. 个体工商户现状

个体工商户是具有中国特色的经济形式，指生产资料归私人所有，主要

---

① 参见［法］伊夫·居荣：《法国商法》（第一卷），罗杰珍、赵海峰译，法律出版社 2004 年版，第 36 页。

② 参见范健、王建文：《商法的价值、源流及本体》（第二版），中国人民大学出版社 2007 年版，第 257—266 页。

③ 参见王保树主编：《商法》，法律出版社 2005 年版，第 47—48 页。

④ 参见《德国商事公司法》，胡晓静、杨代雄译，法律出版社 2013 年版，第 3 页。

以个人劳动为基础，劳动所得归个人或家庭所有的个人或家庭。① 我国《民法通则》第 26 条确定了个体工商户，《城乡个体工商户管理暂行条例》第 2 条对其也有明确规范。《民法通则》《城乡个体工商户管理暂行条例实施细则》《个体工商户登记程序规定》等法规则对其作出了详细的规范。主体范围上，个体工商户可以是一个自然人或家庭，"户"是指工商登记表现的注册单位的户。经营范围上，个体工商户需要在法律允许范围内从事营业活动，中国特色的个体工商户发展到今天已经渗透到了各个行业，《城乡个体工商户管理暂行条例》第 3 条即明确个体工商户商事交易活动的范围。责任承担上，个体工商户可能以个人或者家庭财产承担无限责任，《城乡个体工商户管理暂行条例》第 4 条即明确了个体工商户的具体责任。

个体工商户是我国最常见的一种商事登记主体形态，成为自然人经营营业的一种重要的经营方式。其一，个体工商户数量巨大。我国个体工商户大量存在于现实中。改革开放初期，我国个体工商户从无到有，在 2010 年数量达到了当时的最高峰 3160 万户。② 其后，个体工商户数量虽有所下降，但 2005 年后又重新发展。截至 2013 年年底，我国已有个体工商户 4436.29 万户，为全国私营企业户数的 3.54 倍。③ 其二，个体工商户从业人口众多。到 2010 年个体工商户的从业人员下降为 6241 万人。个体工商户的形式吸收了大量的劳动力，特别是农村剩余劳动力。其三，个体工商户经营范围广泛。2011 年修订的《个体工商户条例》规定了大量便利于个体工商户从事商事交易活动的条件以及政策。例如，该条例第 4 条即明文确定商事主体平等的准入机制。④ 进一步放宽了个体工商户的经营范围，除了法律法规禁止经营、限制营业和特许经营的，个体工商户都可以经营营业。可见，个体工商户的存在和发展已经渗透到我们生活的方方面面。

---

① 参见范健主编：《商法》（第三版），高等教育出版社 2007 年版，第 43 页。
② 参见何伟：《发展个体工商户：应为基本国策》，《理论探讨》2007 年第 2 期。
③ 参见黄波、魏伟：《个体工商户制度的存与废：国际经验启示与政策选择》，《企业发展》2014 年第 4 期；黄波、魏伟：《个体工商户制度的存与废：国际经验启示与政策选择》，《改革》2014 年第 4 期。
④ "国家对个体工商户实行市场平等准入、公平待遇的原则。申请办理个体工商户登记，申请登记的经营范围不属于法律、行政法规禁止进入的行业的，登记机关应当依法予以登记。"

2. 个体工商户的法律地位之争

对于个体工商户存废的争议，其本质上是其是否具有独立主体地位的问题。一方面，支持个体工商户存在的学者认为个体工商户是独立的商事主体。典型如魏振瀛教授认为，个体工商户有独立的财产进行民事活动，是自然人而非其他组织，所以应是商个人。① 谭启平教授则认为，个体工商户是经过核准登记取得营业执照，具有明确的经营范围和相对独立的财产，而且享有经营权、起字号权、商标权等自然人不享有的权利，即能够以独立主体的名义从事商事交易，已然是具备自我意识不同于自然人以及其家庭的团体，故个体工商户的主体身份不得不也无法不予以承认。个体工商户不论是一人经营还是家庭经营都应该归属于其他组织。其在社会经济生活中大量存在，并在增加就业、促进经济发展等方面发挥着不可低估的作用，断然不可取消这些组织的主体资格。② 学者尤佳也认为个体工商户应当是独立的商事主体，而且强调应为商企业。反对者却认为，个体工商户仅仅是自然人经商的形式，而非自然人本身，没有独立的主体地位。如学者辜明安认为个体工商户实际上只是自然人经商的问题，只要规定自然人可以从事工商经营，可以使用字号、名称，而无需规定以个体工商户的形式存在。③ 学者耿卓也认为个体工商户作为一个商事主体的类型，严格意义上来说是一个分化的事情。个体工商户或是具有自然人的身份，也可能具有企业的身份，而关于个体工商户的术语称呼仅为此类情形的概括，其并无独立的主体地位。当然还有学者也承认个体工商户只是自然人或组织的表现形式，并不是民事主体或商事主体，但是认为个体工商户从改革开放发展到今天，这种形式具备的从业门槛低、成本低、办理注册手续简便、纳税负担相对较轻的特点，在中国有广阔的发展空间，对我国社会和经济稳定起到了巨大的作用，其存在也符合中国国情和传统，并大量存在于现实生活之中，成为民间主要的经营方式。故在未来民法典的商事主体类型中还是应占有一席之地。④

---

① 参见魏振瀛：《民法》（第五版），北京大学出版社 2013 年版，第 116 页。

② 参见刘金林：《民法典编纂需坚持平等包容的民法精神》，《检察日报》2015 年 11 月 1 日第 4 版；谭启平：《中国民法学》，法律出版社 2014 年版，第 111 页。

③ 参见陈龙吟、侯国跃：《中国民法典民事主体立法问题研讨会会议综述》，《西南政法大学学报》2015 年第 5 期。

④ 参见苗延波：《商法通则立法研究》，知识产权出版社 2004 年版，第 102—103 页。

3. 笔者观点

《民法总则（草案）》第 52 条第 1 款明文确定了个体工商户的地位。个体工商户确实是中国特色性的存在，我国已有大量的法律对其进行规制，并且也现实存在于社会中，但我国未来民法典是否还需要规定个体工商户制度？笔者认为，个体工商户问题首先是法律主体资格有无问题，然后才是现状考量问题，并主张废除民法典总则中的个体工商户制度，理由如下：

第一，个体工商户只是一种过渡性的组织体。① 个体工商户制度是改革开放初期的过渡性产物，在市场经济条件下已经不具备存在的必要，故应该废除个体工商户制度，将个体经营者转为微型企业。② 马俊驹教授指出，关于个体工商户、农村承包经营户，这个概念是在改革初期根据当时情况而提出的。现在情况有变化，个体工商户，要么就是个体经商，个人想成立一个人公司就成立一个人公司，如果是家人共同经营即是合伙，现在法律都能涵盖。③ 现在情况也发生变化，城市化发展，人口在流动，土地在集中，现在是以户为主体还是以户的成员为主体？肯定以个人为主体，家庭为主体已经退化。④ 个体工商户制度是特定历史条件下的产物，但社会经济条件、时代环境都发生了变化，个体工商户制度自然也应该退出历史的舞台。

第二，个体工商户可以转化为商个人或商企业。自然人从事个体商业，不应强求登记，而应依其自愿，满足条件的自然人经营营业便是商个人。⑤ 梁慧星教授更是认为个体工商户并不是准确的法律概念，例如，个体工商户是自然人，但在工商登记时所使用的单位名称，有可能是个人，也可能是二人以上的家庭成员。个体工商户如为一人经营，应为从事经营活动的商个人，如为二人以上共同经营，则其性质应为商企业，因此不能把个体工商户

---

① 参见范健、王建文：《商法的价值、源流及本体》（第二版），中国人民大学出版社 2007 年版，第 207 页。
② 参见厉以宁：《论民营经济》，北京大学出版社 2007 年版，第 34—46 页。
③ 参见陈龙吟、侯国跃：《中国民法典民事主体立法问题研讨会会议综述》，《西南政法大学学报》2015 年第 5 期。
④ 参见马俊驹：《民法原论》，法律出版社 2010 年版，第 34—54 页。
⑤ 参见重庆市工商局课题组：《个体工商户转型升级为微型企业的趋势研究》，《工商行政管理》2014 年第 1 期；黄波、魏伟：《个体工商户制度的存与废：国际经验启示与政策选择》，《改革》2014 年第 4 期；龙卫球：《民法总论》（第二版），中国法制出版社 2002 年版，第 312 页。

当作一种特别的主体规定。① 其实，个体工商户本身作为主体形态并无必要，只是因为现实中存在大量的"两户"，法律不得不予以规范，但事实上个体工商户完全可以改造成商个人或商企业。并且，国家也支持并鼓励改造，如《个体工商户条例》第 28 条就是有关转变的明文规定。② 实践中各地方也在陆续地进行改造，以石狮市为例，自 2014 年至今，石狮市工商管理局已指导 105 家个体工商户转型升级为企业。③ 上海市曾经对个体工商户的行业分布、经营方式和规模、业务等具体营业情况开展调查并试点改革。采用具体情况具体分析的方法，规模、业务、人数等满足一定条件的允许其登记成为企业，而具有流动性质、业务规模较小的个体经营户则允许其自主选择工商登记或在社区便民服务网点采取新的登记方式。④ 这样的改造需要时间，是一个长期的过程，但可预见，个体工商户终究会转化成为商个人或商企业。

第三，个体工商户并无独立的法律地位。史际春教授指出依国际惯例，凡经登记注册、拥有固定地址且相对稳定的组织或个人均属于企业。真正意义上的个体工商户只是没有固定经营场所的流动摊贩，其经营行为并不涉及主体地位问题，只是民法意义上的自然人的具体活动而已。因此个体工商户制度根本无须存在，只要适用民法关于自然人的规定即可。⑤ 《民法总则（草案三次审议稿）》第 52 条也规定自然人满足一定条件即是个体工商户。实则个体工商户并没有独立的法律地位，只是个人经商的表现形式而已。⑥

---

① 参见黄波、魏伟：《个体工商户制度的存与废：国际经验启示与政策选择》，《改革》2014 年第 4 期；刘金林：《民法典编纂需坚持平等包容的民法精神》，《检察日报》2015 年 11 月 1 日第 4 版；梁慧星：《民法总论》（第四版），法律出版社 2010 年版，第 147 页。

② "个体工商户申请转变为企业组织形式，符合法定条件的，登记机关和有关行政机关应该为其提供便利。"

③ 参见 2016 年 3 月 9 日，http://www.cixi.gov.cn/art/2015/5/22/art_ 14393_ 1208316. html。

④ 参见黄波、魏伟：《个体工商户制度的存与废：国际经验启示与政策选择》，《企业发展》2014 年第 4 期。

⑤ 参见黄波、魏伟：《个体工商户制度的存与废：国际经验启示与政策选择》，《改革》2014 年第 4 期；刘金林：《民法典编纂需坚持平等包容的民法精神》，《检察日报》2015 年 11 月 1 日第 4 版；陈龙吟、侯国跃：《中国民法典民事主体立法问题研讨会会议综述》，《西南政法大学学报》2015 年第 5 期；史际春：《企业与公司法》，中国人民大学出版社 2001 年版，第 44—56 页。

⑥ 参见李友根：《论个体工商户制度的存与废——兼及中国特色制度的理论解读》，《法律科学（西北政法大学学报）》2010 年第 4 期。

并且，该草案的第 54 条第 1 款明确规定了债务的承担方式。① 但实际上的债务承担，个体经营由个人承担，家庭经营由家庭承担。至于个人经营和家庭经营，却很难划得清楚。② 制定民法典必须高瞻远瞩，跨越时空才能适应社会的发展，民法典才能成为 21 世纪的里程碑。③ 既然个体工商户并无独立的法律地位，债务的承担又无特殊之处，民法典不如直接规定从事经营营业的自然人是商个人，而不必要限定个人从商的具体形态。

第四，个体工商户是中国特色，但是不符合时代潮流。即使个体工商户不具有法律主体地位，但是还有学者主张个体工商户不能废除，关键点是个体工商户具有民族性，或者说中国特色的民族性，在社会中所形成的一些习惯和传统，应该将其反映到《民法通则》条文中，甚至我国未来的民法典中。个体工商户作为民事主体是我国特有的现象，在当时作为家庭参与商事活动的形式，具有重要意义。④《民法通则》中个体工商户到底应该不应该保留，从中国民族传统角度来看，家庭以户为单位的传统，合乎中国传统，对整个社会的作用是非常大的，所以个体工商户还是不能取消。⑤ 个体工商户确实是中国特色的制度，但并不是所有具有中国特色的产物就一定要坚持发扬，对于传统应取其精华、去其糟粕。例如 1986 年《民法通则》第 51、52、53 条是关于企业之间、企业与事业单位之间联营的规定，将联营作为一种组织形式，但后又废止。联营也是中国特色产物，但还是由于不符合时代发展潮流而被废弃。

所以，既然个体工商户只是当时农业社会农民商业化之举，对当时经济发展确实具有积极的含义，但是在当今商业社会，再在民法典中规定这类主体已毫无意义。而且事实上，个体工商户只是自然人从商的一种可供选择的经营模式，不将其作为商事主体，还是可以存在这种经营形式以供自然人从商选择，民法典废除个体工商户，转而由其他法律规范个体工商户这

---

① "个体工商户、农村承包经营户的债务，个人经营的，以个人财产承担；家庭经营的，以家庭财产承担。"

② 参见李开国：《民法总论》，华中科技大学出版社 2013 年版，第 23—45 页。

③ 参见易继明：《民法典的不巧——兼论我国民法典制定面临的时代挑战》，《中国法学》2004 年第 5 期。

④ 参见王轶：《民法典的立法哲学》，《光明日报》2016 年 3 月 2 日，理论周刊。

⑤ 参见麻昌华：《民事法律理论与实践》，湖北人民出版社 2014 年版，第 58—78 页。

种经营形式本就是回归正位。就方法论而言,《民法通则》对个体工商户商事主体的规定也只是民事主体自然人视角而已或说是农业社会开往商业社会的一扇门,而今时代变了,已不再需要,我国未来民法典再规定也纯属多余。

（三）农村承包经营户不应规定在民法典主体制度之中

农村承包经营户的存废问题,本质上也一样是农村承包经营户有无法律主体资格的问题。关于农村承包经营户的民法地位存在争论,以学者许明月为代表,他认为:

> 农村承包经营户并非独立的民事主体,民法典必须要考虑城乡一体化的方向、农业产业化的方向,农村土地制度改革的方向及农村社会的现状。比如说农村社会现状,看到的就是个体、个人,还有就是合作社的组织,还有城市的一些公司,而非农村承包经营户。[①]

还有部分学者认为我国尚不能废除农村承包经营户。如宋宗宇认为,农村承包经营户关系到农村土地承包经营权的流转问题,承包经营权拆成承包权和经营权两个权利,这个权利我们还在进行流转,我们已经习惯,因为这是历史脉络发展过来的,故不能废除农村承包经营户。但学者们一致认可农村承包经营户只是承包经营中承包方的主体,并无独立的主体地位,在合同主体之外并没有形成新的主体。

农村承包经营户作为民事主体是我国特有的现象,在当时作为家庭参与商事活动的形式,具有重要意义。[②] 在现代社会,情形已经发生变化,有必要对这一制度进行反思。特别是在我国民法典编纂这一特定历史时期,有必要对这一主体发挥的历史作用与现有地位进行检讨,从而对农村承包经营户在民法典中的主体地位作出合理安排,基于这一初衷,本书对此进行探讨。

---

① 陈龙吟、侯国跃:《中国民法典民事主体立法问题研讨会会议综述》,《西南政法大学学报》2015年第5期。

② 参见王轶:《民法典的立法哲学》,《光明日报》2016年3月2日理论周刊。

1. 农村土地"所有—经营"主体历史演变

（1）农民所有、农民经营

20 世纪 30 年代初中国经历了一场农民自我解放性质的土地改革，最终废除地主阶级的封建土地制度，实现了"耕者有其田"的目标，实行农民土地所有制，与农民的土地所有权对应的不是国家公权力，而是地主阶级的土地所有制。一直到 1952 年，农民的土地个体所有制为农业生产和发展带来了巨大的活力，"一家一户"为单位的农民个体所有制符合当时中国生产力状况。

政府意识到一家一户分散经营模式的生产困境，大力提倡农民在自愿互利的基础上形成多种形式的生产互助合作，因此出现了大量的农业生产互助组，承认农民私人土地产权，农民可自愿退出，享有完整意义上的最终处分权。互助组隐含了中央实现农业集体化的政治意识形态，而后遵照互助组的生产方式，进行了农业初级合作社改造，此阶段农村土地由农民所有、农民利用。

（2）集体所有，集体经营

1952 年国家实行社会主义改造，对农业、手工业和资本主义工商业进行社会主义改造。1954 年 9 月 20 日颁布的《中华人民共和国宪法》实现了公有、私有并存的土地所有制，但却明显暴露出由私有制向社会主义公有制转变的意愿。[①] 一直到 1955 年秋天，实践中土地私有制彻底消失，形成农村土地"集体所有，集体经营"的利用形式。以 1955 年秋天为界，对于高级农业合作化运动形成了强大的政治压力，毛泽东报告《关于农业合作化问题》后，高级农业合作化运动仅用 1956 年一年的时间便在全国范围内基本完成。高级合作社运动不同于初级合作社，它是无偿剥夺农民的土地与生产资料入社分红的制度，自此土地的集体所有权正式确立。土地集体所有是由国家控制但由集体来承受其控制结果的一种有意识的农村社会主义制度安

---

① 如刘少奇在《关于中华人民共和国宪法草案的报告》中指出："国家的任务是尽力巩固前两种所有制成分，即社会主义的经济成分，并对后两种所有制的经济成分，即非社会主义经济成分，进行社会主义改造。"可见，此时期的土地所有制是全民所有制和集体所有制优于私人所有制，在意识形态上确立了对土地私有制改造的道德正当性。

排，意图消灭农民的土地私有权。①

这种"集体所有，集体经营"的模式一直保持。直到 1958 年确立了"一大二公"的人民公社形式，全部生产、生活资料转归公有，男女老少都实行低水平的供给制，创办公共食堂，否认任何差别，收益一律平均分配。在人民公社化时期，土地归合作社和公社所有，由公社统一安排生产任务，调动劳动力分配，农民个人地权被彻底剥夺，除集体外任何成员不能单独享有土地权利。

（3）三级所有，生产队经营

1962 年 9 月通过的《农村人民公社工作条例（修正草案)》，对人民公社进行了适度调整，在明确土地集体所有的同时，规定了"三级所有，队为基础"的农村土地所有制，即农村土地归公社、大队和生产队三级所有，但原则上是属于生产队所有。1962 年《农村人民公社工作条例（修正草案)》第 21 条也规定：

> 生产队范围内的土地，都归生产队所有。集体所有的山林、水面和草原，凡是归生产队所有比较有利的，都归生产队所有。②

在一乡一社的人民公社下分成几个生产大队，生产大队又由几个生产队构成，生产队一般由几户甚至十几户家庭组成，所有家庭成员都是生产队的社员，生产队拥有土地所有权，由社员集体耕种。公社实行权力下放，三级管理，三级核算，并且以队的核算为基础。在社与队、队与队之间实行等价交换。原来的公社仍是公社，原来相当于高级合作社的生产队成为"生产大队"，原来的土地由公社所有、集体经营变为生产队所有、社员经营，由大规模的公社集体经营变为小规模的生产队经营。

1975 年颁布的新中国第二部《宪法》中，并没有直接涉及土地制度的

---

① 参见刘凤芹：《农地制度与农业经济组织》，博士学位论文，东北财经大学法学院，2003 年，第134 页；周其仁：《产权与制度变迁——中国改革的经验研究》，北京大学出版社 2004 年版，第 23 页。

② 参见王利明、周友军：《论我国农村土地权利制度的完善》，《中国法学》2012 年第 1 期。

条款，但其中第 7 条是明确三级所有制的规定。^① 农村集体所有制借助人民公社体制得以强化，农村土地集体所有制的宪法地位得以最终确立。

（4）集体所有，农户承包经营

家庭承包最早的雏形就是"包产到户"^②。安徽凤阳小岗村"包产到户""包干到户"的尝试正式揭开了土地制度改革的序幕，1978 年中央即明确要"放宽政策，建立农业生产责任制，允许包工到作业组，联系产量计算报酬，实行超产奖励"。自此，"农户"成为承包经营权的主体。家庭承包制实现了土地所有权和经营权的分离，由集体经济组织按户均田分包给农户自主经营。家庭联产承包责任制真正体现了社会主义按劳分配的基本原则，以物化劳动体现社员的劳动差别。

可以看出，"农地所有—经营"的主体由"农户—集体—社员—户"的转变。从语义上看，"户"与家庭具有相似性，"一家称一户"，"户"的文化源远流长。如《分田令》中"家中二男不分居者，倍其赋"。土地对农民个人的生存保障功能，通过家庭承包的方式予以实现。将"农户"作为承包经营权的主体，主要是因为解放战争时期由土改发动农民群众，走"农村包围城市"的路线取胜，土地所有权归于农民与农民积极支持共产党是一种严肃的"政治契约"^③，农民土地上的承包经营权实际上是政党有意识地"与民立约"^④ 的行为。必须重新赋予农民生存保障，而"农户"内部利益一致，成员之间是利他关系，不存在机会主义行为，具有内部交易费用低、劳动成本低和适应性强等优势，同时还通过保持相对较高的土地产出率和较低的劳动生产率，^⑤ 以"农户"为承包经营权的分配单位能为每个农村劳动力提供就业机会，更好地发挥生存保障功能。

农村承包经营户主体制度也逐渐在基本法中形成。土地制度转变为集体所有制后，承包经营权的主体由"集体—生产队—户"，范围呈逐渐缩小的

---

① "农村人民公社是政社合一的组织。现阶段农村人民公社的集体所有制经济，一般实行三级所有、队为基础，即以生产队为本核算单位的公社、生产大队和生产队三级所有。"

② 肖立梅：《我国农村土地家庭承包经营权的权利主体探究》，《法学杂志》2012 年第 4 期。

③ 周应江：《论土地承包经营权的身份制约》，《法学论坛》2010 年第 4 期。

④ 孙宪忠：《争议与思考——物权立法笔记》，中国人民大学出版社 2006 年版，第 448—482 页。

⑤ 参见李剑阁：《中国新农村建设调查》，上海远东出版社 2007 年版，第 38—50 页。

趋势，承包经营权主体单位越小，土地的社会保障功能越强。而对于享有承包经营权的主体单位是"农户"还是"农民"个人，立法中作出了取舍。《民法通则》第 27 条即明确为农村承包经营户。[①] 然而，在早期农村承包经营权的法律规定中，承包权和成员权紧密相连，如 1998 年《土地管理法》第 14 条即明确享有承包经营权的主体应该是集体内部成员，即农民。[②] 而《民法通则》第 27 条和《农村土地承包法》第 15 条也有明确限定。[③] 可以看出，"农户"具有农民个人的主体资格从而成为土地承包经营权的主体。学者也认为：

> 从主体上看，以家庭承包方式设立的土地承包经营权，其主体具有身份性，必须是本集体经济组织成员所组成的农户，至少在土地承包经营权设立之时是这样的。[④]

2. 农村承包经营户存在的功能分析

农村承包经营户主体制度的产生以土地承包经营权为基础，经历了人民公社化和农村土地承包经营制的转变，其形成经历是由"国家德性"[⑤] 决定的，符合中国的政治体制要求。正如孙宪忠教授所言：

> 农民集体所有权不但发挥着巨大的经济功能，还对数亿农民的生存到养老提供保险的社会功能。[⑥]

---

① "农村集体经济组织的成员在法律允许的范围内，按照承包合同从事商品经营的，为农村承包经营户。"

② "农民集体所有的土地由本集体经济组织的成员承包经营，农民的土地承包经营权受法律保护。"

③ "家庭承包的承包主体为本集体经济组织的农户。"

④ 朱广新：《论土地承包经营权的主体、期限和继承》，《吉林大学社会科学学报》2014 年第 4 期；崔建远：《物权：规范与学说——以中国物权法的解释论为中心》（下册），清华大学出版社 2011 年版，第 507 页。

⑤ 王进文：《土地确权与国家德性——基于〈宪法〉第 10 条的法理分析》，《中南大学学报（社会科学版）》2015 年第 4 期。

⑥ 孙宪忠：《论我国土地权利制度的发展趋势》，《中国土地科学》1997 年第 6 期。

（1）农村承包经营户的宪法功能

第一，实现集体所有制功能。宪法中规定的是"以家庭联产承包责任制为基础，统分结合的双层经营模式"，在农村双层经营体制中，"分"是"统"的基础，"统"是"分"的保障，集体经济组织的统一经营对实现农业现代化具有重要意义，而这些功能的实现只能依靠农村土地承包经营权得以实现。其一，集体所有制承载着实现集体成员经济效益的功能，集体土地所有权制度作为法律规范体系，以如何实现集体所有权为目标，蕴含着对"经济效益"的价值追求。经济效益不仅指向集体经济利益，集体成员作为"集体"中的一员更是集体所有权实现价值意义的最终归属。集体土地是集体经济利益的主要来源，也是集体成员基本生存保障的主要物质来源，土地承包经营权的设置使农民可以行使对土地的使用权、利用权，享有土地收益，实现集体经济组织对集体成员的经济效益分配。其二，集体所有制承载着立法者赋予的诸多"社会义务"，即实现实质公平。从土地政策变迁的历史看：土地使用权最终演变成承包经营权，并以此权利为连接，承包经营户成为家庭联产承包责任制的最终实现单位。而家庭联产承包责任制最初作为国家实现土地集体所有的社会保障功能的一种国家政策，由此演变来的农村承包经营户同样承载着实现土地集体所有的社会保障功能。而这种保障的途径就是土地的分配，而且也只能是农地的分配。①

第二，实现农村社会稳定功能。"农村土地承包经营权设置的初衷在于解决粮食短缺与农民温饱，实现农业人口的生存保障。"② 人民公社体制下"统一生产、统一分配"的体制导致粮食极度短缺，难以提供农民的生存保障，家庭承包经营应运而生。可见，对于农村承包经营户的制度设计更多的是从社会保障功能出发，以达致农村土地承包经营关系的稳定，这些涉及农民的生存权、就业权、收入保障权。③ 为实现土地承包经营的社会保障功

---

① 国家要负担起上亿农民的社会保障必然会存在巨大的财政赤字，因而，对于农民的社会保障一直未能形成体系。而国家承担农民社会保障的唯一途径便是利用集体土地，通过农地的分配和宅基地的分配保障农民的生存问题。

② 郑尚元：《土地上生存权之解读——农村土地承包经营权之权利性质分析》，《清华法学》2012年第3期。

③ 参见郑尚元：《土地上生存权之解读——农村土地承包经营权之权利性质分析》，《清华法学》2012年第3期。

能，维护中央"保持农村土地承包关系并保持长久不变"的政策需要，《物权法》对土地承包年限的规定由原来的 15 年延长至 30 年，同时"户"作为土地承包的基本单元，注定造成承包权的"固化"①，户内人口的增减不会改变土地承包的面积，不会影响土地承包经营权的存在，这些措施也保障了农村社会的稳定，不会出现较大程度的波动。

第三，实现国家义务功能。任何财产性权利都被赋予了一定程度上的社会义务，农村土地权利自然负担起保障国家经济安全和稳定的社会义务，主要通过粮食生产和供给体现。我国自古以来，赋税都是以家庭为单位征收，虽然法律规定农业税的纳税人是"有农业收入的单位和个人"，但因为实际中农地耕作是以家庭为单位进行，农业税的征收也是以"家庭"为单位统一缴纳。当时安徽凤阳流传的"大包干大包干，直来直去不拐弯，交够国家的，留足集体的，剩下都是自己的"的口号就是此种情形的真实写照。承包经营户主体制度的确立，大幅提高了农民的生产积极性，提高了粮食产量，保障了国家的粮食安全。家庭联产承包责任制确立之初，国家的经济建设目标是实现国家工业化，家庭承包经营户主体制度的确立提高了农村土地的利用效率，产生农村财富的富余，通过执行农副产品政府定价体系，实施"以农促工"政策使农村积累的财富大量向城市转移，为实现国家工业化提供了有力的保障。

（2）农村承包经营户的民法功能

农村经济改革使农村经济活动主体的自主决策地位大大提高，市场机制对农村经济活动主体行为的作用明显增强。② 市场经济体制激发了"农户"对经济效益的追求，"农户"采取一切可能的行为实现自身利益的最大化，成为农村经济中的"行为主体"。

第一，农村承包经营户承载着交易主体功能，可以作为农业贷款的主体对象和农地征收补偿费的分配对象。自《民法通则》将"承包经营户"规定在自然人主体章节中，"农户"作为相对独立的生产经营者便获得了法律保障，"农户"拥有生产经营自主权和经济决策权，获得独立的经济利益。

---

① 蒋省三等：《中国土地政策改革——政策演进与地方实施》，上海三联书店 2010 年版，第 47 页。
② 参见宋洪远：《经济体制与农户行为——一个理论分析框架及其对中国农户问题的应用研究》，《经济研究》1994 年第 6 期。

对农产品统购统销制度的改革，引入了市场经济的价格调节机制，农村商品生产和经营的权利转移到农民家庭，使农民家庭成为农村经济中的"利益主体"。可以说，"农户"的存在为计划经济时代的农村农民从事商事活动开启了一扇门。

第二，农村承包经营户承载着分配功能。自人民公社时期以来，公社统一分配、管理集体组织财产，承载着对集体成员的生存保障功能。公社逐渐演化为集体组织，自然延续其所具有的生存保障职能。尤其是在承包经营权放开之后，以"户"为单位提供社会救济具有可操作性，但这种户只能是"对军烈属、五保户和其他困难户"，而由于集体土地的稀缺，宅基地使用权只有按照"一户一宅"来予以分配。

第三，农村承包经营户负担着抚育后代，扶养、赡养家庭义务的社会功能。家庭最重要的功能是共同生活，共享情感以及家庭成员间经济上的相互扶助。① 家庭作为社会生活的基本单元，要承担农民的生老病死，社会对公民的教育及老年人的生活保障功能，这些措施只能止步于"户"这一层级，对其具体落实需要赋予家庭成员对"户"内人员的扶助义务进行保障。可见，家庭教育与"养亲敬老"都需要在承包经营户中予以实现。

3. 农村承包经营户的功能局限和制度困境

家庭联产承包责任制是农民与集体经营模式抗衡的产物。中国的土地政策一直受国家掌控：解放初期，国家通过土地改革运动剥夺了地主及富农的土地，无偿分配给农民。国家同样可以运用政治社会运动剥夺农民手中的土地所有权，因而国家通过互助、生产合作的形式无偿将土地收为集体所有的做法并没有引起农民的激烈反抗。倘若生产合作社时期和人民公社时期"统一生产、统一分配"的体制能够维持农民的生存，也不会出现安徽小岗村农民为了生存冒险单干、"包干到户"的实践，农村承包经营户主体制度的最初建立也仅仅是对此经验的阐述，是对能够提高农民生产积极性的"包干到户"的事实的确认，本就缺乏缜密的制度逻辑和整体考量。

（1）农村承包经营户的宪法功能困境

第一，集体所有制功能实现困境。集体所有制并没有在法律中具体予以

---

① 参见肖立梅：《家庭的民事主体地位研究》，《河北法学》2009 年第 3 期。

规定，对于集体所有权的主体认定也没有明确的标准。其主体的虚化从根本上影响到集体土地所有制功能的发挥。农村土地集体所有制是村民自治的经济基础，如果没有集体所有权，没有集体的资金和财产，村民自治组织将无法履行职责。[1] 在取消农业税之后，集体土地所有权之主体应享有的合法土地权益彻底虚化，[2] 除农民参与村民自治管理外，因承包经营权的长久不变属性，集体经济组织与农民之间的联系更为稀疏，集体经济组织功能只停留在政治层面。集体经济组织虚化，使得其无法拥有自己的财产，难以对土地进行统一规制管理，直接导致宪法规定的"统分结合"的双层经营体制难以落实。承包经营户主体制度下难以实现集体所有制对实质公平的追求，难以保障集体成员享有平等的社会保障，主要体现在农村妇女土地权益保护的缺陷和新增人口的合法土地权益被忽视两个方面。其一，农村地区普遍存在歧视妇女的现象，就本处于弱势地位的妇女来说，其应当享有权利的保护措施以及力度尚且不够。其二，《农村土地承包法》严格实行"人人有份""成员平等"的农村土地社会保障规则，由于"农户"作为承包经营权的主体单位导致"增人不增地、减人不减地"的现状，户内人口的增加并不能导致土地面积相应的增加，因而对于新增人口而言，其不能平等地享受农村土地的社会保障。

第二，稳定农村社会功能困境。土地集体所有不仅意味着土地在本集体经济组织成员之间平均分配，还要求必须随人口的增减进行相应的土地调整。而在农村土地的初始分配中，出于稳定承包地的考虑，采取一次性分配原则，将承包期限限定为 30 年不变，形成了"增人不增地，减人不减地"的现状，难以满足因人口增减导致的土地需求的变化，造成农村土地人均分配不均，影响农村社会稳定。在农村社会保障体系还极为不健全的情况下，国家为农民提供社会保障的方式只能是最原始的方式（农户通过耕种土地以获得基本生活资料），而承包经营户主体制度的设立是出于为农民提供社会保障的目的，而忽视了土地的利用效率。而现在，农村社会的主要矛盾不再是农民的生存问题，而是如何致富和缩小城乡差距。承包经营户的身份属性严重限制了承包经营权的流通，根据《民法通则》第 27 条规定，承包经

---

[1]　参见唐浩：《农村土地集体所有制不需要存在吗？——兼论村庄集体的地位和功能》，《当代经济研究》2012 年第 6 期。

[2]　参见高飞：《集体土地所有权主体制度的现实困境探析》，《湖北经济学院学报》2009 年第 5 期。

营户必须具备集体组织成员身份，因而承包经营权只能在集体组织内部流转，难以将土地权利向最优处集中，提高土地利用效率。现有承包经营户主体制度难以实现缩小城乡差距的价值目标、解决农村社会的主要问题，并最终影响农村的社会稳定。

第三，国家义务困境。在不足世界 7% 耕地面积的土地上，为占世界1/5 的人口提供农产品保障。① 我国耕地资源十分稀缺，人均耕地面积较少，耕地的保护对保障粮食安全、维系国计民生意义重大，在取消农业税后，农业支持工业的政策失去了大量的财源支撑。国家给予农业税补贴，正式实行"以工促农""以城带乡"的经济发展策略，承包经营户在承包土地范围内自主经营、自负盈亏，农户不再"交公粮"以保障国家的粮食安全，但农村土地制度隐含的国家义务并不必然停止。首先，承包经营权的身份限制不能适应社会经济发展和粮食安全的需要。在农业生产力水平较为落后、农业现代化程度较低的情况下，家庭承包经营制度是能够符合农村经济发展需要的，也能够解决农民的吃饭问题和满足粮油的供应。然而，随着市场经济的发展，经济较为发达的地区，农民从事非农行业、进城务工经商的现象普遍，他们放弃了农地的耕种，若依然保留承包经营权的身份属性只会造成土地的闲置，阻碍农村经济的发展。随着农村人口转移到城市，造成农地荒芜和农地资源利用效率的低下。其次，自然经济落后的经营方式不能适应社会经济发展和粮食安全的需要。土地承包经营开始于小岗村"包产到户"的实践，在分配土地时以平等为原则，按照人口数平均分配土地，同时注重远近、好坏搭配，造成农地严重细碎化，农户土地规模较小且分散，农户生产仍然属于小规模生产模式，呈现出"低投入—低产出"的特点，难以满足规模化机械生产的需求。

第四，城乡不平等困境。首先，新中国成立后，国家以农村土地为依托，按照严格的户籍登记标准将人分割在两个固定、封闭的世界——市民和农民。② 随着城市工业的发展，农村大量剩余劳动力开始向城市涌动，纷纷

---

① 参见陈小君：《我国农村土地法律制度变革的思路与框架——十八届三中全会（决定）相关内容解读》，《法学研究》2014 年第 4 期。

② 参见李国英、刘旺洪：《论转型社会中的中国农村集体土地权利制度变革——兼评〈物权法〉的相关规定》，《法律科学（西北政法学院学报）》2007 年第 4 期。

进城打工或经商。同时也出现城市下岗工人或投资者到农村承包土地，从事农业生产，成为实际上的"农民"。承包经营权固化，严重阻碍了城乡人口双向流动的步伐，阻碍了城乡一体化建设。其次，在城乡二元格局的环境下，农民与城市居民处于极不平等的相对地位，农民的政治权利、经济权利和社会权利一直处于社会的边缘。承包经营权严格的身份属性更使农民作为一种身份属性而受到歧视，农民的身份属性使其难以获得与城市居民平等的竞争机会。现有承包经营户主体制度决定了"农民市民化"身份转化的艰巨性，难以实现城乡一体化建设。最后，承包经营户的身份属性严重限制了承包经营权的流通，进一步加剧了城乡不平等。① 在现有法律中，集体土地所有权的内容是不完整的，国家并未创造集体经济组织利用集体土地所有权实现工业化的途径以及获得土地增值收益的充分空间。② 国家垄断了土地交易的一级市场，集体土地经过征收程序转为国有土地后才能进入土地交易市场，而征收过程中的行政干预基本上是脱离市场价格信号进行的，其中蕴含的巨大的"土地交易剪刀差"收益经过行政系统的层层分流最终落到农民手中的少之又少。

（2）农村承包经营户的民法功能困境

第一，承包经营权固化下的土地权利流转难以有效进行。承包经营权的固化模式下，只有集体经济组织的成员享有土地承包经营权，很难实现承包经营权的流通。现行法律制度之所以严格限制承包经营权的抵押，是出于土地生存保障功能的考虑。抵押人无法清偿债务，土地承包经营权会发生转移，"农户"失去土地和经济来源，必然损害农村社会的基本稳定。③ 而我国从计划经济转型到市场经济，并且获得了市场经济的稳定高效发展，作为农民持有的最具交易价值功能性的土地承包经营权却难以为农民的经济发展添砖加瓦，甚至成为阻碍农民进城、向非农产业转移的制约因素。农民向非农行业转移、获取市民身份就必然意味着以放弃农村土地的承包经营权为代价，从某种意义上讲，承包经营权的身份制约强化了农民心理上对土地的依

---

① 参见黄忠：《城市化与"入城"集体土地的归属》，《法学研究》2014年第4期。

② 参见王卫国、王广华主编：《中国土地权利的法制建设》，中国政法大学出版社2002年版，第136页。

③ 参见孟勤国：《中国农村土地流转问题研究》，法律出版社2009年版，第65页。

赖，强化了农民职业的身份性，成为实现土地资源合理利用和农民实现非农就业以及向城市迁移发展的巨大障碍，不利于农村剩余劳动力的解放和农民个性发展的自由。①《土地承包经营法》第 32 条、第 39 条以及第 42 条实现了土地承包经营权以转包、出租、互换、入股和代耕方式的流转功能，但随着农村经济的发展，这种极其有限的流转形式已不能满足社会发展的需要，现有土地承包经营权应该更多地发挥其实体性财产价值，充分发挥其物权属性。为此，有学者提出我国农村土地制度应实现从所有权与使用权的两权分离形式到所有权、承包权和经营权分离的过渡形式。② 笔者认为，赋予经营权完全的物权属性，继续保留承包权的身份属性的做法，作用是极其有限的，而且弊端明显。随着农村社会经济的发展，农村人口的流动和非农就业的增加将更为普遍，在农户与农户之间、不同农村经济组织之间以及农村经济组织与非农村经济组织之间，人口的流动以及随之发生的人口身份的变化将愈加频繁，③ 因为承包权的严格身份属性，流动人口将不再享有承包权，承包地经营关系相对人的权利将得不到有效保障。丧失了承包权基础的经营权是否该继续存在？如果继续存在，那该承包地负有的社会保障功能将得不到有效地发挥，损害了集体成员享有的平等的社会保障福利，而随着社会的发展，这种现象将持续增多，终将严重折损农村土地的社会保障功能。而如果经营权随承包权消失，承包权人的利益将得不到有效保障。因而，承包权与经营权的分离并不能有效地解决现实问题。

第二，出嫁女、离异女和入赘男的土地权益难以保障。调查结果显示，随着农村剩余劳动力大量向城市转移，其中以男性为主，而妇女则留守农村从事农业生产，所以妇女对土地的依赖程度更高。④ 尽管《农村土地承包法》第 30 条对妇女权益明确进行了规定：

　　　　承包期内，妇女结婚，在新居住地未取得承包地的，发包方不得收

---

　　① 参见马特：《土地承包经营权流转刍议——兼评〈物权法〉第 128 条》，《河北法学》2007 年第 11 期。

　　② 参见蔡立东、姜楠：《承包权与经营权分离的法构造》，《法学研究》2015 年第 3 期。

　　③ 参见周应江：《论土地承包经营权的身份制约》，《法学论坛》2010 年第 4 期。

　　④ 参见陈海素、姜慧斌：《中国农村妇女土地权利研究》，《科技创新导报》2008 年第 7 期。

回其原承包地；妇女离婚或者丧偶，仍在原居住地生活或者不在原居住地生活但在新居住地未取得承包地的，发包方不得收回其原承包地。

对于入赘男则缺乏明确的立法保护，有学者认为根据前款规定的反对解释，在承包期内，男子入赘或居家外迁，那么原居住地可以收回承包地，不论其是否在新居住地取得承包地。① 在实践中，屡屡发生女性因婚嫁等原因的人口流动而出现土地权利流失的现象，究其原因主要有以下几个方面：其一，受"姑虽属于本宗，但嫁后归于异宗"的农村传统观念影响，出嫁后的妇女因失去原家庭成员的身份而事实上难以取得承包权。承包制普遍采取的"增人不增地，减人不减地"原则以及农村妇女"从夫居"的传统习惯，因婚嫁等原因而流动的妇女极易丧失相应的土地权益。② 其二，受中国家庭几千年来沿袭的父权家长制度的影响。男性家长在家庭中占据主导地位，妇女具有从夫性，家庭以父系纵向传承。在婚嫁制度中，妇女嫁到男方家中，成为男方家庭中的一员，妇女出嫁后在娘家的承包地被收回了，而在夫家应分得的土地却一直没有分配，从而实际上失去了土地的承包权。其三，男女地位的不平等导致离婚妇女难以获得承包权。在男权中心思想下，承包的土地一般登记在男方名下，很少有采取夫妻双方登记的地区，一旦离婚，承包地的分割非常不利于妇女，加之承包权的享有必须具备集体经济组织成员的身份，很多农村并不把离婚的妇女当作集体成员，甚至要求离婚、丧偶妇女迁出户口，并收回她们的土地，③ 使得这部分妇女的承包权受到侵害。综上，以"户"为主体单位的承包经营权制度是导致农村妇女及入赘男土地权益受侵害的最直接原因。

4. 承包经营户功能阻碍的原因分析

（1）集体所有制主体不确定

新中国成立后有一段时期我国走社会主义道路一直模仿苏联模式，集体

---

① 参见陈小君等：《农村妇女土地承包权的保护和完善——以具体案例的解释为分析工具》，《法商研究》2003 年第 3 期。

② 参见钱文荣、毛迎春：《中国农村妇女土地权利问题的实证研究》，《浙江大学学报（人文科学版）》2005 年第 5 期。

③ 参见陈建新：《农村妇女土地承包权流失严重》，《人民法院报》2004 年第 30 期。

所有制直接起源于斯大林时期的集体农庄。① 集体农庄的运行模式是将农业生产资料通过政府的强制集中归农庄集体所有，淡化甚至消灭个人对财产的直接占有和使用的权利，能够适应当时苏联实施的高度集中的计划经济的需要。集体农庄所有制和公有制并没有本质上的区别，只是将"全民所有"范围缩小为"部分群众共同共有"而已。

我国集体所有制的发展从合作化开始，从农业生产合作社开始，农民私有的土地全部转归合作社集体所有，② 到人民公社时期，"一大二公"，土地转归人民公社所有，"原属于各农业合作社的土地和社员的自留地、坟地、宅基地等一切土地，连同牲畜、农具等生产资料以及一切公共财产都无偿转归公社所有"③。虽然 1962 年又确立"三级所有，队为基础"的政策，但到改革开放以来，农村土地的集体所有性质一直都没有改变。④ 一直将集体所有制定性为"在社会主义条件下生产资料归一部分劳动者所有的公有制"，"是部分劳动群众结合在一起共同占有生产资料的一种公有制形式"⑤。

虽然我国农村土地一直以来都是由集体经济组织享有所有权，但对于"集体"的概念一直都没有准确的界定，集体所有权本身的概念模糊导致集体所有权主体缺位，农民权利虚化，难以发挥集体经济组织对农地的协调管理，难以切实为农民提供生存保障。历史经验证明，集体享有农村土地所有权、农民享有土地上的承包经营权的形式确实促进了农民群体的劳动积极性，提高了农村土地的利用效率，满足了土地改革在特定时期的土地制度的需要，农村土地集体所有不仅具有经济学意义，还具有政治学意义，是我国公有制体制的政治选择。⑥ 虽然有学者认为，集体所有制的主体模糊是"有意的制度模糊"，是立法者为了减少争议、搁置矛盾而特意设定的。⑦ 但在

---

① 参见邵彦敏：《"主体"的虚拟与"权利"的缺失——中国农村集体土地所有权研究》，《吉林大学社会科学学报》2007 年第 4 期。

② 参见彭俊平、王文滋：《新中国党的农村土地政策述论》，《理论导刊》2002 年第 11 期。

③ 董景山：《我国农村土地制度 60 年：回顾、启示与展望》，《江西社会科学》2009 年第 8 期。

④ 参见王利明、周友军：《论我国农村土地权利制度的完善》，《中国法学》2012 年第 1 期。

⑤ 王树春：《中国农村集体经济制度变迁的历史及其趋势》，《天津商学院学报》2003 年第 1 期。

⑥ 参见梁成意：《民法的宪法关怀——评〈集体土地所有权主体制度研究〉一书》，《法商研究》2013 年第 3 期。

⑦ 参见陈丹、唐茂华：《中国农村土地制度变迁 60 年回眸与前瞻》，《城市》2009 年第 10 期。

市场经济体制高度发达的今天，明确土地权利主体已成为现实需要，集体土地所有制主体不明确已经成为改革中必须要面对的问题。

首先，"集体成员所有"是目前立法中对集体所有权主体的界定。如前文所述，立足于我国特有国情和"国家德性"，必须保持农村土地集体所有的所有制体制。事实上，我国现有立法一直都在尝试对集体所有权的主体进行界定，如《宪法》第 10 条关于所有制的规定，① 试图用"集体所有"来解决集体所有制主体模糊的问题，但只指出了农村土地的所有权归集体，并没有指出享有土地的具体所有者，仅仅是对农村土地属于集体所有进行了强调。《民法通则》第 74 条进一步规定所有制的问题，② 但是此条款规定将土地所有权归于"劳动群众"，基点仍然是"群众"，是一个庞大的组织，劳动群众具体指涉的对象依然难以准确把握。《土地管理法》又提出了"农民集体所有"的新主张，③ 对比《宪法》中的规定，由"集体所有"范围缩小到了"农民集体所有"，其实与"劳动群众集体所有"并没有本质上的差异，依然无法具体界定土地所有权的主体，仍是较为抽象的。直到 2007 年《物权法》的颁布，该法第 59 条才进一步明确此问题，④ 为集体所有权的主体界定开辟了一条新的思路。将土地所有权的主体由"群体性质"的集体所有具体到"个体性质"，即具备集体成员身份的集体成员共同共有，使得土地所有权由集体所有可以具体指涉到个体。尤其在现今时局下，为实现土地发展权，⑤ 在农村集体所有难以逃脱被征收、征用的情况下，补偿费用可以由集体具体分配到成员个体有重大意义。

其次，集体所有权主体定位缺失，导致成员权利虚化。"集体成员"的提出仅提供了集体所有权主体具体化的原则，却未提供权利具体化的指涉对

---

① "农村的城市郊区的土地，除由法律规定属于国家所有的以外，属于集体所有；宅基地和自留地、自留山也属于集体所有。"

② 《民法通则》第 74 条第 1 款："劳动群众集体组织的财产属于劳动群众集体所有。"

③ 《土地管理法》第 8 条第 2 款："农村和城市郊区的土地，除由法律规定属于国家所有的以外，属于农民集体所有；宅基地和自留地、自留山属于农民集体所有。"

④ "农民集体所有的不动产和动产，属于本集体成员所有。"

⑤ 土地发展权是一种可以改变土地性质的权利，在西方国家已经成为一种普遍的概念。我国改变土地性质特别是农用土地的性质，主要采用国家征收或重新规划的办法。杨振山在中国土地权利研究专家座谈会上的发言。参见刘剑、谢小灵录音整理：《土地法制新起点——中国土地权利研究专家谈》，《特别策划》2001 年第 10 期。

象。成员资格缺乏具体的认定标准，导致实践中难以确定集体成员的具体身份，造成成员权利的虚化。一方面，成员身份难以具体落实，农民难以形成参与集体管理的积极性，难以形成对土地期待利益的安全感，使得貌似"人人有份""人人负责"。另一方面，实际中"人人无份""谁都不负责"的情况出现。进而，土地所有权没有明确的规定，在其所有权受到侵犯时，维权主体难以确定。在土地被征收时，对于征收土地的补偿款难以确定归属，造成集体成员利益难以获得充分保护，损害了集体土地本身对农民生存的保障功能。

（2）承包经营户主体固有的局限

首先，承包经营户主体制度造成了承包经营权主体的固化，制约了农民个性发展的自由。农村承包经营户是在《民法通则》中确立的，是将农民束缚在土地上的一种制度措施。承包经营户主体制度赋予了承包经营权严格的身份属性，加之《物权法》将承包经营权期限延长至30年不变，形成了"增人不增地，减人不减地"的格局，使土地对农民的束缚更加严重。

其次，"户"的含义不确定。在现实生活中，并没有关于"户"的明确定义，几个人可组成一户？户在什么条件下需要解散？户内成员必须要求有血缘关系吗？收养的幼儿、扶助的集体成员外孤寡老人是否可以作为本户的成员？户的认定标准是什么？是严格按照户籍登记簿上的标准还是需要有共同生活、相互扶助的关系？"户"在现实中是一个极不确定的概念，人员的增减、家庭的分立使得现实中户的存在处于不断变化之中。在我国法律中，"户"也一直是一种特殊的存在。户内人员的增减并不影响"户"本身的存在，在注重个体主义价值实现的当代社会，很难解释平等享有土地社会保障功能的个人因处在不同的"农户"而实际分有不同的承包地面积的现象。承包经营户本身的存在具有严格的阶段性，它的存在是符合当时土地改革的需要的，符合当时的生产力水平和人民的觉悟程度，是我国当时所处社会阶段的产物，不可能长期存在，最终会随着社会的发展而走向消亡。

再次，"户"作为主体只在《民法通则》的"个体工商户"和"承包经营户"中存在，不再具有其他的社会功能。农村家庭在购买生产资料和消费资料时，均以个人名义进行；婚丧嫁娶出纳礼金时也是以个人名义登记；在村干部选举和重大事项决策时，"承包经营户"均不能作为主体行使政治权利，而是村民以个人身份参与，因而"承包经营户"作为主体的社会功能极其有限，仅限于农村土地的承包经营关系，存在的意义也极为有限。

复次，"户"本身表明不平等，极易引发家庭内部矛盾。户内成员不享有单独的承包经营权，家庭分立时必然要求承包地的分割，由于各个家庭内部情况的差异不可能确定统一公平的分割标准。由此看来，以承包经营户作为主体非但不能维系家庭内部的稳定，反而增加和激化了家庭内部矛盾。

最后，"农村承包经营户"的存在难以实现与以个人为调整对象的继承法律关系的有效衔接：现有土地承包经营权以"农户"为主体，户内人员的变动不会引起承包经营权的改变，只要户的主体依旧存在，就不发生承包经营权的继承问题。户内所有人员死亡，由集体组织收回承包地，也不发生承包经营权的继承问题。而《物权法》明确将承包经营权确定为物权属性，作为物权属性的承包经营权当然可以发生继承，但"农村承包经营户"的相关规定难以实现承包经营权的继承效力。

（3）承包经营权的固化模式难以实现土地功能

以集体经济组织成员身份为前提的承包经营户主体制度，使承包经营权固化在集体经济组织内部的"农户"范围内，这种固化模式极易造成承包地利用的"两极分化"，造成农地利用的低效率。一方面，由于农村家庭各具特色，有些家庭中存在老年人、丧失劳动能力者、外出务工人员使实际耕种者较少，家庭人均耕种面积大于平均水平，甚至远超过平均水平，造成承包地弃耕或者荒置，形成土地资源浪费。而有些家庭，全部成员皆以农耕为业，由于"增人不增地"政策，家庭成员的增加使人均土地持有量极低，造成土地利用过度。逐渐形成因承包地初始分配时追求"代内公平"而随家庭内部成员变动未引起土地面积的增减而出现的"代际不平等"，地权稳定与地权平等的冲突成为家庭承包经营制度实施中的突出问题，① 使得农村土地利用效率难以实现保障农村集体成员生存的价值功能。另一方面，这种固化模式必然导致区域不平等。越是经济发达的地区，城市需要的劳动力越多，农民的非农就业途径越多，农民依赖土地耕种生存的程度就越低，导致

---

① 参见周应江：《论土地承包经营权的身份制约》，《法学论坛》2010 年第 4 期。

农地利用率较低，而承包经营户主体制度下难以实现土地使用权向集体外农业生产者流转，细碎化的经营模式造成实现农地规模化经营的困境，最终阻碍农村经济的发展。

5. 可能的解决方案

（1）承包权与经营权分置的法构造具有局限

1998 年党中央明确指出，要切实保障农户的土地承包权、生产自主权和经营收益权，使之成为独立的市场主体。[①] 2005 年中央 1 号文件提出，尊重和保障农户拥有承包地和从事农业生产的权利，尊重和保障外出务工农民的土地承包权和经营自主权。[②] 在 2014 年中央 1 号文件中赋予了"土地承包权"不同于"土地承包经营权"的含义，"在落实农村土地集体所有权的基础上，稳定农户承包权、放活土地经营权，允许承包土地的经营权向金融机构抵押融资"[③]。2015 年中央 1 号文件提出，引导土地经营权规范有序流转，明确现有土地承包关系保持稳定并长久不变的具体形式，界定农村集体土地所有权、农户承包权、土地经营权之间的关系。起初，只是赋予农民土地上的经营收益权、经营自主权，到后来"放活土地经营权"，这些为"农地所有权、承包权和经营权"分离的法构造法源。"中央把经营权从承包经营权中单独分置出来，允许抵押担保，但承包权作为物权仍然不能抵押。"[④]经营权作为财产性权利，赋予其完全的物权属性，可以完全按照物权规则进行转让、流转。

笔者认为，"三权分置"实质上仍然保留了承包权的身份限制，没有解除土地对农民的束缚，不能实现承包经营权在集体组织内外的流通，不利于农民身份的转化，促进"农民市民化"建设的步伐。

首先，承包权是一种资格性权利，而非某人对某承包地特定的权利。其

---

① 参见白益民、白卫星：《杜润生经济改革与发展思想述评》，《经济师》2016 年第 1 期。

② 参见周金衢：《农村土地流转中农民、大户与国家关系研究》，博士学位论文，华中师范大学法学院，2014 年，第 96 页。

③ 卜红双：《中国农村土地承包经营权流转制度研究》，博士学位论文，辽宁师范大学法学院，2013 年，第 124 页；周金衢：《农村土地流转中农民、大户与国家关系研究》，博士学位论文，华中师范大学法学院，2014 年，第 98 页。

④ 《农村土地制度改革，底线不能突破——专访中央农村领导小组副组长、办公室主任陈锡文》，《人民日报》2013 年 12 月 5 日第 2 版。

一，承包权相当于集体成员的"成员权"，本应是一种身份权而非财产权，保护的是集体成员使用集体土地的权益，而非保护成员在某一特定承包地上行使的土地权益。其不同于《物权法》中规定的具有用益物权属性的承包经营权，当集体成员基于其成员身份取得了承包经营权时，土地承包经营权便只具备纯粹的财产权属性，而"三权分置"中提及的"承包权"不过是集体成员获得集体土地的承包资格，是一种身份性权利，本就不属于财产属性的"承包经营权"的拆分部分。其二，由于"保持承包经营关系长久不变"的法政策，承包经营关系基本维持 30 年不变，实践中承包期届满后自动续期，相当于确立了农民与该承包地的终身地权关系。农民取得承包地后，又在承包地上设置新的经营权，即承包权是农民对特定农地的权利，这种形式相当于变相地将农民束缚在承包地上，不利于农民身份的转换和城乡一体化建设。

其次，承包权和经营权作为承包经营权的拆分缺乏理论支撑。其一，《物权法》将承包经营权界定为用益物权属性。但在承包权与经营权分置的场合，承包经营权依旧发挥生存保障功能，同时基于地权稳定性的内在要求必须对承包权的流转予以限制，这难以解释承包权作为一项财产权为何不能流转的问题，与承包经营权的物权属性相冲突。既然《物权法》已经确立了承包经营权的物权属性，便没有必要再在其中分离出一个身份属性的承包权。其二，同一土地上过多的权利设置会造成体系的混乱和权利内容间的含混。土地"所有权—用益物权"的权利设置本就可以区分土地所有机制与适用机制，农地上同时存在承包权和经营权两个内容相近的用益物权时，会造成权利的虚置。当经营权人占有、使用土地时，承包权人当然不能同时行使其权利，造成承包权的有名无实，这种安排是立法技术的一种倒退。[①]

最后，"三权分置"并不是对国家政策解读的唯一方向，并不具备形成的必然性。将"三权分置"中的承包权解释为分享集体利益的集体成员资格，经营权解释为《物权法》中规定的物权属性的承包经营权的形式同样符合中央文件的精神。"稳定农户承包权"的设置目的就是保障农地的生存保障功能，将"承包权"解读为集体经济组织土地利益分享的成员资格同

---

① 参见陈小君：《我国农村土地法律制度变革的思路与框架》，《法学研究》2014 年第 4 期。

样可以实现农地的生存保障功能；法律上认可"承包经营权抵押融资"的设置目的是为满足市场经济体制下对农地权利流通的需求，提高农地的利用效率，形成承包经营权在集体成员内外的流通机制。

（2）完成农村承包经营户改造才是必然之路

"法律规则的更替无不是因为社会性质与社会关系发生变化决定的"，农村承包经营户已经不能适应社会的变化，立法就应当作出相应的改变。2016年10月中共中央办公厅、国务院办公厅印发《关于完善农村土地所有权承包权经营权分置办法的意见》指出："现阶段深化农村土地制度改革，顺应农民保留土地承包权、流转土地经营权的意愿，将土地承包经营权分为承包权和经营权，实行所有权、承包权、经营权分置并行，着力推进农业现代化。"2017年中央1号文件《中共中央国务院关于深入推进农业供给侧结构性改革　加快培育农业农村发展新动能的若干意见》中明确指出"深化农村集体产权制度改革。落实农村土地集体所有权、农户承包权、土地经营权'三权分置'"办法。但是农村承包经营户本身具有强烈的身份性，抑制了"三权分置"的改革。因此，改造承包经营户主体制度，改革承包经营权制度，是深化农村土地改革的重中之重。正如学者所指出的：

> 社会发展必将完成"从身份到契约"的转变，农村土地法律制度改革应该适应这一发展趋势。①

第一，改造农村承包经营户制度具有现实的法律基础。首先，根据现有的法律规定，农村承包经营户已不具有继续存在的现实根基。根据《土地管理法》第14条，《农村土地承包法》第5、11、28条的相关规定，集体经济组织成员平等享有承包土地的权利，集体将可用于承包的土地承包给集体新增人口。这些规定都表现出土地承包经营权的个体属性；承包地的初始分配和"第二次分配"都是以家庭人口为基数，以人数作为家庭分配的承包地面积的标准，家庭人口数与分配的土地面积成正比，"农户"只是土地

---

① 高飞：《集体土地所有权主体制度研究》，法律出版社2012年版，第182页。

承包经营权形式意义上的主体，单个成员才是土地承包经营权实质意义上的主体。① 户内人口的增减导致户内人均承包地面积的改变，从而形成集体成员人均面积的不等，违背农地对农民生存的平等保障的功能寄托。因而，取消承包经营权的"农户"身份限制是保障集体成员公平享有土地生存保障的需要。其次，取消承包经营权的集体成员身份限制，是历史发展进程的必然趋势，现有立法过程逐渐体现出身份属性的弱化。《物权法》的规定将承包经营权定性为物权属性，赋予其一定的土地流转功能，实际上已经弱化了承包经营权身份属性的必然性。最后，改造农村承包经营户制度并不违背宪法意愿。《宪法》第8条中仅规定了大体方向，② 并未直接出现承包经营户的概念，也没有将承包经营户作为宪法主体的含义。承包经营户主体的确立只是对小岗村成功经验的事实确认，是特定时期政治运动的产物，而非法律创制，从一开始就是不符合法律制度的规范逻辑的。

第二，改造农村承包经营户制度的优越性。

首先，改造承包经营户制度有利于城乡一体化制度的构建。中国的国情决定了我国城乡一体化建设的核心在于农民的市民化，③ 2013年发布的《中国城市发展报告》显示，预计到2030年，我国有4亿农民需要城市化。当农村居民和城市居民均等享有政治、经济和社会等各项权利，仅有职业身份的差别时，才是实现了农民的城市化。改造承包经营户制度可以解除农民与土地的必然联系，有助于农民身份的价值重构，加快农村剩余劳动力向城市转移的步伐，有利于农民的市民化。有学者提出，必须完成农民在主体地位上由身份概念向职业概念的转换。④ 而身份的形成只能是社会人自由选择的结果，而不能通过国家政权的强制力形成。但在我国实践中，由于长久以来"以农促工"政策上的歧视和理论上的误解，农民往往与简单劳动和低收入群体挂钩，而农民与土地、农业生产的连接点就在于土地承包经营权，农民的生存保障通过耕种承包土地并获得土地上的粮食来提供，承包经营户主体制度将农民紧紧地束缚在土地上，农民被迫与简单劳动和农业耕作挂钩。实

---

① 参见韩志才：《土地承包经营权研究》，安徽人民出版社2007年版，第150—155页。
② "农村集体经济组织实行家庭承包经营为基础、统分结合的双层经营体制。"
③ 参见张占斌等主编：《城镇化过程中的农民工市民化研究》，河北人民出版社2013年版，第5页。
④ 参见赵万一：《中国农民权利的制度重构及其实现途径》，《中国法学》2012年第3期。

现农民市民化身份的转变，必须保障农民与市民间除了职业身份的差异外能够享有均等的政治、经济等权利。改造承包经营户制度有利于实现农民身份的价值重构，减轻农民进入城市生活的难度，加快农民向城市流动的步伐，促进农民非农就业的积极性。其次，改造承包经营户制度有利于实现"统分结合"的双层经营体制。改造承包经营户制度，由集体经济组织统一支配集体土地的承包经营权，相当于消灭了农民与土地的直接联系，而建立了农户与集体组织的直接联系，有利于集体经济组织协调组织功能的充分发挥，改变目前重"分"轻"统"的格局，实现"统分结合"的双层经营体制。实现城乡建设一体化不必将农村改制为城市，而是将农村建设为城市，使农户的生活水准与市民一般。改造承包经营户主体制度后由集体经济组织统一规划和分配集体土地的用途，真正实现集体土地所有权的财产属性，实现集体经济组织对经济效益的追求，集体经济组织可以将进行城市建设需要利用的集体土地采取入股的形式分取收益，也可以通过国家征收集体土地的形式，将所得收益分配给集体成员；由集体经济组织统一行使承包经营权，便于对农业用地进行集中规划，实现集体经济组织的协调统筹作用。再次，改造承包经营户制度有利于对土地征收的限制和制度完善。承包经营户主体制度的改造使承包经营权归集体经济组织统一调配管理，征收程序中政府可以直接与集体经济组织达成补偿协议，而避免了与单个农民的沟通，降低了征收的运行成本。承包经营权制度的改造，意味着农民集体享有完全的土地所有权，为赋予农民集体土地发展权提供保障。征收补偿必须参照市场价值统一分配给集体土地所有者——集体经济组织，同时保障农民分享土地增值收益的权利。集体经济组织可以将集体土地使用权作价出资，入股经营性项目，促进农村经济发展，可将投资收益用于农村公共基础设施建设，或者平均分配给集体经济组织成员，农民仍然主要依靠土地同时获得耕种收益和投资收益，逐渐缩小城乡差距。复次，改造承包经营户制度有利于实现农业现代化规模经营。在农村承包经营户主体制度下，呈现的是农户小规模土地经营，为了提高收入，农民不得不大量使用化肥、农药以增加粮食产量。农户在面积极其有限的承包地范围内精打细算，但农业生产始终是机会效应，往往得不到价值相当的经济收益。目前农村居民中第一产业就业人数大幅度减少，但大部分农民仍是兼业状态，即便从事非农产业也不愿放弃土地，根本原因在于放弃土地得不到应有的补偿和保障，其本质在于农民手中的承包经营权因"农户"身份限制而减弱的物权属性不能得到充分发挥，无法改变农地碎片式利用的现状。改造承包经营户主体制度对于实现农业生产向专业大户、家庭农场、农民合作社和农业企业转移的政策导向具有现实意义。目前我国大部分地区呈现出农村土地经营效率低下，土地闲置率高的明显特点：

> 截至 2015 年 6 月底，北京、天津、河北、安徽、江西、湖北和福建 7 个省市闲置土地总面积达 3.6 万公顷。[①]

最后，改造承包经营户制度有利于盘活农村闲置土地资源，实现农地的规模化生产。放开承包经营权的集体成员身份属性可以使大量有资金、有技术的农业工作者到农村承包土地，实现规模化生产，也能为农村引进新的农业种植技术，提高农村土地的利用效率，有利于带动该地区农业生产的现代化步伐；同时出于农民生存保障功能的需要，必须保障集体成员的优先承包权。改造承包经营户制度等同于废除承包经营权的身份属性，使其物权属性得以完全实现，农民通过将承包经营权交还给农民集体获得股权收益，农村集体经济组织取得土地的使用权，由其统一承包经营实现农地规模经营。一方面，改造承包经营户制度有利于培养专业农民，实现农地资源向种田能手集中，使专业农民逐步成为农村的主要居民；另一方面，农业的集约化生产，必然需要较多的劳动力需求，也为农民提供了更充分的就业机会。

第三，改造承包经营户制度的方案选择——废除承包经营权的"集体成员"身份属性。现有法律规定集体经济组织成员有权承包农村集体土地，是出于对农民生存保障功能的考量。那么，已经失去耕种能力的孤寡老人、外出务工者依然享有承包权，势必会造成土地资源的浪费甚至造成土地荒废，形成土地利用效率和土地承载的生存保障功能的冲突。其一，我国缺乏建立"土地承包权退出机制"的现实基础。国外针对这种现象建立了"土

---

① 谭永忠、姜舒寒、吴次芳：《闲置土地的形成原因与类型划分》，《中国土地》2016 年第 1 期；邓例：《承包地碎片化阻碍农村土地流转》，《农民日报》2014 年 4 月 2 日第 2 版。

地承包权退出机制",由国家向农民提供社会保障,以鼓励农民提早退休,促使农民在退休后自愿转让土地、促进土地集中。[1] 如日本农民获得经营权移让年金必须在60—65岁期间实际上移转农地经营权,鼓励农地由老一代向新一代农民移转,并规定经营权移让年金的大部分由国家提供,以促进土地流转。[2] 法国设立"调整农业结构行动基金",实行"离农终身津贴"制度,鼓励土地向新一代农民移动,也为农民的养老保险提供了一定的保障。[3] 有学者建议,我国应借鉴国外经验,建立"土地承包权退出机制"。但应注意到,中国是农业大国,农户数量大大高于日本,但经济发展的程度却至少比它落后30年。[4] 中国社会保障体系还极为不健全,尤其是农村社会保障体系还较为落后,难以满足数亿农村人口的社会保障需求,而中国土地面积极为辽阔,目前还没有任何一项保障措施比直接利用土地更易实现对农民的社会保障功能。其二,实现无身份属性的承包经营制度的具体形式。党的十八届三中全会决定中指出:

> 鼓励承包经营权在公开市场上向专业大户、家庭农场、农业合作社、农业企业流转,发展多种形式规模经营。

2014年《农业部关于促进家庭农场发展的指导意见》中也指出,家庭农场主要是农民或其他长期从事农业生产的人员,[5] 进一步放开了承包经营权的身份限制,除农民之外的其他长期从事农业生产的人员也可成为承包经营权的主体。放开承包经营权的身份限制,一切主体,不论是否为本集体经济组织成员都可以成为承包经营权的主体,与集体经济组织签订承包经营合同,同时应与国家"保持土地承包关系稳定并保持长久不变"的政策相协

---

[1]　参见杜文骄、任大鹏:《农村土地承包权退出的法理依据分析》,《中国土地科学》2011年第12期。

[2]　参见王习明、彭晓伟:《新农村建设之国际经验——以日韩法印为例》,见 http://www.zgxcfx.com/Article-Show.asp?ArticleID=8889,2016年4月24日。

[3]　参见杜文骄、任大鹏:《农村土地承包权退出的法理依据分析》,《中国土地科学》2011年第12期。

[4]　参见尹峰、李慧中:《建设用地,资本产出率与经济增长——基于1999—2005年中国省际面板数据的分析》,《世界经济文汇》2008年第2期。

[5]　参见申惠文:《论农村承包经营户的死亡》,《河南财经政法大学学报》2016年第2期。

调，同样也是出于"地权稳定效应"①的考虑，农地产权越稳定，承包权人长期投资的收益越高，在投资行为上就会表现为投资增加。② 因此，签订承包经营合同应以较长年限为基础，参照现有农村承包经营关系稳定30年长久不变的政策规定承包经营合同至少维持在30年以上。承包费属于农村土地所有权人，而农村土地所有权形式上归集体经济组织，实质上是集体成员共同共有，应平均分配给集体组织成员，不会出现承包经营户主体制度下，因承包户内人员增减带来的土地分配不公的现实问题，能够保证赋予每一位农民平等地享有土地生存保障权，这也是我国目前农村社会保障体系不完善的替代措施。

第四，建立农村妇女集体成员资格开放制度。农村妇女受"从夫居"的传统习惯影响，因婚嫁等原因往往丧失原集体经济组织的成员权，而在迁入的新集体中又难以及时取得成员权。对于离婚的妇女而言，迁入地的集体组织往往不承认其集体成员的身份，而是随离婚自动丧失，而娘家却因妇女出嫁而自动消灭了其集体成员身份，造成离婚妇女"无家可归"。针对这种情况，笔者建议，对于农村已婚妇女（包括离婚妇女）建立集体成员开放制度，娘家所在集体组织和夫家所在集体组织的成员身份由其自行选择，在符合集体成员身份资格的情况下，一旦选择即具备该集体成员身份，享有该集体的成员权。对于入赘男的土地权利保障，参照上述办法。

经营权是民法上的权利，其设置是为了实现宪法确立的基本经济体制，即以"家庭联产承包为基础，统分结合的双层经营体制"。在农村双层经营体制中，"分"是"统"的基础，"统"是"分"的保障，③ 集体经济组织的统一经营对实现农业现代化具有重要意义。民法中对于承包经营权的规定却造成了重"分"轻"统"的失衡状态，未能完全落实宪法中统分兼顾的体制要求，难以实现农地规模化经营。重"分"轻"统"的模式使目前大

---

① 汪洋：《土地承包经营权继承问题研究——对现行规范的法构造阐释与法政策考量》，《清华法学》2014年第4期。

② 参见姚洋：《土地、制度和农业发展》，北京大学出版社2004年版，第1—25页；汪洋：《土地承包经营权继承问题研究——对现行规范的法构造阐释与法政策考量》，《清华法学》2014年第4期。

③ 参见赵光元、张文兵、张德元：《中国农村基本经营制度的历史与逻辑——从家庭经营制、合作制、人民公社制到统分结合双层经营制的变迁轨迹与转换关联》，《学术界（月刊）》2011年第4期。

多数集体经济组织处于一种松散或半松散状态，其组织和联合功能日渐丧失。有调查显示，20世纪90年代以来，有约40%的村集体基本无经济实力，甚至有些集体经济组织溃散，成为"空壳村"。还有一部分集体经济经营收入仅仅能够维持村组织的日常运转所需，没有继续发展的经济实力，属于维持型集体经济。[①] 造成上述现象的原因在于割裂了农户分散经营和集体经营的相互关系，"农户"分散在承包地范围内自主经营、自负盈亏，没有充分发挥集体经济组织对农户的协调与组织作用，究其根本在于集体所有权主体的法律缺位，集体所有权不能完全发挥其物权属性，而在现实中，承包经营权发挥着类似于农地所有权属性的功能，造成了过分强调农户分散经营，弱化统一经营的现状。

在现有市场经济体制下，集体所有制必须满足集体成员更高的经济追求，为实现"城乡一体化"建设提供制度保障。而现有农业发展现实表明，虚置的集体土地所有权、空壳的集体经济根本无力支撑农村的公共产品和公共服务的供给，无力提供农民普遍持续增收的动力。[②] 在《物权法》将承包经营权物权化后，农民集体只是片面地享有土地所有权而无法实质上行使所有权的核心权能——处分权，因而必须赋予集体经济组织必要的处分权能，强化其在商事交易中的地位，同时也强化集体组织作为集体土地所有权人的主体地位，现有模式下，必须进行集体所有制法人化改造以实现集体土地所有制的价值功能。实现集体所有制的民法改造，将"农民集体"改造为"股份合作社法人"[③]，主体内容并未发生实质改变，体现了民法对宪法价值的传承，同时解决了集体土地所有权主体缺位的问题。诚如学者所言：

　　为了实现规模经济，从交易费用中获益，将外部性内在化，降低风

　　① 参见张士杰、曹艳：《中国特色现代农业发展中的农村双层经营体制创新》，《马克思主义研究》2013年第3期。

　　② 参见陈小君：《我国农村土地法律制度变革的思路与框架——十八届三中全会〈决定〉相关内容解读》，《法学研究》2014年第4期；陈小君、陆剑：《论我国农村集体经济有效实现中的法律权利实现》，《中州学刊》2013年第2期。

　　③ 梁成意：《民法的宪法关怀——评〈集体土地所有权主体制度研究〉一书》，《法商研究》2015年第3期。

险，进行收入的再分配，无论是自愿的还是政府的安排都将要被创新。①

为确保集体所有制功能得以实现，未来民法典不应抱残守缺，在制定民法典总则之际，去除农村承包经营户主体制度的身份限制，不是在民法典之中规定农村承包经营户作为民事主体制度，而是在民法典中规定完成农村承包经营户的改造的基础性法律，如此方能助力土地农村土地集体所有权、农户承包权、土地经营权"三权分置"的改革。

（四）流动商贩的商事主体地位确立

商贩一词源自《管子·八观》："悦商贩而不务本货，则民偷处而不事积聚。"② 流动商贩可以定义为：

> 未经商事登记且不具有商企业身份的，以游动为特点的，从事比较简单的商事交易活动，经营日常基本生活需求的商品的个人。③

流动商贩的法律特征表现为：首先，流动商贩为未经过商事登记的自然人或家庭。流动商贩从事商业活动的主体单一，既不同于个体工商户，经过登记的自然人或家庭的经营模式，也不同于商企业，登记的经营营业的组织体。流动商贩一般表现为自然人个人经营。其次，流动商贩并没有固定的经营场所。虽然流动商贩会在相对固定的地点从事经营活动，但是其并没有与个体工商户或合伙企业一样固定的店面或地点，常常流动贩卖。再次，流动商贩经营活动具有职业性。不像一般的民事主体偶尔性处分自己的财产，但并不以之为业，流动商贩经营相对集中，是有计划、反复性的职业行为。复次，流动商贩交易是以营利为目的的经营活动。流动商贩从事的是相对比较简单的商事交易活动，以经营小商品和日用品等生活必需品或食品为主，多

---

① 黄可人、蒋锡军：《我国家族企业产权制度变迁分析》，《市场论坛》2010 年第 12 期；[美] 科斯、阿尔钦、诺斯等：《财产权利与制度变迁——产权学派与新制度学派译文集》，刘守英等译，上海三联书店、上海人民出版社 1994 年版，第 275 页。
② 李功国：《中国古代商法史稿》，中国社会科学出版社 2013 年版，第 6—18 页。
③ 苗延波：《商法通则立法研究》，知识产权出版社 2004 年版，第 105 页。

是个人或家庭谋生手段，并不需要与交易第三方签订合同，但不管经营的动机为何，其行为的性质是以营利为目的的经营活动无疑。

流动商贩作为自然人首先是民事主体无疑，但从事经营营业是否就是商事主体？我国民法通则中并无明确规定。国务院办公厅曾经在 2009 年的《个体工商户条例（征求意见稿）》中规定：

> 无固定场所的摊贩，可以申请登记为个体工商户，在指定或允许的范围内活动。

该意见第一次将流动商贩提到立法层面，但其后还是在其颁布生效的正式条例中废除。学者们对流动商贩的主体地位观点也不尽相同。我国多数学者一方面基于现代商事主体是企业，企业必须经过登记方可成立，但流动商贩没有核准登记，从而不具备商事主体身份。另一方面，流动商贩虽有营利性却只是为了基本生计而且规模有限，从而认为流动商贩其应定性为民事主体而非商事主体。[①]

对此观点，笔者不敢苟同，流动商贩具备营业条件，应为商事主体。

第一，流动商贩是城市发展的必然产物。任何城市富有特色的路边摊甚至市集，都是经历了常年的演变而发展起来的，路边摊实际展现了一座城市的历史和生活形态的演变历程。[②] 其实，"贩夫走卒、引车卖浆、走街串巷，是我国古已有之的正当职业"[③]。我国现实中也确实存在大量的流动商贩，摆地摊、走街串巷是普通老百姓的就业生计之路。城市发展中的流动商贩，并不是城市化进程中无法克服的"中国难题"，世界各地都曾经历过失业人群"摊贩化"，经历过从否定驱逐到认同容忍。[④] 早些年我国城市管理者对流动商贩是不承认和禁止的态度，出现城管人员肆意破坏流动商贩财产，甚至伤害其人身的情况。国家与流动商贩间存在重大的冲突。近些年我国也逐

---

① 参见范健、王建文：《商法基础理论专题研究》，高等教育出版社 2005 年版，第 159 页。

② 参见苗延波：《商法通则立法研究》，知识产权出版社 2008 年版，第 106 页。

③ 李功国：《中国古代商法史稿》，中国社会科学出版社 2013 年版，第 34 页。

④ 参见姜金凤：《生存权与城市管理权之争——以商贩与城管为例》，《行政与法》2011 年第 12 期。

渐认识到城市发展中必然会存在小商贩，并且已经有部分地方开展了试点改革。例如，上海市、重庆市出台的《城市设摊导则》，允许流动商贩摆摊，并利用公共资源有效地指导其有序、卫生地摆摊。同样，乌鲁木齐市开始以"只要管理得当，流动商贩也可以成为城市的一道风景线"的理念规范流动商贩。镇江市试点改革试行摊贩民主自主，以及北京市崇文区居委会以"革新西里模式"管理小商贩。在法律层面上，这是国家对流动商贩的态度转变。可以发现，治理流动商贩在大陆有限的几个试点单位和我国台湾地区的实践收效极其良好的关键，不是打压否认流动商贩而是确定流动商贩合法的商事主体地位。[①]

第二，强制登记义务应区别商事主体对待。现代各国商事登记基本分为强制登记和任意登记。前者指只有依法履行商事登记才可以取得商事主体资格，如《意大利民法典》第 2195 条第 1 款的规定。[②] 后者指符合要求，未履行登记的商事主体，并不否定其主体资格，只是对其有一定限制，如《瑞士债法典》第 933 条第 2 款的规定。[③] 国务院颁布的《无照经营查处取缔办法》第 2 条即明文禁止无照经营；[④] 第 4 条第 2 款进一步明确何为无照经营，[⑤] 并建立了从个体工商户到个人独资企业、合伙企业、公司的登记规则体系，基本可以确定我国采取的是强制登记主义。但问题是强制登记并不是所有商事主体的义务，而应针对不同类型的商事主体区分对待。[⑥] 例如，民法法系国家包括采取登记非要件主义的瑞士都明文规定，对于各种类型的公司成立均以注册登记为成立必要条件，但是对合伙企业来讲，法国、德国的合伙企业必须登记，英美国家的合伙注册却是任意的，商个人更是如此，例如，《日本商法典》第 8 条就规定小商人不适用商法中的商业登记、商号、商业账簿相关规定。但是，无论小商人还是其他商事主体均应当适用商

---

① 参见苗延波：《商法通则立法研究》，知识产权出版社 2008 年版，第 107 页。
② 参见《意大利民法典》，费安玲、丁枝译，中国政法大学出版社 1997 年版，第 544 页。
③ 参见苗延波：《中国商法体系研究》，法律出版社 2007 年版，第 399 页。
④ "任何单位和个人不得违反法律、法规的规定，从事无照经营。"
⑤ "无须取得许可证或者其他批准文件即可取得营业执照而未依法取得营业执照，擅自从事经营活动为无照经营行为。"
⑥ 参见苗延波：《中国商法体系研究》，法律出版社 2007 年版，第 398—400 页。

法的其他规定。① 同样，韩国、我国台湾地区也都区分了商个人和商企业，而豁免商个人登记义务。所以，并不能因为流动商贩未经登记就否定其为商事主体，对商企业而言登记是强制义务，对商个人则不然。

第三，从商自由是个人"天赋"的权利。所谓从商自由原则是指除非法律对人的事实资格作出限制，否则所有人均享有按照自己意愿自由从事经营活动的自由。自19世纪中后期后，各国商法均承认从商自由原则，而且将从商自由原则从自然人领域贯彻到公司领域。其中，就自然人而言，按照从商自由的思想，任何自然人只要不具备法律禁止从商的条件均可从商，均可以按照自己的意愿从商而不受其他人、国家机关的约束。② 商企业首先是一个民事上的组织体，主体地位是法律拟制并认可的结果，自然需要满足民事主体设立条件，登记后才能取得主体地位，但对于商个人而言，商个人首先是自然人，自然人的法律身份是"天赋"③ 的，很难想象需要国家登记认可人，才可以成为人，商个人自由经商自然也是"天赋"的权利。事实上，很多国家也是如此规定的，将个人从商视为个人自由和"天赋"的权利，例如，在从商自由思想弥漫的美国，并不需要经过工商登记，任何人都可以自由地从事经营营业成为商个人，公民以个人为单位从事商业活动，可以是常年性的，也可以是季节性的。④ 从商自由是个人"天赋"的权利，任何法律都不能剥夺作为人的基本自由。商事主体结构，应是现实与逻辑契合的结果，故流动商贩应是商事主体。

（五）商个人选择模式

1. 商个人登记的性质非创设而是公示

首先，如前所述，登记的性质应当区分商个人和商企业，商事登记并不能创设商个人。商个人首先是自然人，满足经营营业条件即成为商事主体，并不需要登记。如《德国商法典》第1条第2款的"实际商人"，第29条的登记以及第53条的进行授予登记只是起到公示作用，但其实商人却不是

---

① 参见王萍：《日本商法教程》（修订版），上海外语教育出版社2005年版，第82页。

② 参见张民安：《商法总则制度研究》，法律出版社2007年版，第43页。

③ 李建伟：《从小商贩的合法化途径看我国商个人体系的建构》，《中国政法大学学报》2009年第6期。

④ 参见郑之杰、吴振国、刘学信：《中小企业法研究》，法律出版社2002年版，第82—84页。

登记产生的。[①] 1914年《商人通例》第1条规定："商人谓为商业主体之人。"第2条规定："凡是商业之规模布置者，自经呈报该官厅注册后，一律为商人。"可见，《商人通例》对商人的规定是商主体法定主义和自由登记主义二元制，区分不同商人运用不同原则，商个人可以自由选择登记，而商企业必须登记且明确登记类别、遵循法定商人主义。[②] 其实，我国《无照经营查处取缔办法》并不影响商个人的法律主体地位，但是依行政法可以对商个人进行惩罚，给予一定的行政处分。法律对自然人的登记的作用终归只是为了实现有效的国家管理。法律实现管理最为重要的就是通过对符合法律的行为规范予以肯定从而指导个人的行为，对于不符合法律行为模式的，只要不违反禁止性规定的，可以适当惩罚而实现引导，但绝对不应该予以全盘否定。例如，法国法律区分商个人和商企业的登记，虽然法律也要求商个人从事商事活动的时候要按照法律规定向登记机关申请注册登记，但是登记并不是取得商事主体地位的前置性条件，即使个人未经过登记，还是可以取得商事主体资格，只是可能会有一定的法律制裁。[③]

其次，商事登记实现国家管理主要依靠商事登记的公示功能。《民法总则专家意见提交稿》第75条规定：登记机关应当通过信息公示系统依法公示营利性社团法人的有关信息。第76条规定：法律保护善意第三人对登记簿记载事项的合理信赖。这些都明确了商事登记的公示效力。这里所称的公示并非不产生法律效果，而只是被登记的法律效果并非通过登记而产生，商事登记是商个人公示的手段，但是并不因为登记机关的登记产生商个人，登记仅仅是对商个人的公示，其名称、主体，通过登记公示获得公信力，而可以产生对抗第三人的效力，即商事登记的公示公信效力。因此，商事登记具有推定真实对抗善意第三人的效力，应登记的事项已登记后就可以对抗善意第三人，即使是情况不真实的登记，对信赖登记的善意第三人也应产生公信力。[④] 例如，澳门《商业登记法典》规定与自然人有关的商事登记从强制登记变更为任意性登记，商个人的身份先自动成立，为了交易安全，履行登记

①　参见［德］C. W. 卡纳里斯：《德国商法》，杨继译，法律出版社2006年版，第45页。

②　参见季立刚：《民国商事立法研究》，复旦大学出版社2006年版，第71页。

③　参见张民安：《商法总则制度研究》，法律出版社2007年版，第432页。

④　参见苗延波：《中国商法体系研究》，法律出版社2007年版，第409页。

程序后产生公示效力，可以对抗善意第三人。① 所以实际上，商事登记的目的主要是使社会公众知悉其营业的内容，从而营造良好的社会经济秩序，实现国家管理。典型的如荷兰、比利时、葡萄牙等国家商事登记的法律效力主要表现为商事登记的公示性，未经登记仍具有商事主体资格，只是不能对抗善意第三人。②

最后，商个人应当可以自主选择经营模式。登记既然对商个人产生公示而非创设的效力，那么登记或不登记应只是商个人权衡利弊后，选择营业的方式而已。商个人自由从商是市场经济的核心与灵魂，没有自由商人就不会有市场经济，而且自由从商还彰显出民法的平等价值和宪法的自由价值。③但是实际上，我国法律和行政法规对商个人的管理规定显得过于严格，甚至限制仅仅登记的自然人才可以成为商个人，但是随着市场经济改革的深入，立法方向应本着从商自由的原则，放宽对商个人登记和营业的不当限制。④而破解现行强制登记与商个人主体地位的关键就在于赋予商个人选择权。商人制度中的"选择"，一方面将主体创设的主动权交给了商人，另一方面消除了登记的强制属性，商个人可以选择进行登记的具体类型，由此带来适用不同法律规制的后果，而后果其实已经蕴含在个人的选择之中。法律要做的只是提供各种可供选择的类型。⑤ 例如，1988 年改革后的《德国商法典》中增加了"自由登记商人"，就赋予商个人自主选择的权利。⑥ 所以，登记只是公开商个人的选择结果，产生公示公信效力，但登记与否却是商个人自主的选择。

根据商个人选择登记与否，目前我国商个人可供选择的模式是：选择登记成为个体经营者、个人独资企业主、合伙企业主、公司企业主，或选择不登记成为流动商贩和网络信息时代下"微商""淘宝店主"等。而且，如果法律不禁止，商个人既可以选择登记成为个体经营者，同时成为不需要登记

---

① 参见曹锦俊、刘耀强：《澳门商法》，社会科学文献出版社 2015 年版，第 154—159 页。

② 参见苗延波：《中国商法体系研究》，法律出版社 2007 年版，第 410 页。

③ 参见张民安：《商法总则制度研究》，法律出版社 2007 年版，第 43 页。

④ 参见李建伟：《个人独资企业法律制度的完善与商个人体系的重构》，《政法论坛》2012 年第 9 期。

⑤ 参见李政辉：《商人主体性的法律建构》，法律出版社 2013 年版，第 155—156 页。

⑥ 参见［德］C. W. 卡纳里斯：《德国商法》，杨继译，法律出版社 2006 年版，第 46—54 页。

的"微商",或是同时经营"微店"和"淘宝店铺",但其实质都是商个人,所以经商的模式其实只是商个人存在的外壳而已,不同的存在形态只要满足商个人的条件并不改变其是商事主体的实质。商事主体的立法应该是开放的,只有如此才能够为现代商业社会的投资者提供足够的空间。① 不仅如此,事实上,因为我国幅员广阔,地方经济发展不一,又处在新旧交替时代下,商个人形式多样且数量庞大,而营业目的主要是为了满足基本生活需求,法律更应当为商个人提供一个可以多方位选择的营业模式。

2. 商个人否定性条件

商个人可以选择登记与否,从而自主选择经商模式,使商个人的外延呈现一种开放性。② 这样的开放性是商个人自主选择的必然结果,但绝对不是说任何人都可以成为商个人。自然人经营营业才是商个人,但是营业不仅包括独立性、营利性、公示性等积极肯定的条件,而且还包含一定的否定性条件,如果自然人营业符合否定性条件,则自然人不能取得商事主体的资格,也当然不能成为商个人,商个人的否定性条件主要包括:

第一,行业性否定条件。虽然自然人有从商自由,并且法律、行政法规也应保护个人自由从商的权利,但是这种自由是建立在符合法律规范的基础之上的。首先,营业不能违反社会公序良俗。公序良俗是公共秩序与善良风俗的简称,指国家社会的一般利益与道德,其主要体现在现行法秩序之中,包括整个法秩序的价值体系与规范原则,特别是宪法中基本人权的规定。③例如,《治安管理处罚法》第 70 条规定,禁止为了营利而为赌博提供便利条件。其次,营业不能进入某些特定的行业。出于财政和对特殊行业的特殊规制的考虑,国家对个别行业实行垄断,商个人不允许从事相关的营业活动。④ 例如,我国《烟草专卖法》第 3 条明文禁止个人从事此行业。⑤ 若法律明文规定个人不能经营,因此也无法成为商个人。再次,某些行业需要营业许可才可以经营。某些行业法律并没有完全禁止,但是个人必须事先取得

① 参见徐强胜:《商主体的类型化的思考》,《当代法学》2008 年第 7 期。
② 参见李政辉:《商人主体性的法律建构》,法律出版社 2013 年版,第 157 页。
③ 参见杨德群、欧福永:《"公序良俗"概念解析》,《求索》2013 年第 11 期。
④ 参见王保树主编:《中国商事法》,人民法院出版社 2001 年版,第 66 页。
⑤ "国家对烟草专卖品的生产、销售、进出口依法实行专卖管理,并实行烟草专卖许可制度。"

国家的许可才能进行营业活动。例如，银行业、保险业、证券业必须取得经营许可才能从事营业。^①如果自然人没有取得法律许可但仍在特定行业营业，则不能取得商个人的主体地位。

第二，身份性否定条件。从有利于国家机关廉洁和严肃执法的角度，各国一般禁止国家公务人员成为商事主体。^②例如，我国《国家公务员条例》第49条、《法官法》第30条、《检察官法》第33条都禁止国家公务人员经营营业成为商事主体。其次，有关艺术或科学活动，或者其主要成果与人身有关的自由职业，都不属于营业，自由职业者也不能成为商个人。例如，德国《联邦律师条例》第2条第2款、《联邦公证人条例》第2条第3款、《审计师条例》第1条第2款等明文规定，律师、审计师、公证人、税务顾问、医生等都不能营业。另外，根据习惯法的长期传统，建筑师、画家、雕刻家、教师等也不能成为商事主体，除非法律允许相关职业营业，如律师事务所以公司的形式进行营业。^③再次，基于经济主体利益调整，竞业禁止义务人不能成为商个人。现代商法大多规定营业让与人对董事、经理、合伙人负有竞业禁止义务，义务人在规定的期间不得经营同种或类似的营业。例如，《合伙企业法》第32条第1款规定了合伙人竞业禁止的义务。^④一旦合伙人违反此义务规定经营就不能成为商事主体。

第三，营业方式的否定性条件。为了保护商事主体的从商自由，必须建立并维护自由、公平的市场竞争秩序。^⑤所以，法律必须对妨碍自由的营业方式予以禁止，从而保障其他商事主体的从商自由。^⑥当然，自然人以禁止经营的方式营业就不能成为商个人。首先，这种禁止表现为法律、法规对不正当竞争的禁止。自由竞争本是自由从商的前提，也是市场经济健康发展的必备条件。但是，不正当竞争不仅会损害其他商事主体的合法利益，而且会扰乱社会经济秩序，所以必须禁止。例如，《反不正当竞争法》第2章第5条到第15条就明文规定了不得采取的各种不正当竞争行为。其次，表现为

---

① 参见赵旭东:《商法学教程》，中国政法大学出版社2004年版，第72页。
② 参见王保树主编:《商法》，法律出版社2005年版，第41页。
③ 参见［德］C. W. 卡纳里斯:《德国商法》，杨继译，法律出版社2006年版，第32页。
④ "合伙人不得自营或者同他人合作经营与本合伙企业相竞争的业务。"
⑤ 参见王保树:《寻求规制营业的"根"与"本"》，《中国商法年刊》（2007），第35页。
⑥ 参见王保树主编:《中国商事法》，人民法院出版社2001年版，第67页。

法律、法规对垄断的禁止。为了给所有的商事主体创造均等的竞争机会和平等的竞争条件，各国的反垄断法对独家交易、价格卡特尔、托拉斯、连锁董事会等垄断行为均有限制性规定。① 我国 2008 年也出台了《反垄断法》，并在第 2 章、第 3 章、第 4 章、第 5 章分别对垄断协议、滥用市场支配地位、经营者集中和滥用行政权力排除、限制竞争等垄断行为进行规制。

三、商企业："脉络关联"的组织形态

关于法人本质的学说有"拟制说""实在说""否定说"②，《民法总则专家意见提交稿》第 56 条基本沿袭了《民法通则》第 36 条的规定，《民法总则（草案三次审议稿）》第 55 条也未有实质性突破，可见我国未来民法典仍将延续法人的本质"实在说"中的"组织体说"③。其实不管法人本质遵何种学说，现代各国法律一般都规定法人或其他组织需要进行登记，这样一来，登记就是商企业必须履行的强制义务，所以无论是"拟制说"或"实在说"还是"否定说"，所有的商企业都必须按照法律规定履行登记义务。

商企业就是经过商事登记经营营业的组织体。商事登记是商事主体的筹办人，为了设立、变更或终止其主体资格，依照《商事登记法》规定的内容和程序，向登记机关提出申请，经登记机关审查核准，并将登记事项记载于商事登记簿的法律行为。④ 不同的国家对商企业的商事登记立法制度不一样。有由商法典确定的商事登记制度，如《德国商法典》第 1 编第 2 章、《日本商法典》第 1 编第 3 章、《韩国商法典》第 1 编第 6 章。也有由专门商事登记法则规定的商事登记制度，如法国的《商事及公司登记法令》、瑞士的《商事注册条例》。我国目前尚无统一的商事法典，散见于不同类别的商事主体立法中。但从我国相关的登记立法中可知，商企业商事登记具备创

---

① 参见赵旭东：《商法学教程》，中国政法大学出版社 2004 年版，第 73 页。

② 参见谭启平：《民法学》，法律出版社 2014 年版，第 118 页。

③ 参见许中缘、屈茂辉：《民法总则原理》，中国人民大学出版社 2012 年版，第 22 页。

④ 参见程江华：《商事登记的若干问题分析》，《广西政法管理干部学院学报》2003 年第 12 期；刘清、郭岳：《商事虚假登记的成因及规制问题研究》，《中国工商管理研究》2013 年第 1 期；安剑泉：《论我国商业设立登记中的强制登记主义及其改善》，《铁道警官高等专科学校学报》2012 年第 8 期；范健：《商法》（第三版），高等教育出版社 2007 年版，第 62 页。

设效力和公示效力。首先，商事登记具有创设效力。我国是采用强制登记主义或登记要件主义的国家，[1] 依我国法律，商事登记是各类个人独资企业、合伙企业、公司等商企业取得商事主体资格的必要条件，严禁未经登记而经营营业的商企业。商事登记是商企业取得主体资格的前提条件。例如，《公司法》第 6 条就明确公司成立登记为要件。其次，商事登记具有公示效力。公示效力，指凡是经过商事登记的内容，即获得对抗效力和公信力，前者指登记内容可以对抗善意第三人，侧重于对登记人的保护。后者指推定具有法律效力，第三人信赖登记事项的行为应当有效，侧重于对交易相对方的保护。例如，《公司法》第 32 条第 2 款即明确保护交易第三人。《深圳经济特区商事条例》第 20 条更是明确规定公告的事项应当与登记事项一致，不一致不仅不可以对抗第三人，而且还要受到行政处罚并对善意第三人承担民事责任。

大量的以商事登记为基础的强制性规范对商企业资格予以严格控制，就形成了所谓的商主体法定原则，包括登记企业的类型、内容、公示的法定。[2] 登记内容和范围的法定，并不是指所有的内容都需要登记，事实上，与营业无关的事项不必登记。例如，《德国商法典》第 29 条规定：

> 任何一名商人均有义务将其商号和其营业所所在地向营业所管辖区的法院申报商事登记，商人应签署其签名，并注明商号，以由法院保管。[3]

根据我国相关法律，需要商事登记的事项主要有：经济性质、场所、经营期间、内部机构、分支机构、财产责任、议事规则等。然而，法律对商企业的资本构成、组织结构、责任承担等内容有明确规定，商企业就只能在法律规定的类型中作出选择。但这绝不是切断商企业不同类型之间的内在联系。例如，《德国商法典》中从无限公司（OHG）到股份有限公司（AG），类型之间并不是绝对排斥的关系，还有无限公司（OHG）到两合公司

---

[1]　参见于新循：《现代商人法纵论》，人民法院出版社 2007 年版，第 148 页。

[2]　参见范健：《商法》（第三版），高等教育出版社 2007 年版，第 8—12 页。

[3]　参见《德国商事公司法》，胡晓静、杨代雄译，法律出版社 2013 年版，第 5 页。

（KG）、有限责任公司（GmbH）、股份两合公司（KGAA）、登记合作社
（EG），最后才到股份有限公司（AG），从整体来看，商企业是有一定发展
的、形态渐变的组织体，而不是非此即彼、界限分明的。企业可以选择登记
成立无限公司（OHG），也可选择登记成立两合公司（KG），这个变化是组
织结构、责任形式的变化，无限公司（OHG）股东全部承担无限责任，两
合公司（KG）是部分股东承担无限责任，部分股东承担有限责任，然后随
着组织规模变化，企业也可以转化为有限责任公司（GmbH），最后到股份
有限公司（AG），资合性越变越强，人合性越来越弱，责任的承担表现为公
司的独立责任，法律对公司的组织结构要求也越发严格。[1]

　　《民法总则（草案二次审议稿）》第 52 条第 1 款规定商个人为个体工商
户，第 77 条和第 4 章第 100 条第 2 款规定的是营利性社团法人和依法登记
领取营业执照的独资企业、合伙企业等商企业。我国未来民法典呈现出的民
事主体和商事主体区分的思想符合民商合一的立法体例思维逻辑，但是对商
事主体类型的划分过于呆板，显现非此即彼的僵硬思维，没有注意到商事主
体的类型脉络联系。其实，我国现行法律中的商事主体的种类从商个人到商
企业形态各异，又有着过渡状态，他们之间相互映衬并紧密联系。商个人与
商企业、商企业之间的差异只是在组织化的程度，而组织化的程度使他们呈
现出一种流动性。[2] 所以，我国未来民法典对商事主体的设计思路就不能简
单地将主体间的联系隔断而应当体现他们的流动性的联系，通过民法典统一
规定的同时又以不同的具体规范来调整商事主体。

　　结合我国目前已有的商企业的法律法规，笔者主张我国未来民法典可将
商企业基本划分为个人独资企业、合伙企业、公司三个大类。这样的分类具
有一定层次性，不仅仅是静止地对商企业划分，更是可以从动态的角度展现
商企业之间的流动性，呈现出一种脉络的组织形态的联系。其实，不管强制
性规范或任意性规范都旨在实现私法自治，即使是强制性规范也只是为行为
提供一套私法自治的"游戏规则"，自然，商法的强制性规定也只是为了更
好地实现私法自治。[3] 因而，商事登记规则对商事主体类别、内容、公示的

---

[1]　参见《德国商事公司法》，胡晓静、杨代雄译，法律出版社 2013 年版，第 2—13 页。

[2]　参见徐胜强：《商主体的类型化思考》，《当代法学》2008 年第 7 期。

[3]　参见苏永钦：《走入新世纪的私法自治》，中国政法大学出版社 2002 年版，第 17—20 页。

法定终究也是为了实现私法自治。如此，法律主体外的类型可根据类型理论在类型标准的基础上解释和适用相关的法律，使商企业之间具有应有的"脉络关联"。

（一）个人独资企业

个人独资企业，又称为独资企业、个人企业、单人企业、个体企业等，是单个自然人投资、经营营业并由投资者一人负无限责任的组织体。我国《个人独资企业法》第 2 条对此也有明确规定。个人独资企业有其独特的内涵。首先，个人独资企业投资主体的唯一性。相较于合伙企业和公司，个人独资企业最大的独特之处就在于其投资人为一人，而且还是不包括组织体的自然人。其次，独资企业自主控制和管理。独资企业的所有权和经营权都在投资者一人。投资者有权单独处理企业的一切事物，在经营管理上，既可以选择自己管理企业事务，也可以雇用他人负责企业事务。再次，投资者对独资企业债务承担无限连带责任。当独资企业的财产不足以偿还企业之债时，必须要以其所有财产对企业之债承担责任，直到债务清偿为止。

从商企业的发展历史来看，个人独资企业最早可以追溯到人类第一次社会大分工实践，后随着商品经济的发展，才逐渐出现了合伙企业和公司企业等组织形态。个人独资企业不仅是历史最古老、存续时间最长的商企业，也是商企业中组织形态最简单的一种，由单个人投资营业即可。现代商业社会中，个人独资企业并没有因为结构简单而被社会抛弃，反而由于企业规模不大而营业方便、适合个人经营，成为数量最多、范围最广的商企业形态，因而各国法律中基本都有关于个人独资企业的法律规定。[1] 个人独资企业与合伙企业、公司共同奠定了现代商企业"三足鼎立"的基本格局。[2]

个人独资企业是以自然人为本位的商企业，又由自然人对企业承担无限连带责任，因而企业与企业主之间的法律人格常常是混同在一起的。但个人独资企业需要登记，而且有自己的名称和组织结构。例如，我国《个人独资企业法》第 8 条即明确规定了独资企业的构成条件。《德国商法典》更是明确将个人独资企业作为一种独立的商事主体形式，要求其进行商业登记、

---

① 参见范健、王建文：《商法基础理论专题研究》，高等教育出版社 2005 年版，第 293 页。

② 参见雷兴虎：《商事主体法基本问题研究》，中国检察出版社 2007 年版，第 33—35 页。

设立商号、建立商事账簿,个人独资企业具有商事主体的身份。① 《法国商法典》亦是如此,商法对独资企业商事主体资格加以确认。因此,个人独资企业不仅是自然人的延伸,更是具备了独立于企业主的法律人格,完全是一种独立的商事主体。② 当然这并不是说个人独资企业作为商企业,与商个人之间是非此即彼的存在,事实上对选择不登记的商个人与独资企业还可以通过登记这一程序性要件予以区分,但选择登记的商个人与个人独资企业之间就很难区分了。例如,我国《个体工商户条例》第 8 条即规定了个体工商户的成立条件。个体工商户也有商事名称和固定的营业场所,此时,商个人与个人独资企业的差异性就很小了,甚至趋同。我国《私营企业暂行条例》第 2 条规定的是私营企业的成立条件。而第 6 条规定个人独资企业是私营企业的一种。所以,归根结底,商个人与个人独资企业主要是组织化程度不一样而已。诚如学者所言:

> 个人独资企业在法律地位上既具有自然人属性,又不同于一般自然人,这就是说个人独资企业人格与自然人人格并非完全等同的。③

"并非完全"一词表明商个人与个人独资企业一方面并不是同一类型的商事主体,但另一方面两者又是密切关联的商事主体。《个体工商户条例》第 29 条规定,个体工商户可以申请转变为企业组织形式,就很好地说明两者并不仅仅是静态的类别差异,更可以是动态的类型互动。

(二) 合伙企业

合伙企业是两人以上的合伙人在订立协议的基础上,所设立的具有共同经营的营业关系、共享收益、共担风险、共负盈亏的组织体。《合伙企业法》第 2 条第 1 款即明确规定了合伙企业人员构成以及合伙人的责任承担方式。

---

① 参见范健、王建文:《商法的价值、源流与本体》(第二版),中国人民大学出版社 2007 年版,第 294 页。
② 参见范健、王建文:《商法基础理论专题研究》,高等教育出版社 2005 年版,第 294 页。
③ 漆多俊主编:《市场经济企业立法观——企业、市场、国家与法律》,武汉大学出版社 2000 年版,第 159 页。

合伙是一种古老的经营模式，是商业社会发展的产物。《德国民法典》第705条规定：各合伙人依合伙企业互负以契约方式促进事业的完成，特别负履行约定出资的义务。《日本民法典》第667条规定：合伙契约因各当事人约定出资以经营共同事业而发生效力。合伙的目的就在于经营共同的事业，与其他商企业的组织形态相比较，合伙企业最大的特征即是人合性。[①]合伙企业是介于个人独资企业与公司之间的一种商主体，与个人独资企业和公司既有区别也有联系。[②]合伙作为人合组织，首先是建立在相互信任的基础之上，因此，合伙人可以通过订立合伙协议对合伙的具体营业内容和组织管理作出安排。其次，合伙企业的各合伙人共同经营、利害与共。合伙是建立在合伙协议基础上的"利益共同体"，各个合伙人之间休戚相关。既不同于公司设立的法定机构的经营管理，也不同于个人独资企业由投资者个人的经营管理，合伙企业是各个合伙人通过合伙协议实现共同经营管理。再次，合伙人区分不同的类型对企业债务承担责任。例如，我国合伙企业可以分为：普通合伙、特殊普通合伙以及有限合伙企业。不同类型的企业中不同类别的合伙人对企业债务的承担方式并不一样。普通合伙企业合伙人均对合伙企业债务承担无限连带责任。特殊的普通合伙企业中区分执业人的主观过错。有限合伙企业则区分普通或有限合伙人，前者对企业承担无限责任，后者为有限责任。

我国《合伙企业法》第14条规定，设立合伙企业应当有二个以上合伙人、有书面合伙协议。第15条又明确规定其必须标注"普通合伙"的样式。而个人独资企业是单个自然人投资成立的，且独资企业的名称不能标注"合伙"。因而合伙企业与个人独资企业应是两个完全可以区分的商主体。实则不然。首先，个人独资企业具备独立的法律人格，是独立的商事主体。独资企业营业经营不可避免地要雇佣劳动者，而形成团队合作的形式，从这个角度而言，独资企业与合伙企业并没有实质性的差别。《民法总则（草案二次审议稿）》第4章第100条第2款将依法登记领取营业执照的独资企业、合伙企业都归于其他组织，即承认两者都是组织体。例如，美国《统一合

---

①　参见范健、王建文：《商法基础理论专题研究》，高等教育出版社2005年版，第290页。

②　参见雷兴虎：《商事主体法基本问题研究》，中国检察出版社2007年版，第53页。

伙法》也把个人独资企业和合伙企业视为法人之外的另一种独立的商事主体，即认为两者是非法人组织体。[①] 其次，如果隐名合伙中只有一名显名合伙人，该合伙人与个人独资企业就更难以区分。例如，1978 年修改后的《法国民法典》第 1871 条规定隐名合伙（association en participation）不需要在《商业与公司登记簿》上进行注册登记，因此，隐名合伙人有其独特的性质，可以从企业的内部看见隐名合伙人却从外部看不见，第三人也不一定能了解现实，这就是隐名合伙。[②] 再次，两者承担责任的形式也基本一致。在 2006 年前，我国只承认普通而无有限合伙形式，前者应合伙人全体对企业之债负有无限责任，其实就算是在有限合伙中，普通合伙人也需要对债务人承担无限责任，而个人独资企业主也是对企业之债负有无限责任。

所以，合伙企业与独资企业虽是商企业的不同类型，但两者也绝对不是相对立矛盾的两个类别，两者之间实际上有着千丝万缕的联系。其实，合伙企业自身也存在这种联系。商企业类别之间，甚至同一类型内是流动的，即在基本商事主体类别的基础上，临近的类型相互融合可以产生新的商事主体。例如，美国《统一有限合伙法》根据合伙契约与法律安排结构紧密与否，将合伙企业再划分为：普通合伙、有限合伙、有限责任合伙，另外还有有限责任有限合伙。[③]

（三）公司[④]

公司是指以经营营业，由一定人数以上的股东共同投资，股东以投资额

---

① 参见张胜利、戴新毅编著：《美国商事法概论》，中国政法大学出版社 2012 年版，第 92—96 页。

② 参见［法］伊夫·居荣：《法国商法》（第一卷），罗杰珍、赵海峰译，法律出版社 2004 年版，第 572 页。

③ 即狭义的合伙（也是我国有关法律中的"合伙"概念），英文名称为 General Partnerships（简称 GP），是指由两个或两个以上的合伙人组成，各合伙人以自己个人的财产对合伙组织的债务承担无限连带责任。有限合伙，英文名称为 Limited Partnerships（简称 LP），是指至少由一名普通合伙人和一名负有限责任的合伙人组成，有限合伙人对合伙组织债务只以其出资为限承担责任。有限责任合伙英文名称为 Limited Liability Partnerships（简称 LLP），是指由两个或两个以上合伙人组成，各合伙人对自己执业行为引起的合伙组织债务承担无限责任，对其他合伙人的执业行为引起的合伙组织债务承担有限责任。有限责任有限合伙，英文名称为 Limited Liability Limited Partnership（简称 LLLP）。它以有限合伙为基础，但所有合伙人仅承担有限责任，是一种较为新颖的非公司型企业。目前，调整 LLLP 的法律规范并不完备，但其在实现企业集中经营和为合伙人提供特别保护等方面，具有普通的有限合伙和公司所无法比拟的优势。参见江平、曹东岩：《论有限合伙》，《中国法学》2000 年第 4 期。

④ 不同国家商法中的公司内涵和外延并不一致，此处的公司是我国商法体系中的公司，即以股东责任有限为特点的有限责任公司和股份有限责任公司，特此说明。

为限对公司负责，公司则以全部财产对外承担法律责任的组织体。公司这种组织形态到近代商业社会才产生，但是已经成为现代商业社会中最为重要的商企业类型，可以说是具有支配地位的组织形态，是最具有典型意义的企业组织体。[①] 当然，不同国家公司的类型和含义并不一样。例如，《德国商法典》中规定的公司形态包括无限公司（OHG）、两合公司（KG）、资合公司、股份两合公司（KGaA）、合作社（EG）。其中资合公司又包括有限责任公司（GmbH）和股份有限责任公司（AG）。故公司在德国是一个极其宽泛的概念。我国1950年的《私营企业暂行条例》第6条规定：

> 私营企业分为以下三种：（一）独资企业；（二）合伙企业；（三）公司。公司又包括无限或有限责任、两合、股份有限以及股份两合公司，企业非系公司组织者不得使用公司名称。

后才在1993年的《公司法》中将公司类型分为有限责任公司和股份有限公司，最新修订的《公司法》第2条规定，公司类型只包括有限责任以及股份有限公司，其作为商企业有自身显著的特征。其一，公司股东责任的有限性。《公司法》第3条第2款即明确其有限责任。其二，经营管理的高度集中。公司的所有权与管理权相分离，具有严格法定和统一的意思机构，由公司章程授权董事会，而董事会又将公司日常事务的管理权委托给经理层。

有的国家的商法中将公司定性为法人，以区别于自然人的组织形式。如《日本商法典》第54条第1款即规定：公司为法人。[②] 我国台湾地区"公司法"第1条规定："本法所称公司，谓以实施营利为目的，依本法组织登记之社团法人。"[③] 我国《公司法》第3条第1款也明文规定公司的法人主体地位。[④] 而我国《民法总则（草案三次审议稿）》则将个人独资企业和合伙企业定性为其他组织。在我国，作为法人形态存在的公司与以其他组织形态

---

① 参见范健、王建文：《商法基础理论专题研究》，高等教育出版社2005年版，第276—278页。
② 参见王萍：《日本商法教程》（修订版），上海外语教育出版社2005年版，第204页。
③ 梁宇贤：《商事法论》，中国人民大学出版社2003年版，第50页。
④ "公司是企业法人，有独立的法人财产，享有法人财产权。"

存在的个人独资企业和合伙企业为不同类型的商企业无疑，而且现代公司法中强调公司的股东对公司承担有限责任，但个人独资企业主和普通合伙人则需要对企业债务承担无限责任。公司具有极强的资合性，特别是股份有限责任公司，尽管不同的国家，其公司治理结构不一样，公司内部的组织结构、管理方式也比其他商企业要严格得多。例如，大陆法系双层委员会制，其中又可以分为：第一，双层型模式，如德国、奥地利，由监事会推选董事会，负责公司的经营管理；第二，并列型模式，如日本和我国台湾地区，监事会和董事会都是由股东大会选举产生；英美法系的则是单层委员制，公司并不设置专门的监事会，股东大会为权利机关，董事会为执行机关。不管何种模式的管理方式都形成了有效的制衡和激励的管理结构。① 我国商法上的公司是双层委员会中的并列型模式，要求设立股东会、董事会以及监事会，分别为决策、执行以及监督机关，从而实现权力相互制约，有效地管理公司的资产。个人独资企业和合伙企业中的管理则以投资人或合伙人为主，并没有设立相应的内部机关。

即便如此，公司也不能绝对的与其他商企业分割开。首先，公司作为法人也是以全部财产对外承担法律责任，公司组织体本身实则也是承担无限责任的。而且有些国家，合伙企业也被视为法人，更缩小了合伙企业与公司的差别。例如：《意大利民法典》第五编第5章公司中，第2269条第2款即规定合伙是以其他活动为目的的公司。② 《法国民法典》第1842条规定："除本编第三章所规定的共同冒险外，合伙企业自登记之日起就享有法人资格。"③ 《瑞士民法典》第59条第2款规定："以经济为目的的法人，适用合伙及合作社的规定。"④ 在法国，合伙企业的法律主体地位与公司都是作为法人看待的。我国台湾地区也是如此。法律上之人，分为自然人和法人，"法人者，非依自然人而依法律规定享有权利能力负担义务之社会组织体"⑤。法人包括独资或合伙企业、公司等组织体。其次，公司和其他商组织的责任

---

① 参见范健：《商法》（第三版），高等教育出版社2007年版，第171—172页。

② 参见《意大利民法典》，费安玲译，中国政法大学出版社2004年版，第525页。

③ ［法］伊夫·居荣：《法国商法》（第一卷），罗杰珍、赵海峰译，法律出版社2004年版，第552页。

④ 《瑞士民法典》，殷生根、王燕译，中国政法大学出版社2010年版，第19页。

⑤ 梁宇贤：《商事法论》，中国人民大学出版社2003年版，第51页。

承担的方式并不是一成不变的。"法人人格否定"可以使公司股东承担无限责任，而有限合伙中的有限合伙人对企业债务只需要承担有限责任。例如，德国的《有限责任公司法》第9a条第2款规定：

股东故意或重大过失地通过出资或设立费用损害公司的，全体股东作为连带债务人对公司负赔偿责任。①

同样地，我国《公司法》第20条第3款对此也有明文规定。第63条的规定更是如此。一人公司以"法人人格否定"为常态，举证责任倒置，即需要股东自己承担公司人格独立的证明责任。这样一来，公司股东很有可能需要对公司承担无限连带责任，这与合伙企业和个人独资企业对责任的承担方式区别并不大。在美国实践中产生的有限责任有限合伙企业（LLLP），甚至与有限责任公司没有根本的区别。② 再次，现代法上的公司发展出不同类型，对责任的承担方式与其他商企业趋同。例如，英国法上的注册公司又可以分为无限责任公司、保证有限责任公司、有限责任公司、私人股份有限责任公司、公共股份有限责任公司，而且有限责任公司也可以转化为无限责任公司，反之亦然。③ 这样一来，公司股东也并不是绝对地承担有限责任，在无限责任公司中既有承担有限责任的股东，又有承担无限责任的股东，而保证有限责任公司一旦超出保证范围，股东也需要对公司债务承担无限连带责任。

个人独资企业、合伙企业、公司都是企业的组织形态，公司是在独资企业、合伙企业的基础上逐步演变而来的一种较高级别的组织形态。个人独资企业是最为古老的企业形式，合伙企业就是在个人独资企业的基础上演变而来的，当个人独资企业为数个继承人继承时，企业的投资人就为所有的继承人，此时继承人之间的关系就变成了合伙关系，原来的个人独资企业也变成了合伙企业。后来社会上的人纷纷效仿，合伙企业于是从家庭走入社会。公

---

① 胡晓静、杨代雄译著：《德国商事公司法》，法律出版社2013年版，第30页。

② 参见江平、曹东岩：《论有限合伙》，《中国法学》2000年第4期。

③ 参见［英］斯蒂芬·加奇：《商法》（第二版），屈广清、陈小云译，中国政法大学出版社2004年版，第189—192页。

司就是在合伙企业进一步发展并改进其局限性后而确定的。个人独资企业投资人为一人，资金有限，因而企业规模不大，随着经济越来越发达，于是就形成了多人集资的合伙企业，对经济繁荣起到巨大的作用，但是随着合伙企业的发展，合伙企业集中资本的能力有限，合伙人还需要对企业承担无限连带责任，风险太大，经营决策需要合伙人一致协商难以适应瞬息万变的市场，为了适应市场经济，于是一方面合伙企业发展出有限合伙企业形式，另一方面一种新的企业形式——公司便产生了。最开始的公司形态是以无限公司存在，然后是两合公司，随着企业规模日益扩大，生产力迅速提高，公司性质发生质的变化，从人合性发展到资合性，发展到有限责任公司，后形成股份有限责任公司，极大地加速了资本集中。[①]

从公司的形成过程可知，实际上商企业是不断发展的，并非静止不动的，甚至商企业之间是可以相互转化的，特别是同一类型的商企业之间。例如，《法国民法典》第 18844-3 条就规定公司可以进行转型，通过转型，正在发展的公司可以选择一种新的形式，以适应更为复杂的管理情况，并且在公司这一总类型内部，转型的可能性并没有限制。法国商法赞同转型，正是因为认识到商企业是不断发展变化的。[②] 其实，我国《公司法》第 9 条第 1 款也有类似的规定。

事实上，商企业之间也是如此，从个人独资企业到合伙企业、公司企业，并不能以责任承担方式的差异将不同类型的商企业割裂开，它们之间应是相互联系的。例如，《俄罗斯民法典》第 68 条第 1 款就明文规定：

> 一种类型的商合伙和商业公司可以根据参加人会议决议按照本法典规定程序改组为另一种类型的商合伙和商业公司或改组成为生产合作社。[③]

因此，我们尤其应该认识到商企业之间的脉络联系，从个人独资企业到

---

① 参见雷兴虎：《商事主体法基本问题研究》，中国检察出版社 2007 年版，第 100—103 页。

② 参见［法］伊夫·居荣：《法国商法》（第一卷），罗杰珍、赵海峰译，法律出版社 2004 年版，第 617—618 页。

③ 《俄罗斯联邦民法典》（全译本），黄道秀译，北京大学出版社 2007 年版，第 62 页。

公司企业的变化只是组织化程度的差异而已，但是组织化程度的差异并不是不可以消除的，反而随着商企业动态的不断发展，这种差异应存在于每种不同类型的商企业上。所以，我国未来民法典对商事主体类型化的划分应该破除商事主体之间非此即彼的模式，体现商事主体之间的相互关联性，厘清主体之间应有的过渡类型，同时，用相对开放的法律规范明确各种具体不同组织形态主体的制度条件与结构利弊。① 然后，再由具体的法律列明不同类型的商企业责任承担限制、经营管理的自由度、融资需要、税制的差异等以供投资者选择。

第三节　商事能力制度

一、商事能力与民事能力的比较

（一）商事能力制度重构

我国《民法通则》和未来的民法典都是基于民商合一的视角，法律文本中只存在民事主体的民事权利能力和民事行为能力，并无独立的商事能力规定。例如，《民法总则（草案二次审议稿)》第 2 章第 1 节，第 57 条，第 100 条，都是对民事主体的民事能力的规定，对商事主体如营利性社团法人、个体工商户、独资企业、合伙企业的商事能力并无规定。我国法律体系中缺乏关于商事能力的规定存在以下问题。

第一，造成民事能力制度的自相矛盾。我国《民法总则（草案三次审议稿)》规定了不同类别的商事主体，本身也承认商事主体是不同于一般民事主体的存在，但是缺乏商事主体商事能力的规范，以民事能力制度代之，很容易造成内部制度混乱。例如，《民法总则专家意见提交稿》第 15 条第 1 款规定，自然人从出生时起到死亡时止，具有民事权利能力。但当自然人经营营业时，其应为商事主体，商个人的权利能力显然不是始于出生终于死亡。《民法总则专家意见提交稿》与《民法总则（草案)》以及草案二审稿、

---

① 参见徐胜强：《商主体的类型化思考》，《当代法学》2008 年第 7 期。

三审稿中的法人规定也沿用此思维。[①] 但是我国实践中被吊销营业执照的公司的法律地位就无法用民事行为能力的规则来解释。[②] 试图用民事能力制度解释商事主体的商事能力，但民事能力制度本身的内涵界定就极其不科学。

第二，错误地解释商事主体的商事能力。伦理性是传统民法的重要属性，而商法正好相反，它的发生、发展都是脱离家庭关系的。[③] 然而目前我国商法学界的大部分学者是按照民事能力的思维逻辑，将商事能力定义为商事主体依法享有权利承担义务的资格和能力，包括商事权利能力和商事行为能力。[④] 甚至还有学者认为并不存在独立的商事能力，自然人固有的权利能力以其伦理属性为基础，自然人的行为能力以其心智为基础，所以自然人凭借民事能力本身就可以成为商事主体，自然人不需要通过商事能力从事营业，"商事"的权利义务均由民事能力承载，故不需要商事权利能力，也不需要商事行为能力。[⑤] 但是简单地按照民事能力理论解释商事主体的能力，容易产生逻辑的悖论。例如未成年人具有民事权利能力，就可以成为商事主体，但是我国《合伙企业法》却明确规定合伙人应是完全行为能力人。

第三，商事实践需要商事能力制度。商事实践追求便捷、效率、交易安全。[⑥] 民事能力制度构建的基础却是尊重当事人的意思自治。例如，我国《民法通则》根据年龄和精神状况，将自然人的能力分为：无能力或限制能

[①] "法人的民事权利能力和民事行为能力，从成立时产生，到终止时消灭。"

[②] 学者们对被吊销营业执照的法人的法律地位持不同的观点：（1）法人人格否定说。认为法人制度为特定的目的设立，被吊销营业执照的法人就对人格的否定。（2）行为能力限制说。法人还有主体资格只是行为能力受到了限制，无法开展经营活动，只是清算意义的存在。（3）行为能力消灭说。吊销营业执照并不是消灭了企业的经营资格，法人在一定的期间内有主体的资格。第一种学说不能解释为什么吊销营业执照的法人还可以存续、清算。而后两种观点试图用民事行为能力制度解释商事主体的商事能力，但是行为能力在本质上是意思能力的定性化，如此解释无疑与民事能力制度本身相矛盾。参见郭晓霞：《商行为与商主体制度研究》，中国人民公安大学出版社 2010 年版，第 265 页；李平主编：《商法基本理论问题研究》，四川大学出版社 2007 年版，第 139 页；马强：《公司被吊销营业执照与公司人格的否定》，《法律适用》2001 年第 3 期。

[③] 参见李平主编：《商法基本理论问题研究》，四川大学出版社 2007 年版，第 146 页。

[④] 参见赵万一主编：《商法学》，中国法制出版社 2002 年版，第 45 页；赵中孚主编：《商法总论》（第四版），中国人民大学出版社 2009 年版，第 119 页；黎建飞：《商法学原理与案例教程》，中国人民大学出版社 2006 年版，第 58 页。

[⑤] 参见张翔：《伦理、理性、自由——论自然人的民事能力在商业营业中的地位》，《河北法学》2009 年第 5 期。

[⑥] 参见樊涛：《商事能力制度初探》，《法学杂志》2010 年第 4 期。

力以及完全民事行为能力人，就是考虑到无行为能力人、限制行为能力人欠缺独立意思表达，因而容易在交易中受到损害，需要保护其利益。[①] 但是商事能力制度构建应按照商事交易效率和安全原则，不存在首先保护商事主体利益之说。因此，商事能力制度特别是商事行为能力制度并不需要按照民事行为制度，区分主体的识别能力而划分不同的层次。

　　基于上述理由，笔者认为应当重新构建商事能力制度，首先，民事能力之外还应有商事能力。其次，商事能力有其特性，不能简单地按照民事能力的思维逻辑构建。基于商事主体的特殊性，对商事能力的重构应当把握以下几点。

　　第一，商事主体要求独特的商事能力。商事能力的特殊性即是商事主体为具有特殊能力的商事能力者。[②] 商事主体是具有独特品性的法律主体，商事主体不是民事主体，因而商事主体的商事能力绝对不等于民事能力，更不能简单地按照民事能力制度构建。商事主体实际上具备民事能力和商事能力双重资格，主体为拥有商事能力也拥有民事能力之人。另外，商事主体的构成还必须同时拥有民事权利能力和民事行为能力。商事能力是特殊的民事能力，商事能力的构建逻辑应当在民事能力的基础上充分地考虑商事主体的独特性——商事主体市场理性的维度与民事主体社会伦理的维度的差别。[③]

　　第二，商事能力应彰显商事技术。权利能力制度的规范意义在于：人是否可以作为民事主体享有民事权利、承担民事义务。取得民事主体地位的基础是自然法，国家不能剥夺民事权利能力，而创造人不平等的状态。[④] 在商法中，商事主体虽然表现为商个人和商企业，其实也只是组织化程度不同，在现代商业社会，商事关系领域是自然人生活的中心，不能否定商事主体基本的法律资格，否定商事主体的商事能力。进而就商事主体的本质而言，其为工具性主体，其效用功能在于为自然人服务。正因为商事主体的人格是工具型人格，为经营工具而赋予的人格，赋予商事主体以商事人格的直接目的

---

　　① 参见梅仲协：《民法要义》，中国政法大学出版社 1998 年版，第 58 页。

　　② 参见于新循：《现代商人法纵论》，人民法院出版社 2007 年版，第 33 页。

　　③ 参见汪青松：《商事主体制度建构的理性逻辑及其一般规则》，《法律科学（西北政法大学学报）》2015 年第 2 期。

　　④ 参见李永军：《论权利能力的本质》，《比较法研究》2005 年第 2 期。

就在于通过法律保护其生产营业能力。① 工具型人格下的商事能力的技术路线是：

> 从商事经营资格到商事主体资格，商事经营能力到商事权利能力。②

第三，具有商事合法的逻辑性，符合具体商事法律规则。一方面，商事能力是商事主体作为商事法律关系主体的能力，也是商事权利和义务承担者的资格。商事能力是判断商事规范是否合法的依据。依照商事主体构建的逻辑，商事秩序安排的基本手段是通过营业确认主体资格的有无，以主体资格的有无判断商事能力的有无，以商事能力的有无来判断是否适用商法。另一方面，拥有商事能力就意味着其与其他民事主体适用不同的法律规范，在法律上承担更多商法上的义务。③ 例如《德国民法典》第 653 条第 1 款规定："如依情形，非给报酬，不能预期居间人所为给付者，视为以默示合意给予报酬。"

（二）商事能力与民事能力的分野

民事能力，是指主体依法享有民事权利并承担相应义务的资格和能力，民事能力包括民事权利能力和民事行为能力（含责任能力）。④ 商事主体的本质是经营营业的民事主体，因此，商事能力的本质应是在民事能力的基础上由商法赋予商事主体进行营业活动的能力，是一种附加于民事能力之上的能力，表现了法律对从事营业活动所附加的特殊资格限制。⑤ 故商事能力是指商事主体经营营业，并享有商事权利和承担相应商事义务的资格和能力，

---

① 参见童列春：《商法基础理论体系研究》，法律出版社 2014 年版，第 101—102 页。
② 童列春：《商法基础理论体系研究》，法律出版社 2014 年版，第 103 页。
③ 参见樊涛：《商事能力制度初探》，《法学杂志》2010 年第 4 期。
④ 参见秦伟、杨琳：《民事权利能力质疑论》，《山东大学学报（哲学社会科学版）》2012 年第 1 期；王艳霞、王栓萌：《关于自然人民事行为能力的几点思考》，《新西部（理论版）》2016 年第 1 期；王利明、杨立新、王轶、程啸：《民法学》，法律出版社 2006 年版，第 51—83 页。
⑤ 参见赵旭东：《商法学教程》，中国政法大学出版社 2004 年版，第 35—36 页。

具体又可以分为商事权利能力以及商事行为能力、商事责任能力。[①] 商事能力不同于民事能力，商事能力具有独特属性，具体表现在以下几点。

第一，商事权利能力不同于民事权利能力。人格的概念肇始于罗马法，罗马学者用"头颅"（caput）来指人格，用"面具"（persona）来指法律主体。[②] 形象地说明了人格是法律主体的内容实质，而法律主体是人格的法律表现形式。后为学者传承，并用术语"人格"表达，此即成为权利主体区分的标准，《法国民法典》只承认自然人的民事主体地位。然而，随着经济的发展，涌现出大量以公司为代表的团体组织，德国学者创造了极其抽象的法律概念"权利能力"，试图概括自然人与团体组织之间的共同素质，最终得到立法者的采纳，《德国民法典》用此确定法人制度。《瑞士民法典》第11条第2款规定："在法律范围内，人都有平等的权利能力和义务能力。"[③] 该条文正式解释权利能力既包括权利能力又包括义务能力。可见，人格是法律主体的内涵，但宪法上的法律主体人格不能包括团体，权利能力则是"私法上的主体资格"以代替人格的表达，用来满足《德国民法典》形式逻辑性的立法技术。[④] 权利能力本质应是民事主体共同特征的抽象。故商事权利能力实质是商事主体共同特征的抽象，商事主体具有独特性，具有不同于一般民事主体的共同特征，商事权利能力也不同于一般民事主体的权利能力。

第二，商事行为能力不同于民事行为能力。权利能力是主体享有权利承担义务的资格，也就是一种可能性。行为能力则是主体凭借自身的行为从而享有民事权利和设定相应的民事义务之能力。[⑤] 故行为能力以具备权利能力为前提和基础。德国、日本多数学者认为，行为能力乃发表或接受可以构成法律行为之意思之能力。[⑥] 法律将意思能力以行为能力定型化，行为能力是法律赋予主体独立实施法律行为的概括性资格，实质上是实现法律主体资格

---

① 也有学者分为商事权利能力以及行为能力。参见刘宏渭：《营业自由的实现路径——兼论与商事能力的关系》，《中国商法年刊》（2011），第156页。

② 参见周枏、吴文瀚、谢邦宇：《罗马法》，群众出版社1983年版，第75页。

③ 谭启平、朱涛：《论非法人团体的法律地位》，《云南大学学报（法学版）》2004年第6期。

④ 参见李永军：《论权力能力的本质》，《比较法研究》2005年第2期。

⑤ 参见王利明、杨立新、王轶、程啸：《民法学》，法律出版社2006年版，第56页。

⑥ 参见梅仲协：《民法要义》，中国政法大学出版社1998年版，第59页。

的途径和方式。① 自然人的民事行为能力基于自然人的意思能力差异而设，而法人、其他组织的行为能力的设立逻辑就不同于自然人，通说认为团体组织的民事行为能力与民事权利能力在范围上是一致的。② 由于商事主体的独特性，商事能力的设立逻辑自然也不同于民事能力。前者以后者为基础，拥有商事能力者必须首先拥有相应的民事能力，自然人要成为商事主体，必须能够营业，营业意味着能够独立、长期地从事营利性活动，民事主体首先要具有相应的权利能力和行为能力，才能成为商事主体，所以限制行为能力人与无行为能力人并不具备商事权利能力。商事权利能力是商事行为能力的前提和基础，具备商事权利能力的商事主体也具备商事行为能力。

第三，商事责任能力不同于民事责任能力。首先，商事责任能力不同于商事行为能力。责任能力是对自己的违法行为承担责任的能力，通说认为行为能力包含责任能力。③ 有前者也有后者，无前者也有后者。其实行为能力取决于这个人能否对其行为承担相应的后果，是识别能力和意思能力的问题。而责任能力，又称为侵权责任能力，是对自己的不法行为承担责任的能力。④ 而且责任能力主要表现为财产责任的能力，我国《民法通则》第133条第2款即是如此规定。可见，行为能力与责任能力是性质不同的资格，在法律上也是予以区分的。其次，商事主体的责任承担往往比民事主体更为严苛。例如，2015年的《消费者权益保护法》第55条第1款规定了三倍赔偿责任。只有法律主体为经营者的商事主体时，才会产生对消费者的三倍赔偿义务。商事主体的责任能力与民事主体的责任能力存在很大的区别，我国侵权责任法中也体现了这种思想，主要表现在责任的承担方面，一般的民事主体承担侵权责任采用的是过错责任，商事主体承担侵权责任多为无过错原则、过错推定原则。例如，《侵权责任法》第41条即规定生产者承担无过错责任。

---

① 参见尹田：《自然人行为能力、意思能力、责任能力辨析》，《河南省政法管理干部学院学报》2001年第6期。

② 参见王利明、杨立新、王轶、程啸：《民法学》，法律出版社2006年版，第76页。

③ 参见王利明、杨立新、王轶、程啸：《民法学》，法律出版社2006年版，第56页。

④ 参见［德］哈里·韦斯特曼：《德国民法基本概念》（第16版），张定军、葛平亮、唐晓琳译，中国人民大学出版社2014年版，第20页。

诚然，商事能力与民事能力所承载的主体不一样，故两者所发挥的领域、发生、存续、终止的时间也不一样。首先，商事能力主要是在商事领域，也就是市场交易的过程中才有意义。① 其次，商事能力的存续更多是法律授权的起止之间的期间为存续期间，与一般的民事能力始于出生，终于死亡形成差异。商事主体的商事能力应该始于营业开始，终于营业结束。②

（三）商事主体的商事能力

商事能力本身是一种特殊的民事能力。这种特殊性又具体表现在商事权利能力、商事行为能力与商事责任能力三个方面。而商事主体的独特性，其实主要表现在商事主体的商事能力的构建与民事主体的不一样，商事能力构建的基本原理如下。

第一，商事权利能力是商法上的法律人格，商事主体一律享有平等的商事权利能力。首先，人格是更抽象层面的概念，是一切法律上人的一般法律地位，权利能力概念的发明则是在私法主体上人格的表达。③ 权利能力是人格概念在私法上的具体化，商事权利能力的概念自然也就是商事主体人格在商法领域的表达。其次，法律人格即人私法地位的本质，应当是一种自由平等的存在。④ 那么，商事权利能力作为商法上的法律人格，其本质上也应当是自由平等的存在，商事主体权利能力其实是商事主体共同特征的抽象，也就是经营营业的特征。抽象一致的商事主体法律人格是抽象资格，体现了一种法律地位，要求主体间的地位平等，商个人与商企业的相同性质在于其拥有商法上的商事主体地位，商事权利能力对应平等地位和市场活动中的基本权利和自由。⑤ 最后，以民事主体享有某些权利义务而商事主体不能享有承担为由，认为商事主体的权利能力其实是受限制的，不能成立。正如有学者认为与自然人不同，法人具有的权利能力是一种受限制的权利能力，这样的认识不仅混淆了权利能力的概念，其本身也是错误的。其实，无论是自然人或是法人，其享有民事权利的范围均受到自身的限制，法人不能享有自然人

---

① 参见李平主编：《商法基本理论问题研究》，四川大学出版社 2007 年版，第 151 页。

② 参见于新循：《现代商人法纵论》，人民法院出版社 2007 年版，第 35 页。

③ 参见尹田：《论法人的权利能力》，《法制与社会发展》2003 年第 1 期。

④ 参见王利明：《论法律人格的本质》，《社会科学辑刊》2006 年第 4 期。

⑤ 参见童列春：《商法基础理论体系研究》，法律出版社 2014 年版，第 87—88 页。

基于生理、血缘关系而享有的人身权利，自然人也不能享有法律规定专属团体人格的权利，如商标权。同样地，无论是民事主体还是商事主体，其享有权利的范围本来就受到自身的限制，民事能力和商事能力本身建立的基础就不一样，商个人与商企业也是如此。① 所以，商事主体权利能力平等，在商法规范意义上是真实存在的，但是这种平等应是在商事主体"能为"的界限内才有意义。商事权利能力平等是民法的一项基本原则不可动摇，否则就会借助所谓的实质平等消灭抽象意义上的平等。②

第二，商事权利能力与商事行为能力范围一致。首先，商事主体的商事权利能力一律平等，是一种抽象的平等，而不是具体的平等。权利能力的概念首先是表明事物法律属性的规定，成为权利义务的容器，至于容器中承载多少权利义务，承载何种权利义务与容器本身无关。③ 在此意义上的权利能力，是人格在商法领域的具体表达，但相对以具体形态存在的商事主体，应是抽象平等的商事权利能力，是一种资格或者说取得权利的可能性，而非具体的权利能力相等。④ 事实上，商事权利能力在我们使用的情形中，呈现出两层意思，一是抽象层面而言的能力，是一种资格，商法上的法律人格。二是具体意义上的权利能力，指享受某一特定权利，成为特定的民事法律关系主体的资格，此层次上的权利能力并不等于法律人格。⑤ 其次，商事权利能力与商事行为能力范围一致，是就具体层面上的商事权利能力而言。例如有学者认为，基于公司法对公司的某些特殊要求，决定了公司的权利能力在性质上、法律上和目的上都受到限制，并由此形成了公司的权利能力不同于自然人的权利能力。⑥ 通说认为，法人的民事行为能力与民事权利能力在范围上是一致的。⑦ 其实质都是将权利能力在一个具体层面上与行为能力相比较。所以，商事权利能力与行为能力范围一致，也是在商事权利能力的具体

---

① 参见尹田：《论法人的权利能力》，《法制与社会发展》2003 年第 1 期。
② 参见李永军：《论权力能力的本质》，《比较法研究》2005 年第 2 期。
③ 参见李江敏：《商事权利能力研究》，《山西大学学报（哲学社会科学版）》2006 年第 4 期。
④ 参见刘凯湘、赵心泽：《论商主体资格之取得要件及其表现形式》，《广东社会科学》2014 年第 1 期；李永军：《论权力能力的本质》，《比较法研究》2005 年第 2 期。
⑤ 参见尹田：《论法人的权利能力》，《法制与社会发展》2003 年第 1 期。
⑥ 参见范健：《商法》（第三版），高等教育出版社 2007 年版，第 129 页。
⑦ 参见梁慧星：《民法总论》（第五版），法律出版社 2013 年版，第 123 页。

意义上与商事行为能力相比较而言。再次，行为能力反映了具体商事主体的差异性。权利能力传承于 persona 以及"人格"，后发展成为纯法律内涵的术语。权利能力与人格密切相关。[①] 从法律意义上讲，人格是抽象的法律人格，是指人普遍抽象的平等人格，反映民事主体内在的统一性和本质。[②] 民事能力则为现代法上的具体人格，体现了民事主体的差异性。[③] 这种差异性主要在商事主体的商事行为能力中得到体现，我国立法实践已经建立了行为能力确认的机制——营业执照制度，不同形态的商事主体资格的确认具体表现为营业资格的确认。[④] 最后，权利能力在广泛的范围上确定了营业活动的合法性，行为能力则在更为具体的层面确定了营业的合法性。商事主体作为带有身份性、资格性的法律主体，具体层面的权利能力与行为能力的范围一致，权利能力在确认判断商事主体资格的同时也确认了商事主体的行为能力。例如，我国《合伙企业法》第 10 条第 1 款规定依法登记合伙企业即成立。第 11 条第 1 款进而明确合伙企业领取营业执照即取得主体地位。合伙企业成立，具有商事主体资格的同时，以营业执照的形式对商事主体的行为空间进行控制。

第三，商个人与商企业商事能力的具体设计应有所区别。首先，商法是特别的民法，商事能力则是特别的民事能力。实质上，与商事主体的构建一样，商事能力原则上是以民事能力为基础而展开设计的。"理论上讲，商事能力应以民事能力为前提。"[⑤] 其次，民事能力设计区分自然人和团体组织，商事能力也是如此。民法上考虑到自然人与组织体不一样，民事能力制度的具体构建也不一样。自然人的民事权利能力始于出生、终于死亡，并且出于自然人独特的生理构造，基于识别能力，意思表达能力不一，而设计出行为能力制度。组织体包括法人、其他组织，没有自然人的成长阶段和生理构造，相应地，组织体的民事权利能力和民事行为能力应始于成立，终于消

---

① 参见谭启平：《"民法人"的探索》，法律出版社 2009 年版，第 13—19 页。

② 参见曹新明、夏传胜：《抽象人格论与我国民事主体制度》，《法商研究》2000 年第 4 期。

③ 参见李景义：《人格权基本理论问题研究》，博士学位论文，黑龙江大学法学院，2014 年，第 34 页。

④ 参见童列春：《商法基础理论体系研究》，法律出版社 2014 年版，第 104 页。

⑤ 赵万一：《商法基本问题研究》，法律出版社 2002 年版，第 324 页。

灭。① 例如，我国《民法通则》第 36 条第 2 款就是如此设计的。当然这并不能说明自然人与法人、其他组织的权利能力不一样，实际上主体的权利能力应该是一律平等的，只是具体制度设计不一样而已。商事能力以民事能力为前提，所以商事能力的设计也应当区分商个人和商企业展开。再次，商事能力区分设计，应充分考虑商个人与商企业的差异性。诚如学者所言：

> 商个人是自然人在商法上的延伸，其商法人格与自然人人格密切联系甚至不能分离。②

商个人是经营营业的自然人，满足营业条件的自然人即为商个人，商个人从商自由，商个人的商事登记旨在公示而非创设，商个人可以自主选择登记与否，自然商个人的商事能力也不因商事登记而确定。但是，现代各国却普遍要求商企业进行商事登记，并明文规定商企业的类型。可见，商事登记是商企业的强制义务。商企业的商事能力的确定是由商事登记而确定的，而且其经营范围"直接决定并反映商事主体的权利能力和行为能力的广度和深度"③。

二、商个人能力制度

《民法总则（草案二次审议稿）》第 13 条规定了民事权利能力的开始和终止、第 18 条规定了完全民事行为能力、第 19 条规定了限制民事行为能力、第 20 条规定了无民事行为能力、第 22 条规定了精神障碍者的民事行为能力，确定了较为完备的自然人民事能力制度。第 52 条第 1 款规定："自然人依法登记，从事工商业经营的，为个体工商户。"虽商事主体范围有所不至，还是确定了商个人的类型，但完全没有商个人的商事能力制度的规定。笔者认为，我国未来民法典应对此有具体规定，原因如下。

第一，商事与民事区别。民事追求的核心价值在于自私自治，商事追求的则是营利和效率。正因为商事和民事追求价值理念的不一样，故商事能力

---

① 参见董士忠：《商主体与民事主体法律特质的差异》，《安阳师范学院学报》2005 年第 1 期。
② 任尔昕等：《商法体系构建与制度完善》，高等教育出版社 2011 年版，第 43 页。
③ 赵中孚：《商法总论》（第五版），中国人民政法大学出版社 2013 年版，第 158 页。

和民事能力制度之间也存在巨大的差异。所以自然人民事能力的设置是维护民事主体的意思自治，商个人的商事能力则不然。民事主体制度一般只关注主体在市场交易中的主体地位，而商事主体是交易与组织的混合机制，商事主体的规范则是围绕不同商事主体之间交易性和内部各个交易主体之间组织形态的关系而展开的，组织色彩越强越需要商主体特别法予以强制。①

第二，商个人独特性的必然要求。商个人一方面不同于自然人，另一方面也不同于商企业。首先，商个人是特殊的自然人。自然人的属性虽会影响商个人的属性，②但是商个人还是商事主体，拥有特定商事权益，并不拥有民事主体亲属、继承上的诸多权益。而且，其从事的是以营利为目的的营业行为，所以商个人要能够独立承担自身的法律责任。另外，商个人还拥有独立名称权，能够于姓名权之外另设商名称。③例如《德国商法典》第 18 条第 1 款规定："商号必须适合识别商人，并且必须具有区分力。"④可见，商个人是不同于自然人的存在。其次，商个人和商企业构成商事主体。商个人和商企业是按照一定标准对商事主体分类的结果，是商事主体的下位概念，肯定存在共性，但他们又是一个层面上相对的概念，商个人构建的逻辑起点是自然人，而商企业构建的逻辑起点是组织体，显然，两者的个性大于共性，故对商个人和商企业进行区分也是必然的。

第三，民商合一体例下的实然性。我国未来民法典沿袭《民法通则》采用民商合一的体例，前提即承认民法是作为商法的基本法而存在的。所以，如果商法没有特别规定，可以寻求民事法规的基本规定来解决商事问题。⑤但是，商个人商事能力的构建逻辑不同于民事能力的，就这使得如果用民事能力制度解释商事主体的商事能力，难以自圆其说。例如，商个人的定位，商个人作为法律拟制的主体，其成立条件本身已经形成了较为完善的意志机制，所以商事主体成立就意味着其获得了商事行为能力。⑥实际上应使其权利能力的范围和行为能力的范围一致，也就是说，对于商个人而言，

---

① 参见曹兴权：《商事主体制度的逻辑理路与规范展开》，《北方法学》2008 年第 2 期。

② 参见任尔昕等：《商法体系构建与制度完善》，高等教育出版社 2011 年版，第 42 页。

③ 参见范健：《商法》（第三版），高等教育出版社 2007 年版，第 42 页。

④ 《德国商法典》，杜景林、卢谌译，法律出版社 2010 年版，第 17 页。

⑤ 参见王璟：《商法特性论》，知识产权出版社 2007 年版，第 34 页。

⑥ 参见郭晓霞：《商行为与商主体制度研究》，中国人民公安大学出版社 2010 年版，第 136 页。

不存在限制行为能力人和无行为能力人，但是自然人的行为能力是按照意思能力区分类别的，因此商个人难以适用民事行为能力，强行适用还会架空民法上的行为能力制度。

（一）商个人商事能力设计

"近世之文明国，无一不采用营业自由之制度，于为商人不要何种特别之资格，唯官吏则因特别理由不得为商人，刑余之人则因他之理由而不得为商人，决无因人之社会上的地位、男女、老幼、内外而区别。在民法上为有行为能力者，则一般有商事能力。"① 商个人的商事能力固然是以自然人的民事能力为基础，具备商事能力的商个人当然是具备民事能力的自然人，具备民事能力的自然人则不一定是商个人，也不必然具备商事能力。商个人商事能力制度的特殊性，具体如下。

第一，商事能力具有统一性，商个人既具有商事权利能力又具有商事行为能力。首先，商事能力是以自然人具备民事权利能力和完全行为能力为基础的。商个人是特殊的自然人，自然人商事主体地位的取得就以自然人具备完全民事能力为前提。自然人要满足营业条件，则不仅是具备权利能力的个人，还需要具有完全行为能力，因为营业条件要求自然人能够独立地决定自己的事物，这种意思能力要求反映到民事能力制度上就是民事行为能力制度的安排，即独立的意思表示要求完全民事行为能力。② 所以，要成为商个人的自然人的内在条件就是要具备民事权利能力和完全行为能力。其次，商事能力取得依赖自然人先成为商个人，而后才谈得上商事能力的问题。自然人权利能力的取得是基于其出生的事实，但是商个人具备商事能力则要先成为商事主体。一旦商人开始商事营业活动，他们将取得商个人资格，进而具备商事权利能力，至少在他们不是暂时开始商事活动时就是如此。③ 自然人的行为能力取得是基于意思能力具备与否，而具备商事权利能力的商个人一般也具备商事行为能力。例如，同样是在德国，《德国民法典》第1条第1款

---

① ［日］松波仁一郎：《日本商法论》，中国政法大学出版社2004年版，第24页。
② 参见［德］哈里·韦斯特曼：《德国民法基本概念》（第16版），张定军、葛平亮、唐晓琳译，中国人民大学出版社2014年版，第21页。
③ 参见张民安：《商法总则制度研究》，法律出版社2007年版，第111页。

便规定："人的权利能力始于出生的完成。"① 而《德国商法典》第 1 条第 1
款却规定："本法典所称商人，是实质经营商事营利事业的人。"②

第二，商事能力的存续期间要区分商个人是否选择登记。首先，各国法
律普遍规定自然人的民事权利能力存续始于出生、终于死亡。例如，《葡萄
牙民法典》第 60 条第 1 款也规定："人的权利能力始于出生。"第 68 条第 1
款规定："人格随着死亡而终止。"③ 同样地，《巴西民法典》第 2 条第 1 款
规定："人的民事人格始于出生。"第 6 条第 1 款规定："自然人的存在终于
死亡。"④ 其次，以年龄、精神状况、禁治产情况的不同规定不同民事主体
存在不同类别的民事行为能力。⑤ 例如，《葡萄牙民法典》第 122 条规定：
"未满 18 周岁者为未成年人。"第 123 条规定："未成年人无行为能力，但
另有规定的除外。"⑥《巴西民法典》第 3 条规定，16 岁以下的未成年人、
不具备完成此类行为所必需识别能力的精神耗弱者或精神病人、因其他原因
不能为意思表示的人为绝对无行为能力的人。第 4 条规定，16 岁以上 18 岁
以下未成年人、经常酗酒、吸毒智力障碍者、精神发育不完全的异常者、浪
费者是限制行为能力人。⑦ 商个人则不然。商事权利能力和商事行为能力统
一于商事能力，同时产生、同时消灭。其存续期间因区分登记与否而不同。
商个人可以自主选择是否登记，选择不登记的商个人的商事能力始于营业开
始终于营业活动结束。选择登记的商个人的商事能力始于成立登记，终于注
销登记。例如，日本最高法院判决经营准备是商事主体意志主观的实现或客
观存在的识别，此行为开始即为商事能力的始期，营业终止即为终期。⑧

第三，商事能力内容的特定性。商事能力是一种特殊的权利能力和行为
能力，其特殊性在于营业性质。⑨ 首先，商个人可以也应当依法从事经营营

---

① 《德国民法典》，杜景林、卢谌译，法律出版社 2010 年版，第 3 页。
② 《德国商法典》，杜景林、卢谌译，法律出版社 2010 年版，第 3 页。
③ 《葡萄牙民法典》，唐晓晴译，北京大学出版社 2009 年版，第 1—8 页。
④ 《巴西新民法典》，齐云译，中国法制出版社 2009 年版，第 3—4 页。
⑤ 参见朱广新：《民事行为能力类型化的局限及其克服》，《法学评论》2014 年第 1 期。
⑥ 《葡萄牙民法典》，唐晓晴译，北京大学出版社 2009 年版，第 25 页。
⑦ 参见《巴西新民法典》，齐云译，中国法制出版社 2009 年版，第 3—4 页。
⑧ 参见［日］鸿常夫：《商法总则》，日本弘文堂 1994 年版，第 103—105 页。
⑨ 参见柳经纬、刘永光：《商法总论》，厦门大学出版社 2004 年版，第 49 页。

业活动。虽然从商自由是个人"天赋"的权利，但是自由从来都是有边界的。自然人从事营业活动符合商事主体的标准，则是商个人，但其营业活动也必须符合法律的规定。例如，《德国商法典》第 7 条即明文规定营业的合法性。① 虽然商人违反公法还是要适用商法典，但是公法还是必然会对经营权限予以限制的。其次，尽管商个人可以选择不登记而展开营业活动，自然也可以自主选择经营范围，并且不需要固定在某个特定的经营范围内，但是其营业本身必须符合一国既有的法律规定和社会形成的公序良俗。例如，我国最高人民法院《关于适用〈中华人民共和国合同法〉若干问题的解释（一）》第 10 条规定：

> 当事人超越经营范围订立合同的，人民法院不会因此认定无效，但违反国家限制经营、特许经营以及法律、行政法规禁止经营规定的除外。

可见，禁止经营类是绝对不可以经营营业的。《行政许可法》又对限制经营、特许经营的行业予以具体化。个人从事限制经营、特许经营必须经过一定的行政许可程序。至于黄、赌、毒等明显违反社会善良风俗和公共秩序的营业更是不可为。否则会受到行政处罚，甚至是刑事处罚。

（二）"限制商事能力"

1."限制商事能力"的反思

有学者从商事能力是特殊的民事能力的角度出发，认为商个人商事能力的特殊性表现为未成年人、精神障碍者因不具有完全民事行为能力而不具有商事能力。这些是对商个人商事能力的特别限制的情形，商事能力的限制可以通过法定监护人或代理人补正。② 甚至有学者将未成年人、精神障碍者的商事能力归类为无商事能力的类别。③ 具备商事能力的商个人为完全的民事

---

① "营利事业经营权限依公法规定而被排除，或者受到一定要件的制约的，本法典有关商人规定的适用不因此受到妨碍。"参见《德国商法典》，杜景林、卢谌译，法律出版社 2010 年版，第 4 页。

② 参见柳经纬、刘永光：《商法总论》，厦门大学出版社 2004 年版，第 50—52 页；曾大鹏：《中国商法通则理论与立法研究》，法律出版社 2013 年版，第 106—107 页；任尔昕等：《商法体系构建与制度完善》，高等教育出版社 2011 年版，第 44 页。

③ 参见张民安：《商法总则制度研究》，法律出版社 2007 年版，第 150—159 页。

行为能力人，但是否会因为不具有完全民事行为能力而对商事能力产生限制，有所谓的"限制商事能力"，进而商事能力可以划分为完全商事能力、无商事能力。对此，笔者不敢苟同。原因如下。

第一，按照自然人制度的逻辑错误地构建商事能力制度。用自然人制度中民事能力的意思能力区别来划分商个人的完全商事行为能力、无商事行为能力。例如，《德国民法典》第 104 条规定未满 7 周岁和处于精神错乱状态之下致使自由意志被排除的人为无行为能力人。第 106 条规定未成年人已满 7 周岁的为限制行为能力人。[1] 正因为商事能力是特殊的民事能力，基于营业性质的特殊性，不能按照意思能力有无划分商事能力。[2] 自然人营业本身就意味着其可以自主地支配自身的行为，但是未成年人和精神障碍者缺乏识别能力，并不可以职业性地从事经济活动。所以，要成为商个人的前提是自然人具有完全民事行为能力。例如，《巴西民法典》第 972 条规定："充分的享有民事能力且未被法律设定障碍的人可以开展企业活动。"[3]《德国民法典》第 112 条第 1 款即明确规定：

> 法定代理者由监护法院承认并授予未成年人独立营业权利能力的，对于因营业而产生的法律行为，未成年人具有无限制的行为能力。[4]

也就是说，未成年人、精神障碍者等不具有完全民事能力的人，或禁治产、失权者、破产者等法律设置障碍的人，都是不能作为商事主体开展商事活动的。自然人具备或是法律视为其具备完全民事行为能力是独立营业的前提条件。这样如果按照民事主体的意思识别能力再将商事能力划分为完全商事能力、无商事能力本身就存在逻辑错误。

第二，无商事主体资格者无商事能力。首先，未成年人与精神障碍者缺乏独立的支配力，无法满足营业条件，根本就不是商事主体。例如，《合伙企业法》第 14 条第 1 款即规定合伙人的资格。《深圳经济特区商事条例》

---

① 参见《德国民法典》，杜景林、卢谌译，中国政法大学出版社 2010 年版，第 23 页。
② 参见官欣宜主编：《新编商法原理》，中国检察出版社 2009 年版，第 104—108 页。
③ 《巴西新民法典》，齐云译，中国法制出版社 2009 年版，第 136 页。
④ 《德国民法典》，杜景林、卢谌译，法律出版社 2010 年版，第 24 页。

第7条进一步明确合伙人条件。《法国商法典》第488条第1款规定：

> 年满18周岁的是成年人，并且可以成为商人。而对于未成年人，则不能成为商人。①

甚至学者自己也承认商法禁止两种类型的自然人成为商人：未成年人和无商事能力的成年人。② 其次，不具备商事主体资格的自然人，根本不存在商事能力之说。对自然人民事行为能力分类的前提是自然人为民事主体。权利能力制度的本质是对主体共同特征的抽象。但是未成年人与精神障碍者根本就不是商事主体，不是商事主体根本就不存在商事能力制度，更谈不上对商事能力的再划分。就算日本商法典允许未成年人成为商人，也是因为《日本民法典》第6条第1款规定："未成年人，取得法定代理人的许可，认为取得与成年人一样的能力。"所以，未成年的营业行为不必取得法定代理人——同意。再次，法定代理人代未成年人经营营业，此种情况，法定代理人并不成为商人，未成年人才是商人。③ 同样地，2010年经修订的《法国商法典》第L121-2条规定：

> 已解除监护的未成年人，在决定解除监护，经监护法官批准或，如其在解除监护后提出请求，经大审法院法官批准，得为商人。④

可见，日本、法国的商法将未成年人视为商事主体，而后未成年人才享有商事能力。

第三，法定代理人或监护人可以补正行为能力却不可以补正主体资格。自然人不具备民事行为能力而为的法律行为，其效力尚可补正，但是不具备相应的主体资格却绝对不能由法定代理人或监护人予以补正。例如，《意大

① ［法］伊夫·居荣：《法国商法》（第一卷），罗杰珍、赵海峰译，法律出版社2004年版，第572页。

② 参见张民安：《商法总则制度研究》，法律出版社2007年版，第149页。

③ 参见王萍：《日本商法教程》（修订版），上海外语教育出版社2005年版，第84页。

④ 《法国商法典》（上册），罗结珍译，北京大学出版社2015年版，第17—18页。

利民法典》第 1425 条规定："当事人一方是无缔约能力的（未满 18 周岁），契约可以被撤销。民事主体不具备完全民事行为能力，合同的效力并不会绝对无效。"第 84 条第 1 款规定："未成年人不得结婚。"第 85 条第 1 款规定："精神病人不得结婚。"① 但是不具备法定的主体资格，行为绝对无效。同样地，《葡萄牙民法典》第 24 条规定："未成年人之行为能力，根据相关条文规定，以亲权弥补，不能以亲权弥补的，以监护权弥补。"但是，第 1592 条第 1 款规定："因婚约之一方当事人无能力，任何一方当事人均有义务按照法律事务之无效的规定，返还曾获得他方或第三人因订之婚约时对双方之期待而赠与之物。"② 可见，只要个体有主体资格，其为法律行为还可以因法定代理人或监护人的追认而有效。但法律主体资格却不是法定代理人或监护人能补正的，而是由法律赋予的。缺乏商事主体资格的自然人并不能因为法定代理人或监护人的追认而取得合法的商事主体地位。

2. 商个人与商事能力

限制商事能力，本质上还是按照自然人限制行为能力的逻辑而构建的商个人的限制商事能力。商个人必然具备商事能力，商事能力为其拥有商法上的权利并承担相应义务的资格和能力。商个人和商事能力并不是同一层面上的概念，不可简单地将商事能力的有无等同于商主体资格的有无。

第一，商事主体并不是商事能力。首先，商事主体本质上是满足营业条件的自然人、法人或其他组织。成为商事主体就形成了完善的意思表示机制，所以，商事主体的成立就意味着其获得商事行为能力，而不是基于自然人意思能力欠缺而产生无行为能力和限制行为能力。③ 其次，商事权利能力本质上是商事主体共同特征的抽象。这个层面的商事权利能力相当于商事主体人格，但前提是要先有商个人才会有商个人的商事权利能力。商个人的主体地位取决于自然人是否具备营业条件并非是否具有商事权利能力，商事权利能力是自然人成为商个人后，法律在技术上赋予商个人的主体资格而已。再次，商事行为能力本质上是商个人的营业能力而非意思能力。具体层面的商事权利能力和商事行为能力相统一。统一性表现在商个人的营业性特质，

---

① 《意大利民法典》，费安玲译，中国政法大学出版社 2004 年版，第 32—342 页。
② 《葡萄牙民法典》，唐晓晴译，北京大学出版社 2009 年版，第 25—277 页。
③ 参见郭晓霞：《商行为与商主体制度研究》，中国人民公安大学出版社 2010 年版，第 136 页。

商个人作为商事主体自然具备商事行为能力，在法律允许的范围内，可以自主地选择经营范围和登记与否。如学者所言：

> 登记与否，随当事人之意，为登记时，则使得以其对抗于第三人，不为登记时，则使不得以之对抗者也。①

尽管商事主体和商事能力都有很丰富的含义，但实质上商事主体不是商事能力本身而是商事能力的载体，没有商事主体也没有商事能力，反之，具备商事能力的个人，必定是商个人。

第二，不具有商事主体身份的自然人为民事主体。营业是指以营利为目的，长期从事职业性的经营活动。② 首先，自然人不满足营业条件，虽不能成为商个人，但仍然是民事主体。民事主体一律平等地享有民事权利能力，需要根据识别能力区分不同类别的民事行为能力。例如，《葡萄牙民法典》第 123 条根据年龄将自然人的行为能力分为：完全行为能力、无行为能力。③ 其次，无民事行为能力的自然人从事的商业活动受法律保护。例如，《葡萄牙民法典》第 125 条又规定无行为能力人订立的法律行为可以由监护人或行使亲权人予以撤销。④ 为平衡交易第三人和无行为能力人的利益，民法上规定将未成年人为法律行为可由监护人撤销，由未成年人一方选择是否有效，以弥补无行为能力人意思能力的缺失。除非有理由相信未成年人已经成年。例如，《葡萄牙民法典》第 126 条规定："如未成年人为使他方认为其已成年或亲权已经解除的而使用欺诈手段，则无权主张撤销的权利。"⑤ 同样，《意大利民法典》第 1426 条第 1 款规定："未成年人以欺骗的方式隐瞒其未成年的年龄的，契约不该被撤销。"⑥ 最后，不具备商个人主体资格的自然人，仍需要适用民事主体的相关规定，享有民事权利的同时还需要承担相应的义务以及责任。例如，《巴西民法典》第 973 条规定："法律为其

---

① ［日］松波仁一郎：《日本商法论》，中国政法大学出版社 2004 年版，第 32 页。
② 参见王保树主编：《中国商事法》，人民法院出版社 2001 年版，第 63 页。
③ 参见《葡萄牙民法典》，唐晓晴译，北京大学出版社 2009 年版，第 26 页。
④ 参见《葡萄牙民法典》，唐晓晴译，北京大学出版社 2009 年版，第 26 页。
⑤ 《葡萄牙民法典》，唐晓晴译，北京大学出版社 2009 年版，第 27 页。
⑥ 《意大利民法典》，费安玲译，中国政法大学出版社 2004 年版，第 342 页。

开展企业主专有的活动设定了障碍的人，如他开展了此活动，就要对缔结的债承担责任。"①

第三，商个人的严格责任。一方面，严格责任表现为商个人的无过错责任，即具有更严格的注意义务。商事责任能力，是商个人对其营业行为承担侵权法上的责任的能力。营业不是一次孤立的行为而是大量、连锁的商事交易，交易中商事主体较消费者处于强势地位，为了实现实质的平等，商个人较一般民事主体需要对其营业行为承担更多的注意义务，《合同法》第374条即是如此规定。可见，在商事保管合同中商事主体的注意义务要求得更严格。另一方面，严格责任表现为商个人应对其营业活动承担无限责任。商个人具有商事行为能力，并不存在限制商事行为能力，所以商个人应当对自己的营业行为承担全部责任。商个人是自然人属性的延伸，与自然人的个人属性联系密切，例如，商个人常常以个人的姓名作为商业的商号，自然人的姓名发生变化，商个人的商号也发生变化。② 正是这种密不可分的联系，不像商企业，特别是公司，法律有严格的组织程序的规定使商企业和商企业主的财产可以区分。不管商个人选择登记或选择不登记，商个人都必须对自己的营业活动承担无限责任。

三、商企业能力制度

商企业包括个人独资企业、合伙企业、公司。商企业是经营营业的法人或其他组织，其商事能力自然是以法人和其他组织的民事能力为前提的。③《民法总则（草案二次审议稿）》第57条规定了法人的能力制度，第100条规定了其他组织的能力制度。但是由于商企业营业的特殊性，商企业的商事能力既不同于商个人的商事能力，也不单纯是组织体的民事能力，我国未来民法典应当对商企业的商事能力予以特别规定。

第一，商企业的商事能力以商事登记为前提。首先，商个人以自然人为起点，商企业以组织体为起点。自然人和组织体有着本质的区别，但是立法实践中往往混淆自然人和组织体，进而混淆商个人和商企业。例如，我国人

---

① 《巴西新民法典》，齐云译，中国法制出版社2009年版，第136—137页。
② 参见范健：《商法》（第三版），高等教育出版社2007年版，第42页。
③ 参见覃有土：《商法》，中国政法大学出版社2006年版，第28页。

格权的立法规定就是如此，人格是人本质的哲学总结，由此，内在化的伦理价值观念成为近代民法关于人的伦理性认识的核心，并由此构成近代民法人格构造的基础。① 法国、德国如此，我国亦然。自然人人格权法制度在法人人格权制度中的逻辑推演也在我国法律中得以体现。典型的就是《民法通则》第101条对自然人、法人名誉权的规定。这种逻辑难免不会错误地推演至商个人和商企业。其次，商企业不同于商个人，企业商事主体地位的取得，必须经过商事登记。例如，《巴西民法典》第967条规定："商企业在开始活动前，必须在相应所在地的商企业公共登记簿登记。"② 《意大利民法典》第五编第二章第三节即是商事企业与其他应当予以登记的企业。③ 商企业必须经过登记，但商个人则可以豁免登记，如《日本商法典》第8条、《韩国商法典》第9条、我国台湾地区"商业登记法"第4条。④ 《德国商法典》第6条规定的商事公司，其身份取得就是以商事登记簿登记为前提的，⑤ 而在登记前能否取得商事主体身份，则应根据《德国商法典》第1条判断。我国《民法通则》第41条也是如此规定。组织体经过核准登记才取得主体资格，而商事能力是组织体成为取得商企业的主体资格后才拥有的资格和能力。登记是商企业商事能力的前置条件。而商个人无须登记就能取得主体地位，其商事能力并不以登记为前提。

第二，商企业的商事能力存续期间始于登记发放营业执照，终于吊销营业执照。法律上说的企业概念应具备三个特征：

> 第一，独立性。第二，在市场中从事一种获得报酬的法律行为活动。第三，在持续经营中具有计划性和目的性。⑥

---

① 参见吴汉东：《试论人格利益和无形财产利益的权利构造——以法人人格权为研究对象》，《法商研究》2012年第1期；谭启平：《中国民法学》，法律出版社2014年版，第124页。

② 《巴西新民法典》，齐云译，中国法制出版社2009年版，第136—137页。

③ 参见《意大利民法典》，费安玲译，中国政法大学出版社2004年版，第511页。

④ 参见王萍：《日本商法教程》（修订版），上海外语教育出版社2005年版，第82页；《韩国商法》，吴日焕译，中国政法大学出版社2010年版，第27页；郑之杰、吴振国、刘学信：《中小企业法研究》，法律出版社2002年版，第82页。

⑤ 参见《德国商事公司法》，胡晓静、杨代雄译，法律出版社2013年版，第2页。

⑥ 范健：《德国商法：传统框架与新规则》，法律出版社2003年版，第125页。

会社之实质乃是一种以营利为目的之社团。① 可见，一方面企业的商事能力不同于商个人的商事能力。自然人需要满足营业条件成为商个人而后具备商事能力，而商企业本质上就是满足营业条件的商事主体。例如，《德国商法典》第6条规定："关于商人的规定适用于商事公司。"② 基于此规定，商事公司因其法律形式取得商事主体身份，而不需要根据法典第1条审查其是否具有商事主体身份，德国法理论称为"形式商人"。德国商法中的商事公司的范围相当于我国商法中的合伙、公司等不同形态的组织体。商企业也就是"形式商人"，其商事能力自然也不同于商个人的商事能力，商企业的商事能力存续期间为企业登记设立到注销登记之日，商个人则取决于其营业期间。商企业不营业但并未注销登记之前并不会丧失商事能力，因为其设立实质就是营业，但商个人一旦停止营业活动则丧失主体资格，自然也就不再具备商事能力。另一方面，商企业的商事能力不同于组织体的民事能力。商企业的商事能力是以组织体的民事能力为基础构建的。③ 组织体的成立始于设立登记终于注销登记，商企业以此为基础，但是还有某些附加制度。例如，《民法通则》规定企业经过登记后取得主体地位，拥有民事能力，但是《个人独资企业法》第13条即不同于《民法通则》的明确规定。④ 商企业主体资格的取得除了登记还需要领取营业执照，组织体并不需要。所以，组织体的民事能力始于设立登记终于注销登记，而商企业的商事能力则为营业执照持有期间。⑤ 故商企业从其成立就是商事主体，清算阶段也还是商事主体，只是没有商事能力。商企业的设立本身就满足营业条件，所以只要商事主体还没有注销，商事主体的资格就还存在，吊销营业执照只是使其没有商

---

① 参见王艳梅：《企业概念与地位的法律分析》，《社会科学战线》2012年第1期；[日]志田钾太郎口述，熊元襄、熊仕昌编：《商法、会社、商行为》，上海人民出版社2013年版，第5页。

② 《德国商法典》，杜景林、卢谌译，法律出版社2010年版，第5页。

③ 参见赵万一：《商法基本问题研究》，法律出版社2002年版，第324页。

④ 同样的规定可见于《合伙企业法》《公司法》《企业法人营业执照》《公司登记管理条例》《企业法人登记管理条例实施细则》《企业登记程序规定》等，可见在我国商法体系中，目前的商企业主体资格基本要以登记和领取营业执照来确定。

⑤ 参见李平主编：《商法基本理论问题研究》，四川大学出版社2007年版，第150页。

事能力。① 其他各国并无营业执照的立法，盖我国营业执照制度沿袭《俄罗斯联邦民法典》第 49 条的规定，即："法人进行需要领取营业执照方能从事活动的权利，如果法律或其他法律文件未作不同规定，则自领取该执照之时产生或在执照规定的期限内产生，并在执照有效期届满终止。"② 故商事能力的存续期间应表现为商企业持有营业执照的存续期间。

第三，商企业的商事行为能力，表现为与其经营范围相应的营业能力。首先，法人性质和法规会对法人享有的具体的权利进行限制，③ 表现为其民事行为能力的范围。例如，我国台湾地区"民法"第 26 条规定："法人于法令内享有权利、负担义务之能力。但专属于自然人的不在此之限。"《意大利民法典》第 16 条第 1 款规定："法人应当在设立文件和章程中载明机构的名称、宗旨。"④ 法人的目的还会限制其享有的具体权利。例如，《日本民法典》第 43 条规定："法人依法令之规定，于章程或者捐助章程所定的目的范围内，享有权利，承担义务。"⑤ 其次，商企业受经营范围的限制。现代商业社会中，企业是以营利为目的的，在一段时间内连续不断地从事同一性质的职业性营业活动的组织体。企业的形成就是依据事业目的塑造营业体的过程，事业目的表现为商事登记中的经营范围。例如，我国《民法通则》

---

① 吊销营业执照后，法人清算期间，关于法人的法律地位，存在争议，一说为法人人格否认。一旦吊销营业执照，法人的人格永远的、全面的被否定。二说为行为能力消灭说。认为吊销营业执照是法人的经营资格而不是企业的主体资格，企业在一定的范围内可以参加诉讼、清偿债务。三说为行为能力限制说。认为法人主体资格仍然存在，只是行为能力受到了限制，像类似于限制民事行为能力的自然人，主体资格还存在，但只是清算意义上的存在。但是，一说存在明显不足，法人主体资格既然消灭，其责任承担的主体就会缺位。二说或三说，都是以自然人的行为能力解释法人的经营资格，但是传统民法的行为能力取决于意思能力，意思能力的有无取决于主体的判断能力，法人并非生物意义上的人，其意思能力应为法人全体成员通过机关所表现出来的共同意志，故不存在意思能力消灭或限制的问题，法人行为能力消灭或限制也说不通。所谓商事能力是商事主体在市场交易过程中享有的营业能力，在我国的外在表现就是营业执照，故营业执照吊销丧失商事能力，但是商事主体资格是从商事登记开始，注销登记结束，这样就比较好地解决了被吊销营业执照商事主体法律地位问题。特此说明。参见马强：《公司被吊销营业执照与法人人格否认》，《法律适用》2001 年第 3 期；许凌洁、罗静：《年检制度对商事主体资格的影响及适用建议》，《当代法学》2002 年第 1 期；李平主编：《商法基本理论问题研究》，四川大学出版社 2007 年版，第 165 页。

② 《俄罗斯联邦民法典》（全译本），黄道秀译，北京大学出版社 2007 年版，第 54 页。

③ 参见尹田：《论法人的权利能力》，《法制与社会发展》2003 年第 1 期。

④ 《意大利民法典》，费安玲译，中国政法大学出版社 2004 年版，第 13 页。

⑤ 参见江平主编：《法人制度论》，中国政法大学出版社 2010 年版，第 22—23 页。

第 42 条即是如此规定。商企业所受的目的限制为经营范围的限制，经营范围是所有商企业都会具有的，经营范围是商企业成立时必须核准登记的事项，商企业成立后从事营业活动范围应当以核准的经营范围为限，[①] 例如我国《公司法》第 12 条就有明确规定。因而商企业的商事行为能力表现为与其经营范围相一致的营业能力。最后，不同商企业之间营业能力不同。商企业面对风险市场，其营业活动需要专业水平的能力，营业能力也要高于一般的组织体的民事行为能力，民事权利能力和民事行为能力只是营业能力的必要而非充分条件，具备营业能力还需要营业财产和商号等条件。[②] 商企业的营业能力不仅不同于组织体的民事行为能力和商个人的商事行为能力，其实不同类型的商企业也会因经营范围不同而呈现出营业能力的差异性，[③] 商企业的经营范围都是具体而且各不相同的，法律对不同的组织体设定了相应的经营范围。商企业以经营范围规制特定生产要素的组织结构，进而确定不同商企业特定的经营机制。不同经营范围的商企业，对经营条件的要求也不一样。[④] 企业能够根据已有的营业安排，配置相关人力、财力，进而通过形成不同内部结构的商企业形成不同的营业能力。

（一）商企业的经营范围

营业能力通过经营范围体现出来，超越经营范围一般不具备营业能力，超出经营范围的经营活动当然不具有合法性，一般而言，商企业具备营业能力的经营行为具有合法性，能够取得预期的法律效果，但是不具备营业能力的经营行为则不具有合法性，不能取得预期的法律效力。[⑤] 商企业作为一种以营利为目的的无生命组织体，应在经营范围内从事商业活动。但是，若商企业超越其组织章程范围，从事经营范围以外的活动时，丧失商事能力，法律即认定这种行为构成越权，其法律后果被确认为无效，此即越权原则（ultra vires）。但是实行越权原则，把法人的经营活动严格地局限于其经营范围内，将会不可避免地产生以下弊端。

---

① 参见童列春：《商法基础理论体系研究》，法律出版社 2014 年版，第 132 页。
② 参见王保树：《中国商法》，人民法院出版社 2010 年版，第 42 页。
③ 参见郭晓霞：《商行为与商主体制度研究》，中国人民公安大学出版社 2010 年版，第 135 页。
④ 参见童列春：《论商事经营能力的形成》，《甘肃政法学院学报》2013 年第 3 期。
⑤ 参见童列春、孙娟：《商事行为能力质疑》，《西部法学评论》2011 年第 5 期。

第一，不利于企业法人自身的发展和获利目的的实现。企业法人是营利性市场主体，它们以实现营利最大化为其最终目标，获取自身最大发展是其根本准则。企业法人章程规定的经营范围或许对其自身长期发展具有其合理性，但这并不等于其能在某次或某些交易活动中具有合理性，更不等于其在任何时候都具有合理性。在现代市场经济活动中，市场经济形势变化莫测，商机转瞬即逝，如果教条地、严格地遵守越权原则，必然将严重窒息企业法人发展的活力，使企业坐失一次又一次发展壮大自己的机遇。

第二，不利于实现交易的迅捷与安全。在市场经济活动中，如果严格遵守越权原则，就要求交易的任何主体必须每时每刻地小心谨慎地审查、核对对方的经营范围，从而迫使对方在此方面不得不花费更多的时间和精力。因为，在实行越权原则的场合，任何主体在审查和核对对方经营范围上稍有不慎，在没有查清对方经营范围的情况下就与对方进行交易活动，就会使自己与对方进行的交易行为落入无效的境地和后果，交易双方已经履行的义务和享有的权利基于该交易行为被确认无效而被恢复到交易以前的状态，尚未实现的双方合理的交易期待利益就会落空，当事人满怀的希望和期待就会付之东流，这必然会使当事人对社会经济关系和活动产生极不稳定和无法确定、预测的状态，从而对社会经济的发展产生不利影响。况且，随着社会经济关系的变化发展，现代企业法人的经营范围、规模不可能，也不应该一成不变，相反，每个企业法人为了增强其竞争能力，必然会尽可能地扩大自己已有的生存空间，这就越来越要求企业法人的章程及其经营范围具有一定的灵活性、变通性。另外，现代法律对企业法人章程的修改限制也越来越松懈和宽容。[①] 这就使交易第三人陷入一种尴尬境地：要么必须花大力气仔细查看和审查对方的经营范围，并弄懂经营范围等晦涩深奥的法律术语和概念；要么冒着行为无效的风险从事此交易或者放弃此交易。

第三，不利于维护交易活动的公正。严格实行和遵守企业法人超越经营范围的行为无效的原则，可能会给实施越权行为的企业法人带来双重有利后果：一方面，该法人可能借此活动取得利益；另一方面，当该行为的后果不

---

① 参见傅廷美：《公司法中的越权原则及其改革》，《法学研究》1991 年第 4 期。

利于该法人时，该法人可能基于法人越权行为无效原则而拒绝履行自己的义务。"一个与一家公司签订合同的人，如该合同超越了公司的权力，就无法行使合同的权力，而公司对合同的权力却可得到保障。"① 这种给予实施越权行为的企业法人根据其实现利益的需要和其意愿而作出对其有利的选择权的做法对于对方当事人是很不公平的。②

然而，人们应该认识到，带来诸如此种危害的不是法人的经营范围本身，而是超越经营范围无效的观点。越权原则从无效走向相对无效甚至绝对有效，并没有废除其经营范围。法人应受经营范围的限制，这一规定是必要且不可缺少的。其一，法人的经营范围是国家对营利法人的经营活动进行管理的有效手段，以此促进产业结构的合理化、生产力布局的最优化；其二，经营范围也是法人在经济活动中交往、合作、获得必要信息、确定合理交易预期的凭借；其三，经营范围也是投资者根据法人的经营状况和发展前景进行投资的依托。所以，世界各国法律对越权原则的废除只是就其外部效力而言，并没有废除法人的经营范围。③

商企业成立就是为经营营业的组织体，"商企业得经营任何业务，依法必须许可或禁止之业务除外"④ "商企业实质乃为营业组织体"⑤。由于商企业的性质、设立目的使然，丧失商事能力的商企业并不丧失商事主体身份。同时，为了均衡商企业的利益、善意第三人利益、交易安全和交易秩序，在第三人为善意即构成表见代表制度的情况下营业行为还是有效的。这也契合《合同法》第 50 条的规定。⑥ "相对人知道或者应当知道"的情况下超越经

---

① ［英］R. E. C. 佩林斯・A.杰弗里斯：《英国公司法》（中译本），上海翻译公司 1984 年版，第55 页。

② 参见李建华、许中缘：《法人越权行为原则的再认识》，《法制与社会发展》2001 年第 2 期；李建华、许中缘：《法人代表制度三题》，《河南省政法管理干部学院学报》2001 年第 4 期；刘昶：《论法人超越经营范围的行为效力》，《企业经济》2004 年第 3 期；李坤：《论法人权利能力——兼评法人超经营范围不作无效处理的司法解释》，《金卡工程（经济与法）》2009 年第 2 期。

③ 参见李建华、许中缘：《法人越权行为原则的再认识》，《法制与社会发展》2001 年第 2 期；刘昶：《论法人超越经营范围的行为效力》，《企业经济》2004 年第 3 期；李坤：《论法人权利能力——兼评法人超经营范围不作无效处理的司法解释》，《金卡工程（经济与法）》2009 年第 2 期。

④ 梁宇贤：《商事法论》，中国人民大学出版社 2003 年版，第 59 页。

⑤ ［日］松波仁一郎：《日本商法论》，中国政法大学出版社 2004 年版，第 2 页。

⑥ "法人或者其他组织的法定代表人、负责人超越权限订立的合同，除相对人知道或者应当知道其超越权限的以外，该代表行为有效。"

营范围的营业行为原则无效，但"在相对人不知道或应当不知道"善意的情况下，订立的营业合同仍然有效。

商企业是经营营业的组织体，而担保（除担保公司）并不具有营业性质，担保行为背离了商企业存在本质和设立目的，[①] 那么是否还可以适用《合同法》第 50 条规定？是否适用越权代表规则，即担保行为原则无效，但如果第三人善意构成表见代表的情况下行为则有效？

1. 善意第三人，越权担保有效

在《合同法》第 50 条的情况下，如果商企业的法定代表人违反《公司法》第 16 条规定，公司及其投资者开展担保行为，[②] 其担保行为的效力如何？商企业的法定代表人在超越经营范围为他人提供担保时，与一般超越经营范围的营业行为并不一样。首先，我国《公司法》在允许公司为他人债务提供担保的前提下，将公司的担保行为独立出来，使之不同于公司的营业行为。公司的营业行为，在不违反法律禁止规定或特许经营、限制经营的情况下，由公司自由安排。而公司的担保行为，由于关乎公司财产安全和股东利益，由法律对其作出强制性规范。其次，担保与营业行为具有不同的体系结构和分权机制。公司营业行为，完全由股东在公司章程中自由安排，或规定在《公司法》有关管理经营、治理结构的各章之中。就担保行为而言，不仅在《公司法》总则中单独规定，对担保的决策程序强制规定，形成了与营业不同的分权机制，而且，《公司法》第 16 条第 1 款还将公司担保决策机构确定为董事会或股东会，如果公司法人代表未经过公司决策机构准可，

---

① 除担保公司以外，公司并不会以营利为目的，长期、反复地提供担保，故其并不是营业行为。但是由于我国《商业银行法》规定，商业银行发放的绝大多数贷款必须是担保贷款而不能是信用贷款，如果全面禁止公司为他人债务提供担保，就会使许多信贷资产无法取得合法的保障，直接影响到信用授受行为的展开。所以，担保行为虽背离公司的营业的本质，但我国也并不禁止公司的担保行为。

② "公司向其他企业投资或者为他人提供担保，依照公司章程的规定，由董事会或者股东会、股东大会决议（第 1 款）；公司章程对投资或者担保的总额及单项投资或者担保的数额有限额规定的，不得超过规定的限额。公司为公司股东或者实际控制人提供担保的，必须经股东会或者股东大会决议（第 2 款）。前款规定的股东或者受前款规定的实际控制人支配的股东，不得参加前款规定事项的表决。该项表决由出席会议的其他股东所持表决权的过半数通过（第 3 款）。"有学者指出第 1 款是关于公司对外提供普通担保的规定；第 2 款是关于公司对外提供关联担保的规定；第 3 款是公司关联担保决议时的表决权排除规则。这一规定明确了公司担保的决策机构和程序、公司关联担保的特殊规则，旨在防范公司担保中的乱象。参见高圣平：《公司担保相关法律问题研究》，《中国法学》2013 年第 2 期。

不得对外签署担保合同。① 可见，同样是超越经营范围的行为，营业行为和担保行为在法律的管控上存在很大的差异。

其实，公司对外投资和担保的程序性规定，最终目的在于保证交易安全。该规制的要旨是，公司对外担保，对外投资均须决议机关作出决定，该类事项不属于营业问题，由公司章程规定或由董事会和股东大会作出决议，体现控制风险的思想，并且强调担保量的限额和利益冲突的严格规制，并不是旨在否定某种行为的效力规定，而实质上是约束董事和高级管理人员的规定，违反上述规定作出的决议可能导致行为无效或效力待定，但是基于保护善意第三人的考虑，如果第三人为善意第三人时，担保合同应该有效，给公司造成的损失应该按照《公司法》第149条的规定由成员承担，② 由其对公司承担损害赔偿责任。③ 在"相对人不知道或者应该不知道"，即善意的情况下，担保行为的效力还是可以适用《合同法》第50条的规定来判断商企业的法定代表人超越经营范围的担保行为效力应当归属于商企业。我国最高人民法院颁布的《担保法解释》第11条正是如此规定的。《担保法解释》第11条延续了《合同法》第50条的规定，在"相对人不知道或者应当不知道其超越权限"的情况下，越权担保行为与超越经营范围的营业行为的效力一样，应当有效。

2. 恶意第三人，越权担保有效

在"相对人不知道或者应当不知道其超越经营范围"的情况下，越权担保行为有效，这样是否就意味着，可以按照越权代表的规则，当"交易第三人知道或应当知道法定代表人超越经营范围"的情况下，担保行为原则上应是无效的？目前我国学术界对第三人不构成善意情况下担保行为的效

---

① 参见高圣平：《担保物权司法解释起草中的重大争议问题研究》，《中国法学》2016年第1期。

② "董事、监事、高级管理人员执行公司职务时违反法律、行政法规或者公司章程的规定，给公司造成损失的，应当承担赔偿责任。"

③ 关于《公司法》对外投资和担保的程序性规定的性质，学术界和司法界存在很大的争议。一是认为其是外部性强制性规定。二是基于立法目的考察，认为其是内部性管理性的规定。笔者赞同从该条法则的立法目的考察，其应为内部性管理性规范。其实，两种观点都同意在第三人为善意第三人的情况下，保护善意第三人的利益和交易安全，此时，超越经营范围的担保行为应可以归属于公司属于有效的行为。参见王保树：《中国商法》，人民法院出版社2010年版，第113页；赵德勇、宋刚：《关于公司对外担保的法律问题》，《理论探索》2007年第2期；钱玉林：《公司法第16条的规范意义》，《法学研究》2011年第6期。

力，主要存在两种不同的看法。

（1）无效说

有学者根据《公司法》第 16 条的规定，即认为：

> 公司转投资和为他人提供担保，首先应经过公司章程确定的有权机关的决议，其次应当在公司章程规定的投资和担保总额和单项担保数额的限额内。因此，公司转投资和为他人担保如果没有经过公司有权机关的决议，或者虽然经过有权机关决议但超出公司章程规定的限额，该转投资及担保行为无效。[①]

正如罗马法谚语所云："不知法律不免责。"《公司法》第 16 条正是对第三人强制的法律义务，相对第三人应该积极查询公司章程对担保的规定，如果怠于查询而与越权的法定代表人签订担保合同，应当无效，如果查询章程和董事会或股东大会的决议明知道法定代表人越权提供担保，担保行为也应当无效。还有学者基于相对第三人法定的查询义务，将"知道或应当知道的第三人"认定为恶意第三人，"法律不宜保护恶意第三人"[②]，此时，相对于第三人与商企业的法定代表人恶意串通，应认定为《合同法》第 52 条第 2 款规定的恶意串通致使合同效力归于无效的情况，所以担保合同应该无效。

甚至有学者认为商企业担保是无偿行为（除担保公司外），与商企业以营利为目的而设立的本旨不符，故担保合同应当无效，除第三人不知道或者应当不知道除外。[③] 例如，我国台湾地区"公司法"第 16 条就明文规定："公司除依其他法律或公司章程得为保证者之外，不得为任何保证，公司负

---

① 宁南、蒋少强：《限制上市公司对外担保的法律思考》，《金融与经济》2006 年第 11 期；宁金成：《公司违反章程规定对外担保的效力研究——以〈公司法〉第 16 条第 1 款的适用为分析背景》，《郑州大学学报（哲学社会科学版）》2011 年第 4 期；赵旭东：《新公司法条文释解》，人民法院出版社 2005 年版，第 67 页。

② 崔建远：《合同法总论》（上卷）（第 2 版），中国人民大学出版社 2011 年版，第 433 页。

③ 参见刘玲伶：《章程对公司对外担保的效力影响》，《天津市政法管理干部学院学报》2008 年第 2 期。

责人违反者，应自负保证责任，如公司受损害，应负赔偿责任。"① 同样地，如果商企业提供动产或不动产为他人借款之担保设置抵押权，就商企业财务之影响而言，与为他人提供保证之情形相同，还是受到限制。在我国台湾地区，商企业并无超越经营范围提供担保的商事能力，越权担保行为应是无效的。德国的《有限责任公司法》第43a条也规定："不得以维持基本资本必要的公司财产向业务执行人、其他法定代表人、经理人或者被授权全部业务活动的代办权人提供贷款，违反第1款的贷款立即返还，无论是否存在约定。"德国商法中也明确规定越权提供担保或贷款的性质严重威胁公司财产和违反商企业设立目的的行为应当无效。既然我国《公司法》第16条通过对公司担保决策权的规定限制了公司的担保能力，如果公司章程中对公司担保事项未作记载，除了以担保为主业的公司之外，公司即无对外担保能力，提供担保本身即是超越经营范围，担保行为应当无效。

（2）无权代理说

尽管越权代理和越权代表存在差异，但两者的形式与效果归属基本相似，在法律规范不明确的情况下，应类推适用越权代表的相关规则。② 即当"相对第三人"知道或者应当知道法定代表人超越权限提供担保时，此时担保行为可以适用《合同法》第48条第1款的规定。③ 还有学者立足司法裁判环节，在"相对人知道或应当知道"的情况下根据履行情况不同分为：

> 第一，担保债权人积极履行审查义务，发现越权事实却仍旧订立担保合同。第二，担保债权人根本没有履行审查义务，直接签订担保合同。④

无论是担保债权人明知公司法定代理人越权实施行为，却仍然与其签订

---

① 梁宇贤：《商事法论》，中国人民大学出版社2003年版，第61页。
② 参见朱广新：《法定代表人的越权代表行为》，《中外法学》2012年第1期。
③ "行为人没有代理权、超越代理权或者代理权终止后以被代理人名义订立的合同，未经被代理人追认，对被代理人不发生效力，由行为人承担责任。"
④ 吴飞飞：《公司担保合同行为的最佳行为范式何以形成——公司越权担保合同效力认定的逆向思维》，《法学论坛》2015年第1期。

担保合同，或是担保债权人根本没有履行积极审查义务，都属于《合同法》第50条规定的"相对人知道或应当知道"的情形，所以不能认定合同有效。但是《合同法》并未明确"相对人知道或应当知道"情况下合同的效力如何，属于法律上的漏洞。尽管越权担保违背了《公司法》的规定，但担保行为却不必然违背商企业的意志，甚至有可能契合了商企业的意思。所以，就契约自治而言，可以类推适用无权代理，[①] 赋予商企业以追认权。如果商企业事后承认，则越权担保行为具有效力，一旦商企业未承认，那么越权行为应当无效。也有学者将《公司法》第16条定性为内部决策程序，在此基础上其应为对商企业的代表人或代理人对外提供担保的法定限制，超越限制所签订的担保合同应当认定为效力待定合同，除公司予以追认的外，该担保合同对公司不生效力，应参照《合同法》关于无权代理的规定由行为人自行承担相应的法律责任。[②]

有学者在《合同法》第50条但书"相对人知道或应当知道"情况下，从整个法律体系解释的角度，认为越权行为的担保行为应当适用无权代理，商企业担保行为的效力则是待定的，这样的解释将公司是否受越权担保行为的效力留由公司选择，并非一概否定担保行为的效力，一方面契合合同自由原则，在公司选择不受越权担保行为约束、对越权担保行为不予追认的情况下，"由行为人承担责任"可以实现"对恶意之人不予保护"的规范目标，另一方面符合我国《公司法》第16条与《合同法》第48条、第50条等相关规定的体系解释，准确理解相关规定的意旨，并平衡了多方当事人之间的利益冲突。[③]

（3）笔者观点

虽然在"相对人不知道或者应该不知道"构成善意的情况下，越权担保行为与越权营业行为效力一致，但为了保护相对第三人利益、维护市场交易安全和交易秩序，应当为有效。《合同法》第50条、《担保法解释》第11

---

① 德国法学家齐佩利乌斯教授指出："类推是应把当前的这个案件与法律上已经做出规定的情形相比较，并权衡是否应当从公正的损害平衡的角度来对这个案件与上述已经做出规定的情形做出相同的评价。"参见 [德] 齐佩利乌斯：《法学方法论》，金振豹译，法律出版社2009年版，第18页。

② 参见周伦军：《公司对外提供担保的合同效力判断规则》，《法律适用》2014年第8期。

③ 参见高圣平：《担保物权司法解释起草中的重大争议问题研究》，《中国法学》2016年第1期。

条也明文规定此时越权担保行为有效。但在"相对人知道或者应该知道"的情况下，越权担保行为并不同于越权营业行为，法律并未明确越权担保的效力，笔者认为其应有效而非原则上无效。原因如下。

第一，商企业超越经营范围开展营业活动，仍然是商事主体。商企业是经过商事登记进行经营活动的组织体。在我国，商事登记具有创设商事主体的效力，商企业的商事主体资格应始于登记成立，终于注销登记。① 在我国，"营业执照扮演了一个重要的角色，它承载了商企业的商事能力并表示在外部，充分体现了商法中交易外观原则，如果商事主体失去营业执照，其商事能力便无从体现，还会受到有关机关的严厉处罚"②。故商企业商事能力始于营业执照颁发终于营业执照的吊销，表现为营业执照的营业范围，即营业能力。所以，商企业超越经营范围开展营业活动，就丧失商事能力，即并不能享有相应商事权利，发生预期的商法上的效果，故商事主体丧失商事能力的营业活动原则上无效。但是法律为了均衡保护善意第三人利益与交易安全，在越权营业行为构成表见代表的情况下，越权行为还是有效。

第二，商企业的担保行为并非经营营业的行为，此时商企业应是以民事主体的身份提供担保。商个人首先是自然人，满足营业条件才成为商事主体。而商企业本身则是经过商事登记具有经营范围限制的商事主体，其超越经营范围的营业行为，虽丧失商事能力，商企业仍为商事主体。但是在商企业为他人提供担保的情形下，担保并不是企业营业行为，这就是为什么德国、日本、我国台湾地区在其商法中明文禁止商企业提供担保的原因。但是我国实践中企业对担保有大量需求，所以在《公司法》中就有限制担保额度和程序的明文规定。③ 当然这并不能改变商企业提供担保本身就是超越经营范围的非营业行为的实质。其实此时，商企业不仅表现为商事主体，更是以民事主体的身份提供担保，所以，当商企业进行提供担保的非营业行为时，其应是作为民事主体为第三人提供担保。故当"相对人不知道或者应当不知道"时，相对人作为善意第三人还是可以适用《合同法》第 50 条、《担保法解释》第 11 条将担保行为的效力归属于商企业，但是当"相对人

① 参见柳经纬、刘永光：《商法总论》，厦门大学出版社 2004 年版，第 58 页。
② 李平主编：《商法基本理论问题研究》，四川大学出版社 2007 年版，第 150 页。
③ 参见高圣平：《担保物权司法解释起草中的重大争议问题研究》，《中国法学》2016 年第 1 期。

知道或者应当知道"时，并不能直接以商法中效率、交易安全等商事原则①
确定越权无效原则和效力修正的表见代表制度。商企业作为民事主体提供担
保自然应该适用相关的民事规则予以规范。"在这种情况下，公司将丧失由
特别地位带来的利益，从而是受到普通法调整的公司。"②

　　第三，民事主体的法律行为应以意思自治为核心。首先，意思自治是民
法中的核心原则，其内涵主要表现为赋予民事主体在法律规定的范围内广泛
的行为自由权。法理中的"自由"表现在民法领域，即意思自治。意思自
治一是体现在当事人意思形成过程中的自由，二是体现为意思表达自由。具
体地说，民事主体有权根据自己的意志和利益决定是否参加某种民事法律关
系，或变更、终止某种民事法律关系。③法律应当承认民事主体根据意思自
主形成的法律关系，并对其通过表达意思产生或消灭法律关系的效果予以承
认。④也就是说，民事主体是可以按照自己的意志选择是否创设担保法律关
系。其次，意思自治表现为民事主体的行为规范。意思自治是相对的自治，
而不是绝对的自治，而且意思一旦"自治"，已经不再是心理范畴、思想范
畴，而是进入了实践范畴、行为范畴，意思一定是实践于主体思维方式之中
而呈现于外之行为。⑤意思自治并不是意思自由，而是民事主体在法律允许
的范围内有权选择行为的方式和行为的补救方式。商企业可以也有法定权利
去选择是否提供担保或对担保行为效力补正，来表达真实意思，而不是由法
律一律否定其效力。再次，意思自治即是"自愿"原则，法无明文禁止既
可为。民法中允许"自愿"的行为只能是合法行为，即民事主体需要依法
行使权利。意思自治的本质实则是权利人义务设定自主，表现为除了法律明
文禁止的归属关系外，权利人的任何义务均须由自己设定，任何人不可妨碍
权利人行使。⑥《合同法》第50条和《担保法解释》第11条明文规定，只

---

①　参见柳经纬、刘永光：《商法总论》，厦门大学出版社2004年版，第14—15页。

②　[法]伊夫·居荣：《法国商法》（第一卷），罗杰珍、赵海峰译，法律出版社2004年版，第
119页。

③　参见梁学海：《迟延履行违约金司法适用问题研究》，硕士学位论文，兰州大学法学院，2013
年，第28页。

④　参见王利明、杨立新、王轶、程啸等：《民法学》，法律出版社2006年版，第14—15页。

⑤　参见李锡鹤：《民法原理论》（第二版），法律出版社2012年版，第107页。

⑥　参见李锡鹤：《民法原理论》（第二版），法律出版社2012年版，第108页。

有交易第三人不知道或者应当不知道代表人越权行使的，此行为才是有效的，这种情况下由法律直接规定法律效力，应当直接排除民事主体的意思自治，认定担保合同有效。但在"相对人知道或者应当知道其超越权限"，法律又没有直接规定行为效力的情况下，且《公司法》第16条即相关法律也并没有禁止商企业的担保行为，也即提供担保的商企业，作为民事主体时，对于其法定代表人越权提供担保的行为，应当可以按照自己的意志自主选择是否接受担保合同的效力，而不是将担保合同的效力直接归于无效。

第四，商企业对担保行为效力的意思自治表现为无权代表。在法律未明文禁止的情况下，民事主体应是可以按照自己的意志选择为何种法律行为和补正法律行为的效力。法定代表人可能仅仅是超越经营权限提供担保，还有可能是超越商企业授权提供担保。如果仅仅是超越经营范围的非营业行为，得到商企业授权，法律也允许提供担保，那么其合同效力应当是当然有效且应归属于商企业的。但如果法定代表人还超越了商企业授权的额度或没有按照相关程序提供担保，此时合同对商企业的效力就应当由企业自主选择。这种自主选择的权利在法律效力方面被设计为效力待定，相关法律制度设计便是无权代理。无权代理指代理人没有代理权、超越代理权或在代理人终止以后从事代理的法律行为。无权代理是一种效力待定的行为。① 法定代表人超越授权的担保行为是效力待定的行为，不同于违反强制性规定而无效或意思不自由而效力可撤销的行为，其行为瑕疵取决于被代理人的意思表示，故其法律制度安排就表现为无权代理。法律给予商企业追认权，由商企业根据自己的利益和意志来考虑决定是否承认行为的效力，经过追认可以消除合同存在的瑕疵，表明法律对商企业利益和意志的尊重，尊重当事人的意思自治。② 故法定代表人超越授权的担保行为应当可以由商企业按照自身的意志选择是否接受担保行为的法律后果。

第五，无权代理中担保合同应是有效的。代理是代理人以被代理人的名

① 参见江帆：《代理法律制度研究》，中国法制出版社2000年版，第163页。
② 实际上1981年的《经济合同法》和1993年修改的《经济合同法》都将无权代理规定为无效，将无权代理合同作为无效合同，但是2010年的《合同法》一改《经济合同法》规定，将无权代理视为效力待定，正是体现了民法上意思自治的原则。

义实施，法律效果直接归属于被代理人的法律行为。① 而无权代理中，代理人并没有代理权，而是由法律赋予商企业追认权，由商企业按照自身意志自主选择法律效果的归属。如果商企业选择追认法定代表人超越授权的行为，在我国法律也允许商企业提供担保的情况下，越权的担保行为对商企业有效，担保合同本身也当然有效。如果商企业选择不追认担保合同，则担保合同对商企业无效，商企业自然无须承担担保合同产生的法律后果，但是此时担保合同还是有效的，代理中有三方当事人，授予被代理方商企业选择权是尊重其意思表示，但是对法定代表人而言，其有订立合同的意思表示，担保合同应当生效只是对商企业无效。无权代理行为的效果归属，解决的是越权代理行为是否对商企业产生效力的问题，并不涉及相关合同的效力判断。② 其实在无权代理中，商企业不追认，担保合同对商企业不发生效力，但担保合同本身还是有效的。我国《合同法》第 48 条第 1 款对此有明确的规定。法定代表人超越授权提供担保虽然不是商企业的意志，但却是法定代表人的意思表达。法定代表人与第三人签订合同并没有违反法律规定，即应当是有效的，法律也规定应当由"行为人承担责任"，具体指超越授权的代表人自己作为担保合同的当事人履行该合同中本应由被代理人承担的义务，如果其不能履行该义务时则构成违约，应对另一方当事人承担违约责任。所以在超越授权的担保中，担保合同虽对商企业不生效力，但担保合同仍为有效，由行为人——法定代表人自己承担合同责任。

　　对法定代表人越权提供担保的行为，首先，应当区分相对第三人的主观善意情况。在"相对人不知道或者应当不知道其超越权限"，即第三人善意的情况下，由法律直接规定，担保行为应当有效且效力归属于商企业。其次，在"相对人知道或者应当知道其超越权限"的情况下，再区分法定代表人越权的性质。如果法定代表人仅仅是超越经营范围而提供担保，担保行为本身就经过商企业的授权，应当有效且效力归属于商企业。最后，在法定代表人超越章程或法定机关的授权范围提供担保的情况下，行为的效力则取决于商企业是否追认。如果商企业追认，越权担保有效且效力归属于商企

---

① 参见王利明、杨立新、王轶、程啸等：《民法学》，法律出版社 2006 年版，第 132 页。
② 参见梁慧星：《民法总论》（第 4 版），法律出版社 2012 年版，第 237 页。

业；如果不追认，越权担保合同仍然有效但效力归属行为人——法定代表人。所以，法定代表人越权提供担保的行为应当有效。

3. 越权担保中的善意判断

《合同法》第 50 条的但书除交易第三人"知道或应当知道"法定代表人越权的以外，在法定代表人越权提供担保的情况下，对"相对第三人不知道或者应该不知道"构成善意要求更高，因为商企业提供担保本身就不是企业的营业行为（担保公司除外），所以相对第三人知道且应当知道法定代表人是超越经营范围提供担保的。虽然很多国家的法律明文禁止商企业提供担保，规定商企业的担保行为无效，但是由于我国《商业银行法》及相关法律的规定，为了资金可以正常运转，法律虽然允许公司提供担保，[①] 法定代表人超越经营范围的担保行为有效且效力直接归属于商企业，但是第三人也应该注意到《公司法》对商企业提供担保及担保的限额有着严格的程序控制。也就是说，"如果法定代表人越权提供了担保，担保人应当查阅公司章程，并根据公司担保决策机构的规定，进一步审查公司担保决议"[②]。如此才能适用《合同法》第 50 条、《担保法解释》第 11 条的但书。所以第三人在与法定代表人签署担保合同时，应该审查法定代表人是否在商企业授权范围内提供担保。[③] 如果相对第三人怠于查询，即可以推定除了担保公司，第三人知道或者应该知道担保并不是商企业的营业行为，所以第三人并

---

① 参见高圣平：《担保物权司法解释起草中的重大争议问题研究》，《中国法学》2016 年第 1 期。

② 高圣平：《担保物权司法解释起草中的重大争议问题研究》，《中国法学》2016 年第 1 期。

③ 关于担保合同的相对人是否应当承担"审查义务"，学术界和司法实践中都存在较大的争议。赵旭东教授认为第三人负有对商企业决议的审查义务，还有学者基于司法实践中不同法院对此的不同判决认为第三人负有审查义务，例如，最高人民法院的不同判决。2001 年，最高人民法院在"中福实业股份公司借款担保案"中第一次确认了担保合同相对人应当履行审查义务。2006 年，最高人民法院在"光彩投资集团公司借款担保案"中认为："经公司股东会、董事会批准，以公司资产为本公司股东或其他个人债务提供担保的，可以认定有效。"该判决认可了公司的担保行为，但没有对担保合同相对人的审查义务问题作出回答。2008 年，在"创智信息公司借款保证合同案"中，最高人民法院再次确认了合同相对人的形式审查义务。但在 2011 年《最高人民法院公报》刊登的"中建材集团进出口公司案"中，北京市高级人民法院认为公司担保合同的相对人不承担审查公司章程等材料的义务。此外，最高人民法院法官之间就此问题的观点也出现了矛盾。这使得人们无所适从，不但严重影响了法律的适用，更损害了法律的尊严。当然也有学者并不认同。笔者也认同相对第三人应当负有"审查义务"，特此补充说明。参见赵旭东主编：《公司法学》，高等教育出版社 2006 年版，第 200—203 页；梁上上：《公司担保合同的相对人审查义务》，《法学》2013 年第 3 期；华德波：《论〈公司法〉第 16 条的理解与适用——以公司担保债权人的审查义务为中心》，《法律适用》2011 年第 3 期。

不能构成善意，不得主张《合同法》第 50 条、《担保法解释》第 11 条的法律后果——代表行为有效。

首先，查询法定代表人是否超越授权提供担保是第三人的法定注意义务。现行生效的《公司法》第 16 条的规定是基于对公司财产安全和股东权益保护的考量，从而将提供担保的决策权分配给董事会或股东会或公司章程，法律使用"不得""必须""应当"的表述规定担保法律关系中的当事人及其利益相关者，应当有法定义务知悉此条款，并根据法律规定履行查询义务。[①] 从《公司法》第 16 条的立法背景分析，我国 1993 年的《公司法》第 60 条第 3 款即明文禁止公司提供担保。[②] 但是我国实践中企业的法定代表人常常需要用公司财产对外提供担保，对此立法机关于 2005 年修改《公司法》并制定出《公司法》第 16 条，其本意不仅是保障企业对外提供担保时应当遵循严格的决定程序，而且是提醒相对第三人严格审查担保合同的决议。[③] 法律明确规定，除非章程规定或经过董事会或股东会适当的程序决议，法定代表人为相对第三人提供担保，属于超越授权的行为，并不能代表商企业，也没有权限对外代表企业签订担保合同。所以，相对第三人接受担保时应负有审查义务，这是基于《公司法》第 16 条的规定，即法律规定的注意义务。

其次，商企业章程一经商事登记，即具有对抗第三人的效力。《公司法》第 16 条明确由法律授权公司自主选择是否将对外提供担保记载在公司的章程中，如记载则发生效力，如果不记载，不发生效力也不会影响整个章程的效力，属于相对必要的记载事项。[④] 但实际上，"除非公司自设立之初就决定不对外进行担保交易，对外担保的规定几乎是一人公司除外其他公司之公司章程的必备条款"[⑤]。例如《公司法》第 11 条就是如此规定。公司章

---

① 参见华德波：《论〈公司法〉第 16 条的理解与适用——以公司担保债权人的审查义务为中心》，《法律适用》2011 年第 3 期。

② "董事、经理不得以公司资产为本公司的股东或者其他个人债务提供担保。"

③ 参见高圣平：《公司担保相关法律问题研究》，《中国法学》2013 年第 2 期；华德波：《论〈公司法〉第 16 条的理解与适用——以公司担保债权人的审查义务为中心》，《法律适用》2011 年第 3 期；胡光宝主编：《〈中华人民共和国公司法〉释义及适用指南》，群众出版社 2005 年版，第 84 页。

④ 参见赵中孚：《商法总论》（第五版），中国人民政法大学出版社 2013 年版，第 130 页。

⑤ 华德波：《论〈公司法〉第 16 条的理解与适用——以公司担保债权人的审查义务为中心》，《法律适用》2011 年第 3 期。

程实际上是多数人共同的法律行为，股东共同意志的体现，是股东之间的契约，① 当然对股东和内部治理人员具有约束力。并且公司章程需要在主管机关登记备案公示，其宗旨就是使公司的内部治理规则公诸于众，保护交易相对人或不特定第三人利益。② 公司章程登记后，就意味着公司具有对抗第三人的法律效力，③ 对相对人和特定第三人也有约束力。所以，就法定代表人越权提供担保而言，第三人虽未主动查阅公司章程，但是公司章程一经登记公示是可以对抗第三人的，如果签订的担保合同违反了公司章程的规定，则担保合同不会对公司产生拘束力。④

再次，不能以查询不便否定相对第三人的查询义务。其一，不仅公司章程具有公示效力可以对抗相对第三人，查询也是第三人法定的注意义务。依据《公司登记管理条例》第 62 条规定的查阅权利，相对第三人也有权查询公司章程。所以，即使实践中第三人查询公司章程需要花费一定成本，带来不便利，但这并不是说可以免去第三人的法定义务，而是需要去完善我国的登记制度。其二，由于《公司法》第 16 条的存在，担保需要 "依照公司章程的规定"，公司章程就将公司担保决议引入担保权人的视野。⑤ 而且，现实中如果商企业是上市公司，第三人可以通过网络查阅公司章程。所以，第三人应当负有查阅章程中担保程序和担保限额或者相关担保决议的义务，否则无法构成善意，即无法适用《合同法》第 50 条、《担保法解释》第 11 条，将担保行为的效力归属于商企业。

《公司法》第 16 条第 1 款的规定使法定代表人应根据章程的规定或董事会、股东会作出的决议对外提供担保。法律本身就具有极强的公示性，⑥《公司法》第 16 条规定担保 "按照公司章程的规定"，不仅股东应当遵守，

---

① 参见赵中孚：《商法总论》（第五版），中国人民政法大学出版社 2013 年版，第 131 页。

② 参见华德波：《论〈公司法〉第 16 条的理解与适用——以公司担保债权人的审查义务为中心》，《法律适用》2011 年第 3 期。

③ 参见王保树：《中国商法》，人民法院出版社 2010 年版，第 128 页。

④ 参见高圣平：《担保物权司法解释起草中的重大争议问题研究》，《中国法学》2016 年第 1 期；华德波：《论〈公司法〉第 16 条的理解与适用——以公司担保债权人的审查义务为中心》，《法律适用》2011 年第 3 期。

⑤ 参见高圣平：《担保物权司法解释起草中的重大争议问题研究》，《中国法学》2016 年第 1 期。

⑥ 参见崔建远：《合同法总论》（上卷）（第 2 版），中国人民大学出版社 2011 年版，第 432 页。

担保行为有关的其他各方都要遵守此规定。因此，相对第三人在订立担保合同时，就应审查公司章程对担保问题的规定，这不仅是公司章程登记的公示效力，也是法律为相对人设定的义务。① 如果相对人与法定代表人签订担保合同并没有对商企业章程或董事会、股东会担保决议等内部文件进行形式审查，② 就是没有尽到注意义务，即不构成善意。

（二）商企业社会责任

商企业的责任能力是指商企业承担违约责任、侵权责任和不履行法定义务而产生的责任能力。③ 商企业责任能力与民事主体的责任能力不同，民事主体责任能力一般是考虑行为人有无辨识能力，而商事主体责任既考虑受害人的利益也考虑市场经济秩序，不仅仅是对相对人的赔偿还有对国家社会的赔偿，并且伴随着行政和刑事责任的惩罚性特征。④ 这是由于进入 20 世纪以来，社会生产力大幅度提高，出现现代公司企业的形式，商事主体在一个国家经济中发生了巨大变化。大型公司、跨国公司凭借其在资源占有上的优势，通常影响着一个国家正常的经济秩序，此时民法中的平等原则、意思自

---

① 参见李建伟：《公司非关联性商事担保的规范适用分析》，《当代法学》2013 年第 3 期；郭志京：《中国公司对外担保规则特殊性研究——兼论民法商法思维方式的对立统一》，《当代法学》2014 年第 5 期。

② 关于第三人"审查义务"的标准，存在实质审查和形式审查两种截然不同的对立观点。学者们对此存在很大的争议。但是，无论学界还是实务界，现在绝大多数人赞成形式审查标准。所谓形式审查，是指第三人仅对材料的形式要件进行审查，即审查材料是否齐全，是否符合法定形式，对于材料的真实性、有效性不作审查。反之，实质性审查需要审查材料的真实性、有效性。笔者也赞同形式审查。其一，适当履行原则因素。担保债权人在审查董事会或股东会、股东大会的决议以及其他书面材料时，仅对文件的真实性与合法性进行合理审慎的外观审查即可视为适当履行了义务，而不是要求审查人对外观之外的内容进行超越普通商事交易习惯和普通审查技能的审查。其二，交易成本因素。若是要求公司担保债权人对公司相关决议以及其他法律文件的真实性与合法性进行实质性审查，就会不适当地加大担保合同的交易成本，与商事交易的简便快捷发展趋势相悖。其三，信息不对称因素。在公司的实际运营过程中，公司经营管理者常常不愿详细、真实、全部地披露相关信息，使公司债权人无法充分利用公司的现有信息而处于劣势。因此，实质审查标准虽然有利于保护中小股东等利益群体的利益，但很可能会超出担保债权人的固有审查能力，这对担保债权人而言是一种不符合商事交易现实环境的苛求。参见华德波：《论〈公司法〉第 16 条的理解与适用——以公司担保债权人的审查义务为中心》，《法律适用》2011 年第 3 期；刘俊海：《新公司法的制度创新：立法争点与解释难点》，法律出版社 2006 年版，第 106—107 页；梁上上：《公司担保合同的相对人审查义务》，《法学》2013 年第 3 期；曹士兵：《我国新公司法关于公司担保能力的评述——重温最高人民法院"中福实业担保案"》，《法律适用》2006 年第 6 期；赵图雅：《公司对外担保制度解析》，《经济视角》2009 年第 7 期。

③ 参见赵中孚：《商法总论》（第五版），中国人民政法大学出版社 2013 年版，第 121 页。

④ 参见王保树主编：《商法》，法律出版社 2005 年版，第 58 页。

治原则已然失衡。商企业与一般的民事主体相比处于明显的优势地位，在这种状况下的平等原则，必定达不到实质上平等。商企业已经不是一般的民事主体，无法再用传统的民法平等原则、意思自治原则去调整商事主体。① 在商企业处于现代商业社会绝对的资源优势地位情况下，各国法律都通过对商企业义务与责任的规定，以实现现代商事主体在其经营活动中对安全、效率、秩序的价值追求，以及对商事关系中的弱势群体予以特别保护。一种方式是通过商法的特别法或者特别条款的控制。例如，《消费者权益保护法》《合同法》第 39 条有关格式合同的规定。另一种方式是对商企业的经济法控制。例如《反不正当竞争法》《反垄断法》。所以实际上，对商企业的调控是从形式平等回归实质平等，商企业的商事责任能力主要表现为严格责任。② 除了商企业的严格责任，与一般民事主体和商个人的不同，现代商企业还负有社会责任，也就是商企业的社会责任，主要是对社会公众的责任。③

　　企业社会责任（Corporate Social Responsibility，CSR）是对传统商法中商企业绝对营利目的的修正，关于企业的社会责任，有学者定义为"企业在谋求自身及股东最大利益同时，为了促进国民经济和社会发展，为其利害相关者履行社会义务"④。也有学者定义为"企业所处社会的全面和长远利益而必须关心全面履行的责任和义务"⑤。还有学者定义为"企业不能仅仅以最大限度地为股东营利为唯一存在目的，而应当最大限度地促进股东利益之外的其他所有社会利益"⑥。目前，国际上对企业社会责任普遍的理念是：

　　　　企业在创造利润，对股东利益负责的同时，还要承担对员工、社会和环境的责任，包括遵守商业道德、生产安全、职业健康、保护劳动者

---

① 参见范健主编：《商法》（第三版），高等教育出版社 2007 年版，第 145 页。
② 参见王保树：《中国商法》，人民法院出版社 2010 年版，第 115 页。
③ 参见施天涛：《商法学》（第二版），法律出版社 2004 年版，第 138—139 页。
④ 张士元、刘丽：《论公司的社会责任》，《法商研究》2001 年第 6 期。
⑤ 王林、邓俊荣：《新常态下战略性企业社会责任的构建与实现路径》，《改革与战略》2015 年第 12 期；马风光：《企业的社会责任模式论》，《工业企业管理》2000 年第 12 期。
⑥ 刘俊海：《公司的社会责任》，法律出版社 2010 年版，第 23 页。

合法权益等。①

我国《公司法》第 5 条明确社会责任为商法人企业的法定义务。《合伙企业法》第 7 条明确规定了合伙企业的社会责任。其实，社会责任不仅来自法律上的约束，如《劳动者权益保护法》《消费者权益保护法》《环境保护法》等。更多的是以软法出现的社会责任，例如企业治理标准、行业标准和自律规范。甚至表现为企业自觉地承担社会责任，例如慈善活动、公益活动等社会公共利益性质的社会责任。② 我国公司法中对商企业社会责任的内容也不应该仅局限在法律上的约束，还应当倡导商企业遵守软法和自觉地履行其社会责任。

企业社会责任对现代商业社会产生巨大影响，其中最大的一个结果就是导致"利益相关者法律"（other constituency statutes）的产生，即需要考量多方面相关者的利益。③ 自 1983 年美国宾夕法尼亚州第一个采用了"利益相关者"概念，自此之后美国每个州都有采用"利益相关者"概念的法律。例如，美国律师协会（America Bar Association）制定的《示范商事公司法》（Model Business Corporation Act）中列举的 15 项权利中，有 3 项与企业的社会责任有关，包括企业对公共福利或者慈善、科学、教育等目的进行捐助的权利，企业享有从事任何有利于政府政策的合法营业的权利以及企业享有从事与法律不抵触的促进企业经营和事务支付或捐赠的权利。此外，美国法学会制定的《公司治理指南》中也规定企业可以适当考虑非利润目标进行合理目的公共福利、人权、教育和慈善捐赠。

我国《公司法》第 5 条虽然规定了企业社会责任，但是并没有考虑利益相关者的问题。我国商企业无视社会保障、不关注社会就业问题、较少考虑环境问题、虚假产品信息、对劳动者剥削、不顾公益事业、缺乏公平竞争意识、缺乏诚信等等都是我国商企业社会责任缺失的表现。④ 所以，虽然我

① 谭超颖：《我国商业银行社会责任评价指标体系研究》，硕士学位论文，暨南大学法学院，2010年，第 27 页；王茂林：《构建和谐社会必须强化的社会责任》，《求是》2005 年第 3 期。

② 参见刘宏渭：《商法总则基本问题研究》，华中科技大学出版社 2013 年版，第 148—158 页。

③ 参见施天涛：《商法学》（第二版），法律出版社 2004 年版，第 138—139 页。

④ 参见刘宏渭：《商法总则基本问题研究》，华中科技大学出版社 2013 年版，第 154—155 页。

国商法中明确了企业社会责任，实际上我国商企业根本未意识到企业社会责任。目前，我国仅在《上市公司治理准则》第 6 章对利益相关者有所规定。该准则当然有积极指引意义，但是其法律层次太低而且仅适用于上市企业，这也反映出了我国商企业社会责任规定的缺失。

商企业应该承担社会责任。一方面，社会责任并不仅仅是企业的成本负担，更是企业的发展机会。另一方面，现代商业社会中的商企业处于绝对强势地位，承担更多社会责任也是实现实质平等的必然要求。当然，法规明确商事主体应当承担社会责任，商事主体也应该有这样的意识，但并不是说，所有企业都需承担均等的社会责任，商企业在承担社会责任时还应该考虑自己可以承担的限度。例如，《独资企业法》第 4 条明文规定独资企业义务，即纳税义务，但并不强制其如合伙企业和公司一样承担更多的社会责任。诚如学者所言：

> 可见，企业既应当主动承担社会责任，又必须考虑自己承担社会责任的限度，拒绝承担超出企业能力的社会责任，这种拒绝不仅是为了企业自身的利益，也是对社会负责。①

第四节　我国未来民法典中主体制度的设计

一、区分商事主体与民事主体

民商合一体例下的民法典无论以何种形式制定，都应当充分考虑商法的独特性，尤其是商事主体的独特性。民商合一体例并没有否定商事主体的独特性，相反正是在民商合一的体例下，更加强调商事主体的特殊性。

第一，民法的商法化与立法实践。所谓"民法商法化"是指由商事交易及商法上所形成之思想或制度，为民法逐渐采用，或原属民法上的制度或法律关系，后渐归商法所支配。② 其实，民法的商法化并不是将民法适用变

---

① 刘大宁：《试论企业社会责任的内涵与实现价值》，《商业时代》2013 年第 7 期；郑祺：《利润最大化与企业的社会责任》，《现代财经》2000 年第 11 期。
② 参见赵万一：《论民法的商法化与商法的民法化——兼谈我国民法典编纂的基本理念和思路》，《法学论坛》2005 年第 4 期。

成对商法规则的适用，而是在民法中突出商事规则的独特性。例如，我国制定的《合同法》《侵权责任法》之中可以瞥见民法商法化的思想，《合同法》中确立要约、承诺规则，承诺一经送达不得撤销，商事主体必须严守合同。《侵权责任法》中属于商事主体的产品责任、环境污染的无过错责任等都是"民法商法化"，尤其是商事主体独特性的体现，为我们示范了一个有效的民商合一路径。

第二，我国现行的立法体例下商事主体区分的应然性。虽然《民法通则》致力于构建一个民商统一的私法秩序，在主体制度中并未明确区分民事法人和商事法人，但是自然人中的个体工商户和农村承包经营户，企业合伙、企业法人却是商事主体无疑。我国现行民法总则实际上是按照民商合一体例构建的，却不能否定商事主体的特殊性。《合同法》确立的代理制度包括了传统商法的相关制度，如表见代理、商事（间接）代理等，《合同法》也采取了民商合一体例，规定了商事主体适用的借款合同、建设工程合同、融资租赁合同、仓储合同、运输合同、行纪合同等商事合同。《物权法》也根据民商合一体例确立了具有商事性质的担保制度如商事留置权、应收账款质押等。此种做法不仅顺应了民商合一的立法发展趋势，反映出民商事主体区分的应然性，也有利于法官有针对性地适用规则以处理民商事纠纷。

第三，未来民法典中民商事主体区分的可操作性。在融合式的立法体例中，如《民法总则（草案二次审议稿）》第二章自然人，第四节中规定个体工商户和家庭承包经营户区分一般民事主体为商事主体。第77条规定营利性法人区别于非营利性法人作为商事主体。独立成编式（独立成章式）中，如王保树教授建议制定商事通则，并且在商事通则中规定商人，包括商人概念、商人资格与分类，结合中国的商事实践，对可以成为商人的条件应当作出规定。[①] 由此可见，民商合一体例下无论何种形式制定的民法典都可以区分民事主体和商事主体。

区分商事主体与民事主体的意义如下。

第一，商事主体的确定是适用商事具体规则的前提，也是正确适用相应规范的保障。比如说《物权法》第231条第2款关于商事留置权的规定，因

---

① 参见王保树：《商事通则·超越民商合一与民商分立》，《法学研究》2005 年第 1 期。

为缺乏了商事主体的规定，只能限定为企业，由此使得主体内容被限制，无法得以有效适用。《美国统一商法典》第 2—104 条规定，商人是指从事某类货物交易业务或因职业关系以其他方式表明其对交易所涉及的货物或做法具有专门知识或技能的人，也指雇佣因职业关系表明其具有此种专门知识或技能的代理人、经纪人或其他中介人的人。① 根据该法典第 2—201 条的规定，价款达到或超过 500 美元的货物买卖合同，即使没有书面材料，合同仍然能够得以形成。在美国有一个典型案例即德卡特合作协会诉厄本案，原告是粮食买卖商，被告是种谷物的农场主。原告和被告通过电话协商决定被告以蒲式耳 2.86 克每美元的价格向原告出售 1 万蒲式耳小麦。原告只将备忘录交给了被告而并未签订协议。事隔不久，小麦价格暴涨，被告以没有书面合同为由否认此买卖。此案的关键在于农场主是否是商人。堪萨斯州最高人民法院认为，被告农场主的职业不是买卖粮食而是种植粮食，同时，他每年仅种植、买卖一次小麦，并不具有买卖小麦的专门知识和技能，因此，被告不能作为《美国统一商法典》中所规定的商人，因此被告胜诉。②

　　第二，确立商事主体有利于引导与提高社会诚信观念。诚信作为商品经济的最高道德，尽管作为民事主体与商事主体而言，诚信规则同等重要，但就民事主体而言，基于趋利避害行为的影响，诚信作为道德的法律化规则，对其并不能形成强有力的制约。但商事主体有所不同，由于经营的稳定性、连续性与长期性，诚信规则在交易行为中非常重要。这是商业交易顺利、快速、高效进行的前提。在一个商业诚信不能确立的社会，必然是一个交易缓慢、低效的社会，这不利于商业经济的发展。多年来，我国民法所确立的诚信规则，试图普遍适用于所有的主体，社会不诚信观念并不能有效形成，其中一个不可忽视的原因就是并没有对商事主体要求较高的诚信，将商事主体较高层次的诚信与民事主体较低层次的诚信予以等同，使商人在社会诚信建立中不仅没有起到良好的导向作用，降低了他们的诚信要求，反而在社会诚信中起到了不应该具有的负面作用。

　　商人作为具有一定专业知识与技能的主体，更清楚规则的漏洞与如何趋

---

① 参见万国、赵新华：《论商事主体》，《社会科学战线》2006 年第 4 期。
② 参见徐炳：《买卖法》，经济科学出版社 1991 年版，第 42 页。

利避害，缺乏诚信规则的制约，一切依赖法律强制性规范，社会诚信规则如何能够建立？如婴幼儿奶粉中所出现的三聚氰胺、食品中的苏丹红、有毒大米、瘦肉精、过期食品等社会中不诚信行为的存在，与其说是监管行为的缺失，不如说是相应规则的助纣为虐。社会诚信制度是一个有机体系，所有的规则应该相辅相成，在形成诚信规则中形成合力，才能促进社会诚信规则的形成。否则，单靠一个规则，往往只能治标不治本，差之毫厘，谬以千里。

第三，规定商事主体有利于社会对其进行严格规制。商事主体作为商事规则的引导者与创制者，与民事主体相比，具有更多的话语权与更多的灵活性。如果将商事主体与民事主体的规则不加区分地统一适用，无论是对民事主体，还是商事主体均是不公平的。对民事主体而言，可能赋予其更高的义务，而对于商事主体而言，如果以民事主体的义务来规制商事主体，这种义务对其太过于简单，并不能对商事主体形成有效规制。我国现行法就是如此对民事主体予以规制的，比如，《合同法》第 107 条确立了合同违约的责任，并没有考虑主体是否有过错，对商事主体而言，严格责任有利于合同的履行，为了保障商事交易的快速、便捷，严格责任对于合同的履行与遵守，乃至于对整个商事交易与社会经济的发展都是有利的。因为一个商事交易是整个交易链，一个环节的拖链将导致整个链条失去其应有的生机。但对于民事主体而言，合同的严格责任对其而言可能是过重的负担，因为民事主体的个体性，令其承担严格责任并不具有存在的基础。比如说自然人之间的租赁合同，只要有违约就需承担违约责任，则使社会失去了多变的调节机会。

二、区分法人人格与有限责任

（一）历史视角中法人的独立人格与有限责任

法人人格肇始于古罗马，被称为 "universitas、corporations、corpus、collegia、sociatas"①。罗马法中并未产生现代意义上的法人制度，"法人"②

---

① 江平、米健：《罗马法基础》，中国政法大学出版社 1987 年版，第 63 页。
② 与大部分现代法律制度一样，法人制度并非一开始即存在，其是在漫长的历史进程中演化而来的，尽管随着时代发展，其内涵发生了颠覆性变化，但术语表达可能未发生太大变化。因此，笔者用"法人"以示区分，特此说明。

（corporation）术语的含义，最初用来指人们组成的团体（group）或财产性实体。[①] 事实上，有限责任也起源于古罗马，指商事活动中，主人或家父通过授权或家子以一笔特有产（peculiun）承担有限责任的形式。[②] 可见，在罗马法中，有限责任与"法人"是完全不同的制度。

中世纪，浸淫在普遍管控原则（doctrine of popular sovereignty）之中，法学家普遍认为，"法人"应作为一个整体组织或享有积极权利的团体，此时，通过对比曾经具有普遍性和严格的中世纪概念与古代思维方式，我们足以明确法人概念在历史进程中的稳步发展。在德国学者则发展了更加细致的团体概念（die germanische genossenshaftside），即可以由个人或无须人员要素直接组成的团体，在团体生命期间，称之为团体性（fellowshiply）的团体。另外，有限责任则在 11 世纪晚期，为了适应长距离的海上贸易，由海上贸易合伙和陆地贸易合伙组成新型的商事合伙，产生了形式上不同于契约式的有限合伙组织，[③] 这种组织体也就是康孟达组织（commenda）。[④] 此时有限责任主要是为了避免无限责任的追究，陆地贸易合伙往往会与海上贸易合伙达成投资为经营亏损承担有限责任的协议。此即有限责任这种责任承担方式开始在商业领域中广泛利用，其实质是债权人为了规避法律、保护自己的债权地位而主动选择承担责任方式的结果。所谓投资者有限责任，是债权人为了保护自身利益而选择的一种制度。[⑤] 然而，此阶段"法人"的主导因素为团体性管控（ruler's sovereignty），法人团体，除其组成性特征之外，是一个独立部分，为真实存在的团体人格（group-personality），强调团体性并不关注组成人员，因而更谈不上成员的有限责任。[⑥]

自 14 世纪开始，由于自然法的复兴，强调个人权利，"法人"被认为

---

① See Otto Gierke, *Political Theories of the Middle Age*, translated by Frederic William Maitland, Cambridge at the University Press, p. 37.

② 参见何勤华、魏琼主编：《西方商法史》，北京大学出版社 2007 年版，第 157—158 页。

③ 参见江平、龙卫球：《合伙的多种形式和合伙立法》，《中国法学》1996 年第 3 期。

④ 也有学者认为有限责任起源于中世纪意大利及地中海的商业城中出现的家庭经营团体。还有学者主张是家庭经营团体和康孟达相互影响而催生有限责任。通说起源于海上康孟达。笔者采用通说。参见何勤华、李秀清：《外国民商法》，复旦大学出版社 2015 年版，第 116—117 页。

⑤ 参见虞政平：《股东有限责任：现代公司法律之基石》，法律出版社 2001 年版，第 60 页。

⑥ See Otto Gierke, *Political Theories of the Middle Age*, translated by Frederic William Maitland, Cambridge at the University Press, pp. 37—39.

是注重团体与个人之间合作并确定两者联合的最高权力的团体，呈现出结合团体性管控（ruler's sovereignty）与个人管控（people's sovereignty）的趋势。此趋势延续到 15 世纪，所有学者都为自然权利据理力争以反抗独裁（monarchy）力量的成长，随后的进程中，甚至将个人管控作为团体的第一要素，认为"法人"仅是个人的联合体，并不是拟制个人（artificial or fictitious person），而是由个人人格组成的永久性实体。在强调个人主义的风尚中，"法人"开始关注成员责任性质。另外，随着资本主义经济的兴起有限责任制度进一步衍生发展，并被运用于法人团体之中，即法人团体中出现成员的有限责任。① 然而，法人成员并非均为有限责任，极端个人主义也在后期付出惨痛代价，并逐渐退出历史舞台。②

其实，"法人"人格实在说、拟制说或否定说分歧的根源在于团体与个人之间的平衡。强调法人团体管控的，认为法人应为拟制人格；强调个人管控的，则认为法人仅是个人组合体而已，然而事实上，这两种因素都未绝对占上风，纯粹拟制人格或否定人格判断已经越来越不重要，相反，正是在这种争论中，法人制度才得以蓬勃发展。③ 直到 20 世纪，随着社会生产水平大幅度提高，激烈的市场竞争使现有的生产经营方式已经无法满足大规模生产以及交易的需要。于是出现了以有限责任公司为代表的法人组织形式。同时，由于资本的高度集中成为一种必然发展趋势，能够高度吸收资本的公司就逐渐取代了其他组织类型，成为商事主体的一种主流或是占统治地位的商事主体。④ 但经济持续发展还必然需要有可供投资人选择责任性质的组织体。⑤ 因而，有限责任公司的组织形式只是法人适应经济发展的高端形式，并不能完全取代法人团体发展过程的其他经济组织形式，更遑论财团法人以及非商事性社团法人，有限责任形式法人绝非法人的全部形式。

如今，我们已经明确，法人概念，肯定不仅是个人聚合，也当然不是单

---

① 参见何勤华、魏琼主编：《西方商法史》，北京大学出版社 2007 年版，第 272—274 页。

② See Otto Gierke, *Political Theories of the Middle Age*, translated by Frederic William Maitland, Cambridge at the University Press, pp. 50-51.

③ See Otto Gierke, *Political Theories of the Middle Age*, translated by Frederic William Maitland, Cambridge at the University Press, pp. 68-71.

④ 参见张民安：《商法总则制度研究》，法律出版社 2007 年版，第 32—36 页。

⑤ 参见何勤华、魏琼主编：《西方商法史》，北京大学出版社 2007 年版，第 553—554 页。

纯组建的团队（construction team），即"合作文化"（culture of collaboration）下由关系网和合同组成的团队，法人应当是组织性的（organic），处于管控权（hierarchy）下的团体，管控权为区分法人与契约的关键性要素，其核心点是法人拥有不同于其成员、控制其团体的所有权的权力，也正是此种管控权使得法人具备独立人格要素。① 其后，随着各国法律建立法人制度，承认法人具有独立人格最终导致各国商事法律特别是公司法中普遍接受了有限责任制度。②

（二）比较法视角中的法人人格与有限责任

按照通说，法人为具有独立意志、独立财产并能够独立承担责任的团体组织。③ 即法人的独立人格也意味法人的责任独立，但是否责任独立就意味着责任有限？可以对各国及地区的法人立法模式进行比较，以此分析法人人格、独立责任与有限责任间的关系。

1804 年《法国民法典》并不承认法人的主体地位，但在最新修订的《法国商法典》第 1 卷"商人"即分自然人商人和法人商人。在法国，一般认为法律人格（personalite）是指作为权利和义务主体，应具备的资格（aptitude）。不仅自然人具备这样的资格，法人团体组织也具备这样的资格。④ 实质上法国已经承认法人的主体地位。《法国商法典》第 2 卷"商事公司和经济利益合作组织"第一编通则第 L210-1 条规定："公司商事性质依其形式或宗旨确定。合名公司、普通两合公司、有限责任公司以及可以发行股票的公司，无论宗旨如何，都可以为商事公司。"⑤ 第 L221-1 条第 1 款规定："合名公司所有股东均具有商人资格，并且对公司债务承担无限连带责任。"第 L223-1 条第 1 款规定："有限责任公司由一人或数人设立，股东仅以出资额为限对公司亏损承担责任。"第 L225-1 条规定："股份有限公司是指资

① Stephen M. Bainbridge, "Competion Concepts of the Corporation", *Berkeley Business Law Journal*, Spring, 2005, p. 7.
② 参见任尔昕：《我国法人制度之批判：从法人人格与有限责任的关系角度考察》，《法学评论》2004 年第 1 期。
③ 参见王利明、杨立新、王轶、程啸：《民法学》，法律出版社 2006 年版，第 70—71 页。
④ 参见［法］伊夫·居荣：《法国商法》（第一卷），罗杰珍、赵海峰译，法律出版社 2004 年版，第 133 页。
⑤ 梁上上：《中国的法人概念无需重构》，《现代法学》2016 年第 1 期。

本分为股票，并由仅以其出资额为限对公司亏损承担责任的股东设立的公司。"第 L226-2 条规定："可以发行股票，以股票的形式表示其注册资本份额（en action）的股份两合公司，由一名或数名无限责任股东以及多名有限责任股东组成。"① 其中股份两合公司中无限责任股东对公司负有无限责任，有限责任股东则以出资为限负有限之责任。合名公司、普通两合公司、股份两合公司都是由股东承担无限责任的商事公司，也是法人商人，具有法人主体地位。所以，法人是可以将所有参加者都汇集在一个有组织的结构内，而且相对其成员，法人具有独立的地位，法人有自己的资产和负债，成员则仅对法人享有个人权利。在法国商法中，法人包括合名公司、普通两合公司、有限责任公司、股份有限公司、股份两合公司。

《德国民法典》首创自然人和法人二元民事主体制度，并规定法人产生的前提条件是经过国家的授权或在官方登记簿上登记，将未经授权或未登记的主体视为无权利能力社团。法人是由法律制度认可其独立人格性质的团体（或其他组织），它与成员的法律人格完全分离。② 《德国商法典》第 21 条明确规定非营利目的之法人，第 22 条即确定"在没有特别联邦法律规定的情况下，在经济上以营业经营为目的的社团因国家授予而取得权利能力"。但是在《德国商法典》第 124 条规定法律独立性、合伙财产的强制执行，其中为对合伙财产进行强制执行，需要一个指向合伙的并且是具有执行力的债务的名义。法院也有相关判例将无限公司称为"独立的权利主体"，享有"自己的权利承担自己的义务"③。其实，权利能力只是一种立法技术，实际上法律和司法判例都承认合伙的法人地位，合伙在很大程度上被当作法人同等对待，可以在其商号下取得所有权和负担债务，在法院起诉和被起诉。另外德文的"handelsgesellschaft"既可以指公司又指合伙，例如在某个版本的《德国商法典》中，第 105—177 条中翻译为普通商事合伙和有限商事合伙。④ 但是，在《德国商事公司法》中《商法典》第 105—177 条则被翻译

---

① 张胜利、戴新毅编著：《美国商事法概论》，中国政法大学出版社 2012 年版，第 94—101 页。
② 参见迪特尔·施瓦布：《民法导论》，郑冲译，法律出版社 2006 年版，第 99 页。
③ ［德］卡尔·拉伦茨：《德国民法通论》，法律出版社 2003 年版，第 188 页。
④ 参见《德国商法典》，杜景林、卢谌译，法律出版社 2010 年版，第 51—52 页。

为无限公司和两合公司。① 德国商法上的无限公司和合伙实质上为等同的概念，是承担无限责任的团体组织。所以，德国商法中法人虽与其成员人格完成分离，但却并不意味着法人承担有限责任或法人成员承担有限责任。法人的基本设想是长期存在的，不取决于成员的更替。② 因此，法人人格独立于其成员的人格，是其主体地位、财产与其成员分离，法人以自己的名义，用全部财产承担责任，承担的是无限责任而并不是有限责任。例如，《德国商法典》第 31 条规定："社团对待董事会、董事会成员之一或其他章程选任代理人以在执行其有权执行的业务中实施的、引起损害赔偿义务的行为所加给第三人的损害，负其责任。"法人人格本就不同于自然人的，受到法律规定和成立目的的限制，它的能力一开始就是"相对的"（relative）能力。③团体组合和组织的权利能力始终是相对的，所以法人本就可以具有不同的能力，例如，商企业受经营范围限制所表现出的商事能力各不相同。④ 因而，德国商法中法人可以是普通合伙（无限公司）、有限合伙（两合公司）、有限责任公司、股份有限责任公司、股份两合公司、登记合作社。

《日本民法典》第一编第 2 章"人"中规定了自然人和法人的二元民事主体制度。第 33 条规定："法人非依据本法及其他法律规定，不得成立。"第 43 条就明文确定法人。⑤ 在《日本商法典》中则将商事主体分为自然人和会社。⑥ 会社者以为商行为为业之目的而设立之社团法人。会社为法人，伴有法人性质能力权限。⑦《日本商法典》第 52 条第 1 款、第 54 条第 1 款就明确规定会社是具有法人资格的社团。第 53 条规定："会社种类为合名会社、合资会社、株式会社。"第 80 条规定："合名会社是会员直接承担无限

---

① 参见《德国商事公司法》，胡晓静、杨代雄译，法律出版社 2013 年版，第 3—17 页。

② 参见迪特尔·施瓦布：《民法导论》，郑冲译，法律出版社 2006 年版，第 109 页。

③ 参见迪特尔·施瓦布：《民法导论》，郑冲译，法律出版社 2006 年版，第 112 页。

④ 此处的商事能力是指具体层面的商事权利能力、商事行为能力和商事责任能力。如前文所述，抽象层面的商事权利能力一律平等。

⑤ "法人依照法令的规定，在章程或捐助行为规则规定的目的范围内，享有权利、承担义务。"参见《最新日本民法典》，渠涛译，法律出版社 2006 年版，第 12—14 页。

⑥ 会社在日本明治政府以前，民商法尚未成立有会社之名，自有民商法，会社遂为法律上的名词，有民事会社和商事会社的区分，但是商法上的会社即是指商事会社，所以单用会社，即知商事会社，并无其他会社。商事会社相当于大范围"公司"。

⑦ 参见［日］松波仁一郎：《日本商法论》，中国政法大学出版社 2004 年版，第 68 页。

连带责任的会社。"第 146 条规定："合资会社是既有无限责任的会员又有有限责任会员的会社。"第 200 条第 1 款规定："株式会社是会员负有间接有限责任的会社。"后《有限会社法》承认有限会社，该法第 17 条规定："有限会社也是会员承担间接有限责任的会社。有限会社内部机构相对株式会社要简单，运营更富有弹性。"① 会社都具有营利性和社团性。会社是营利法人，必须为了自身利益而经营。同时又是社团法人，不同于以财产为中心组成的财团法人，必须由一个以上复数社员才能成立。例如，《日本商法典》第 94 条第 4 款、第 163 条规定合名会社和合资会社，在只剩一名社员的情况下必须解散。诚如学者所言：

> 所谓人的会社，专置重于组成之人，必以之为无限责任，物的会社者，置中社会资产以此为限负责者也。又以社员之有限无限为标准，而分为有限责任会社以及无限责任会社。②

尽管责任承担方式不一样会组成不同类型的会社，但在日本会社全部都具有法人资格，能够以自己的名义缔结契约，并以自己的名义享有权利、承担义务，成为权利、义务的法律主体。③ 日本商法中的法人包括合名会社、合资会社、株式会社、有限会社。

我国澳门特区《澳门民法典》第 1 卷第 1 分编"人"规定自然人、法人、无法律人格之社团及特别委员会，确定三元民事主体制度。第 140 条规定："本节之规定适用于社团及财团，且在应作类似处理之情况下，亦适用于合营组织。"第 184 条即明确规定："合营组织分为合伙和公司（第 2 款）。以非经营商业企业为从事活动目的，亦不表明采用某种公司模式之合营组织均为合伙，其与之合营则属于公司（第 3 款）。"④《澳门商法典》第

---

① 参见王萍：《日本商法教程》（修订版），上海外语教育出版社 2005 年版，第 175—179 页。

② ［日］志田钾太郎口述，熊元襄、熊仕昌编：《商法、会社、商行为》，上海人民出版社 2013 年版，第 12—13 页。

③ 参见王萍：《日本商法教程》（修订版），上海外语教育出版社 2005 年版，第 181—182 页。

④ 《澳门商法典》第 184 条第 1 款规定："合营组织为以人为基础法人，其成员有义务提供财产或劳务，以共同从事某种非以单纯收益为内容之经济活动，谋求达到分配从该活动所获得之利润之目标或积聚资金。"参见赵秉志主编：《澳门商法典》，中国人民大学出版社 2010 年版，第 47—60 页。

2条规定商事企业，指是以持续及营业为生产目的而从事经济活动之生产要素之具体组织。①《澳门公司法》又将商事企业类别具体化分为：无限、两合、有限以及股份有限公司，并明确规定其经过商事登记即取得法人资格。② 在澳门，法人资格取得需要设立文件，列明法人名称、宗旨和住所并且需要必要的资产，并且《澳门民法典》在第184条第2款明确规定法人包括公司和合伙。澳门商法中的法人有商事合伙、无限公司、两合公司、有限公司、股份有限公司以及其他满足法人条件的商事企业。

我国台湾地区"民法"第一编第2章"人"分为自然人和法人。除自然人外，法律上复有法人之存在。所谓：

> 法人者非自然人而得为权利义务之主体者，乃法律赋予权利能力之一种团体人也。③

法人一方面是相对于个人的团体，另一方面是必须由法律赋予权利能力的团体才具有法人资格。台湾地区"民法"第25条规定："法人非依民法或其他法律之规定不得成立。"第45条规定："台湾地区以营利为目的之社团，其取得法人资格依照特别法的规定。"公司法相对民法是特别法，台湾地区"公司法"第1条明确规定公司的法人主体身份。第2条第1款则进一步明确其具体类型、组织结构以及责任承担方式。④ 公司类型虽然不同，承担责任方式也各异，但是不同类型的公司都是法人，而且是以营利为目的的社团法人。⑤ 我国台湾地区商法中的法人包括无限、有限、两合以及股份有限公司。

《瑞士民法典》开创民商合一立法体例先河。《瑞士民法典》总则第一编人法中规定了统一民事主体——自然人和法人。第52条规定："团体组织以及有特殊目的的独立机构，在商事登记簿上登记后，取得法人资格（第1

---

① 参见曹锦俊、刘耀强：《澳门商法》，社会科学文献出版社2015年版，第78页。
② 参见王瑞：《中国内地、台港澳商事法比较与统一》，法律出版社2009年版，第52—54页。
③ 郑玉波：《民法总则》，中国政法大学出版社2003年版，第163页。
④ 参见王文宇、林国全、王志诚等：《商事法》，中国人民大学出版社2007年版，第13—14页。
⑤ 参见梁宇贤：《商事法论》，中国人民大学出版社2003年版，第50页。

款）。公法上的团体组织及机构，非经济目的的社团的宗教团体、家庭团体，不需要上述登记（第2款）。违背善良风俗或有违目的的机构、团体组织不能取得法人资格（第3款）。"第53条进而明确规定法人的权利范围。[①]可见，瑞士法中法人也是不同于自然人的团体组织，而且具有经济目的的社团应当履行登记义务。尽管《瑞士民法典》第62条规定："无法人人格或尚未取得法人人格的社团，视为合伙。"但第59条又规定关于公法、公司法及合作社法的适用，其中第2款规定："以经济为目的的法人，适用合伙及合作社的规定。"[②]可见，第62条的合伙是未经过商事登记契约性质的民事合伙，而第59条第2款中经过商事登记的合伙应当是法人。瑞士商事概念上的法人是以经济为目的且必须经过商事登记的团体组织，包括商事合伙（其中主要包括无限、两合公司）以及公司（其中主要包括股份、股份两合以及有限责任公司）。

《巴西民法典》是民商合一立法体例的法典。其法典第一编"人"分为自然人和法人。第44条规定："社团、合伙（公司）、财团、宗教组织、政党为私法人（第1款）。"关于社团的补充规定应补充适用于本法典分则第二编规定的合伙（公司）。在葡萄牙语种中，"sociedade"在指企业形式时有两种可能，即合伙和公司。《巴西民法典》中并不区分合伙和公司。第982条规定："除非有明确规定例外，一个合伙（公司）以企业必须登记的企业主的专有活动为目的，视为企业；实施其他活动视为普通合伙。不管其目的为何股份公司都视为企业，合作社都视为普通合伙（单立项）。"其实《巴西民法典》中的普通合伙是指未形成组织缔结契约性的民事合伙，而合伙（公司）是指经过商事登记的商事合伙，并不是一个概念。《巴西民法典》第1039条规定："只有自然人能参与无限公司，所有的股东都对公司债务承担连带无限责任。"第1045条规定普通两合公司，第1052条规定有限责任公司。[③]第1088条规定："股份公司的资本被划分为股份，每个股东仅以他认购或购买的股票的发行价格负责。"第1090条规定："两合股份公

---

① "法人享有除以自然人的本质为界限的，如性别、年龄和亲属关系以外的一切权利及义务。"
② 《瑞士民法典》，殷生根、王燕译，中国政法大学出版社2010年版，第18—20页。
③ "在有限责任公司中，每个股东的责任以其出资份额的价值为限，但所有的人连带地对公司资本的补充承担责任。"

司拥有被划分为股份的资本，按关于股份公司的规则调整，但不排除本章规则对它们的变通。"其后第 1091 条规定："只有股东有资格管理公司并担任其主管，他们对公司承担补充无限责任。"① 可见，巴西商事概念上的法人包括：无限公司（合伙）、普通两合公司（合伙）、有限责任公司、股份公司、两合股份公司。

《意大利民法典》是民商合一立法体例的法典。其法典第一编"人与家庭"中即规定自然人和法人的二元主体结构。第 2 章法人中先将法人分为公法人和私法人，再将私法人分为社团和财团。第 2 章第 13 条又规定："公司和合伙受本法第五编调整。"第五编第五章第 2249 条规定："以商业活动为目的的公司应该按照本章第三节及后节规定的形式设立（第 1 款）。以其他活动为目的的公司，受本法有关一般合伙规则调整，股东愿意除外（第 2款）。"意大利商法中也并没有严格区分的公司与合伙，将公司视为与合伙具有相同含义的法律概念，其中一般合伙是不从事商业活动的公司。《意大利民法典》第 2291 条第 1 款规定："无限公司的股东对公司债务承担无限连带责任。"第 2313 条规定普通两合公司。第 2325 条规定："股份公司是以其资产为限对公司债务承担责任的公司。"② 尽管，第 13 条规定合伙和公司都是法人的表现形式，但是一般合伙并不是以从事商事活动为目的的法人，故意大利商事概念上的法人包括：无限公司、普通两合公司、股份公司。

1838 年生效的《荷兰民法典》基本沿袭《法国民法典》，《荷兰商法典》也是 1838 年颁布的，前身为《法国商法典》，此时荷兰是采用民商分立的立法体例的国家。1947 年后荷兰开展再法典化运动，新民法典于 1970年第一编（人法与家庭法）生效，1976 年第二编（法人）生效，直到 1992年，新的民商合一体例的《荷兰民法典》正式生效（准确地说是法典的核心部分第（三）、（五）、（六）编生效）。新《荷兰民法典》基本确定自然人和法人的二元民事主体制度，第二编（法人）中首先规定了许多适用于所有法人的一般规则，规定法人类型包括：社团、合作社、互助保险社、公司和基金会。其后主要内容是围绕有限责任公司和股份有限公司的具体规则。③ 可

① 《巴西新民法典》，齐云译，中国法制出版社 2009 年版，第 138—160 页。
② 《意大利民法典》，费安玲译，中国政法大学出版社 2004 年版，第 13 页。
③ 参见《荷兰民法典》（第 3、5、6 编），王卫国主译，中国政法大学出版社 2006 年版，第 2—10 页。

以确定荷兰商事概念上的法人至少包括：有限责任公司、股份有限公司。

　　《俄罗斯联邦民法典》也是民商合一立法体例的法典。该法典第二编"人"确定自然人和法人二元主体制度。第 48 条规定："凡对独立财产享有所有权、经营权或业务管理并以此财产对自己债务承担责任，能够以自己名义取得和实现财产权利和人身非财产权利并承担义务的都是法人，法人应具有独立资产负债表或预算（第 1 款）。法人的发起人由于参与创立法人财产，能够对该法人享有债权或对其他财产享有物权，商合伙和商业公司、生产合作社和消费社属于对其财产享有债权的法人（第 2 款）。"第 50 条第 2款明确规定："作为商业组织，法人可以以商合伙和商业公司、生产合作社、国有和自治地方所有单一企业的形式成立。"第 66 条第 1 款明确规定："拥有由其发起人按股份出资组成的注册资本的商业组织是商合伙和商公司。"用发起人的投资建立的财富以及商合伙的商业公司在活动过程中生产和获得的财富，归商合伙和商公司所有，第 2 款以及第 3 款则明确具体类型。[①]《俄罗斯联邦民法典》中第 48 条第 2 款明确商合伙和商公司为法人，并且在法典中区分商业组织与非商业组织。第 66 条第 2 款和第 3 款又进一步明确了商合伙和商公司的形式。毫无疑问，俄罗斯商事概念上的法人是：商合伙（无限公司和两合公司）、商公司（股份公司、有限责任公司、补充责任公司[②]）。

　　不同于大陆法系，英美法系并无成文的民商法典，但是法人[③]概念一样存在。美国先后制定《示范商业公司法》和《统一商法典》，其中都将"人"（person）分为自然人（individual）和组织体（organization 或 entity）。组织体实际上已经涵盖了大陆法系中的法人类别。其中，企业形式又可以分为：独资企业（Sole Proprietary）、一般合伙（GP）、有限合伙（LP）、有限

---

　　① "商合伙可以是无限公司或两合公司形式成立（第 2 款）。商公司可以是股份公司、有限责任或其他补充责任公司（第 3 款）。"参见《俄罗斯联邦民法典》（全译本），黄道秀译，北京大学出版社 2007 年版，第 53 页。

　　② 无限公司、两合公司、股份公司、有限责任的内涵与其他国家的内涵相同，只是具体规则不一样，笔者不赘述。其中，《俄罗斯联邦民法典》第 95 条规定补充责任公司是指：公司由一人或几人成立，其注册资本按其设立文件规定的数额分为若干股份，公司的股东按公司设立文件规定的所有权人相同的投资价值倍比数额以自己的财产对公司的债务连带地承担补充责任。

　　③ 美国法律中的法人是"corporation"，既可以翻译为法人又可以翻译为企业。

责任合伙（LLP）、公司（责任有限但是双层纳税主体）。① 后来美国在寻找某种企业形式，该企业的成员或者股东既承担有限责任，统一也可以以企业身份纳税而非公司形式设立有限责任公司（Limited Liability Company，LLC）。② 其后在《统一合伙法》《统一有限合伙法》中都明确规定，本法以所谓普通合伙企业、有限合伙企业、公司以及其他联合形式作为"人"的组织体，即作为法人组织存在。1994 年修正版《统一合伙法》中第 201 条 a 款更是明确规定："合伙是不同于合伙人之实体，可以以自己名义起诉和被起诉。""由此合伙被视为法人，并在美国各项法律中得到统一。"③ 美国实践中的合伙制度还发展出一种新形式有限责任有限合伙（Limited Liability Limited Partnership，LLLP），也属于组织体类别。美国是将商事合伙作为组织体，也就是法人，而民事合伙，则视为自然人之间的契约并不是法人组织。④ 美国商法中的法人包括：一般合伙（GP）、有限合伙（LP）、有限责任合伙（LLP）、有限责任有限合伙（LLLP）、公司⑤、有限责任公司（LLC）。⑥

与美国同属英美法系的英国也没有成文的民商法典，甚至没有像美国一

---

① 参见张胜利、戴新毅编著：《美国商事法概论》，中国政法大学出版社 2012 年版，第 100—103 页。

② 美国商法中的有限责任公司（Limited Liability Company）并不同于我国有限责任公司，它是美国税法的产物，只由投资人纳税，公司并没有纳税义务，为了表现区分用 LLC 来表示美国商法中的有限责任公司。

③ 虞政平：《法人独立责任质疑》，《中国法学》2001 年第 1 期。

④ 参见王中原、龙卫球：《美国商业法律环境研究》，法律出版社 2015 年版，第 63—65 页。

⑤ 美国公司理论上是股东承担有限责任的组织体，还可以分为封闭公司和公众公司（股份公司）。参见王中原、龙卫球：《美国商业法律环境研究》，法律出版社 2015 年版，第 72—75 页。

⑥ 关于独资企业是否为法人存在争议。按照美国《示范商业公司法》《统一商法典》，除了自然人，组织体均可定义为法人，个人独资企业也可以成为法人，但是《统一合伙法》《统一有限合伙法》中只是明确合伙作为独立于合伙人的实体。还没有相关法律明确独资企业是否独立于自然人。在美国，独资企业是最为常见的经营形式，而且并没有正式的形式要求，并不需要特定的批准或登记程序，成立独资企业相当容易。可见，美国独资企业相当于我们所说的商个人，并具有企业组织的形式，所以独资企业并不是组织或实体而是自然人形式，故独资企业并不是法人。另外，关于特许经营，美国早期公司成立是经过州议会立法批准的，后随着经济发展，不需要立法机关颁发特许状，特许经营还是保留下来，但是特许经营只是一种经营方式而不是企业的组织形式，是商人或企业用特许经营方式获利，特许是销售产品和提供服务的一种重要方式，普遍在美国商事领域运用。参见张胜利、戴新毅编著：《美国商事法概论》，中国政法大学出版社 2012 年版，第 92—107 页；邱房贵、顾慧莉：《中柬外国投资法若干问题的差异及其成因分析》，《经济与社会发展》2008 年第 7 期。

样的《统一商法典》。英国商事组织包括个体经营者（sole trade）、合伙
（partnership）、注册公司（register company）。英国有统一的《普通合伙法》
（1890 年），法律中规定，合伙指两个或两个以上的个人或法人以营利为目
的而共同开展经营的一种组织形式（firm）。[1] 合伙属于企业但却不是独立的
法律主体，合伙人对债务和其他责任共同承担无限责任。[2] 所以，合伙原则
上不属于法人（苏格兰地区例外）。但其实合伙在英国法律上是一个相当宽
泛的概念。1907 年英国颁布《有限合伙法》且英国议会在 2000 年引入了
《有限责任合伙法》。合伙可以分为一般合伙（GP）和有限合伙（LP），其
中有限合伙又包括有限合伙（LP）和有限责任合伙（LLP）。有限合伙取决
是否需要经过登记，如果不登记则视为一般合伙，需要承担无限责任，经过
登记，则为有限合伙或有限责任合伙。其实，有限合伙的内涵更接近于公司
而非合伙，当有限合伙登记后，即具有独立的法人人格，有限合伙人不对合
伙企业债务承担责任。[3] 英国法律中的公司，则可以按照责任承担方式不同，
分为无限责任公司（Unlimited Company）和有限责任公司（Limited
Company）。[4] 股东是投资者，公司是具有独立法人人格以营利为目的的组
织，公司不同于自然人，它享有权利能力和行为能力以自己名义从事贸易活
动。但是一个具有独立人格的公司，其股东可能对公司债务承担无限责
任。[5] "有限责任是相对无限责任而言的，是指按照公司法成立的股份有限公司
和保证有限责任公司的股东，以其认购股票的票面价值为限对公司或债权人承
担责任。"[6] 英国商法上的法人包括有限以及有限责任合伙、无限、保证[7]以

---

① See Partnership Act 1890.

② 参见 ［英］ 斯蒂芬・加奇：《商法》（第二版），屈广清、陈小云译，中国政法大学出版社 2004
年版，第 188 页。

③ See Limited Partnership Act 1907. See Limited Liability Partnership Act 2000.

④ 有限责任公司为股东承担有限责任的公司，但是和我国有限责任公司内涵和外延的定义还是不
一样。英国商法中的有限责任公司是大范围的有限责任公司，只要股东承担有限责任即是有限责任公
司，有限责任根据是否有股本又可以分为股份有限公司（company limited by shares）和保证有限责任公司
（company limited by guarantee）。See Company Act 2006 s3 (2) (3).

⑤ 参见葛伟军：《英国公司法要义》，法律出版社 2013 年版，第 5—7 页。

⑥ Farrar, J.H., Furney, N.E. and Hannigan, B.M., *Farrar's Company Law* (*the third ed.*), Butter-
worths, 1991, p. 82.

⑦ 保证有限责任公司是指依据股东承诺成立的公司。股东责任受章程的限制，股东承诺公司清算
时承担多少责任，公司即可成立。See Company Act 2006, s11.

及股份有限责任公司。

同属英美法系的中国香港特别行政区立法多直接来源于英国。商事法律中公司类型之多基本涵盖了不同的合伙企业类型，而且不同类型的公司不大注重逻辑关系，更多为了实际需要，为投资者提供广泛的选择，适应自由经济的需要。① 其《公司条例》中也将公司分为：私人、公众、海外、无限、保证有限、董事或经理负无限责任的有限、上市以及附属公司和公司集团等。公司具有法人资格，是独立享有权利、承担义务的组织体。香港法律中明文规定商企业类型中的无限公司不同于一般法律中的无限公司，无限公司的股东对公司负无限责任，但公司具有法人资格，故债权人不得直接向公司的成员主张责任。保证有限公司是无本经营的组织形式，指公司成员承诺以在公司章程的认缴额为限，于公司清盘时承担责任的公司。董事或经理负无限责任的有限公司则是由公司章程规定使公司的董事或经理负无限责任的公司，不过这种无限责任只有在公司清盘时才可以发生，类似大陆法系的两合公司。② 可见，香港特别行政区商法中的公司即为法人。

综上，各国法人人格与有限责任的关系如表 4.1 所示。③

表 4.1　法人责任类型一览表

国家（地区）		有限责任型法人	无限责任型法人	责任混合型法人	补充责任型法人
大陆法系民商分立国家（地区）	法国	有限责任以及股份有限公司	合名以及股份两合公司	普通两合公司	无
	德国	有限责任公司、股份有限责任公司	普通合伙（无限公司）、登记合作社	有限合伙（两合公司）、股份两合公司	无
	日本	合资会社、株式会社	合名会社	有限会社	无
	我国澳门特区	无限公司、有限公司、股份有限公司	商事合伙	两合公司	无
	我国台湾地区	有限以及股份有限公司	无限公司	两合公司	无

---

① 王瑞：《中国内地、台港澳商事法比较与统一》，法律出版社 2009 年版，第 82 页。
② 参见王瑞：《中国内地、台港澳商事法比较与统一》，法律出版社 2009 年版，第 83 页。
③ 参考虞政平对法人责任形态的划分。参见虞政平：《法人独立责任质疑》，《中国法学》2001 年第 1 期。

续表

国家 （地区）		有限责任型法人	无限责任型法人	责任混合型法人	补充责任 型法人
大陆法系民商合一国家（地区）	瑞士	股份、有限责任公司	无限公司	两合以及股份两合公司	无
	巴西	有限责任以及股份公司	无限公司（合伙）	普通两合公司（合伙）、两合股份公司	无
	意大利	股份公司	无限公司（合伙）	普通两合公司（合伙）	无
	荷兰	有限责任以及股份有限公司	无	无	无
	俄罗斯	股份以及有限责任公司	无限公司	两合公司	补充责任型公司
英美法系国家（地区）	美国	公司、有限责任公司（LLC）、有限责任有限合伙（LLLP）	一般合伙（GP）	有限合伙（LP）、有限责任合伙（LLP）	无
	英国	保证以及股份有限责任公司	无限公司	有限合伙、有限责任合伙	无
	我国香港特区	保证公司	无限公司	董事或经理负无限责任的有限公司	无

不难发现，法人是否具有独立人格与其承担责任之间并无必然联系。不论是大陆法系或英美法系国家地区中的法人，还是大陆法系中民商合一或分立的国家中的法人，在立法中明确法人取得资格，并且规定了不同责任形态的法人。

首先，法人可以是承担有限责任、无限责任、混合责任甚至补充责任的法律主体。组织体是否需要承担有限责任本质上是为了减少风险投资、平衡投资者和其他利益相关者之间利益从而鼓励投资的一种制度，并不是用来衡量某一组织是否是法人的标准。[①] 而法人主体构造的理念是当组织体得到法律认可时以自己的名义实施法律行为，并且区别于其成员或任何第三人时，即为法人。法人的功能和价值是便于交易、确保法人永续存在，[②] 法人的资

---

① 参见任尔昕、石旭雯：《商法理论探索与制度创新》，法律出版社 2005 年版，第 81 页。

② 参见蒋学跃：《法人制度法理研究》，法律出版社 2007 年版，第 156 页。

格不能也不在于为某一公司谋取其内部组织关系上的有限责任。① 实际上，法人的责任形态呈现出多样性，并且不同国家具体的设计也不一样。其次，有限责任型法人只是法人形态中一种"高级形态"而非全部形态。法人的有限责任与法人人格之间的必然联系正在削弱，各国立法中呈现一种与法人责任形态不同程度要求相适应的此消彼长的关系，即法人的塑造以未附加有限责任要求的法人制度来完成。其实，法人的财产在运行中独立于成员或投资人的程度，决定了法人能否发展为有限责任能力的"高级形态"，而不是反过来由有限责任的有无来决定是否存在法人的独立财产，再决定是否存在法人人格。② 最后，法人人格否定准确地说是有限责任型法人人格的否定。公司股东有限责任和公司的独立人格构成公司的面纱（corporate veil），揭开公司面纱（lifting the veil of the corporate）的基本含义是法律通常保护公司的独立人格和有限责任，但是在某些特定的情况下如果继续维持公司的面纱将使债权人的利益受到不法侵害甚至影响法律正义和公平的时候，公司的面纱可以被揭开，从而使股东或管理层对公司债务承担直接责任。③ 公司法人人格只是在特定个案中为了规制失衡的公司利益对其法人人格和成员的有限责任予以否定。还有学者进一步指出，"法人人格否定"应称为"有限责任的例外适用"④。

（三）我国法人独立人格演变

1. 清末至民国初：区分法人独立责任与有限责任

中国法律近代化始于清末，开展于民国初，完成于国民政府时期。1904年钦定大清律例《商人通例》中的《公司律》第 1 条即规定："凡凑集资本、共营贸易者名为公司。"⑤ 其是以英国 1862 年《公司法》和 1899 年

---

① 参见范健：《德国商法：传统框架与新规则》，法律出版社 2003 年版，第 158 页。

② 参见张力：《法人与非法人组织的体系区隔及其突破——以"类型序列论"改造〈民法通则〉第 37 条》，《甘肃政法学院学报》2007 年第 5 期；任尔昕：《我国法人制度之批判：从法人人格与有限责任的关系角度考察》，《法学评论》2004 年第 1 期。

③ 参见葛伟军：《英国公司法要义》，法律出版社 2013 年版，第 67 页。

④ 国内很多学者混淆了"公司人格否定"和"股东有限责任例外"。前者实际上是公司因设立无效而被否定法人人格，而后者才是英美法系中所谓的"刺破公司面纱"，两者并不是同一概念。参见虞政平：《股东有限责任——现代公司法律之基石》，法律出版社 2001 年版，第 300—310 页；朱慈蕴：《公司法人人格否定法理研究》，法律出版社 2006 年版，第 1—38 页。

⑤ "凡经营商务贸易、买卖、贩运货物者皆为商。"

《日本商法典》为蓝本制定的，明确公司是能够以自己名义从事商事活动并独立承担责任的组织体，又可分为合资、合资有限、股份以及股份有限公司。① 1908 年《大清商律草案》中公司法篇则是仿照《日本商法典》和1900 年《德国商法典》编订的。1914 年，在张謇主持下修订《公司条例》，该《条例》第 3 条规定，"凡公司均认可为法人"，首次明确公司法人地位，承认公司人格。第 2—5 章更是明确公司类型的具体类别，其中绝大部分公司都是责任独立但承担无限责任的法人。例如，第 80 条规定了两合公司的责任承担方式。② 第 230 条也明确规定"股份两合公司至少一人负无限责任，其余各就所认股份，照数缴款于公司"。可见，清末时期我国商法中的法人包括无限公司、两合公司、股份有限公司以及股份两合公司，此时的公司并非有限责任主体，而是责任独立的法人。③

　　1929 年民国时期始确定民商合一的立法体例，但国民政府的公司法基本以上述《公司条例》为蓝本，因而很大程度上继承了清末商事立法的成果。④ 1930 年《公司法原则草案》中规定公司的类型为无限公司、两合公司、股份有限公司、保证有限公司。中央政治会议第 191 次决议通过的《公司法原则》也明确规定，公司主体的类别为无限公司、两合公司、股份有限公司以及股份两合公司。1931 年正式生效的《公司法》中则正式明确规定了公司种类。⑤ 第 3 条更是明确公司是法人。因而，虽然民国时期确定了民商合一的立法体例，但法人制度较清末并无实质性变化，即法人承担独立责任，同时，责任形态呈现多样化，与世界其他国家或地区的相关规定也大

---

　　① 参见季立刚：《民国商事立法研究》，复旦大学出版社 2006 年版，第 27 页。
　　② "两合公司以无限责任股东和有限股东组织之，有限责任股东以出资额为限，对于公司而负有责任。"
　　③ 参见张新宝、张红：《中国民法百年变迁》，《中国社会科学》2011 年第 6 期。
　　④ 参见任满军：《晚清商事立法研究》，光明日报出版社 2012 年版，第 200—228 页。
　　⑤ 具体种类为：无限公司、两合公司、股份有限公司、股份两合公司。民国时期的《公司法》延续清朝的立法，也多以德国、日本商事立法为蓝本。故不同种类公司大体上等同于德国、日本中确定不同公司类型的含义，只是具体的规定会不一样，如股份两合公司都是股东中至少一人负无限责任，但是民国时期的《公司法》还规定有限责任股东虽有有限股份但无表决权，第 225 条规定："两合公司应须取得全体股东同意之事项，在股份两合公司除股东会议外，更应有无限股东之同意"，从而有效地均衡有限责任股东与无限责任股东的利益。参见谢振民：《中华民国立法史》（下册），张知本校订，中国政法大学出版社 2000 年版，第 28—39 页。

体相同。

2. 新中国成立至颁布《民法通则》：逐步到彻底混同法人的独立责任与有限责任

新中国成立初期，于1950年颁布的《私营企业条例》第3条明确了企业组织方式，包括独资合伙以及各种责任形态的公司，企业类型则包括独资、合伙、公司。其中公司的责任形态呈现多样化，无限公司与合伙在组织人员与责任承担方式上并无本质区别，此时法人制度也未将独立责任等同于有限责任。但是在新中国初期公有制占主导的情况下，"企业只是名存实亡的法律主体，或者说企业只是政府机关的附属物"①。对法人独立责任与有限责任的区分也无太大意义。后1978年实施改革开放，为了引进外资并实现"政企分离"，先后颁布的三资企业法都明确了公司法人资格或有限责任的法人形式。1979年《中外合资企业法》第4条第1款明确规定了有限责任组织形态。1986年《外资企业法》第8条则确定其法人主体地位。1979年《合作经营企业法》第2条第2款亦是如此规定。1985年《公司登记管理暂行规定》第2条中开始用独立责任定义公司的概念。到1987年《民法通则》第36条第1款规定，则明确独立责任要素为法人概念的内涵。甚至在第37条中明确规定法人内涵与独立责任之间的必然联系。② 第41条第1款规定则确定了法人类型。此阶段法人资格、法人的独立责任与有限责任出现混淆。立法中有将独立责任等同于法人有限责任、承担有限责任作为企业

① 虞政平：《股东有限责任——现代公司法律之基石》，法律出版社2001年版，第354页。
② 有学者认为法人是"模仿自然人"而产生的法律拟制物，不是自然人的"对应物"。从"自然人—法人"两分法理解法人概念，是对法人概念的误解。民事权利能力是民事主体的本质特征。自然人、法人与其他组织具有权利能力，均为民事主体。独立承担责任是法人的根本性特征，能够独立承担责任的社会组织才成为法人。权利主体与独立责任的关系不是一一对应关系，具有独立承担责任能力的主体只有自然人与法人。独立承担责任应为法人的基本特征。还有学者认为，法人是以自己名义实施法律行为，拥有法律利益，进行诉讼与被诉讼的主体，具有法律上独立的主体地位并且与众不同的人格，但是法人却不具有独立责任能力，正如同胎儿也是法律上的主体但是该主体的责任能力却谈不上独立，故独立责任能力并不是法人的基本特征。实际上我国现行法将"能够独立承担民事责任"即成员的有限责任作为法人应当具备的要件之一，从而将合伙企业等"其他组织"排除在法人之外，导致合伙企业等"其他组织"在权利主体类型上无所归属。"独立承担责任"是所有权利主体的属性，不是法人特有的属性，故笔者认为独立责任是法人的特征，但并不等同于有限责任。参见柳经纬：《民法典编纂中的法人制度重构——以法人责任为核心》，《法学》2015年第5期；梁上上：《中国的法人概念无需重构》，《现代法学》2016年第1期；虞政平：《法人独立责任质疑》，《中国法学》2001年第1期。

法人资格的取得要件的趋势。从此，我国法律开启了一条法人人格结合有限责任的"不归路"①。

1988 年生效的《私营企业暂行条例》第 6 条明确规定企业的类型为独资企业、合伙企业、有限责任公司，但在第 10 条之中仅确定了有限责任公司的法人主体地位。1988 年生效的《企业法人登记管理条例》第 2 条则明确规定企业与法人之间的联系，法人企业需要履行登记义务。国家经济体制改革委员会 1992 年《股份有限公司规范意见》第 1 条则进一步指出，股份有限公司的责任有限以及其为法人。《有限责任公司规范意见》中明确有限责任公司亦是如此。最后，1993 年《公司法》延续了国家发改委的意见，第 3 条中正式确定公司的法人主体身份伴随有限责任。我国立法明确将有限责任作为企业法人的本质特征，即法人的独立责任等同于投资者的有限责任，在法律上只承认承担有限责任的公司为法人。因而我国现有法律中规定的法人的类型也仅仅表现为有限责任公司、股份有限公司。② 至此可见，我国法人制度彻底地将独立责任与有限责任混同。

3. 法人独立责任与有限责任混同的根源

究其根本，我国立法之所以会将法人的独立责任和股东的有限责任等同对待，这是由早期国有企业改革造成的。早期国有企业呈现出"政企不分"的状态，一方面企业高度依赖于政府，不具有独立性；另一方面，政府控制着企业，因而也要对企业负完全责任。当初面对国有企业改革最主要的任务是实现"政企分开"，实现企业独立，摆脱政府对企业的责任。因而采取的改革措施是"国家有限责任"+"企业独立责任"的模式，正是在这种完全着眼于经济体制改革的法人改造背景中，《公司法》得以制定，同样强调实现"出资者所有权与企业法人财产权的分离"，而缺乏对法人制度的科学全面考量。然而，将法人限制为有限责任形态的组织体，必然不能适应社会和

---

① 参见张新宝、张红：《中国民法百年变迁》，《中国社会科学》2011 年第 6 期。

② 我国企业法人的分类方式众多，根据所有制的不同可分为国有企业法人、集体企业法人、全民所有制企业法人、私人企业法人；根据投资主体不同可以分为：中外合资企业、中外合作企业、外商独资企业、有限责任公司、股份有限责任公司，等等。但实际上我国法人的认定标准就决定了无论何种类型的企业法人的责任承担形式都应当为有限责任型法人，股份有限公司也是投资人责任有限法人。为与国际接轨，笔者按照责任形态将我国商事法律中的法人形态划分为：有限责任和股份有限责任公司，特此说明。

投资的发展。随着经济不断发展，又发现"社会从来不会在没有投资中得到发展，因为没有投资就蕴含着没有创造财产之努力与追求，因为，任一投资，无论投资者责任的承担方式如何，都不能改变投资对社会的意义，都毫无疑问应受到社会的鼓励，应受到法律的尊重"①。

因此，基于我国法人制度的特点考量：一方面，新中国成立初期为了满足公有企业的改革实现"政企分离"，后三资企业有限责任则是"招商引资"，法律上的法人形态表现为有限责任型法人是特定时代背景下的产物。然而，改革开放发展至今，法人人格与有限责任的结合不仅不具备时代必要性，反而越发不能满足现代投资多样化的需求。因而，由于无限连带责任承担方式的存在，合伙组织体具备有限责任公司不具有的优点，为了实现、满足多元化的投资需求，我国于 1997 年颁布《合伙企业法》，明确了合伙人承担无限责任的普通合伙。并于 2006 年的《合伙企业法》修订中规定了有限合伙与特殊普通合伙，实现了合伙人投资责任的多元化。另一方面，我国《民法通则》关于法人独立责任的规定是来自《苏俄联邦民法典》第 19 条的规定。后该法典又于 1964 年进一步将独立承担责任扩大到一切法人，第 32 条规定："法人以属于它的财产负责清偿自己的债务。"最终导致我国法人人格与有限责任的结合。② 但实际上《俄罗斯联邦民法典》中的法人不仅包括公司还包括合伙，承担投资主体责任形态呈现多样性，该法典第 56 条第 1 款明确规定：法人以属于它的全部财产对自己债务负责。③ 法人对外独立承担民事责任完整的表述是法人对以自己名义实施的行为所产生的债务，要以自己既存的或者将来可能取得的全部财产承担责任。④ 法人是具有独立人格的主体无疑，但是其责任类型不同归根结底取决于出资人承担责任的方式不一样，从而呈现出不同责任形态的法人。如果股东均为无限责任股东，公司则为无限公司；如果既有有限责任的股东，又有无限责任的股东，公司

---

① 虞政平：《股东有限责任——现代公司法律之基石》，法律出版社 2001 年版，第 362 页。

② 我国主流观点认为，法人能够独立承担责任就意味着法人承担有限责任，民法学家把"法人独立承担民事责任"概括为两方面的含义：一是法人以其独立支配的财产对其债务承担清偿责任。二是法人的设立者原则上以其出资为限对法人的债务负有限责任。实则不然，法人能独立承担责任是有独立财产而不是法人成员的责任有限。

③ 参见《俄罗斯联邦民法典》（全译本），黄道秀译，北京大学出版社 2007 年版，第 55 页。

④ 参见任尔昕、石旭雯：《商法理论探索与制度创新》，法律出版社 2005 年版，第 79 页。

则为两合公司；如果股东均承担有限责任，公司则为有限责任公司，各国法律中的法人无一不是如此。

4. 民商合一体例下责任混同造成主体制度的悖论

然而，我国采用的是民商合一的立法体例，《民法通则》规定的主体制度涵盖了民事主体和商事主体制度，通则明确法律主体为自然人和法人二元主体制度，并且法人的设计路径为投资人必须承担有限责任。这样一来，合伙企业等基本主体现实和法律的存在必然使得我国法律主体设计陷入逻辑悖论。一方面，合伙企业投资人并非均承担有限责任，所以合伙企业并不具有法人资格。而另一方面，合伙企业在现实中大量存在，而且法律还根据现实的不同需求发展出不同责任承担形式的合伙组织，但是我们并没有商事法典可以对基本法律主体予以规定。因此，即使我国法人制度发展最初是为了适应特定时代需要，但后面却演变成以有限责任绑架法人资格。尽管我国国有企业已经实现公司化的改造，公司制度也完全可以实现国有资产的保护，但随着经济发展，投资需求与法律体系逻辑要求，却越来越显露出"错误"无法修正的弊端。

因而，我国有诸多学者将合伙企业定性为其他组织、非法人团体或第三民事主体，[①] 试图解释合伙企业与二元民事主体的冲突。这种思想也最终反映在《民法总则专家意见提交稿》《民法总则（草案）》以及草案二审稿、三审稿中，《民法总则（草案）》说明指出：

> 随着我国经济社会的发展，新的组织形式不断出现，法人已有的形态发生较大变化，故一方面调整法人的类型，另一方面增加不具有法人资格，但实践中以自己名义从事各种民事活动的其他组织主体，从而适用现实需要，有利于开展民事活动，促进经济社会发展。[②]

其第56条第1款延续《民法通则》有关法人定义的规定。第58条则一改《民法通则》规定去除法人独立责任作为认定主体的条件。第79条更是

---

① 参见邹海林：《中国商法的发展研究》，中国社会科学出版社2008年版，第38页。

② 关于《中华人民共和国民法总则（草案）》的说明，第十二届全国人民代表大会常务委员会第二十一次会议，2016年6月27日，第12—13页。

明确了成员的有限责任。第 91 条第 1 款则开创性地增加了其他组织主体的规定。草案二审稿、三审稿也沿此思路。我国未来民法典应采用三元主体制度，将合伙企业定性为其他组织，以缓和合伙企业与二元民事主体的矛盾。然而，我国民法典草案是在坚持法人人格与有限责任的结合的前提下确定的三元民事主体制度，规定其他组织以解决法人人格与有限责任结合产生的诸多逻辑悖论，实质上仍是坚持以投资主体的有限责任作为法人承担独立责任的错误，实则是"将错就错"。

（四）"将错就错"不如重构法人制度①

我国未来民法典总则如"将错就错"将合伙企业定性为其他组织，看似完美解决了时代发展遗留下的问题。甚至还有学者认为，"中国的法人概念是由特定历史形塑而成的，比德国的法人概念更完善，可以适应中国社会经济建设的需要"②。然而，无论是有限责任公司或是无限责任公司，都终究只是法律创造出来的与投资者分离的另一法律主体，在投资组织形式多元化的时代，再用成员是否承担有限责任作为判断标准，将有限责任的组织体作为衡量法人的标准，实质上严重地阻碍了法人制度的适用和功能的发挥。③

1. 正本清源：法人人格与有限责任之间并不存在必然的联系

第一，从法人的发展历史看，理论界普遍认为法人起源于中世纪的欧洲。法人起源于康曼达、船舶共有组织、海帮等组织。④ 但是这种组织仅是因为临时目的而设立的，组织性不强，契约色彩浓厚。但是尽管如此，催生了超越单纯个人人格的组织人格形式。在 11 世纪末期到 12 世纪初期，逐渐出现了资本家无限责任形式的组织体——索塞特，其所有合伙人对合伙债务承担无限责任。但是此时的索塞特存在周期较短，仍不具有完全独立的人

---

① 重构法人制度是指改变我国法律中确定的有限责任作为法人本质特征的做法，以独立人格、独立意志、独立财产、独立责任为法人基本内涵，其中独立责任并不是指有限责任，而是法人以自己的全部财产对外承担责任。法人可以呈现出多种责任形态，这不仅与其他国家的法人概念接轨，也是对我国法人概念错误演变的正本清源。参见柳经纬：《民法典编纂中的法人制度重构——以法人责任为核心》，《法学》2015 年第 5 期。

② 梁上上：《中国的法人概念无需重构》，《现代法学》2016 年第 1 期。

③ 参见任尔昕、石旭雯：《商法理论探索与制度创新》，法律出版社 2005 年版，第 75 页。

④ 王建文：《公司形态的发展路径：历史线索与发展规律的探求》，《南京大学法律评论》2005 年秋季刊，第 103 页。

格，仍然以全体合伙人的名义从事交易。但随着该企业经营的持久性增强，逐渐形成了自己稳定的商号，并以组织自己的名义从事交易活动，组织形式逐渐固定并发展成为一种客观、持久的企业——无限公司。此时的无限公司已经形成了自己独立的团体人格，1673 年法国国王路易十四颁布的《陆上商事条例》首次肯定了无限公司这一主体形式。发展到 14 至 16 世纪后期，出现了大量依国王特许设立的法人形式，并成为现代股份公司的直接渊源。此类公司在成员缴纳一定的会费后允许成员加入，但法人本身是独立经营的。其作为特许管理公司，无疑具备法人的独立人格，经特许的公司以自己的名义享有法律所赋予的特权，这是单个成员所不能直接获取的，他们依据法人成员的身份享有某一特许状下的贸易垄断权，但是此时期的特许管理公司仍然不是完全独立的责任形态，公司仍然有向成员摊派抵偿债务的权利。

　　而股份有限公司起源于 17 世纪的荷兰东印度公司，它是由国家特许设立的，具有经营的垄断性。荷兰东印度公司中股东仅承担有限责任，并完善了公司机构。后来经过多次整改，在 1662 年，"全体出资人有限责任制"得到查理二世的批准，东印度公司正式成为股份有限公司。① 一直到 18 世纪后，各国开始了股份有限公司的立法，将股份有限公司的设立由"特许设立"转变为"准则设立"。

　　有限责任公司作为最后出现的法人形态，可谓是法人形态的最高级形式。它并不是由现实法人自然演进而来，而是由法学家、经济学家和立法者联合设计出来的。② 1861 年《德国商法典》（旧商法典）经过 1884 年的修订之后，严格限制了股份有限公司的设立条件，使得股份有限公司不再适合于规模不大的企业。而经济生活实践也迫切要求为小企业设计一种股东同样承担有限责任的新的公司形式，③ 于是推动了学术界创造出了一种成员有限责任的新的公司形式，即有限责任公司。1892 年 4 月 20 日德国颁布了《有

---

　　① 参见 ［日］大冢久雄：《股份公司发展史论》，胡企林译，中国人民大学出版社 2002 年版，第 391—452 页。

　　② 参见王建文、范健：《论公司独立人格的内在依据与制度需求》，《当代法学》2006 年第 5 期。

　　③ 参见 ［德］托马斯·莱赛尔、吕笛格·法尹尔：《德国资合公司法》（第 3 版），高旭军等译，法律出版社 2005 年版，第 8 页；张凌云：《论有限公司与股份公司的差异》，《财经界（学术版）》2013 年第 3 期。

限责任公司法》，使有限责任公司正式得到了立法上的确认。①

可见，历史上最初的法人形态是由合伙组织发展而来，法人的存在形式不仅有股份有限公司和有限责任公司两种形态，其只是作为法人制度发展的最高级的形态而已。

第二，纵观世界各国立法，几乎没有一个国家将"成员承担有限责任"作为法人成立的条件。各国法人的责任形态主要有以下四种：一是责任独立型法人，这类法人符合我国对法人的定义，法人以其全部财产承担对外责任，成员不对法人的债务负责。这类法人主要有公法人、有限责任公司、股份有限公司和财团法人。二是责任半独立型法人，是指在法人以其全部财产承担对外责任的同时，法人部分成员对法人债务承担连带责任的法人形态。承担连带责任的法人成员可以要求债权人先向法人请求偿还债务，只有当法人的财产不足以清偿时，才能要求连带责任人清偿，股东享有先诉利益。三是责任非独立型法人，是指在团体以其所有财产承担对外责任的同时，团体内部所有的成员承担连带责任的组织形态。成员同样享有先诉利益，只有当法人财产不足以清偿全部债务时，才能要求法人成员承担连带责任，这类法人包括无限公司和普通合伙。四是责任补充型法人，这是俄罗斯特设的法人形态，当法人财产不足以清偿全部债务时，可以要求法人成员按照其出资比例承担清偿责任的法人形态。可见，法人并不仅限于"成员承担有限责任"这一种形态，大多数国家都将合伙企业纳入法人行列。

第三，适用于公司法人的"法人人格否认制度"同样说明有限责任并不是法人必须具备的要素之一。即便在股东承担有限责任的公司，也存在"揭开公司面纱"的情形。2005 年修订后的《公司法》第 20 条第 3 款明确了成员对公司的责任。② 学界一般将之称为"公司人格否认"，其实这是一种谬误。所谓的连带责任，是指某一权利主体对另一权利主体的债务不分主次地承担责任的情形。并没有否认公司的独立人格，相反增加了公司之外的新债务人，增加了对债权人的保障，实质上仅剥夺了特定情形下股东的有限责任特权，而公司仍然具有独立的法人资格。此时，法人人格与股东的有限

---

① 参见张凌云：《论有限公司与股份公司的差异》，《财经界（学术版）》2013 年第 3 期。

② "公司股东滥用公司法人独立地位和股东有限责任，逃避债务，严重损害公司债权人利益的，应当对公司债务承担连带责任。"

责任并不同时存在，印证了法人人格与有限责任之间并非相互依存的关系，在以成员为基础的法人团体中，法人的独立责任并不一定意味着股东的有限责任。

2. "将错就错" 之短

第一，其他组织的设计并没有解决法人制度内部的逻辑矛盾。将合伙企业、个人独资企业作为第三民事主体并不能从根本上解决我国法人人格与有限责任结合产生的逻辑悖论。从我国法人制度的发展过程可以看出，将我国法人限定为有限责任型的法人，是对法人制度的错误解读，混淆了法人独立人格、独立的民事责任和有限责任概念。实际上各国法人制度，包括我国法人制度发展初期，法人负有独立责任并不是一种有限责任。责任的有限或无限是就法人成员也就是投资者承担责任的方式的规定而不是法人承担责任的方式。法人包括但不限于有限责任型的法人。为了减少和转移风险进而吸引投资，导致股东人格与公司人格分离的必然结果——产生有限责任制度。但促进现代商业社会的发育和完善，并不能排除成员承担连带责任的可能性。①《民法通则》表述不明确而致使错误解读法人的独立责任为有限责任，实质上独立责任应指有独立财产承担责任。有限责任其实只是法人的一种形式，是公司企业法中的一个概念。组织人格是否与成员人格实现分离才是确定该组织是否是法人的主要标准。尽管我国法人概念在构造、内涵、外延到具体的制度基本上承袭俄罗斯、德国、日本，② 例如我国《民法总则（草案）》规定确认法人是有自己的名称、组织机构和场所，有自己独立的财产依法享有权利并承担相应义务的团体。但是本质上我国法人是有限责任型的团体，可想而知我国法人制度构建的基础本就不同，再用国外法人制度框架设计整个法人制度本身就是在错误基础之上的衍生，体系如何能协调？例如，国外的法人破产制度设计，可以适用于不同责任形态的法人，而我国在破产制度方面，则局限于有限责任公司和股份有限责任公司的破产。合伙企业、个人独资企业只能清算并不能适用《企业破产法》，完全背离了设计破产制度的初衷。

---

① 参见任尔昕等：《商法体系构建与制度完善》，高等教育出版社 2011 年版，第 78 页。
② 参见王新：《公司法人财产权制度研究》，《浙江社会科学》2000 年第 6 期。

第二，其他组织概念本身具有含混性。自《民法通则》确定二元民事主体制度之后，尽管大部分学者主张将合伙企业作为第三民事主体，但是学者们对非法人团体、其他组织、第三民事主体①术语定性有较大的争议，就算是使用同一术语的不同学者之间对术语的内涵和外延也存在争议。法律概念本质是"对各种法律事实进行概括，抽象出它们的共同特征而形成的权威性范畴"②。但是其他组织概念本身就是一个含混不清的概念，其内涵和外延都不确定，容易引起误解。③例如，德国民法确定二元民事主体制度，将法人定为完全权利能力社团或财团，《德国民法典》第54条第1款规定："无权利能力的社团适用合伙的规定"④。《德国民法典》对法人概念的封闭性已经越来越不能适应生活，后在2001年1月29日德国联邦最高法院的司法判例中明确将合伙企业视为其他组织体，合伙企业作为限制权利能力的主体，享有不完全、部分权利能力。⑤但是，限制权利能力非但没有解决法律与现实的矛盾，反而使法律适用中出现越来越多的悖论，法院往往也无法区分完全与限制行为能力的民事主体。⑥

第三，其他组织不具备可区分于法人的根本属性。权利主体制度的构建必须有其特定的属性。自然人制度构建的基础是生物人的属性，而法人和其他组织最根本的属性就是"团体性"。法人和其他组织都为团体人格，具有"团体性"，从而区别于自然人的生物人属性。设计团体人格制度时就是考虑"团体性"的属性，团体人格应具备的条件、团体人格的组织体、团体人格获得程序，都是建立在团体人格的"团体性"基础之上。从此视角出发，合伙企业、个人独资企业等其他组织，其实并不具备有别于法人的"团体性"。例如，《民法总则专家意见提交稿》第三章规定法人。第四章规定其他组织。第三章从民事权利以及行为能力、成立、设立条件、组织机

---

① 还有学者创设了次法人、非法人组织、其他团体、第三类民事主体等术语。参见魏树发：《我国民法总则设立第三类民事主体之我见》，《福建师范大学学报》2006年第4期；眭鸿明、陈爱武：《非法人组织的困境及其法律地位》，《学术研究》2004年第4期；夏旭阳：《非法人组织的法律地位及其立法模式——兼评〈民法总则草案〉的有关条款》，《法学杂志》2005年第4期。

② 张文显：《法哲学范畴研究》（增订本），中国政法大学出版社2001年版，第57页。

③ 参见任尔昕、石旭雯：《商法理论探索与制度创新》，法律出版社2005年版，第76页。

④ 《德国民法典》（第四版），陈卫佐译，法律出版社2015年版，第25页。

⑤ *BGH*, NJW, 2001, p. 1056.

⑥ 参见刘召成：《德国法上民事合伙部分权利能力理论及借鉴》，《政治与法律》2012年第9期。

关、分支机构、法定代表人、住所、责任承担、清算等方面构建法人制度；第四章也是从民事权利能力、行为能力、设立、设立条件、负责人、住所、债务承担、解散等方面构建其他组织。其他组织规范的要素与法人规范的要素基本相同。即使在法人和其他组织的责任承担方面，法人以全部财产承担责任，承担的是无限责任，与第 92 条规定的其他组织承担无限责任并无实质差别。民法典草案学者建议稿中的条文设计也是如此。① 可见，法律上根本无法设计出其他组织区别于法人的"团体性"人格，相应地也无法设计出一套不同于法人的其他组织的规范体系。

3. 重构法人制度之长

第一，法人概念实质上契合其他组织的内涵。团体人格的特定化是其成为具有独立人格的法人的基础，是法律人格独立性在事实上的表现。国家的确认则是国家对团体的特定化在法律上的认定，并由此赋予团体法律上独立的人格。② 我国目前把法人人格与有限责任混为一谈，合伙企业、个人独资企业出现尴尬的法律地位，我国《民法总则（草案）》虽确定其为其他组织的主体地位，但是合伙企业法、个人独资企业法规定其享有相应权利、资格和能力。合伙企业、个人独资企业有自己的名称、自己的财产并以企业的名义享有权利、承担义务。所谓法人独立责任是法人独立地以全部财产对外承担责任的能力，并不是指其他主体为其承担责任，法人有独立的财产可以独立承担责任，合伙企业、个人独资企业也是如此。例如，合伙企业的合伙人负连带责任是指合伙人对合伙企业的连带责任，其一，这和自然人组成合伙一样，并不会因为连带责任而否认合伙人的自然人主体地位或合伙企业法人的主体地位。其二，这种连带责任是合伙企业设立时，合伙人以自己全部财产对合伙企业承担的保证责任，为了增加相对第三人交易安全而设计的制度。事实上，明确法律主体的关键是以一定的标准将其作为主体而非适用契约调整，故现行法律制度下法人的内涵：独立人格、独立意志、独立财产、

① 梁慧星主持的《中国民法典草案建议稿》尽管规定了法人和非法人团体，但是两者都规定了定义、条件、成立、法定代表人、活动范围、民事责任。参见梁慧星（负责人）：《中国民法典草案建议稿》，法律出版社 2003 年版，第 18—28 页。

② 参见徐洁：《论法人的独立人格及判断标准》，《现代法学》2003 年第 2 期。

独立责任，① 完全可以涵盖其他组织（个人独资企业、合伙企业），通过立法赋予其他组织法人资格，将不具备核心要素的主体按照契约关系调整，这样其他组织定位的问题也就迎刃而解。如果我国未来民法典坚持其他组织的法律主体的存在，那么相应地也就明确法人是承担有限责任的法人，如此一来传统法人制度将会被瓦解，我们可以看到其他国家的法人制度包括俄罗斯联邦民法典中的法人制度都不仅仅是指承担有限责任的团体。②

第二，符合法人制度体系设立逻辑。法人制度的逻辑起点实际上是围绕着独立人格、独立意志、独立财产、独立责任而展开构建的。不难发现，世界各国哪怕是我国《民事通则》也将法人明确界定为具有独立人格的主体，法人作为团体组织具有不同于其单个成员的独立的意思表示，可通过自身名义参与民商事活动享有权利并承担义务，并且具有独立于其成员的财产，并以此财产对债权人承担民商事责任。可以说整个法人制度包括法人的概念、法人的内涵到法人的外延无一不是以此为逻辑出发点展开建设的，断不可将独立责任置换为有限责任，否则整个法人制度都会崩离。在且只有在坚持独立人格、独立意志、独立财产、独立责任的前提下，法人构建才能符合法人内部制度设计的逻辑路径，从而彰显出法人是民事主体，但又是不同于自然人的民事主体的制度价值所在。

第三，与法人配套的各项制度，如破产制度，也能实现体系上的归宿。《企业破产法》将破产制度适用主体限定为企业法人，在我国现行民商法律体系的语境下，破产制度适用的主体限定为有限责任公司和股份有限公司。其实，我国在起草《破产与重整法》中规定，破产和重整不仅适用于企业法人，还适用于合伙企业、个人独资企业以及其他依法设立的营利性经济组织，可以说法人破产制度是法人独立责任观念的必然结果，③ 但是将法人独立责任等同于有限责任，破产制度仅适用于有限责任型法人成为必然结果。然而，由于破产制度适用主体过于狭隘，现实中运用破产制度会产生诸多社会问题，也部分架空了破产制度。实际上合伙企业、个人独资企业必须取得

① 参见范健、王建文：《商法的价值、源流与本体》（第二版），中国人民大学出版社 2007 年版，第 333 页。

② 参见张力：《论法人人格权制度扩张的限度问题》，《法制与社会发展》2008 年第 6 期。

③ 参见江平：《法人制度论》，中国政法大学出版社 1994 年版，第 37 页。

法人资格是保证破产制度可以有效实施的前提性条件。[①] 所以，重构法人制度后，合伙企业、个人独资企业的破产也自然可以纳入破产制度。

第四，开放性法人概念满足时代变化的需求。法人的本质特征并不是有限责任，法人的责任承担方式应当是多元化的。在现代商业社会，利益需要多元化，不同责任形态的团体制度设计的不一样，优劣也不一样。投资者可能选择投资有限责任公司，有限责任能最有效地避免投资风险；但是也可能选择无限责任公司，尽管责任承担不利于自己，但也正是这种无限责任承担方式，更容易取得交易第三人的信赖。[②] 其实投资者责任承担方式不一样，体现出团体具体制度设计也不一样。投资者能享受有限责任，相应地成立公司的条件就较为严格，必须设立分权制衡的法人机关，商业账簿等等;[③] 投资者选择承担无限责任，相应地成立公司的条件就比较宽松，如个人独资企业中个人决策、个人执行。投资人往往需要考量多方利益因素，最终决定选择何种责任形态的投资组织形式，并且选择的组织形态也不是一成不变的，随着企业发展、规模扩大，可能转换成其他形式。社会也正是在多样化的企业形态中得到繁盛发展。很难想象经济发展如此快速的时代，会有何种新形式的组织形式出现，所以主体制度的构建必须具有开放性。《民法通则》用有限责任来标榜法人，结果我们发现出现大量无限责任的合伙企业、个人独资企业或其他企业，我国《民法总则（草案）》又设计出其他组织以容纳承担无限责任的法律主体。但是随着时代的发展，是否会出现法人和其他组织的中间形态组织，又需要设计中间形态的组织体？例如《俄罗斯联邦民法典》中规定的补充有限责任型法人。瞬息万变的生活告诉我们，主体设计只有保持开放性，才有生命力。在投资主体多元化、利益格局多元化的时代，坚持法人人格与有限责任的结合，已经不能满足时代的需求，必须坚持法人形态的多元化。[④] 法人的责任形态应是多元的，从而使得法人制度具有

---

① 参见任尔昕、石旭雯：《商法理论探索与制度创新》，法律出版社 2005 年版，第 76 页。

② 参见虞政平：《股东有限责任——现代公司法律之基石》，法律出版社 2001 年版，第 289—345 页。

③ 参见马俊驹、聂德宗：《公司法人治理结构的当代发展——兼论我国公司法人治理结构的重构》，《法学研究》2000 年第 2 期。

④ 参见张力：《法人与非法人组织的体系区隔及其突破——以"类型序列论"改造〈民法通则〉第 37 条》，《甘肃政法学院学报》2007 年第 9 期。

包容性，也符合设计"团体性"法人的初衷。

三、坚持自然人、法人二元民事主体制度

我国未来民法典应当采取开放与自由的立法态度。《民法通则》第37条规定将独立责任作为法人成立要件之一，但是能够独立承担民事责任被常常误解为成员的有限责任。《民法总则专家意见提交稿》第58条则改变了原有的规定。① 虽然我国未来民法典尝试废除以"独立承担民事责任"作为法人成立的条件，还是取得一定的进步。但是仅仅去除"独立承担民事责任"这一成立要件，仍构建三元民事主体制度，实质上还是以有限责任作为法人的主要特征、区分法人和其他组织的本质因素。有学者进一步指出，独立承担民事责任不是成立条件而是法人人格应有之意。② 故只要组织体具有法人资格，就可以独立承担民事责任，而不是因为成员承担有限责任，组织体可以独立承担责任，才成为法人。所以，应在未来中国民法典中彻底去除《民法通则》遗留下的时代的误解，必须废除法人有限责任的不当限制，构建开放型的法人制度，最终突破法人与其他组织的体系区隔，建立自然人、法人二元民事主体格局。

（一）法人的本质在于团体性

法人的本质特征有二：一是它的团体性，二是它的独立人格。③ 前者说明法人首先应该是一个团体而不是单个人，后者说明法人必须有人格，不同于自然人的"天赋人权"，法人的人格由一国法律认可并赋予。这两个特征是团体组织有别于自然人的基本特征。所以法人可以精练、概括地定义为："法人者，团体人格也"④。

首先，明确法人不同于自然人的"团体性人格"。团体人格法定原则表明团体人格取得的关键因素是国家的意志而非责任承担方式的差异。另外，团体人格的独立责任是以自己的全部财产对外承担民事责任的团体，法人具

---

① "【法人的条件】法人一般应当具备下列条件：（一）依照法定程序设立；（二）有自己的名称、组织机构和场所；（三）有自己独立的财产；（四）法律规定的其他条件。"

② 参见谭启平、朱涛：《非法人团体的法律地位》，《云南大学学报（法学版）》2004年第6期。

③ 参见江平：《法人制度论》，中国政法大学出版社1994年版，第1页。

④ ［日］志田钾太郎口述，熊元襄、熊仕昌编：《商法——会社、商行为》，上海人民出版社2013年版，第4页。

有权利能力即能够以自己的名义和财产对外承担责任，其中对外承担责任是团体被法律认可成为权利主体后的应有之意而非必要条件。

其次，团体人格的有无取决于是否有相关的法律规定。在团体演变成为法人的漫长过程中，可以发现团体人格的取得实际上取决于登记或授权的法律认可。直到1900年《德国民法典》才第一次在立法意义上确定团体法人制度，其第一编第1章即将法人作为不同于自然人拥有独立人格的团体组织。1804年的《法国民法典》中虽然只规定了自然人的民事主体地位，但其后法国在1807年的《法国商法典》第1卷第三编中即规定了"公司"①这种组织形式。后各国立法司法判例也都承认法人具有独立的人格。这也就是所谓的团体人格法定原则，即团体必须符合相应的法律规定才能取得人格。故法人制度的设计与自然人不一样，由于不同国家的法律授权范围、认可程度存在差异，团体人格的内涵和外延以及规范制度也自然不一样。

最后，团体人格法定本质是独立责任。法人除了"团体性"外最重要的特征就是独立责任。团体性法人，是指具有独立于法人成员的可供支配的财产的法人；独立责任是指法人以自己的财产对自己的债务承担民事责任。法人的"团体性"和独立责任是相互依存的，前者是后者的基础，后者是前者派生出来的。因而，法人独立承担责任即是法人承担责任的根本性属性，能够独立承担责任的社会组织才成为法人。自然人与法人都是以自己名义实施法律行为，拥有法律利益，进行诉讼与被诉讼的主体，具有法律上独立以及与众不同的人格，都是独立的法律主体。有学者进一步指出，独立承担民事责任不是成立条件而是法人人格应有之意。②

然而，尽管各国都将法人独立责任作为法人资格的必备因素，但之所以出现截然不同的法人制度究其根源还是因为各国对法人"独立责任"的理解不同。《民法通则》第37条将"独立责任"作为判断法人资格标准之一，合伙企业和个人独资企业均可以以自己的名义进行交易活动，具有以自己名义对外承担责任的权利能力。其中"民事责任"以财产责任为主，权利主

---

① 此处"公司"不同于我们国家《公司法》中的有限责任公司和股份有限责任公司，是大范围"公司"，包括无限公司和两合公司等形式，具体国家的公司内涵和外延不一致，如未特别说明，在论述国外公司即是指大范围层面的"公司"。

② 参见谭启平、朱涛：《非法人团体的法律地位》，《云南大学学报（法学版）》2004年第6期。

体对外承担民事责任主要是以财产为基础，只要权利主体具备足够的财产，可以以自己的名义对外承担责任就可以认定其有独立承担民事责任的资格，简单地说，就是权利主体以自己的全部财产对外承担责任就是独立承担责任的体现。这一点，对于合伙企业而言同样可行。1997年《合伙企业法》第39条规定："合伙企业对其债务，应先以其全部财产进行清偿。"可见，合伙企业拥有独立于合伙人个人财产的合伙财产，合伙债务应先用合伙财产清偿，只有在其无法清偿全部债务时，才能请求合伙人清偿。

其实，法人区别于其他权利主体的本质属性应该是其"团体性"。正如德国学者尼奇克（Nitschke）强调法人的性质主要体现在其组织本身相对于成员而言的高度独立性。[1] 梅迪库斯认为法人与其他组织相比，其独立性主要表现在四个方面：

> 一是不存在与成员相关的解散事由，诸如某个成员死亡、破产或者宣告终止；二是成员可以更换；三是对于决议，适用多数票通过的原则；四是由机关负责对外，机关成员也可以由法人成员以外的人充任，所谓"他营机构原则"。[2]

可见法人的"团体性"表现为法人资格并不因成员的更换而改变。法人财产的独立，法人有独立的意志，可以以自己的名义享有权利以及对外承担责任三个方面。对于公司法人和合伙企业组织而言，其独立意志的形成机制由团体的组织结构完成，如公司法人通过董事会或股东大会形成公司意志，合伙企业的意志按照合伙协议约定的办法形成。法人依法律的规定注册登记后，就可以以自己的名义从事经营活动，以法人的独立财产对外承担债务。

因此，法人的"独立责任"应理解为以自己的名义和财产对外承担责任，这才应该是判断法人资格的条件。《民法总则（草案三次审议稿）》第58条规定："法人以其全部财产承担民事责任"，其所明确的法人独立责任

---

[1] 参见［德］迪特尔·梅迪库斯：《德国民法总论》，法律出版社2000年版，第808页。

[2] ［德］迪特尔·梅迪库斯：《德国民法总论》，法律出版社2000年版，第808页；朱福娟：《公司人格独立性的判断标准探析》，《商场现代化》2006年第4期。

正是此意。

（二）非法人组织的本质在于团体性

尽管《民法总则（草案三次审议稿）》第58条规定了法人的独立责任，但第82条又明确法人成员的有限责任，并设置自然人——法人——其他法人组织三元民事主体结构。因而，即使民法典总则规定其他组织制度，赋予其法律主体资格，但还是在坚持法人有限责任的基础上，不仅部分架空法人制度，导致法人主体制度的封闭以及体系缺陷，同时由于法人与其他组织的本质均为"团体性"主体且承担独立责任，并无实质上的可区分性，这将导致主体制度设置缺乏逻辑且高度重复。例如，《民法总则（草案三次审议稿）》第74条规定以取得利润并分配给股东或者其他出资人等成员为目的成立的法人，为营利性法人。就概念上，合伙企业也满足该条件应为营利性法人，而将其设置在其他组织章节中，不仅破坏总则潘德克吞体系也造成条款重叠。另外，只要我国现行法律将成员的有限责任等同于法人的独立责任，并以此为逻辑出发点，将必然导致合伙企业等责任独立但不有限的"其他组织"被排除在法人之外，合伙企业等"其他组织"在权利主体类型上无所归属。

然而，仅就《民法总则（草案三次审议稿）》第56条而言，"其他法人组织"也是以其全部财产承担民事责任，应当属于法人。但我国现行法律中的法人制度都是建立在上述混同法人的独立责任和成员的有限责任的基础之上。[①] 1986年《民法通则》第37条要求法人须具备"能够独立承担民事责任"为设立条件之一。1993年《公司法》进一步将公司独立责任与股东有限责任联系起来。《公司法》第3条明确规定公司类型、主体地位以及责任承担方式。[②] 至此，股东有限责任与法人独立责任形成了紧密联系，难以分割。公司法继承"独立承担民事责任"规定，进一步将有限责任作为法人必须具备的要件之一，而将合伙企业等"其他组织"排除在法人的行列之外。

---

① 参见柳经纬：《民法典编纂中的法人制度重构——以法人责任为核心》，《法学》2015年第5期。
② "有限责任公司和股份有限公司为公司法人，有限责任公司的股东以其出资额为限对公司承担责任，公司以其全部资产对公司的债务承担责任，股份有限公司股东以其所持股份为限对公司承担责任，公司以其全部资产对公司的债务承担责任。"

其实，企业法人有独立承担责任的能力，合伙企业和个人独资企业同样具有，三者都具有团体人格的属性。这说明独立责任和有限责任之间并不存在必然的联系，有限责任并不是团体人格的本质属性，只是部分团体组织（如企业法人）的属性而已。有限责任和法人资格之间也并不存在必然联系，并不是因为成员承担有限责任即取得法人资格，成员承担无限责任便取消法人资格，而是因为团体组织依照法定程序、满足法定条件才取得法人资格。不是因为成员负无限责任，才只能成为合伙企业或者个人独资企业，而是因为依法设立的是合伙企业或个人独资企业，成员才承担无限责任。注册为有限公司，才使成员获得有限责任的特权。① 实际上，这种做法也已经无法适应现代企业组织的发展。首先，经登记成立的合伙企业组织具有独立的名称、住所以及财产，可以以自己的名义独立参加民事诉讼，具备相应的权利能力，但因成员承担的不是有限责任而否定了其团体人格，势必存在理论上的谬误。另外，在民法典编纂中也难以将合伙企业等"其他组织"归入具体的权利主体类型中，同样具有独立团体人格的合伙企业等"其他组织"难以构造出与企业法人区别明显的权利主体制度体系。王利明教授主持的《中华人民共和国民法典草案建议稿》继续保留了"其他组织"的概念，但是在具体的制度设计上并没有针对"其他组织"构建具体的制度，只是将合伙企业单独作为主体予以规定。② 梁慧星教授主持的《中国民法典草案建议稿》设置了"非法人团体"主体制度，并将合伙企业和个体工商户等组织纳入其中规定，其中对于"非法人团体"的规定共6条（第88—93条），关于法人的设计有30条（第58—87条），除了"定义"和"民事责任"规定不同之外，其他四处关于"非法人团体"的规定均与"法人"的规定相同。③ 可见，实践中很难构建出有别于"法人"的"非法人团体"或者

---

① 参见柳经纬：《民法典编纂中的法人制度重构——以法人责任为核心》，《法学》2015年第5期。

② 参见王利明主编：《中国民法典草案建议稿及说明》（总则编），中国法制出版社2004年版，第23页。

③ 两者之间的区别见梁慧星教授主持的《中国民法典草案建议稿》，第88条规定："非法人团体，是指不具有法人资格但依法能够以自己的名义参加民事活动的组织。"第58条第1款规定："法人是具有民事权利能力和民事行为能力，依法独立享有民事权利和承担民事义务的组织。"关于两者民事责任之间的差距，见第93条规定："非法人团体首先以其享有处分权的财产清偿债务，其享有处分权的财产不足以清偿债务的，应当由非法人团体的设立人或者开办人承担责任。"第63条规定："法人以其全部财产独立承担民事责任。"

"其他组织"的权利主体制度。这是因为我国的法人制度是参照但又有别于自然人制度设置的，法人有相对于自然人生物属性的"团体性"，而合伙企业等组织同样有"团体性"，而这种团体性并不具备区别于法人团体性的特点。

因此，未来中国民法典如果要彻底地去除《民法通则》遗留下的时代的误解，必须废除法人有限责任的不当限制。《民法总则专家意见提交稿》第58条则改变了原有的《民法通则》第37条将独立责任作为法人成立要件的规定，尝试废除"独立承担民事责任"作为法人成立的条件，在《民法总则（草案三次审议稿）》中更是废除法人的设立条件，第55条确定法人为独立享有民事权利和承担民事义务的组织，第58条则规定法人以全部财产独立承担民事责任，已取得了一定的进步。但是仅仅去除"独立承担民事责任"这一成立要件，在第82条明确成员有限责任，并构建三元民事主体制度，实质上还是以有限责任作为法人的主要特征，并以此区分法人和其他组织的本质因素。故民法典编纂过程中必须对法人制度进行重构，即只要组织体具有法人资格，就可以独立承担民事责任，而不是因为成员承担有限责任，组织体可以独立承担责任，才成为法人。如此，在确立法人人格不同于自然人的"团体性"承担独立责任的基础上，构建开放型的法人制度，方能突破法人与其他组织的体系区隔，最终建立自然人、法人二元民事主体格局。

（三）确定法人责任性质的统一性与责任形态的多样性

法人为独立人格主体，以其全部财产独立承担责任是法人制度的应有之意。《民法总则（草案三次审议稿）》法人制度设计中，不仅明确法人作为独立民事组织体，同时也明确法人以其全部财产独立承担民事责任。特别是第72条明确法人分支机构的责任应由法人承担，分支机构可以参加民事活动但其不具有法人资格，即应当由法人承担责任。因此，可以认为《民法总则（草案）》最终确定的法人概念及其内涵和外延与国外法人的概念一致，为脱离《民法通则》，以及《民法总则专家意见提交稿》中延续将法人人格与有限责任结合的错误，重构法人制度跨出了进步的步伐，即法人是以全部财产承担责任的主体，可能是有限责任组织体，当然也可能是有限责任或混合责任甚至是补充责任的组织体，责任的类型并不会影响法人能否以其全部财产承担责任。因而，我国未来民法典总则中法人制度的设计应当坚持《民法总则（草案三次审议稿）》中关于法人制度定性的相关规定，不以责任的类型作为区分法人与否的标志，而是突出法人承担责任的核心，即独立责任。

另外，我国《公司法》中公司有限责任形态制度的设计并不代表法人责任形态的多元化设计是无用或多余的。《民法总则（草案）》说明中指出，民法典编纂应当遵循以下原则：

> 一是坚持问题导向，立足于解决纷繁复杂的社会生活中出现的各种问题，又尊重立法规律，讲法理，讲体系，注重民法典各分编的有机衔接，确保立法质量。二是尊重民事立法的历史延续性，又适应经济社会发展的客观要求，对不符合、不适应现实情况的内容和制度作出修改补充，对社会生活迫切需要的规范作出创设性规定。三是既立足于中国实际，传承我国优良的法律文化传统，又借鉴国外立法的有益经验。①

在民法典体系化编纂过程中，民法典总则中的法人制度应处于统领地位，因而，确定法人责任形态的多元化，必须基于我国既有法律主体制度，确保其与法人制度接壤。现有法律中，《公司法》规定的有限责任公司和股份有限责任公司等有限责任型法人，《合伙企业法》规定的普通合伙等无限责任型法人，以及有限合伙等混合责任型法人，这些类型的法人是适应我国经济、投资发展而规定的，具有重要意义，必须确认其特殊的责任形态。

所以，未来民法典总则中法人制度应在明确独立责任的基础上，还需要设计成员责任的多样化，以构建开放式的法人概念，实现法人主体设计体系上的逻辑性，并且在相关分则部分还应当明确公司的有限责任，合伙的无限责任或混合责任等特有的责任形态的规定。另外，法人团体责任的本质是独

---

① 《关于中华人民共和国民法总则（草案）》的说明，第十二届全国人民代表大会常务委员会第二十一次会议，2016年6月27日，第11页。

立责任，因此，团体人格首先应以其全部的团体财产独立于成员承担民事责任。当团体需要承担责任时，首先应该由团体予以承担，只有在全部的团体财产不足以承担责任后，才由成员承担补充责任。

综上，笔者建议，可以从以下角度进行定义法人：法人是必须依法成立，有必要的财产或者经费，有自己的名称、组织机构和场所的具备权利能力的组织；同时增加成员承担有限责任和无限责任的情形，对于成员负无限责任的法人，当法人的财产不足以清偿全部债务时，负无限责任的成员应当对法人的债务承担责任。

四、民法典中民事主体制度框架设计

《民法总则专家意见提交稿》《民法总则（草案）》以及草案二审稿、三审稿确定的均是三元民事主体制度，关于民事主体制度设计共为三章，第2章自然人，第3章法人，第4章其他组织（其他法人组织）。一方面，民法典赋予团体组织以人格与组织体内部的人员负有责任的形态并没有直接关系，其他组织与法人应具有相同的团体人格，即法人人格。另一方面，《民法总则专家意见提交稿》第4章其他组织，从第91条到第99条关于其他组织的概念、责任承担、设立、成立条件、登记义务、负责人、住所、职务行为的法律后果、解散9个条款与法人的相关条款设计几乎一模一样，《民法总则（草案）》以及草案二审稿、三审稿除删减职务行为的法律后果并增加适用第三章第一节指引性条款外，其他内容基本一致。其中，制度与条款相应的对应关系如表4.2所示。

表 4.2　其他组织、法人立法设计对比

具体制度/条款设计	第 4 章（其他组织）	第 3 章（法人）
概念	第 91 条	第 56 条
责任承担	第 92 条	第 63 条
设立	第 93 条	第 57 条
成立条件	第 94 条	第 58 条
登记义务	第 95 条	第 73 条、第 58 条第 1 款
负责人	第 96 条	第 60 条
职务行为的法律后果	第 97 条	第 64 条

具体制度/条款设计	第 4 章（其他组织）	第 3 章（法人）
住所	第 98 条	第 62 条
解散	第 99 条	第 65 条

不难发现，其他组织章节与法人章节条款的设计具有高度重复性，这样的重复立法不仅加重了立法工作、造成立法资源浪费，而且导致法律主体设计不合理，实际上部分架空了法人制度。事实上，其他组织的法律规范完全可以并入法人一章。因为首先，我国未来民法典应确定自然人和法人的二元主体制度，并设计相应章节。我国未来民法典总则应设计自然人章和法人章，第 2 章仍是自然人，但第 3 章和第 4 章应合并为法人。另外，《民法总则（草案三次审议稿）》的第 2 条规定的调整对象，相应地调整为：本法调整自然人、法人等平等主体之间的人身关系和财产关系。

其次，于法人章设置一节特殊组织。除法律另有规定外，法人成立必须依法经过登记，对于未办理登记的业主大会、业主委员会等并不能依法取得团体人格的组织体，没有满足法人成立的条件，但是却具备一定的组织形式，虽不是法人，但是其经过登记后可以成为法人。特殊组织与法人只是设立方式不同，特殊组织未经过法律登记不是法人，但有的地区规定其可以准用法人的规则。例如，《澳门民法典》第 186 条第 1 款即是如此规定。① 对于不具有团体人格的组织体，主要是未经登记的临时设立的组织体，我国未来民法典可以于法人章下设置特殊组织一节对它们予以规范。例如，《瑞士民法典》第一编第 2 章第 2 节第 62 条即是如此规定。②《意大利民法典》第 2 章法人中第 3 节为非法人社会和委员会。其法典第 41 条第 2 款明确规定："委员会主席代表委员参加诉讼（第 2 款）。"《葡萄牙民法典》第二编第 1 分编将"人"分为自然人和法人，法人之下设章节规范无法律人格之社团

① "对于无法律人格社团之内部组织及管理，适用由社团所订之规则；如无此等规则，则适用与社团相关之法律规定。法人人格取得以设立社团文件，须详细列明社员为社团财产所提供之资产或劳务，以及社团法人之名称、宗旨及住所。"参见王瑞：《中国内地、台港澳商事法比较与统一》，法律出版社 2009 年版，第 53 页。

② "社团法人包括无法人人格的社团，无法人人格或尚未取得法人人格的社团，视为合伙。"参见《瑞士民法典》，殷生根、王燕译，中国政法大学出版社 2010 年版，第 18—19 页。

及特别委员会。该法典第 190 条规定："特别委员会为进行任何救援或慈善活动计划，或为促成公共工程或纪念物质施工，或为促进喜庆节目、展览、庆典进行而设立的委员会，如果并无具有法律人格之社团方式成立则为特别委员会。"第 191—192 条规定筹办人即管理人的责任，妥善处理财产，尊重出资人意思。[1]　其实这样的法律设计主要是规定特殊组织的财产管理和诉讼，我国未来民法典法人章下的特殊组织设计也应当如此。由于特殊组织不具有团体人格，在其他方面应准用契约法规定，如果其选择登记成为法人，就适用团体人格的规定。这样一来，一方面，能够有效地督促特殊组织依法登记，有利于国家行使管理权。另一方面，也使法人类型对外呈现开放性。其实，《民法总则（草案）》第 73 条规定的法人分支机构的处理也应是如此。

最后，采取社团法人和财团法人的分类，并以此为基础在社团法人一节中设计成员不同的责任承担方式。我国《民法总则专家意见提交稿》第 3 章法人，下设四节，第 1 节一般规定，第 2 节机关法人，第 3 节社团法人，第 4 节财团法人，《民法总则（草案）》以及草案二审稿则仅将法人分为营利性法人与非营利性法人，改变了《民法通则》企业法人、机关、事业单位和社会团体法人的分类，具有进步的意义。但是，营利法人与非营利法人的分类并不具周延性，我国未来民法典总则还是应当采用社团法人和财团法人的分类，将依法登记领取营业执照的独资企业、合伙企业等以及依法成立的业主大会、业主委员会等其他组织归于社团法人之下，并设计社团成员多样的责任承担方式。法人以其全部财产对外承担责任，但是成员的责任承担方式可以是有限责任、无限责任。在成员应承担无限责任时，社团法人的财产不足以清偿债务，无限责任的成员应当对法人债务承担无限连带责任。在成员承担有限责任时，社团法人财产不足以清偿债务时，有限责任的成员以出资额为限对法人债务承担责任。[2]

此外，规定个人独资企业、合伙企业、公司等商事主体。个人独资企业、合伙企业、公司三者都是依法经过登记取得法人资格的组织体，而且个

---

[1]　参见《葡萄牙民法典》，唐晓晴译，北京大学出版社 2009 年版，第 37—38 页。

[2]　参见柳经纬：《民法典编纂中的法人制度重构——以法人责任为核心》，《法学》2015 年第 5 期。

人独资企业、合伙企业、公司等法人组织设立的目的就是经营营业，故其应为商企业法人。不同于民事合伙或特殊组织（未经过登记，但是有一定组织形式的组织），大陆法系中的商事合伙组织具体形态不同，商事合伙可以是"组织""公司"，以区别于民事合伙的"契约型合伙"①。商事合伙是商事法人组织而非民事契约型合伙。我国法律中的合伙企业就是典型的商事合伙，按照合伙企业的投资主体的责任承担方式不同，成立不同类型的合伙企业，但不论是普通合伙企业还是有限合伙企业都是商事主体，即为商事法人。同样地，我国个人独资企业也必须依法经过核准登记，取得国家认可，并且有自己的财产可以以企业名称上诉，并承担责任的组织体，也应当为商事法人。公司则是由法律直接规定其具有法人资格，并且必须确定经营范围的商事法人。

但是《民法总则专家意见提交稿》中关于商企业商事主体的规定，只是企业法人等营利性社团法人。尽管《民法总则（草案二次审议稿）》第74条规定："以取得利润并分配给其股东或者其他出资人等成员为目的成立的法人，为营利性法人，营利性法人包括有限责任公司、股份有限责任公司和其他企业法人等。"其尝试通过概念化定性结合列举方式明确营利性法人的性质并扩大营利性法人的外延，具有进步意义。但是一方面，在我国民商事法律体系下，企业法人指有限责任公司和股份有限公司，该规定还是将商企业的商事主体限定为有限责任型法人。另一方面，营利性只是商事主体的部分要素，并非本质也非全部要素，营利性定性过于狭隘，未来民法典用营利性标榜法人，即所谓的营利性社团法人，实在无法突出商事主体的特殊性。相反，"营业"能够体现出营利性、持续性、独立性与公开性等商主体的外观表现。现代商事制度的商事主体登记制度、商业账簿制度、商号登记制度等也都是围绕营业而展开的。营业不仅是商事登记的前提与基础，还是商事交易的对外表现。营业所体现出的营业财产以及围绕营业所形成的功能体，本身是商主体的存在形式。因此，我国民商事法律中，个人独资企业、合伙企业、公司都应当是进行经营营业的商企业，都应当是营业社团法人。

---

① 江平、龙卫球：《合伙的多种形式和合伙立法》，《中国法学》1996年第3期。

　　按照上述思路设计民事主体制度，确定法人章节和自然人章节，并将合伙企业、个人独资企业以及业主大会、业主委员会等其他组织置于社团法人一节之中予以规定，相应地，需要调整其他法律中关于民商事主体制度的规定。

　　第一，统一民商事法律中法人的术语表达。我国民商事法律中民事主体的术语表达呈现出多样化形式。例如，《合同法》第2条规定的主体，为自然人、法人、其他组织，《物权法》中民事主体表达则用权利人，《专利法》中为专利权人，《侵权责任法》中直接用民事主体的表述。在民法典法人制度重构之际，应当统一民商事主体法人的术语表述，进而言之，民商事法律中涉及法人和其他组织的民事主体术语应当统一使用法人来表达。相应地，除部分亲属继承类法律不涉及法人主体之外，应将其他法律中表述的民事主体调整为自然人和法人。民商事法律中主体术语汇总后罗列如表4.3所示。

表4.3　民事主体术语调整表

法律（简称）／术语	现行	调整后
民法通则	公民、法人（第2条）	自然人、法人
民法总则专家建议稿	自然人、法人、其他组织（第2条）	
合同法	自然人、法人、其他组织（第2条）	
物权法	权利人（第2条）	
侵权责任法	民事主体（第1条）	
著作权法	中国公民、法人、其他组织（第2条）	
商标法	自然人、法人、其他组织（第4条）	
专利法	专利权人（第1条）	
民事诉讼法	公民、法人、其他组织（第3条）	
仲裁法	公民、法人、其他组织（第2条）	

　　第二，明确其他组织的法人资格。个人独资企业和合伙企业等其他组织具有团体人格，即为法人。在《合伙企业法》《民办非企业单位登记管理暂行条例》等法律、法规中分别增加"依法设立的合伙企业取得法人资格"

和"依法设立的个人独资企业取得法人资格"或直接规定"合伙企业是法人""个人独资企业是法人",相应地修订有关企业组织注册资本、成立人数、组织机构等相关规定。① 也有学者主张废除《个人独资企业法》《合伙企业法》《民办非企业范围登记条例》,借鉴国外先进立法技术,在《公司法》中增设无限公司、两合公司,并明确规定公司是法人。其中,个人独资企业和普通合伙企业是无限公司,有限合伙企业是两合公司。将《民办非企业范围登记条例》纳入公司法规定中,由投资人自主选择责任承担方式,设立不同的企业形式。② 但是一方面,在我国现有的民商事法律体系下,不论是有关商事主体的立法,还是商事登记、管理等法律都是按照个人独资企业、合伙企业、公司这些不同商事主体而构建的。另一方面,我们也习惯了独资企业、合伙企业、公司等术语,并将公司作为有限责任的商事主体。故在公司法中增设无限公司、两合公司,不仅徒增术语的负担,而且会颠覆整个商事法律体系,实不可取。另外,还有法律中规定了非营利性组织体,例如《慈善法》中规定,慈善组织为具有相应组织结构的非营利性组织,应当相应地明确其具有法人资格。

第三,重构我国破产制度。毫不夸张地说,"法人制度与破产制度是一对孪生儿"③。法人破产意味着法人的财产全部丧失,当然也就是法人本身失去其存在,破产意味着其必须变卖全部财产,尤其是固定资产来偿还债务,这是法人独立人格的体现,只有以包括固定资产在内的全部财产来承担责任才是真正的法人独立责任,才是真正实行了法人制度。④ 其实,破产制度的宗旨在于一方面,破产后消灭企业法人资格,将其从繁重的债务中解放出来,鼓励创业,促进市场经济的发展。另一方面,在企业全部财产不能偿还债务时,确定清偿程序和顺序,最大限度地保护债权人的利益,维护市场经济秩序。就此意义而言,不论法人成员承担责任的方式如何,法人都可以适用破产制度。成员承担有限责任的公司、有限合伙企业可以适用,成员承

---

① 参见柳经纬:《民法典编纂中的法人制度重构——以法人责任为核心》,《法学》2015 年第 5 期;蔡立东:《法人分类模式的立法选择》,《法律科学(西北政法大学学报)》2012 年第 1 期。

② 参见柳经纬:《民法典编纂中的法人制度重构——以法人责任为核心》,《法学》2015 年第 5 期。

③ 江平:《法人制度论》,中国政法大学出版社 1994 年版,第 37 页。

④ 参见江平:《法人制度论》,中国政法大学出版社 1994 年版,第 38 页。

担无限责任的个人独资企业和普通合伙企业自然也可以适用。我国现行的《破产企业法》第 2 条规定破产法仅仅适用于公司企业法人，并不适用于个人独资企业和合伙企业。需要相应地调整为个人独资企业、合伙企业、公司等企业法人均适用破产法。

五、民法典中民事主体构建的具体建议

商事主体是特殊的民事主体，脱胎于民事主体却并不能脱离民事主体而存在。民法的主体制度是对商品经济活动的主体资格的一般规定，任何个人和经济组织不管是否从事营利性经济活动，其法律地位的最终确定都是由民法上的主体制度完成的，商法上的主体制度即是商主体制度的具体化而已，或者乃是民事主体的特别类型。① 一方面，民法典必须设计相应的商事主体条款，以明确商事主体的独特性。另一方面，对商事主体的设计又必须在民事主体的基础上展开。例如，即使在民商分立的德国，《德国民法典》第 14 条也明确规定了经营者（unternehmer）。② 所以，我国未来民法典对商事主体的设计，必须是在坚持商事主体是民事主体的基础上，又突出商事主体的特殊性，即营业，从而真正地实现立法体系上的民商合一。

（一）废除个体工商户，自然人可自由经商

《民法总则（草案三次审议稿）》第 2 章自然人，共有五节分别是：民事权利以及行为能力、监护、宣告失踪和死亡、"两户"。其中第 4 节，从第 52 条到第 54 条，共设计 3 个条款规定"两户"，具体内容分别是个体工商户的设立、住所以及登记，农村承包经营户定义、"两户"债务承担。个体工商户和农村承包经营户制度是我国特定时期的历史产物，残留农业社会的气息，对当时社会固然具有积极的意义。但在经济快速发展的商业社会中，民法典对自然人个体工商户和农村承包经营户经商形式的确定，非但不能促进经济发展，反而成了自然人自由经商的束缚。

---

① 参见章礼强：《商法的独立性及其相对性》，《南都学坛》2003 年第 7 期；范健、王建文：《商法的价值、源流及本体》（第二版），中国人民大学出版社 2007 年版，第 178 页。

② "经营者是指缔结法律行为时，在从事其营利活动或独立的职业活动中实施行为的自然人或法人或有权利能力的合伙，有权利能力的合伙是指具有权利和负担债务能力的合伙。"参见《德国民法典》（第四版），陈卫佐译，法律出版社 2015 年版，第 9 页。

马克思的经典论述"法典是人自由的圣经",可见法典对自由的限制是为了人们能够更好地实现自由,从而人们以法律为圣经遵从法律就能获得自由。自由是在法律之下的自由,而非任意自由,但是法律之下的自由的前提是法律以保障自由为出发点相应地设计法律条文。实际上,任何法律条款的设计都是为了人们能更好地实现自由,而非限制自由。我国未来民法典条款设计也应如此,即最大限度地保障自然人的自由。

故我国未来的民法典应当废除草案中第4节有关个体工商户和农村承包经营户的规定,并按照自由经商的原则设计相关的商个人条款。例如,《法国商法典》中彰显出的尊重自然人经商的思想。该法典不仅对流动性商业活动与手工业商业活动的营业者予以认可,而且还简化自然人的征税,商个人适用"简化征税制度"①。我国未来民法典应当是在自然人章节下设计相应的商个人条款,可将有关商个人的相关条款设计为:自然人可以自由经商,自由选择经营方式,可以选择登记成为个体工商户或其他形式,也可以选择以不登记方式营业。还可以设计若干简化征税、住所②等条款以方便自然人营业。

(二) 个人独资企业、合伙企业、公司为营业社团法人

三者都是依法经过登记取得法人资格的组织体,而且个人独资企业、合伙企业、公司等法人组织设立的目的就是经营营业,故其应为商企业法人。

《民法总则(草案三次审议稿)》第74条规定应当相应地调整为:以取得利润并分配给其股东或者其他出资人等成员为目的成立的法人,为营业社团法人,包括个人独资企业、合伙企业、公司等开展经营营业活动的商企业。③

(三) 民法典中实现民商合一的商事主体制度

民法典中如何实现民商合一,其中最为重要的一环就是凸显商事主体是一种特殊的民事主体。商事主体不仅具有独特的法律主体地位,而且需要在

①　《法国商法典》(上册),罗结珍译,北京大学出版社2015年版,第32—33页。

②　例如,可以以自然人居所或经常居住地为住所。

③　具体条款设计为:"第74条【营业社团法人的设立】商企业包括个人独资企业、合伙企业、公司等开展经营营业活动的组织体。商企业等营业社团法人的设立、变更和终止,应当依法办理登记手续。法律规定应当办理批准手续的,依照其规定。其他法律对营业社团法人另有规定的,依照其规定。"

新时代下寻找或发现不同于传统民事主体的逻辑思维路径。商事主体是民事主体，而且是特殊民事主体。那么商事主体就应该在民法典的主体制度设计之中用特殊性规则予以规范，以突出商事主体的独特性品格。民事主体与商事主体之间存在差异，即使在民商合一立法体例的背景下，民法典不能漠视商事主体所具有的特殊性。因此，如何在民法典中容纳商事主体的特殊规则，是我们需要认真加以思考的问题。

我国未来民法典采用民商合一立法体例情况下，如何呈现出商事主体的特殊性呢？我们认为，商事主体是特殊的民事主体，包含两个层次的意思：其一，商事主体是民事主体。其二，商事主体是特别民事主体。一方面，既然商事主体是民事主体，而未来民法典对其的划分，商事主体也应当具有相应的类别，这为商事主体的外延确定了一个可靠的边界。另一方面，商事主体又是特殊的民事主体。一般的主体需要具备某些特质才能是商事主体，所以绝不能简单地将商事主体按照民事主体的类别划分。商事主体的确认标准应为营业。商事主体首先是民事主体，然后，如果满足营业条件就是特殊的民事主体——商事主体，那么既然民法典二元主体可以分为自然人、法人，自然，满足营业条件的自然人是商事主体，满足营业条件的法人是商事主体，满足营业条件的其他组织也是商事主体。所以，营业也就成为界定商事主体外延的标准。这样似乎可以简单地将商事主体分为商个人、商法人，商事主体的外延得以周延，但是抽象的商却无法反映营业内涵，得不偿失。营业有极其丰富的含义，既要求以商人的方式经营且相关活动具备独立性和有偿性，而且还有对艺术、科学的活动以及那些需要高度人身性的自由职业的消极条件。[①]

所以，我国未来民法典对商事主体的设计，应该以营业作为界定商事主体的标准，同时还需要将商事主体进行类型化来明晰商事主体的外延。在坚持商事主体是民事主体的基础上，又突出商事主体特殊性，即营业，从而真正地实现立法体系上的民商合一。商事主体的分类首先应当建立在民事主体类别的基础上，然后再通过营业对其外延予以界定。经营营业的自然人即为商个人，经营营业的组织体即为商企业，故笔者主张将商事主体分为商个人

---

① 参见［德］C. W. 卡纳里斯：《德国商法》，杨继译，法律出版社 2006 年版，第 30—32 页。

和商企业。在具体设计上，一方面，在自然人章节中废除个体经营户，为改造农村承包经营户奠定法律依据，规定自然人可以自由经商。另一方面，将其他组织并入法人一章，在法人一章中的社团法人一节，规定个人独资企业、合伙企业、公司等商企业为营业社团法人，突出商企业的渐变性，使类型划分更有活力。

国家哲学社会科学成果文库

NATIONAL ACHIEVEMENTS LIBRARY
OF PHILOSOPHY AND SOCIAL SCIENCES

商法的独特品格
与我国民法典编纂(下)

许中缘 著

人民出版社

第　五　章

商事权利的独特品格与民事权利

第一节　现有民事权利体系构建的弊端

一、构建民事权利体系的意义

民法典的核心在于对民事权利的确认和保护。"民事权利体系"这一概念早在 1996 年就已经被谢怀栻教授确定为一个单独的术语。"民事权利的种类很多，各种权利的性质千差万别，我们必须把各种不同性质的权利加以整理分类，使之成为一个比较系统完整的体系。在这个体系里，不同的权利各得其所，各种权利的特点都能显示出来。这是建立民事权利体系的实益所在。"①

随着时代的发展，民事权利的种类、性质与内容都在发展，对民事权利的研究工作也应随之发展，不应该停留在原来的水平上。针对众多与民事权利有关的法律规范，构建一个完整的民事权利体系不仅有利于解决诸多规范之间的价值冲突，避免它们之间的矛盾，而且有助于相关规范的适用。但自谢老提出民事权利体系这一概念以来，对民事权利体系的研究并没有取得多大进步。笔者认为，在民事权利体系这一整体概念基础上对各种民事权利进行研究的效果要优于仅对各民事权利进行孤立的研究。在民事权利体系的整

---

① 谢怀栻：《论民事权利体系》，《法学研究》1996 年第 2 期。

体框架内研究民事权利或者构建相关权利制度时，除了要考虑该权利的相关内容，还要考虑到各个权利之间的平衡，从而实现对权利的优化配置。如此一来，针对各民事权利的研究可以使彼此的冲突和矛盾转化为民事权利体系内部各个权利的相互配合。

第一，民事权利体系的具体构造直接影响到我国民法典的体例。例如，学界关于人格权在民事权利体系中地位的研究，将直接影响到将来我国民法典制定时，是否将人格权独立成编的问题。赞成人格权独立成编的学者认为人格权独立成编有助于强化人格权的保护，符合时代的精神；反对者则认为不存在与人格权相对应的人格关系，只有在其受到损害时才形成债权关系，并且其不适用《民法通则》中的法律行为、代理、期间、期日等制度，因此不适合将人格权独立成编。① 事实上，随着社会的发展，人格权体系已经逐渐丰满起来，具体人格权的内涵也有了发展，人格利益的类型也越发多样化。人格权独立成编也是人格权自身发展的需要。可以看出，研究民事权利体系，为民事权利在民法典中的地位提供了一些可资借鉴的意见。就财产权而言，随着财产利益形式的多样化，传统的物权、债权二元化结构已经不能完整地涵盖所有财产利益。民法典的制定也需要考虑如何对新型财产利益进行保护，这也需要我们对财产权首先进行理论上的探讨。

第二，对民事权利体系进行研究，并在此基础上研究各个类型的民事权利有利于法律体系的完善。构建民事权利体系时，既要考虑外部体系，也要考虑内在体系。外部体系主要是指该体系的结构，其针对的是某一权利在该体系中的安排，或不同权利之间的位置分配。而内在体系则主要是就体系中的实质内容而言的，主要针对不同权利之间的逻辑关系，如不同权利之间是类权利与亚类权利的关系或是并列的关系。我国现行法律关于民事权利存在一些相互矛盾的规定，也存在一些漏洞，导致实践中的民事权利在很多情况下不能获得妥善的保护。在构建民事权利体系时，可以对这些法律规定进行整合、查漏补缺，淘汰掉那些已经失去效力的规定，并及时增加、完善相关立法。如此，既可以将学者们已经取得的理论成果通过立法加以确定，又可以使相关立法能够与时俱进。

---

① 参见梁慧星：《制定民法典的设想》，《现代法学》2001 年第 2 期。

第三，民事权利体系的构建，是民法学研究的基本要求。民法学乃至整个法学学科区别于其他人文学科的重要特点，在于有一套内在的逻辑体系统领全局。它以高度抽象性与共同性为原则构建出总则的规定，再以调整不同的法律关系为依据划分各个部门法，辅以一个稳定、包容的体系归纳各种民事权利。构建民事权利体系，是民法学研究中严肃而又富有法律之美的基础性工作，其重要性不言而喻。[①]

第四，完善的民事权利体系有利于法律的正确适用。完善的民事权利体系使法律在适用过程中更加方便和快捷。立法在实践中的应用离不开法律解释，法律的解释则要考虑其在整个法律体系中的地位和作用等因素。诸多规范所体现的价值之间的矛盾，也可以通过体系化工作得以缓解和避免。体系化工作对法律解释、法的续造助益颇大。另外，对于法律初学者而言，先认识民事权利的整体，进而对其中各个类型的权利进行学习也很有益处。可以说，用体系的形式将个别法规范、规则之间的意义脉络以概观的方式表现出来，是法学最重要的任务之一。以德国为例，在适用与合同相关的法律问题上，既要参考《民法总则》关于法律行为的规定，也要顾及债法的一般原则，最后适用合同的相关规定，在此种严密的逻辑下，法律的正确适用得到了保证。我国法官在司法实践中局限于个别法条适用的现象，也会随着民事权利体系的完善而得到纠正。[②]

二、商事权利的独特性与商事权利体系

（一）商事权利的独特性

随着商业交往愈加普遍，商事权利成为一个全新、独立，具有丰富内涵的完整概念。商事权利形成了自己特有的本质，成为与民事权利相并行的一个抽象概念。商事权利有其独立的含义及相应的体系，其与民事权利存在不同的基本目标和价值取向，民法重在对私权的保护，而商法的本质是营利法，其基本目标和价值取向在于保障商业利润的实现、财富的增长。此外，民事权利体系也难以涵盖商事权利，无法为商事权利提供一体化的调整和保

[①] 参见王利明：《民法典体系研究》（第二版），中国人民大学出版社 2012 年版，第 409—415 页。
[②] 参见谢怀栻：《论民事权利体系》，《法学研究》1996 年第 2 期。

护。商事主体既享有民事权利，如物权、债权、知识产权、部分人格权等，也享有商事权利，如在商事活动中基于营利目的而设定和保护的许多权利，但这些权利都无法在传统的民事权利体系中获得"席位"。[①] 因此，用民法民事权利体系中的各项权利特点来解释商事主体的许多权利，都无法体现商事权利本身的特点。并且，民事权利的调整和保护方式，在诸多情形下也难以适用于商事主体行为及权利保护。商法领域只讨论商事主体与商事行为，而忽略商事主体的权利，这是商事理论体系中的一个致命性缺陷。构建商事权利体系，一方面不会对民法功能的地位产生影响，另一方面还能实现营利性商事主体权利维护的系统化、专门化和规范化，有利于保持法律适用上的一致性。具体而言，商事权利区别于民事权利的独特性，主要表现在以下几方面。

第一，权利的综合性。我国法律对于具体商事权利的规定处于零星、分散的状态，混杂于商法单行法或者部门商法的具体制度体系之中。正如学者所言，在商法子部门或者商法单行法中对具体商事权利类型进行规定，例如公司法中的权利、证券法中的权利、票据法中的权利、保险法中的权利、破产法中的权利、海商法中的权利、信托法中的权利等。并且，商法单行法或者商法子部门制度在批判性地借鉴民事权利理论的基础上，已经形成了一些特有的商事权利理论，如商号权理论、股权理论、破产债权理论、破产抵消权理论、破产别除权理论、破产追回权理论、票据追索权理论、保险代位权理论、船舶抵押权理论、船舶优先权理论等。但是这些权利分类难以简单地归入民事权利分类的具体类型，商事权利本身呈现出综合性、复合性的特征，不能按照民法的一般理论对商事权利进行划分，主要表现在以下几个方面：商事习惯法对商事权利的确认，使得商事权利的种类具有不确定性；商事权利的专业性、技术性及操作性，增大了对商事权利理论概括的难度；商事权利内容的复合性，如商事人格权、商号权、股权等，导致了商事权利定性和归类的困难；商事权利是一种含有公权因素的私权类型，商事权利这种权利属性的多重性和综合性，也加大了商事权利理论概括的难度。[②] 如作为

---

① 参见刘宏渭：《商法总则基本问题研究》，华中科技大学出版社 2013 年版，第 134 页。

② 参见李建华：《论商事权利理论体系的构建》，《吉林大学社会科学学报》2014 年第 5 期。

营业主体的商事主体必然享有的营业权，即表现出集合性、综合性。就商事权利的本质而言，营业权是一种财产权，但它并不纯粹地指向财产本身，还包括对人的要素的支配，以及对信息的收集、筛选和控制等；在行使方式上，不同侧面的权利通常是密不可分的。例如，自主确定某人负责资金筹集等事务，既包括对人力资源的支配权，也包括对财产的支配权等。[①]

第二，权利的非物性。商事权利并非物权之简单延伸，其与物权是两个完全不同的概念，传统物权概念在商事权利中基本不能适用。其一，物权不是商事主体获得商事权利的唯一依据，商事权利的取得也并非物权所能单独承受的。商事权利的取得，除需要投入一定的财物，还包括其他任何可以用货币估价并可依法转让的资源，如专利、专有技术、商标、字号、债权、股权、债券，甚至商誉、经营信息等都可以成为投资或者资本。商事主体的设立，还要符合组织机构、技术能力、经营场所等条件。而商事权利的取得，是上述因素综合作用的结果，远非物权所能单独承受的。其二，商事权利主体的资格性因素与物权主体相异。商事主体若以营利为目的从事生产经营服务，必须达到法律、法规规定的要件，必须经过核准或订立承包合同。[②] 物权权利主体若不满足其"身份"要素，无法取得商事权利。通常，只要具备主体资格就具有物权资格，但并非都能以营利为目的组织生产经营服务。其三，物权与商事权利存在内容上的差异性。物权内容具有相似性，但各商事主体之商事权利的内涵却因行业或者资质的不同而存在巨大的差异。比如钢铁公司拥有炼钢、轧钢并出售钢产品的生产经营权，广告公司则只具有进行广告设计、广告制作的服务经营权。其四，商事权利的行使受较强的公法制约。物权之行使须遵循完全的私法自治原则，物权享有者只要不妨碍他人，并不需要承担过多的义务。而商事主体从事生产经营服务，其产品销售或者服务的对象涉及不特定多数人的公共利益和安全，从原料投入、生产加工、产品质量、环保能耗，到营销方式、安全规格、售后服务等全过程，商事主体必须无条件地接受行政管理机关的检查，甚至大众的监督。这与物权的行使完全不同，体现了商事权利"公"的面相。

---

① 参见刘宏渭：《商法总则基本问题研究》，华中科技大学出版社 2013 年版，第 138 页。

② 参见邢星：《论商事主体的商事权利》，《广西社会科学》2006 年第 6 期。

第三，权利的营利性。"商事关系的营利性特征使它区别于一般民事关系，也已成为人们的一种共识。"① 商法的基本目标和价值取向是保障商业利润的实现、财富的增长，营利是商事权利的本质。商事权利是由商法规范所确认和保护的商事主体为达到营利目的而基于私法自治原则，通过商事行为而享有和实现的特定的财产利益关系。对于商事权利的界定，必须考虑该种权利的基本目的或功能，商事权利的目的在于保障商法的基本目标——维护商业利润的实现和财富的增长，商事权利是基于经营目的或者经营属性而设定的，由从事经营活动的商事主体所特有的权利。②

商事权利必然与一定的营业行为相关联。一方面，商事权利是作为商事主体所享有的基本权利，商事主体基于商事权利进行营业行为。另一方面，商事权利必须依附于营业行为而存在，没有营业行为就没有商事权利的存在空间。商事权利基于其营利性能够促进商人的营业，同时，基于营利性赋予的商事权利必然承载更多的注意义务。商事权利概念的目的性要素，就体现在商法上的营业有主观与客观两种含义：主观上的是指"以提供特定营业目的的综合性财产组织体，即企业组织体"；客观上的是指当事人所实施的"持续性的同种营利行为"。无论在主观上还是客观上，追求财富增进的迅捷和交易效益的最大化，是商人营业的原始动机。商人在营业行为中的营利属性，决定了商法对商事权利的设计和安排应有利于实现商主体在营业、交易过程中的财富增进的需求。③ 商事权利从法的目的来看，是一种追求财富增值的权利，营利性应是商事权利的重要特征。

第四，权利的组织性。其表现为以成员权为核心形成的一种团体性、结构性的权利，这有别于传统的个人权利。用传统的建立在个人基础上的权利来分析商事权利，注定难以得出合理的解释，犹如对于股权的讨论所持"所有权说"和"债权说"之观点，便为以"个人权利"之理论分析"团体性权利"的结果。而商事权利是建立在个人权利让渡之基础上形成的团体性权利，而非简单的个人权利。自有限责任制度建立以来，商事权利正式成为团体性权利的典型代表。以有限责任为分水岭，可将商事权利的团体性

---

① 王保树：《商事通则超越民商合一与民商分立》，《法学研究》2005 年第 1 期。

② 参见刘宏渭：《商法总则基本问题研究》，华中科技大学出版社 2013 年版，第 129 页。

③ 参见王艳华：《以营业为视角解释商法体系》，《河北法学》2010 年第 5 期。

特征分为松散型和紧密型两种类型。前者表现在包括有限责任公司和股份有限公司在内的公司，其成员出资后即形成个人财产与公司财产的完全分离，体现出财产的高度聚合性，而出资股东基于出资或者股权享有参与决策权、利润分配请求权和剩余资产分配权；后者体现在成员承担无限责任的合伙企业，合伙人个人的财产与合伙企业的财产未完全分离，以共同共有或者按份共有的方式行使成员权。

（二）商事权利体系

对于商事权利体系的构建，有学者提出，从商人资格认定标准等角度将商事权利作为其外在表现。其认为商人的基本权利有两项，即商事人格权与商事营业权，再将商事人格权分为一般商事人格权与具体商事人格权，前者主要包括商事人格独立、商事人格自由和商事人格平等，后者则包括商业名称权、商业名誉权、商业信誉权、商业荣誉权。而商业营业权则具体包括营业机会的平等享有权、营业资格的自由取得权、营业领域的自愿选择权、营业事项的自主设定权、营业方式的自我决定权、营业管理的独立决策权、营业请求的有效救济权。[1] 还有学者主张，商事权利表现为生产经营服务权。[2] 有学者将商事权利分为商业资格权利、商业信用权利和商业机会权利三类。商业资格权利主要是营业权，商业信用权利是指商誉权，商业机会权利包括商号权、商业秘密权、公平交易权。[3] 对于商事权利的具体内容，上述观点具有一定的概括性，但其间也有一定的交叉重合。笔者认为，商事权利体系的构建应满足以下三方面的要求。

第一，能够统领具体商事规范中涵盖的具体商事权利类型。有商法学者提出了"商法理论在一定程度上仅仅在于解释法律，而不在于指导、甚至创造立法"[4]，商法学研究纯粹沦为法条注释或狭隘的法律解释学。这一说法并不全无道理，现有商事权利研究过于分散化、零星化、孤立化和片面化，难以形成全面、系统的商事权利体系。一方面，商法学总论中所研究的

---

① 参见康雷闪：《从商人资格的认定标准看商人的基本权利》，《经营管理者》2010 年第 18 期。

② 参见邢星：《论商事主体的商事权利》，《广西社会科学》2006 年第 6 期。

③ 参见刘宏渭：《商法总则基本问题研究》，华中科技大学出版社 2013 年版，第 137—147 页。

④ 范健、王建文：《商法的价值、源流及本体》（第 2 版），中国人民大学出版社 2007 年版，第 2 页。

商事权利种类极少，不够全面，且对作为研究对象的商事权利种类的选择和确定具有很大的差别性、任意性，并对不同的商事权利种类的名称和定义等尚没有一致性的界定。在商法总论中，更多的是对商事人格权、商号权、商誉权、商业形象权、商业秘密权等进行各自的阐述，没有从构建商事权利理论体系的角度进行系统化地深入探讨。另一方面，在商法分论中，更多的是在研究商事单行法及其相关制度，对具体商事权利类型进行个别化、分散化的研究，如股东权、票据权、商事债权、商事留置权、破产债权等，但也没有形成商事单行法及其相关制度中的具体商事权利理论。尽管，对商事单行法及其相关制度中的商事权利进行个别化、分散化的研究是必要的，但这种研究方法导致了具体商事权利研究的零星化、孤立化、分散化和片面化，对作为研究对象的具体商事权利的选择、确定具有一定的随意性，无法实现对商事权利进行全面化、系统化的研究，也难以形成完整的商事权利体系。因为无论是商事人格权、商号权、商誉权、商业形象权、商事债权、商事留置权、破产债权等，都是商事权利的下位概念和具体类型，并不是与商事权利等同的概念。[1]

第二，能够实现商主体制度和商行为制度对商事权利所提出的需求。商主体制度和商行为制度作为商法的两大支柱，其对商法提出的调整要求，都应当在商事权利体系中得到满足。商事立法无论采用何种立法体例结构，商主体制度和商行为制度都是商法的两大基本制度、两大支柱，而将二者联结起来的最适合、最有效的纽带，就是商事权利制度。[2] 由此决定商事权利体系应该满足商主体与商行为制度的现实需求。

第三，能够满足和涵盖商主体制度的商事实践。商法是实践中的法律。商事权利体系构建应该满足实践对商事权利保护的需求。

综上，应以营利性为核心构建商事权利体系。一方面，人格权是商事主体存在于社会的一种评价性权利，该种权利应该围绕营业而展开。换言之，商事主体的人格权只能体现为商事经营自由、经营平等与经营安全为中心而体现出的权利。另一方面，以营业权为中心构建商事财产权体系，满足商主

---

① 参见李建华：《论商事权利理论体系的构建》，《吉林大学社会科学学报》2014 年第 5 期。
② 参见李建华：《论商事权利理论体系的构建》，《吉林大学社会科学学报》2014 年第 5 期。

体长期、反复进行地以营利为目的的行为要求。因为，商行为的核心目的在于追求和实现营利，而实现营利目的的最重要的条件，是商主体实施营业行为以及享有其实施营业行为所应有的财产权。由此，财产权是最主要的商事权利，而"商法中的财产关系中，财产权是最基本的概念，下位概念依各种营业功能领域来划分"。因此，商事权利体系是以营利性为核心所构建的人格权与财产权体系。

第一，人格权体系。商事人格权体系应以经营自由、经营平等与经营安全为中心，以营业权（经营权）为主进行构建。商事人格权是商主体维系法律地位必不可少的基本权利和前提条件，强调和确立了商主体独立的法律地位及其条件，是商主体制度的核心内容。商事人格权产生的基础在于其经营性，只有从事营业行为的商事主体才具有商事人格权。商事主体的经营性，正是其商事人格利益的根本体现。商事人格权不同于自然人人格权：全部自然人都享有人格权，法人只有从事经营活动才享有人格权，而诸如事业单位法人、机关法人等自身不从事经营活动的法人不享有人格权。法人人格权与自然人人格权的产生基础也不同，如法人名誉权与自然人名誉权具有本质不同，自然人名誉权是基于社会评价对人格尊严和人格自由的影响而产生，而法人名誉权源于法人的经营自由与人格独立。[①] 对法人人格权的侵害，影响的是其市场主体的经营能力的下降，进而，法人是否具有人格权也应就其是否具有经营性进行判定。

第二，财产权体系，体现为以营业权为核心所构建的权利体系。商主体从事商行为的最直接、最根本的目的在于实现营利。"商法整个制度的设计都是为了满足商事主体的营利性要求。"[②] "商主体身份之确定、商行为之界定、商事活动之目的以及商事立法与司法之原则，无不与营利有关。"[③] 而营利目的只有通过商主体的营业行为才能达到，而营业行为则是实现营利目的最直接的、必不可少的手段，营业贯穿于商事行为或者商事活动始终。商

[①]　参见许中缘、颜克云：《论法人名誉权、法人人格权与我国民法典》，《法学杂志》2016 年第 4 期。

[②]　赵万一：《商法基本问题研究》（第 2 版），法律出版社 2013 年版，第 59 页。

[③]　范健、王建文：《商法的价值、源流及本体》（第 2 版），中国人民大学出版社 2007 年版，第 41 页。

事主体从事营业行为，主要体现为商事流转，以获得财产增值收益。商主体制度以营业为中心而建立，营业也是商主体的本质体现。商事主体尽管也可能享有物权、债权、知识产权等民事权利，但这些分类远不能涵盖商事组织从事商事经营中应当受到保护的各种权利，商事主体的财产权利更多体现的是以商事流转为中心、以营业权为基础构建的商事财产权体系。

三、现有民事权利体系构建的不足

我国现行的民事、商事立法体制对民事权利的保护是值得肯定的，但受限于立法体制对民事、商事权利采取的分立、分离的保护模式。尽管对于我国民法典的立法模式是采取民商合一还是民商分立仍具有争议，但民商合一是世界民法典立法的趋势，在这种大趋势下，我国民法典需要对现有的民事权利、商事权利进行立法融合，从而构成统一的民事权利体系。我国目前对民事权利的研究还没有达到应有的深度，尤其是缺乏民商事权利的体系化，无法对立法和司法提供具有说服力的理论支撑和论证。这些主要表现在以下几个方面。

第一，民事权利体系的构建过于注重"人格权与财产权"的体系，不能体现所有的民事权利。首先，该种权利忽视了身份权的内容。根据《民法通则》第 2 条的规定，民法调整平等主体之间的人身关系与财产关系，但是，在演化成我国法律的既有规定上，变成人格权与财产权的内容，忽视了身份权的存在。其次，该种体系忽视了复合型的权利，如股权的内容。股权既不是一种人格权，也不是一种财产权，而是一种具有双重身份的权利。

第二，既有民事权利体系过于强调民事权利的法定性，难以实现对所有民事权益进行保护。传统立法对于民事权利体系的构建过于强调法定性，即有法律规定的民事权利才能够得到保护。例如基于人格权的法定性，并不是所有的人格权都能受到法律保护。如贞操的侵害，尽管在有些案件中得以实现赔偿，但违背了既有权利法定的事实。① 而在实践中对另一些人格权的侵

---

① 参见王剑平：《"贞操权"首获民事赔偿》，《民主与法制》2007 年第 6 期。在该案中，与男友同居并怀孕的 24 岁女子张某，一心打算与他结婚时，却发现其已有家室并育有两子，于是以侵犯贞操权为由将其告上法庭。东莞市人民法院在审结该案时认为，贞操权是一项男女共享的独立人格权，男方以欺骗方式侵害女方的贞操权，属于人身损害赔偿性质，因此判决被告应付给张某精神损害抚慰金 2 万元。

害，如吊唁权①，法律很难对此实施保护。

第三，过于强调针对绝对权与相对权建立的体系，难以涵盖中间型权利。现有体系是以绝对权与相对权为基础建立起来的物权与债权划分的体系，但绝对权与相对权之外，存在诸多难以为该种体系所容纳的如租赁权、特许物权、期待权、成员权等内容。至此，学者认为，现代的夹于绝对权与相对权间的中间型权利不断增多，使绝对权与相对权理论的区分已经只具有"认识论上的意义"②。

第四，民事权利对传统民事权利过于关注，而忽视了传统属于商事权利的内容。在既有的民事权利立法框架下，主要是集中于民事权利的保护，商事权利在既有的权利体系下被忽视，如营业权。而且，因为忽视了商事权利的特殊性，从而使得该种商事权利难以在此种权利体系下得以容纳，如商事人格权。商事人格权的理论适用主要是在自然人人格权基础上进行的，从而得出法人人格权非人格权的理论。③

第五，过于注重权利的民事性，不能容纳其他法律对权利内容的规定。这些主要表现为，一是不能容纳宪法中的权利侵害。宪法规定的基本权利，如何在民法中进行保护是我们所遇到的一大难题。如南京玉环燃气电器总公司武汉销售公司在其广告中将公司的联系电话"5807404"误印为武汉市民张某的家庭电话"5807407"，导致张某家的电话铃声不断，从早上六点半到晚上十一点，都有电话打进，尤其是午休时间更甚，严重干扰了张某一家的正常生活。④ 该种权利是休息与安宁权受到侵害，但是在现有的民事权利体系范围内，该权利很难得到法律上的保护。二是不能容纳行政法所保护的

---

① 2007年4月，刘老太的儿子王某被一家承揽境外工程的建设股份公司派往国外工作，一去就是一年。2008年2月21日，王某在境外工作期间意外死亡，儿子所在单位来了两位工作人员，表示愿意支付给她补偿金10万元，但事后她多次向儿子所在单位询问儿子死亡的真相及善后处理情况，该单位推诿不予答复。刘老太不服并向法院起诉，要求确认其享有对死去儿子的遗体吊唁及殡葬的处分权和知情权。参见《遗体吊唁权》，2016年5月11日，见http：//www. lawyee. net/Case/Case_ Hot_ Display. asp？Lang＝1&RID＝199564。

② 参见冉昊：《论"中间型权利"与财产法的二元架构》，《中国法学》2005年第6期。

③ 参见尹田：《论法人人格权》，《法学研究》2004年第4期。

④ 参见《中国青年报》1995年3月7日第6版。私人的安宁生活受到打扰的情形还有很多，比如恶意拨扰骚扰电话或者发送骚扰短信，利用高档小区房屋做餐饮扰邻，同一栋楼中高层用户往低层用户的花园扔杂物等。

权利。基于行政法所产生的权利，如行政给付，在行政给付所应给予的抚恤费、社会救济、福利金、社会养老保险金等，以及在征收过程中应该给予被征收人的住房安置费、征收补偿费应给付而没有给付，此时权利人只能以行政诉讼的方式进行起诉，而不能通过民事诉讼的途径。这就在权利保护上造成民事救济方式与行政救济方式的脱节，不能很好地涵盖所有需要调整的内容。

四、现有民事权利体系的弊端

基于此，笔者认为，基于权利体系的一致性，民事权利需要与这些权利进行衔接。但因现有民事权利体系所带来的不足，给我国民事权利的保护与立法带来了诸多弊病。

第一，不能在民法的角度下对既有权利提供有效保护。由于现有权利体系不能涵盖行政法等的内容，这就导致了对一些权利的侵犯难以得到法律的保护。如民政部门应该给予的养老金没有给付，就只能通过行政诉讼而不能通过民事诉讼进行调整。

第二，难以实现法律之间的有机性调整。基于权利的本质特征，应该给予权利综合、全面的保护。例如，既然有针对债的关系之外的不特定的第三人之效力，那么，为何认为债权是相对权，具有相对性呢？显然，认为债权是相对权的观点实际上忽略了债权也具有涉他性效力的属性，因而具有片面性。①

第三，不能容纳所有的民事权利内容。传统民事权利体系都以财产性与非财产性作为权利区分的基本逻辑，德国更在此基础上创造了物权与债权的区分方法。以某一种民事权利的现实客体为对象，可以实现精确性，但建立的权利体系并不具有包容性。这种论证逻辑导致的最终结果就是，无论具体的分类标准如何，学者只能以具体列举的方式描述我国的民事权利体系。其中较为经典的表述就是把民事权利体系划分为以下五个大类：人格权、亲属权、财产权、知识产权、社员权。② 当学者们反对股权是社员权，主张股权

---

① 参见刘德良、许中缘：《物权债权区分理论的质疑》，《河北法学》2007 年第 1 期。
② 参见谢怀栻：《论民事权利体系》，《法学研究》1996 年第 2 期。

性质是一种独立的民事权利时，① 上述体系就存在解构的风险。社会生活的发展中不断涌现的新型权利也考验着权利的体系化，如生活安宁权、信息自主权等现代化权利必须能为现有权利体系所包容。这就要求我们改变现行的构建方法，不再以具体的权利客体精确区分民事权利，而应采用身份权、人格权、财产权等一系列包容性的上位概念构建民事权利体系。

第二节　民事权利体系构建的标准

一、民事权利体系应有的特征

法学界对民事权利的研究并不匮乏，然而将民事权利体系作为一个整体并对其进行深入研究的相关理论成果却少之又少。即使有些学者在其专著中论及民事权利体系这一概念，也只是浅尝辄止。② 事实上，在民事权利体系这一整体的基础上对各民事权利进行研究的效果要优于仅对各民事权利进行孤立研究。若在民事权利体系的整体框架内研究民事权利或者构建相关权利制度时，除了要考虑该权利的相关内容，还会考虑到各个权利之间的平衡，从而实现对权利的优化配置。如此一来，针对各民事权利的研究造成彼此的冲突和矛盾可转化为民事权利体系内部的各个权利相互配合，从而更好地发挥其应有的权能。完整的民事权利体系应具备以下特征。

第一，内容协调完整。体系是具有一定逻辑的系统构成，一个完整的系统最基本的要求就是要有完整而协调的内容。民事权利种类繁多，法律条文关于民事权利的规定也分布在不同的部门法中，构建民事权利体系就是为了对民事权利进行整合，便于以后对民事权利的研究和学习。例如，我国现行法律把民事权利规定在不同的部门法中，不同部门之间的法律规定可能会重复，造成立法资源的浪费；也可能会彼此冲突，增加司法过程中法律适用的困难；也可能形成法律漏洞，不能更好地实现对权益的保护；有的规定在实质上已经被新的法律规定代替而失效了，这就不利于法律初学者的学习。因

---

① 参见江平、孔祥俊：《论股权》，《中国法学》1994 年第 2 期。

② 参见王利明：《民法典体系研究》（第二版），中国人民大学出版社 2012 年版，第 410—413 页。

此，在构建民事权利体系时，应结合我国目前立法的相关规定，注重其内容的完整性和协调性，并作出相关立法建议。

第二，结构完善。一个体系之所以能称为体系，皆因其有完善的结构。一个完善的结构不仅指排列整齐，更重要的是结构之间具有严密的逻辑性。在构建民事权利体系时，不仅要将各种类型的权利整齐排列出来，还要保证该排列顺序是有逻辑性的。哪些权利之间是类权利与亚类权利的关系，哪些是并列的关系，这些都是我们需要注意的。例如，有的学者提出"商事人格权"这一概念，主张"商主体"这一特殊民事主体享有的相关人格权属于"商事人格权"[①]。这种提法就忽略了民事权利体系内部的逻辑性。但在我国民商合一立法模式下的民事权利体系中，所有的主体都是民事主体，其中一些民事主体因其从事经营性活动，而具有一定的特殊性。其人格权所包含的利益可能与其他主体人格权中的利益不尽相同，但这并不意味着可以不顾民事权利体系结构的逻辑性和完整性而需要新创设一种不必要存在的权利类型。

二、构建民事权利体系应坚持的原则

构建民事权利体系时，应坚持以下原则。

第一，坚持构建体系的稳定性原则。民事权利体系应当是一个稳定的结构，既不会遗漏现有的民事权利，亦不会因为新出现的民事权利而具有不兼容性。稳定性原则要求采用具有广泛性与包容性的法律概念，这些概念必须为权利的集合体，如财产权、人身权等。过分追求概念的精确性会导致个别权利与体系的不兼容。例如，有学者早期主张采用物权、债权、亲属权、人格权、知识产权、社员权的分类方法，就会在股权的归属问题上产生争议——近年来，股权性质的独立权利说逐渐占据上风，该学说认为股权不属于以上权利的任何一种，股权就是股权。[②] 可见，过度追求定义的精确化势必增加民事权利体系解构的风险，应当运用集合性法律概念构建民事权利体系，以维持其稳定性。

---

① 参见苗延波：《商法通则立法研究》，知识产权出版社 2008 年版，第 112—113 页。

② 参见江平、孔祥俊：《论股权》，《中国法学》1994 年第 2 期。

第二，坚持民事权利体系的开放性原则。法律是调整实践生活中的各种社会关系的规范。某种社会现象的出现引起纠纷之后，立法者才会针对该现象制定相应的法律来解决社会实践中出现的矛盾。因此，法律具有滞后性。也就是说，无论法律制定得多么尽善尽美，在施行时总会存在漏洞，因为社会是不断向前发展的。民事权利也是一样，无论构建出一个多么完善的权利体系，随着生产力的发展，社会生活的发展，总会出现新的民事利益，而这种新利益可能会上升为新权利。[1] 因此，我们所构建的民事权利体系应当具有开放性。在构建民事权利体系时，为新的民事权利预留出空间，既可以更好地保护权利，也可以维持法律的稳定性。然而，承认民事权利体系的开放性，并不意味着否认民事权利体系的完整性。体系的完整是结构上的，而体系的开放性则是针对具体内容而言的。

三、民事权利体系构建的具体标准

"权利是私法的核心概念，同时也是对法律生活的最后抽象。"[2] 坚持民事权利的体系性，基于大陆法系法典化的一般原则，体系化是民事立法的必然现象。这必然要体现为民事权利的体系性。如果民事权利没有实现体系化的要求，必然会影响法典化的构建。采用类型化体系方法构建民事权利体系时，有不同的标准。有的学者以权利的内容为标准；[3] 有的学者采用按内容划分与按效力划分相结合的标准；[4] 还有学者采用层次性的构建标准。[5]

（一）以权利内容为标准

多数学者在构建民事权利体系时采用这样的标准。谢怀栻教授试图"为每项权利寻求它的固有属性"，"避免所谓的'混合权利'"。因此，他所建立的民事权利体系以民事权利的内容为标准，将民事权利划分为人格

---

[1]　参见石佳友：《民法法典化的方法论问题研究》，法律出版社 2007 年版，第 46—48 页。

[2]　转引自〔德〕迪特尔·梅迪库斯：《德国民法总论》，邵建东等译，法律出版社 2001 年版，第 62 页。

[3]　参见谢怀栻：《论民事权利体系》，《法学研究》1996 年第 2 期。

[4]　参见刘文科：《民事权利体系重构及其方法论》，2005 年 10 月 23 日，见 http://www. civillaw. com. cn/article/default. asp？id＝22828。

[5]　参见彭诚信：《主体性与私权制度研究——以财产、契约的历史考察为基础》，中国人民大学出版社 2005 年版，第 25—243 页。

权、亲属权、财产权、知识产权、社员权。① 这种分类方法，首先将人格权独立出来，并置于民事权利体系首位，体现了人格权的重要性和独立性。将知识产权单列为一种权利类型，使其与财产权成为相同位阶的权利，拥有了独立的地位，并且将社员权也视为一种独立的权利类型。这样的观点在当时有很大的进步性，直到今天对于我们研究民事权利体系也很有启发。然而，随着社会的发展，需要保护的民事权益不断增多，并且越来越复杂，谢教授所构建的这一体系在一些方面已经不适应如今的社会情况。例如，体系中没有身份权这一概念，荣誉权这一身份权就不能被纳入这一体系当中。

　　王利明教授最初将民事权利分为财产权、人身权和综合性权利，后又认为民事权利体系主要由人格权、身份权、物权、债权、知识产权、继承权和股权这几个类型构成。② 之前的观点将实践中既有人身性又有财产性的权利全部一股脑地归类为综合性权利。这样的体系表面上看分类整齐，然则并不能真正体现那些综合性权利的本质。对于之后的观点值得注意的是，物权和债权其实都属于财产权，但是王利明教授不采用财产权这一概念，而有意使用其下位概念。这样看来，王利明教授在构建民事权利体系时，似乎有意不采用人身权和财产权这一位阶的概念，而是直接采用其下一位阶的概念，如物权、债权、人格权等。王利明教授似乎试图直观地对权利进行分类，并通过这种直接的方式构建民事权利体系。这样就摆脱了一个总是困扰我们的问题，不再纠结于某一权利所保护的利益是否具有经济价值，或者某一权利所保护的利益，在其经济价值与伦理价值并存时该将其如何归类的问题。然而这种通过较具体的类型直接构建民事权利体系虽然简单明了，但这样的分类方式太过具体，将知识产权、物权、债权、股权这些较具体的权利类型作为民事权利体系的基础类型，很容易导致民事权利体系的不稳定。因为社会的发展总会不断产生新的需要保护的利益和权利类型，并且新权利的内涵很有可能超出基础权利类型，是与基础权利类型相并列的位阶。将新权利类型纳入体系则要将其直接作为民事权利体系的基础权利类型，这样一来，民事权利体系则失去了其应有的稳定性。

---

① 参见谢怀栻：《论民事权利体系》，《法学研究》1996 年第 2 期。

② 参见王利明：《民法总则研究》，中国人民大学出版社 2012 年版，第 422 页。

　　笔者认为构建民事权利体系时，不能仅注重绝对权与相对权的体系，还要注意对中间型权利的涵盖。例如，在对民事权利进行分类时，除了人身权和财产权之外，还有一些中间型权利的存在，如知识产权。再如，在财产权体系中，除了物权和债权，还有其他形式的财产利益存在，这些中间型权利的存在要求我们在构建民事权利体系时，既要保证体系的完整性，又要保持体系的开放性。因此，笔者建议，民事权利体系应确定人格权、身份权和财产权这三个基础权利类型，其他各个类型的民事权利均可视为这三种基础权利细化或组合的结果。例如，著作权包括著作人身权和著作财产权，著作人身权是基于其作者身份而享有的，因此属于身份权；而著作财产权则与其他财产权并无二致，因此属于财产权。这样看来，著作权则是身份权和财产权相结合的结果。这种观点在构建民事权利体系时，只明确规定了人格权、身份权和财产权这三种基础类型，各个类型权利的权能均可以在这三者中实现对应，即使以后出现新型权利也不例外。这既保证了民事权利体系的稳定性，也保持了其开放性。

（二）按内容划分与按效力划分相结合的标准

　　有学者对民事权利体系进行重构时，认为权能是构建民事权利体系的关键。权利的具体内容是权能，任何一项民事权利都包含一些权能，它们是区分不同权利的最重要表现。民事权利按内容划分可分为人格权、身份权、财产权等权利，按效力划分可分为支配权、请求权、抗辩权和形成权。在构建民事权利体系时，将按内容划分民事权利与按效力划分民事权利这两个标准结合起来，对民事权利进行了分类。首先按权利的效力对绝对权和相对权作出划分，再按照权利的内容确定不同的权利应归为绝对权或相对权。绝对权包含人格权、物权、继承权、知识产权和股权；相对权则包含债权和亲属权。[①] 这样的类型化标准为民事权利体系的构建在理论上提出了一个很好的办法，但是其实用价值却不如第一种类型化标准。民法典的篇章构造不可能按照权利的效力来安排，绝对权与相对权的区分也只是学理上的研究。

（三）层次性的构建标准

　　彭诚信教授建构私权体系时，采用的即是这样一种层次性的类型化标

　　[①]　参见刘文科：《民事权利体系重构及其方法论》，2005 年 10 月 23 日，见 http：//www. civillaw. com. cn/article/default. asp？ id＝22828。

准，其研究是围绕法律主体进行的。他将民事权利分为元权利（基础性权利）、辅助性权利（功能性权利）和救济性权利三个层次。元权利是法律主体生存和生活所必要的基本权利，它们是人成为人的最基本法律元素。辅助性权利是元权利所滋生的权利或者是对元权利进行辅助的权利。救济性权利是指在前两种权利受到侵害或者破坏时，对其进行救济的权利。在确定了民事权利的三个层次之后，彭诚信教授又分别论述了这三种权利所包含的具体权利类型。元权利的具体内容又包括人身权利（人格权和身份权）、监护权、委任权与代理权、财产权、知识产权、股权和契约权利。此处的契约权利指的是主体维护其基本社会交往、经济交易的自由，私人之间的契约主要包括多方当事人设立团体和双方当事人设定具体法律关系的契约。辅助性权利的具体内容包括辅助性请求权、抗辩权、形成权。其中辅助性请求权是按元权利的具体类型进行分类的，有人格权请求权、身份权请求权、物权请求权、知识产权请求权等。救济性权利则根据救济方式的不同包含诉权和自力救济权，自力救济权一般通过正当防卫、紧急避险和自助行为来实现。①

这种多层次的类型化标准为纷繁复杂的民事权利提供了一种体系建构方式，既考虑了民事权利的内容，又顾及了民事权利的性质，并且这三类民事权利层次之间有着非常严密的逻辑顺序。民事主体首先必须要享有一些最基本的权利来保证其生存和生活，这就形成了元权利。为了保证这些基本权利的效力，就需要一些功能性的权利来辅助元权利，这就产生了辅助性权利。无救济则无权利，当元权利或辅助性权利受到侵害或损害之后，必须对其进行救济，这就使得救济性权利的出现成为必然。可以说，这种民事权利体系的构建标准在理论上是相当完善的，但其对立法实践的借鉴意义不及其理论意义。元权利是实体上的权利，而辅助性权利如抗辩权、请求权、形成权，是程序上的权利。民事立法时，往往将这些辅助性权利与其相对应的实体权利一并规定，并不会将这一层次的权利单独予以规定。另外，救济性权利中的诉权，规定在程序法中，是一种公权力，并非私权。

通过对上述构建民事权利体系的标准进行分析之后，笔者认为，构建民

---

① 参见彭诚信：《主体性与私权制度研究——以财产、契约的历史考察为基础》，中国人民大学出版社 2005 年版，第 25—243 页。

事权利体系时应以权利内容为标准。如此构建的民事权利体系不仅在理论上有助于民事权利的发展，在实践上也能为民事立法提供指导。

第一，坚持民事权利的法定性。如果没有该种法定性的支持，民事权利的体系也就无法实现。民事权利的法定性，本质就是实现民事权利的保护性，从而增强司法判决的预期性。权利的法定性涉及一种价值评判，即权利保护与行为人的自由之间矛盾的克服。如果法律规定的权利过多，尽管在一定程度上能够使权利得以保障，但这将会在一定程度上使行为人的自由受到妨碍，所以权利需要法定，这样能够增强权利保护的预期。[①]

第二，坚持民事权利体系的包容性。人类的权利感情、权利意识、权利观念皆发轫于社会生活，与社会发展同步，不存在滞后性问题；并且由于人类对幸福美好生活有本能的追求，往往会提出一些前瞻性的未来权利要求，从而推动权利与法律的进步和发展。与此相反，法定权利则是一个封闭的体系，滞后性是其固有品质。在某一既定历史时期，法律规范体系具有高度的稳定性，由此决定了法定权利体系的不易变动性和封闭性，这对权利与法律的发展进步都是一个障碍。再者，在民事领域，法定主义的主张与我们所知的"法不禁止即自由"的法政策相悖，应当遵循"法官不得以法无明文为理由，拒绝裁判"的政策，即法官在对民事案件进行审理时，法律有明文规定的，必须依据法律的规定；法律没有明文规定的，可以适用习惯法；既没有法律规定也没有习惯法，依据类推解释或者法理进行断案。法官不能以"法律没有明文规定"为由拒绝对公民权利进行救济或者判案。[②]

第三，坚持民事权利体系法律之间的连接性。物权反映静态财产关系，债权反映动态财产关系，这已经成为我国学者的共识。但物权是目的、债权是手段，只是在一个静态的社会现实中存在，随着社会的发展，交易关系的频繁，法律生活呈现出"动态"特征。如此一来，在物权与债权严格区分的基础上，必然导致租赁关系只受到债权的调整，使买受人的利益难以得到真正保护。如拉德布鲁赫所言：

[①]　参见石佳友：《民法法典化的方法论问题研究》，法律出版社 2007 年版，第 34—38 页。

[②]　参见石佳友：《民法法典化的方法论问题研究》，法律出版社 2007 年版，第 39—46 页。

债权表现的权力欲及利息欲，在今天都是经济目的。债权已不是取
得对物权和物利用的手段，它本身就是法律生活的目的。经济价值不是
暂时静止地存在于物权，而是从一个债权向另一个债权不停地移动。①

第四，民事权利体系构建的层次性。权利的登记是保护权利的最为有效
的方式。然而，尽管登记是一种最完整的公示方法，通过登记确实可以将让
与担保设定和移转的信息向社会全面公开，从而有可能努力减少让与担保制
度因为公示性缺乏而存在的缺陷。但单纯以登记作为动产让与担保的公示方
式，也存在两个致命的缺陷：一是它会暴露当事人的经济状况，不利于保守
当事人的商业秘密。二是登记公示具有稳定性，不利于商品流通。② 因此，
对民事权利体系的保护，需要在公示的权利与无需公示的权利间进行平衡。

第三节　构建民事权利体系的方法

民事权利的类型多种多样，完整的民事权利体系有助于我们从宏观上掌
握民事权利，有助于法典的编纂。民法权利体系是一个有机复杂的构成，体
系的形成需要一定的方法。

一、封闭式抽象演绎方法

对法学进行体系化研究时，概念法学的"贡献在于形成一种——以较
特殊的概念应隶属于适用范围较广，表达内容较少的概念之下为原则而构
成——抽象的概念体系。它不仅能指示概念在整个体系中应有的位置，也能
将具体的案件事实涵摄于法律规范的构成要件之下"③。

此种方法的体系化过程是：首先将事实分离成若干一般性要素，并将这
些要素分成不同类别，增加这些被类别化的若干要素便可形成抽象程度较低
的概念，反之则可形成抽象程度较高的概念。抽象程度较低的概念可以被抽
象程度较高的概念所涵摄，最后可以将大量的事实归结到少数抽象程度极高

---

① ［日］我妻荣：《债权在近代法中的优越地位》，中国大百科全书出版社 1999 年版，第 7 页。

② 参见屈茂辉：《物权的公示方式研究》，《中国法学》2004 年第 5 期。

③ ［德］卡尔·拉伦茨：《法学方法论》，陈爱娥译，商务印书馆 2003 年版，第 42 页。

的概念上，从而形成一种金字塔式的民事权利体系。在封闭式抽象演绎法中，每一个法律概念都可以找到其对应的上位概念，体系具有严格的层级化，并且环环相扣，任何一种民事权利的归类错误或性质发生转变，都能影响整个民事权利体系。

这种体系化的方法受到了卡尔·恩吉施的批判。他认为，这种体系化方法是建立在一定的"公理式体系"之上的，组成体系的概念不仅要逻辑上相容，而且必须是最终的，不能由其他概念导出。但这一公理式体系是不存在的。[①] 具体而言：

首先，新型民事权利的出现，容易造成民事权利体系的解体。根据抽象演绎法，每一个权利都有其上位"基础概念"，基础概念具有精确性与抽象性的特点，只有新权利完全符合该概念时乃能被容纳。股权的出现、人格权的发展、商事权利的兴起，使"基础概念"的寻找越发困难，造成了学界对于民事权利体系构建的认识争议。

其次，抽象概念式的体系在对对象进行归类时，为了保障体系的圆满性，最抽象的概念只有相互对立的两个，非此即彼。但实际生活中的情况并非如此，经常有中间形式的出现，同时包含两者的特征。抽象概念式的体系并不能容纳这种中间形式，其意欲构建的无漏洞体系根本无法实现。

最后，抽象概念的外延由于其定义要素而被终极地确定，导致其逻辑上的封闭性。然而，法学是一门社会学科，民事权利也随着社会的发展而发展，它是开放的并且不断发展着的，绝不可能是已终结的体系。其实，"抽象概念的内涵特征愈少，其适应范围愈广；其内涵特征愈多，适应范围愈小"[②]。因此，抽象概念式的体系化方法容易导致概念内涵的空洞，抽象程度越高，其内涵就越空洞。抽象的概念需要具化的思维方式，即类型化。

二、开放私权类型体系方法

（一）抽象概念与类型的比较

德国卡尔·拉伦茨教授曾明确指出：

---

① 参见［德］卡尔·拉伦茨：《法学方法论》，陈爱娥译，商务印书馆 2003 年版，第 43 页。
② 许中缘：《体系化的民法与法学方法》，法律出版社 2007 年版，第 101 页。

　　当抽象——一般概念及其逻辑体系不足以掌握某生活现象或意义脉络的多样表现形态时，大家首先会想到的补助思考形式是"类型"。与抽象概念相反，作为思考形式的类型的认识价值在于：其能够清楚地显现——并维持彼此有意义地相互结合的——包含于类型中丰盈的个别特征。①

　　因此，类型更加具体，认识价值则愈高，在法学体系的构建中具有重要的意义。②"类型本身已具体系的结构，可作为体系之建立的基础或方法。"③采用类型化体系方法对民事权利体系进行研究时，更注重民事权利的内涵。抽象概念与类型具有以下不同：

　　第一，概念是僵硬不动、呆板固定的，但是类型的特征至少有一部分是具有层级性的（abstufbar）。所以类型具有流动性与较大的弹性。第二，类型是开放的（offen）。在类型的适用上，部分特征的舍弃并不影响其存在。但抽象概念的外延透过其定义要素被终极地确定，所以它是封闭的，其中某些特征部分减少，将导致其不能适用。第三，抽象概念与类型概念对事实对象的"归类程序"（zuordnungsverfahren）亦有不同。前者是采用"非此即彼"的方式将某一事实涵摄于抽象概念之下；而后者是以"或多或少"是否具备的方式将某一事实归类（zuordnen）于该类型之下。第四，抽象概念适用于事实时，要求概念特征具有统一性，但是类型只需要避免相类似即可。第五，抽象概念是可以定义的，通过穷尽地列举其欲描述对象的特征即可成就。而类型无法加以定义，只能借由一连串具有不同归类强度的个别特征来加以限定（umschreiben），故其只能单纯地被描述。第六，抽象概念的适用外延与内涵成反比的规则，即内涵特征愈少，其适用的范围愈广；内涵特征愈多，则适用范围愈小。但是类型的内涵与外延不具有如此联系，其外延模糊不确定，因此在操作上不能以简单的、纯逻辑的方式进行，而需要

①　［德］卡尔·拉伦茨：《法学方法论》，陈爱娥译，商务印书馆2003年版，第347页。
②　参见许中缘：《体系化的民法与法学方法》，法律出版社2007年版，第99页。
③　黄茂荣：《法学方法与现代民法》，中国政法大学出版社2001年版，第483页。

或多或少地带有价值判断，这就决定了类型化比抽象概念更具有灵活性。第七，抽象概念乃是一系列特征的总和（merkmalssumme），其特征需要彼此独立而无关联。但是在类型之中，其特征的组合具有有机的联系。因此，类型比抽象概念具体，且具有较高的认识价值。也就是说，传统的概念式思维是一种"分离式思维"（trennungsdenken），足以瓦解并败坏生活现象的整体性。①

所以，抽象概念需要上升为法律类型。反过来，法律类型化的特点也决定了应当由类型来构建民事权利体系。

（二）民事权利体系与民事权利分类的关系

一些学者在论述民事权利体系时，混淆了民事权利体系与民事权利的分类。典型的如恩吉施认为：

> 体系是一种由某些若干——彼此有意义地相互结合之——法律指导原则所构成的体系，其运用某些概念及分类观点，惟并未主张彼等具有一般有效性或完足性。②

传统的理论认为，可以将民事权利按照一定的标准分类，并在分类的基础上对民事权利进行体系化。但民事权利体系与民事权利的分类不是相同的概念。民事权利的分类是根据不同的标准，对各个类型的民事权利进行划分。可以根据民事权利的性质分为支配权、形成权、请求权和抗辩权；可以根据权利的作用分为绝对权和相对权；还可以根据权利要件是否已经实现分为既得权和期待权。民事权利体系则不同，民事权利体系是建立在民事权利分类的基础上的。讨论民事权利体系时，通常要采取某一种分类方法，并按照这种分类方法构建民事权利体系。事实上，不论采取哪种分类方法，都可以构建出一个民事权利体系。民事权利体系与民事权利分类有内在联系，但民事权利体系有以下独特性。

---

① 转引自吴从周：《论法学上之"类型"思维》，台湾月旦出版公司1997年版，第307页；许中缘：《体系化的民法与法学方法》，法律出版社2007年版，第99—101页。
② ［德］卡尔·拉伦茨：《法学方法论》，陈爱娥译，商务印书馆2003年版，第344页。

第一，内容的包容性。民事权利的分类注重表达权利某一方面的功能，如效力范围（绝对权与相对权）、相互地位（主权利与从权利）等，但民事权利体系注重权利整体逻辑结构，具有包容性，其能够囊括所有民事权利类型而不局限于体现单一权利的功能。①

第二，权利归属的固定性。以债权为例，在民事权利分类中，债权既归属于相对权又可归属于财产权，还可归属于请求权，其具体定位依据是分类的需要；但无论在哪种民事权利体系中，债权的归属都是固定的，要么独立成为债权体系，要么归属于财产权，不会出现归属的交叉性。

第三，民事权利体系影响民法典的编纂体例，民事权利分类并不具有此功能。《德国民法典》后四编物权、债权、亲属、继承就是民事权利体系的划分；我国《民法通则》对民事权利划分为：财产所有权和与财产所有权有关的财产权、债权、知识产权、人身权。且不论以上分类是否合理，民事权利体系对于民法典的编排功能是民事权利分类所不能替代的。②

（三）民事权利类型体系化的优点

首先，对事物的本质进行把握时，离不开比较方法的运用，只有其与其他对象明确地区分才能真正认识这一事物。类型不仅能体现其整体性特征和共同性特征，又能"清楚地体现……丰盈的个别特征"③。因此，"类型本身已具体系的结构，可作为体系之建立的基础或方法"④。

其次，类型的构建是通过对研究对象某方面特征的描述进行的，不同的强调重点或标准就可以使某一种类型转向成为另一类型。其内涵的特征具有流动性，这就使得中间型及混合类型的权利出现成为可能。

最后，与抽象概念的非此即彼不同，类型之间的界限并不严格。社会的发展必然会出现新的民事权益和民事权利类型，只有类型化的体系具有包容性，能将不断出现的新类型纳入体系之中，并保证体系的开放性。

因此，类型化体系方法有助于探寻民事权利的真正内涵，并建立一个完善又开放的民事权利体系。值得注意的是，确定类型化体系方法是我们构建

---

① 参见王利明：《民法典体系研究》（第二版），中国人民大学出版社 2012 年版，第 410—411 页。

② 参见何志鹏：《权利基本理论：反思与构建》，北京大学出版社 2012 年版，第 26—28 页。

③ ［德］卡尔·拉伦茨：《法学方法论》，陈爱娥译，商务印书馆 2003 年版，第 44 页。

④ 黄茂荣：《法学方法与现代民法》，中国政法大学出版社 2001 年版，第 483 页。

民事权利体系的方法，并不意味着类型是构建民事权利体系的唯一方法。民事权利体系的构建仍然离不开概念、原则等要素，也需要运用归纳法、演绎法、比较法等各种方法。"任何单一的方法建立的体系必然不是一个有机的体系，也必然不是一个开放的体系，况且这种体系的建立也不可能。"①

权利的内容为自由与利益，权利的实现需要得到法律的保障，对其主体而言，权利是一种可能性或资格。民事权利是指由法律保障、民事主体实现其民事权利的自由。② 因此，应当将民事权利体系确定为一个完整的系统，而这个系统内部的各种民事权利类型的排列都是按照一定的逻辑顺序进行的。

第四节　民事权利体系的具体类型

一、民事权利的本质

权利的概念是人类社会发展到特定历史阶段的产物，它的出现与个人主义观念的兴起紧密相关。当世俗个人主义和自由意志主义成为权利概念的理论基础的时候，也就是现代权利概念诞生的时候。③ 在民事权利的体系构建中，关于权利的本质有多种观点，有自由说、资格说、主张说、利益说，以及法力说、可能说、规范说等多种观点。④

尽管这些学说在某个方面对权利的本质阐述具有其合理之处，但也具有其固有的局限性。权利的本质是一种选择行为，不过，这种行为与一般行为不同，其存在于法律关系，其只能是在法律关系中的行为。脱离了法律关系，该行为已经不具有法律上的意义。"在法律关系中，任何权利只是特别的、通过排除了某些方面的而描述的一种抽象，因此，关于各项权利的判决本身只是由于从法律关系的整体观察出发才有可能真实并且有说服力。"⑤

---

① 许中缘：《体系化的民法与法学方法》，法律出版社 2007 年版，第 125 页。

② 参见许中缘、屈茂辉：《民法总则原理》，中国人民大学出版社 2012 年版，第 293 页。

③ 参见方新军：《权利概念的历史》，《法学研究》2007 年第 4 期。

④ 关于这些观点的介绍在各种版本的法理学、民法总则教科书中均有所阐述，笔者在此不再赘述。

⑤ 转引自萨维尼：《萨维尼论法律关系》，田士永译，2016 年 12 月 15 日，见 http://www.civillaw.com.cn/weizhang/default.asp?id=23374。

人只有在法律关系之中从事其行为才能实现其权利，而权利的实现同时需要"责成"其他人的"行为"保障这种权利的实现，并按照权利人的要求从事行为。① 私法中的权利，并不仅仅满足于规范上的法律上的权利内容，更多地在于法律关系中的权利的实现。应该突出以法律关系，而非权利来建立法典的体系。"法律关系"与"权利"是分属于不同范畴的概念。法律关系是权利主客体之间相互作用关系的表现，权利虽存在于法律关系之中，但随着权利主客体之间作用关系的改变，同一个权利可以顺次或者同时在不同的法律关系中表现出来。② 但权利与法律关系又具有密切的关系，主要是权利的本质所决定的。③ 根据萨维尼的观点：

> 对权利的讨论通常是在法律关系的基本范畴中顺便进行的。④

可以说，对行为的规范乃是私法建立的核心。因而，民法对社会生活的调整，乃是市民相互尊重、各得其所为其共同生活的基础，这也是法律调整的内容。所谓"法律关系是通过对生活关系撷取而产生"⑤，也正是对此种状态的表述。对于萨维尼来说，如果观察法律状态（rechtszustand），首先看到是主观权利，这种主观权利是"归属于具体人格的权利"，实际上是意思所支配的一个领域。但是权利本身并不能构成最终的根据，其本身需要更深层次的基础，萨维尼认为这种基础就是法律关系，他还指出：

> 对于法律关系而言，任何一种具体的权利都仅仅是其特殊的、经由抽象而分离出来的一面；以至于对个别权利的判决，只有当其从法律关系的总体观念出发时，才是真的、令人信服的。⑥

---

① 参见［德］卡尔·拉伦茨：《德国民法通论》，王晓晔等译，法律出版社 2003 年版，第 48 页。
② 参见徐晓峰：《请求权概念批评》，清华大学出版社 2004 年版，第 147 页。
③ 当然，学者在权利与法律关系何者应为私法的核心概念存在争论，关于此探讨可以参见［德］迪特尔·梅迪库斯：《德国民法总论》，邵建东译，法律出版社 2000 年版，第 64—65 页；申卫星：《期待权基本理论研究》，中国人民大学出版社 2006 年版，第 17—18 页。
④ 申卫星：《期待权基本理论研究》，中国人民大学出版社 2006 年版，第 18 页。
⑤ 申卫星：《期待权基本理论研究》，中国人民大学出版社 2006 年版，第 158 页。
⑥ 转引自金可可：《私法体系中的债权与物权区分说——萨维尼的理论贡献》，《中国社会科学》2006 年第 2 期。

因为"权利毕竟既不是一支枪，也不是一台独角戏。它是一种关系、一种社会惯例，而在那两者的根本方面，它是关联性（connecterness）的一种表达。权利是一些公共的主张，即包含针对他人所负的种种义务"①。法律义务是指对人们提出的某种要求，一种应为的行为。"民事义务是指民事法律关系的义务主体为满足权利主体受法律保护的利益，依法应当为或不应当为一定行为的约束。"② 但是法律义务不是一种道德义务。具有自身的道德意识和法律意识的人们原则上不能不遵守这种要求。义务的遵守乃在于权利的正当性，③ 如果权利不正当，那么义务的遵守就失去了法律依据。但是法律义务的基础效力"并非取决于义务人的内心意思与否，而是以法律制度的客观的效力为基础的"④。如果没有法律制度的明确规定和契约的商定，任何人不能对他人附加义务。但是，民事义务的产生只有在具体的法律关系中才能存在。因此，权利与义务已经不再隔离，而是统一成为法律关系的内容。

二、民事权利的具体类型化

通常而言，民事权利可以按照如下八种标准进行归类：以权利效力所及的范围为标准划分，可以分为绝对权和相对权；依权利客体所体现的利益之性质，可以分为财产权、人身权、知识产权和社员权；依其作用，可以分为支配权、请求权、抗辩权和形成权；以权利成立的全部要件是否具备，可以分为既得权和期待权；以权利与其主体的关系为标准，可以分为专属权与非专属权；以相互关联权利之间的地位，可以分为主权利和从权利；以权利效力目的为区分标准，可以分为基础权和救济权；根据权利产生原因为标准，可以分为原权和取得的权利。民事权利体系中基础权利是典型的权利类型，典型类型之间以不同的强度组合，形成非典型的权利类型。⑤ 这样一来，各

---

① 转引自［德］哈贝马斯：《在事实与规范之间——关于法律和民主法治国的商谈理论》，童世骏译，生活·读书·新知三联书店 2003 年版，第 126 页。

② 李开国：《民法总则研究》，法律出版社 2003 年版，第 100 页。

③ 参见彭诚信：《主体性与私权制度研究——以财产、契约的历史考查为基础》，中国人民大学出版社 2005 年版，第 248 页。

④ ［德］卡尔·拉伦茨：《德国民法通论》，王晓晔等译，法律出版社 2003 年版，第 49 页。

⑤ 参见李建华、王琳琳：《构筑私权的类型体系》，《当代法学》2012 年第 2 期。

民事权利之间便呈现一种谱系式的流动状态，并使过渡型、混合型的权利可以在此体系中找到自己的位置。混合型权利的性质和归属便有了理论上的出路。

民法学者的私权体系的建构围绕上述八类标准展开。兹举例加以说明，如王泽鉴教授认为：

> 民事权利的基本体系可以采用上述第一、第二和第三种分类标准进行综合性的建构。①

按照王泽鉴教授绘制的权利体系图表，民事权利按照权利客体所体现的利益分为绝对权和相对权，其中绝对权包括财产权与非财产权两大部分，财产权部分将物权（所有权、用益物权和担保物权）与其他财产权（如智慧财产权）纳入其内。而非财产权则包括人格权与身份权（配偶权、亲权等）两大权利体系，与绝对权相对应的是相对权，与绝对权的庞大体系相比，相对权中，王泽鉴教授仅列举了债权一项；同时，王泽鉴教授特地在民事权利的体系中明确地列举了按照法律之力而区分的四种权利：支配权、请求权、抗辩权和形成权。

王泽鉴教授的这一私权体系为我国学者所认同。如易继明教授认为，应以第一、第二、第三、第四种分类方法为基础构建我国民事权利体系。② 值得注意的是，在《民法之学：关于权利的学问》一文中，易继明教授所提出的民事权利体系在以下三个方面有所变动。其一，用语上的改变，以"人身权"代替"非财产权"，"准物权"替换"其他财产"的用语；其二，民事权利的具体类型有所变动，将人格权细分为一般人格权和具体人格权；"准物权"除了包括传统的形态外，还将占有和知识产权纳入其范围；其三，增设以权利发展过程为标准的既得权和期待权。总体而言，该文在权利的基本体系上没有做太大的变动，采纳了王泽鉴教授最为认可的分类方法，即为权利所指向的特定利益及法律的保障方式两大标准。然而，令人玩味的

---

① 王泽鉴：《民法总则》，中国政法大学出版社 2001 年版，第 86 页。
② 参见易继明：《民法之学：关于权利的学问》，《法学》2004 年第 4 期。

是，王泽鉴教授的权利体系之建立系基于他对民事权利所做的"权利乃享受特定利益的法律之力"定义。[1] 而易继明教授对这一定义持批评的态度，认为"法力说"是一种含混不清的定义，而且他在试图进行折中、统合的论述中失去了对生命价值的追问和理论探讨的魅力。[2]

值得商榷的是，在王泽鉴教授与易继明教授所设计的民事权利体系中，知识产权被归入了财产权的范畴，而其中所包含的人身权利却被忽视；我们视为财产权下位概念的债权被设计者从财产权体系中拿出单列，以满足绝对权与相对权的对应，此种为达到体系的对称而人为切割的做法违反了我们对于财产权的一般认知，殊不可取，也说明了以多元分类标准进行体系建构必然面临自相矛盾的问题。有学者认识到在私权体系建构中采取多元分类标准存在的问题，而尝试着从别的角度来构建民事权利体系。如德国民法学者拉伦茨教授在其陈述的私权的普通类型中，以每个类型总的结构为标准列举了"各种人格权""人身亲属权""对物支配权""无形财产权""债权""参与管理权""形成权""物权取得权""归属权和期待权""权利上的权利""反对权""请求权"。同时他亦提醒读者，他对民事权利所做的类型化列举，不是根据某个具体的概念，而是根据每个类型总的结构来划分，因此，存在着中间和过渡型的类型，一个类型往往又包括其他类型的某些因素。[3] 谢怀栻先生则认为：

> 以民事权利内容为标准来划分私权，私权可以被分为人格权、物权、债权、亲属权、继承权、无体财产权、社员权等，其中物权、债权、无体财产权定性为财产权，而其他的权利类型被归类于非财产权。[4]

综上所述，我们构建民事权利体系必须要考虑如下几个问题。

---

① 参见王泽鉴：《民法总则》，中国政法大学出版社 2001 年版，第 83—84 页。

② 参见易继明：《民法之学：关于权利的学问》，《法学》2004 年第 4 期。

③ 参见［德］卡尔·拉伦茨：《德国民法通论》，邵建东等译，法律出版社 2004 年版，第 282—300 页。

④ 谢怀栻：《论民事权利体系》，《法学研究》1996 年第 2 期。

　　其一，权利体系的立法背景问题。学者在讨论民事权利的体系时，经常忽略的一个本应当重视的问题，即民事权利立法的民商分立的历史背景。德国法上实行民商分立的立法，其民事权利体系以民法典为建构基础，而在我国，商法在性质上属于民法的特别法，这一点在民法学界和商法学界已经基本形成了共识。① 因此，我们必须考虑如何在私权体系中妥当地定位民事主体所享有的商事权利，如法人的人格权问题。我们认为，考虑到我国奉行民商合一的立法背景，不应将民事权利体系限于物权、债权、亲属权、人身权和继承权这一传统的体系。事实上，谢怀栻先生也意识到民商合一的问题，而将无体财产权和社员权这两大类型纳入民事权利体系。我们认为，从民商合一的立法背景出发，应当将商事单行法作为民法特别法，进而将其确认的权利纳入民事权利体系。

　　其二，基础分类标准的选择问题。前文已经述及，从王泽鉴教授与易继明教授所建构的民事权利体系来看，往往存在着多个分类标准冲突的难题。因此，必须要考虑在多元的分类标准中选择一种作为基础的建构法则。我们认为，可以在既有的民事权利分类方法基础上进行创新。拉伦茨、谢怀栻、王泽鉴、易继明四位教授所倡导的私权体系的一个共同特点是：倾向于以特定的民事利益作为建构体系的出发点。权利的内容（权利所指向的利益）是民事权利最重要的一种分类标准。按照这一方法构建权利体系，对于我们认识权利的整体情况和各种权利的特性最为便利。② 按照这一标准，民事权利分为财产权利与非财产权利，我国学者将之称为财产权与人身权，这一分类也是当前的主流构造方法。③ 这一做法将人格权与身份权统称为人身权以代替苏联的"人身非财产权"的用语，是一种认识上的进步。但是，将人格权与身份权统称为人身权，其合理性不无疑问。身份是民事主体在社会关系中所处的稳定地位。它包括亲属权，也包括著作权人、专利权人、消费者的身份权利。在传统的人身权体系中，身份权被限缩为亲属权，而反映社会

---

　　① 参见范健：《商法》，高等教育出版社、北京大学出版社 2002 年版，第 16 页。

　　② 参见谢怀栻：《论民事权利体系》，《法学研究》1996 年第 2 期。

　　③ 如王利明教授提出，即根据权利的内容和性质，民事权利可以分为财产权、人身权、综合性的权利，并认为这是民事权利最基本的分类。参见王利明：《民法总则研究》，中国人民大学出版社 2003 年版，第 207 页。

发展的新型身份关系被忽视。因此，现代的民事权利体系应当采用财产权、人格权与身份权三分的法则作为体系的构建基础。

其三，考虑民事权利客体的层次性问题。以往的民事权利体系构建并不考虑权利客体的层次性，实为一大缺陷。由于民事权利客体的种类繁多，在不考虑客体的层次性的情况下选择权利体系的构建标准，往往体现学者个人的偏好，实难以具有说服力。因此笔者建议，民事权利分类基础的客体必须具有本源性与包容性，选用基础性的权利客体。根据学者研究，第一层次的权利客体包括物质客体和观念客体，第二层次的权利客体是第一层次的权利动起来的结果，第二层次的权利客体原则上是第一层次的权利。第一层次权利的客体相应地分为人格要素、身份要素和人以外的财货，权利绝不能成为第一层次的权利客体，第一层次的权利是在不存在任何权利的情况下，法律确定一个人对自身和外在客观事物的权利，这是权利分析的起点，也是其他权利产生的基础。① 人格、身份以及财产为最基础的权利客体，可以衍生出物权、债权、知识产权、股权等一系列第二层次的权利客体。此种方法保证了权利体系的延展性和稳定性，从而避免体系的逻辑混乱。

其四，考虑权利体系的开放性问题。分类标准本身属于一种单一的向度，因此，难免出现一些新型的权利兼有多种属性的问题，如著作权兼有财产权和人身权两种属性，此时应当做何选择？还有，知识每天都在创造着新的财产，尤其是无形财产，这些无形财产有的可以成为知识产权的客体，有的却无法纳入《知识产权法》，比如特许经营资格、企业经营信息、频道等，在体系上如何安排就成为问题。我们认为，解决权利体系的开放性问题可以从如下两方面着手：第一，民事权利概念的开放定义，前文已述及，民事权利可以定义为：

规定在民事法律、法规中或者隐含在民事立法的一般原则、精神中的民事主体享有的特定利益。②

① 参见方新军：《权利客体的概念及层次》，《法学研究》2010 年第 2 期。
② 谢怀栻：《论民事权利体系》，《法学研究》1996 年第 2 期。

就潘德克吞的立法原理而言，民法总则的称呼其实可以用私权的一般规则予以代替更为恰当，所谓的总则实际上就是私权的一般规范体系。因此，在民法典总则部分对民事权利的一般定义加以规定，从而为法官"发现"新类型的民事权利创造可能，以此解决民事权利体系的开放性问题。第二，由于新型权利的出现，在其性质未为我们全然掌握之前，贸然归入现有的权利类型必然会导致权利体系的紊乱，因此，我们可以将之认定为独立的民事权利，但不急于将之纳入现有的体系，待学界对其性质的认识成熟后再予以定位。

其五，为民事权利体系的层次性问题。具体的民事权利复杂而多样，厘清其体系和层次对研习民法意义重大。① 按照大陆法系的演绎思维方式，我们可以将民事权利分为三个层次：原则性权利、基础性权利、辅助性权利。原则性权利为民事权利的第一个层次。所谓的原则性民事权利，是指一切符合民事立法精神，应为法律所保障的特定利益。我们可以将原则性民事权利理解为一切民事权利的出发点，当然，民事立法的精神常常蕴含于宪法条文或者民法的原则性规定当中。处于第二个层次的基础性民事权利是指：在民事活动中，与民事主体生存和生活紧密相关的特定民事利益，如财产利益、人格利益和身份利益。在基础性民事权利的实现过程中，还会衍生出一些新型权利，这些权利的产生主要是为了排除基础性权利所遭遇的障碍或不便。显然，这些权利仅仅是用于辅助基础性权利实现的手段，并不与主体的基本利益直接相关，我们将之称为辅助性权利。

基于上述考虑，可以按照民事权利的三个层次对既有的民事权利体系进行构建。以民事权利客体所体现的特定利益为标准，可以将民事权利体系分为三大基本类型：财产权、人格权和身份权，其他类型的权利都是以此为基础进行细化或者组合。相对于基础性权利而言，按照辅助性权利所发挥的具体功能，可以分为支配权、请求权、抗辩权、形成权等类型。对于辅助性权利，学者已经展开了较为充分的研究，各种民法教科书亦做了较为全面的介绍，兹不再赘述。

笔者拟将人格权、身份权、财产权作为民商合一视角下民事权利体系构

---

① 参见彭诚信：《私权的层次划分与体系建构》，《法制与社会发展》2009年第1期。

建的三大支柱。

第一，人格权。人格权以人的人格利益为保护对象。[1]"人格利益"是指民事主体对于自己的作为构成民事主体资格的各个要素上所享有的利益。人格权一般被认为是关涉身体、健康、自由、名誉等与人的生存相关的利益，包括自由权、名誉权、姓名权、肖像权、隐私权等。所谓人格权是指民事主体依法固有为维护自身独立人格所必备的，以人格利益为客体的权利。[2]与其他民事权利不同，人格权不是主体对身外之物、身外之人的权利，而是主体对存在于自身的权利。[3]已经被现有立法所确认的人格权包括生命权、健康权、隐私权、名称权、名誉权、婚姻自主权。但有一些人格利益尚未上升为权利，但其也应当受到保护，主要有性自主权、身体权、信用权。按照人格权所指向的人格利益可以将人格权分为两种类型：物质性人格权与精神性人格权。[4]物质性人格权，是指自然人对于自己构成民事主体资格的物质性要素所享有的利益，主要表现为生命权、健康权和身体权等。物质性人格权为自然人所独享。精神性人格权是指民事主体对于自己构成民事主体资格的精神性要素所享有的利益。从学理上讲，精神性人格权可以分为四种类型：其一为一般型人格权，它概括的是人格平等、人格自由和人格尊严。其二为标表型人格权，概括的是姓名利益、名称利益和肖像利益。其三为评价型人格权，概括的是名誉利益、信用利益。其四为自由型人格权，概括的是人身自由、隐私利益和性利益。[5]值得探讨的是，法人是否享有人格权的问题，有学者认为，法人的名称权、商誉权、商业秘密权等权利无精神利益，不具有专属性，实质上是一种财产权，而作为非财产性质的人格权是不一致的，故法人无人格权。[6]笔者认为，法人的人格权，如名誉权，在一定的情况下具有财产性的特征（转化为商誉权），与其人格权定位并不矛盾，否定法人的人格权无益于对法人的合法权益进行保护。如在"中国青

---

[1]　参见张红：《人格权总论》，北京大学出版社 2012 年版，第 153 页。

[2]　参见王利明：《人格权法新论》，吉林人民出版社 1994 年版，第 10 页。

[3]　参见姚辉：《人格权法论》，中国人民大学出版社 2011 年版，第 40 页。

[4]　参见杨立新：《民法总论》，高等教育出版社 2008 年版，第 133—134 页。

[5]　参见张红：《人格权总论》，北京大学出版社 2012 年版，第 188—187 页。

[6]　参见尹田：《论法人人格权》，《法学研究》2004 年第 4 期；郑永宽：《法人人格权否定论》，《现代法学》2005 年第 3 期。

少年发展基金会诉壹周刊恶意诽谤案"中,① 中国青少年发展基金会的名誉权能与商誉权等同吗? 同样的道理, 法人的名称权不能等同于其商号权, 因此, 法人享有人格权是毋庸置疑的。"以人为本"的观念已经是现代社会的主流观点, 社会的进步就是为了更好地服务人。随着社会的发展, 各种新型的人格利益逐渐上升为权利, 权利的内容也变得越来越丰富。另外, 市场经济的发展使人格权存在了商品化的可能性, 突破了传统人格权中不含有财产利益这一限制。肖像权、姓名权等人格权中所含经济价值的转让、继承等问题也是人格权相关立法必须解决的问题。因此, 应将人格权作为一种独立的权利类型, 并将其视为基本的民事权利, 并在人格权体系中为尚未被立法明文确定的民事权益预留空间。

第二, 身份权。身份权以人的身份利益为保护对象。"身份利益"是自然人在亲属关系以及自然人、法人在亲属法以外的社会关系中所处的稳定地位, 并且基于该地位所产生的与其人身不可分离的某种利益。传统民法在对民事权利进行分类时, 根据民事权利的内容是否具有经济利益将民事权利分为人身权和财产权, 其中财产权的内容为财产利益, 而人身权是人格权和身份权的总称, 内容为人格利益和身份利益, 不包含财产利益。但是随着社会的发展, 很多民事权益不断发展, 权利的内容也不断发展, 人身权和财产权这一传统的分类方式已经过时, 很多权利不能适应这一分类方式, 例如股权和知识产权, 甚至在一些情况下不能完整涵盖民事权利的内容, 例如人格权中逐渐出现的经济利益。身份权是指为法律所保护的基于民事主体某种行为、关系所产生的与其主体人身紧密联系的人身权利。② 亲属法领域内的身份权是基于一定的亲属关系而产生的, 而民事主体基于特定身份而享有身份利益的情况不仅仅局限于亲属法领域。现代法上的身份权, 除配偶权、亲权、监护权、亲属权等权利外, 还包括作者的著作人身权、消费者身份权

---

① 香港《壹周刊》在 1994 年 1 月底的封面故事中, 无端指称"希望工程大笔善款失踪", 使中国青少年发展基金会原定于同年在香港举行的多个筹款计划及活动被迫取消或延期, 而多个海外基金及华人团体在报道刊出后也取消了先前已答应的捐助, 导致基金会所得捐款大幅减少。香港对"希望工程"的捐款也因此大幅减少, 仅 1994 年至 1995 年度就减少近 2100 万元人民币。案件经过 6 年后, 于 2000 年 3 月 13 日在香港开审, 并于 3 月 24 日审结。香港高等法院裁定,《壹周刊》需要赔偿的损失共计 485 万元。参见徐迅:《希望工程诉香港〈壹周刊〉》, 法律出版社 2000 年版, 第 124 页。

② 参见王利明:《人格权法研究》, 中国人民大学出版社 2005 年版, 第 246 页。

等。在民法领域内，如果民事主体在社会生活中从事的活动使其获得某种特定身份利益，他便享有相应的身份权。现代民法打破了传统民法人身权和财产权这一分类方式之后，身份权的内容与之前相比更加广泛，不仅包括传统身份权中的配偶权、亲属权、监护权等，还包括非亲属法领域的身份权，如著作人身权等。因此，根据身份权的法律渊源可以将身份权划分为亲属法上的身份权和非亲属法上的身份权。亲属法上的身份权包括配偶权、监护权、亲权和亲属权，而非亲属法上的身份权包括著作人身权、消费者身份权等，其中消费者身份权是民事主体基于其消费者的弱者地位而享有的权利，其内容包括安全保障权、知情权、自主选择权、批评监督权、反悔权、方便救济权六项权利。

　　第三，财产权。财产权是指以财产利益为客体的权利。按照《现代汉语词典》的定义，财产权是指"以物质财富为对象，直接与经济利益相联系的民事权利"。[①] 我们认为，这一定义虽是对传统财产权的定义，其"以物质财富为对象"的限制不足以取，但是它还是指出了财产权与经济利益的联系，值得借鉴。"财产利益"是一切财产权的共同指向，它包含了不同的财产形态，并由此产生了不同的财产类型。财产利益表现形态的差异性，是我们划分不同财产权类型的标准，也是新的财产制度赖以建立的依据。[②] 就财产利益的现代发展趋势而言，财产利益表现为三种形态：有体财产权、无体财产权和其他财产权。与此对应，财产权体系包括以下三个部分，即以所有权为核心的有体财产权制度；以知识产权为主体的无体财产权制度；以债权、继承权等为内容的其他财产权制度。在有体财产权范畴中，除所有权外，还应包括土地使用权、农村土地承包经营权、宅基地使用权、地役权、相邻权以及抵押权、质权、留置权等担保物权；在无体财产权范畴中，除著作权、专利权、商标权、商号权、地理标记权、植物新品种权、集成电路布图设计权、商业秘密权等知识产权外，还应包括商誉权、形象权、特许经营权等非物质性权利；其他财产权包括债权、继承权以及一些具有独立意义的财产权，如股权、信托权、票据权利等，该类权利有些是请求性财产权，有

---

① 中国社会科学院语言研究所词典编辑室：《现代汉语词典》，商务印书馆 2002 年版，第 114 页。

② 参见吴汉东：《论财产权体系——兼论民法典中的"财产权总则"》，《中国法学》2005 年第 2 期。

些则是兼具物权、债权属性的特别财产权。

　　财产的具体形态主要包括物、行为和智力成果。物主要是指能够被人们掌握、使用并具有价值的东西。① 物又可分为实在物和抽象物。实在物如房子、汽车、茶杯等，抽象物主要是指不能利用感官发现的物，如公司股份。可以作为财产权标的的行为可以是给付行为、演出行为、承运行为或加工行为等。智力成果则是人们脑力劳动的成果，如著作、商标、专利等。② 在了解了财产利益的类型之后，可以据此对财产权进行分类。笔者赞同吴汉东教授的观点，即在财产权范畴内进行构建，而债权、票据权利等其他请求权则应包含于其他财产权的范畴内。知识产权的客体是智力成果，智力成果的非物质性决定了知识产权是一种无体财产权。③ 需要注意的是，质权属于有体财产权，当股权作为出质对象时，股权只是质权这一财产权的客体；股权的客体——股份的非物质性决定了股权属于无体财产权。其他财产权是以传统的请求权为内容，如债权、票据权利等财产请求权。

---

　　① 参见樊延桢：《财产（权）》，中国人民公安大学出版社 1996 年版，第 71 页。

　　② 参见尹田：《物权法》，北京大学出版社 2013 年版，第 34—36 页。

　　③ 参见吴汉东：《论财产权体系——兼论民法典中的"财产权总则"》，《中国法学》2005 年第 2 期。

第 六 章

商事人格权法的独特品格与
我国民法典中的人格权法制度

人格权法在我国未来民法典中应占有重要的地位，已经成为学者与立法者的共识。[①] 但是关于人格权中如何对法人人格权进行规定在理论上仍属于一个尚待研究的论题，特别是对于在人格权中是否规定法人的人格权[②]以及如何规定法人的具体人格权[③]存在理论上的争议，对此问题的探讨将影响人格权法编制定的质量，也在一定程度上动摇了人格权法独立成编的根基。随着民法典的编纂重新提上立法日程，对这一问题的探讨尤其重要。

民法作为权利的宣言书、自由的宪章，保护与捍卫自然人的人格尊严、维护与发展人格自由、实现与促进人的独立，从而实现人的全面发展。因此，自然人的人格权作为主体资格的内容，与民法具有与生俱来的联系。因此，自然人的人格权必然作为民法的调整对象，接受民法的调整。但法人的人格权是在社会发展中产生出来的，与自然人的人格权具有不同的内容，因

[①] 关于人格权是否独立成编或成章一直争论不休，例如 2002 年全国人大法工委颁布的《中华人民共和国民法（草案）》中直接将人格权法独立成编。但是反对人格权法独立成编的声音一直存在。如梁慧星教授就明确反对人格权法独立成编。2016 年 6 月发布的《民法总则（草案）》的说明之中已经确认人格权不独立成编，至此关于人格权独立成编的争论暂告一段。参见梁慧星：《松散式、汇编式的法典编纂不适合我们的国情》，《政法论坛》2003 年第 1 期。

[②] 典型的如尹田教授认为，法人人格权其实是一种财产权。参见尹田：《论法人人格权》，《法学研究》2004 年第 4 期。

[③] 参见王利明：《人格权制度在中国民法典中的地位》，《法学研究》2003 年第 2 期。

此，是否需要得到人格权法保护，乃是一个价值选择问题。因此，需要论断：第一，法人是否需要人格权保护；第二，法人人格权保护方式与其他权利保护方式的优劣。在此基础上，需要论证法人人格权体系。本章将对这些问题进行探讨。

第一节　法人人格为人格权

一、法人作为客观实在主体需要得到社会的评价

法人作为社会主体，理应具有自己独立的人格，而且该种人格与作为自然人的人格是相区别的。法人的人格与法人的财产能力有一定关联，但并不能将二者予以等同，比如说，法人的规模大、现金流基数大、每股收益高、创汇能力强，表明公司的盈利能力强，但并不表明公司社会评价高。典型的如，富士康作为全球代工巨头，履约能力并没有受到相关缔约者的怀疑，但因接二连三发生员工跳楼事件，被媒体誉为"血肉工厂"。[①] 尽管媒体称富士康为"血肉工厂"，但并不指涉富士康的法定代表人。因此所谓法人人格独立，并不仅仅指法律责任承担中法人的责任财产独立于自然人的责任财产，在一定程度上可以视为法人人格权独立于自然人人格权。

法人不同于自然人，不具有自然人的血肉身躯，也不具备自然人所具有的尊严感与屈辱感。那么，对法人的不公正评价带来的影响是什么呢？笔者认为，对法人不公正评价带来的影响是市场主体的经营能力下降。因为市场是最佳资源配置的组织者与调节者，在一个信息透明的市场中，每个主体对交易对象的选择不会存在障碍，市场对主体评价的好坏并不影响交易选择。但这种透明的市场只是一种理想假设，基于信息不对称，市场对主体的选择更多地依赖于外在评价。[②] 对市场主体正面、积极的评价将会使该主体得到市场的尊重，市场竞争力就会增强。与之相反，对法人的负面、消极评价将会使其在市场中处于劣势地位。当然，无论是正面还是负面评价，只要该种

---

① 《实拍旅行禁地"血肉工厂"深圳富士康工业园》，2015 年 1 月 5 日，见 http：//www. china. com. cn/travel/txt/2010-05/29/content_ 20143797_ 2. htm。

② 参见史尚宽：《民法总论》，中国政法大学出版社 2000 年版，第 132 页。

评价是积极客观的，遵循市场竞争中优胜劣汰规则，该种评价应该为法所保护。但是，不公正的评价会让人对法人产生误判，从而导致该法人的缔约成本、经营成本增加，从而影响其作为市场主体活动的能力。例如，郭美美事件对"红十字会"造成的诋毁，将导致"红十字会"募集捐款的能力下降，这将会影响"红十字会"的经营能力，由此法律应该为这些主体获得公正评价提供相应的权利保护。

社会关系是一个复杂的网络体，每个人都不能独善其身，"能够为维护自身获得最好服务的群体，将证实自己具有最强的存续能力（作为群体）"①，法人作为社会人格性主体也一样。但法人与自然人相比，具有独立性，表现为意志独立、财产独立与责任独立，因此个人的主观好恶与法人本身没有关系。但法人不是拟制的，而是切实存在的组织，该组织确实具有自己独立的意志，尽管它本身不能如自然人一样言语。法人一方面维系着社会的稳定，另一方面也经营着自己，从而使其在市场竞争中立于不败之地。这种努力的结果，不仅仅是积累与追求财富。如同仅仅以财富（财产）衡量一个自然人是否成功一样，衡量一个主体在社会中的影响也不能仅仅以资本的多少为标准，尽管财富（财产）对这些主体而言是不可或缺的。尽管在市场竞争中的主体都是平等的，但每个主体均在经营自己的文化，在经营活动中形成自己独有的经营理念、经营目的、经营方针、价值观念、经营行为，具有自己的独特性格。②

每个法人所具有的商号、名称、制度、口碑等已经成为法人不可或缺的内容，这些也就成为法律应该予以保护的法人人格利益。尽管法人的人格与自然人的人格具有这样或者那样千丝万缕的联系，但不能因此认为，法人作为自然人的组织体，对自然人以其作为法人的一个成员这样的特殊资格而言，进行活动时具有某些人格利益。③尽管法人的标志性人格利益如法人的名称、商号以及精神性人格利益如荣誉、商誉给主体带来巨大财产利益，但

---

① ［德］京特·雅克布斯：《规范、人格体、社会——法哲学的前思》，冯军译，法律出版社2001年版，第24页。

② 参见尹田：《论法人人格权》，《法学研究》2004年第4期。

③ 参见薛军：《法人人格权的基本理论问题探析》，《法律科学（西北政法大学学报）》2004年第1期。

不能因此认为这些权利属于财产权。以财产权替代其他人格权的做法其实就是见物不见人，掩盖了权利所具有的本质属性，也忽视了主体所具有的利益。

由于法人是由自然人组成的，因而二者的人格权经常杂糅。比如说，某登山者协会被某报纸报道该团体以开展体育运动为借口，实际上从事赌博、吸毒等不道德的活动，学者因此认为，这些法人也应享有名誉权。[①] 笔者认为，此时该种名誉权不是法人的名誉权，而是自然人的名誉权。因为法人本身并不能从事赌博、吸毒，尽管污蔑的是法人，损害的其实是自然人的利益。自然人从事该种活动就会受到社会中其他人的负面评价，由此使其不敢从事该团体的活动。某某发表的关于某某大学院长、主任、教授与某某公司女服务员存在不正当性交易的言论，侵害的不是某某大学的名誉权，而是这些院长、主任、教授等的名誉权。对于财团法人而言，因为其只是"一定目的财产的集合体"，尽管不能从事经营活动，但财团法人作为市场主体的存在，对财团法人的不公正评价将会影响其在市场中的经营能力，因此其应该与社团法人一样，也具有自己的商誉权。法人的人格权成为主体存在与发展所不可或缺的内容。对法人人格权的保护，其实是对社会存在的主体个性发展所具有的权利的尊重，也是对每个主体所具有的独特个性的尊重。虽然法人并不具有自然人所具有的名誉权，但法人具有受到公正评价的权利。因为该种评价涉及法人的生死，套用黑格尔的话说：

　　　　法律要使"法人成其为法人"，必然要赋予法人获得公正评价的权利。[②]

可以说，对法人施以人格权法的保护，对法人主体而言具有以下重要意义。

第一，保障市场公平竞争的需要。每个主体只有经营自己，才能在市场竞争中取得优势地位。但市场中"搭便车"因素的存在，必然导致假冒、

---

① 参见薛军：《法人人格权的基本理论问题探析》，《法律科学（西北政法大学学报）》2004年第1期。

② [德] 黑格尔：《法哲学原理》，商务印书馆1982年版，第216页。

模仿情形不可避免地存在。因此，明确这些主体的人格权利，就为权利主体提供了最有利的保护武器。

第二，为其他法律对这些利益进行保护确定基础。《反不正当竞争法》第 5 条列举了经营者不得采用不正当手段从事市场交易，损害竞争对手的行为，但并没有明确这些行为的性质，只能通过列举的方式来予以阐述，但任何列举均具有不完全性，因此不能对这些权利提供充分的保护。

二、法人人格权与自然人人格权的区别

法人所具有的团体之人格是一种无伦理性的法律人格，并不具有类似于自然人的精神利益。[①] 关于法人（包括其他组织）是否具有名誉权，一直没有得到学者的赞同。如王泽鉴教授认为，自然人的名誉权属于自然人所独有，法人不享有自然人所具有的名誉权。[②] 我国学者对此基本形成共识，如张新宝教授认为，"由于法人名誉的特殊性，原则上不主张用与保护公民名誉权相同的法律制度保护法人的名誉，而主张用商誉权保护制度、对财产的诽谤诉讼制度、对商品的诽谤诉讼制度以及《反不正当竞争法》中的有关制度对法人的名誉权加以保护。这样更加能够体现法人名誉的'商'的性质和财产方面的利益"[③]。吴汉东教授更是明确指出："法人可以享有人格权，但限于特定类型的人格权，具而言之，法人不得享有以生理或者心理特征存在为基础的人格权，不可能享有与其性质、特性相冲突的人格权。"[④] 魏振瀛教授也认为，对法人来说，名誉是指主体就其经营能力、履约能力、经济效益等状况所获得的社会评价。[⑤]

与自然人需要获得社会公正评价一样，法人作为人格体也具有获得公正评价的权利，而法人的名誉权的存在也基于此。所谓法人的名誉权是社会对法人的信誉、外在形象、经营能力、履约能力、经济效益、经营特色、产品

---

① 参见尹田：《论法人人格权》，《法学研究》2004 年第 4 期。
② 王泽鉴：《人格权法：法释义学、比较法、案例研究》，北京大学出版社 2013 年版，第 43 页。
③ 张新宝：《名誉权的法律保护》，中国政法大学出版社 1997 年版，第 112 页。
④ 吴汉东：《试论人格利益和无形财产利益的权利构造——以法人人格权为研究对象》，《法商研究》2012 年第 1 期。
⑤ 参见魏振瀛主编：《民法》，北京大学出版社 2008 年版，第 81 页。

质量、服务态度、社会贡献等各方面的总体社会评价所具有的权利。[①] 法人名誉权与自然人名誉权作为名誉权的一种类型，具有相似之处。但法人毕竟是独立于自然人的意志之外的组织体，法人机关行使法人意志，独立于构成法人的自然人的意志。法人是无血无肉的组织体，因此没有自然人所具有的情感与理念。由此对法人的信誉、外在形象、经营能力、履约能力、经济效益、经营特色、产品质量、服务态度等评价，并不会对法人的情感产生影响。尽管外在不公正评价将使法人的员工（包括法人代表）等自然人对法人的归属感受挫，基于法人意志的独立性，该种不公正的评价行为侵害的只是法人的权利，而不能涉及法人背后的自然人。但法人是社会存在的组织体，该种评价会影响到法人的经营行为，影响到法人经营目的的实现。与自然人人格权一样，人格权作为法人的权利类型，也需要对此加以保护。

法人的名誉权与自然人的名誉权具有以下区别。

第一，产生基础不同。孤岛上的鲁滨逊不会产生社会评价，而当单个的主体进入群体生活时，需要从群体中获得相应的评价，该评价的内容就是名誉。不正当或者错误评价将会使自然人感到受挫，所谓"名誉是人生的第二生命"。霍布斯认为，名誉与竞争、不信任是导致社会冲突的三个主要原因。[②] 维护社会对其存在的评价，体现为维护自然人的名誉作为人格尊严与自由发展的价值理念。[③] 但法人作为法律构造的产物，不具有自然人生物属性的情感，因此，对法人的评价并不会影响其人格尊严与人格自由。尽管法人是由自然人组成的，具有自己的意志，但该种意志仅仅体现为法人的经营行为与管理行为。可以说，法人的名誉权产生于法人的经营自由与人格独立。

第二，保护目的不同。自然人名誉权所保护的是自然人的人格尊严或者说人格利益，使其免受不当社会评价所带来的精神痛苦。而法人名誉权所保护的是以纯粹经济利益为核心的法人商誉，本质在于维护法人的自主经营性，从而保护法人经营不受非正当因素影响，维护的是市场经济中公正的竞

---

① 参见房绍坤主编：《民法》（第三版），中国人民大学出版社 2014 年版，第 112—113 页。

② ［德］京特·雅克布斯：《规范、人格体、社会——法哲学的前思》，冯军译，法律出版社 2001 年版，第 14 页。

③ 王泽鉴：《人格权法：法释义学、比较法、案例研究》，北京大学出版社 2013 年版，第 1 页。

争秩序，这也是有些国家通过《反不正当竞争法》对法人名誉权加以保护的理由。因此，对法人名誉权之侵害，实质是对其正常发展的经济利益而不是人格利益的侵害，不应当包括精神损害赔偿。最高人民法院的司法解释也有关于此的明确规定。① 这也是反对法人人格权存在的一个重要理由。

第三，是否具有财产性不同。自然人的名誉权在于其人格性，不直接体现为一定的财产利益，也不能用货币来予以计算。但法人的名誉权是"企业在长期生产经营过程中，以其优良的产品或服务而在消费者心目中所得到的广泛肯定"②，消费者的广泛肯定对法人而言就是一种经济利益或者潜在经济利益。"法人的名誉权与公民的名誉权相比，与财产权的联系更为密切，权利本身的财产性更为明显。"③ 对法人而言，名誉本身能够体现为一定的财产利益，能够用货币计算。④

第四，侵权行为的普遍性与独特性不同。对法人商誉权的保护，其实是对社会存在的主体个性发展所具有的权利的尊重，由此表现出法人商誉权的侵权具有独特性。某种侵权行为可能对某法人的商誉权造成侵害但不一定同样作用于其他法人。而作为自然人的社会评价具有一般性与共同性，由此表现出侵权行为的普遍性与共同性，就自然人的侵权行为而言，可以对之进行类型化区分。

第五，对侵权行为构成要求不同。侵害法人名誉权的损害事实导致法人形象的社会评价降低，由此导致财产的实际损害。这些损害表现为消费者对该法人的产品、服务信任度降低，表现为财产性损害，但法人本身并不会产生任何精神上的损失。就自然人名誉权的侵权而言，为侮辱、诽谤等侵权行为方式，使得其人格尊严、人格自由情感受挫，因此一般采用赔礼道歉、精神性损害赔偿来填补损害。

---

① 《关于确定民事侵权精神损害赔偿责任若干问题的解释》第5条："法人或者其他组织以人格权利遭受侵害为由，向人民法院起诉请求赔偿精神损害的，人民法院不予受理。"

② 吴汉东：《论商誉权》，《中国法学》2001年第3期。

③ 王利明等：《人格法》，法律出版社1997年版，第117页。

④ 参见许中缘：《论商誉权的人格权法保护模式——以我国人格法的制定为视角》，《现代法学》2013年第4期。

三、法人人格权的财产化并没有消除人格权属性

有学者认为，法人的人格权均是财产权。商誉权、名称权、商号权等这些权利可以评估、继承与转让，因此，这些权利本质是财产权，在救济中，遵循的也是同质救济原则。① 的确，该种观点看到法人人格权的财产权属性，具有一定进步之处，但该种观点也具有明显的缺陷。

第一，商誉权、名称权、商号权是"天生的权利"，与财产权后天取得的权利具有本质的差异。② 财产权的一个重要特性就是以劳动获取的权利，但商誉权、名称权、商号权是凝聚于主体，具有不可分割的特性。

第二，适用财产权的救济方法并不能达到对法人人格权的有效保护。法人人格权的财产性表现为两个方面：一是权利的直接财产权性，二是权利的间接财产权性。在前者情形，可以直接导致财产权的损害，因此可以采用财产权的救济方法；但是对于后者，因为该侵权并不直接侵犯其财产，因此，基于财产权侵害的直接损失的赔偿并不能保护法人的人格权。

第三，适用财产权的救济方式不能有效地对法人的人格权进行保护。财产权的救济方式主要是损害填补，不能适用恢复性救济方式，因此，适用财产权的救济方式在人格权保护方面存在不足。③

第四，在绝对权与相对权二元划分的民法典中，法人人格权找不到合适的位置。因为我国未来民法典是在物权与债权二元划分的基础上予以确定，法人人格权无从在现有体系中找到应有的位置，也就不能确定该种权利是绝对权还是相对权性质，因此难以周延地确定权利的保护方法。④

尽管法人作为一种主体是法律创设的结果，但该种主体与自然人相比具有显著的不同。基于法人人格权的评价主要在于法人的经营行为，这种名誉与自然人的名誉具有本质差异，我们不能以自然人的名誉权等来否定法人的商誉权。如学者认为：

---

① 参见钟瑞栋：《"法人人格权"之否认》，《厦门大学法律评论》（第7辑），厦门大学出版社2004年版，第218页。

② 参见李中原：《人身关系六题》，《法学》2003年第1期。

③ 参见尹田：《论法人人格权》，《法学研究》2004年第4期。

④ 参见房绍坤主编：《民法》（第三版），中国人民大学出版社2014年版，第116—119页。

对于团体人格及其人格利益的理解，只能严格局限于财产支配与财产交换领域。……在理论上，应当取消"法人人格权"的用语，将法人的名称、名誉等，明定为无形财产；……将团体人格混同于自然人人格，进而推导出法人人格权，并试图将法人人格权与自然人人格权并合于我国民法典中独立成编予以规定，于法理无凭，于实践则有百害而无一利。①

尽管法人的人格权如名称权、商号权、商誉权、商事人格权等具有财产性，但法人的人格权并不是财产权。

诸多观点认为法人具有人格权，但随着社会的发展，法人的人格权出现了财产化（也有人称为商品权化）现象，该种权利能够为具体经济利益予以衡量，有些权利能够单独转让。的确，在市场的充分竞争中，一些得到公认评价的人格权逐渐体现出稳定的财产权属性，并且这些权利能够被单独转让，但并不能因此认为，这些权利已经成为经济性权利。尽管法人人格权如名称权、商号权、商誉权、商事人格权等具有财产性，但法人人格权并不是财产权。理由在于：这些权利的根基在于其人格权。值得注意的是，法人人格权因为不具有自然人所具有的伦理性因素，因此在市场竞争中凝练的人格权具有更多的商品权属性。但是这些权利的载体仍然不能脱离固有的人格权属性。这些权利表象为财产权的转让，但其实质是人格权的转让。而且，人格权决定了这些权利转让的价值大小。例如，"三鹿奶粉"品牌在"三聚氰胺"事件出现之前，具有较高的财产权属性，但在"三聚氰胺"事件之后，原来作为驰名商标的"三鹿"品牌也随着人格权评价的减损致其财产权价值变得不值一文。如果这些权利为财产权，就不能很好地明确作为驰名商标的"三鹿"为何在"三聚氰胺"事件前后所具有的天壤之别。这些商品化权不能如其他权利一样具有稳定的财产权属性，根基在于其人格权的属性。该种权利与自然人商品化的人格权一样，表现为财产权的不稳定性与随着市

---

① 尹田：《论法人人格权》，《法学研究》2004年第4期。也有学者认为："在法律的世界里，虽然法人被认为是'人'，与自然人一样都是民事主体，而且彼此地位平等，但从市民法的理念而言，自然人的价值具有终极性，法人只是自然人的手足。"参见钟瑞栋：《"法人人格权"之否认》，《厦门大学法律评论》（第7辑），厦门大学出版社2004年版，第233页。

场综合评价的影响而受影响。

第二节　法人人格权保护方法的比较

在这里，我们以立法对商誉权的保护为例展开分析。立法对商誉权的保护，大体存在反不正当竞争法保护、知识产权法保护、人格权法保护、行政法保护与刑法保护等这几种模式。[①]

一、反不正当竞争法保护模式

大多数国家与地区是通过《反不正当竞争法》来对商誉进行保护的。如德国 2004 年《反不正当竞争法》第 4 条第 8 项和我国台湾地区"公平交易法"第 22 条均规定了禁止侵害他人商誉的行为；日本《不正当竞争防止法》除了在第 2 条第 11 款直接规定了禁止侵害他人信用的条款外，还广泛规定了停止请求权和恢复信用的措施。[②] 在美国著名的不正当竞争案件 Galt-house Inc Vs Home Supply Company and AIJ. Schneide（1972）中，上诉法院认为，在现代，不正当竞争原则的外延已扩及对不正当侵占或侵害他人商誉的保护和救济。[③] 英国也是如此。[④] 我国也采取了该种保护模式。《反不正当竞争法》第 14 条明确规定："经营者不得捏造、散布虚伪事实，损害竞争对手的商业信誉、商品声誉。"该法以"商业信誉""商品声誉"来概括商誉权的内容。以《反不正当竞争法》对商誉进行保护具有一定好处，表现在：其一，因为侵害商誉的情形大多以不正当竞争的形式出现，这能够促进对商誉权的保护；其二，这种模式能够摒弃商誉权的性质争议，在目前以财产权和人身权绝对二元分割为基础的民事权利体系之中，能够为具有财产和

[①]　参见许中缘：《论商誉权的人格权法保护模式——以我国人格权法的制定为视角》，《现代法学》2013 年第 4 期。

[②]　参见王为农：《中日反不正当竞争法比较研究》，《环球法律评论》1998 年第 4 期。

[③]　参见 Anselm Kamperman Sanders, *Unfair Competition Law*, Clrendon Oxford, 1997, pp. 13–14。转引自孔祥俊：《反不正当竞争法新论》，人民法院出版社 2001 年版，第 161 页。

[④]　英国法院通过仿冒诉讼来保护商誉权。1990 年其最高法院在瑞克特·克尔曼有限责任公司诉保尔顿股份公司及其他侵权者一案中确立了仿冒他人商品、侵害商誉权的民事责任原则。判例认为，有关仿冒诉讼的救济不但包括侵犯商标权、名誉权，亦应包括仿冒他人商品侵犯商誉权的行为。参见田军：《英国商誉权保护的发展动向》，《经济与法》1994 年第 5 期。

人格双重属性的商誉权找到合适的保护途径。① 通过《反不正当竞争法》对商誉权予以规制固然是对商誉权保护的途径之一，但该种模式仍然存在以下问题。

第一，导致法律适用的不统一。《反不正当竞争法》第 14 条将经营者以诋毁、诽谤等方式侵害竞争对手商业信誉、商品声誉的行为定性为商誉侵权行为，但是对经营者之外的其他主体侵害商誉的行为并未予以规定，因而仍需依照《民法通则》和《侵权责任法》有关名誉权的规定进行处理。这就导致了如下问题，即"当一个企业的商誉被一般人（即非竞争对手）侵害时，其所侵害的是名誉权；当一个企业的商誉被其竞争对手以《反不正当竞争法》规定的手段侵害时，其所侵害的是商誉权"②。在认定一个案件是商誉权纠纷还是名誉权纠纷时，必须先查明侵权人的身份，这种受害人在确定其何种权利受到侵害时要依据侵权人身份而进行裁判本身不利于法律适用的统一性，而在权利人无法查清侵权人是否具有经营者身份的情况下就难以起诉，更是不利于对该种权利的保护。③

第二，《反不正当竞争法》的此种规定回避了商誉权究竟是一种什么性质的权利。首先，《反不正当竞争法》在维护权利主体的商业信誉和商品声誉不受侵犯的同时，更侧重于维护公平的市场竞争秩序，这是因为商业诋毁所侵害的客体是双重的：即商誉和竞争秩序。④《反不正当竞争法》对商誉权的保护只是禁止侵害商誉权的行为，相关保护商誉权的法律条文也只对商誉进行了简单笼统的规定，至于其所保护的商誉权本身究竟是何种性质的权利，则不能得以体现。其次，作为民法典核心内容的民事权利体系是对法律概念以"提取公因式"的方法建立起来的，任何一种法定权利都可以找到其确定的逻辑位置，自然也可以确定其权利的属性及类型。但是将商誉权规定在竞争法之中的做法不能像将其规定在民法典之中那样直接明确商誉权的

---

① 参见许中缘：《论商誉权的人格权法保护模式——以我国人格权法的制定为视角》，《现代法学》2013 年第 4 期。

② 张新宝：《名誉权的法律保护》，中国政法大学出版社 1997 年版，第 35 页。

③ 参见许中缘：《论商誉权的人格权法保护模式——以我国人格权法的制定为视角》，《现代法学》2013 年第 4 期。

④ 参见肖爱萍：《商誉概念探微》，《财会通讯》1999 年第 4 期；许中缘：《论商誉权的人格权法保护模式——以我国人格权法的制定为视角》，《现代法学》2013 年第 4 期。

权利属性或权利类型。正因为如此，有学者认为商誉权只是一种反不正当竞争权，仅具有禁止效力，并不能构成独立的权利类型。①

第三，不能很好地对商誉权进行保护。其一，《反不正当竞争法》对商誉的保护只是消极的、被动的辅助保护，并不能给主体的商誉权提供事前的积极防御措施。其二，根据《反不正当竞争法》第 2 条的规定，只有市场竞争主体才能导致商誉权侵权存在，超出该种领域，则不能成为该法规制的对象。但实践中，并不是所有的商誉权侵权主体都是竞争主体，如 2009 年 11 月 24 日，海南省海口市工商局发布 2009 年第 8 号商品质量监督消费警示：包括农夫山泉 30% 混合果蔬、农夫山泉水溶 C100 西柚汁饮料、统一蜜桃多汁等品牌饮料在内的 9 种食品总砷或二氧化硫超标，不能食用。② 如果该披露的内容不符合事实，则构成商誉权的侵犯，③ 但该种侵权不能通过《反不正当竞争法》得到规制。其三，《反不正当竞争法》限定的"侵权期间"会造成对受害人损害赔偿的不公。因为即使侵权人停止了侵权行为，受害人被诋毁的商业形象很可能仍留在消费者或客户的头脑中，进而继续影响受害人的交易，而由此造成的损失显然超出了"侵权期间"的范围。④ 其四，《反不正当竞争法》对侵害商誉权的保护仅仅限定于损害赔偿，并不能对商誉权实现全面保护。⑤

二、知识产权法保护模式

商誉必须借助于商标、商号（企业名称）、原产地名称及其他识别性商业标志、专属性的服务信息标识等的载体表现出来。此外，作为商誉权客体的商誉是人的脑力、智力的创造物，与各种各样的信息有关，而且这些信息

---

① 参见王明成：《商誉本质：优势交易机会和交易条件论》，《西南民族大学学报（人文社会科学版）》2009 年第 6 期。

② 参见李静：《统一等品牌饮料被指总砷或二氧化硫超标》，《第一财经日报》2009 年 11 月 29 日第 2 版。

③ 参见杨洁：《农夫山泉疑"砒霜门"是幕后操作索赔恐达 10 亿》，《成都晚报》2009 年 12 月 1 日第 1 版。

④ 参见程合红：《商事人格权论——人格权的经济利益内涵及其实现与保护》，中国人民大学出版社 2002 年版，第 257—258 页。

⑤ 参见许中缘：《论商誉权的人格权法保护模式——以我国人格权法的制定为视角》，《现代法学》2013 年第 4 期。

与各种有形物质相结合，符合知识产权所固有的无体性特征。因此，学者认为，知识产权的客体是信息，商誉是"对特定经营性主体综合品质的市场评价"，是一种"主体结构性"信息，[1] 从内容上讲，商誉权具有人身性和财产性双重内容，与专利权、商标权、版权相似。[2] 商誉权应归类为知识产权。[3] 在商誉权的国际保护领域，目前相关的国际公约也将商誉权纳入知识产权法律体系之中。如《保护工业产权巴黎公约》1967 年斯德哥尔摩文本第 10 条之 2 列举了三种特别应予以禁止的行为，包括"在经营商业中，具有损害竞争者的营业所、商品或工商业活动商誉性质的虚伪说法"。1967 年签订的《成立世界知识产权组织公约》明确规定知识产权包括防止不正当竞争的权利，而不正当竞争行为中包括侵害商誉的行为。1982 年我国与瑞典签订的《关于互相保护投资的协议》和 1984 年我国与法国签订的《关于相互鼓励和保护投资的协定》均将商誉权作为一种知识产权来对待。将商誉权作为一种知识产权，能够通过绝对权的保护方式来实现对商誉权的保护，这在一定程度上能够促进商誉权的保护，但该种保护仍然具有以下不足。[4]

第一，知识产权法保护模式中并没有确立商誉权的法律地位，只是间接地对商誉权进行了保护。由于质量优、商誉好的商家将自己的商品声誉和商业信誉以商标的方式集中体现出来，侵犯商标则往往危及其背后有着巨大价值的商誉权。该种保护模式实质上也主要是借助商标来保护其所承载的商誉权。但商标不同于商誉，商标权也不能等同于商誉权。一是二者是两种不同性质的权利。商标不像商誉那样具有人格性利益。这是因为商标这种标志所标识的并非是权利主体本身，而是主体所提供的商品或服务，单纯的商标并不能反映权利主体本身的人格性信息。二是商标不像商誉那样随着市场主体的产生而产生，随着市场主体的存续而存在，其产生的后天性以及存续的时

---

① 参见朱谢群、成思：《也论知识产权》，《科技与法律》2003 年第 2 期；江帆：《商誉与商誉侵权的竞争法规制》，《比较法研究》2005 年第 5 期。

② 参见梁上上：《论商誉和商誉权》，《法学研究》1993 年第 5 期。

③ 参见吴汉东、胡开忠：《无形财产权制度研究》，法律出版社 2001 年版，第 532—534 页。

④ 参见许中缘：《论商誉权的人格权法保护模式——以我国人格权法的制定为视角》，《现代法学》2013 年第 4 期。

间性等都不符合人格权利中的固有特性。①

第二，知识产权法保护模式具有很大局限性。其一，该种保护模式能够针对违法行为适用商誉损害民事赔偿的救济面小。一些侵权行为，如商业标志共同使用中的非正当商誉减损行为、商誉诽谤行为、内部侵权行为等，尤其是直接、单纯地侵害商誉权行为，尚不能在这些顺带式保护的法律规定中寻找到相应的救济。② 其二，在保护方式上，知识产权保护方式具有不足。知识产权只能适用于作为财产权的保护方式，不能包括消除影响、恢复名誉等人格权的救济方式。而在有些商誉权侵害的事件中，消除影响、恢复名誉等救济方式远比赔偿损失更为必要。其三，由于不同内容的知识产权损害赔偿的救济方案不同，关于商誉权的损害赔偿并没有统一的救济方案和标准。因而，知识产权的保护模式难以对相同的权利予以同等保护。此外，知识产权法保护模式对于未来一段时间内可预期的交易机会的利益损失、恢复受损商誉所需的必要费用等，都不能给予相应的保护，这样一来，就无法完全、充分地补偿权利人所遭受的损失。③

三、人格权法保护模式

因为商誉本身是市场主体在社会对其产品、名称、服务、信用等诸方面进行综合评价的基础上所获得的声誉以及由此而带来的利益，所以对商誉权的人格权保护，主要表现为信用权保护、商号权保护以及独立人格权保护模式。商誉权人格权法的保护模式，实质是运用人格权的保护方法来对商誉权进行保护。该种保护模式具有以下优点。④

第一，人格权的保护方法能够对商誉权提供全面的保护。商誉是企业等经营者在市场竞争中所不可或缺的要素，良好的商誉能够给企业带来明显的竞争优势。但商誉本身却又是极其脆弱的，许多经营者长期以来辛辛苦苦所

---

① 参见许中缘：《论商誉权的人格权法保护模式——以我国人格权法的制定为视角》，《现代法学》2013 年第 4 期。

② 参见万东林：《商誉权保护法律问题研究》，西南政法大学出版社 2006 年版，第 28 页。

③ 参见许海峰：《企业商标权保护法律实务》，机械工业出版社 2004 年版，第 150 页；许中缘：《论商誉权的人格权法保护模式——以我国人格权法的制定为视角》，《现代法学》2013 年第 4 期。

④ 参见许中缘：《论商誉权的人格权法保护模式——以我国人格权法的制定为视角》，《现代法学》2013 年第 4 期。

创立的商誉往往因一时的侵权行为毁于一旦。因此，应当建立严密的事前防御或者事中排除的措施，尽可能地减少对商誉权的侵害。而人格权的保护方法正好具有这方面的功能。一方面，商誉权人在受到不法妨害之虞时，可以向加害人或者人民法院请求加害人为或者不为一定行为以防止侵害，这样能够避免商誉权受到现实的侵害。另一方面，商誉权在被侵害之后，商誉权人可以借助于人格权的消除影响、恢复名誉等恢复性救济措施，以此将侵权人对商誉权的侵害降到最低程度。

第二，人格权保护方法更便利于商誉权的保护。商誉权人可以基于人格权请求权直接请求侵权人予以赔偿，这样一来，不仅能够避免权利人请求侵权损害赔偿所负担的繁重举证责任，而且能更为便利地保护商誉权人的利益。

第三，人格权法的保护更便于商誉权人获得损害赔偿。基于"商誉权具有人格权和财产权双重属性，故追究侵权责任时除了要对财产损失进行赔偿还要对其人格权利的损害提出索赔"[1]。这既能够给商誉权人已受到的财产损失予以赔偿，又能保护其预期利益，通过恢复商誉的手段将权利人未来的损失降到最低。而且，基于人格权的损害，还可以对侵权人实行惩罚性赔偿，这样能够更为全面地保护商誉权人的利益。

综上所述，尽管反不正当竞争法保护、知识产权法保护模式在保护商誉权方面是不可或缺的，但基于保护方法的不足，并不能对商誉权提供全面的保护。而基于人格权法所存在的保护方式，正好弥补了以上保护模式所存在的不足。而且，失去了商誉权的人格权法保护，以上保护模式均不能很好地发挥作用。而如果在人格权法中对商誉权进行规定，这就为商誉权的反不正当竞争法保护、知识产权法保护提供了合适的注脚，也为商誉权的保护构建了立体的保护体系。[2]

---

[1]　程合红：《商事人格权论——人格权的经济利益内涵及其实现与保护》，中国人民大学出版社2002年版，第64页。

[2]　参见许中缘：《论商誉权的人格权法保护模式——以我国人格权法的制定为视角》，《现代法学》2013年第4期。

第三节 法人人格权内涵的厘定

一、法人人格权的存在基础

罗马法中使用人格概念从而确定了自然人的主体资格。[①] 德国创立了权利能力这个概念，将自然人与法人等同起来，从而使法人也具有主体资格。"由于权利能力扮演'团体人格'的角色，从而形成'团体—权利能力—法律人'的逻辑联系，从而使得法人与同为'法律人'的自然人一样在某些方面享有人格利益成为可能。"[②] 权利能力概念将自然人与法人统一，但这种统一并不是实质统一，而是貌合神离。区分就是自然人具有自己的权利能力，法人具有法人的权利能力。民事权利能力是享有民事权利的能力与资格，民事权利能力决定了享有民事权利的范围与限度，基于自然人与法人的民事权利能力不同，他们的民事权利也应不同。这就涉及哪些民事权利归自然人所有，哪些归法人所有。尽管现代法人已经具有广泛的权利能力，但因法人本身的局限，不可能拥有自然人基于人本身所具有的民事权利能力，因此也不享有自然人所具有的人格权。

法人与自然人不同，法律赋予自然人人格权，主要在于维护自然人人格平等、人格自由、人格尊严与人格安全，目的乃是维护自然人"成之为人、使之成其为人"。但是，法人作为一种主体，在其产生之初即具有完全的民事权利能力与民事行为能力。尽管通说认为，不同行业的法人具有不同的民事权利能力，但就法人的人格而言，具有平等性。因此，在法律允许的范围内，营业自由是法人主体应该享有的最为基本的权利。[③] 可以说，法人人格权产生于法人的营业自由、营业平等与营业安全，或者说，营业自由、营业平等与营业安全是法人人格权产生的基础。

---

① 参见王利明、杨立新、姚辉编著：《人格权法》，法律出版社 2000 年版，第 1 页。

② 吴汉东：《试论人格利益和无形财产利益的权利构造——以法人人格权为研究对象》，《法商研究》2012 年第 1 期。

③ 参见肖海军：《论营业权入宪——比较宪法视野下的营业权》，《法律科学（西北政法大学学报）》2005 年第 2 期。

法人与自然人存在天然的区别。法人是由自然人所组成的组织体，对法人人格权的判定在理念上就不能与自然人相同。对法人人格权的判定应该在法人的权利能力范围之内，超越该种范围，就不能认为法人具有人格权。其实，法人如此，自然人亦然。自然人人格权也只限定于人本身，超越自然人本身的权利能力也不具有人格权。只不过，由于自然人在宇宙世界中处于"万能"情形，超越自然人人格权之情形常常被忽视。因此，笔者赞同我国台湾地区学者王泽鉴先生的观点：

> 对于自然人、法人以及其他权利能力团体，法律均应该对其具有的人格权予以保护。①

二、法人人格权构建的内容

法人人格权的规范以及体系构建，是我国人格权体系所需要解决的一个重大问题。否则，我国人格权法体系也仅仅只是自然人的人格权，失去了法人人格权的存在，人格权法也就丧失了规范的基础。自罗马法以来，大陆法系国家在个人主义基础上建立了相关法律规则，而团体法制度并没有得到多大发展。这有历史方面的原因，如《法国民法典》制定之初是为了防止封建王朝借助团体的力量进行复辟，它没有规定法人制度。《德国民法典》的制定者将团体看成是国家权力的潜在威胁，虽规定了法人制度，但施加了严格的限制和审查条件，至今该法典仍带有这一痕迹。② 可以说：

> 一百多年以来，有关法人之理论在本质上也未超出 19 世纪末的水平。③

---

① 王泽鉴：《人格权法：法释义学、比较法、案例研究》，北京大学出版社 2013 年版，第 71—72 页。

② 参见陈醇：《意思形成与意思表示的区别：决议的独立性初探》，《比较法研究》2008 年第 6 期；［德］托马斯·莱赛尔：《德国民法中的法人制度》，张双根译，《中外法学》2001 年第 1 期。

③ ［德］托马斯·莱赛尔：《德国民法中的法人制度》，张双根译，《中外法学》2001 年第 1 期。

而法人制度的不发达，又直接限制了团体法制度的发展。由于团体法基础理论的欠缺，法律以民事主体自然人、法人的简单分类来建构法人的相关制度。这从法人的本质主流学说"法人的拟制论"观点就可以直接看出法人制度拟制的痕迹。自然人具有人格权，法人也具有人格权，由此使得在法人制度的构建上仅仅限于逻辑的推演。另一种观点则认为：

> 人格作为团体独立财产的存在只不过是化解投资风险的纯粹法律技术规定而已，因此人格权应为自然人所独有，法人不具有所谓的人格权。①

其实，法人应当享有人格权，但又不能简单地按照自然人人格权的逻辑路径推演。在近代西方哲学中，人格只是人的本质哲学总结，由此，内在化的伦理价值观念成为近代民法关于人的伦理性认识的核心，并由此构成近代民法人格构造的基础。"传统人格权的概念、定义及制度设计，是以自然人为基点而展开的。"② 法国、德国如此，我国亦然。自然人人格权法制度在法人人格权制度中的逻辑推演也在我国法律中得以体现。典型的就是《民法通则》第 101 条对自然人、法人名誉权的规定。这种逻辑推演导致我国人格权类型的构建仅仅满足于规范自然人的人格权，而对于法人人格权及其本质的认识无疑会陷入错误。司法实践中保护事业单位法人、机关法人的名誉权更是这种逻辑推演的谬误典型。其实不然，法人人格权应当区别于自然人的人格权。此种自然人—法人技术上的逻辑推演是构建人格权法体系急需解决的问题。

笔者认为，《民法通则》第 101 条规定的"法人"不应包括非经营主体的事业单位法人、机关法人，具体分析如下。

（一）实证法分析

对于事业单位法人、机关法人是否具有名誉权，看现行法律是否具有名

---

① 李兴刚：《论人格权的属性及救济》，硕士学位论文，中国政法大学国际法学院，2011 年，第 34 页。

② 吴汉东：《试论人格利益和无形财产利益的权利构造——以法人人格权为研究对象》，《法商研究》2012 年第 1 期。

誉权保护的规定。根据最高人民法院的相关司法解释,[①] 对法人主张名誉权的侵害,需要证明因侵权行为发生了实际上的损害。法释〔1998〕26 号第10 条之规定对此进行了更为细致的规定,该条内容为:

> 因名誉权受到侵害使生产、经营、销售遭受损失予以赔偿的范围和数额,可以按照确因侵权而造成客户退货、解除合同等损失程度来适当确定。

其一,因为事业单位法人、机关法人不是生产、经营与销售主体;其二,事业单位法人、机关法人不具有可精确计算的损害。因此,事业单位法人、机关法人的名誉权不具有法释〔1998〕26 号保护的基础。

(二) 价值分析

如果存在对机关法人、事业单位法人的该种权利保护的必要,就有必要对《民法通则》第 101 条进行扩张解释。也就是说,《民法通则》确认名誉权的规范主体也应该包括事业单位法人、机关法人。正如魏德士所言:

> 任何完整的法律规范都是以实现特定的价值观为目的,并评价特定的法益和行为方式,在规范的事实构成与法律效果的联系中总是存在着立法者的价值判断。[②]

事实是否如此呢? 其实不然。首先,事业单位法人、机关法人不具有自己的独立意志,不具有名誉权保护的基础。尽管事业单位法人具有自己的独立人格,但因为事业单位法人在提供公共服务目的之外,没有自己的独立利益更不具有独立意志,因此,其不存在名誉权保护的基础。

其次,事业单位法人只能在民众的监督与鞭策中促进其改善公共服务,

---

① 参见《最高人民法院关于执行〈中华人民共和国民法通则〉若干问题的意见 (试行)》第 140 条第 2 款的规定。

② 〔德〕伯恩·魏德士:《法理学》,丁小春、吴越译,法律出版社 2003 年版,第 55 页;梁迎修:《价值内核与制度载体——探索建设社会主义核心价值体系的法制路径》,《河北法学》2012 年第 3 期;朱广新:《法定代表人的越权代理行为》,《中外法学》2012 年第 3 期。

提高公共服务水平。事业单位法人如此，作为依法享有国家赋予的权力、以国家预算作为活动经费的机关法人亦然。如果允许它们享有能够通过名誉权保护的行为维护自己行为的权利，无异于国家通过财政支持它们对抗民众的监督行为。如果保护其名誉权，那么法律的天平明显就向事业单位法人、机关法人一方倾斜，而损害了公众的舆论监督权，不利于保护社会其他人的合法权益。如同学者所言：

> 倘若允许国家机关以其名称权或者名誉权受侵害为由，对立法机关、政府机关以及司法机关的批评者提起民事赔偿诉讼，则民众的言论自由必将岌岌可危！[1]

最后，从事业单位法人与机关法人行使职权来看，不应对事业单位法人与机关法人的名誉权进行保护。事业单位法人与机关法人是以政府职能、公益服务为主要宗旨的一些公益性单位、非公益性职能部门等。它参与社会事物管理、履行社会管理和服务职能，接受民众的监督。公法人的公务活动依赖的是法律赋予它的强制力，而不是它的名誉。即使公法人的名誉受损，它依靠其他力量也可以正常行使公共职能。[2]

（三）名誉权设置目的考量

利益是权利保护的基础。民事主体获得存在价值的社会评价而具有的人格利益是名誉权保护的基础。法律作为一种制度规范，保护人格权的目的在于：一是保护自然人"成其为人"。自然人作为主体，法律需要对作为人存在的精神利益予以保护。二是法律保护自然人主体的名誉评价，从而鼓励或者弘扬一种善或公正的秩序或者道德。如果法律对社会主体的各种不正当评价不予保护，就会使恶行大行其道，损害的是社会善的利益。缺乏对"使之成其为人"的名誉权保护，就不能确立扬善惩恶的社会文化。而只有确立社会中扬善惩恶的社会文化，才能更好地确立名誉利益保护的根基，也才

---

[1] 梁迎修：《价值内核与制度载体——探索建设社会主义核心价值体系的法制路径》，《河北法学》2012 年第 3 期。

[2] 参见石毕凡：《诽谤、舆论监督权与宪法第 41 条的规范意旨》，《浙江社会科学》2013 年第 4 期。

能确立名誉权保护的范围与限度。

尽管法人不具有自然人对善与恶的精神感知，但法人作为与自然人人格相独立的主体，具有市场的感知。在一个充分竞争的市场中，每个市场主体都会为争取市场而需要获得社会的认同，否则就会被市场淘汰。法律保护该种评价是保护一种善与公正的竞争秩序，否则就会产生劣币驱除良币的效应。但事业单位法人、机关法人并不具有此种基础。

（四）利益衡平分析

"两权相利取其重"，利益衡平方法能够给冲突权利选择保护的基础。人格权作为私法的概念，其产生之初是为了对抗国家对个人价值与尊严的侵犯，因此目的是维护自然人的人格平等、人格尊严、人格自由与人格安全。作为事业单位法人、机关法人，履行社会公共管理与公共服务是其应尽的职责。在法律规定职权的范围之外，不应该具有独自存在的利益。比如说城市管理部门，应该克尽管理职责，兢兢业业为城市管理作出应有的贡献，即使市民对其行为有不符合实际的苛责，该种苛责只能作为履行职责的动力，如在"来凤县城市管理局与来凤县百姓电子商务有限公司名誉权纠纷案"[①]中，来凤县城市管理局作为机关法人，更应该提高管理与服务水平，而不是相反。否则，事业单位法人、机关法人可能滥用名誉权来对抗民众的监督权，这与名誉权作为一种人格权以对抗国家对个人价值与尊严的侵犯之价值取向相悖。

（五）逻辑分析

民事权利能力作为一种主体资格，与民事权利是两个具有区别的概念。在法律上，"权利能力是指一个人作为法律关系主体的能力，也即作为权利享有者和法律义务者承担的能力"[②]。对于权利能力，本身包含了主体实施法律上有效行为的能力。[③] 也就是说，民事权利能力本身是享有民事权利的基础，也是行使民事权利的范围与限度。换言之，如果不具有此项权利能

---

① "来凤县城市管理局与来凤县百姓电子商务有限公司名誉权纠纷案"，湖北省来凤县人民法院（2014）鄂来凤民初字第 87 号民事判决书。

② 梁上上：《中国的法人概念无需重构》，《现代法学》2016 年第 1 期；［德］卡尔·拉伦茨：《德国民法通论》（上册），王晓晔等译，法律出版社 2003 年版，第 119—120 页。

③ 参见［德］迪特尔·梅迪库斯：《德国民法通论》，邵建东译，法律出版社 2000 年版，第 781 页。

力，当然不能享有此项权利。通常认为，法人不具有专属于自然人所具有的民事权利能力，也就是说法人不能享有自然人生理与精神的利益，而名誉权是以人的尊严价值及精神利益为其保护内容，与人本身具有不可分的密切关系的一种民事权利。[①] 法人当然也不应该具有名誉权，事业单位法人、机关法人更应如此。

（六）比较法分析

《法国民法典》并未规定人格权，因为立法者认为，人格权是自然人主体应有之义，法律如果规定人格权，立法逻辑上即承认了人对自身实定法上的支配权，这违背了人格权法内含保护人格尊严的应有之义。[②] 20 世纪以来，1970 年修订后的《法国民法典》明确承认人对自身实定法上的支配权，该法第 9 条第 1 款不仅承认了生命权、身体权等个别人格权，而且还规定了一般人格权。此次修订，法人的民事主体地位得以确立，法人的名称、名誉也作为法人人格权类型获得保护。1896 年《德国民法典》并未从正面承认人对自身的实定法上的支配权，但《德国民法典》第 253 条规定了精神损害赔偿制度来弥补对于人格利益的侵害。第二次世界大战后，德国通过的《基本法》在其第 1 条第 1 款和第 2 款中规定了人格尊严的不可侵犯性和每个人自由发展其人格的权利，在此基础上，创设了"一般人格基本权利"，从而一般人格权纳入《德国民法典》第 823 条第 1 款的"其他权利"之下，德国民法的名誉权也就成为《德国民法典》第 823 条第 1 款保护的法益范围。[③] 根据第 824 条的规定，法人的商业信誉也可以获得保护，但公法法人原则上不享有任何人格保护。其无所谓人格尊严，也无所谓人格的自由发展。[④] 日本民法中未规定法人具有名誉权，但日本的判例认为：

---

① 参见许中缘：《论商誉权的人格权法保护模式——以我国人格权法的制定为视角》，《现代法学》2013 年第 4 期；王泽鉴：《人格权保护的课题与展望——人格权的性质及构造：精神利益与财产利益的保护》，《人大法律评论》2009 年卷（总第七辑），第 51 页。

② 参见屈万芳：《论人格权的本质及其民法保护》，硕士学位论文，武汉大学民商法学院，2005 年，第 41 页；李永军：《论人格权的立法模式》，《法学杂志》2005 年第 6 期。

③ 参见［德］迪特尔·梅迪库斯：《德国民法通论》，邵建东译，法律出版社 2000 年版，第 805—808 页。

④ *BVerfG NJW*，2006，p. 3769.

民法第 710 条仅规定针对财产以外的损害需要给予赔偿，但对损害内容没有限定。即该文字，如判例所述，通过支付所谓精神抚慰金并非意味着抚慰精神上的苦痛，更意味着抚慰所有的无形损害。[①]

因此，日本民法通过扩展无形的损害保护法人的名誉。[②] 但就赔偿的损害精神抚慰金而言，可以推断法人的名誉主要是商业信誉。从大陆法系这些国家的立法体例可以看出，尽管对法人的人格权予以承认，但对于机关法人是否具有名誉权，仍然是学者所探讨的对象。

结合以上阐述可知，事业单位法人、机关法人不从事市场经营，其他主体对其不公正的评价，并不会对事业单位法人、机关法人的经营产生影响。基于这些权利主体行使的公共利益性质，如果赋予其名誉权，必然会导致该种权利的滥用，社会其他主体对其行为正常的监督则无从谈起。相反，基于事业单位法人、机关法人的财产主要来源于国家财政，目的是维护公共利益，对于这些主体的负面性评价是促进其提高服务与管理水平的手段。

基于此，笔者认为，《民法通则》第 101 条规定的法人的名誉权其实是一种商誉权。事业单位法人、机关法人不应该享有该种权利。[③]

第四节　法人人格权的体系构建

法人的人格权不同于自然人的人格权，应当是依据法人特性而享有的人格权利。就此点言，法人人格权体系也应当是在法人特性的基础之上所构建的，绝不能简单地按照自然人的特性以及自然人人格权的逻辑路径推演。因此，笔者拟以法人特性为研究基础，构建法人人格权体系。

一、以经营自由、平等、安全为中心建立法人人格权体系

与自然人人格权所确立的人格尊严、人格自由、人格平等、人格安全等

① 最判昭和 39 年 1 月 28 日民集 18 卷 1 号，第 136 页。

② 参见 ［日］圆谷峻：《判例形成的日本新侵权行为法》，赵莉译，法律出版社 2008 年版，第 91 页。

③ 不过，值得指出的是，商誉权的主体还包括合作企业、依法登记的个体工商户等非法人民事主体。为了表述的方便，本书仍然采用法人商誉权、法人人格权这种表达方式。

权利内容不同，法人人格权是以经营自由、平等与安全为中心确立的权利。在市场经济中，法人经营着自己的人格，主要包括如何确定自己的人格与如何发展自己的人格，从而在激烈的市场经济中处于有利地位。因此，如同自然人人格权一样，法人人格权由人格决定权与人格发展权等权利组成：其一，人格决定权。法人得自我决定并采取何种方式发展自己的人格。这些表现为名称权、信息权、商号权等。其二，人格发展权。法人得自由发展自己的人格。这些表现为信用权、商誉权等。

二、规定名称权

"商号权"作为从事营业活动的法人和非法人组织，即商主体的权利，而名称权的主体不仅包括商主体，还包括非营业法人和其他组织。① 商主体的名称权是伴随着其主体资格诞生的，当然，由于商主体的特殊性，其名称是商主体以营业为目的而创设使用的，自然带有经济利益因素。因此，在民商合一立法模式下，在规定名称权的情况下，再行规定商号权没有必要。

三、规定商誉权

目前我国的民事立法并未规定商誉权。对于商誉权含义的介绍，大多是由学者在其相关的著作之中加以论述的。较有代表性的观点有：

> 所谓商誉权，即商业性权利主体对其依法创造的商业信誉和商品声誉享有的财产价值和人格利益不受侵害的权利。商誉权是民事主体对其在工商业活动中所创造的商誉享有利益而不受他人非法侵害的权利。商誉权是商事主体依法对商誉享有专有权和维护其商誉不受侵害的权利。②

由于学者们对商誉权的权利属性认识分歧较大，所以对商誉权的含义也

---

① 范健教授认为，商号又可称为商事名称、商业名称，指的是商主体在从事商行为时所使用的名称，即商主体在商事交易中为法律行为时，用以署名或让其代理人以之与他人进行商事交往的名称。参见范健：《德国商法》，中国大百科全书出版社1993年版，第145页。

② 苗延波：《商事通则立法研究》，知识产权出版社2008年版，第123—124页。

众说纷纭，尽管如此，我们还是可以从对商誉权含义的不同表述中发现，商誉权所维护的利益是权利主体所享有的商誉。因此，探讨商誉代表何种利益就成为确定商誉权是否具有人格属性的关键。依据我国"八五"重点图书《中华法学大辞典》的定义，"商誉是商人基于良好经营而取得的营业信誉以及由此而带来的利益"。但是由于时代的局限性，这个定义明显没有将存在商誉的全部情况囊括进去，如商品的声誉就不能完全归入营业信誉之中。郑新建教授在其新著《商誉权的法律保护》一书中扩大了商誉含义的范围，他认为：

> 商誉是商事主体在社会对其产品、服务、信用等诸方面进行综合评价的基础上所获得的名誉、声誉及由此而带来的利益。①

（一）商誉权的立法模式

尽管关于商誉含义的说法目前仍没有统一的看法和意见，但通过上面的论述不难看出，商誉所包含的利益有两部分，其中一部分体现为一种综合性的社会评价，这种社会评价本质上体现为商誉权人同外在社会之间的一种关系，并且它和名誉权的客体——名誉一样具有固有性、专属性、防御性和非直接财产性等人格性要素特征，因此，这种社会评价实际上就是一种人格性利益，具备这种人格性利益的商誉权自然也是一种具有人格性的权利。②

第一，名誉权的立法模式。名誉权说又可称为传统人格权说。如梁慧星教授认为：

> 法人的名誉又称商誉，指有关法人商业道德或职业道德、资信、商品质量或服务质量方面的社会评价。③

这种观点认为商誉权是名誉权中的一部分，法人的名誉权就是商誉权。

---

① 郑新建：《商誉权的法律保护》，中国人民公安大学出版社 2010 年版，第 238 页。

② 参见许中缘：《论商誉权的人格权法保护模式——以我国人格权法的制定为视角》，《现代法学》2013 年第 4 期；王同兴：《商誉权的人格性研究》，硕士学位论文，湖南大学法学院，2012 年，第 29 页。

③ 梁慧星：《民法》，四川人民出版社 1989 年版，第 358 页。

因此，学者认为应该通过规定名誉权来实现商誉权的保护。俄罗斯的立法就是如此，《俄罗斯联邦民法典》第 1100 条规定：

> 传播诋毁名誉、侵害人格尊严和商誉信息而造成的损害，无论致害人有无过错，均应补偿精神损害。①

我国《民法通则》第 101 条也作出了类似规定。尽管商誉权和法人名誉权在某些地方确实有交叉的情形，但是商誉权无论是在权利性质还是主体范围上与法人名誉权都不尽相同，且在司法实践中的处理也相距甚远。首先，在权利性质上，法人名誉权属于非财产性权利；而商誉权具有直接的财产性内容。因此，在损害赔偿方面，司法实践中通常将商誉权与自然人的名誉权进行参照对比，在法人名誉权案件的处理中并不考虑受害人因商誉价值缩减所造成的损失，而依据商誉权纠纷进行处理的案件则应考虑受害人因商誉价值缩减所造成的损失。② 其次，在权利主体范围上，法人名誉权的主体范围仅限于法人，既包括从事营利行为的法人，也包括不从事营利行为的法人；而商誉权的主体范围却不包括非从事营利行为的法人。③ 此外，商誉权的主体还包括合作企业、依法登记的个体工商户等非法人民事主体。最后，在侵权的认定上，依据我国目前的法律规定，只有经营者才能构成侵害商誉权的行为，非经营者对企业声誉或名誉的侵害只能依照侵害法人名誉权的案由处理。④ 所以，学者认为：

---

① 《俄罗斯联邦民法典》（全译本），黄道秀译，北京大学出版社 2007 年版，第 455 页。

② 如在"成都恩威集团公司诉四川经济日报社名誉侵权案"中，恩威集团因侵权所造成的直接经济损失达 4000 多万元，但四川省高级人民法院最终却只判决四川经济日报社赔偿 500 万元，与原告所受损失相差甚远，其中 3500 多万元的商誉价值缩减所造成的损失没有得到赔偿。参见《人民法院报》1999 年 1 月 21 日第 2 版。按照《最高人民法院关于审理名誉权案件若干问题的解释》第 10 条的规定，名誉权损害赔偿的范围和数额限制在已经发生的客户退货、解除合同等经济损失，并未考虑到商誉权人丧失的机会利益，从根本上把经营者的商誉利益排斥在外。名誉权损害赔偿制度仅仅象征性地对经营者既有利益的损失给予经济补偿，而没有看到经营者商誉利益中的机会财产利益。因此，适用保护名誉权的制度来保护商誉权人的商誉利益从根本上说有着很大的局限性和不适用性。参见沙金：《论商誉权的侵权法保护》，博士学位论文，吉林大学法学院，2010 年，第 65 页。

③ 参见江帆：《商誉与商誉侵权的竞争法规制》，《比较法研究》2005 年第 5 期。

④ 参见许中缘：《论商誉权的人格权法保护模式——以我国人格权法的制定为视角》，《现代法学》2013 年第 4 期。

由于法人名誉的特殊性，原则上不主张用与保护公民名誉权相同的法律制度保护法人的名誉，而主张用商誉权保护制度、对财产的诽谤诉讼制度、对商品的诽谤诉讼制度以及《反不正当竞争法》中的有关制度对法人的名誉权加以保护。这样更加能够体现法人名誉的"商"的性质和财产方面的利益。①

第二，人格权的立法模式。其一，信用权的立法模式。信用权作为人格权的一种类型，② 大陆法系一些国家将商誉作为信用的一部分来予以保护。如《德国民法典》第 824 条规定：

> 违背真相，对事实进行主张或传播，危害他人信用或对他人的生计或前途引起其他不利益的人，即使不知其为不真实，但系可得而知者，也应赔偿他人因此而产生的损害。③

此外，德国 2004 年颁布的《反不正当竞争法》第 4 条第 8 款和我国台湾地区"公平交易法"第 22 条均规定了禁止侵害他人信用的行为，日本《不正当竞争防止法》除了在第 2 条第 11 款直接规定了禁止侵害他人信用的条款外，还广泛规定了停止请求权和恢复信用的措施。的确，损害信用权很可能会构成对商主体商誉权的侵害。不过，信用权与商誉权是两种不同的权利。立法所规定的信用权，与经济学、管理学、社会学等学科上的信用含义不同，仅仅指的是法律上的信用，这种信用是社会对民事主体的经济能力与信赖的经济评价，这种评价与民事主体道德方面的评价不同，是对名誉中的经济评价予以剥离的结果。而商誉权本身除了经济方面的评价之外，还具

---

① 张新宝：《名誉权的法律保护》，中国政法大学出版社 1997 年版，第 112 页。

② 诸多学者都认为信用权属于人格权的一种类型。张俊浩教授主编的《民法学原理》一书认为："信用权是直接支配自己的信誉并享受其利益的人格权。"参见张俊浩：《民法学原理》，中国政法大学出版社 1991 年版，第 158 页。王利明教授认为："信用权，又称经济信用权，是指以享有在社会上与其经济能力相应的社会评价的利益为内容的权利"。参见王利明：《民法·侵权行为法》，中国人民大学出版社 1993 年版，第 299 页。当然，也有学者从"偿债能力"的角度来对信用权进行界定。例如吴汉东教授认为："信用权是民事主体对其所具有的偿债能力在社会上获得的相应信赖与评价而享有的利用、保有和维护的权利。"参见吴汉东：《论信用权》，《法学》2001 年第 1 期。笔者赞同第一种观点。

③ 《德国民法典》（第四版），陈卫佐译，法律出版社 2015 年版，第 416 页。

有道德评价的因素。因此，在实践中，存在没有侵害主体的经济评价，但有可能侵害商誉的行为，如商誉淡化行为，此时利用信用权的保护方式并不能实现对商誉的保护。

其二，商号权的立法模式。商号是指市场主体在营业活动中所使用的称号。商号作为商誉的重要载体之一，是和商誉紧密结合在一起的，商号常被作为商誉的一部分来对待。如世界知识产权组织认为：

> 厂商名称标志着一个企业作为整体所享有的商业信誉。对于一个企业来说，厂商名称是一种很有价值的财产。①

我国也有学者认为："所谓商业名称，指各种商主体，包括商个人、商法人以及商合伙等在营业活动中所使用的称号，又称商号，实际上，商誉和商业名称为同义语。"② 尽管商号与商誉二者都属于人格权的内容，都是法人等主体不可分离的部分。不过，二者并不能等同。这主要是因为商号是市场主体在社会活动中用以确定和代表自身，并区分他人的文字符号和标记，③ 作为一种区别性标识，反映的是"哪种主体"，主要目的是防止混淆，因此本身并无价值评判因素。而商誉权则反映着社会对特定市场主体的认同程度的综合性评价，是对特定主体所具价值的评判，其所反映的主体信息是"怎么样的主体"，具有强烈的价值评判色彩。④ 可以说，商誉是独立于企业在其名称、产品外观和其他企业资产之外的财产利益。⑤ 实践中，在对商号的侵权行为中，一般表现为混淆、假冒商号来谋取不法利益，而此种情形中，并不必然会导致商誉的侵害。而在商誉权的侵害中，也并不必然采用假冒、混淆的方式。基于这些差别，以商号权的规定并不能有效地保护商

---

① 《世界知识产权组织知识产权指南》，张寅虎等译，知识产权出版社1992年版，第73页。
② 董安生、王文钦、王艳萍：《中国商法总论》，吉林人民出版社1994年版，第185页。
③ 参见［德］迪特尔·梅迪库斯：《德国民法总论》，邵建东译，法律出版社2001年版，第794页。
④ 参见王同兴：《商誉权的人格性研究》，硕士学位论文，湖南大学法学院，2012年，第13页。
⑤ 参见程合红：《商事人格权论——人格权的经济利益内涵及其实现与保护》，中国人民大学出版社2002年版，第45页。

誉权。①

其三，商事人格权的立法模式。也有学者认为，商誉权作为一种商事人格权。但笔者认为，商誉权作为一种人格权类型仍然属于民法中的人格权，而不是属于商法中人格权的类型。其原因有以下三点。

第一，在现有法律背景下，商事人格权只能作为民法而不是商法中的人格权类型。尽管自然人与法人等主体的人格内容具有差异，但判断商事人格权属于民法还是商法中的人格权类型，还是应当根据该种权利的来源进行判断。在现有民商合一立法模式的背景下，传统商法只是属于民事法律的特别法，因此，将商誉权作为商法中的独特权利进行单独规定，并不能说明该种权利仅属于商法中的内容，换言之，该种权利仍然属于传统民法中的人格权类型。

第二，将财产性作为商誉权的特性不符合理论的逻辑。商誉权究竟是属于民法中的人格权还是属于商法中的人格权？学者认为，商事人格权的一个重要特点就是该权利具有直接财产性，② 这使商誉权即使不经过提供产品和服务的过程，也可以实现商誉内部的经济利益内容。但财产性并不是区分民法中的人格权与商法中的人格权的标准。随着市场经济的发展，传统属于自然人的人格权也出现了财产性的特点，如肖像权、形象权、姓名权等都具有较强程度的财产属性，但不能因此否认这些权利属于传统民法中的人格权类型。

第三，将商誉权作为商法中的独立人格权类型，不利于商誉权的法律保护。在现有的法律框架下，商法中的人格权不具有对权利保护的特殊方法，如果不适用民法中的人格权的保护方式，则只能拘束于传统财产法的保护方法，这并不利于商誉权的保护。③

目前我国对商誉权的法律保护制度主要是建立在《反不正当竞争法》和《民法通则》的有关规定之上的。此外，《最高人民法院关于审理名誉权

---

① 参见许中缘：《论商誉权的人格权法保护模式——以我国人格权法的制定为视角》，《现代法学》2013 年第 4 期。

② 参见郭明瑞：《民商法原理（一）》，中国人民大学出版社 1999 年版，第 441 页。

③ 参见许中缘：《论商誉权的人格权法保护模式——以我国人格权法的制定为视角》，《现代法学》2013 年第 4 期。

案件若干问题的解释》中也有若干关于保护商誉权的条款。但是，在我国的商誉权保护制度中，只有《反不正当竞争法》对商誉权的保护做了直接的规定，而《民法通则》以及最高法院的司法解释所保护的则是一种法人名誉权，只不过在某些案件中，这种法人名誉权实际上就是商誉权。《反不正当竞争法》第14条和第20条分别规定：

> 经营者不得捏造、散布虚伪事实，损害竞争对手的商业信誉、商品声誉。
>
> 经营者违法本法规定，给被侵害的经营者造成损害的，应当承担损害赔偿责任，被侵害的经营者的损失难以计算的，赔偿额为侵权人在侵权期间因侵权所获得的利润；并应当承担被侵害的经营者因调查该经营者侵害其合法权益的不正当竞争行为所支付的合理费。

依据上述两个条文，我们不难发现我国《反不正当竞争法》在保护商誉权方面的缺陷：首先，将侵权人的范围限于经营者之内，这就使非经营者，如消费者或新闻媒体在侵害商誉权时缺乏相应的法律规制。其次，对侵害商誉权的救济手段仅规定了损害赔偿一种。事实上，这种救济手段的单一正是由于商誉权的人格性规定缺失的结果。因为依据我国民事立法的规定，对财产权的救济手段主要就是损害赔偿，而消除影响、恢复名誉则适用于侵害名誉权的情形。但在商誉权的救济上，消除影响、恢复名誉有时比损害赔偿更为重要，这是因为企业在某一地区建立良好的商誉是非常不易的，在商誉受到不法侵害之后，重新恢复企业在该地区的商誉是非常必要的，而消除影响、恢复名誉就是恢复企业商誉的重要措施。因此，确立商誉权的人格性，确定它具有类似名誉权那样的人格性利益就可以自然地将消除影响、恢复名誉作为商誉权的救济手段之一，从而可对受侵害的商誉权给予更好的保护。[①]

如同前文所述，商誉权作为商事主体所具有的特殊权利，与自然人的名

---

① 参见许中缘：《论商誉权的人格权法保护模式——以我国人格权法的制定为视角》，《现代法学》2013年第4期。

誉权具有显著差异。在民商合一立法模式背景下，人格权法体系的构建，涵盖的绝不仅是传统自然人所享有的人格权，而应该涵盖所有主体的人格权类型。[①] 更为重要的是，规定商誉权，能够避免司法实践中将自然人名誉权保护类推适用于商誉权，导致二者适用混乱。

（二）商誉权的权利性质分析

第一，商誉存在的根本就在于其人格性。人格性是商誉存在的根本，这表现在以下几个方面：首先，人格性是商誉存在的本质。"商誉是商事主体在社会对其产品、服务、信用等诸方面进行综合评价的基础上所获得的名誉、声誉及由此而带来的利益。"[②] 人格主要体现为社会对一个特定法律主体所给予的综合评价，是一个人得以体现自身之个性，进而在社会上获得特殊利益的基础。从这一点说，不同的法律主体将基于社会给予的不同评价享有不同的人格利益，而这也正是现代社会强调保护人格权的意义所在。可以说，商誉权与商誉主体的人身不可分离，离开了商誉主体，就谈不上商誉权。如学者所言：

> 正如一般民事主体必然要具备维系其生命的人格权，市场主体要作为独立的法律人格而存在，也必然要以维系其法律人格的人格权为前提。[③]

其次，人格性是商誉存在的基础。商誉归根结底是社会对商誉权主体的产品、服务、信用等诸方面所进行的综合评价，缺乏相应的评价，商誉则难以成立。如学者在认定是否属于商誉权侵权时认为："必须有一定数量的消费者意识到当事人的产品或服务存在，如果社会公众未能意识到特定主体的产品或服务在该地区的存在，就可以证明该主体未能在一定地区建立起商誉，从而也就不可能存在侵害商誉权的事实。"[④] 由此证明商誉存在的基础在于

---

① 诸多学者认为，人格权仅仅只是自然人的人格权的规定。参见谢哲胜：《中国人格权法独立成编及其基本内容的立法建议》，《人大法律评论》2009年卷（总第七辑），第120—126页。

② 郑新建：《商誉权的法律保护》，中国人民公安大学出版社2010年版，第15页。

③ 范健、王建文：《商法的价值、源流及本体》，中国人民大学出版社2004年版，第217页。

④ 吴汉东、胡开忠：《无形财产权制度研究》，法律出版社2001年版，第543页。

其人格性。最后，商誉权的人格性是财产性的基础。商誉权在具有人格性利益的同时，还具有直接的财产性利益。因此，学者认为，商誉权是一种复合型权利。① 对该种观点，笔者也不能苟同。商誉权本身兼具人格性与财产性并没有错，但因为在商誉权中，商誉权所具有的财产性正是通过人格性来予以实现的，社会对商誉的评价越高，该种权利的财产性越多。反之也是如此。企业若要实现其商誉权中的财产性利益，就必须先维护好其人格性利益。反之，若企业商誉权中的人格性利益受到损害，其财产性利益也会随之遭到损害。因此，商誉权的人格性利益尽管不是实现其权利利益的最终目的，但却是实现商誉权最终利益的前提，和商誉权中的直接财产性相比，其人格性在整个权利中居于基础性地位。财产性不是商誉权的本质属性，人格性才是它的本质属性。所以，如同肖像权一样，商誉权本身是一种人格权，不能因其随着社会的发展具有较强的财产性而否认其人格权的特点，更不能因此就认为它是一种复合型的权利。②

第二，人格性是商誉权作为一种权利存在的本质。人格权作为一种权利，其实就是人格利益的法律化。通常认为，人格权作为一种权利，具有固有性、专属性、防御性等内涵特征，③ 商誉权作为人格权的一种类型，当然具有这些特征。其一，商誉权具有人格权的固有性。一种权利是否具有固有性，主要是看该种权利是否与权利主体一并产生并与之共存续。自然人的人格权从权利人出生之时自动产生，且伴随权利人一直存在直至其死亡，这种权利不需要权利人通过任何行为去获取就已拥有，且他人不能用任何方式予以剥夺。这是自然人的人格权的固有性。与自然人的人格权的固有性一样，商誉也是伴随着权利主体权利能力的存在而存在的。商誉作为社会对一种组织的评价，其产生之初，就具有社会通行的身份证。这与自然人所具有的人格权是一样的。如学者所言：

它具有很强的依附性，即这种价值总是与主体的人格本身相联系，

---

① 参见赵万一：《商法基本问题研究》，法律出版社 2002 年版，第 347 页。
② 参见许中缘：《论商誉权的人格权法保护模式——以我国人格权法的制定为视角》，《现代法学》2013 年第 4 期。
③ 参见房绍坤：《民法》（第三版），中国人民法学出版社 2014 年版，第 114—115 页。

虽然可以与主体在一定程度上相分离，但总是要以主体人格的存在为基础。[①]

而且，商誉权作为一种人格权，该种权利随着社会主体的消灭而失去。"商誉权的保护期限为该权利主体的合法存在时期内，只要权利主体仍在市场上运作生存，那么该主体就理应享有商誉权的合法保护，如若经营实体结束运作后，商誉虽在一定后延时间内仍存在，但是已无权利主张的资格。"[②] 即使是百年老店，只要主体资格已经不再存在，无论其在注销登记之前所享有的商誉权有多高，该种权利将会随着主体资格的丧失而丧失。其二，商誉权具有人格权所具有的专属性。商誉权的专属性主要体现为该种权利能否独立转让。通常认为，商誉权作为一种财产性的权利，本身是能够进行转让的。故商誉权在专属性方面，与人格权所具有的专属性不同。这种观点值得商榷。商誉权是社会所有的主体对该种组织的财产能力、信誉等所做的评价，该种评价为该种主体所独有，本身也并不能成为交易的客体。现实生活中企业吸收、合并等所发生的商誉权转让情形，其实质是商誉权的增加或者减少，而非转让。而企业所发生的新设合并，本身所具有的商誉权已经不再存在。当然，在现实生活中，商誉权作为一种具有财产性的权利，可以许可其他组织进行使用，如加盟店许可。但这种许可是商誉权所具有的一种特殊可"复制"的属性。这与作为人格权的肖像权本身并不相同。[③] 所以，商誉权具有人格权所具有的专属性。其三，商誉权具有人格权的防御性。一般认为，人格权在一般情况下是一种消极的权利，在人格权未受到损害或具有损害之虞的情况下，权利人很少采取积极的行为对其人格权进行调整。而商誉权却有所不同，尽管商誉权也有消极的保有和维护的内容，但是，商誉权的人格性却有相当部分的积极调整的内容。当前企业投入大量的人力、物力、财力去打造良好的商誉均是积极调整的表现，尽管这种调整行为在某些方面也可以理解为对已有商誉的一种保有，但大多数情况下这种调整行为却是在商誉没有受损或受损之虞的情况下主动作出的。因此，商誉权不但不是一种

---

①　程合红：《商事人格权刍议》，《中国法学》2000 年第 5 期。

②　顾静：《商誉权之侵害方式及其法律救济》，《安徽冶金科技职业学院学报》2004 年第 1 期。

③　参见苗延波：《商事通则立法研究》，知识产权出版社 2008 年版，第 124—126 页。

纯粹防御性的权利，反而是一种以积极调整为重要内容的权利。但据此并不能否认商誉权所具有的人格权属性。在作为自然人的人格权类型如名誉权中，我们也能够找到如商誉权一样的特性。① 所以说，商誉权具有与自然人人格权所具有的消极防御或者积极调整一样的特性。其四，商誉权在保护方法上与人格权的保护方法具有一致性。诸多学者认为，商誉权的保护仅仅在于损害赔偿，而缺乏消除影响、恢复名誉等救济手段。基于前文所述，这种做法对于受损商誉的恢复是很不利的。②

第三，商誉权是由人格权性质的权利所组成。传统学者认为，商誉权内容由商誉保有权、商誉维护权、商誉利用权等权利构成。③ 在这些权利中，除了商誉利用权具有财产性之外，其他权利均具有人格性。具体说来：

其一，商誉保有权。商誉保有权是指商誉权人对自己已有的商誉有继续享有和保持的权利。它是商誉权主体维持社会对其以经济能力评价为主的综合性评价完整的权利。④ 商誉是社会对市场主体的一种综合性评价，众多与市场主体有关的因素都从不同方面影响着这种综合性评价。商誉保有权的内容主要体现在以下两个方面：一是商誉权人有权保持自己的商誉不降低、不贬值、不丧失。商誉权人对于自己的商誉，在通过合法手段的前提下，可以对其商誉的构成要素进行管理和调整；二是在自己的商誉因突发事件或在特殊情况下处于不利状态时可以通过其积极的行为进行弥补、改进和完善。在维护商誉方面，这二者是相辅相成的。⑤ 例如，香港的"维他奶"公司发现其售出的一瓶豆奶中含有有害物质，立即花大价钱将其已上市的数万瓶豆奶全部收回，并全部予以销毁，避免了经历数年建树的商誉在一夜之间化为乌有。

其二，商誉维护权。这是商誉主体保护其社会评价公正性的权利。商誉维护权包括两重含义：一是商誉权的绝对权属性，商誉权是对世权，其他任

---

① 参见苗延波：《商事通则立法研究》，知识产权出版社 2008 年版，第 128—130 页。

② 参见许中缘：《论商誉权的人格权法保护模式——以我国人格权法的制定为视角》，《现代法学》2013 年第 4 期。

③ 参见季秀平：《信用权与商誉权之比较及我国民法典的选择》，《淮阴师范学院学报（哲学社会科学版）》2005 年第 5 期。

④ 参见周腊梅：《论商誉权及其法律保护》，吉林大学出版社 2007 年版，第 11 页。

⑤ 参见郑成思：《论知识产权的评估》，《法律科学（西北政法大学学报）》1998 年第 1 期。

何人都负有不得侵害的不作为义务；二是对于违反法定义务而侵害商誉权的行为人，权利人可以寻求司法保护，要求制裁侵权行为人，救济自己受到侵害的商誉。与商誉保有权相比，商誉维护权的行使必须以他人的不法侵害行为为前提。进而，商誉权是请求特定人为特定行为（作为或不作为）的权利；而商誉保有权的行使则不需要他人的介入，权利主体自己可径直采用合法手段保有或调整其商誉。同时我们还应当看到，商誉维护权是以商誉的人格性存在为前提的，离开了人格性，商誉维护权也将不复存在。[①]

（三）商誉权与民法典的路径安排

商誉权在民法典中的路径选择，具有以下几种方式。

第一，将商誉权作为一种权利，规定在主体制度之中。如此规定，将会导致以下缺陷：其一，将导致人格权规定的分散。随着社会的发展，人格权的内容愈来愈多，这些内容需要在民法典中予以规定。但由于自然人、法人等主体均具有自己的人格权内容，如果在主体制度中分别予以规定，会导致整个体系的凌乱。其二，导致法律中存在诸多准用的情况，不利于司法的适用。尽管各种主体的人格权具有不同类型，但就保护方式、救济方法而言具有共通性，如果在不同的主体中规定不同类型的人格权制度，必然出现诸多准用的现象，导致立法资源的浪费，而且会导致司法适用的困难。

第二，将商誉权作为一种权利，规定在侵权责任法编中。这种方案从权利救济的视角而言也是可行的。但如果规定在侵权责任法编中，具有以下缺陷：其一，不能全面涵盖商誉权的内容。商誉权具有丰富的内容，包括商誉维护权、商誉调整权、商誉利用权等内容。侵权责任法编对此的规定，仅仅只是对商誉维护权的确认，并不能体现商誉权的其他内容。其二，会影响商誉权的功能实现。如上文所述，商誉权作为一种人格权，不仅具有消极防御功能，还具有能够为权利人积极行使的功能。在侵权责任法编中对商誉权进行规定，则会导致商誉权功能的残缺。其三，因为《侵权责任法》并不能对该种权利进行界定，如何认定侵权就存在一定的问题。也就是说，只有在人格权法中规定该种权利，《侵权责任法》对此的规定才具有存在基础。何

[①]　参见许中缘：《论商誉权的人格权法保护模式——以我国人格权法的制定为视角》，《现代法学》2013年第4期。

况，在侵权责任法编中对商誉权进行规定，与同时在权利章节中规定商誉权并不矛盾。

第三，将商誉权作为一种权利，规定在《民法总则》的民事权利一章之中。笔者认为，在民事权利中规定商誉权，具有诸多优点：其一，能够更好地体现该种权利的特点。商誉权作为人格权的一种类型，具有人格权所兼具的积极主张与消极防御的特点，规定在民事权利中，能够更全面地体现商誉权的这些特性，同时有助于商誉权功能的最大实现。其二，规定在民事权利中，将使民法典体系更为完整。人格权从民事主体制度中独立出来，这是现代人格权立法发展的必然趋势，也是我国学者关于我国未来民法典制定中所形成的基本共识。人格权法体系的构建，需要解决的问题是，人格权涵盖的绝不是传统自然人所享有的人格权，[①] 而应该涵盖所有主体的人格权类型。反之，人格权仅仅具有对自然人权利宣示的价值，就会失去人格权体系化应有的功能；而且，容易导致忽视法人等主体所具有的人格权，人为地制造自然人——法人权利之间的紧张关系。因此，将作为法人等主体所享有的商誉权规定在民事权利中，将使人格权体系的构建更为完善。其三，规定在民事权利中，有利于民商合一立法模式的实现。所谓民商合一，就是在民法典之外，无须制定商法典，商事法律作为民法的特别法而存在。民商合一的立法模式要求，民法典的相关规定能够统率商事法律的内容，至少民法典与商事法律相关的规定不能相脱节。如果不在民法典中规定商誉权，则会导致商事法律中的权利不能在民法典中找到相关的规定，失去了民法典所应该具有的统率作用，这与我国所倡导的民商合一的立法模式不相符合。其四，规定在民事权利中，能够更好地体现商誉权作为一种人格权所具有的特性。随着现代社会的发展，传统人格权出现了商品化的现象，传统观点认为人格权与主体不可分离的情形已经有所改变，人格权体系化已成为可能。而商誉权在民事权利中予以规定，更好地体现了该种特性，也使我国未来民法典能够

---

① "传统见解认为，人格权系以人的尊严价值及精神利益为其保护内容，与其人本身具有不可分的密切关系，属于个人的专属权。"参见王泽鉴：《人格权保护的课题与展望——人格权的性质及构造：精神利益与财产利益的保护》，《人大法律评论》2009年卷（总第七辑），第51页。还有学者认为，人格权仅仅只是自然人的人格权。参见谢哲胜：《中国人格权法独立成编及其基本内容的立法建议》，《人大法律评论》2009年卷（总第七辑），第120—126页。

适应时代发展的要求。①

四、规定信用权

在市场经济条件下，市场交易主体在从事商业交易时，越来越看重合作伙伴的信用。然而伴随着整个社会的诚信危机，不管是社会学家、经济学家还是法学家，都试图建立一个诚信机制，这个机制可以对信用进行量化，也可以衡量某一主体的信用。信用这一概念向来被认为是对主体进行的道德范畴的评价，但是随着市场经济的发展，人格权的商品化，民事主体的信用在社会生活中发挥的作用越来越大，信用利益在民事关系中越来越重要。② 可以说，现实社会迫切需要法律对信用利益进行行之有效的调整。

法律上关于信用的概念有以下几种观点：第一，信用是一般人对当事人自我经济评价的信赖性；③ 第二，信用是对一个人履行义务的能力，尤其是偿债能力的一种社会评价；④ 第三，信用是在社会上与其经济能力相应的经济评价。⑤ 尽管这几种观点不尽相同，但是都在一定程度上承认了信用是一种社会评价，并且这种评价是与其自身的经济活动相关的。这样一来，首先我们就对信用权有了一个基本的了解。另外，针对"经济活动"这一说法，也有不同的观点。有学者认为，信用专指民事主体的偿付债务方面的经济活动，⑥ 也有学者认为，此处的"经济活动"应作广义理解：既指法人切实履行对他人所作的允诺，也指他人对法人的生产经营、产品质量、偿付债务等方面的良好行为产生的信赖感。典型的如王利明教授就认为，信用不仅限于偿债能力，还包括其他能体现主体经济能力的方面，如产品的质量、售后服务情况等。⑦ 据此，我们对信用作出如下定义：

---

① 参见许中缘：《论商誉权的人格权法保护模式——以我国人格权法的制定为视角》，《现代法学》2013 年第 4 期。

② 参见郭珊珊：《民商合一视角下民事权利体系的构建》，硕士学位论文，湖南大学法学院，2013 年，第 27 页。

③ 参见张俊浩主编：《民法学原理》，中国政法大学出版社 1991 年版，第 158 页。

④ 参见江平、程合红：《论信用——从古罗马法到现代社会》，《东吴法学》2000 年第 11 期。

⑤ 参见王利明主编：《民法·侵权行为法》，中国人民大学出版社 1993 年版，第 299 页。

⑥ 参见吴汉东：《论信用权》，《法学》2001 年第 3 期。

⑦ 参见杨立新：《人身权法论》，人民法院出版社 2002 年版，第 694 页。

信用应是民事主体在社会中所受的，与其经济活动相关的一种社会评价。

在法律上对信用进行讨论，主要分为两类情形：首先，是在客观上考察民事主体是否具有履约能力，即民事主体在从事经济活动时所需要的物质条件。对于自然人来说，需要考察其工作、投资和收入相关情况；对法人和其他组织而言，要考察其注册资本以及与财务相关的信息。这些条件是产生信用的基础。另外，还应当对主体主观上的履约品质进行评价，即主体在主观意识上的履约品质以及其履约的态度。这种评价主要是基于主体过去相关类似经历以及主体的行为所表明的态度。类似经历主要是通过调查其信用记录、履约记录进行的。另外，还要看主体是否积极履行合约等。现实中可能出现这样的情况，即具有履约能力的主体主观上可能故意不履约，或故意不清偿债务。因此，信用既是主观的表现，也是社会的评价，是主客观的结合。①

明确信用的含义更有助于我们理解和研究信用权。所谓信用权，是指民事主体享受并支配其信用及其利益的权利，或者说是自然人、法人或者其他组织对其所参与的经济活动并就其能力获得良好评价所享有的权利。②

虽然信用权的重要性已经得到社会各个阶层的一致认可，然而关于信用权的性质，理论界的观点仍然莫衷一是。就信用权属于何种性质而言，目前学术界存在以下分歧。

第一，财产权说。吴汉东教授赞同这一观点，并主张将信用归入经营性资信范畴。经营性资信是民事主体在经营活动中所具有的经营资格、经营优势、经营信誉等经济能力的总称。信用权这一权利并非民事主体与生俱来

---

① 参见郭珊珊：《民商合一视角下民事权利体系的构建》，硕士学位论文，湖南大学法学院，2013年，第12—14页；沙金：《论商誉权侵权法保护》，博士学位论文，吉林大学法学院，2010年，第67页；徐欣彦：《论信用权及其民事立法完善》，硕士学位论文，对外经济贸易大学法学院，2006年，第37页。

② 参见徐欣彦：《论信用权及其民事立法完善》，硕士学位论文，对外经济贸易大学法学院，2006年，第46页。王利明：《人格权法研究》（第二版），中国人民大学出版社2012年版，第587页；陈真真：《个人征信和信用信息权利保护的冲突与平衡》，硕士学位论文，山东大学法学院，2014年，第23页。

的，而是由民事主体在经营活动中，慢慢积累出来的，因此，其不属于人格权。并且，信用对于当事人在经济活动中的交易以及可获得利益有一定的影响。因此，在民事权利体系中，信用权是一种与所有权、债权、知识产权和人身权相区别的一种无形财产权。①

第二，人格权说。该学说认为，信用权是指民事主体就其所具有的经济能力在社会上获得相应信赖与评价所享有与对其保有和维护的人格权。虽然信用是对主体经济能力的评价，但是财产并不是信用权的直接客体。② 信用权中的财产价值只是影响主体在经济活动中的交易，并不直接决定交易。另外，在权利受到侵害后确定赔偿数额时，信用权的财产价值才有实质的意义。信用权的本质仍然是对民事主体人格的评价。③ 另外，如果没有民事主体这一载体，信用权就不可能存在。④

第三，商事人格权说。此观点认为信用权属于商事人格权。持这一观点的程合红博士认为：

> 对于一般自然人而言，其信用的财产性是微不足道的，只有当它和商业目的、经营相结合，也就是从一般人的信用特定化为商人的信用时，信用才具有了巨大的财产利益，才成为一种无体动产。⑤

对信用权的保护模式主要有两种立法体例：一种是通过《反不正当竞争法》来保护，另一种是通过直接确认信用权的方式加以保护。如匈牙利

---

① 参见吴汉东：《论信用权》，《法学》2001 年第 3 期。

② 参见李新天、朱琼娟：《论"个人信用权"——兼谈我国个人信用法制的构建》，《中国法学》2003 年第 5 期。

③ 参见王利明：《人格权法研究》（第二版），中国人民大学出版社 2012 年版，第 589—590 页。

④ 参见郭珊珊：《民商合一视角下民事权利体系的构建》，硕士学位论文，湖南大学法学院，2013 年，第 26 页；许中缘：《论商誉权的人格权法保护模式——以我国人格权法的制定为视角》，《现代法学》2013 年第 4 期。

⑤ 程合红：《商事人格权——人格权的经济利益内涵及其实现与保护》，中国人民大学出版社 2002 年版，第 97 页；参见郭珊珊：《民商合一视角下民事权利体系的构建》，硕士学位论文，湖南大学法学院，2013 年，第 34 页；程合红：《商事人格权论》，博士学位论文，中国政法大学民商法学院，2001 年，第 21 页。

《禁止不正当竞争法》就是前者的保护方式的规定,[①] 后者如我国台湾地区"民法"第 195 条第 1 款,即明确将信用权确认为人格权的一种。

王利明教授赞同后一种立法体例。他认为通过《反不正当竞争法》来对信用权进行保护存在以下不足:第一,在市场经济条件下,侵害信用权的案件将不断增加,而法院在处理相关纠纷时,应当采用民法手段进行解决。第二,若将信用权规定在民法典中,在确定民事责任时,则更加顺理成章。另外,如果自然人的信用权受到损害,则不仅可以要求经济赔偿,还可以要求精神损害赔偿。第三,直接规定信用权,更有利于保护权利人的相关权益。[②]

信用权作为人格权的一种类型,大陆法系一些国家将商誉作为信用的一部分来予以保护。如《德国民法典》第 824 条规定:"违背真相,对事实进行主张或传播,危害他人信用或对他人的生计或前途引起其他不利益的人,即使不知其为不真实,但系可得而知者,也应赔偿他人因此而产生的损害。"然而,我国目前立法能够对信用利益真正起到规制作用的是《反不正当竞争法》中第 14 条以及第 20 条的规定。随着信用利益重要性的不断增强,法学界对于确定信用权这一概念,已经形成了基本一致的观点。值得注意的是,不仅仅企业这种经营性民事主体享有信用权,所有的民事主体都享有信用权,包括自然人、法人和非法人组织。笔者认为,信用权是一种具体人格权。[③] 具体原因如下。

其一,信用权作为一种人格权与主体人格有着紧密的联系。信用权作为社会主体所获得评价的一种权利,特点在于评价。这种评价依赖于主体的行为,因而具有一定主观性与客观性。但无论是主观性还是客观性评价,必须依附于主体而存在。主体资格丧失之后,其信用权不复存在。

其二,尽管信用权具有一定财产性,但该权利并不是一种财产权。首

---

① "禁止以制造或散布虚伪事实,或对真实事件进行歪曲,或通过其他行为破坏或者危害竞争者的名声或信誉。"

② 参见张婷:《被征信人信用权的法律保护》,硕士学位论文,湖南大学法学院,2009 年,第 23 页。

③ 参见郭珊珊:《民商合一视角下民事权利体系的构建》,硕士学位论文,湖南大学法学院,2013 年,第 18 页;许中缘:《论商誉权的人格权法保护模式——以我国人格权法的制定为视角》,《现代法学》2013 年第 4 期。

先，信用权作为主体所具有的权利，只能通过其获得一定财产，而不能将其单独地转让或继承。其次，信用权随着社会主体对其评价，与一般财产权本身所具有的稳定性存在明显的差异，具有不同的财产价值。比如说破产中的史玉柱与巨人集团辉煌时期的史玉柱的信用权具有显著的差异，这也正说明该种权利是人格性的而非财产性的。

其三，信用权是所有社会主体所具有的一项权利。现代社会的交易性与流动性，使信用对社会主体具有重要地位，无论是自然人还是法人，离开信用将会导致其生存、发展受限。

其四，规定信用权作为人格权，是保护该种权利最为有效的方式。信用权作为社会主体信用利益得到公正评价的一项权利，当该种权利受到侵害时，采用传统财产权的保护办法根本无法对其利益进行有效保护，而只有通过人格权的救济方式才能对其利益进行周到保护。比如日本《不正当竞争防止法》除了在第2条第11款直接规定了禁止侵害他人信用的条款外，还广泛规定了停止请求权和恢复信用的措施，这正是人格权救济措施的体现。

五、规定商业信息权

商业信息是与商品交换和管理有关的各种消息、数据、情报和资料的统称。如同隐私权不能完全涵盖个人信息权一样，商业秘密也不能涵盖商业信息。商业秘密属于商事主体不愿意公开的，却能够给主体带来利益的信息。但商业信息并不需要以是否公开作为要件。只要是能够给商事主体带来利益的信息均属于商业信息。商业信息是作为权利主体应该保护的利益，尽管商业信息具有财产权属性，但其仍然属于商事主体人格权确定的范畴。将商业信息权作为一种人格权更有利于保护商事主体的权利。如果将其单纯地作为财产权予以保护，有可能要求有明确的计算赔偿的方式，但作为人格权保护就没有也不需要此种要求。因此，商业信息也应该作为法人人格权的一种类型。

六、我国未来民法典应构建民商合一的人格权立法体系

法人人格权规范以及体系建构，在我国人格权法体系，尤其是民商合一的人格权法体系之中占据了极其重要的位置。失去了法人人格权的存在，人

格权法体系也就丧失了规范的基础。自罗马法以来，大陆法系国家在个人主义方法论的基础上建立了相关法律规则，而团体法制度并没有得以多大发展，这有历史方面的原因，但更多的还是学者和立法者对团体主义方法的忽视。同时，法人制度的不发达，又会直接限制团体法制度的发展。由于团体法基础理论的欠缺，法律以民事主体自然人的相关制度来建构法人的相关制度，带有很强的"拟制"色彩。"法人的拟制论"观点就是"拟制"的典型代表。此种自然人——法人技术上的逻辑演绎已经成为民商合一人格权法体系构建所亟须解决的问题。与"拟制论"观点相对，另一种观点与此完全相反，即认为人格作为团体独立财产的存在只不过是化解投资风险的纯粹法律技术规定而已，因此人格权应为自然人所独有，法人不具有所谓的人格权。[1]

其实不然，法人人格权，特别是在民商合一体例之下，显得尤为重要。在近代西方哲学中，人格只是人的本质哲学总结。自然人人格权法制度在法人人格权制度中的逻辑推演也在我国法律中得以体现。《民法通则》第101条对自然人、法人名誉权的规定就是此种推演的典型。司法实践中认为事业单位法人、机关法人具有名誉权应该获得名誉权的保护更是这种逻辑推演的谬误典型。在"中国科学院与大众日报社名誉权纠纷案"中，人民法院认为，大众日报社下属的齐鲁晚报未能提供广告发布前已有有关行政主管部门批准审查的证据，因此齐鲁晚报所刊载的广告系违法广告。这些广告无疑会对消费者的消费造成误导和欺骗，而齐鲁晚报在广告标题上冒用"中科院"的字样，无疑会让消费者将违法广告与中国科学院联系起来，对于中国科学院的名誉权已经构成损害。[2] 而在"来凤县城市管理局与来凤县百姓电子商务有限公司名誉权纠纷案"中，法院认为，被告来凤县百姓电子商务有限公司开办了来凤百姓网，网络用户通过来凤百姓网这个网络平台实施了直接侵权行为，被告虽未直接侵权，但作为提供信息平台服务的网络服务提供者没有尽到相应的义务，在客观上对直接侵权人的直接侵权行为起到了帮助作

---

[1] 参见李兴刚：《论人格权的属性及救济》，硕士学位论文，中国政法大学国际法学院，2011 年，第 34 页。

[2] 参见"中国科学院与大众日报社名誉权纠纷案"，北京市中级人民法院（2014）二中民终字第06286 号。

用，因此，应承担对来凤县城市管理局的间接侵权责任。①

为了避免类似结局，未来民法典的设计应该考虑到法人人格权的本质，从而构建适应民商合一的人格权立法体系。遗憾的是，在中国社会科学院民法典立法研究课题组发布的《民法总则（建议稿）》中，完全没有顾及法人的人格权。② 而在中国法学会颁行的民法典草案中，尽管规定了法人的人格权，但内容仅仅是自然人人格权的逻辑推演，却没有顾及法人人格权的特殊属性。《民法总则（草案）》以及草案二审稿、草案三审稿也是如此。

---

① 参见"来凤县城市管理局与来凤县百姓电子商务有限公司名誉权纠纷案"，湖北省来凤县人民法院（2014）鄂来凤民初字第 87 号。

② 参见中国法学创新网：《中国社科院民法典立法研究课题组发布〈民法总则（建议稿）〉》，2016年 3 月 1 日，见 http：//www. lawinnovation. com/html/xjdt/15536. shtml。

第　七　章

商事身份法的独特品格与
我国民法典中的身份法制度

　　民法是商品经济的基本法，基于商品经济对平等、自由的彰显，要打破既有的不平等、奴役与不劳而获。因此身份为民法所忽视也就在所难免。另一个重要的原因，可能就是在身份社会，我们受够了身份制度所带来的创伤，尤感到平等、自由的难能可贵，现代民法不愿意也不想重提身份制度的残迹。梅因说过：

　　　　所有社会的进步运动，到此处为止，是一个从身份到契约的运动。①

　　因此，现代民法对身份权的规定小心翼翼，只有在有关亲属法方面对身份权的内容进行规定，但内容规定并没有体现出身份权的本质属性，更多的是以财产法的观点来审视身份权关系问题，如《最高人民法院关于适用〈中华人民共和国婚姻法〉若干问题的解释（一）》（以下简称《婚姻法司法解释（一）》）第19条对夫妻财产规定："除当事人另有约定，夫妻个人财产不因婚姻关系的延续而转化为夫妻共同财产。"最高人民法院更是以"符合物权法基本理论"来阐释《婚姻法司法解释（一）》第19条的规定，完

---

　　① 参见董冰：《同一、分立与互补》，博士学位论文，山东大学法学院，2010年，第65页；庞正：《法治秩序的社会之维》，《法律科学（西北政法大学学报）》2016年第1期。

全忽略了夫妻身份关系的本质。[①]

身份的本质属性是社会认同。作为社会主体的存在，社会认同是主体存在的基础也是社会秩序稳定的决定性条件。在一个社会认同错乱的社会，必定无法建立一个稳定的秩序。作为规范老百姓的民法，应该在社会认同方面作出应有的贡献。值得注意的是，我国现行民法仅仅关注基于亲属与婚姻之间的身份，忽视了自然人主体参与其他社会生活所应该具有的社会认同。身份权的缺失，使民法的调整对象人身关系与财产关系变为单纯的人格权关系与财产权关系。正如马克思所言：

> 人是社会关系的总和，人不仅作为家庭的主体，也是社会经济关系的主体。[②]

人的社会属性是对其权利保护的前提与权利正确行使的保障，也是保障团体稳定的前置性条件。如果民法对此熟视无睹，有可能损害团体的稳定性，不能很好地维护这些主体的权利，也不能保障社会经济的持续发展。因此，保障身份权无论是对法典立法还是社会的稳定持续和谐发展均具有重要的意义。

尽管近代民法以民事主体的财产性人格为中心，[③] 但民法将身份权仅仅限于亲属法领域，违背了这么一个事实，即身份权作为保护人的社会认同而具有的权利。显然，财产论的学者没有看到身份权在现代社会中的地位和作用，也没有看到身份权与民法所具有的天然关系。

> 私法中的身份制度是建立在身份关系基础上的一套由法律、法规、规章认可的制度体系。私法上的身份体现了综合形态的私人利益，它是

[①] 参见赵玉：《司法视域下夫妻财产制的价值转向》，《中国法学》2016 年第 2 期；王胜明、孙礼海主编：《〈中华人民共和国婚姻法〉修改立法资料选》，法律出版社 2001 年版，第 261 页；许中缘：《再论〈合同法〉第 52 条第 5 项——兼评"法释〔2009〕5 号"第 14 条》，《私法研究》2012 年第 6 期；童列春：《私法中的身份调整》，博士学位论文，西南财经大学法学院，2009 年，第 14—18 页。

[②] 《马克思恩格斯选集》第 1 卷，人民出版社 2012 年版，第 163 页。

[③] 参见屈茂辉：《民法引论》，商务印书馆 2014 年版，第 117 页。

社会意思的私法效果。①

民法作为社会的根本法，不仅调整亲属关系，更重要的是要调整社会陌生人的关系。就陌生人关系而言，除了契约调整之外，还有一个重要的内容，就是身份关系。

民法中的主体不仅要获得家庭认同，更需要获得社会认同。作为民商合一立法体例的国家，确定身份权不仅仅限于亲属法领域，不仅会扩充与充实民法的调整对象，同时也有利于商品经济的发展与繁荣。

第一节　身份与契约的关系

一、从身份到契约学说起源

在社会关系中，不仅涉及商品经济关系，也涉及社会身份关系。与商品经济关系不同的是，社会身份关系的组成需要社会大众在共同认可及遵守的行为标准规范下作出一种互动，这种互动要求每个人在不同的场合扮演不同的角色。如马克思所言：

> 人的本质不是单个人所固有的抽象物，在其现实性上，它是一切社会关系的总和。②

在稳定性的行为规范标准下，要求不同的主体在不同的场合完成相应的行为，从而为社会稳定的持续发展奠定基础。但不同的主体具有自己独特的发展个性，为了个体利益或者个性发展，并不总是拘束于这些共同认可的行为规范。在主体的个性发展与社会规范的稳定性方面，需要一种强制性的力量维护该种平衡。在原始社会中，表现为"宗法理论"，每个家族依靠对父辈（家父权）的服从从而结合在一起，从而构成不同的集团。"宗法理论"

---

① 童列春：《私法中的身份调整》，博士学位论文，西南财经大学法学院，2009 年，第 17 页。
② 《马克思恩格斯选集》第 1 卷，人民出版社 2012 年版，第 56 页。

的中心是家父权。① 古代的法律正是在家族的观念上予以建立的。法律并不
复杂，数量也不多，因为家长的专断命令成为社会发展的基础。

> 个人并不为其自己设定任何权利，也不为其自己设定任何义务。②

梅因说在古代社会"法律是父辈的语言"③。不仅在欧洲，即便在中国，
宗法制度也成为古代社会的一个显著特点。"西周立国，在很大程度上保留
血缘关系的氏族组织，并在此基础上建立血缘关系，政治关系高度一致的宗
法政治制度。"④ 梅因则认为：

> 所有"家父权"结合起来的"家族"是全部"人法"从其中孕育
> 而产生出来的卵巢。⑤

家父对卑亲属的财产和人身具有绝对的权利，这个权利包括对子女生命
的生杀与财产乃至婚姻的控制。"父对其子有生死之权，更毋待论的，具有
无限制的肉体惩罚权，他可以任意变更他们的个人身份，他可以为子娶妻，
他可以将女许嫁，他可以令子女离婚。"⑥《十二铜表法》就明确规定：

> 家属终身在家长权的支配下。家长得监禁之、殴打之、使作苦役，
> 甚至出卖之或杀死之；纵使子孙担任了国家高级公职的亦同。⑦

"在古代习惯法时期，身份权是自然人最重要的权利。当时的社会利用

---

① 参见瞿同祖：《中国法律与中国社会》，商务印书馆 2016 年版，第 1—3 页。

② ［英］梅因：《古代法》，沈景一译，商务印书馆 1996 年版，第 176 页。

③ ［英］梅因：《古代法》，沈景一译，商务印书馆 1996 年版，第 72 页。

④ 朱勇主编：《中国法制史》，法律出版社 2006 年版，第 5 页。

⑤ ［英］梅因：《古代法》，沈景一译，商务印书馆 1996 年版，第 87 页。

⑥ ［英］梅因：《古代法》，沈景一译，商务印书馆 1996 年版，第 79 页；武树臣：《中国法的起源
及其特征》，《中外法学》1992 年第 6 期。

⑦ 张翔：《论家庭身份的私法人格底蕴及其历史演变》，《法律科学（西北政法大学学报）》2011
年第 2 期。

这种权利，规定亲属之间的关系，实现一部分人对其所属的亲属实行专制的支配，以维护和巩固古代人群的稳固关系的基础。"① 在封建社会的中国，家庭成员实行"男女有别、长幼有序"的内在制度规范，其中至高权力就是家父，所谓"父为子纲"。家族是社会的细胞，也是承担责任的单元。家父不仅需要对"在父权下之子"承担责任，也需要对奴隶的不法行为承担责任。②

　　议会的和法院的审判只能及到家族首长，至于家庭中的每一个个人，其行为的准则是他家庭的法律。③

随着国家法的强大，家父权也逐渐得以瓦解。在罗马社会早期，就出现了如果子经过三次出卖，家父权就会消灭。国家法律的发展以及战争的需要，"在父权下之子（son under power）"就可以获得和父一样的自由。④ 在罗马法中，就有"家父权并不触及公法（jus publicum）"的谚语。但宗法制度并不仅仅是家父，而是以家父权为中心建立的"宗亲"与"血亲"制度。在古代法的"宗亲"与"血亲"制度中，女性的后裔并不包括在家族关系之中，被解放的子也就丧失了"宗亲属"的一切权利。⑤ 后国家法的进一步发展强大，家族法也不断地受到削弱，个人逐渐从家庭中解放出来。马克思在对古代社会的考察中得出：

　　氏族制度的基本特点，就是氏族成员相互依赖以保护个人权利。政治社会建立以后，这个特点就首先消失了，因为每个公民现在请求法律和国家保护。⑥

---

① ［意］阿尔多·贝特鲁奇：《从身份到契约与罗马的身份制度》，徐国栋译，《现代法学》1997年第6期。
② 参见［英］梅因：《古代法》，沈景一译，商务印书馆1996年版，第83页。
③ ［英］梅因：《古代法》，沈景一译，商务印书馆1996年版，第95页。
④ 参见［英］梅因：《古代法》，沈景一译，商务印书馆1996年版，第72页。
⑤ 参见［英］梅因：《古代法》，沈景一译，商务印书馆1996年版，第85页。
⑥ 武树臣：《中国法的起源及其特征》，《中外法学》1992年第6期；马克思：《摩尔根〈古代社会〉一书摘要》，人民出版社1978年版，第205页。

其实，"家族依附的逐步消灭以及代之而起的个人义务的增长，'个人'不断地代替了'家族'，成为民事法律所考虑的单位"①。但古代封建社会的中国与此不同，是基于家国同构的封建宗法制度，绵延几千年的中国封建制度。"家人有严君焉，父母之谓也。"② 宗法制度并没有向国家法让渡家父权，或者说，封建集权国家法为了自己的统治，并没有要求国家让渡这些权利。因此，宗法制度所确立的"以父子—君臣关系为人格化体现的伦理—政治系统"一直贯彻中国封建社会的始终。

> 中国纯粹建筑在这一种道德的结合上，国家的特性便是客观的"家庭孝敬"。中国人把自己看作是属于他们家庭的，而同时又是国家的儿女。在家庭之内，他们不是人格，因为他们在里面生活的那个团结的单位，乃是血统关系和天然义务。在国家之内，他们一样缺少独立的人格；因为国家内大家长的关系最为显著：皇帝犹如严父，为政府的基础，治理国家的一切部门。③

因此，在中国，个人与个人之间的关系尽管随着社会的发展从传统的宗法制度中得以不断解放，但梅因所说的个人成为民事法律所考虑的单位并没有出现。梅因所言："在运动发展的过程中"，"所有进步社会的运动，到此处为止，是一个'从身份到契约'的运动"④，主要表现在以下几个方面。

其一，随着家族的权威逐渐解体，大量的个体需要成为国家而不是家族的附庸，原始的个人权威已经被管理与一致的行为准则代替。随着个体从家族中身份脱离而成为独立主体：

> 用以逐步代替源自"家族"各种权利义务上那种相互关系形式的，究竟是个人与个人间的什么关系。用以代替的关系就是"契约"。在以

---

① 武树臣：《中国法的起源及其特征》，《中外法学》1992年第6期；[英] 梅因：《古代法》，沈景一译，商务印书馆1996年版，第96页。

② 《周易·家天下》。

③ [德] 黑格尔：《历史哲学》，王造时译，上海书店2006年版，第165—166页。

④ [英] 梅因：《古代法》，沈景一译，商务印书馆1996年版，第97页。

前，"人"的一切关系都是被概括在"家族"关系中的，……在新的社会秩序中，所有这些关系都是因"个人"的自由合意而产生。①

其二，遗嘱继承在继承中缓慢出现。在古代法的早些时期，由于财产的稀少，为了保障族群的利益，死亡的宗族的财产严格地保留给亲族，处理方式为：

　　它不但不能用遗命来处分，并且也不能在生前（inter vivos）用让与的方式来移植。②

但随着财产的增多，家庭中的财产需要成为公共领域的财产，早些时期允许以"遗命"的方式，"遗命"要求继承人不仅继承财产，也要从事"遗命"所要求的各种行为。随着社会的发展，"遗命"回避了那些"可厌恶义务的一切特点"为"遗嘱"所代替，而遗嘱就是一种生前的让与，"把'遗嘱人'的家庭和财产完全地和不可挽回地移转给他心意中的继承人"。

其三，财产的交换逐渐废除严格的形式。古代法的财产交换严格限定在形式中。"在古代法中，一切可以产生法律效果的行为，俱为要式行为，且此种为当事人所必须遵守之法律行为的方式，系决定私权之存在及其范围也。"③ 要式物的买卖必须通过要式买卖（mancipatio）和拟诉弃权（in iure cessio）的方式进行，而非要式物的买卖的方式没有限制。④ 其中，要式买卖的主要方式是仪式：

　　在很大程度上，中世纪身份社会向以契约为基础的现代社会的转

---

① ［英］梅因：《古代法》，沈景一译，商务印书馆1996年版，第96页；沙威：《论身份的回归》，硕士学位论文，南京师范大学法学院，2011年，第12页。

② ［英］梅因：《古代法》，沈景一译，商务印书馆1996年版，第113页。

③ ［美］孟罗·斯密：《欧陆法律发达史》，姚梅镇译，中国政法大学出版社1999年版，第51页；许中缘：《合同的概念与我国债法总则的存废——兼论我国民法典的体系》，《清华法学》2010年第1期。

④ 参见王泽功：《动态视角下的探矿权研究》，博士学位论文，湖南大学法学院，2012年，第3—43页。

变，是从法律上、经济上和社会上对身份关系的解放。……法律的基本单位从家庭向个人转变：以一个人在家庭中特定身份（specific location），从而其在共同体中的特定身份为基础建立的传统身份关系（relations）向以契约为基础的更趋向于非身份性的关系（more impersonal relations）的转变。理想地说，这种以契约为基础的关系是个人自由意志的产物。①

问题是，尽管梅因说所有社会进步的运动都是从身份到契约的运动，但梅因并不否认身份制度的存在。

第一，梅因并不否认身份制度带来的好处。梅因所说，"在'人法'中所提到的一切形式的'身份'都起源于古代'家族'所有的权力和特权，并且在某种程度上，到现在仍旧带有这种色彩"②。可见，梅因肯定身份制度的存在。他还认为古代法律中的"妇女的保佐"与"男性孤儿监护"（guardianship of male orphans）存在一定的荒谬成分。因为：

> 在造成这两种监护原来的形式的情况中，既没有过分，也没有不足的成分。在这两者中，不论是哪一种都丝毫没有考虑对公或私的便利。男性孤儿的监护原只是为了庇护到他们解事的年龄，正像妇女的保佐，目的是在保护女性不受其本身的柔弱所造成的害处。③

第二，梅因并不否认继承法中的身份制度。梅因在"遗嘱继承的早期史"中指出，一个人永远是特定团体的成员，而不是单独的个体。一个人出生幸运，就成为一个家族而不是另一个家族的成员，生来就能够过着衣食无忧的生活，而有些人生长在另一个家庭中则饥寒交迫，仍努力奋斗却难以解决温饱问题。家族的族长，作为管理人，受儿女与亲族的受托而工作，为

---

① Margaret Davies and Ngaire Naffine, *Are Persons Property: Legal Debates about Property and Personality*, Aldershot Dartmouth Publishing Co and Ashgate Publishing Ltd, 2001, p. 63. 转引自王琳琳：《论私权及其体系化》，博士学位论文，吉林大学法学院，2012年，第120页。

② ［英］梅因：《古代法》，沈景一译，商务印书馆1996年版，第97页；另参见沙威：《论身份的回归》，硕士学位论文，南京师范大学法学院，2011年，第23页。

③ ［英］梅因：《古代法》，沈景一译，商务印书馆1996年版，第92页。

了家族的利益，享有权利和承担义务。尽管族长死亡，但该种权利与义务由另外的族长行使。债权人的债务并不因族长的死亡而消灭，此时，家庭就有类似法人的地位。①

传统身份制度决定人格，转变为人格独立与人格平等。《德国民法典》确立的权利能力概念，彻底消除了身份差异。因此，可以说，如梅因所言，"把'身份'这个名词用来仅仅表示这一些人格状态，并避免把这个名词适用于作为合意的直接或间接结果的那种状态"②，由此认为，所有社会进步的运动，是一个"从身份到契约"的运动。

二、契约不能调整所有的身份关系

尽管法律上，每个主体是无色无味的个人，但在实际生活中，每个人具有自己鲜明的个性差异。因此，组成社会的个人很难组成稳定的秩序。但社会的个体并不是无序的，归根于社会的个体具有自己的组织关系，从而每个人均具有自己的归依。

（一）身份关系的基本特征

可以说，身份成了确定社会秩序最为有效的形式。

第一，身份权的权利与义务的法定性。身份权的权利义务是法律规定的，体现出法律规定的强制性特点，从而使身份权的主体完成相应的义务并不是自由意志的要求，而是法律规定的结果。违反身份权的法定义务，将会导致身份权失权的法律后果。

第二，身份权的权利义务非对等性。与契约不同，身份权主体在社会组织中承担的义务并不必然辅之相应的权利。身份权主体完成相应的行为并不必然是义务的要求，而是一种对身份社会认同的表现。比如在上市公司中为了对控制权很好地分配，规定控股股东对小股东的信义义务其实就是一种"义务—责任"关系的安排。如学者所言：

　　因为，在公司已经筹集了必要的资本之后，投资者并不能再以契约

① 参见［英］梅因：《古代法》，沈景一译，商务印书馆1996年版，第105—106页。
② ［英］梅因：《古代法》，沈景一译，商务印书馆1996年版，第97页；另参见沙威：《论身份的回归》，硕士学位论文，南京师范大学法学院，2011年，第31页。

规整控股股东的权利，从而通过对管理层的信义义务从而实现该种利益安排。信义原则存在的首要原因，乃在于订立详尽而明确的合约面临着高昂的成本，如果要谋求对信义原则予以限制，则无疑是否认了该规则的唯一功能。[①]

第三，身份权的权利义务具有多重性与复杂性。在社会组织中，身份权的内容是复杂的，既有可能是多种权利的集合，也可以是多种义务的聚集，表现出权利义务的多重性与复杂性。比如，在业主建筑区分所有权中，业主的权利表现为提议召开业主大会会议，并就物业管理的有关事项提出建议、参加业主大会会议，行使投票权、提出制定和修改管理规约、完善业主大会的议事规则、选举业主委员会成员、监督业主委员会的工作等多种权利。义务有遵守管理规约、业主大会议事规则，执行业主大会的决定和业主大会授权业主委员会作出的决定，按时交纳物业服务费用，遵守物业管理区域内物业共用部位和共用设施设备的使用、公共秩序和环境卫生的维护等方面的规章制度等法律、法规规定的其他义务，这些权利与义务用契约来进行约定很难达到既定效果。

（二）契约关系不等同于身份关系

尽管契约在社会生活中具有重要的作用，然而，契约的本质乃平等性，并不能取代社会组织体所具有的身份体系。

第一，契约的权利义务对等性。契约的权利是要求义务人为或者不为某种行为，从而实现权利人的权利。契约的义务是为了满足权利人的利益而从事的某种作为或者不作为。契约的权利义务具有对等性，主要表现在以下几个方面：其一，主体的对等性。契约的主体是相向的，他们是特定的一对一的关系。其二，内容的对等性。契约主体权利义务的内容具有对等性，权利人的权利恰好是义务人的义务，而义务人从事的义务行为就为满足权利人的需要。其三，责任的对等性。义务人不履行义务按照合同的内容来确定责任。

[①]　［美］弗兰克·伊斯特布鲁克、丹尼尔·费希尔：《公司法的经济结构》，张建伟、罗培新译，北京大学出版社 2005 年版，第 104 页；另参见刘伟：《公司法信义原则的契约品格及实现路径——以法律经济学为分析视角》，《四川教育学院学报》2010 年第 1 期。

第二，契约内容的协商性。难以胜任社会个体权利义务关系的内容。社会的个体具有鲜明的个性，每个主体在谈判中确定自己的权利与义务。由此导致：其一，谈判成本很高，一事一议的办法难以满足民事主体的要求。其二，内容复杂。契约的内容具有多样性与复杂性，而复杂的内容难以实现社会简便快捷地运行。

第三，契约责任的约定性。契约责任大多是一种约定责任。只有违反契约才需要承担责任。但由于组织关系的个人并不能通过契约对纷繁复杂的内容进行调整，由此使相关行为缺乏契约的相关规则。比如说，近代公司法所确立的公司高管谨慎、勤勉、忠实履行义务的规则，这些义务规则不能以具体明确的契约内容予以涵盖。然而：

> 民事规范最特别的是，绝大部分源于人民自己的创造——主要是契约，一部分民事规范是"社会"形成的。[①]

因此，仅仅凭借每个人所具有的自主决定以及自己承担责任从而获得人格尊严的人格主义是不能建立私法中的某种制度的，这就需要倚赖社会伦理的因素。由于社会经济条件的变化，古典契约理论中不受限制的合同自由造成的弊端越来越显现，[②] 契约自由所给予的机会的平等却导致了结果的不平等。"有关契约的实体法已作了相当大的改变，以适应20世纪的需要。原先作为合同法支柱的抽象的个人意思自治原则，不再是合同案件中支配一切的要素了。"[③] 于此，哈贝马斯认为：

> 古典的私人自主观念的有效性领域，似乎被一个与之竞争的观念——"个人的社会成员身份以及由此而来的社会责任"——以政治方式坚持的有效性主张拦腰截断了。而且，这种拦腰截断似乎还适应于

---

① 苏永钦：《私法自治中的国家强制》，中国法制出版社2005年版，第23页。

② 参见许中缘：《再论〈合同法〉第52条第5项——兼评"法释〔2009〕5号"第14条》，《私法研究》2012年第6期。

③ ［美］伯纳德·施瓦茨：《美国法律史》，王军译，中国政法大学出版社1990年版，第300页；许中缘：《再论〈合同法〉第52条第5项——兼评"法释〔2009〕5号"第14条》，《私法研究》2012年第6期。

一种在社会伦理方面深化了的人的观念，这个观念严格地说是无法容纳在法律概念之中的。①

自由伦理观不能适应社会大生产的要求，这就需要法律的自由伦理观向社会责任伦理观进行转变。社会责任原则要求对那些"依赖于订立合同，但由于经济实力弱或缺乏业务经验而无法以特有方式充分地维护自身利益的人提供法律保护"②。所以，学者认为，合同中的"基本矛盾，已由个别合同中特殊意志与共同意志的矛盾，发展成为特殊意志与社会普遍意志的矛盾。合同一方面要实现权利义务的创设自由，另一方面又要实现国家对合同的救济，在这个过程中，合同中体现的普遍意志增加，导致了合同的异化。换言之，实现共同意志必然要借助普遍意志，而普遍意志反过来统治了特殊意志"③。德国学者茨威格特（Konlad Zweigert）还发现：

> 梅因提出的从身份到契约的发展近年来已经表现出相反的趋向，私人间的法律关系不再是通过自由的契约行为来实现，而是越来越多地通过身份关系来确定。④

所以，民法制度的构建，不能完全以契约思维来代替身份权的相关法律关系。典型的如关于监护权的设立，有学者提出，监护权是一种权利，监护人应该有权获取报酬。这其实没有看到监护权的身份属性。监护权作为监护人对未成年人和精神病人等无民事行为能力人和限制行为能力人的人身权益、财产权益所享有的监督、保护的权利，该种权利并不具有权利所具有的给主体带来利益的属性，不能从监护行为中获得相应报酬，反而在不正当行

---

① ［德］哈贝马斯：《在事实与规范之间——关于法律和民主法治国的商谈理论》，童世骏译，生活·读书·新知三联书店2003年版，第498页。

② ［德］卡尔·拉伦茨：《德国民法通论》，王晓晔等译，法律出版社2003年版，第57—70页；许中缘：《再论〈合同法〉第52条第5项——兼评"法释〔2009〕5号"第14条》，《私法研究》2012年第6期。

③ 史际春、邓峰：《合同的异化与异化的合同——关于经济合同重新定位问题》，《法学研究》1997年第3期。

④ ［德］茨维格特、克茨：《比较法导论》（第2卷），潘汉典译，法律出版社2003年版，第9页。

使监护权的情形还需要承担责任，这正是监护权身份权性质的反映。

三、身份自治是一种社会自治

社会是一个由独立个体组成的复杂体，每个人具有独特的个性。法律对社会的调整，一是根据契约即意定主义的调整方式，但如前面所说，根据契约彼此来予以协调并不能建构有序的秩序。二是根据法定主义的调整方式，即通过法定权利与义务的结合来实现对社会的调整，但强制性的一个重要弊端，即抑制了主体的创造性，使得社会失去了应有的活力。同时，基于社会的复杂性，通过法定的权利与义务的方式很难实现对社会秩序的规范。而身份恰当地解决了单纯契约的调整与法定主义的调整方式所遇到的问题。身份本身是一种法定主义的调整方式，具有身份也就表明了权利与义务的承担。但身份的主体可以根据法定的权利与义务自由选择，因此，具有意定主义调整方式所具有的优点，克服了法定主义调整坚硬化模式的不足。更为重要的是，社会组织的组成人员都是具有一定身份的个体，从而使身份自治成为可能，并由此使社会权利义务的分配能够在身份的基础上自由地实现，也由此保障了社会的活力。如学者所言：

> 社会自治使得政府承担了相对少的社会压力，也降低了社会管理的成本。自治所具有的自主选择、自我发展和自我负责的内在属性，使得个人成为一个政治、经济和人格独立的个体，成为自己的主人，在很大程度上避免了多数统治可能对个体正当权利、个体私域造成的侵害。[1]

第二节 身份权的性质

身份（identity），最初是一个哲学范畴，表示"变化中的同态或差别中的同一问题，如同一律"[2]。身份（identity）一词在指向同一性的同时也表明了其异质性。"身份是自我和社会相连接的桥梁。"[3] 任何一个交际者都有

---

① 袁传旭：《社会自治是真正稳定的社会结构》，《学习时报》2010年3月29日第2版。

② 张海洋：《中国的多元文化与中国人的认同》，民族出版社2006年版，第39页。

③ 吴小勇等：《身份及其相关研究进展》，《西南大学学报》2008年第3期。

特定的社会群体归属，同时又有区分于其他群体的特性。身份现在已经成了社会学、心理学、语言学等学科所关注的重大问题。笔者将在此节围绕身份权的性质展开探讨。

一、身份的含义

关于身份权的含义，学者分别从本质主义、建构主义或者相对主义的不同视角，对人与自我、人与自然以及人与社会的关系进行探讨，从中体现了身份的精神属性、自然属性和社会属性。

（一）身份的属性

第一，身份的精神属性。身份是情感的一种自我认同与自我区分。主体能够控制对他们自己的感知使得其与某种情景中的身份标准相匹配，从而使行动者的行为遵守该种标准。依据该种行为，主体希望获得社会认同。当个体在情境中知觉到的与自身有关的信息与个体内部的标准相一致时，个体会感到愉悦；而当两者之间存在偏差时，个体就会产生痛苦的体验。[①] 构成身份的一系列自我观点是个体在社会情境中通过自我分类或认同所获得的。[②]

第二，身份的自然属性。个人以身份体进入社会中，生命是个自然过程，从嗷嗷待哺到长大成人这个期间，自然人在没有劳动能力、没有从事交易参加获得财富之前只能依赖身份关系而生活。进入社会之后，自然人需要借助组织体从而获得相应的收入或者福利。因此，身份具有很强的自然属性。

第三，身份的社会属性。人是社会中的人，社会身份属性是由社会分类（social categorization）、社会比较（social comparison）和积极区分原则（positive distinctiveness）所建立的。身份的取得来自群体成员资格，人们倾向于通过内群体和外群体的有利比较从而获得有利的社会身份。身份的社会属性表明社会个体具有内群体偏好和外群体偏见的倾向。[③]

作为民法主体的人，首先是作为社会主体存在的，其必然需要参与社会关系。可以说，社会认同是实现主体的价值存在。费孝通先生就对西方与东

---

① 参见吴小勇等：《身份及其相关研究进展》，《西南大学学报》2008 年第 3 期。
② 参见吴小勇等：《身份及其相关研究进展》，《西南大学学报》2008 年第 3 期。
③ 参见袁周敏：《社会心理学与语用学视角下的身份研究》，《外语学刊》2011 年第 4 期。

方的社会关系进行过如下描述：

> 西洋的社会有些像我们在田里捆柴，几根稻草束成一把，几把束成一扎，几扎束成一捆，几捆束成一挑。每一根柴在整个挑里都属于一定的捆、扎、把。每一根柴也可以找到同把、同扎、同捆的柴，分扎得清楚不会乱的。在西洋社会，这些单位就是团体。我说西洋社会组织像捆柴就是想指明：他们常常由若干人组成一个个的团体。团体是有一定的界限的，谁是团体里的人，谁是团体外的人，不能模糊，一定分得清楚。在团体里的人是一伙，对于团体的关系是相同的，如果同一团体中有组别或等级的分别，那也是先规定的……我们不妨称之为团体格局。①

费先生所描述的西方的团体格局，指的是每个人均具有团体的身份，谁是团体里的人，谁是团体外的人，团体是有一定界限的。而中国传统社会中的社会关系则与此明显不同。

> 我们的格局不是一捆一捆扎清楚的柴，而是好像把一块石头丢在水面上所发生的一圈圈推出去的波纹。每个人都是他社会影响所推出的圈子的中心。被圈子的波纹所推及的就发生联系。每个人在某一时间某一地点所动用的圈子是不一定相同的。②

费先生将这种社会关系称为"差序格局"。在这种格局中，每个个体在不同的场合具有不同的身份，身份随着场合的转变而不同，由此表现出身份的格局差异性。

（二）商业时代的身份

事实上，费孝通先生描写的东方社会是传统乡土中国，而非今天商业中

---

① 费孝通：《乡土中国　生育制度》，北京大学出版社 1998 年版，第 25 页。

② 费孝通：《乡土中国　生育制度》，北京大学出版社 1998 年版，第 27 页；另参见孙立平：《"关系"、社会关系与社会结构》，《社会学研究》1996 年第 5 期；李远行：《"造神"？抑或"请神"？——关于中国农村基层组织性质的探讨》，《学术界》2004 年第 4 期；陈占江：《差序格局与中国社会转型》，《社会科学评论》2007 年第 5 期。

国场景。对于当今中国，尽管乡土中国的"差序格局"在一定程度上得以存在，但在很大程度上，我们当今的中国秩序可以称为"团体秩序"。即使在乡土社会中，团体也在"差序格局"中广为存在。我国农村社会秩序的构成，仍然继承了传统宗法秩序的特点，尽管原来带有很强封建色彩的宗法已经不再存在，取而代之的是平等、自由的秩序。国家对乡土社会的治理，仍然采用团体组织的形式，乡镇作为行政组织的最后单元，之下有村作为自我管理的自治性组织，村还分为若干小组。每个村、组具有自己的利益主体，因此，作为不同村、小组的成员具有不同的地位。因此，拥有不同村、小组的身份，具有不同的社会福利。因此可以说，我国既有社会具有很大程度的团体色彩。

第一，身份具有主观性的同时还具有很强的客观性。身份表现为作为个体对群体的资格的认同，具有内群体偏好与外群体偏见的倾向，因此表现出一定的主观性。每个个体是社会中的一分子，在不同的团体中具有不同的身份，具有很强的客观性，这是权利行使与保障的基础。缺乏了法律保障，身份权利与行使不可能得以实现。

第二，身份的认同是建立社会稳定秩序的力量，需要法律对此予以调整。"从自我的观点的角度来看，个体自我必须具备一定的稳定性，这样个体才会对自我产生确定性和真实感。"① 个体通过归类获得的社会身份具有提高自尊和减少不稳定性的社会内涵，② 可以说：

> 在古代习惯法时期，身份权是自然人最重要的权利。当时的社会利用这种权利，规定亲属之间的关系，实现一部分人对其所属的亲属实行专制的支配，以维护和巩固古代人群的稳固关系的基础。③

但是，在当代社会，与之前相比，身份关系尽管具有很大改变，然而，法律对身份关系的调整，仍然是维护社会稳定与法律体系构成不可缺少的内容。

---

① 吴小勇等：《身份及其相关研究进展》，《西南大学学报》2008 年第 3 期。
② 参见袁周敏：《社会心理学与语用学视角下的身份研究》，《外语学刊》2011 年第 4 期。
③ ［意］阿尔多·贝特鲁奇：《从身份到契约与罗马的身份制度》，徐国栋译，《现代法学》1997 年第 6 期。

二、身份权与人格权的区分

在罗马法中，人格一词经常用"caput"来表达，原意是指能力与身份。作为法律关系的主体，需要具备自由身份、市民身份与家族身份。[①] 因此，在罗马法中，人格即是身份的表现形式。身份决定人格的享有，只有有自由权的自由人才有人格，只有有家族权的家父才有完全的人格。[②] 因而，黑格尔论及罗马法中的人格权时，其实是将其作为身份来予以论述的。他认为：

> 所谓人格权来看，一个人作为只有一定身份而被考察时，才成为人，所以在罗马法中甚至人格本身跟奴隶对比起来只是一种等级、一种身份，因此，罗马法中所谓人格权的内容，就是家庭关系。[③]

不过，黑格尔对罗马法的描述中，已经描述了人格与主体的同一性，也就逐渐地确立了人格与主体的地位。"在人格中认识是以它本身为对象的认识，这种对象通过思维被提升为简单无限性，因而是与自己纯粹同一的对象。"[④] 他认为，作为权利能力主体的人格是法律的基础，法律的目的就是"成为一个人，并尊敬他人为人"[⑤]。人格作为主体本身，意味着主体从原来的身份性转变为自主性。

> 人实质上不同于主体，因为主体只是人格的可能性，所有的生物一般说来都是主体。所以人是意识到这种主体性的主体，因为在人里面我完全意识到我自己，人就是意识到他的纯自为存在的那种自由的单一性。[⑥]

---

① 参见周枏：《罗马法原论》（上），商务印书馆 1994 年版，第 98 页。
② 参见郭明瑞：《人格、身份与人格权、人身权之关系》，《法学论坛》2014 年第 1 期。
③ ［德］黑格尔：《法哲学原理》，范扬、张企泰译，商务印书馆 1961 年版，第 49 页；另参见王洪亮：《试论民法上身份权限缩之原因》，《研究生法学》1996 年第 4 期。
④ ［德］黑格尔：《法哲学原理》，范扬、张企泰译，商务印书馆 1961 年版，第 45 页。
⑤ ［德］黑格尔：《法哲学原理》，范扬、张企泰译，商务印书馆 1961 年版，第 46 页。
⑥ ［德］黑格尔：《法哲学原理》，范扬、张企泰译，商务印书馆 1961 年版，第 46 页；谢晓斌：《法人名称权法律性质研究——基于私权二分法的角度?》，《广西政法管理干部学院学报》2008 年第 7 期。

自主性的人格扩张伴随着的是身份的逐渐削减。随着人格利益逐渐与主体分离，进而作为独立于主体之外的权利，人格权的内容进一步限缩了身份权的内容。"人格权要求个人的生存发展、自由、并受人尊敬与重视，契合人文主义精神，而身份权作为支配权与现代民法理念相背。"① 梁慧星教授就认为近现代民法中的人身权仅仅指人格权，我国不存在所谓的身份权。他认为：

> 自罗马法以来，民法人身制度的发展，呈现出两种截然不同的趋势：一方面是人格权日益扩张，另一方面是身份权的消亡。②

但身份权并没有因为人格权的扩张而消亡。③ 例如，王泽鉴先生就并不认为身份权已经不再存在，而是认为：

> 身份权也是一种人格关系，应属人格权保护范畴，故身份权受侵害时（如未成年人遭他人绑架），应类推适用第 18 条第 1 项规定，得请求法院除去其侵害，有受侵害之虞时，得请求预防之。④

身份权与人格权作为主体所具有的权利，在民法统称为人身关系。二者作为主体的绝对权利，都具有一定的专属性，也都可以采用绝对权的保护方法。但身份权并不同于人格权，两者的差异如下。

第一，性质不同。身份权调整的内容是基于身份利益所产生的关系，而人格权则是基于人格利益所产生的关系。身份权调整的权利是基于不同主体的人享有何种权利，而人格权调整的则是基于同一主体所具有的何种权利。换言之，身份权所调整的社会关系会因主体的变化而变化，而人格权所调整的社会关系却不会因主体的不同而有异。如学者所言：

---

① 王洪亮：《试论民法上身份权限缩及原因》，《研究生法学》1996 年第 4 期。
② 梁慧星：《中国人身权制度》，《中国法学》1989 年第 5 期；另参见赵亚飞：《论现代民法对身份权的保护》，硕士学位论文，湖南大学法学院，2012 年，第 24 页。
③ 参见王利明：《人格权法研究》（第二版），中国人民大学出版社 2012 年版，第 47 页。
④ 王泽鉴：《民法总则》（增订版），中国政法大学出版社 2002 年版，第 136 页。

人格解决的是"被当作人对待",获得一般的法律主体资格,而身份权解决的是"被当作什么人对待"的问题,特定身份意味着在法律上被当作特定类别人对待的资格。[①]

第二,是否能够转让不同。人格权作为专属权,随着社会的发展,属于物质性人格的内容,在一定程度上是能够转让的。比如说,肖像权作为人格权的内容,能够脱离主体转让,从而获得财产性收益。但身份权作为专属权,具有不能转让、继承的特点。尽管法人的荣誉权给法人的社会评价带来积极影响,但享有荣誉权的主体并不能将之转让并获得财产性收益。

第三,是否产生权利不同。人格权作为单一权利,具有确定的内容。但身份权作为一项权利,是一项产生权利的权利。比如说股权,既具有参与公司管理的共益性权利内容,也有获取财产性收益的自益性内容。所以身份权是其他权利享有的基础,基于该种基础,主体从而获得多项权利。

第四,内容不同。人格权作为主体的权利,是人格利益的表现,身份权与其说是一项权利,还不如说是权利与义务的结合,在更大程度上,身份权是一种职责。比如说监护权,监护人不仅不能从监护关系中获得报酬,反而在监护不当时还需要承担相应的监护责任。

第五,保护主体不同。每一项权利都是他人权利的边界。法律对每一项权利的确定是对关系主体权利界限的保护。但法律对主体人格权的保护,是确认主体的人格利益。而法律对身份利益的保护,在很大程度上则是维护主体关系人的利益。特别是在亲属关系之间,可以说,法律确定身份权其实就是确定关系人所承担的义务。

三、民法调整身份权的必要性

民法调整的是平等主体之间的关系,包括财产关系与人身关系。但财产关系的本质仍然是人与人之间的关系。所以,传统民法中的人身关系(personal relations),包含了一是债的关系,又称为"对人权";二是家庭关系,

---

① 童列春:《私法中的身份调整》,博士学位论文,西南财经大学法学院,2009 年,第 21 页。

这是非财产关系，包括夫妻关系、亲子以及监护与保佐关系。① 身份权是以人的身份利益为保护对象的。"身份利益"是自然人在亲属关系以及自然人、法人在亲属法以外的社会关系中所处的稳定地位，并且基于该地位所产生的与其人身不可分离的某种利益。身份权是指为法律所保护的基于民事主体某种行为、关系所产生的与其主体人身紧密联系的人身权利。

身份权之所以在现代民法中具有独立存在的必要，主要是因为以下几点。

第一，规定身份权是规范身份权行使的根据。身份权是民法人身权制度的重要组成部分。身份权是一种最基本的民事权利，也是现代文明社会人们赖以生存而不可或缺的条件。法国学者里佩尔认为：

> 法律不是为了一个国家内的全体国民乃至居住在一个国家内的全体人们，而是以各种职业集团为对象而制定的。我们必须给法律上的抽象人（例如所有权人、债权人、债务人）以及为进行论证而架空了的人（例如甲、乙）穿上西装和工作服，看清他们所从事的职业究竟是什么。②

但需要明确的是，身份权并不是与生俱来的，而是国家通过法律所赋予的。国家通过法律手段对身份关系进行调整，对民事主体的身份权利进行保护，旨在满足其人格尊严和身份保障的需要，维持社会关系的协调发展，促进和谐社会的整体进步。③ 如由于我国民法中缺乏亲权制度，父母对未成年子女的权利的代为行使缺乏既定的规范，导致实践中未成年子女的权益被父母侵犯难以得到有效追究。又如，股权是股东基于股东身份在法律上对公司享有权利的总称，包括自益权与共益权。其中自益权主要为财产权，而共益权最为关键，是指成员进行团体营业以及治理，例如成员可以主张召集会议、成员的表决权和提案权等。现实中的中小股东权益难以保护尽管与现行

---

① 参见徐国栋：《"人身关系"流变考》，《法学》2002年第7期。

② ［日］星野英一：《私法中的人》，王闯译，中国法制出版社2004年版，第74—75页。

③ 参见赵亚飞：《论现代民法对身份权的保护》，硕士学位论文，湖南大学法学院，2012年，第19页。

法律的相关纰漏有关，但更与身份权的立法缺失有关。如果不对民事主体所享有的身份利益进行特殊保护，整个社会就会出现诸多无序状态。

第二，规定身份权是权利得以救济的前提。我国属于制定法国家，只有法律明文规定了侵害身份权的具体责任和具体保护方法，才能使当事人在身份权受到侵害时得到有效的法律救济。如在实践中，"第三者"插足侵害婚姻关系的案例难以得到法院的支持，主要原因就在于没有明确配偶权属于身份权。虽然民法中的人身权制度是由人格权和身份权共同组成的，但是身份权和人格权仍有较大差别。人格权是民事主体所固有的，以维护主体的独立人格所必备的权利，以人的独立作为前提条件，以人格利益为客体的权利。因此，不能简单以人格权的保护来对身份权进行救济。①

第三，规定身份权是保护关系主体的基础。身份权作为民事主体的基础权利，是基于特定关系主体所享有的利益，该种利益具有不可转让与不可放弃的特点。因此，对身份权的规定，其实是对社会交往主体权利与义务的确定。如果不对身份权予以规定，损害的并不必然是享有身份权的主体，在大多数情形下，还可能使关系主体的利益受到损害。

第四，规定身份权是完善民法典权利体系的需要。学界对我国民法典人格权独立基本已经形成共识，但对身份权的忽视，使民法典所调整的人身权与财产权内容本身缺乏体系化。民法调整对象中身份权体系的残缺，将会导致体系的失调，违背民法典逻辑性和体系完整性的要求。

四、身份权是否限于亲属法

（一）学者观点
学者就身份权是否限于亲属法具有肯定与否认说两种观点。

1. 肯定说

梅因认为："在'人法'中所提到的一切形式的'身份'都起源于古代属于'家族'所有的权力和特权。"② 谢怀栻教授在构建民事权利体系时，也刻意避免使用身份权而使用了亲属权这一概念。现代社会中身份权的内涵

① 参见赵亚飞：《论现代民法对身份权的保护》，硕士学位论文，湖南大学法学院，2012年，第27页。
② ［英］梅因：《古代法》，商务印书馆1984年版，第97、188—190页。

与古代身份权已经截然不同了，身份的概念也有了重新的定义。学者对于身份权发展变化的认识存在差异性，根源在于对身份权本质的不同认识。传统观点认为，身份权仅仅表现为身份亲属关系之中的权益。这种观点主要体现在我国台湾地区学者和大陆法系学者的一些论述中。我国台湾地区大多数学者认为传统民法意义上的身份权一般限于亲属法的范围之内，基本上不存在亲属法之外的身份权。例如史尚宽先生在其《亲属法论》中提到：

> 身份权亦称亲属权，为由身份关系所生之权利，广义的包括亲属法上及继承法上之权利。最基本的身份为父母、为丈夫、为亲属，可称为根本的身份权，然通常此等地位仅称为身份。身份权系指由此根本的身份权分出之具体的权限或此等权限的集合。①

日本民法理论也认为，身份权是指如亲与子、夫与妻等基本身份法上的特定地位所给予的权利，一般与亲属法在相同意义上使用，但也有人用于包括继承权在内的意思。身份权不是基于其地位的概括的权利，即使有亲权、父权等概括的名称，也不过是各个权利的总称。而且，其中除纯粹的身份权利以外，也有抚养请求权、财产管理权等财产的权利。② 持这种观点的学者认为身份权的产生是由特定身份所引发的，而身份关系只能在亲属之间发生，所以身份权也只能产生在亲属之间。③

2. 否认说

该种观点认为，身份权不仅包括亲属法上的身份权，而且包括非亲属法上的身份权。王利明教授认为："身份权是指为法律所保护的基于民事主体某种行为、关系所产生的与其主体人身紧密联系的人身权利。"④ 官玉琴教授也是明确指出："根据近现代的民法概念，身份权包括亲属法上的身份权和非亲属法上的身份权，亲属法上的身份权包括配偶权、亲权、其他亲属权

---

① 史尚宽：《亲属法论》，中国政法大学出版社2000年版，第34页。
② 参见［日］《新编新法律学词典（中文版）》，中国政法大学出版社1991年版，第914页。
③ 参见赵亚飞：《论现代民法对身份权的保护》，硕士学位论文，湖南大学法学院，2012年，第32页。
④ 王利明：《人格权法研究》（第二版），中国人民大学出版社2012年版，第46页。

及监护权；非亲属法上的身份权包括著作人身权、消费者身份权、雇员身份权、社员身份权等等。"① 申卫星教授也是将身份权作为一种稳定地位来予以看待的，他认为："身份是民事主体在亲属关系及其他非亲属的社会关系中所处的稳定地位，以及由该种地位所产生的与其自身不可分离并受法律保护的利益。"② 史浩明教授亦是如此认为的。"身份是自然人在亲属关系以及自然人、法人在亲属法以外的社会关系中所处的稳定地位，并且基于该地位所产生的与其人身不可分离的某种利益。"③ 杨立新教授专门对身份权的亲属法属性与非亲属法属性进行界定，他认为，身份权是民事主体基于特定的身份关系产生并由其专属享有，以其体现的身份利益为客体，为维护该种关系所必需的权利，身份权的内容包括亲属法上的配偶权、亲权、亲属权，非亲属法上的荣誉权、著作人身权和监护权。④ 江平教授认为："身份权是因民事主体的特定身份而产生的权利，包括知识产权和监护权。"⑤ 这些观点都肯定了身份权是依据民事主体的行为、关系而发生的，不能将身份权的外延局限于亲属法的范围之内。⑥ 不过，遗憾的是，这些观点并没有从身份权的本质来对身份权的归属作出准确界定。

3. 笔者的观点

第一，亲属权属于身份权的形态，但不能将身份权等同于亲属权。身份权与亲属权不是等同的概念。若把"亲属"一词作广义理解，其包括配偶之间、父母子女之间、其他近亲属之间的关系以及监护关系。依据上文身份权的含义确定其外延，身份权的外延显然要大于亲属权概念。笔者认为，亲属权和身份权的外延都不宜无限扩张，亲属权概念显然不能将亲属之外的监护关系包含在内。如果亲属权的外延过于扩张，和身份权成为同等概念，就会产生概念上的重复与混乱。因此，亲属权与身份权不应作为同一等次的并列的权利概念。⑦

---

① 官玉琴：《亲属身份法学》，厦门大学出版社 2010 年版，第 5 页。
② 申卫星主编：《民法学》，北京大学出版社 2003 年版，第 618—619 页。
③ 史浩明：《论身份权》，《苏州大学学报（哲学社会科学版）》2001 年第 4 期。
④ 参见杨立新：《人身权法论》，人民法院出版社 2002 年版，第 100—101 页。
⑤ 江平、张佩霖：《民法教程》，中国政法大学出版社 1986 年版，第 55 页。
⑥ 参见赵亚飞：《论现代民法对身份权的保护》，硕士学位论文，湖南大学法学院，2012 年，第 26 页。
⑦ 参见赵亚飞：《论现代民法对身份权的保护》，硕士学位论文，湖南大学法学院，2012 年，第 24 页。

第二，身份权不应该限定在亲属法范围之内。亲属法作为确定亲属关系之间的权利与义务的法律，具有身份权的内容。但亲属法确定的亲属在不同的历史背景下具有不同的范围。比如《日本民法典》第725条将六亲等内的血亲与三亲等内的姻亲与配偶作为亲属，而《韩国民法典》第767条亲属的范围要广，规定八亲等内的父系血亲、四亲等内的母系血亲等为亲属。而我国《婚姻法》确定的亲属为三代以内的直系血亲，亲属范围要比前述民法典小得多。如果将身份权限定在亲属法内，就会割裂身份权的意义，不利于法律对此予以调整。如前所述，社会不仅是孤单的个人存在，而是作为整个由不同的团体组成的，团体除了家庭之外，还有非属于家庭关系的领域。这些领域，契约关系并不能对之进行调整，需要身份法的相关内容进行规制。

第三，将身份权限定在亲属法领域，会割裂身份权与人格权的紧密联系，导致民法体系的错乱。人格权与身份权统称为人身权，作为民法调整对象的重要内容。作为一般共识，法人也具有人格权，按照一般逻辑，法人当享有身份权。如果法人仅享有人格权而缺乏身份权，会导致相关体系的混乱。

（二）身份权非限定于亲属法的意义

1. 身份权非专属于亲属法领域的基础

人不仅是家庭的主体，也是社会的主体。家庭是由血亲与姻亲组成的关系，由身份权调整。但人除了家庭之外，还有诸多非属于家庭所调整的团体领域，这些领域并不能当然由契约调整，这些非属于意思自治的领域，只能采用法定主义的调整方法。法定主义的调整方法是通过强制的方式来分配权利与义务的。但私法并不能要求主体强制实施某种行为，而只能通过赋予权利、规定义务的方式实现调整。私法关系具有多样性，法定主义的调整方式也只能简单地用禁止性规定规范私法主体从事何种行为或者不从事何种行为。如果强制性规范过多，就会损害私法作为自治法的本质。因此，强制性规范在私法中，并不能为团体的关系提供规范性要素。而身份权恰好能够弥补强制性规范固有的弊端。

身份权在私法中尽管以一种权利的形式出现，但更多是权利与义务的统一体。身份权通过规定法定权利的方式，保障了主体的权利，实现了私法自治；同时也通过义务的方式，要求主体从事何种行为与不从事某种行为，实现了个人对团体乃至社会义务的承担，维护了社会的稳定。

2. 私法建构身份权的意义

第一，确定社会稳定与自治的基础。身份权的规定为主体自主行使权利、履行义务奠定了基础，并且避免了私法中强制性规范方式调整的不足，从而能够更有效地实现社会的稳定。比如，在广大的农村，如果没有身份权制度，就难以对农村基本的社会秩序进行调整。由于多年的传统，村与村、族与族之间存在诸多复杂关系，稍有不慎，就会激发矛盾引致社会动乱，这么多年来，农村社会的稳定，很大部分归功于身份权所调整的功劳。身份权的丧失，必然会导致权利义务关系的错乱。

第二，实现民法体系的稳定与完整。民法体系是一个逻辑自洽的体系，该自洽不仅表现为权利体系的完整性，也表现为民法所调整的社会关系内容的全面性。就前者而言，民法调整的社会关系包括人身关系，具体为人格权与身份权关系。因此，身份权作为民法调整对象的必然内容，必然也为民事权利的组成部门。根据普遍形成的共识，人格权不但为自然人所具有，也为法人所享有，因此身份权也应该贯穿于自然人与法人领域。就自然人而言，家庭领域只是市民生活领域的一部分，在更广泛的领域内属于身份法调整的内容，因此也应该属于社会中一般法规范的领域。①

第三节　身份权的民法建构

一、建构身份权的原则

（一）现有民法规定身份权的特点

第一，身份权的规定杂乱。现行民法在主体制度规定了监护关系的身份权制度，继承法中规定了法定继承的相关制度，物权法中规定了农村承包经营权、建筑物区分所有权，婚姻法中规定了配偶权，公司法中规定了股权的

---

① 参见赵亚飞：《论现代民法对身份权的保护》，硕士学位论文，湖南大学法学院，2012年，第18—23页。

内容，著作权法中规定了著作人身权等内容，就身份权的规定而言，表现出杂乱无章的特点。

第二，身份权缺乏有机统一的体系。现行《民法通则》并没有规定身份权的一般内容，《民法总则（草案）》以及草案二审稿、三审稿的规定也是如此，因而现有身份权的规定既缺乏身份权的一般规则，又不能统摄整个私法身份权的一般内容。

第三，身份权的保护与行使缺乏相关规定。现有身份权的规定既缺乏身份权行使的一般规则，也欠缺身份权保护的一般规则。由此，身份权权利的行使以及保护是否可以适用民法传统绝对权的行使与保护方法具有疑义；当然，其也不能通过合同的方式调整身份权的行使。

（二）民法建构应该遵循的原则

1. 适应民商合一体系需要

传统民法将身份权仅限定在亲属法领域，忽视了传统商法（组织法）所具有的身份权体系，割裂了自然人生活的场域。家庭生活与财产生活组成了社会的两大场域，从而也构成了民法调整对象的基础。财产关系包括一些以交易为基础的关系，以及一些由身份关系所组成的关系，比如说团体与成员的关系。而这些内容大部分属于商法领域。尤其重要的是，身份作为社会认同的内容，对团体社会的稳定与发展具有至关重要的作用。因此，从法律上合理确定身份权，不仅有助于家庭生活关系的稳定，也有利于社会经济的繁荣。

民法是权利法，权利是民法的核心。民事权利原理应是民法体系核心中的核心，重中之重。不言而喻，民事主体的民事权利当然应获得法律的保护。但实际上，作为民事权利重要组成部分的身份权并没有得到应有的地位和适当的重视。[①] 人格权、身份权和财产权都是民事权利体系中的基础权利类型，然而，学术界在讨论民事权利时，往往过于注重人格权和财产权，却忽视了身份权。事实上，身份权广泛存在于民法的各个领域。例如，著作人身权就是民事主体因其作者身份而享有的相应身份利益的权利，是一种身份

---

① 参见赵亚飞：《论现代民法对身份权的保护》，硕士学位论文，湖南大学法学院，2012年，第18页。

权。再如公司股权这一商事权利，股东因其股东身份而获得相关利益，也是一种身份利益。要构建民商合一视角下的身份权体系，就不能将身份权局限于亲属法领域之内。①

　　一般而言，从事商行为的主体除了需要满足民法中权利能力制度以外，还具有特殊的权利能力限制，比如，结婚行为能力相较于完全行为能力要求更高；又如监护权利能力，也只有特殊的主体才具有。商事主体也具有权利能力限制，一般包括：其一，缺乏商业信誉不能从事商行为。商业信誉是商业社会的保障，缺乏相应的商誉，将无法从事相关的商行为。法国1947年8月30日在有关清理工商业的法律规定中，就明确禁止那些因与商业活动有关的犯罪如盗窃罪、滥用他人信任罪、诈骗罪等而被判处三个月以上无缓期监禁刑的人经商。被撤职的司法助理人员也适用相同的措施。不过，如果法院认为，对于那些从事商业活动对公众不会带来危险，反而有利于他回归社会，并不会作出禁止商事权利能力的判决。② 其二，行为身份的限制。对于有些具有特定身份的主体，如公务员，各国法律都规定不得直接或者间接从事商事活动。在一些国家，法律往往对已婚妇女享有商行为能力加以限制，但法律并不禁止未婚成年妇女获得商事能力。

　　2. 完整身份权法体系

　　我国现有的身份权是一种残缺的权利，具体表现在：其一，身份权在民事权利体系中有残缺。身份权作为民事主体参与市民生活的主要内容，尽管民法有人格权、身份权的称谓，但对于身份权，缺乏系统的完整阐述。其二，身份权主体权利的残缺。现行立法更多地将身份权限定在亲属法领域，忽略了财产法领域的身份权。其三，身份权主体的缺失。身份权被限定在自然人之间，忽视了法人也具有的身份权内容。很多学者认为，法人的荣誉权属于法人的商誉权，的确，法人的荣誉会给主体带来商誉，但作为身份权的法人荣誉权并不能等同于作为人格权的商誉权。

　　① 参见郭珊珊：《民商合一视角下民事权利体系的构建》，硕士学位论文，湖南大学法学院，2013年，第31页。

　　② 在法国，法院作出禁止权利的判决（interdiction）是一种附加的刑罚（peine accessoire）。参见〔法〕伊夫·居荣：《法国商法》（第1卷），罗结珍、赵海峰译，法律出版社2004年版，第40页。

3. 确立身份权的一般规则

为了增强对身份权的涵摄性，民法典应该在总则中规定身份权的一般规则，对身份权的共性进行规定。比如，对身份权请求权、身份权行使的一般规则、身份权限制的一般规则等内容进行规定。

二、身份权法律关系的建立

（一）身份权主体

1. 家庭作为身份权的主体

现代民法发展的身份权不再专属于特定人、特定阶层，无论如何，民事主体都可以获得某种特殊身份继而拥有特定的身份权。毫无疑问，自然人作为特定身份主体并无疑义。法人、其他组织是否具有身份权呢？学者认为，与身份权密切相关的家庭不应再作为民事主体的一个基本类型。[1] 笔者对此持肯定态度。身份权主体不再局限于自然人，法人以及其他组织也可以享有身份权。

第一，家庭作为身份权的主体具有深厚的历史渊源。早在西周时期，氏族社会瓦解，家族成为社会经济活动的基本单元，随之出现了土地私有制，以婚姻血缘为纽带的家庭成为农业耕作的组织单位，后来家庭从家族中分离出来，演变为以父母子女为核心的小家庭，自此，现代意义上的农户开始出现。封建家庭实行"家长制"，一个家庭本质上等同于一个微型的君主制国家，[2] 家庭财产由家长保管，成员个人没有自由独立的意志，对外不具有独立的民事权利和民事义务。秦律中已有"户"的存在，承认父亲为家长，即一户之主享有对家庭财产的支配权。[3]《礼记·曲礼》中曰：

> 父母存，不许友以死，不有私财。其疏曰：不有私财者，家事统于尊，故无私财。[4]

---

① 参见杨立新、袁雪石：《论身份权请求权》，《法律科学（西北政法学院学报）》2006 年第 2 期。

② 参见［英］巴里·尼古拉斯：《罗马法概论》，黄风译，法律出版社 2000 年版，第 65 页。

③ 参见张晋藩：《中国法制史》，群众出版社 1994 年版，第 207 页。

④ 杨天宇：《礼记译注》（第一卷），上海古籍出版社 2004 年版，第 6 页。

"家族文化"源远流长,以至于我国在经历了新民主主义革命后,人民的个体意志仍然没有得到完全解放,事实上,自然人也不可能完全脱离家族文化而以个体的身份。

第二,家庭作为身份权的主体具有现实基础。1980年9月中共中央印发的《〈关于进一步加强和完善农业生产责任制的几个问题〉的通知》强调指出,在包产到户的社队,"对军烈属、五保户和其他困难户,要有妥善的照顾办法";1982年1月中共中央批准的《全国农村工作会议纪要》指出,要"有一定的公共提留,统一安排军烈属、五保户、困难户的生活"①,以"户"为单位提供社会救济具有可操作性。因此党的十三届八中全会《关于进一步加强农业和农村工作的决定》中同样指出:"扶持经济困难户,既是一项经济任务,也是一项严肃的政治任务。"可以看出,"农户"作为社会救济的主体单位具有历史的延续性。

2. 商人不是一种身份主体

商人作为一种特殊阶层已经消失,未来民法典规定身份权,其中需要回答的一个关键问题就是商人本身是一种身份主体。商人作为参与法律关系的主体,在某些行为中要适用特别的规则。由此,诸多学者认为:

> 现代商法中,商人由商法依据特定的条件、通过特殊的程序予以确认,构成特殊技术要求的职业身份,在现代社会中,身份作为社会关系调整的手段,尽管人人依据法定的条件和程序能够成为商人,但商人身份主要代表了特殊群体的职业要求,同时也不可能排除其中的特权因素,身份在法律上的直接表现是区别对待。②

事实上,商人并不能代表一种特定的身份,具体原因如下。

第一,身份代表的是一种社会认同,商人不具有作为特殊主体获得社会认同的基础。近代法人格是"模仿着始终追求和打算着利润的商人像创造

①　宋士云:《新中国农村五保供养制度的变迁》,《当代中国史研究》2007年第1期。
②　童列春:《商法学基础理论建构:以商人身份化、行为制度化、财产功能化为基点》,法律出版社2008年版,第18—19页。

出的概念，并非出于义务，而是受利益诱导的个人"①。这是依据商人的概念来设计人。② 换言之，自商人作为特定阶层消失之后，民法的视野中，所有的人均是商主体。如果将商人作为特定身份的主体，也只能说所有的主体都具有商人身份。

第二，对某些主体适用特定规则，并不是承认商人特定身份的存在。对特定主体适用特殊规则，是因为考虑到这一特定主体的权利与义务的对等性，从而适用特定规则，但不能因此推演出这一特定主体就具有特定的身份。

第三，不具有对商人进行特别保护的基础。现代民法消除了身份差异，从而实现了人与人之间的平等。但该种平等只是形式上的平等，随着社会经济的发展，社会中出现了诸多实质不平等的情形。因此确立某一主体的身份，从而对这一特定主体的利益予以保护，也是实质平等的要求，更是贯彻"在没有足够充分且正当理由的情况下，应当坚持实质意义上的平等对待"的规则。③ 正如学者所提出的：

> 强式意义上的平等对待，它要求每一个人都被视为"同样的人"，使每一个参与分配的人都能够在利益或负担方面分得平等的"份额"，因此要尽可能地避免对人群加以分类。弱式意义上的平等对待，它要求按照一定的标准对人群进行分类，被归入同一类别或范畴的人才应当得到平等的"份额"。因此，弱式意义上的平等对待既意味着平等对待，也意味着差别对待——同样的情况同样对待，不同的情况不同对待。④

而弱式意义上的平等对待恰好是身份权存在的基础，有关消费者、劳动

---

① ［日］星野英一：《私法中的人》，王闯译，中国法制出版社 2004 年版，第 35 页。
② 参见马俊驹、童列春：《身份制度的私法构造》，《法学研究》2010 年第 2 期。
③ 孟俊红：《论我国国有土地与集体土地的界分问题》，《徐州师范大学学报（哲学社会科学版）》2011 年第 3 期；王轶：《民法价值判断问题的实体性论证规则——以中国民法学的学术实践为背景》，《中国社会科学》2004 年第 6 期。
④ 王轶：《民法价值判断问题的实体性论证规则——以中国民法学的学术实践为背景》，《中国社会科学》2004 年第 6 期；王轶：《略论物权法的基本原则》，《中国司法》2007 年第 5 期；路斐：《我国农村土地物权制度的价值判断与论证》，《当代法学》2010 年第 4 期。

者保护法等内容是典型的"身份立法"。为了保护消费者与劳动者的利益，在消费者合同和劳动合同中规定生产者与经营者负有较重的义务。① 但商人作为强势主体，不应具有此一基础。

（二）身份权的客体

传统身份权仅仅指家长权、父权、夫权，身份权的内容主要体现为对他人人身的支配。伴随着时代不断地进步，文明程度不断地提高，市场经济不断地发展，身份权的内容也在逐渐地丰富和发展。现代民法对身份权更多关注的是身份的平等性，家父权已经转化成了亲权，夫权转化成了配偶权。现代民法上身份权的内容也不再局限于传统民法上亲权、亲属权、配偶权的范围，包含了著作人身权、荣誉权、成员权、社员权以及消费者权利等非亲属法上的身份权，身份权的内容得到了极大的伸展和扩充。② 传统身份的基本利益乃在于人身的依附性，这种依附性的身份权更多的是基于亲属关系而附着获得的某一身份权。而现代社会中身份权之取得除了基于亲属关系之外，还可以基于财产性的法律行为，如凭借出资取得股东的身份；亦可以基于事实行为，如完成作品自动取得著作人身权。

（三）身份权的内容

在传统民法意义上，身份权是一种绝对的支配权，身份权从产生之初，即根本上反映的是对他人人身或者财产的控制。传统的身份权中，人的身份体现为家族和社会的双重性，身份的法律含义所体现的是国家和家族中的权力和等级特权，高等级身份的人对低等级身份的人享有在人身和财产上的绝对支配，这也就决定了身份权在产生之初就表现为一种不平等的专制支配性质。③ 典型的如罗马法中的家父权。随着时代的进步和发展，以及身份权主体和客体的变化，身份权已经逐渐退去了特定人享有的人身绝对支配权的性质。现代民法上的身份权不仅保护权利主体的利益，而且还关注相对人的利益。现代民法中的身份权在权利之中包含义务，从对人身的专制支配转变为

---

① 参见许中缘：《论民法典与民事单行法律的关系——兼评我国物权法草案》，《法学》2006 年第 2 期。

② 参见赵亚飞：《论现代民法对身份权的保护》，硕士学位论文，湖南大学法学院，2012 年，第 18 页。

③ 参见韩延斌：《身份权论》，博士学位论文，中国人民大学法学院，1998 年，第 132 页。

对平等的、进步的身份利益的保护。现代身份权是权利人基于特定身份而对他人享有的请求权，有学者将之分为妨害预防请求权、妨害排除请求权两大类①，此种请求权发生在平等主体之间，身份权内容的实现需要他人作为或者不作为，并不是身份权主体仅仅凭个人意志就使身份权内容实现。这亦使身份请求权成为身份权内容研究的重要问题。

三、身份权的具体类型的立法设计

身份权的客体即是身份利益。也就是说，只要民事主体有某种特殊身份，他便享有与之相对应的身份利益，当这种身份利益经过法律的确定而上升为权利时，该权利的性质则是身份权。身份权根据其所在领域的不同可以分为亲属法领域的身份权和非亲属法领域的身份权。例如，妻子对丈夫，因其妻子的身份便享有对丈夫的配偶权，此处的配偶权便是亲属法领域的身份权。再如，甲写作了一本书，基于他作者的身份，他便享有了发表权、署名权等著作人身权，此处的著作人身权便是非亲属法领域的身份权。关于亲属法领域身份权的具体类型，学者们的意见基本一致，主要包括配偶权、亲权、亲属权。亲属法领域内的身份权一般不涉及商法，因此笔者将论述的重点主要放在非亲属法领域的身份权，以荣誉权、著作人身权、股权中的共益权以及消费者权利为主要研究内容。②

（一）荣誉权

荣誉权是指民事主体依法享有、保持、支配基于其在社会生产、社会活动中有突出表现或突出贡献而受到政府、单位团体或其他组织的积极正式评价及其利益的基本身份权。③ 荣誉、名誉、商誉是独立的概念，并没有包含关系。有学者主张法人的荣誉权、名誉权和信用权属于其商誉权，应由商法对商誉权作出统一的规定，并同时对法人的这三种权利进行保护。笔者并不认同这种观点。首先，商誉权的内容并不包括荣誉权。商誉是一种商业信誉，是商事活动主体的信用和名誉，并不包括荣誉。另外，我国采用的是民

---

① 参见杨立新、袁雪石：《论身份权请求权》，《法律科学（西北政法大学学报）》2006 年第 2 期。

② 参见郭珊珊：《民商合一视角下民事权利体系的构建》，硕士学位论文，湖南大学法学院，2013年，第 23 页。

③ 参见刘云生、宋宗宇：《民法学》，重庆大学出版社 2004 年版，第 406 页。

商合一的立法模式，即通过制定民法典和商事单行法的方法对民商事法律关系进行调整。学者们对商誉权进行理论上的研究时，会对涉及商业信誉的相关权利一并进行研究，目的在于整体上更好地把握商誉权。然而，在立法实践中，却不一定完全能按照理论研究的方法对其进行规定。事实上，商誉是一种商业信誉，信誉则是指信用权和名誉权，这两者都与民事主体资格密不可分，是一种人格权。通过对人格权中信用权和名誉权的立法即可以实现对商誉权的保护。因此，在民商合一的立法模式下，商誉权是理论上的一种概念，实践中通过信用权和名誉权对商誉进行全面的保护。除此之外，商事活动中的营业主体因其良好的表现或突出的贡献而获得某项荣誉时，也会获得一定的荣誉称号，从而享有荣誉权。①

对于荣誉权的性质，存在肯定说与否定说两大类，其中肯定说包括人格权说、身份权说、双重人格说。② 笔者赞同荣誉权的身份权说，荣誉权应当是：

> 民事主体依法享有、保持、支配基于其在社会生产、社会活动中有突出表现或突出贡献而受到政府、单位团体或其他组织的积极正式评价及其利益的基本身份权。③

荣誉权的性质应归属于身份权，其具体理由如下。④

有观点认为，荣誉权无法为民事权利所包容，首先与荣誉权的本身命题自相矛盾。因为荣誉权不是民事主体的固有权利，也不是每一个民事主体都可以必然取得的权利。⑤ 公民或法人的荣誉来源于国家、政府或特定组织的颁授行为。其次，从法理上讲，所谓获取荣誉权的权利，实际上是获取荣誉

---

① 参见郭珊珊：《民商合一视角下民事权利体系的构建》，硕士学位论文，湖南大学法学院，2013年，第31页。

② 参见李兴刚：《论人格权的属性及救济》，硕士学位论文，中国政法大学国际法学院，2011年，第34页。

③ 刘云生、宋宗宇：《民法学》，重庆大学出版社2004年版，第406页。

④ 参见郭珊珊：《民商合一视角下民事权利体系的构建》，硕士学位论文，湖南大学法学院，2013年，第12页。

⑤ 参见唐启光：《荣誉权的质疑》，《华东政法学院学报》2004年第2期。

的资格，属于人格范畴，不属于权利范围。① 更为重要的是，如果承认荣誉权包括荣誉获得权，即意味着任何民事主体都有权获得荣誉，当其要求特定的机构或组织授予其荣誉而没有被授予时，特定的机构或组织可能构成侵权行为。这显然与民法的基本原理相背离。② 有学者从比较法的角度论证，认为荣誉权在比较法中的来源"right to honor"以及"dignity"均未曾将国家或组织授予的荣誉称号作为一种单独受保护的权利或者法益，荣誉权是一个巴别塔式的错误。③ 亦有观点认为，荣誉权其权利性质复杂，不能采取传统民事权利保护的方法。④

以上否定说的观点值得商榷，其一，认为荣誉权是行政行为所创设的观点，并有没有考虑作出行政行为仍然要依据相关的法律或者行政法规。例如，对"烈士"称号的授予，要严格依据国务院 2011 年 7 月 28 日公布的《烈士褒扬条例》，不能由行政机关自由裁量。荣誉权的创设，是行政机关依据法律、行政法规对民事主体实施的行为，本质上仍然体现民事权利是"法律之力"，符合民法基本法理。其二，荣誉权不能普遍享有，并不能因此否认其民事权利的本质，恰恰如此才符合身份权的特质。此外，荣誉权的专属性，并不否认任何民事主体都有获得荣誉权的可能。其三，荣誉权的具体内容以及各种荣誉的差异，导致荣誉权的表现形式具有多样性，但其根源都是广义上的法律对于民事主体某种行为的认可，基于这种认可即获得专属身份权，不再需要公法予以保护。公法成为民事权利的来源并无不当，例如，国外宪法规定隐私权并不否认隐私权的私权属性。其四，国外是否有荣誉权的概念，以及荣誉权的概念是否为翻译失误，值得考究。但考虑到我国法学研究已整体进入法解释学的阶段，用外国法相关制度否定我国既存法律概念在方法论上存在问题。反之，对于我国特有法律制度的研究，学者不应当妄自菲薄，我国法律制度研究成果亦值得外国借鉴，如在民法典中规定人格权比现行《德国民法典》的体系结构更先进。

---

① 参见江平主编：《民法学》，中国政法大学出版社 2000 年版，第 300 页。
② 参见唐启光：《荣誉权的质疑》，《华东政法学院学报》2004 年第 2 期。
③ 参见满洪杰：《荣誉权——一个巴别塔式的谬误？——"Right to Honour"的比较法考察》，《法律科学（西北政法大学学报）》2012 年第 4 期。
④ 参见姚明斌：《褪去民事权利的外衣——"荣誉权"的三思》，《中国政法大学学报》2009 年第 6 期。

其中，在荣誉权的肯定说中，人格权说与身份权说占主导地位。

人格权说以张俊浩教授的观点为代表，认为荣誉权与名誉权、贞操权、精神纯正权和信用权均与自然人的尊严密切相关，当归类为尊严型精神人格权。① 身份权说以王利明教授为代表，其认为，"荣誉不是社会给予每个公民或法人的评价……（荣誉权）不是公民生来和法人成立后就应依法享有的……"② 杨立新教授亦认为，荣誉权的这种"非固有性，表明它缺少人格权的基本属性，而正与身份权的非固有性相合"，所以是身份权而非人格权。③

笔者赞同身份权说，荣誉权具有以下不同于人格权的根本特性：第一，享有主体不同。人格权为普遍享有，自然人生而有之；荣誉权只有具有特殊身份的主体才享有。第二，取得方式不同。自然人出生即可取得人格权，而法人及营业主体要经过登记程序取得；荣誉权通过行政机关授予的方式取得，与人格权相比，其取得方式具有明显的被动性。第三，是否可以转让不同。人格权近年来的商品化趋势，使传统理论中的专属性出现动摇，具有了转让的可能性，但荣誉权应当坚持不能转让的基本定位。从根本上讲，荣誉权是法律、行政法规乃至国家意志对于民事主体特定行为的肯定，外化为各种荣誉称号，其他民事主体并未实施上述行为，理当不能通过转让的方式获得荣誉权。第四，消灭的方式不同。自然人的人格权随着自然人的死亡而消灭，即便民事行为能力丧失亦不消灭人格权，商事人格权随着商事主体资格的丧失而丧失。荣誉权一般不出现丧失的问题，但可能依据法定程序被动地被剥夺。因此，荣誉权不能归于人格权体系，而应当归属于身份权。

（二）著作人身权

关于著作权中著作人身权和著作财产权之间的关系，大陆法系国家有两种立法例，分别采用的是"一元说"和"二元说"。前者认为著作权包括著作财产权和著作人身权，两者无法分割，并且由于著作人身权无法让与，因

---

① 参见张俊浩主编：《民法学原理》（修订第三版），中国政法大学出版社 2000 年版，第 152—154 页。

② 王利明主编：《人格权新论》，吉林人民出版社 1994 年版，第 11 页。

③ 参见杨立新：《人身权法论》，中国检察院出版社 1996 年版，第 881 页；另参见郑春定：《"荣誉权"相关问题探讨的反思》，《知识经济》2012 年第 10 期。

而著作财产权也不能让与，这些国家的著作权不可转让，只能通过授权的方式允许他人使用。德国采用的是"一元说"，我国也有学者持此观点：

> 知识产权是一个完整的权利，只是作为权利内容的利益兼具经济性与非经济性，因此也不能把知识产权说成是两类权利的结合。例如说著作权是著作人身权（或著作人格权、或精神权利）与著作财产权的结合，是不对的。[1]

后者认为著作权中的著作人身权和著作财产权是两种不同的权利，并受到不同的保护。著作财产权可以通过交易转让给他人，而著作人身权由于其与主体资格不可分离，因此不能对其进行转让。法国采用的是"二元说"[2]。根据我国《著作权法》第10条的规定，著作权的权利内容包括著作人身权和著作财产权。著作人身权的内容主要有发表权，即"决定作品是否公之于众的权利"；署名权，即"表明作者身份，在作品上署名的权利"；修改权，即"修改或者授权他人修改作品的权利"；保护作品完整权，即"保护作品不受歪曲、篡改的权利"。第15条还明确允许对著作财产权进行转让。可见，我国的著作权立法采取的是"二元说"。

我国民法学者在论述知识产权的性质时，考虑到著作权的权利内容既有人身权又有财产权的内容，很难将其归入人身权或者财产权的范畴。因此，很多学者在研究知识产权的性质时，将其单列为一种独立的权利类型。事实上，知识产权这一权利类型是随着科技的发展其内容才变得越发丰富的。也正是随着其内容的丰富，知识产权作为一种独立权利类型的观点才逐渐得到承认。随着社会的发展，还会不断出现新的权利类型，这些权利的内容较之著作权可能会更复杂，若是一味地将这些具有复杂客体的权利归类为一种新的权利类型，并不利于民事权利体系的稳定，也使民事权利体系失去了其应有的价值。[3]

---

[1]　谢怀栻：《论民事权利体系》，《法学研究》1996年第2期。
[2]　参见何炼红：《著作人身权转让之合理性研究》，《法商研究》2001年第3期。
[3]　参见郭珊珊：《民商合一视角下民事权利体系的构建》，硕士学位论文，湖南大学法学院，2013年，第21页。

赞同著作权"二元说"是将著作人身权归入身份权的逻辑基础。"尽管知识产权兼具有人身性和财产性,但其本质上仍属于民事权利的范畴,是私法上财产权利和人身权利的结合。"① 如上已经提到,本书在构建民事权利体系时所采用的方法是:将人格权、身份权和财产权三种权利作为民事权利体系的基础权利。并将其他类型的权利都视为对这三种权利进行细化或者组合的结果。研究著作权时,将著作权细化为著作人身权和著作财产权,并对二者分别进行研究可以发现,著作财产权的客体就是一种财产利益,可以直接将其视为财产权。著作权人之所以享有著作身份权,是基于他著作权人的身份。而发表权、署名权、修改权和保护作品完整权这些利益,则是与其著作权人的身份密切相关的身份利益。因此,著作人身权在性质上属于身份权。而我国立法将著作人身权和著作财产权一起规定在《著作权法》中,只是一种立法的技巧,并不影响著作人身权身份权的基本属性。②

(三) 股权中的共益权

股权中的共益权与自益权的划分,最早可以追溯到德国民法理论中的社员权说。社员权说主张股权是股东基于其营利性社团的社员身份而享有的权利,属社员权的一种。19 世纪后半叶,德国学者普勒雷诺(Prenaud)率先主张股份有限公司是以股东为社员的社团法人,股东权就是股东认缴公司资本的一部分而取得的相当于此份额的社员权,是一种既非物权又非债权的特殊权利,并将股权确认为"单一的权利"③,其并未区分自益权与共益权。直到 1893 年,德国学者普勒格布哥(Pregelsberger)才将股权划分成共益权和自益权,认为共益权是为实现全体利益而给予社员的权利,自益权则是为满足个人利益所赋予社员的权利,两者因性质上的差异而不能构成"单一的权利"。十年以后,德国学者金·雷蒙(K. Lehmann)采纳该分类法,但对共益权的性质重新加以阐释,即认为自益权是"专门为各个股东谋求利益的权利",共益权则是"谋求股东利益的同时也谋求全体利益的权利"④。

---

① 王利明:《法律体系形成后的民法典制定》,《广东社会科学》2012 年第 1 期。

② 参见郭珊珊:《民商合一视角下民事权利体系的构建》,硕士学位论文,湖南大学法学院,2013 年,第 41 页。

③ 参见江平、孔祥俊:《论股权》,《中国法学》1994 年第 1 期。

④ 江平、孔祥俊:《论股权》,《中国法学》1994 年第 1 期。

尽管股权的"社员权说"日渐式微而"股权性质独立说"逐渐盛行，但区分共益权与自益权对于民事权利体系的构建仍有积极意义。自益权是指，股东为自己从公司获取财产利益而享有的一系列权利。共益权则是指，股东直接为公司利益、间接为自己利益而参与公司决策、经营、管理、监督和控制而享有的一系列权利。通常认为，凡不含有直接权利内容，体现为股东参与公司经营管理的权利均为共益权，主要包括表决权、知情权、股东大会召集请求权和自行召集权、提案权、质询权、选举权、股东代表诉讼权以及公司解散请求权和公司重整请求权等。由此可见，股东共益权不仅表现为公司经营决策之参与，而且表现为对公司经营者的监督与控制。① 自益权与共益权的区别如下。

第一，权利行使的目的不同。自益权是指股东专为自己利益的目的而行使的权利，此处自己的利益，即为自身的专属利益，与其他股东利益、公司利益无关。而共益权中的共益应当理解为以公司整体利益为首要利益，个人利益为次要利益。

第二，权利属性不同。自益权中的权利直接与财产相关，可以理解为财产权；共益权的权利不直接体现财产性，主要涉及公司管理关系、监督关系等，并且该权利专属于股东，是一种身份权。

第三，两者内容不同。自益权包括：发给出资证明或者股票的请求权、股份转让过户请求权、股息和红利的分配请求权、公司剩余财产的分配请求权等。共益权主要包括：出席股东会的表决权、股东会的召集请求权、任免董事和公司管理人员的请求权、查阅公司章程及簿册的请求权、要求宣告股东会议决议无效的请求权、对董事或监事提起诉讼的权利等。②

按照本书构建民事权利体系的方法，可以看出，股权是身份权和财产权这两个权利组合的结果。其中自益权实质上是一种财产权，而共益权是一种身份权。股东之所以能够享有经营管理的权利，其原因也就在于其具有股东的身份，即股权中的表决权和知情权本质上都是一种身份利益。对股权的权

---

① 参见刘俊海：《股份有限公司股东权的保护》，法律出版社2001年第2版，第5页；另参见肖泽领：《股东共益权之研究》，硕士学位论文，郑州大学法学院，2004年，第23页。

② 参见王志平、龙杰：《试议我国有限责任公司的股权继承》，《科技经济市场》2006年第12期；欧阳彦：《股东红利分配权研究》，硕士学位论文，湖南大学法学院，2010年，第15页。

能进行分离，并分别确定其性质，只是在论述民事权利体系时一种理论上的研究方法。将客体复杂的权利进行分解，其目的也是更好、更清晰地认识这一权利。①

（四）消费者的撤回权

撤回权应当归属于民事权利体系中的身份权。

第一，对于消费者主体类型的研究与身份密切相关。自然人以何种目的购买商品时才能取得消费者的身份，是行使撤回权的前提，并可以此为基础进一步探讨消费合同的适用类型。

第二，反向促进身份权内容的丰富。学界对于身份权的内容研究多限于身份请求权，比较有代表性的观点是将身份请求权分为妨害预防请求权、妨害排除请求权两大类。② 学者们认为传统身份权是凭借身份对于他人享有的支配性权利，现代身份权是平等主体的请求权。但是消费者的撤回权恰恰不是一种请求权，反而具有形成权的效力，并且不是支配他人的人身财产，这就为现代身份权体系的研究指出一条新的道路——身份请求权之外的身份权探讨，在此仅抛砖引玉。

第三，撤回权是一项限定性的权利，不能转让，与身份权的内涵相一致。《德国民法典》将撤回权的主体限定于消费者且未规定代理制度，这就意味着买受人手中二次转让的商品不能成为撤回权的客体，他人也不能代替行使，其实质是寻求消费者利益与交易秩序之间的平衡。

四、民法典中身份权法的完善

我国民事立法中并未明确使用身份权这一概念，导致身份权救济的缺失，如据中央电视台"今日说法"报道，周某因怀疑医师谢某与自己的丈夫张某"有染"，将其告上法庭。③ 二审法院最终之所以作出"此案不属于民事案件受理范围、驳回起诉"的裁定，原因就在于我国对身份权保护的

---

① 参见郭珊珊：《民商合一视角下民事权利体系的构建》，硕士学位论文，湖南大学法学院，2013年，第24页。

② 参见杨立新、袁雪石：《论身份权请求权》，《法律科学（西北政法学院学报）》2006年第2期。

③ 参见杨城：《法律何以应对第三者》，《福州日报》2000年3月26日社会新闻版。

不足，深刻反映了我国在身份权保护制度方面的缺失。①

（一）我国民法典之中应当规定身份权

从近代抽象的人格平等，走向主体之间身份地位差异的具体平等，实质上是以承认主体具有不同的身份地位为前提的。而主体之间不同的、具体的身份，则衍生了现代民事主体享有身份权的必要，并且这种身份权在我国民事权利体系中显得愈发重要，具有不可忽视的地位。

其实，身份权作为主体所具有的权利，不仅是主体参与平等主体之间的人身关系的依据，也是参与主体之间财产关系的源泉，因为财产关系的本质仍然是人与人之间的关系。身份权以人的身份利益为保护对象。我国未来民法典中仅仅由人格权完成民事主体资格的保护已然不可能，必须承认并规定主体的身份权，即只要是民商事主体基于其特殊的身份而享有的与人身不可转让的权利，就应认为主体享有身份权。诚如学者所言：

> 现代民法上是法律认为平等人格处于不同的地位而已。也就是说即使是保护弱者也不像绝对时代那样，完全把它们作为身份低下的人而由国家和家庭给予监护。相对于梅因"从身份到契约"，在今后可以反过来说是"从契约到身份"。②

当然"这种倾向是民法中身份的再发现或复归的方向。但是这并不是说近代民法曾是非人性的法律，平等地赋予所有人以法律人格，是伦理性的必然，是自然法原理所要求的，也是私法上朝着符合人性的方向迈出的关键性一步。"③ 需要明确的是，现代民法上承认主体的身份权，既不是否认近代民法中确立的人人平等的理念，更不是对古代法家庭身份属性的回归。

人格平等与身份差异是人类社会结构中两个不可或缺和分割的元

---

① 参见赵亚飞：《论现代民法对身份权的保护》，硕士学位论文，湖南大学法学院，2012 年，第34 页。

② ［日］星野英一：《私法中的人》，王闯译，中国法制出版社 2004 年版，第38 页。

③ ［日］星野英一：《私法中的人》，王闯译，中国法制出版社 2004 年版，第40 页。

素，他们体现了人与人之间的共性与个性的共存。①

现代法的身份权的再发现，实则是在近代民法取得的进步基础之上的为实现具体平等的必然选择。然而，遗憾的是，很多学者以身份权导致主体的非平等性否定现代民法对身份权予以规定，② 《民法总则专家意见提交稿》也没有主体身份权的规定。实际上，现代身份权是主体实现平等的工具，正如学者指出的：

> 那完全不是意味着向旧的身份制的复归或新的身份制的出现的概念，它是在坚持法律人格平等原则的同时进行的，进一步说，保护方法也不仅是个人直接借助国家力量的形式，在许多场合下采取的是谋求个人自己获得力量并使用该力量依据自己的意志而行动的形式。③

身份权是一种基础的权利类型，是民事权利体系的基石。因此，未来民法典应该规定身份权制度。当然，主张建立身份权体系，并非是在民法典总则中将不同的身份类型纳入其中，这不利于民法典体系的稳定性以及总则概括性的法律特征。非财产法领域内各种不同类型的身份权，仍应规定于相关的部门法中，如著作人身权即可具体规定于著作权法当中。④

（二）规定身份权的概念

《民法通则》第五章第四节采用了人身权的概念而并没有采用身份权，此乃身份权体系被学界忽视的重要原因。身份权的现代化，已经使身份权从传统亲属法领域内扩张，从而使这一制度注入新的活力。同时，人格权的独立已经成为普遍共识，这也必然使得人身权包括人格权与身份权这一传统理论解体。在立法上，则应体现为身份权与人格权的分立。值得肯定的是，《民法通则》在人身权一章中，并非将所有的身份都定义为亲属法上的身

---

① 马俊驹、童列春：《论私法上人格平等与身份差异》，《河北法学》2009 年第 11 期。

② 参见张俊浩主编：《民法学原理》（修订第三版），中国政法大学出版社 2000 年版，第 153 页。

③ ［日］星野英一：《私法中的人》，王闯译，中国法制出版社 2004 年版，第 42 页。

④ 参见郭珊珊：《民商合一视角下民事权利体系的构建》，硕士学位论文，湖南大学法学院，2013年，第 40 页。

份，如其第 104 条明确对特殊主体的保护。① 虽然此种描述并非具体到相应的权利，但可以作为身份权扩张的法律支持。在未来立法时，对于身份的概念亦不能局限于民事领域，应当涵盖商事身份权的基本类型。换而言之，从广义上理解，只要是民商事主体基于其特殊的身份而享有的与其人身不可转让的权利，即可以认为是享有身份权。

（三）确立成员权

成员权主要包括股东权、合作成员的社员权、集体组织成员的权利以及建筑物区分所有者的共同权利。例如《意大利民法典》第五章"公司（合伙）"中规定的股东权。② 其实，股东权、建筑物区分所有者的共同权利等成员权的规定也散见于我国《公司法》《物权法》之中。实际上，成员权是连接成员民事财产权与团体商事财产权的纽带。另外，于一般商法、民法教材之中都普遍使用成员权的术语，③ 可见，在一定程度上学术界还是认可成员权作为一种类型化的权利。传统民法建立在个人完全占有有体物前提下的所有权理论并不适应成员权的实现，通过成员权的界定可以将民法的调整手段延伸至团体财产的权利规制中，增进财产权利的民商合一。

（四）确立身份权请求权

身份权请求权，是指权利人的身份权在受到或可能受到损害时，权利人享有的请求侵权人为或不为一定行为的权利。确定身份权请求权是对身份权提供救济的一种直接有效的方式。有学者认为身份权请求权的基本类型主要包括，"妨害预防请求权""妨害排除请求权"和"违反身份权本身的请求权而产生的作为请求权"④。也有学者认为，身份权请求权应当分为两种情况，分别是"针对身份义务人的请求权"和"针对身份关系之外的第三人的请求权"。前者可分为三类，第一类其主要内容更具义务性质，如监护权；第二类其具有权利和义务的双重性质，并需要关系相对人的协助与配合，如配偶权；第三类具有完全的权利性质而无义务性质，如支付扶养费请求权。后者可分为两类，分别是"身份权妨害制止请求权"和"身份权妨

---

① "婚姻、家庭、老人、母亲、儿童受法律保护。"
② 参见《意大利民法典》，费安玲译，中国政法大学出版社 2004 年版，第 557—582 页。
③ 参见王保树：《中国商法》，人民法院出版社 2010 年版，第 40—43 页。
④ 杨立新、袁雪石：《论身份权请求权》，《西北政法学院学报》2006 年第 2 期。

害预防请求权"①。笔者支持身份权请求权应当针对不同的情况，适用不同的请求权。② 实际上，在民商合一视角下，区分亲属法上的身份请求权与其他民商事身份请求权具有实际意义。

从本质上看，两者的违法性评价标准不同。请求权的行使在于对抗违法行为，但亲属法在实践中的表现情形呈现出多样性，使具体案件中判断违法性要件，必须结合公序良俗之标准。例如，父母基于监护职责对子女的教育，甚至一定程度上的体罚与夫妻间的矛盾，都不能成立侵权行为从而运用身份权请求权，除非其严重程度已经超出了公序良俗所能承受之重；其他身份权请求权中的违法性即一般侵权违法性判断标准，有过错、损害事实、违反法律即可行使相应请求权，不必考虑公序良俗原则。这也导致了两类请求权的法律规定差异，《侵权责任法》可以对侵害公民荣誉权、继承权进行救济，按照一般的请求权规则行使此类身份权、运用"三要件"或"四要件"判断侵权责任的构成，均无不可。但对基于配偶权、探望权等产生的请求权，只能在《婚姻法》中规定，从而行使相应的请求权。

（五）确立身份权侵害的损害赔偿规则

对于法人身份权的侵犯，应当以财产损害的方式进行补偿，并确立相应的损害赔偿规则，以恢复权利的圆满状态。如学者所言：

> 随着社会的发展，民法日益重新找回民法人格中身份性因素，对于身份性人格所衍生的种种权利予以扩张，渐成体系，由此弥补传统民法的人文缺憾。③

---

① 段厚省：《论身份权请求权》，《法学研究》2006 年第 5 期。

② 参见郭珊珊：《民商合一视角下民事权利体系的构建》，硕士学位论文，湖南大学法学院，2013年，第 24 页。

③ 屈茂辉：《民法引论》，商务印书馆 2014 年版，第 117 页。

第 八 章

商行为的独特品格与
我国民法典中的法律行为制度

　　商行为作为商法的一个基本范畴，在商法中具有重要地位，对商行为本质的探讨是构建商法制度的基础。就商行为的重要意义学界已经形成基本共识，商行为与商主体在商法中如车之两轮、鸟之双翼。[①] 商行为是连接商主体与客体的纽带与桥梁。制定商法典的国家，纵观采用主观主义的德国、客观主义的法国还是采用折中主义的日本，都离不开对商行为的规定。"商行为概念与商人概念一样支撑商法的构造，形成商法逻辑的又一个起点。商行为制度与商人制度是构成商法的两大基本制度。商法的绝大多数规则或为规范商人而设，或为规范商行为而设，而其他规则仅具有辅助性之意义。"[②] 我国台湾地区的学者也是这么认为的：

　　　　就规范而言，无论大陆法系或海洋法系，商法皆能以充分规范商主体与商行为为归依。[③]

[①] 参见郑曙光、胡新建：《现代商法：理论起点与规范体系》，中国人民大学出版社 2013 年版，第146 页。

[②] 王保树主编：《商法》（第二版），北京大学出版社 2014 年版，第 40 页；王璟：《商法特性论》，知识产权出版社 2007 年版，第 176 页。

[③] 郑曙光、胡新建：《现代商法：理论起点与规范体系》，中国人民大学出版社 2013 年版，第 148 页。

我国未来民法典中无论是实行民商合一立法模式还是民商分立立法模式，都脱离不了商行为与法律行为关系的探讨。因此，有学者认为，商行为是民法典（民法总则）"继续编纂"的"前置性问题"。[①] 遗憾的是，对于商行为与法律行为之间的关系，理论上一直是欲说还休。[②] 如学者所言："商行为之定义若何，欲以一语概括实难。各国法典中亦只能列举商行为，而无概括的规定。"[③] 本章对商行为的独立品格进行探讨，试图为我国在立法上采用民商合一立法模式提供理论证成，同时也为我国立法的规定提供相应的建议。

第一节　现有商行为研究的困境

一、研究商行为的意义

第一，研究商行为是确立我国未来民法典是适用民商合一立法模式还是民商分立立法模式的标准。有学者认为，"商事法是调整商事法律关系的法律"[④]，商行为作为连接商主体与客体的纽带，如果商行为本身并不能独立，仍然属于传统法律行为的范畴，在传统商人概念作为特权阶层已经完全丧失的情况下，无疑，适用民商合一立法模式具有先验的科学性，商法的独立失去基础。如果商行为与法律行为并不属于同一内容，那么：

> 法律行为与商行为之间，必将出现绝然的断裂，整部民法典的内在逻辑遭到破坏，使民商合一失去了意义。[⑤]

若民法典并不需要对民事法律行为与商行为分别进行规定，需要另外的法律对商行为内容进行调整，如此，也就证明商事通则或者商法典具有存在

[①] 参见蒋大兴：《论民法典（民法总则）对商行为之调整——透视法观念、法技术与商行为之特殊性》，《比较法研究》2015 年第 4 期。

[②] 参见范健、王建文：《商法论》，高等教育出版社 2003 年版，第 633 页。

[③] ［日］志田钾太郎口述，熊元楷编：《商法总则》，上海人民出版社 2013 年版，第 42 页。

[④] 张民安等：《商事法学》，中山大学出版社 2002 年版，第 2 页。

[⑤] 苏惠祥主编：《中国商法概论》，吉林人民出版社 1996 年版，第 78 页。

的必要。

第二，研究商行为也是正确制定行为规则的标准。商行为作为商事规则的基本内容，对商事规则的定性是否合理，在于对商行为本质的理解。如学者所言：

> 规范意义的商法只向人们直观地揭示商人及与商人有关的规则、商行为及其商行为规则，它并不向人们揭示商法的规律和本质。[①]

无论是《法国商法典》《德国商法典》还是《日本商法典》，实际上都是以商行为为中心构建商法的理论体系。而《德国商法典》《日本商法典》更是将商行为以专章进行规定。事实上，由于对商行为规则的性质缺乏清楚的认识，相关理论可能出现错误，典型如《合伙企业法》第 49 条对除名进行规定：

> 合伙人有下列情形之一的，经其他合伙人一致同意，可以决议将其除名。

就该条所规定的除名决议而言，是否适用多数决原则，具有争议。我国司法实践也是这么认为的。法释〔2011〕3 号没有要求采取多数决原则，在公司章程对多数决进行规定的情况下尚能自圆其说，但如果章程对此没有规定，如果仍然采用多数决，则明显违背了社团决议的本质。这些问题存在的根本原因，就在于对商行为规则的诠释不清。

第三，确立商行为也是正确适用法律的重要条件。对于什么是商行为，理论上缺乏明确、具体的阐述，而商行为性质的模糊又必然导致司法难以正确地把握、适用。如学者所言：

> 一个无所不包的商行为概念只能使法官和当事人增加判断商事行为性质的任意性（例如，无法判断一项交易是基于当事人的意思表示，

---

① 王保树：《商法总论》，清华大学出版社 2007 年版，第 1 页。

还是基于无意思表示的事实上的行为等等），造成法官误判或当事人借机歪曲事实，避免法律制裁，其危害是不言而喻的。①

尽管最高人民法院从事商事审判的法官也有"商人之间的商行为纠纷由商事审判庭管辖"的认识，但因为欠缺对商行为理论的深入理解，导致实践中对商行为的适用，基本都是套用民事法律行为的内容，根本就不能体现商行为的本质。

二、现有商行为理论研究存在的问题

（一）商行为概念研究的孤立

我国学者对商行为的研究，更多是从商事主体的范畴来研究商行为，从而认为商行为属于商法的专门概念，由此使商行为的研究限定在商法的范畴。如学者张国键认为：

> 商事行为，系与民事行为（即民事活动）对立，商事行为，需受商法法典及其特别法习惯法支配；民事行为（民事活动），则受民法典及其特别法习惯法的支配。②

也有学者认为，商行为是与民事行为相对立而存在的行为，具有规范成立的基础。③ 商行为既缺乏法律行为的一般基础，难以为商行为控制提供既定的条件。学者正是看到了商行为的孤立并不利于对商行为的控制，因而认为商行为属于法律行为的一种类型。商行为是否属于法律行为的类型，有一些学者持肯定观点，比如有日本学者认为："商行为为法律行为，学者之间并无异议。"④

（二）商行为概念的混乱

对于商行为，学者并没有统一概念。"学者对商行为概念的认识仍然处

---

① 苏惠祥主编：《中国商法概论》，吉林人民出版社 1996 年版，第 79 页。

② 张国键：《商事法论》，（台北）三民书局 1980 年版，第 6—7 页。

③ 参见周林彬、官欣荣：《我国商法总则理论与实践的再思考》，法律出版社 2015 年版，第 261—266 页。

④ ［日］志田钾太郎口述，熊元楷编：《商法总则》，上海人民出版社 2013 年版，第 42 页。

在一种百花齐放、百家争鸣的形势，而没有达成一种共识，甚至连基本的共识也没有完全达成，如营利性并没有出现在每一个概念界定中"①，"长期以来，我国许多学者都是将商行为、商事行为与商业行为作为可以相互替换的概念加以使用"②。学者对商行为的概念研究表现为以下三个方面。

一是以与商事主体的联系来研究商行为。如有学者认为，商行为是主体基于特定商行为能力而从事的，以营利为目的的营业性行为。③《深圳经济特区商事条例》第5条即规定：

> 商行为，是指商人从事的生产经营、商品批发及零售、科技开发和为他人提供咨询及其他服务的行为。

二是不将商行为与商主体相联系。如有学者认为：商行为是"商事主体所从事的经营活动（主观商行为），以及任何主体从事的以营利性营业为目的的经营行为（客观商行为）"④。此种观点中，商行为概念既包括任何主体从事的以营利性营业为目的的客观商行为，也包括商主体从事的任何营业性活动，即主观商行为。无论是《法国商法典》《德国商法典》还是《日本商法典》均是以商行为来构建商法的体系的，故而学者又将营利性行为等同于商行为，但此种观点不能有效解释社会现实。

三是有学者认为商行为是以交换为目的的追求营利的行为，属于以营利为目的的各种营业性行为的总称。⑤

（三）商行为的概念不能对具体商行为的概念提供指导

法律概念是"对各种法律事实进行概括，抽象出它们的共同特征而形成的权威性范畴"⑥。所谓抽象出它们的共同特征乃是指在规范的客体——法

---

① 张志坡在论文中指出，我国学者就商行为的分类，大概有13种之多。具体参见张志坡：《商行为概念研究》，王保树主编：《商事法论集》（第14卷），法律出版社2008年版，第196页。

② 范健、王建文：《商法学》（第四版），法律出版社2015年版，第44—45页；王乔：《我国商行为理论浅议》，《商品与质量》2010年第9期。

③ 参见赵万一：《商法学》，法律出版社2001年版，第141页。

④ 苏惠祥主编：《中国商法概论》（修订版），吉林人民出版社1996年版，第73页。

⑤ 参见王保树主编：《商法》（第二版），北京大学出版社2014年版，第41页。

⑥ 张文显：《法哲学范畴研究》（增订本），中国政法大学出版社2001年版，第57页。

律事实中分离出它们的构成要素，然后抽象出它们的共同要素形成法律概念。

由一个作为规整客体所构成事实中分离出若干要素，并将此要素一般化。由此等要素可形成类别概念，而借着增、减若干规定类型的要素，可以形成抽象程度的概念，并由此构成体系。①

根据逻辑法则，"'最高'概念可以包含大部分其他（添加了不同要素的）概念，前者的内涵最小，因其仅借少数要素而被描述，反之，其外延最大，拥有最宽广的适用领域，最低概念之内涵最为丰盈，因其具有最大部分的要素"②。以此，上位概念可以舍弃若干特征形成下位概念，而下位概念可以增加若干特征形成上位概念。③ 上位概念对下位概念具有指导作用。④ 根据此种体系，商行为概念是对具体商行为的抽象，如公司的设立行为、票据法律行为、保险行为、证券行为等。苏惠祥教授在商法学界具有较大影响的《中国商法概论》一书中指出，商行为是指"营利性经营为目的而从事的行为"⑤。典型的如票据行为：

> 它是以行为人在票据上进行必备事项的记载、完成签名并予以交付为要件，以发生或转移票据上权利、负担票据上债务为目的的要式法律行为。⑥

可以看出，商行为与票据行为的概念二者并没有多大联系。所谓营业是指"行为主体至少在一段时间内连续不间断地从事某种同一性质的营利活动，因而是一种职业性的经营行为"⑦。票据行为概念并不具有"经营"的

---

① 参见［德］卡尔·拉伦茨：《法学方法论》，陈爱娥译，商务印书馆 2003 年版，第 316—317 页。

② ［德］卡尔·拉伦茨：《法学方法论》，陈爱娥译，商务印书馆 2003 年版，第 316 页。

③ 参见许中缘：《论民法典的法律概念》，硕士学位论文，吉林大学法学院，2005 年，第 53 页；许中缘：《论法律概念——以民法典体系构成为视角》，《法制与社会发展》2007 年第 2 期。

④ 参见许中缘：《论体系化的民法与法学方法》，法律出版社 2007 年版，第 192—193 页。

⑤ 苏惠祥主编：《中国商法概论》（修订版），吉林人民出版社 1996 年版，第 72 页。

⑥ 苏惠祥主编：《中国商法概论》（修订版），吉林人民出版社 1996 年版，第 230—231 页；另参见李昕：《论票据法上外观主义的特殊表现》，《当代法学》2005 年第 6 期。

⑦ 范健、王建文：《商法学》（第四版），法律出版社 2015 年版，第 45 页；李侠：《论我国商行为概念的法律界定》，《河南科技大学学报（社会科学版）》2009 年第 8 期；葛书环：《论商行为和民事法律行为的关系》，《齐齐哈尔工程学院学报》2012 年第 12 期。

含义，也看不出营利的内容。

（四）商行为的概念并不能囊括商行为的类型与支撑商法典的独立性

无论是在主观主义还是客观主义的立法中，商行为是商法典存在的基础概念。但商行为本身仅仅只是对商主体从事某些行为的描述，这些描述并不能对商主体所有的行为加以概括。因为商主体从事的行为有诸多类型，比如说商行为所具有的营利性，但并不是所有行为均具有营利性，如公司决议行为。同时，因为商行为的概念是描述性的，缺乏概念的抽象，不能如同法律行为一样为商法典提供体系支撑，由此在制定商法典国家，商法典的内容没有一个标准，这与商行为概念的描述性具有很大关联。

第二节 不同立法体例中的商行为

一、民商分立国家的商行为

就世界商法典的立法而言，存在以《法国商法典》为代表的商行为主义（客观主义）立法模式与《德国商法典》为蓝本的商人主义（主观主义）立法模式。前者，是以商行为这一概念而构建的商法典，而后者则是通过商人概念而构建的商法典。但在后者的立法模式中，也有商行为概念的相关规定。与法国、德国不同的是，《日本商法典》兼采客观主义与主观主义。商行为在这些法典中的地位究竟如何？我们在此探讨。

（一）客观主义立法模式中的商行为

《法国商法典》是采用客观主义立法模式的代表。《法国商法典》第1条规定"实施商事行为并以其作为经常性职业者是商人"，由此确定商事主体（act de commmerce）。但《法国商法典》并没有对商行为进行定义，而只是在该法典第632条中对商行为的类型进行列举：一是再销售动产和不动产的购买行为；二是加工制造行为（从1956年起含采矿活动）；三是提供行纪、代理商、金融、运输、楼房维修与看管等服务行为；四是票据行为及股份的购买行为。

在这一条文所列举的各种行为中，我们既可以看到单独的、孤立的活动（例如，经纪人、银行），也可以看到某些相互联系在一起的活动（例如，买进再卖出；还有一些事要求有组织或有企业才能进行的活动）例如，工业活动、运输业活动。这些行为，有时具有严格意义上的商事性质（例如，由中间人完成的活动），有时则属于工业活动，也就是说，属于生产性活动。①

这种列举并没有对商行为的内涵进行明确，由此难以对商行为予以准确把握，简单的列举性规定使法律欠缺应有的概括性，比如说只涉及水路运输而没有涉及航空运输，学者认为，这是一种"普盘韦式的盘点（PRE-VERT）"，该规定已经"陈旧过时"②。针对《法国商法典》第632条所存在的问题，学者就如何规范商行为进行探讨，其中主要有三种观点。第一种观点认为，商行为就是一种流通行为。学者认为："某一法律行为只要介入生产者与消费者之间的财富流通，便是商事行为。"但"流通"本身的含义并不清楚，标准也需要明确。第二种观点则认为，商行为是一种"为实现利润之目的，就产品的加工或交换进行投机而实施的行为"。尽管这一概念是对现实中商行为的涵盖，但这一标准也具有界限不明、适用困难的问题。第三种观点认为，商行为是以企业为基础完成的行为。该种观点认为，商行为要以"行为的重复、有某种组织"为前提条件，③ 但是，在法国，有些商人本身并不需要以企业的形式出现，比如从事证券方面的商人，而有些领域内，企业并不能作为商人，比如手工业、农业和自由职业。在批判这些观点的基础上，法国商法学者伊夫·居荣将商行为界定为：

> 商事行为是在带有金钱利润之意图而进行的财富流通中实现某种中介的行为。④

---

① [法] 伊夫·居荣：《法国商法》（第1卷），罗结珍、赵海峰译，法律出版社2004年版，第47页。

② 参见 [法] 伊夫·居荣：《法国商法》（第1卷），罗结珍、赵海峰译，法律出版社2004年版，第47页。

③ 参见王慧：《商事行为：界定、规制与立法设计》，《西部法学评论》2008年第2期。

④ [法] 伊夫·居荣：《法国商法》（第1卷），罗结珍、赵海峰译，法律出版社2004年版，第47—51页。

但该定义将商行为限定为中介行为，显然不能涵盖商行为的全部，也与国际商法通常的限定商行为的做法不符。可以说，《法国商法典》中的商行为，其实是一种描述而不是一种涵盖。正如有法国学者认为的，"'行为'一词并不是指孤立的法律行为，而是一种活动"①，此观点恰当地描述了商行为定义的本质。

（二）主观主义立法模式中的商行为

1861 年的《德国商法典》与《法国商法典》类似，采用的商行为主义的立法，在其第 271 条明确列明了商行为的具体类型，无论是商人还是非商人，只要从事法典所列举的行为类型，即可适用商法典。但是 1897 年《德国商法典》则规定，商人是商法典的基础，因而废除了商行为主义，转而采用了商人主义。德国商法典立法者持有一种非常陈旧的观点，即：

> 一个适合的不同职业构成了相互独立的身份集团，而每一集团都有专门的法律。②

该法典在第 1 条至第 6 条对商人的类型进行规定，在主观主义的立法模式中，商人身份则是商行为的判断标准，"确定商人及其资格——商行为的认定——商法规范的适用"就成为法律适用的递进逻辑。③ 但商行为并不专属于商人范畴，非商人从事的行为也可以是商行为，《德国商法典》之中的商人内涵过于狭窄。因此，就出现了有关商行为的规定向类似商人、公法人等特定非商人类型的扩展。④ 但因为商人的民事生活与商行为的规定不清，因而，《德国商法典》第 343 条还明确规定：

---

① ［法］伊夫·居荣：《法国商法》（第 1 卷），罗结珍、赵海峰译，法律出版社 2004 年版，第 50 页。

② ［德］罗伯特·霍恩等：《德国民商法导论》，楚建译，中国大百科全书出版社 1996 年版，第 232 页；王慧：《商事行为：界定、规制与立法设计》，《西部法学评论》2008 年第 2 期。

③ 叶林：《商行为的性质》，《清华法学》2008 年第 4 期；李侠：《论我国商行为概念的法律界定》，《河南科技大学学报（社会科学版）》2009 年第 8 期。

④ 参见［德］C. W. 卡纳里斯：《德国商法》，杨继译，法律出版社 2006 年版，第 8 页。

　　商行为是指一个商人所实施的、属于其商事营利事业经营的一切行为。①

　　根据此规定，某种行为是否为商行为，需要满足两个条件：一是商事主体资格，二是经营营业行为的性质。② 比如，当一个汽车商为其家庭购买家具时，该种行为对他而言就不是一种商行为，但是如果出卖人属于《德国商法典》第1条所规定的商人时，该契约就成为商法典第343、345条所规定的商事买卖。③ 为了准确地确定商人身份，德国建立了比较严谨的商事登记体系，以此认定商人身份。但是在登记商人身份之外，德国法院还发展了表见商人和表见非商人等概念区分那些未办理、无需办理登记的经商者身份，以此确定其商人资格。表见商人是指社会公众基于某种意思表示的推断其愿意以商人方式承担责任的行为人，而表见非商人是指行为人具备了商人资格本质，与他人达成豁免适用商法规范的约定，从而免去商人承担德国商法典规定的加重责任的行为人。德国表见商人和表见非商人的运用，为主观主义立法模式提供了非常明确的注脚，这也为自然人进入商法、商主体不进入商法提供了可能。

　　不过，德国在证券交易法、汇票和支票法、破产法、保险法以及商事组织法也采用客观主义的立法模式，因为依据这些商事特别法规定，只要实施了商事特别法规定的行为，无论其是否进行登记，均应当遵守商事特别法规定。1998年《商事改革法》一改仅以商人作为确定商行为核心的传统，吸纳了客观主义模式规制商行为的经验。④

（三）折中主义立法模式中的商行为

　　日本以法国1807年的《法国商法典》为蓝本，将商行为的概念导入《日本商法典》中；与此同时，也借鉴了德国的商人营业行为模式，而成为

---

　　① 杜景林、卢谌译：《德国商法典》，法律出版社2010年版，第211页；李侠：《论我国商行为概念的法律界定》，《河南科技大学学报（社会科学版）》2009年第8期。
　　② 参见［德］C. W. 卡纳里斯：《德国商法》，杨继译，法律出版社2006年版，第533页。
　　③ 参见［德］罗伯特·霍恩等：《德国民商法导论》，楚建译，中国大百科全书出版社1996年版，第235—236页。
　　④ 参见王保树：《商法总论》，清华大学出版社2007年版，第238页。

采用折中主义模式的代表。① 《日本商法典》在第三编对商行为作出统一规定。其中，第一章总则涉及商行为的分类、有关商人的商行为通则、商行为的一般通则、有关有价证券的特例；第二章至第十章分别对特殊商行为作出规定。商法典第二编和第四编分别为有关公司商行为和海商行为的规定。该法典第501、502条分别对任何主体基于任何目的而从事的"绝对商行为"与商主体基于营利性营业目的而从事的"营业的商行为"作了详细的列举式规定，② 如投机性买入、投机性卖出、交易所交易行为、有关票据和其他商业证券的行为。投机性买入是指为了获利而买入动产、不动产、有价证券的活动；同时又在第503条就"附属的商行为"作了规定：商人为其营业实施的行为为商行为。商人的行为推定为为其营业实施的行为。日本有学者指出：

> 附属的商行为并不仅仅限于法律行为，也包括如无因管理、催告、通知那样的准法律行为、事实行为甚至是不法行为。③

日本商法为了避免单纯主观身份还是客观行为的片面性和极端化，从而采用主观与客观相结合的标准来确定商行为。④

二、民商合一国家中的商行为规则

（一）《瑞士民法典》在债务法中对商行为的具体规则予以明确

《瑞士民法典》是典型地实行民商合一立法模式的民法典，瑞士学者斯托克里教授指出：

> 瑞士与其他许多西欧法制不同，它并不包含一个独立的商法典。瑞士议会的这一决定反映了"瑞士人皆为商人"的理念，因而也阐释了

---

① 参见関俊彦：《商法総論総則》（第2版），有斐阁2006年版，第117页，转引自张志坡：《日本法上的绝对商行为及其启示》，《安徽大学学报（哲学社会科学版）》2010年第3期。

② 参见孙秀伟：《刍议商行为》，《北京城市学院学报》2008年第12期。

③ 吴建斌：《现代日本商法研究》，人民出版社2003年版，第80页。

④ 参见任先行：《民法原论》（下），知识产权出版社2015年版，第841页。

瑞士不需要一个单独的商事法典的理由。①

实际上，作为民法典第五编的《瑞士债法典》的主要起草者孟辛格（Walther Munzinger，1830—1873）在债法典的起草中将民事行为作为一般规定，将商人行为作为例外，并在同一个法律条文中巧妙地融合两者，从而实现了民商合一立法体例。在孟辛格看来，具有更多法律知识与专业技能的商人，在营利性动机下，能够更快地实现权利。因此，在建构法典时，并没有采用商人习惯法，而是从交易目的、理性程度、法律经验三个层面判断民法与商法的衔接点的取舍，进而在此基础上构建法典体系。②《瑞士债法典》在立法理由书中明确：

> 孟辛格的债法典草案在实现民商合一立法模式中具有普遍性。也就是说，瑞士债法没有采用法国商法典适用特殊商行为的立法方式，也没有采用德国商法典一样将法律适用领域限于特殊的商人阶层的立法模式。③

瑞士在19世纪末20世纪初私法法典化运动中采纳民商合一的立法模式，民法典起草的特别委员会认为：

> 普通民事法律制度与商事法律制度完全可以相互融合，民商合一的立法体例能够在更大程度上实现法典的简洁性，同时还可以有效地避免因无法将民法与商法进行准确切割导致的实际困难，这一处理方案的价值依旧如同三十年前采用它时那样重要。④

---

① 徐强胜：《民商合一下民法典中商行为规则设置的比较研究》，《法学杂志》2015年第6期；殷安军：《瑞士法上民商合一立法模式的形成兼评"单一法典"理念》，《中外法学》2014年第6期。
② 转引自史广龙：《民商合一立法方法在瑞士民法典中的实现》，《法律方法》（第16卷），第351页。
③ 史广龙：《民商合一立法方法在瑞士民法典中的实现》，《法律方法》（第16卷），第353页。
④ 转引自史广龙：《民商合一立法方法在瑞士民法典中的实现》，《法律方法》（第16卷），第356页。

《瑞士民法典》在立法中实现民商合一，主要表现为以下几个方面的特点。

第一，该法典没有采用德国法上的商人概念，但以商业登记簿是否登记作为区分适用商行为的标志。在瑞士私法中，是否登记于商业登记簿是区分商人与非商人的主要标准之一。《瑞士债法典》第934条第1款规定：

> 个体商人从事商业、制造业及其他以商人的经营方法营业者，有义务在其主要机构所在地的商业登记簿中注册登记。而其他须登记于商业登记簿中的主体，由特别法予以规定。

比如法典中关于社团法人（《瑞士民法典》第61条第2款）、商人性质的无限合伙（《瑞士债法典》第552条第2款）、商人性质的有限合伙（《瑞士债法典》第594条第3款）、追求经济目的的公法上的组织机构（《瑞士民法典》第52条及《瑞士债法典》第931a条）、股份公司（《瑞士债法典》第643条第1款）、股份两合公司（《瑞士债法典》第764条第2款）、有限责任公司（《瑞士债法典》第783条第1款）、合作社（《瑞士债法典》第838条第1款）等商人群体必须登记于商业登记簿。这样一来，保证了法律清晰地适用。[①]

第二，在具体规定中，民商规则的一般化与商事规则的特殊性实现有机统一。学者称之为以结合性条款实现基础性的民事条款与特别商法规范或者条文转引性规范结合。[②] 如意思表示可以为默示（《瑞士债法典》第1条第2款）、企业或经营者具有法律效力的要约、公告、公共要约的规定（《瑞士债法典》第7条）、留置权（《瑞士民法典》第895条）、迟延利息（《瑞士债法典》第104条）、交付迟延导致的商业交易解约（《瑞士债法典》第190条）、出卖人损害赔偿义务与损害计算（《债法典》第191条）、买受人损害赔偿义务与损害计算（《瑞士债法典》第215条）、利息（《瑞士债法典》

---

① 参见史广龙：《民商合一立法方法在瑞士民法典中的实现》，《法律方法》（第16卷），第357—358页。

② 参见史广龙：《民商合一立法方法在瑞士民法典中的实现》，《法律方法》（第16卷），第361页。

第 313 条）等。从整体来说，《瑞士债法典》第二部分"各种合同"编中共分 18 章，即第 6 章至第 23 章。第 6 章"买卖与互易"，第 9 章"借贷合同"分"使用借贷合同"和"消费借贷合同"，第 10 章"劳务合同"，第 13 章"委任合同"分"一般委任""信用证和委托付款提示""居间合同""代理合同"四节，第 11 章"加工承揽合同"，第 12 章"出版合同"，第 15 章"行纪合同"，第 16 章"运输合同"，第 17 章"经理人及其他商业代理"，第 18 章"指示证券"、第 19 章"寄托合同"为典型的商事交易规范。①

第三，瑞士民商合一立法模式远比德国民商分立立法模式更能明确与简约地适用法律。将瑞士法与德国法进行比较可发现，就复利问题的规定，德国立法者由于坚守民商分立需要用三个法条才能解决的问题在瑞士只用了一个条文。② 尽管德国商法典内部体系比较一致，但由于商法规则不能脱离民法规则而存在，法官在适用商事规则的时候不得不考虑民法的相关规则，而由于规则的多样性与不一致性，则必然导致法院无法简便地适用法律。

（二）1942 年《意大利民法典》对商行为的规定

19 世纪后半叶意大利的私法存在于 1865 年的《意大利民法典》与 1882 年的《意大利商法典》之中，二者与不断增长的单行法共同构成意大利私法体系的支柱。随着意大利在政治上的统一，在 19 世纪前半叶，出现了工业化进程，这一进程使人们在注意物和所有权编排体系的同时，开始关注合作债、契约和企业家劳动的经济积极性类编排体系并且关注这一编排体系的发展。再加之当时社会农业企业法和工业企业法日渐成熟，人们想用这样的法适应经济积极性和所有权之间的新关系，并且适应企业变迁的发展的需要。③ 在这样的背景下，民法与商法统一的条件已经成熟了。在 1942 年，有学者提出"私法统一"即将私法的内容编排在一部法典之中的主张得到学者的普遍支持，在 1942 年民法典制定的过程中，立法者们对民法典围绕两个基本思路进行：

---

① 参见徐强胜：《民商合一下民法典中商行为规则设置的比较研究》，《法学杂志》2015 年第 6 期。

② 参见史广龙：《民商合一立法方法在瑞士民法典中的实现》，《法律方法》（第 16 卷），第 363 页。

③ 参见［意］桑德罗·斯奇巴尼：《〈意大利民法典〉及其中文翻译》，黄风译，《比较法研究》1998 年第 1 期。

其一，作为私法的主体，法律调整的利益涉及的私主体的民事活动和商事活动、所有权和经营管理、物和行为，都应该被统一；其二，私主体全部的私生活应该要反映在同一部民法典中。因而民法典是个人法与家庭法、财产法与继承法、企业法同经济组织法的统一。①

按照上述思路完成了《意大利民法典》的制定，该法典不仅规定了家庭法的内容，而且在第四编、第五编调整债与劳动的内容，涉及私法主体的私生活关系的方方面面。该法在有关商行为的规定中具有以下特点。

第一，没有明确规定商行为。学者认为，无论是民事买卖还是商事买卖，无论民事合伙抑或商事合伙，无论民事委任抑或商事委任，都有着共同的规范性，商事行为不可能摆脱法律行为规范而单独存在。② 就 1942 年《意大利民法典》的规定而言，《意大利民法典》在将民法与商法统一时，更多的是将商行为规则统一于传统的民事规则，即更多考虑的是商业经营的需要。比如，该法典第 1339 条规定：

> 法律或者行业规则确定的条款、财产价格或者服务价格，自动作为契约的内容。作为行业规则与惯例，更多属于商法的内容。③

第二，对于商事行为存在着民事行为所具有的行为规范性有着一致看法。相对于《瑞士债法典》，后来的《意大利民法典》更强调民商的"合"与"统"，其关于商人或企业的例外规定很少。对于商事活动的规定，《意大利民法典》主要是通过所谓活动的性质、商业惯例或其他规定而交由法官自由裁量的。如该法第 1176 条关于"履行中的勤谨注意"、第 1368 条关于"解释的一般惯例"与第 1371 条关于"最终规则"的规定，通过赋予法官自由裁量权，考虑交易的习惯、活动的性质等进行公平裁判来解决在企业

---

① 转引自费安玲：《1942 年〈意大利民法典〉的产生及其特点》，《比较法研究》1998 年第 1 期。
② 参见费安玲：《1942 年〈意大利民法典〉的产生及其特点》，《比较法研究》1998 年第 1 期。
③ ［意］桑德罗·斯奇巴尼：《〈意大利民法典〉及其中文翻译》，黄风译，《比较法研究》1998 年第 1 期。

或营业者的营业活动中产生的纠纷或问题。①

（三）《荷兰民法典》的商行为规则

1809 年荷兰第一部民法典直接沿用的是 1804 年《法国民法典》。1813 年荷兰独立后开始编纂自己的民法典，直到 1838 年完成了自己的民法典，该法典第 1 条也规定，除明显的背离外，民法典适用于所有商法典调整的事项。尽管《荷兰民法典》承认商人和普通人之间存在一定差异，但总体上并没有什么不同。1838 年，在拿破仑时代被引入的商事特别法庭也被废除。随后，破产法从商法典中独立出去，不再仅适用于商人（1893 年）。最后，在 1934 年，几乎所有商人与非商人之间残留的差别从私法中全部被排除掉。因此，在这种情况下，区分民法和商法而单独制定法典就不再合适。② 在新《荷兰民法典》中，原商法典中的商法规范被并入第二编"法人"、第七编"有名合同"和第八编"运输法"中。该部法典的商行为具有以下特点。

第一，该法典没有确定商行为的概念，也没有企业或营业者的概念，不过，该法典在有关条文涉及营业或执业的概念，或者用"习惯"，或者使用"法人"或"当事人反复使用"等词语表达关于营业者或执业者行为的特殊规则。如该法典第 119a 条关于商事合同因迟延支付一定数额金钱而产生的赔偿计算，第 214 条关于营业或执业的合同要求以及第 231 条至第 247 条关于合同的一般条款和条件明确涉及企业或营业。之所以如此，主要是由于荷兰本身的高商业化程度，以至于看不出商人和普通市民有什么本质上的差异。不过，法官基于商事思维可以根据具体情况课加营业者或者企业更多的责任。③ 当然，荷兰之所以采取这种开放标准，是以其具有强大而可靠的司法机关为前提的。

第二，没有区分商行为的类型与民事行为的类型。该法典关于合同的类型，并没有区分商事合同与民事合同类型。商行为规则主要涉及第七编"有名合同"、第八编"运输法"的相关规定。第七编"具体合同"中规定了典型商事合同情形，如消费借贷、服务合同、旅游合同、出版合同、建筑

---

① 参见徐强胜：《民商合一下民法典中商行为规则设置的比较研究》，《法学杂志》2015 年第 6 期。
② 参见［荷兰］亚瑟·S. 哈特坎普：《荷兰民法典的修订：1947—1992》，《外国法译评》1998 年第 1 期。
③ 参见徐强胜：《民商合一下民法典中商行为规则设置的比较研究》，《法学杂志》2015 年第 6 期。

合同、结算合同、保险、汇票、本票和支票等，也涉及赠与、农业租赁、使用借贷、劳动合同、集体劳动合同、赌博、年金等属于传统民事合同的内容。而有些合同，如买卖、租赁等则是以商事为主、民事为辅。第八编"运输法"不仅容纳了一般民法典所规定的海运和内河运输法，还包括陆运和空运运输法。

（四）比较分析

第一，商行为规则回归于民事规则是社会发展的必然结果。如果说法国、德国编纂商法典是历史发展的产物，而瑞士、荷兰、意大利选择民商合一则是社会经济发展的必然结果。值得注意的是，瑞士、荷兰、意大利这些适用民商合一立法体例的国家，之前采用的是民商分立立法体例，该种转向与其说是对民商分立立法体例的背离，还不如说这是民商合一立法体例的回归。

第二，商行为规则具有特殊性，但民法典可以容纳商行为的特殊性规则。采用民商合一立法体例的国家，甚至没有营业或者企业的概念，但通过具体行为中的义务性规定可以对具有职业性的传统商主体或者风险性高的主体进行限制。

第三，民商合一国家的立法体例中，主要由债法、合同法来规范商行为的内容。这主要是因为商行为属于法律行为的一部分，也只有在债法或者合同法中予以调整，但尽管如此，还是体现了商行为的特殊性规则。

第三节　商行为与法律行为

一、学者观点

（一）直接承认说

一种观点认为，商行为与法律行为没有差异，核心内容仍然属于意思表示，即：

> 商行为为法律行为，学者之间并无异议，但商行为之定义若何，欲以一语概括实难。各国法典中亦只能列举商行为，而无概括的规定，二

种分类乃各国商法上列举商行为之通例，即法典中无此分类之明文，亦可按此分类以探索之。①

施天涛教授认为："商事行为，亦称商行为，是指商事主体基于一定的意思表示旨在发生所预期的法律后果的合法行为，它是使商事法律关系得以产生、变更、终止的一种法律行为。"还有学者认为商行为是指以营利性营业为目的而从事的各种表意行为。② 因为表意行为应该包括法律行为和准法律行为中的意思通知，显然后者所界定的商行为的范围要比只涵盖商事法律行为的定义更加广泛。但在民法中作法律行为、准法律行为的划分好似也只具有理论的意义，这样细分符合德国人的法律思维，但是并没有法律实益。③

另一种观点认为，与民事法律行为相对，商行为就是商事法律行为。有学者就明确指出：

> 商行为是商事法律行为的简称，是指商主体所为的各种受商法规范的商事行为。④

该种观点强调商行为主体的特定性与行为的法定性。但问题是，法律行为作为意定主义调整方式，本身具有丰富的色彩，这与行为的法定性具有当然差异。还有学者认为：

> 商行为只是民事法律行为的延伸，即商事法律行为，其独特之处就在于商事法律行为的营利性和经营属性。⑤

---

① ［日］志田钾太郎口述，熊元楷编：《商法总则》，上海人民出版社 2013 年版，第 42 页。
② 参见覃有土主编：《商法学》，高等教育出版社 2004 年版，第 52 页；赵万一主编：《商法学》，中国法制出版社 2006 年版，第 40 页。
③ 参见张志坡：《商行为概念研究》，王保树主编：《商事法论集》（第 14 卷），法律出版社 2008 年版，第 192 页。
④ 马洪主编：《商法》，上海财经大学出版社 2003 年版，第 23 页。
⑤ 赵中孚主编：《商法总论》（第二版），中国人民大学出版社 2003 年版，第 167 页。

（二）间接承认说

该种观点主要认为商行为是营利性的行为，如张民安教授认为商行为是指为营利目的而进行的经营行为，任何人，无论他们是否是商人，只要是为了营利而进行的经营行为，则构成商行为，否则，即不构成商行为。[①] 李有星教授则认为："商行为是商事主体以营利为目的的商事营业行为。"[②] 因为商行为是营利性的行为，而营利性意味着有偿性，即便没有承认营利性，但是营业概念中就包含着相关活动有偿性的特点，"有偿性的特点决定了营业活动是通过法律行为的成立而进行的"[③]。

（三）综合说

也有学者认为，商行为是商主体所从事的缔约行为、履行行为、经营管理行为等行为，主要是以营利为目的，依法保障交易公平和交易安全而进行的行为，涉及交易回避、交易中立、通知和抗辩程序、风险预替制度、信息公开、保险保证金制度等。[④] 商行为不限于由意思表示构成的法律行为，事实行为和准法律行为等，也能引起私法关系的产生、变更和消灭。按经验主义标准，将商行为划分为交易行为、事实行为、准法律行为以及企业管理行为。[⑤] 在营利目的范围内，企业的自主经营、企业决议均为商行为。[⑥]

这些观点试图从整体上概括商行为，具有一定合理之处。但如此可能仅仅从表面上理解商行为。如同民事主体从事的行为不能全为法律行为一样，商事主体从事的行为也不均为商行为。商行为的泛化并不有利于法律规范的调整，反而使问题变得复杂。正如学者所言，公司治理行为并不是商行为：

> 商法规定的行为并非都是商行为，这就有如民法规定的行为并非都是法律行为一样，民法上有法律行为和事实行为，商法上应当也可以存在商行为和商法上的事实行为，并且二者适用规则存在着较大的差别，

---

① 参见张民安：《商法总则制度研究》，法律出版社 2007 年版，第 264 页。

② 李有星主编：《商法》，高等教育出版社 2007 年版，第 78 页。

③ 张志坡：《商行为概念研究》，王保树主编：《商事法论集》（第 14 卷），法律出版社 2008 年版，第 200 页。

④ 参见陈醇：《商行为程序研究》，中国法制出版社 2006 年版，第 59—65 页。

⑤ 参见叶林、黎建飞主编：《商法学原理与案例教程》，中国人民大学出版社 2006 年版，第 94 页。

⑥ 参见叶林：《商行为的性质》，《清华法学》2008 年第 4 期。

完全没有必要将商法上的行为全部囊括进商行为这个"金钵"里。只是因为这些事实行为发生在商事关系中，从而法律根据其特殊性，赋予其不同于民法上事实行为的法律效果，故而，其可以构成商法上的事实行为，不必强求商行为把所有适用商法规则的行为全部网罗进来。①

（四）独立说

学者认为，公司的意思是个别股东通过表决机制而形成的集体意思。民法基于自然人主观心理的瑕疵判断，对股东大会决议瑕疵的判断存在适用上的困难。也就是说，由于股东大会决议团体性，商行为不同于法律行为，是公司独立意思表示的行为。② 我国台湾地区学者也认为：

> 关于股东大会决议，因其意思形成方法带有团体法性的特点，于其效力也强烈要求团体法律关系的稳定，大部分法律行为或意思表示的一般原则不适于决议。因此，决议不能硬套于传统法律行为的分类，而是作为独立的法律行为来看待。③

二、商行为是否包含事实行为

对于商行为是否包含事实行为，存在以下两种观点。

其一，包含说。有学者认为："商行为概念中不仅应包括商事法律行为，而且必须包括商业性的事实行为"，"将事实行为排除在商行为概念之外，不仅会造成此类行为在商法适用上的障碍，而且会曲解商法对'营利性营业行为'控制之本意"④。也有学者认为，法律中很多应该纳入商行为的法律行为并未规定，这些行为属于事实行为，因此，"商行为是法律行为

---

① 张志坡：《商行为概念研究》，王保树主编：《商事法论集》（第14卷），法律出版社2008年版，第200页。

② 参见钱玉林：《股东大会决议的法理分析》，《法学》2005年第3期；陈醇：《单方法律行为、合同和决议的区别》，《环球法律评论》2010年第1期。

③ 柯芳枝：《公司法论》（上），三民书局2002年版，第239页。

④ 董安生等：《中国商法总论》，吉林人民出版社1994年版，第126页；葛书环：《论商行为和民事法律行为的关系》，《齐齐哈尔工程学院学报》2012年第12期。

与事实行为的总和，但以法律行为为主"①。还有学者认为，商行为并不限于法律行为，"商品交换行为以及与商品交换行为有关的活动，甚至一些单纯以营利为目的的活动都可以称为商行为"②。有学者通过分析《德国商法典》第 343 条的规定认为，商行为包含了三个层次的含义：

> 第一，商行为是一种行为，它是法律行为的一种；第二，商行为是商人所为的行为，非商人为之，则无商行为可言；第三，商行为是商人在商事经营过程中所为的行为，它具有商事经营这一特定行为属性，非商事经营中的行为，即使由商人所为，也非属商行为。③

不过，也有学者认为，因为商行为属于"商事营利事业经营"，商行为的内涵远比法律行为要广，不仅包括法律行为，也包括事实行为。④ 因为事实行为构成要件的法定性，《德国商法典》并没有规定事实行为类型。

其二，不包含说。尽管有学者认为，在商法中，商事主体之间的权利与义务应由事实行为予以认定，主要因为：

> 第一，权利义务内容具有普遍性，不因不同的商事主体而表现出个性差异，此时，只能适用法定主义而不是由商主体来确定；第二，基于需要确定某些特定商主体的行为才能予以适用相应的规则，如果法律对这些规则予以规定，则难以适用法律；第三，对于某些商主体，需要确定相应的行为模式，这些行为模式不能通过意思自治予以实现。⑤

但如果商行为包括事实行为，其就成了商事法律行为与事实行为的上位概念，那么，法律除了需要规定商行为概念之外，还需要规定法律行为与事实行为这些下位概念，但在采用民商分立立法模式国家的商法典中，并不规

① 周林彬、任先行：《比较商法导论》，北京大学出版社 2000 年版，第 386 页。
② 梁慧星、王利明：《经济法的理论问题》，中国政法大学出版社 1986 年版，第 111 页。
③ 范健：《德国商法：传统框架与新规则》，法律出版社 2003 年版，第 301 页。
④ 参见张民安：《商法总则制度研究》，法律出版社 2007 年版，第 280 页。
⑤ 赵中孚主编：《商法总论》（第二版），中国人民大学出版社 2003 年版，第 166 页。

定法律行为与事实行为概念。因此，商行为的概念中应该并不包括事实行为概念。如果商行为概念中包含事实行为，在实践中还容易造成适用的混乱。有学者就明确指出：

> 如果商行为掺杂了事实行为、准法律行为以及企业管理行为，就几乎难以根据法律行为的调整方式确定相应的法律后果，而必须求助于法定主义的调整方式。……商法得预先规定，当事人实施某种行为的，当然地产生既定的法律效果；商法还可规定，当事人不能借由意思自治而排斥法律规定的效果，或者唯经当事人履行特别程序后，才可变动法律规定的特别效果。[①]

这可能是学者对商行为的功能主义的认识，不过笔者对此种观点不敢苟同。笔者认为，尽管商行为在很多情况下是根据法律的规定而发生法律效果，表现为强制性规范的增多。但商法毕竟是私法的特别法。如商法典中约定违约金不能调整，尽管这表现为强制性规定，但违约金如何约定，毕竟还属于商事主体之间的事情。与其说违约金不能调整的规定是对商事主体的强制，还不如说这是商法规范对商事主体意思自治的保护。因此，笔者认为，该强制性规范并不是约束当事人，而是约束作为审判人员的法官，防止他们在一方的授意下，对他们的行为指手画脚，破坏他们的行为自治。因此，笔者认为，商行为不应该包括事实行为。

三、商行为属于法律行为的理由

第一，商法为私法，作为意定主义调整方式，商行为则应当属法律行为内容。商法作为私法的特别法，私法自治应作为一项基本原则。私法自治即个人得依自身的意思形成私法上的法律关系。私法自治在于确认自主决定权利的存在。拉伦茨先生认为：

> 每个个体都拥有自己的自主决定权利，而不是以一方的权利取代双

---

① 苏惠祥主编：《中国商法概论》，吉林人民出版社 1996 年版，第 78 页。

方的自主决定而导致单方面的他主决定。①

他还指出，法律行为是一种目的，乃在于形成某种法律后果的意思表示。② 弗卢梅也认为：

> 法律行为是指个体基于法律秩序可以按照自己的意思通过其创造性地形成法律关系的一类行为。③

法律行为的概念是使所有在法律秩序中形成的行为类型抽象化，从而排除由法律规定相应要件并由此导致相应的法律后果的法定主义调整方式，而由当事人通过意思自治来形成相应法律后果的意定主义调整方式。因此，法律行为以意思表示为核心，成为实现私法自治的必备工具。商法作为私法，也应遵循此种方式。如学者所言：

> 商行为概念具有承认、共识、储藏价值的功能，其蕴涵的价值便是私法自治，而且是扩大化了的私法自治。商法规制商行为便是为了给从事商行为的人更大的自治空间，给当事人提供更多自主决定的机会，这也要求商行为只能是法律行为。如果不理解商行为蕴涵的私法自治的精神，便不能理解为何商法是最为自由的法律。④

因此，商行为应该属于意定主义调整方式类型，以意思表示为核心，当然属于法律行为。不属于意定主义调整方式，则只能属于法定主义调整方式，这不仅有违私法自治本身的目的，也不利于商法适应复杂多变的商事法律关系的需要。

---

① ［德］维尔纳·弗卢梅：《法律行为论》，迟颖译，法律出版社2013年版，第28页。
② 参见［德］卡尔·拉伦茨：《德国民法通论》（下册），王晓晔等译，法律出版社2003年版，第427页。
③ ［德］维尔纳·弗卢梅：《法律行为论》，迟颖译，法律出版社2013年版，第28页；另参见迟颖：《法律行为之精髓——私法自治》，《河北法学》2011年第1期。
④ 张志坡：《商行为概念研究》，王保树主编：《商事法论集》（第14卷），法律出版社2008年版，第200页。

第二，对商行为效力的调整，只能采取法律行为的调整模式。某一行为被认定为商行为是适用特定性商法规范的前提。在德国，只有商人双方或一方参加的法律行为才属于商行为。① 在德国学者看来，德国商行为的类型，如行纪、代理、商事承诺、商业买卖、动产的善意买受人保护，只能依据民法相关内容（例如法律行为）来予以解释，而《德国商法典》就是对商行为内容的变更、补充和排除。比如德国买卖契约的权利义务的规定，只有根据《德国民法典》第433条及以下进行调整，商法典关于购买货物的瑕疵通知出卖人的规定必须结合民法中关于出卖人瑕疵责任的规定才能予以适用。② 在德国学者看来，《德国商法典》第2章至第7章规定的特别商行为，在法律教义学作为债法的特别部分。而第1章内部从实质上看可以被清晰地分为四种不同的规定：

最开始的商行为条款适用领域的确定规范，然后是对《民法典》总则部分的补充和特别规定、对债法总则部分的补充和特别规定以及对物权法总则部分的相关规定。③

通过对《德国商法典》文本的分析也可以看出，《德国商法典》规定的商行为类型，只不过是法律行为在商法中的另一种表现形式。又如尽管决议具有独立性，但其仍然属于传统法律行为的范畴。就规则而言，尽管不能直接适用，但传统法律行为成立、生效规则在一定程度上对决议的判断具有重要作用。更重要的是，它属于意思自治（私法自治）的领域。不过，它是在章程（协议）规定下，尊重既定的程序，以多数决实现的团体自治。因此，将违反章程（协议）的内容与程序的行为界定为团体意思实现而非行为效力的判断标准，从而将决议完全从法律行为中分离的理论就不能保障团体的自治。我国司法实践中，遵循属于公司章程自治领域的事项，则不得进

---

① 参见范健、王建文：《商法的价值、源流及本体》（第二版），中国人民大学出版社2007年版，第389页；宋鹏：《关于商法通则中商行为建构的思考》，《江西青年职业学院学报》2010年第12期。

② 参见［德］罗伯特·霍恩等：《德国民商法导论》，楚建译，中国大百科全书出版社1996年版，第238—239页。

③ ［德］C. W. 卡纳里斯：《德国商法》，杨继译，法律出版社2006年版，第532页；另参见喻胜云：《商事严格责任的阐释》，《西部法学评论》2009年第2期。

行司法审查的原则，无疑是对我国尚未真正确立起来的公司自治的呵护与公司自治的彰显。①

第三，如果将商行为作为民事行为的对立概念，商行为概念会缺失其所应该具有的价值。法律概念是反映客观事物本质属性的一种思维形式，是"对各种法律事实进行概括，抽象出它们的共同特征而形成的权威性范畴"②。所谓抽象出它们的共同特征乃是指在规范的客体——法律事实中分离出它们的构成要素，然后抽象出它们共同的要素而形成法律概念。法律概念的形成过程也是对要素进行列举与抽象的过程。所以，黄茂荣先生认为：

> 现代法学方法论中的概念是"所欲描述之对象的特征，已经被穷尽的列举。"③

法律概念"不是设计出来描写事实"，其不仅是规范的载体而且是规范本身。生活概念仅仅在于描述，仅仅具有"叙事价值"，而一种法律概念的制定本质在于"规范其所存在之社会的行为，而不在于描写其所存在之社会"④。商行为这一概念作为商事主体行为的规范，具有法律规范的规范价值，当无疑义。但商行为作为与民事行为对立的概念，就缺乏民事行为所涵盖的法律行为、事实行为等丰富内容，由此使商行为作为孤立的概念，缺乏概念所具有的功能。因此，法律对商行为本身并不能构成规范，哪怕是商行为的效力，单靠商行为概念本身于事无补。

因此，笔者认为，商行为概念作为商事主体从事的行为，是对商主体意

---

① 如在"李某某诉上海佳动力环保科技有限公司董事会决议撤销纠纷一案"中，二审法院认为："只要董事会决议在程序上不违反公司法和公司章程的规定，内容上不违反公司章程的规定，法院对解聘事由是否属实不予审查和认定，其对董事会的决议效力亦不构成影响。"参见《最高人民法院指导案例10号：从李某某诉上海佳动力环保科技有限公司公司决议撤销纠纷案》，《人民法院报》2012年9月26日第3版；许中缘：《论意思表示瑕疵的共同法律行为——以社团决议撤销为研究视角》，《中国法学》2013年第6期。

② 张文显：《法哲学范畴研究》（增订本），中国政法大学出版社2001年版，第57页。

③ 黄茂荣：《法学方法与现代民法》，中国政法大学出版社2001年版，第39页。

④ 黄茂荣：《法学方法与现代民法》，中国政法大学出版社2001年版，第66—67页；另参见许中缘：《论民法典的法律概念》，硕士学位论文，吉林大学法学院，2005年，第20页；许中缘：《论法律概念——以民法典体系构成为视角》，《法制与社会发展》2007年第2期。

定主义调整活动的抽象。该种行为应该属于法律行为。也只有这样，才能解释商事买卖、商事代理、商事行纪、商事居间、商事仓储、商事票据、商事担保、商事保险等商行为的存在。正因为商行为与法律行为具有本质同一的属性，学者也因此主张以买卖行为的概念来取代商行为的概念。① 基于以上阐述，笔者认为，商行为只不过是法律行为在商法中的体现而已。

四、商行为作为法律行为的存在意义

第一，确立商法自治。商法作为私法的内容，自治是商法的核心。与民事主体之间的法律行为相比，商事主体本身具有更多的专业性与职业性，为了保障商事主体自治能够顺利进行，法律并不需要给一方特殊的保护。对势均力敌的主体而言，法律更多地需要对约定内容予以尊重，这是商业社会必需的内容。在商业社会的激烈竞争中，不能很好地把握住市场的主体必定会被淘汰，这是商业社会的规则。因此，在商事交易中，如果某一方意思表示出现瑕疵，只是说明该主体不够专业，就当然要为该种不专业行为付出代价。当然，这还说明了商法主体与民法主体的差异。民法主体是弱而愚的主体，每个人的意思表示能力具有差异，因此，法律为了保护他们的自治更多地是寻求当事人内心意思表示的真实。

第二，为民商合一确立基础。立法要实现民商合一立法模式，而不是单纯地实现立法的简约化，更多地会考虑商事行为与民事行为之间所具有的紧密联系。因而，不能在立法上完全将商行为与法律行为割裂。正如学者所言：

> 商行为是民事法律行为的延伸，它在本质上也是法律行为。如果认为商行为是上位概念，就是否认了这个传统，民事法律行为与商行为之间，必将出现绝然的断裂，整部民法典的内在逻辑遭到破坏，使民商合一失去了意义。②

---

① 参见叶林：《企业的商法意义及"企业进入商法"的新趋势》，《中国法学》2012 年第 4 期。
② 苏惠祥主编：《中国商法概论》（修订版），吉林人民出版社 1996 年版，第 78 页。

第三，正确适用商事规则。无论是在主体主义还是行为主义立法模式中，确定商行为是正确适用商事规则的前提。只不过在主观主义模式中，先确定商人，从而来确定商行为。但商人本身的确定在很多时候是依据商行为来予以推定的。而在客观主义立法模式中，以商行为确定商人，从而适用商事规则，由此使商行为在商事规则的适用中具有重要意义。

第四，为商行为的多样性调整确立基础。在传统的观念中，由于存在商主体—商行为，由此使商法典具有存在的独立性。其实这是一种对商行为望文生义的错误。商行为如果缺乏法律行为的调整，就无法应对商行为本身的抽象性与涵盖性。因为法律行为作为意定主义的调整方式，其实是对私法这一意思自治法律的本质属性的反映，从而具有丰富多彩的内容。如果将法律行为作为民事主体的行为概念，而商行为作为商主体的行为概念，就会使商行为本身脱离了意定主义调整方式，从而使商行为陷入法定主义调整方式泥淖。为了增加商法规范对商事活动的调整，就不得不对所有的商事活动内容进行列举，而所有的列举都不可能将其穷尽。对于列举不全的内容，就不得不由其他法律予以调整。

五、商行为的意思表示

商行为作为行为，乃是当事人意思支配下的结果。商行为（法律行为）作为意思表示的外壳，意思表示是商行为（法律行为）的核心内容。行为人欲使意思表示发生法律效果，必须采用特定的方式，遵循必要的规则，而这个抽象规则就是法律行为制度。事实上，法律行为与意思表示的成立要件与成立时间具有差异，并且生效与解释方式也不同。法律行为可以包含多个意思表示。[①] 而对意思表示规则与法律行为规则的区分能够还原意思表示内容并对之予以规范，这也是法律行为所不能匹及的。[②]

（一）商行为中意思表示的特殊性

商行为与法律行为相对应，但商行为本身的立法技术是描述性的，并没

[①] 参见王利明：《法律行为制度的若干问题探讨》，《中国法学》2003 年第 5 期；喻胜云：《法律行为、民事行为及商行为比较研究——基于德国民、商法典及我国相关法律比较考察》，《商事法论集》（2010）。

[②] 也有学者认为，意思表示作为精神现象，其对于私法推理无甚意义。参见朱庆育：《意思表示解释理论》，中国政法大学出版社 2004 年版，第 106—107 页。

有如法律行为那样采用抽象概括的立法技术。

当法律行为在私法上取得了统治地位后，商行为的独立存在开始受到冲击。在学术研究方面，学者在对比研究商行为和法律行为的关系中，向商行为概念注入了理性主义色彩。在立法发展方面，因为私法内容的逐渐统一，立法者在修订商法典条款时，也将参考、斟酌关于法律行为的民法规定。①

因此，商行为在立法时并没有如法律行为那样，对主体意思表示进行抽象。意思表示在商行为中的作用远没有如法律行为那样明显。原因可能表现为以下几个方面：其一，商事交易的快捷、迅速的特性，使商事交易出现定型化的特点。定型化的交易可以节省交易成本，交易主体的意思表示在多样定型化的交易中已经被忽视了。其二，商事交易主体的职业性与专业性，表现为主体作出的意思表示都是经过熟虑的专业行为，因此，如何探讨意思表示真实在商事交易中并不那么重要。其三，在商事交易中，为了适应交易的快速便捷需要，即使意思表示不真实，但交易对方基于此种信赖从事了某种行为，该种行为也应该受到法律保护，这就是商事交易的禁反言理论。因为交易主体的专业性与职业性，如果追求其意思表示真实，就会在对其不利时成为其逃避责任的借口。因此，商行为与法律行为具有以下区别。

第一，理念不同。法律行为主要是个人自治的工具，目的是实现私人自治。但商行为的主体是团体，商行为的立法宗旨和理念是促使商事交易便捷、安全地进行。因此，商行为在保护商主体利益最大化的同时，更应关注第三人及国家的利益。②

第二，意思表示及其解释的适用规则不同。法律行为的解释既要顾及表意人利益，还要顾及受领人的利益。而在商行为的具体解释中，则是以表示主义为主结合意思主义的基本规则。一方面，如果意思表示的关键意义永远是表意人所表达的内容，那么，法律行为的内容就永远是表意人的内容，那

① 叶林：《商行为的性质》，《清华法学》2008 年第 4 期。
② 参见樊涛：《我国商行为制度的评判与重构——兼论与法律行为制度的区别》，《河南师范大学学报（哲学社会科学版）》2008 年第 5 期。

么，表意人的错误也就无从说起。另一方面，如果意思表示受领人所实际理解的意义永远具有决定性，那么，表意人就会受到不公平的对待。拉伦茨先生在其著作《法学方法论》中阐述道：

> 解释法律行为时，原则上，应取决于表示者的意指，假使——对受领者而言——该意指已清楚显示于表示之中的话。受领者于此也必须尽力探求表示者的意指，必要时应进一步询问。假使受领者能够认识的话，表示者的特殊用法也必须考虑。①

法律行为解释的意思主义的弊端不利于保护相对人的利益，也有害于交易安全。表示主义虽然能够克服意思主义的缺点，有利于维护交易安全，保护相对人的利益。但是，如果在法律行为解释中过分地追求外观的意思表示，置表意人的真实意思于不顾，难免会有损害表意人的利益。所以，学者主张在结合表示主义的同时，也结合意思主义：

> 因内心上之意思与外部的表示行为不一致，而法律行为为无效时，内心上之意思为定？法律行为之效力，亦不得不顾及之。②

其实，在实践中，法律行为的解释往往也是意思主义与表示主义的结合。在表示主义为主、意思主义为辅的解决模式中，现在民法学者基本上偏重于这种主张；尽管这种主义既顾及了表意人的内心意思，而且对交易安全也有一定保护作用，但是，其仍有一定的缺点。由于社会现象的复杂性，导致：

> 在具体的解释中，究竟应以表意人所理解的"表示意思"为依据呢？还是应以相对人所理解的"表示意思"为解释依据，抑或应以双

---

① ［德］卡尔·拉伦茨：《法学方法论》，陈爱娥译，商务印书馆 2003 年版，第 222—223 页；王文宇：《合同解释三部曲——比较法观点》，《中国法律评论》2016 年第 11 期。

② 史尚宽：《民法总论》，中国政法大学出版社 2000 年版，第 415 页。

方当事人之外的一般人所客观理解的"表示意思"为依据?①

在商行为领域中，应始终坚持"表示主义"的解释方法，即以商行为外部特征来确定商行为的效力，而不去探究行为人在行为时的真实意图。"各国商法典在规定商行为概念时，通常都采用了营业活动、经济活动等概念，从而回避了直接引入意思表示或者法律行为的做法。各国学者研究商行为特征时，通常都将关注重点放在商行为的营业性、持续性、公开性和职业性等方面，而极少探寻交易主体的主观态度或者真实意思。"② 表示主义是与商行为的营利性相适应的解释方法，是与商业社会高效快捷和安全的价值追求相接轨的。③

第三，意思表示瑕疵的结果不同。民法上对于瑕疵之法律行为之处理分为无效、得撤销、效力未定。在双方法律行为中，追求的利益是对立的，④传统法律行为的无效、得撤销、效力未定是基于合同的交易观念来设计相关制度的。比如法律行为的撤销是：

> 在欺诈、胁迫、错误陈述和不当影响……的概念中存在着足够的弹性，使法院避免强制执行一种由于伴随着其他有关因素而使对价明显不相当、显然是毫无意义的交易。⑤

这使得"合同中处于不利地位的一方当事人如果发觉他给予的和他所得到的之间有明显的不平衡，他完全有机会将自己从此不平衡中解脱出来"⑥。在双方法律行为意思表示瑕疵的情形中，赋予相对人撤销权本身是

---

① ［德］迪特尔·梅迪库斯：《德国民法总论》，邵建东译，法律出版社 2000 年版，第 237—239 页；另参见岳巧轶：《两大法系的合同解释方法》，《重庆科技学院学报》2005 年第 12 期；王敬礼：《意思表示的司法解释观》，硕士学位论文，吉林大学法学院，2007 年，第 30 页。

② 叶林：《商行为的性质》，《清华法学》2008 年第 4 期。

③ 参见叶林、黎建飞主编：《商法学原理与案例教程》，中国人民大学出版社 2006 年版，第 102 页。

④ 参见梁慧星：《民法总论》，法律出版社 2001 年版，第 179 页。

⑤ ［美］A. L. 科宾：《论合同》，王卫国、徐国栋、夏登峻译，中国大百科全书出版社 1997 年版，第 551 页。

⑥ ［德］海因·克茨：《欧洲合同法》（上卷），周忠海等译，法律出版社 2001 年版，第 13 页。

为了纠正不对应的权利义务关系。对效力待定的法律行为更是如此，赋予一方的追认权与撤销权也是为了实现当事人真实的意思表示。但在商行为中，为了适应商事交易的快速便捷需要，呈现出自己的独特性。一是商事交易一般不考虑基于意思表示错误而作出的意思表示不真实，在此种情况下，行为一经作出即发生法律效力；二是商事交易的救济只能向人民法院作出，而不能径行发生效力；三是在团体意思表示下，单个人的意思瑕疵，并不会必然影响或决定该团体行为的效力。

（二）决议与表决权的意思表示规则

1. 决议中的意思表示

所谓决议，是指社团机关依据一定程序（即多数表决原则）所形成的决议。社团决议即为全体社员或者多数社员的意思，也为社团意思。因为社团依靠社团的代表人（机关）实现既有的权利能力与行为能力，但社团机关或代表人从事行为时，应该先在团体内部形成相关的决议。① 决议调整的是团体内部之间的关系，同时也规定了团体从事行为的准则。② 因章程的静态性，经常被束之高阁，社团决议在社团自治中具有动态性，学者谓章程是社团自治的静态指针，而决议为社团自治的动态指针，③ 此形象阐述了决议与章程在社团自治中的作用。④ 决议对意思表示成立具有以下两点特别的要求。

第一，意思表示以章程或法律所规定的"人数多数决"或"资本多数决"而形成。在决议中，法律要求意思表示一致，包含两个方面的含义：一是主观上与他方意思表示结合的一致，二是在表示上的效力意思具有同一性。⑤ 决议除了法律或者当事人明确外，并不是所有的法律行为均需要全体

① 如梅迪库斯认为："董事会对外代表社团。不过，在重大问题上，在对外从事行为之前，还必须先在内部形成社团的意思。"参见［德］迪特尔·梅迪库斯：《德国民法总论》，邵建东译，法律出版社2000年版，第843页。

② 参见［德］汉斯·布洛克斯、沃尔夫·迪特里希·瓦尔克：《德国民法总论》（第33版），张艳译，中国人民大学出版社2012年版，第76页；［德］卡尔·拉伦茨：《德国民法通论》（上册），王晓晔等译，法律出版社2003年版，第211页。

③ 参见曾世雄：《民法总则的现在与未来》，中国政法大学出版社2001年版，第113页。

④ 参见许中缘：《论意思表示瑕疵的共同法律行为——以社团决议撤销为研究视角》，《中国法学》2013年第6期。

⑤ 史尚宽：《债法总论》，中国政法大学出版社2000年版，第8页。

当事人的意思表示一致。在团体法律行为中，一般以"人数多数决"或"资本多数决"来形成当事人的意思表示，即使团体的某些主体对某种意思表示予以反对，只要符合既定的要求，无碍于意思表示的成立即可。①

第二，意思表示的成立需要遵循章程与法律所规定的程序。如同双方法律行为（例如合同）的形成需要要约与承诺一致的程序，决议的订立也需要遵循既定的程序。② 其实，早在罗马法中，程序作为意思表示所需遵循的重要内容，在法律行为中即具有重要的意义。早期罗马法的要式买卖（mancipatio 也音译为曼兮帕蓄）中就规定了严格的程序。③ 罗马人重视程序甚过当事人的意思表示：

> 要式口约的效力，同其他要式行为一样，产生于它的形式，而不是产生于该形式所无疑体现的协议。④
>
> 在罗马法中，仪式不但和允约本身有同样的重要性，仪式并且还比允约更重要。⑤

现代合同法的发展趋势，是关心表示与意思的一致性和真实性问题，而非关心是否遵循了缔约的程序。与罗马法相同的是，程序在决议成立中具有同样重要的意义。因团体意志是在遵循"人数多数决"或"资本多数决"的基础上而形成的，少数人的反对意志并不会对决议的后果产生影响。

> 一个程序，只有当它在程序方面满足了法治国家的最低要求时，它才具有合法性。⑥

---

① 参见许中缘：《论意思表示瑕疵的共同法律行为——以社团决议撤销为研究视角》，《中国法学》2013 年第 6 期。

② 参见王利明：《民法总则研究》，中国人民大学出版社 2012 年版，第 530 页。

③ 参见［英］巴里·尼古拉斯：《罗马法概论》，黄风译，法律出版社 2000 年版，第 171 页。

④ ［英］巴里·尼古拉斯：《罗马法概论》，黄风译，法律出版社 2000 年版，第 170—171 页。

⑤ ［英］梅因：《古代法》，沈景一译，商务印书馆 1996 年版，第 177 页。

⑥ ［德］卡尔·拉伦茨：《德国民法通论》（上册），王晓晔等译，法律出版社 2003 年版，第 231 页。

为了保障决议的公正性与正义性，真正实现团体自治，法律规定了决议所需要遵循的程序。如我国立法规定了村民委员会或农村集体经济组织的决议程序，业主大会的决议程序，公司董事会、股东（大）会、监事会等决议的程序、破产法中的债权人会议、重整制度中的关系人会议等的决议程序。① 这些程序作为决议中意思表示所应遵循的内容，具有强制的性质，② "决议须基于适法之程序而形成时，始能发生公司意思决定之效力"③。违反法律规定的程序，作出的相关决议具有瑕疵。

从结果来看，决议是成员根据章程或法律规定的程序与多数决原则，意思表示一致的结果。在决议中，成员的意思表示已经被决议（团体意思）所吸收，团体成员并不具有独立的意思表示，甚至并不需要考虑团体具体成员的意思表示（投否决票）。但团体决议又是成员的意思表示一致的结果，因为表决权瑕疵，将会影响决议的形成，此时需重新审视团体成员的意思，此时成员的意思又具有较强程度的独立性。因此，司法实践中，应该对决议瑕疵与表决权瑕疵进行区分。④

2. 表决权的意思表示

有学者认为，在商行为的表决权行为中，也并不是法律行为。所谓表决权（stimmrecht），是团体成员就议题于大会表示足以影响法律上决议的自己意思表示的权利。⑤ 江平先生认为：

> 表决权只是关于特定意思的告知，虽然也是一定意思的表示，然而其效果却不取决于意思，而是取决于法律的规定或其他对特定人群具有约束力的决议，因此，表决权性质不是意思表示，而只是意思通知。⑥

---

① 参见陈醇：《单方法律行为、合同和决议的区别》，《环球法律评论》2010 年第 1 期。
② 参见许中缘：《论意思表示瑕疵的共同法律行为——以社团决议撤销为研究视角》，《中国法学》2013 年第 6 期。
③ 柯芳枝：《公司法论》（上），（台北）三民书局 2002 年版，第 250 页。
④ 参见许中缘：《论意思表示瑕疵的共同法律行为——以社团决议撤销为研究视角》，《中国法学》2013 年第 6 期。
⑤ 参见史尚宽：《民法总论》，中国政法大学出版社 2000 年版，第 220 页。
⑥ 江平：《郑百文"资产、债务重组方案"的分析》，2013 年 6 月 10 日，见 http：//finance. sina. com. cn/o/56238. html。

笔者对这种观点不敢苟同。所谓"意思表示是旨在达到某个法律后果的私人的意思表达"①，如同不能因为错误的意思表示中的效果意思不能实现而否认错误的意思表示非属于意思表示范畴一样，尽管在多数决的情形下，表决权效果意思的实现并不取决于表决权人，但不能因此而否认表决权意思表示的完整性。表决权的特殊之处在于：

> 不是通过权利人单独形成某种法律关系，而是一种通过权利人的共同影响使形成一个共同的意志成为可能。②

当表决人在团体中的资本占绝大多数，基于资本多数决，该意思表示当然发生表决人所预想的法律后果。在某成员的表决权对决议的形成非常关键（只差一票决议就能形成），该成员表决权（投赞成票）的效果意思也就得以实现。何况，成员权的表决权与意思通知（vollstellungs-und-willensmittei-lungen）具有实质差异，传统民法中，意思通知只是属于法律效果的事实构成。③但表决权并不属于法律效果的事实构成，而是试图形成一种法律效果（决议）。冯·图尔教授就认为：

> 表决权是由形成权的一种转化来的人的一种权能，人们通过自己的法律行为的意思对其他权利主体产生影响，或者是参与这种影响的实施。④

拉伦茨先生则认为表决权是一种"组织性的权利"，"从意义上而言，一点不亚于形成权"⑤。笔者认为，表决权作为社员所具有的参与团体经营

---

① 〔德〕汉斯·布洛克斯、沃尔夫·迪特里希·瓦尔克：《德国民法总论》（第33版），张艳译，中国人民大学出版社2012年版，第68页。

② 〔德〕卡尔·拉伦茨：《德国民法通论》（上册），王晓晔等译，法律出版社2003年版，第289页。

③ 参见〔德〕维尔纳·弗卢梅：《法律行为论》，迟颖译，法律出版社2013年版，第131页。

④ 〔德〕冯·图尔：《德国民法总论》（第1卷），第38章注释第49；转引自〔德〕卡尔·拉伦茨：《德国民法通论》（上册），王晓晔等译，法律出版社2003年版，第289页。

⑤ 〔德〕卡尔·拉伦茨：《德国民法通论》（上册），王晓晔等译，法律出版社2003年版，第289页。

与管理的一种权利，必须基于意思表示才能行使。根据单方法律行为的特点，单方法律行为是单方的意思表示就能形成法律后果，一般而言，除非法律明确规定，行为人不得基于单方法律行为制定规则。[①] 法律规定表决权的行使是参加团体共同意思决定，从而使自己的意志成为团体的意志，本身也是影响他人权益为他人制定规则的法律行为。[②] 成员的表决权瑕疵，属于自然人的意思表示瑕疵，通常表现为虚构签名等情形。传统民法中真意保留、戏谑表示、虚假行为、错误、恶意欺诈和非法胁迫等形态都能够予以适用。[③] 因此，"意思表示理论通常都能辗转解释大多数商行为的性质"[④]。

3. 决议瑕疵与表决权瑕疵的关系

决议瑕疵与成员的表决权瑕疵是两个既紧密联系、又相互独立的概念。其一，团体的决议是由多数人表决权行使一致的结果。没有表决权的存在决议也就无法形成。其二，决议根据多数决的原则形成，表决权的意志在决议中不具有独立性，具体成员的表决权瑕疵可能不会影响到决议的形成。因此，表决权瑕疵与决议瑕疵两者的关联应视具体情况而定。

首先，团体决议的形成，在多数决情形下，需要保证达到表决结果的赞成票成员的表决权无瑕疵，此时两者有直接联系。一是在"人数多数决"与"资本多数决"的情况下，表决权瑕疵将会影响到团体决议瑕疵，在决议多数决的情况下，某个成员表决权的缺乏，将可能导致决议无法形成，从而使得团体决议被撤销。二是如果团体形成决议时，应该通知成员参加团体决议的表决，但是没有通知，违反了社团章程的规定，也属于团体决议瑕疵的范畴。

其次，尽管团体决议的形成是多个表决权行使的结果，在"资本多数决"或"人数多数决"的情况下，个别社员是否行使表决权对团体决议的形成并不会造成决定性影响。也就是说，尽管社员的表决权瑕疵，如基于欺诈、胁迫、乘人之危、重大误解等意思表示不真实情形下行使了表决权，在

---

① 参见［德］维尔纳·弗卢梅：《法律行为论》，迟颖译，法律出版社 2013 年版，第 161 页。

② 学者认为，表决权的行使属于法律行为的一种类型。［德］迪特尔·梅迪库斯：《德国民法总论》，邵建东译，法律出版社 2000 年版，第 843 页。

③ 参见许中缘：《论意思表示瑕疵的共同法律行为——以社团决议撤销为研究视角》，《中国法学》2013 年第 6 期。

④ 叶林：《商行为的性质》，《清华法学》2008 年第 4 期。

多数决的情形下，决议仍然能够得以顺利形成。此种情形，表决权瑕疵并不会导致决议的瑕疵。此外，基于前文所述，章程在团体经营中具有重要的地位，决议的内容需要遵循章程的规定。如果违反章程的相关规定，属于对团体意志的违反，决议的内容就不能成为团体意志，因此情形构成的决议瑕疵与成员的表决权并没有实质联系。

总之，表决权并不是目的，而是手段，即是社员参与社团管理的手段，目的是依据程序形成团体决议。只有社员能够正常地参与社团决议，行使表决权，这是决议形成的必要条件。但表决权不具有独立性，团体的决议形成，表决权人的意志为决议所吸收。因此，在社团中，实行的是团体本位，一般并不考虑到单个表决权瑕疵的存在。但表决权瑕疵又具有一定程度的独立价值，因为表决权瑕疵的存在会影响决议的瑕疵。①

4. 决议瑕疵撤销权

（1）决议瑕疵撤销权主体

决议是团体成员意思表示一致的结果。决议瑕疵情形的出现，本身就是对团体成员意志的违反。此种情形，与团体成员具有较为紧密的利害关系。按照常理，为了维护团体意志的纯洁性，作为团体所有的成员均有权对决议瑕疵提起撤销之诉。② 学者也是这么认为：

> 违反章程或者协议的意思表示瑕疵的撤销权行使是通过恢复股东会意思形成的公正性及合法性来维持团体健全性的制度，现有的所有股东均与之有利害关系。只要被记载股东名册上的股东就有权起诉。③

但是，由于团体成员没有与会表决具有多种情形，因而需要区分情形予以判断：一是未得到合法通知，因为不知情而没有参加会议；二是收到会议通知，但基于团体方面的原因不能参加会议，如拒绝；三是收到会议通知，

---

① 参见许中缘：《论意思表示瑕疵的共同法律行为——以社团决议撤销为研究视角》，《中国法学》2013 年第 6 期。

② 参见许中缘：《论意思表示瑕疵的共同法律行为——以社团决议撤销为研究视角》，《中国法学》2013 年第 6 期。

③ 谢文哲：《股东会决议撤销之诉研究》，《金陵法律评论》2007 年春季卷，第 76 页。

因自身原因而放弃参加会议。行为人实际参与团体会议并作出真实意思表示，是团体会议及其决议有效的必要条件。对于前两种情形，由于行为人非基于自身原因不能参加，当然可以行使撤销权。而对于后者，行为人是否享有撤销权具有争议。有学者认为，尽管没有参加相关会议，但因团体行为对其利益产生直接影响，此种情形下该成员仍然可以行使撤销权。① 这种观点有一定道理，就保障团体自治的一致性而言，没有参加决议的社员理应具有撤销权，但不能因此而妄断其能够行使撤销权。在后一种情形能否行使撤销权，需要根据决议所需要遵循的表决权规则来予以考量。如某一决议只需根据多数表决规则就能作出，某一行为人的缺席不会对多数决规则造成影响，该行为人因故未能参加，并不能以意思表示瑕疵而行使撤销权撤销该决议。反之，如果某一主体的缺席影响到多数决规则，该决议当然应被撤销。此种意思表示瑕疵撤销情形，并不适用《民法通则》关于可撤销法律行为的规定，而应符合特别法对决议作出需要遵循既定程序性规则的要求。

为了保障团体决议的有效与团体事务运行的快速，只要没有违反法律对该种社团会议召开与表决程序的强制性要求，则应属于意思表示瑕疵轻微的情形。个别社员没有行使表决权并不能导致决议的表决通过，正是根据团体决议多数表决权保障决议的公正性与合法性的结果。我国司法判决也是这么认为的。例如在"李建军诉上海佳动力环保科技有限公司公司决议撤销纠纷案"中，法院认为：

> 尽管李某某作为董事会成员没有在董事会的决议中签名，但根据佳动力公司章程规定，董事会决议由三位股东（兼董事）中的两名表决通过，故在表决方式上未违反章程，因此李某某主张董事会作出解聘李建军总经理职务的决议无效并不能得以支持。②

---

① 参见蔡立东、杨宗仁：《论股东会决议撤销权的主体及其行使》，《当代法学》2008 年第 5 期；周龙杰：《股东的股东会决议撤销之诉提诉主体资格研究》，《长春理工大学学报》2008 年第 5 期；许中缘：《论意思表示瑕疵的共同法律行为——以社团决议撤销为研究视角》，《中国法学》2013 年第 6 期。

② 《最高人民法院指导案例 10 号：李某某诉上海佳动力环保科技有限公司公司决议撤销纠纷案》，《人民法院报》2012 年 9 月 26 日第 3 版；参见许中缘：《论意思表示瑕疵的共同法律行为——以社团决议撤销为研究视角》，《中国法学》2013 年第 6 期。

（2）决议撤销后责任的性质

作为团体意思表示的决议被撤销，由此导致团体意志的违反，多数情形是团体管理人董事或经理没有尽相应的勤勉、注意与忠实义务，从而导致决议被撤销。按其性质而言，组织内部的执行机关及其人员应该对团体承担损害赔偿责任。这是因为，现代团体法的发展，团体管理人对团体所具有的勤勉、注意与忠实义务，已经成为其法定职责。《公司法》第148条对该种义务进行了确认。违反该种义务，性质为没有履行相应职责，造成团体财产损害的，应当对团体承担损害赔偿责任。

尽管团体决议的撤销，将会导致个人利益受损，但决议是多数人意思表示一致的结果，并不存在独立的个人意志，因此在团体解散之前，团体管理人对具体个人并不存在单独义务。但是为了保障社员的利益，社员应该有权代表团体追究管理人的责任。所以，现代公司法允许股东通过派生诉讼追究管理人员的责任。因为撤销决议的责任还包括违反法定职责的责任，因此，在违反决议的责任形态中，应当包括对责任人职务的处置及其职务所得的剥夺等特别的责任形态。这类责任形态包括警告、记过、记大过、降级、降职、撤职、剥夺担任某一职务的权利、没收所得归入所在组织等。①

（3）决议撤销的法律后果

通常认为，民法中的意思表示瑕疵的撤销权，本质是一种形成权，依单方面的意思表示就能发生法律效果。但在我国，《民法通则》与《合同法》均要求撤销权人必须向人民法院或者仲裁机构提出请求，方得以行使撤销权。这与其他国家的立法例均不同。在其他国家，传统法律行为的撤销权，除非法律行为本身有违反公共利益或者第三人利益的情形，撤销权人的意思表示到达相对人即发生法律效力。②

因决议撤销权的行使涉及其他人的利益，对于决议的撤销就不能简单地依照传统民法中的方法行使：

---

① 参见陈醇：《论决议的民事责任——超越传统二元责任体系》，《学术论坛》2010年第3期；许中缘：《论意思表示瑕疵的共同法律行为——以社团决议撤销为研究视角》，《中国法学》2013年第6期。

② 参见［德］卡尔·拉伦茨：《德国民法通论》（下册），王晓晔等译，法律出版社2003年版，第659页。

在法律关系参与人或公众的重要利益存在遭受损失的风险的特殊情况下，法律不赋予参与人通过其意思表示独自实施形成权的权限。[①]

所以，通常认为，对决议的撤销权之诉，本质是形成之诉，在我国通常称为变更之诉，系指以变更法律关系的判决（形成判决）为目的的诉讼，亦即原告通过该诉的提起获得的判决，既非确认也非实现现存的法律关系，而是改造现存法律关系并创造新的法律关系或状态。[②] 但在诉讼期间，决议在未撤销之前，其法律效力仍然存在。[③]

诸多决议是为了实现共同的目的，不可能一时性存在，如合伙协议、发起人协议、章程、业主规约等决议，这些行为属于继续性法律行为。基于继续性法律行为的特性，撤销法律行为应不具有溯及力。即使是对于一时性法律行为如决议，也需要根据撤销的对象来确定溯及力的有无。如法律一般规定社团可随时根据社团决议解散，[④] 对解散协议的撤销，并不具有溯及力。此外，溯及力的有无还需虑及行为并不以撤销的决议为生效条件，决议是否涉及善意第三人的利益等进行分析。[⑤] 通常认为应考虑善意第三人的利益，对于已经基于瑕疵决议与公司发生关系的善意第三人应不具有溯及力。[⑥]

并不是所有的瑕疵决议均应被撤销。司法实践中，应当综合考虑瑕疵的严重性程度予以判断。如果决议的瑕疵情形并不严重，此时法院并不需要判决撤销决议。因为即使决议程序存在瑕疵，但决议并不会因程序瑕疵而受影响，即使进行撤销，决议同样会作出，此时对决议撤销没有实际利益。如《日本商法典》第251条的规定：

---

① ［德］汉斯·布洛克斯、沃尔夫·迪特里希·瓦尔克：《德国民法总论》（第33版），张艳译，中国人民大学出版社2012年版，第379页。

② 参见［德］奥特马·尧厄尼希：《民事诉讼法》，周翠译，法律出版社2003年版，第187页。

③ 参见史尚宽：《民法总论》，中国政法大学出版社2000年版，第590页。

④ 参见《德国民法典》第41条、《瑞士民法典》第76条、《日本民法典》第68条。

⑤ 正是基于此，最高人民法院于2007年3月发布的《关于适用〈中华人民共和国公司法〉若干问题的规定（二）（征求意见稿）》第8条规定："人民法院判决股东会、股东大会、董事会决议无效或撤销时，应当确定决议失去法律效力的时间和判决对因履行该决议发生的其他法律关系是否具有溯及力。"遗憾的是，该规定最后并没有形成为最终的文件。

⑥ 参见许中缘：《论意思表示瑕疵的共同法律行为——以社团决议撤销为研究视角》，《中国法学》2013年第6期。

提起撤销决议之诉的情形下，法院如果认为召集程序或决议方法虽然违反法令或章程，但其违反的事实不严重而且不影响决议时，可以驳回请求。

对决议撤销之诉予以裁量驳回应具备三项要件：一是"决议程序瑕疵"；二是"瑕疵不严重"；三是"不影响决议"。[①]《韩国商法典》第379条也有类似规定："在已提起决议撤销之诉的情形下，法院参照其决议的内容、公司的现状及各项情况，认定其撤销不当时，可以驳回其请求。"我国法律对此并未加以规定，司法实践应该对日韩的相关规定予以借鉴。

5. 表决权瑕疵的撤销权

（1）表决权瑕疵撤销权主体

基于前文所述，表决权本质为一项单方法律行为。因此，传统民法关于意思表示的相关规定也适用于表决权的行使。传统法律行为中的撤销权主要是保护当事人的决定自由，因此撤销权原则上和意思表示人具有紧密的联系，一般而言，撤销权只能由本人行使，不能转让也不能进行出质。[②] 所以，基于表决权瑕疵的行为主体只能是意思表示瑕疵的表决权人。当然，表决权瑕疵的成员有权授权他人代为行使撤销权。[③]

（2）表决权瑕疵撤销权的行使对象

表决权的本质是参与团体的意思决定。一种观点认为，行为人提起撤销权后，撤销权及于整个决议。因为决议是两个或两个以上意思表示一致的产物，其成立具有两个基本条件，一是有两个或两个以上平行的意思表示；二是这些意思表示一致。团体意思表示结合后才能形成共同意思表示，但由于成员的意思表示撤销，共同意思表示将会受到影响，此时整体法律行为应该无效。的确，在某种情况下，表决权瑕疵将会对决议效力产生影响，但在诸多情形下，并不能因此撤销整个决议。司法实践更不能认为存在表决权瑕疵

---

① 参见钱玉林：《股东大会决议瑕疵的救济》，《现代法学》2005 年第 3 期。

② 参见［德］卡尔·拉伦茨：《德国民法通论》（下册），王晓晔等译，法律出版社 2003 年版，第664 页。

③ 参见许中缘：《论意思表示瑕疵的共同法律行为——以社团决议撤销为研究视角》，《中国法学》2013 年第 6 期。

就需要撤销整个决议。

第一，如对整个决议进行撤销，不符合决议的特征。决议是共同意思表示的结果，该种意思表示遵循意思表示多数决的原则。也就是说，某人的意思表示在决议中是以实际表达的比例来形成共同意思表示。在存在多数决的情况下，某单个人的表意行为并不会影响表决的后果，如果单个人的撤销行为能使整体法律行为无效，这是对其他表意人的意思表示的粗暴干涉，也违背了决议意思表示所具有的特征。

第二，如对整个决议进行撤销，将会损害其他成员的利益。决议撤销与双方法律行为撤销的目的具有的不同之处在于，在双方法律行为中，因为权利与义务具有对应性，不真实的意思表示存在，使双方的权利与义务不能得以平衡。因此，在双方法律行为中，撤销不真实的意思表示本质是为了实现权利与义务的平衡。一方撤销表意不真实的情形，本质仍然是对自己利益的保护。然而，在保护自身利益时不能使其他成员的利益受到侵害。[①]

第三，如果某个人的意思表示将会导致决议的撤销，不利于对第三人利益的保护。与双方法律行为不同的是，决议具有涉他性。[②] 所谓决议的意思表示具有涉他性，是指该种意思表示不仅对表意人具有效力，而且对未参与表决的第三人甚至投反对票的成员也具有约束力。但应注意的是，尽管该意思表示具有涉他性，但其并不调整与第三人的法律关系。也就是说，该团体的意思表示能够对第三人产生约束力，但并不能产生具体的权利与义务。如果某个行为人的意思表示不真实而导致整个决议的撤销，必然不利于保护第三人的利益。[③]

决议的订立并不需要通过要约与承诺规则，而是两个或两个以上平行意思表示一致的结果。在遵循多数决的情况下，成员的意思表示被共同意志所吸收。因此，如果仅仅是单个主体的意思表示不真实，在遵循多数决的情况下，可能并不会对整个法律行为的效力造成影响。所以，此时不能对整个决

---

① 参见许中缘：《论意思表示瑕疵的共同法律行为——以社团决议撤销为研究视角》，《中国法学》2013 年第 6 期。

② 参见韩长印：《共同法律行为理论的初步构建——以公司设立为分析对象》，《中国法学》2009 年第 3 期。

③ 参见许中缘：《论意思表示瑕疵的共同法律行为——以社团决议撤销为研究视角》，《中国法学》2013 年第 6 期。

议进行撤销。典型的，如在德国，涉及多方当事人的撤销时多数主体拒绝承认撤销权的行使将对整个行为产生绝对效力。决议中，如果只有一方的意思表示具有瑕疵，而其他行为人的意思表示符合法律规定的要求，此时无权对其他意思表示进行撤销。① 拉伦茨先生也认为：

> 一个共同设立人的意思表示无效一般不影响整个设立合同以及其他设立人意思表示的效力。②

决议的撤销，可以根据单个意思表示瑕疵在整个行为中所占的比例来予以确定。如果个别成员的表决行为并不会对表决结果产生影响，该种意思表示瑕疵的表决行为就可忽略不计。此时社团应该承担欠缺因果关系的举证责任。③ 而只有表决权的瑕疵危害及整个决议的形成，此时才能对整个决议进行撤销。因此，司法实践首先应确定表决权的撤销，然后审视决议的效力，而不能相反。④

（3）表决权瑕疵撤销后的责任性质

表决权瑕疵撤销应是参加共同意志决定的成员因一方实施欺诈、胁迫等行为，使表决权的行使不能体现表决权人真正的意志，侵犯了表决权人参与团体经营与管理的权利。因为尽管在特定场合下，表决权行使之最终结果可能会影响团体成员经济利益的增减，但表决权本身并不直接包含经济利益。⑤ 而对表决权所指向的非经济性利益，有学者称其为"参与利益"⑥。尽

---

① 参见［德］维尔纳·弗卢梅：《法律行为论》，迟颖译，法律出版社 2013 年版，第 673 页。

② ［德］卡尔·拉伦茨：《德国民法通论》（上册），王晓晔等译，法律出版社 2003 年版，第 200 页。

③ 在德国联邦最高法院的两项判决中，一项是判决未邀请享有表决权的成员（《联邦最高法院民事裁判集》（第 59 卷），第 369、375 页）；另一项是邀请了不具有表决权的成员参加了表决（《联邦最高法院民事裁判集》（第 49 卷），第 202 页）。这两项判决都确认表决权的瑕疵对整个决议不产生影响。参见［德］迪特尔·梅迪库斯：《德国民法总论》，邵建东译，法律出版社 2000 年版，第 843 页。

④ 参见许中缘：《论意思表示瑕疵的共同法律行为——以社团决议撤销为研究视角》，《中国法学》2013 年第 6 期。

⑤ 参见唐先锋：《民（商）事表决权初探》，《三江论坛》2007 年第 3 期；许中缘：《论意思表示瑕疵的共同法律行为——以社团决议撤销为研究视角》，《中国法学》2013 年第 6 期。

⑥ 张俊浩：《民法学原理》，中国政法大学出版社 2002 年版，第 70 页。

管表决权还没有作为一种民商事权利进行规定，但对表决权的侵犯，将会影响到表决权人在团体经营中所具有的利益。可以说，表决权在现代公司组织形式中表现为股权的内容。股权的表决权受到侵害，权利人有权要求损害赔偿。《侵权责任法》第 2 条也将股权作为侵权的对象。① 在非公司社团的表决权瑕疵是因第三方的行为造成的情况下，可以类推适用《侵权责任法》第 2 条的规定，以此追究行为人的侵权责任。

（4）表决权的实体法限制

第一，多数决限制。团体事务经营过程中，在行为人利益不一致的情况下，应当按照协议或法律规定的表决程序来决定团体的重大事项，其中，根据资本或财产的占有情况，依照少数服从多数的多数决原则。多数决原则体现了团体的独立性，行为人根据出资比例行使权利的原则，体现了资本的公平原则，也保障了团体决策运行的高效。尽管在团体意志中有不同的意思表示，但只要是多数人的意思能够形成团体意思，所进行的决议对全体仍然发生效力。因此，尽管单个人的意思表示具有瑕疵，但如果尚未对多数决的情形造成影响，则不能因为单个人的意思表示有瑕疵而撤销决议。如"原告沈某某为与被告浙江杭康药业有限公司公司章程撤销纠纷一案"中，尽管杭康药业的实际控制人悦华投资利用公司章程制定了不平等条款为自己谋求利益，形成了一股独大操控杭康药业的局面，不利于杭康药业的正常运作和发展，损害了原告作为小股东的合法权益。但法院认为，公司章程并未违反公司资本多数决原则，故原告以此主张撤销公司章程理由不充分。② 当然，该种多数人的意思上升为团体意思需要符合程序性要求，同时符合资本多数决及实质正义性要求，否则将会形成"多数人的暴政"。因此，如果单个人的意思表示瑕疵足以对多数决通过的决议造成影响的，可以行使撤销权。

第二，禁反言规则限制。所谓禁反言规则是指一方当事人将某一事实（表述或沉默）为相对人表示，他将从事某行为或者不从事某行为，他方当事人基于此信赖而为一定作为或不作为，法院即援用该规则，禁止虚伪表示

---

① 参见许中缘：《论意思表示瑕疵的共同法律行为——以社团决议撤销为研究视角》，《中国法学》2013 年第 6 期。

② 参见"沈某某诉浙江杭康药业有限公司公司章程撤销纠纷一案"，浙江省杭州市江区人民法院（2010）杭江商初字第 227 号。

人，再作出与之前某一事实相左之陈述或主张。① 尽管禁反言规则起初是作为一种诉讼法规则予以实现的，但至今已经发展为一种实体法规则。在英美法系国家，禁反言规则具有多种类型，但一般认为禁反言规则可以概括为：任何人都不得有失公允（unconscionable）地否认他先前所承认，且已被他人给予信赖并据以行为的事实或情势。② 大陆法系的法国、德国均借鉴了该概念。③《德国股份法》第 245 条第 1 项规定："提起撤销之诉的股东必须在大会上对会议备忘录提出异议。"我国台湾地区"民法"第 56 条也规定了此种规则。禁反言规则是诚实信用原则在商事交易中的具体体现。基于商事交易的快速流转性，如果允许出尔反尔，破坏当事人的正常信赖，交易则无法顺利进行。最高人民法院《〈关于审理公司纠纷案件若干问题的规定（一）〉》（征求意见稿）第 41 条的规定就体现了禁反言规则。该条规定：

> 股东参加了股东会议且对会议召集程序未表示异议，或者虽对会议召集程序表示异议但对决议事项投票赞成，或者虽投票反对但以自己的行为实际履行了股东会议决议，其提起诉讼，请求撤销股东会议决议或者认定股东会议决议无效的，人民法院应当驳回其诉讼请求。

尽管该内容并没有为最后形成的司法解释所采纳，但在司法实践中，法官以禁反言规则所体现的原理来判决案件。如"徐某某、程某某诉被上诉人无锡市联众出租汽车有限公司公司章程撤销纠纷案"④ 中，就上诉人徐某某、程某某主张公司章程均是联众公司法定代表人陈某某采取伪称工商年检需要、以发奖励等条件骗取股东的签字，章程也是陈某某以伪造、骗取签名而形成的，签名的股东也没有查看章程的内容就签字，因此主张章程应属无效。法院判决认为，签署章程本身就是行使股东对章程条款审查、表决、参

---

① 参见杨帧：《英美契约法论》，北京大学出版社 1997 年版，第 137 页。

② *Blacks Law Dictionary*（eighth edition），St Pau，West，a Thomson Business Press，2004，p.494；娄家杭：《禁反言规则的比较研究》，硕士学位论文，对外经济贸易大学法学院，2002 年，第 10 页。

③ *DCFR*，pp.611-614.

④ "徐某某、程某某诉无锡市联众出租汽车有限公司公司章程撤销纠纷案"，（2011）锡商终字第 0464 号。

与公司事务管理权利的体现，股东如疏于认真对待自己的权利，不及时仔细阅读条款就签署，其行为应视为无条件、无异议地对章程予以认可。这一判决正是禁反言规则的运用。

第三，"决议当时所有规则"限制。所谓"决议当时所有规则"，是指在形成决议规则时，成员已经具备团体成员的资格。决议具有涉他性，团体意志不仅能约束参加表决的行为人，也对未参加表决现有或者将来的团体成员具有约束力。一般认为，只有团体决议作出时具备成员资格，而且在提起撤销诉讼时亦具备者，才能成为团体决议撤销权人。① 但此时有一特殊情况，即如受让出资社员在决议之时尚未取得社员资格，但因为受让出资而取得社员资格，受让社员是否享有原社员的撤销权呢？这就涉及撤销权的性质。撤销权作为一种形成权，根据形成权须依附于基础权利，需随所依附的权利转让而一并转让的性质，如果原社员享有决议撤销权，则在除斥期间内受让出资的股东，亦可提起撤销决议之诉。但如果仅具有团体成员资格，即使决议存在违反意思表示真实的情形，亦不能提出撤销之诉。

第四，利害关系人表决排除规则限制。在表决阶段，与表决有利害关系的参与方应当回避，这体现了正当程序之中的回避原则。② 决议涉及共同事务的管理，为了保障决议的公正性与公平性，对涉及表决事项具有利害关系的，应当限制其表决权的行使。如对股东进行除名表决时，被表决除名的股东的表决权应该受到限制。③ 另如《德国民法典》第 34 条规定：

> 决议涉及与某社员之间的法律行为的实施或该社员和社团之间的诉讼的开始或终结的，该社员无表决权。④

---

① 参见王文宇：《公司法论》，中国政法大学出版社 2004 年版，第 277 页；黄学武、葛文：《股东会召集程序瑕疵与撤销——一则申请撤销股东会决议纠纷案评析》，《法学》2007 年第 5 期。

② 参见肖海军、危兆宾：《公司表决权例外排除制度研究》，《法学评论》2006 年第 3 期；陈醇：《意思形成与意思表示的区别：决议的独立性初探》，《比较法研究》2008 年第 6 期。

③ 参见［德］托马斯·莱赛尔、吕迪格·法伊尔：《德国资合公司法》，高旭军等译，法律出版社 2005 年版，第 522 页。

④ 《德国民法典》（第四版），陈卫佐译，法律出版社 2015 年版，第 4—5 页。

《瑞士民法典》第 68 条、《日本民法典》第 66 条也有类似规定。① 不仅利害关系人自身的表决权受到限制，为了防止其与其他社员串通，他们也不能代理行使其他社员的表决权，也不能委托他人行使该社员的表决权。

6. 区分决议瑕疵撤销与表决权瑕疵撤销的意义

第一，权利行使的主体不同。决议瑕疵中，本质是团体意志形成瑕疵，因此团体所有的人员均有权提出。而表决权瑕疵，本质为单个主体的权利自决原则受到侵害，应该由瑕疵表决权的主体而不是其他社员提起。② 在"孙某某诉上海某有限公司股东会决议效力确认纠纷案"中，二审法院指出，作为在章程中未签名也没有证实参加股东会的李某没有提起诉讼，在此情况下，法院不应受理孙某确认有效的诉讼。③ 在一定程度上体现出表决权撤销应由表决权人提出这一原理。

第二，判断撤销的法律依据不同。表决权瑕疵主要是表决权行使人的意思表示不真实，所以传统的法律行为撤销规则可予以适用；而决议瑕疵主要表现为决议的内容与形成方法违反章程的规定，不能成为团体的意志。因此，传统民法中法律行为的撤销规则不能予以适用，此时只能适用法律关于社团有关决议瑕疵的规定。

第三，撤销的法律后果不同。即使表决权瑕疵，当该表决权的行使并不会影响到决议形成时，表决权瑕疵不会有法律不利后果的发生。但决议瑕疵撤销后将导致决议的无效。

第四，适用的诉讼期限不同。表决权瑕疵，本质是单方法律行为的意思表示瑕疵，适用《民法通则》关于意思表示撤销的规定，期间为一年。而决议瑕疵，适用特别法关于此的规定。例如，《公司法》关于可撤销决议的除斥期间为 6 个月，《物权法》规定业主大会决议可撤销的期间为 3 个月，

---

① 参见《瑞士民法典》第 68 条规定："各个社员在就其本人或其直系亲属与社团之间的法律行为或诉讼作出决议时，依据法律无表决权。"《日本民法典》第 66 条规定："应就社团法人与社员之关系为决议时，其社员无表决权"。

② 参见许中缘：《论意思表示瑕疵的共同法律行为——以社团决议撤销为研究视角》，《中国法学》2013 年第 6 期。

③ 参见上海市中级人民法院（2008）沪二中民三（商）终字第 82 号，具体案情也可参见俞巍：《公司股东会决议效力确认纠纷评析》，《法学》2008 年第 9 期。

《合伙企业法》规定的除名决议撤销期间为 30 日。

第五，判断撤销是否需要担保不同。因为决议撤销诉讼涉及众多股东、董事、监事、公司债权人、债务人、公司职员等人的利益，并影响团体的正常运营，[①] 为了保障团体法人的独立性和商业经营判断，避免团体陷入讼累。同时，为了不使控制人通过多数决议或其他瑕疵决议的方式损害其他参与人的权益，这时必须赋予成员相应的撤销决议的权利。诉讼担保制度是达到这一目标的较好选择，诉讼担保是为了抑制股东等起诉者之滥诉。但表决权撤销仅仅涉及权利人自身的权利行使问题，该撤销权的行使并不需要通过担保制度来予以保障。

第四节　商行为的立法技术

基于商行为在商法规范中的重要作用，确定商行为是适用商法规范的前提，也是制定商法典的前提条件。因此，本节旨在对如何确定商行为展开探讨。

一、商行为属于类型概念

何谓类型，学者对此并没有一个统一的认识。有学者称其为"类型式概念"[②]，也有学者称其为"类型概念"[③]，还有学者称其为"不确定概念"[④]。根据现象学的解释，类型乃是多次重复出现的而且具有大致相同的外部特征。[⑤] 类型可以分为经验类型、逻辑类型以及规范类型三个层次。

所谓经验类型乃是日常生活中只需初步单纯认识，无需对事物的本质特征进行详细了解的类型，所以也称为"生活类型"。所谓逻辑类型，乃是需

---

① 参见黄学武、葛文：《股东会召集程序瑕疵与撤销——一则申请撤销股东会决议纠纷案评析》，《法学》2007 年第 5 期。

② 黄茂荣：《法学方法与现代民法》，中国政法大学出版社 2001 年版，第 240 页。

③ ［德］马克斯·韦伯：《社会科学方法论》，杨富斌译，华夏出版社 1999 年版，第 45 页。

④ ［德］卡尔·拉伦茨：《法学方法论》，陈爱娥译，商务印书馆 2003 年版，第 323 页。

⑤ 参见吴从周："译序"。［德］亚图·考夫曼：《类推与"事务本质"——兼论类型理论》，吴从周译，台湾学林文化事业有限公司 1999 年版，第 13 页；李可：《类型思维及其法学方法论意义——以传统抽象思维为参照》，《金陵法律评论》2003 年秋季卷，第 69 页。因为类型概念是多种共同特征的组织体，那么，无论称"类型式概念""类型概念"以及"不确定概念"均可。

要对事物的本质特征进行详细了解，从而对事物本质特征进行抽象以及裁剪而形成的类型。所谓规范类型，乃是逻辑类型在法律中的体现，[①]如 6 岁的小孩为无民事行为能力或者限制民事行为能力类型，订立协议乃是指"意思表示"或"法律行为"类型，其行为的方式为法律所规范，并能产生一定的法律效果。可见，这几种类型具有一种逻辑的层次。因此，在法律上，建立法律类型的途径大致有以下几种。

第一，将生活中的类型适当地规范化成为法秩序的内容，特别是法律关系的类型是发生在法现实中的"法的构造类型"[②]，因为它所涉及的正是对现实生活中的社会关系（如契约关系）法律性创作的特殊构造，又如善良风俗、事实婚姻等。

第二，以事物的整体形象为原型，将其进行整体的裁剪或者整合，从而使之法律化，拉伦茨称为"规范的现实类型"。如法律中特定物与种类物、主物与从物的划分。

第三，以学者创设的逻辑类型/理想类型为基础，经由法律的评价而上升为"法的结构类型"，由此而形成规范类型对社会生活事实的规范，如相邻关系中的通行、通风、采光、汲水权等。[③]

第四，对国外法律中的类型的借鉴与吸收，直接成为法律中的类型。[④]如合同法中预期违约类型，吸收了英美法系中明示毁约与默示毁约这两种类型。

根据学者的阐述，抽象概念与类型具有以下不同。[⑤]

第一，概念是僵硬不动、呆板固定的，但是类型概念的特征至少有一部

[①]　参见吴从周：《论法学上之"类型"思维》，《法理学论丛——纪念杨日然教授》，（台湾）月旦出版公司 1997 年版，第 295—298 页；李可：《类型思维及其法学方法论意义——以传统抽象思维作为参照》，《金陵法律评论》2003 年秋季卷，第 108—109 页。

[②]　[德] 卡尔·拉伦茨：《法学方法论》，陈爱娥译，商务印书馆 2003 年版，第 341 页。

[③]　这些内容的阐述可以参见李可：《类型思维及其法学方法论意义——以传统抽象思维作为参照》，《金陵法律评论》2003 年秋季卷，第 109 页。

[④]　参见范健：《论我国商事立法的体系化——制定〈商法通则〉之理论思考》，《清华法学》2008 年第 4 期。

[⑤]　参见吴从周：《论法学上之"类型"思维》，《法理学论丛——纪念杨日然教授》，（台湾）月旦出版公司 1997 年版，第 305—307 页。

分是具有层级性的（abstufbar）。① 所以，类型具有流动性与较大的弹性。

第二，类型是开放的（offen）。在类型的适用上，其部分特征的舍弃并不影响其存在。但是抽象概念的外延透过其定义要素被终极地确定，所以它是封闭的，② 其特征的部分减少，将导致其不能适用。

第三，抽象概念与类型概念在对事实对象的"归类程序"（zuordnungs-verfahren）亦有不同。前者是采用"非此即彼"的方式将某一事实涵摄于该抽象概念之下；而后者是以"或多或少"是否具备的方式将某一事实归类（zuordnen）于该类型之下。

第四，抽象概念适用于事实时，要求概念特征具有同一性（gleicheit，identität），但是类型则只需彼此相类似（ähnlich）则可。

第五，抽象概念是可以定义的，透过穷尽地列举其欲描述对象的特征的方式即可成就。而类型无法加以定义，只能借由一连串具有不同归类强度的个别特征来加以限定（umschreiben），故其只能单纯地被描述。

第六，抽象概念适用外延与内涵成反比的规则，即概念的内涵的特征愈少，其适用的范围愈广；内涵特征愈多，适用范围愈小。③ 但是类型的内涵与外延不具有如此联系，其外延模糊、不确定，因此在操作上不能以简单的、纯逻辑的方式进行，而须或多或少地带有价值判断④，这也就决定了类型比抽象概念更具有灵活性。

第七，抽象概念乃是一系列特征的总合（merkmalssumme），其特征需要彼此独立而无关联。但是在类型之中，其特征的组合具有有机的联系。⑤

类型比抽象概念更为具体，且具有较高的认识价值。正如学者拉德布鲁赫（Radbruch）所描述的：

---

① 学者认为，层级性是类型最本质的特性，其是指类型相较于其他类型，其界限并不严格，其内涵的特征是流动的（flüßig），在经由不同的强调重点的移动以及特征的变化，它便转向另一类型。参见吴从周：《论法学上之"类型"思维》，《法理学论丛——纪念杨日然教授》，台湾月旦出版公司1997年版，第315—316页。

② 参见［德］卡尔·拉伦茨：《法学方法论》，陈爱娥译，商务印书馆2003年版，第182页；郭珊珊：《民商合一视角下民事权利体系的构建》，硕士学位论文，湖南大学法学院，2013年，第23页。

③ 参见郭珊珊：《民商合一视角下民事权利体系的构建》，硕士学位论文，湖南大学法学院，2013年，第11页。

④ 参见黄茂荣：《法学方法与现代民法》，中国政法大学出版社2001年版，第240页。

⑤ 参见宁红丽：《论合同类型的认定》，《法商研究》2011年第6期。

生活现象的认识只是一种流动的过渡，但概念却强硬地要在这些过渡中划出一条明确的界限。在生活现象仅仅显得"或多或少"（模糊）地带，概念却要求须作出"非此即彼"的判断。①

只有当抽象概念的全部构成要件得以清晰界定者，始能称为严格意义的概念。② 商行为概念具有灵动性，需要依据商人、营业、营利等多种概念来予以确定，不具有抽象概念应有的稳定性和确定性。法国学者指出：

学理上为找到商事行为的标准已经作出了很大努力。这些标准是用以解释《商法典》第 632 条的一个指导线索。但是，这是一项艰巨的任务，因为它最终还是要涉及对"商事行为"的定义。③

由此可以认为商行为属于抽象概念。这也得到大部分学者的认同，如宁红丽认为：

将商行为作为类型而非抽象概念，不仅符合商行为的本貌，更矫正了我们长久以来将私法的法学方法单纯限于概念法学的思维窠臼。④

商行为作为类型概念，对商法典而言具有重要的意义。

第一，能够很好地概括商行为的类型。因为商行为是一系列构成要素的组合，不仅能够涵盖商法典（形式商法）中的，也能够涵盖商事特别法中的行为（实质商法），如证券行为、票据行为等。基于此，商行为作为商法典的基本范畴，由此商法典的形式理性才能存在。脱离了商行为类型，摇摇欲坠的商法典更无存在基础。

---

① 转引自吴从周：《论法学上之"类型"思维》，《法理学论丛——纪念杨日然教授》，台湾月旦出版公司 1997 年版，第 307 页；另参见宁红丽：《论合同类型的认定》，《法商研究》2011 年第 6 期。

② 参见［德］卡尔·拉伦茨：《法学方法论》，陈爱娥译，商务印书馆 2003 年版，第 95 页；程淑娟：《商行为：一种类型化方法的诠释》，《法制与社会发展》2013 年第 3 期。

③ ［法］伊夫·居荣：《法国商法》（第 1 卷），罗结珍、赵海峰译，法律出版社 2004 年版，第 47 页。

④ 程淑娟：《商行为：一种类型化方法的诠释》，《法制与社会发展》2013 年第 3 期。

第二，商行为作为类型概念，能够保持商法典的开放性。与抽象概念涵摄模式不同，类型概念因为不具有"事物的本质特征"，需要立法者对其内容再结合其他要素进行确定。因此，类型概念是一种价值导向的思考。

> 在描述事件的属类时，类型学的思考总是维持其与指导性价值观点之间的联系，因为被考量的特征都取向于这个——促成整体类型的——中心价值，唯有如此"才具有价值"。①

因"类型自始具有较大的变化空间及相对的开放性，解释就变成'比较有弹性'的程序"，因此，类型思考是一种"价值导向的思考程序"②。由此使得商行为具有开放性。

二、类型概念使商行为不具有准确的内容

作为确定商行为概念的典型代表，通过《德国商法典》第343条对商行为的规定可知：

> 商行为是指一个商人所实施的、属于其商事营利事业经营的一切行为。③

商行为需要通过商人、营利、营业、经营等因素来予以确定，涉及商人、营利、经营等才能确定。根据《德国商法典》第1条的规定，商人是经营"商事营利事业"的人，这需要对"营利事业"进行判断。根据该法典第1条第2款的规定：

> 商事营利事业（Gewerbe）指任何营利事业经营，但企业依照性质

① ［德］卡尔·拉伦茨：《法学方法论》，陈爱娥译，商务印书馆2003年版，第101页；程淑娟：《商行为：一种类型化方法的诠释》，《法制与社会发展》2013年第3期。
② ［德］卡尔·拉伦茨：《法学方法论》，陈爱娥译，商务印书馆2003年版，第101页；于莹、潘林：《概念抑或类型——雷维斯案界分本票与证券的启示》，《甘肃政法学院学报》2009年第1期。
③ 杜景林、卢谌译：《德国商法典》，法律出版社2010年版，第164页。

或者规模不需要以商人方式设置营业经营的，不在此限。①

但该款也仅仅是描述，而不是定义。仍然需要对"营业"② 的内容进行填补。尽管学者一直对商法中的目的论解释保持警惕，认为该种解释常常导致谬误，并坚持认为：

> 从目的论入手，即从商法条款的适用对相关企业是否合理并合乎目的的角度入手，仍然是除了普通语言适用和交易习惯之外最重要的界定标准。③

这涉及"有偿性"的目的解释，但有偿性并不能推出"追逐利润、活动的职业化以及订立合同的可实现这些特点"。何况，一个企业是否营利，完全是其内部管理的问题。《日本商法典》第 593 条即规定：

> 商人在其营业范围内受寄托（保管）时，虽未接受报酬，也应以善良管理人的注意义务进行管理。④

三、确定商行为的商人、营业类型概念不能构建体系

确实，类型化方法对法学体系系统研究价值非凡。如学者所指出的："建构法的构造类型，其可以类型的方式帮助形成法学体系。"⑤

首先，对事物的本质进行把握时，离不开比较方法的运用，只有其与其他对象明确的区分才能真正认识这一事物。类型不仅能体现其整体性特征和共同性特征，又能"清楚地体现……丰盈的个别特征"⑥。因此，"类型本身

---

① 杜景林、卢谌译：《德国商法典》，法律出版社 2010 年版，第 3 页。
② 在杜景林、卢谌译的《德国商法典》中，"Gewerbe"被翻译为"营利事业"，但在杨继翻译的《德国商法》中，被翻译成"营业"，根据语言表达的习惯，本书采用"营业"称谓。
③ ［德］C. W. 卡纳里斯：《德国商法》，杨继译，法律出版社 2006 年版，第 30 页。
④ 程淑娟：《商行为：一种类型化方法的诠释》，《法制与社会发展》2013 年第 3 期。
⑤ ［德］卡尔·拉伦茨：《法学方法论》，陈爱娥译，商务印书馆 2003 年版，第 344 页。
⑥ ［德］卡尔·拉伦茨：《法学方法论》，陈爱娥译，商务印书馆 2003 年版，第 44 页。

已具体系的结构，可作为体系之建立的基础或方法"①。

其次，类型的构建是通过对研究对象某方面特征的描述进行的，不同的强调重点或标准就可以使某一种类型转向成为另一类型。其内涵的特征具有流动性，这就使得中间性及混合类型的权利出现成为可能。

最后，与抽象概念的非此即彼不同，类型之间的界限并不严格。社会的发展必然会出现新的民事权益和民事权利类型，只有类型化的体系具有包容性，能将不断出现的新类型纳入体系之中，并保证体系的开放性。因此，类型化体系方法有助于探寻商行为的真正内涵，并建立一个完善又开放的体系。值得注意的是，确定类型化体系方法是我们构建相应规则的方法，并不意味着类型是构建民法典的唯一要素。相应体系的构建仍然离不开概念、原则等要素，也需要运用归纳法、演绎法、比较法等各种方法。

> 任何单一的方法建立的体系必然不是一个有机的体系，也必然不是一个开放的体系，况且这种体系的建立也不可能。②

类型本身并不能构成体系，"类型本身已具体系的结构，可作为体系之建立的基础或方法"③。因为，类型的本质只能通过描述或者列举，但是：

> 无论描述还是列举的方法，均很难将该事物与他事物进行明确的区别。在更多的情况下，需要对各事物进行比较、分析与鉴别。但是事物的比较、分析及鉴别的前提不是对具体概念而是对一类概念的分析、比较与鉴别。④

具体而言，确定商行为的多个要素，需要依赖主体的商人性、方式的营

---

① 黄茂荣：《法学方法与现代民法》，中国政法大学出版社 2001 年版，第 483 页。

② 许中缘：《体系化的民法与法学方法》，法律出版社 2007 年版，第 125 页；郭珊珊：《民商合一视角下民事权利体系的构建》，硕士学位论文，湖南大学法学院，2013 年，第 33 页。

③ 黄茂荣：《法学方法与现代民法》，中国政法大学出版社 2001 年版，第 483 页。

④ 许中缘：《体系化的民法与法学方法》，法律出版社 2007 年版，第 102 页；许中缘：《论法律的概念——从民法典的角度》，《私法》2007 年第 9 辑。

业性、动机的营利性内容。但有以下几个问题。

其一，商人概念的类型性需要商行为来论证。商人概念本身并不能确定明确的本质，在采用主观主义立法例的德国，采用的是登记主义来确定商人，如《德国商法典》第 1 条第 2 款的核心构成要件是商人方式经营的要求，该规定并没有精确的概念解释，而仅有一个"类型上的改写论述"①。而在采用客观主义的《法国商法典》中，需要确定商行为来论证商人。由此商人概念需要商行为概念的循环论证。在采用折中主义立法例的日本，情况更是如此。

其二，营业性概念需要营利、商人来论证。营业性表明主体在一段时间内稳定、连续、长期地从事某种同一性质的营利活动。因此，在论证营业性时，营业需要满足四个要素：

> 一是行为人的行为必须是以营利为目的；二是行为人的营利具有反复性；三是行为人的营利活动具有不间断性；四是行为人的营利性活动具有计划性。②

但何谓营利，需要对商行为来论证。就不同立法例而言，采用的则是另一种论证模式。依据主观主义与客观主义立法例，商人和商行为的实施主体具有一致性，商人所实施的行为当然属于商行为；但就折中主义立法例，不仅商人得成为商行为的实施主体，非商人亦可成为绝对商行为与营业商行为的实施主体，因而不能认为营业行为就属于商行为。也就是说，对营业性行为是否属于商行为依赖于对商人的确认。

其三，营利目的需要营业、商人的论证。尽管营利对区分商行为与非商行为具有重要的意义。但营利本身并不能很好地区分商行为与民事行为。因为营利本身是一个价值判断，尽管营利性法人营利性目的显而易见，但我们不能排除公益法人和非营利组织的营利性。

---

① ［德］C. W. 卡纳里斯：《德国商法》，杨继译，法律出版社 2006 年版，第 30 页；程淑娟：《商行为：一种类型化方法的诠释》，《法制与社会发展》2013 年第 3 期。

② 刘宏渭：《商法总则基本问题研究》，华中科技大学出版社 2013 年版，第 163 页。

只不过非企业组织仅以营利为直接目的，从而使营利成为实现公益目的的手段而非终极目的，而企业既以其为直接目的又以其为终极目的。[1]

由此，公益性法人和非营利性组织也可以从事商行为。基于此，对营利性的判断不能根据行为的目的，也不能根据是否营利本身，而是需要依靠主体来判断。比如《日本商法典》第503条第1款规定："商人为其营业实施的行为，从而成为商行为。"该条第2款又规定："商人的行为推定为其营业实施的行为。"《韩国商法》第47条的规定与此相同。营利性涉及营业与商人的循环论证。

任何行为自然需要包括行为主体、主体意识和行为手段。因此，商人和商行为的营利性可以彼此吸收。[2] 不同的商人定义不同，采用的标准相异，结果就有可能不同。更为重要的是，作为建立商行为体系的基本概念需要循环论证才能确定它们的含义。商行为是商人实施的行为，而商人是从事商行为的主体，而营业是商人进行的行为。如学者所言：

> 这些规定直观看来确实存在明显的循环论证———商行为、商人、营业三者相互说明。此种循环论证恰是我国商法学界在研究商人、商行为制度时最感困惑的地方。[3]

中国商法学会原会长王保树教授也指出，在对商行为的解释中，有两点共识是能够达成的，即营利与营业。但是，仅仅根据营利并不能完全概括商行为的特性；仅营业性不足以揭示商行为的内涵。为此，他作出了令人费解的商行为定义，即"是营利性或虽不易判断其营利性但在营业上实施的行为"[4]。其试图将二者结合来表述商行为并揭示其特征，排除了仅以行为的客观营利性表述商行为，将商行为视为仅由商人实施的行为。由此可见，单

---

① 范健、王建文：《商法总论》，法律出版社2011年版，第216页。
② 参见刘宏渭：《商法总则基本问题研究》，华中科技大学出版社2013年版，第158页。
③ 程淑娟：《商行为：一种类型化方法的诠释》，《法制与社会发展》2013年第3期。
④ 王保树：《商法总论》，清华大学出版社2007年版，第234—235页。

凭这些概念并不能形成商事体系。

四、商行为类型的具体列举与分类不能建立体系

> 商行为之定义若何，欲以一语概括实难。各国法典中亦只能列举商行为，而无概括的规定，二种分类乃各国商法上列举商行为之通例，即法典中无此分类之明文，亦可按此分类以探索之。①

为了建构体系，一个合乎逻辑的结果就是对商行为的类型进行列举或者分类，《法国商法典》采用列举的方式，而《日本商法》采取分类的模式。

（一）列举式

《法国商法典》在第 632 条对商行为进行列举，从这些列举的结果可以看到"普雷韦氏的盘点（PREVERT）"。因为基于立法者的理性限制，无论如何列举均不能涵盖所有商行为，而且随着社会的发展变化，商行为类型将不断发展，因此该条有些列举"已经陈旧过时……由于陈旧过时，所以《法国商法典》第 632 条的条文是一个不完整的条文"②，也就在所难免。

（二）分类式

为了避免《法国商法典》列举的弊端，模仿法国商法典的《日本商法典》采用对商行为类型再进行分类的方式。这也是商行为类型概念所具有的特性决定的。

> 商行为构成要素的灵动性也成就了商行为本身具体类型的多样化，即其诸多构成要素之间的协作、组合使商行为可以继续实现下个层次的、更为具体的类型化，如双方商行为与单方商行为、绝对商行为与相对商行为、基本商行为与附属商行为等。③

《日本商法典》采用了如此规定。《日本商法典》第 501、502 条分别对

---

① ［日］志田钾太郎口述、熊元楷编：《商法总则》，上海人民出版社 2013 年版，第 42 页。
② ［法］伊夫·居荣：《法国商法》（第 1 卷），罗结珍、赵海峰译，法律出版社 2004 年版，第 47 页。
③ 程淑娟：《商行为：一种类型化方法的诠释》，《法制与社会发展》2013 年第 3 期。

任何主体基于任何目的而从事的绝对商行为与商人基于营利性目的而从事的
"营业商行为"进行规定，同时又在第 503 条对辅助商行为进行规定。该种
立法例也为《韩国商法典》所采纳。《韩国商法典》第 46 条对营业为目的
的基本商行为的详细类型进行列举，同时又在第 47 条对"辅助商行为"进
行规定。① 其实，绝对商行为与相对商行为是客观商行为与主观商行为的变
种。绝对商行为，是指依据行为的客观性质，尤其是其显而易见的营利性，
而在立法上将其明文规定的商行为。日本学者将该概念表述为：

> 由于从营利性这一客观性质来看具有强烈的特点，无论何人从事该
> 种行为都当然是商行为的行为。②

继而，日本学者将绝对商行为总结为客观绝对性、法律确定性与事实推
定性。③

相对商行为是指依行为的主观性和行为自身的性质而认定的商行为。对
商行为类型的再分类，就司法而言，有利于司法实践辨识商行为的具体类
型，从而避免对商行为的类型进行循环论证。就立法而言，"由于商行为构
成要素在经验世界的不同，实现商行为规范性目的的方法也应当有所不同；
从而借助商行为之具体类型而展示商行为，也不失为一种可行的立法技
术"④，该种立法也有利于避免《法国商法典》那样对商行为的列举，实现
法典的涵盖性。

但这种分类仍然具有很多弊端。

第一，具体分类类型是采用不同标准来进行的，在具体类型之间不免出
现重复。例如对于买卖而言，其销售营业为基本商行为，而运送和仓储则为
附属商行为；对于承运而言，运送营业为基本商行为，而运输工具的购买则

① 参见《韩国商法》，吴日焕译，中国政法大学出版社 1999 年版，第 12—13 页。
② ［日］岸田雅雄：《ゼミナール商法总则·商行为法入门》，日本经济新闻社 2003 年版，第 29
页。转引自张志坡：《日本法上的绝对商行为及其启示》，《安徽大学学报（哲学社会科学版）》2012 年
第 3 期。
③ 参见［日］户田修三、中村真澄：《商法总则·商行为法》，青林书院 1993 年版，第 28 页，转
引自范健：《德国商法：传统框架与新规则》，法律出版社 2003 年版，第 308—309 页。
④ 程淑娟：《商行为：一种类型化方法的诠释》，《法制与社会发展》2013 年第 3 期。

为附属商行为。①

第二，这些分类必然存在法律不能涵盖的中间领域。商行为本身具有明确的法律规范，由此使得法律应具有涵盖性。但问题是，如果严格予以适用，则会导致诸多应该由商法所调整的商行为不能为商法调整，比如商事惯例所调整的行为以及随着社会发展不断出现的商行为。正如学者所言：

> 在大陆法系国家，虽然商法典的确对所谓的绝对商行为或基本商行为作出了明确的规定，但是大陆法系国家的商法典并不认为这些绝对商行为或基本商行为就是商法所调整的全部商行为，他们仍然认为，这些商行为尽管没有被商法所明确规定，但是它们仍然属于商行为，仍然为商法典所调整。②

第三，在具体分类中，并不能避免商行为概念所具有的商人、营利、营业循环论证所带来的缺陷。比如绝对商行为其实属于客观商行为的变种，但何谓营利仍然属于商人自我管理的领域，对营利内容进行辨认属于对主体经营行为的干预。而伴随着生产和流通的大众化、组织化，成立企业较为容易，人们可以投资企业通过营业而获得收益，市民个人从事的商行为将变少。从企业法说的立场看，在立法论上绝对商行为的规定应该予以废止。③

因此，学者认为，对商行为可按照不同的类型分为固有商行为与辅助商行为（补助商行为）、基本商行为与附属商行为、绝对商行为与相对商行为、一方商行为与双方商行为。

> 然关于商法之适用，无甚益处。且基于学理上之说明，亦殆无裨。主要之区别，不过如此。他之区别不足言矣。抑且前记之区别，为交叉的区别，谓商行为，得如甲区别之者，亦得如乙区别之，绝非以一之区

---

① 参见董安生等编：《中国商法总论》，吉林人民出版社 1994 年版，第 123 页；另参见董安生：《商行为的法律界定与〈商法通则〉构想》，2016 年 9 月 23 日，见 http://www. civillaw。

② 张民安：《商法总则制度研究》，法律出版社 2007 年版，第 265 页。

③ 参见［日］関俊彦：《商法総論総則》（第 2 版），有斐阁 2006 年版，第 117 页；张志坡：《日本法上的绝对商行为及其启示》，《安徽大学学报（哲学社会科学版）》2012 年第 3 期。

别排斥他之区别者。因而有某行为，为固有商行为，而并为基本商行为，同时又为双方商行为者。有他之商行为为补助商行为，又为基本商行为，同时又为一方商行为。①

第五节　我国民法典是否需要规定商行为

一、我国法律已经规范了商行为的意思表示特殊规则

（一）意思表示推定规则

学者认为："商法关注商行为的特定法律效果，极少重复关于意思表示的民法规定。"② 由此造成商行为与法律行为作为两个截然分离的领域。但商行为的意思表示推定不仅在商法中出现，在民法中也作为事实行为契约理论出现。早在1941年，德国学者豪普特（Haupt）提出：

> 契约关系可以依照事实过程而成立，其中的给付关系及利用行为，取代了意思表示，该种事实行为的合致阐述了与法律行为相同的法律效果。③

豪普特认为这种事实上的契约关系包括三种情形：一是基于社会接触而成立的事实契约，④ 由此而产生的以照顾、通知、保护等义务而成立的社会关系；二是基于团体关系而成立的事实契约，典型为事实合伙与事实劳动关系；三是基于社会给付而成立的事实契约关系，主要是指供应电力、煤气、自来水与乘坐电车等交易关系。⑤ 事实契约关系的提出，为我们分析一些不

① ［日］松波仁一郎：《日本商法论》，秦瑞、郑钊译述，中国政法大学出版社2005年版，第243页。

② 叶林：《商行为的性质》，《清华法学》2008年第4期；谢晓松：《略论商事担保及其制度建构》，《研究生法学》2013年第4期。

③ 王泽鉴：《债法原理》（第一册），中国政法大学出版社2001年版，第208—209页。

④ 参见洪海波：《论事实契约关系中的意思表示》，《法制与社会》2008年第5期。

⑤ 参见王泽鉴：《民法学说与判例研究》（第1册），中国政法大学出版社1998年版，第104—123页。

具有意思表示的行为提供了新的视角。事实契约行为是意思表示的推定,并不需要真正考察行为人的意思表示。比如在乘车行为中,即使行为人上错了车,也需要支付相应的费用,行为人的意思表示真实并不为法律所考虑。拉伦茨认为:

> 事实契约其实是一种意思实现(willensbetätigung),意思实现该种行为,并不是通过行为人表达法律行为意思的方式而使法律后果产生——从"受领对象"的角度也不难确定它具有这种目的——而是以创设相应的状态的方式,使行为人所希冀的法律后果实现。这也就是说,意思实现纯粹是一种实施行为,而不是表示行为。①

在意思实现中,并不需要对行为人的实际意思进行探究,因此,因表示错误而撤销表示的情况也不可能发生。② 这与商行为中并不重视行为人的意思表示相同。如在票据行为中,行为人只要完成了票据上的相关行为,则推定其具有从事该种行为的意思表示,并不关心其意思表示是否真实。在证券交易中,行为人从事购买股票的行为,哪怕是意思表示错误,也会发生既定的法律后果,典型的如"光大证券的乌龙事件"③。

(二)默示行为视为同意规则

根据《德国商法典》第 362 条的规定,如果商事主体和要约人存在商事买卖,并且该主体要求它的人处理买卖相关事务,此时对缔结事务处理合同的要约的沉默,视作为同意。学者认为,该规则与《德国民法典》第 663 条确立的意思表示规则具有明显的差异,"企图将其解释为一定的意思表示的尝试和法律并不相符",因此,这属于商行为的特殊规则。

---

① 〔德〕卡尔·拉伦茨:《德国民法通论》(上册),王晓晔等译,法律出版社 2001 年版,第 429 页;毛玮:《论物权行为的实践性》,《学术研究》2006 年第 12 期。

② 参见〔德〕卡尔·拉伦茨:《德国民法通论》(上册),王晓晔等译,法律出版社 2001 年版,第 430 页;朱庆育:《意思表示与法律行为》,《比较法研究》2004 年第 1 期。

③ 2013 年 8 月 16 日,上午 11 时 05 分光大证券将下单按键按错了,将"一股"按成了"一手"(100 倍),原本 7000 万股按成了 7000 万手,增加了 100 倍的量。石化双雄和多家银行等众多权重股均出现大单成交,股价集体瞬间涨停,出现历史上绝无仅有的"秒杀"行情。上证综指几分钟内百点攀升,暴涨超 5%。参见《光大证券的乌龙事件》,2016 年 9 月 23 日,见 http://baike.baidu.com/link?url=cSCG213O8bJzgmvjcGRfqR86Di8oZs4yXass8wnOtES_ 6VTC3tOqjETUuYsrNQ1Rbl5KWsBlfqlua20qKOtLvq。

尽管该规则是根据商事惯例和交易习惯来确定商人接受同意的外观约束，因为：

> 首先在于商人交易的特殊稳定性需要；其次在于人们基本上可以预期商人知悉商事惯例，所以对他们适用较高的信赖构成标准。①

但问题是，适用这一规则仍然要受商人过错性规则的约束，如果他不能在当时接受，则应该根据《德国商法典》第362条应"不迟延地"发出通知，此外，要约的意思表示瑕疵仍要符合意思表示真实的要求，否则可以根据《德国民法典》的规定进行撤销。

（三）职务规则

法人作为无生命的社会组织体，其民事权利能力和行为能力的实现依靠法人代表来行使。然而，法人代表具有自然人和法人的双重属性，法人代表的行为并非都是法人的行为。区别法人代表的行为是其作为自然人本人的行为还是法人行为是适用表见代表的前提。我们认为，界定这二者的关键应以法人代表执行职务的行为必须是为了法人谋取利益为标准，反之则否。然而，法人代表执行职务为法人谋利益的行为结果并非必然给法人带来利益。如果法人代表从事的行为给法人带来了不利的后果，这时，基于趋利避害因素的影响，法人总是试图援引该行为未经授权的规则以对抗善意第三人。在此类行为中，如果法人代表执行职务的行为是为法人谋利益的，则该行为即对第三人具有约束力。若董事在执行职务中为维护公司商业上的利益，在紧急情况下，以公司名义与第三人发生的合理民商事交往行为，公司在事后不得以未经授权为由对抗善意第三人。美国著名的"约克石油公司诉菲利普油田公司案"即为此例。

（四）内部限制不得对外规则

内部限制不得对外规则，在英美法系国家又称内部行政条规，亦称蒂尔康得条规。这是为了保护善意第三人而制定的，因与法人进行交易的第三人永远不可能肯定法人代表的实际权力，特别是章程对其权力的限制在以下情况：

---

① ［德］C. W. 卡纳里斯：《德国商法》，杨继译，法律出版社2006年版，第567—568页。

即代表权仅及于特定行为或者特定种类的行为，或者某些行为需经股东或者公司的一个机构同意。与之进行交易的第三人推定法人适当地施行了必须授权的内部程序。当然。若第三人明显知道或者应该知道某法人代表代表法人的内部规则未被遵守，他就不可以适用这一规则。①

二、现代社会已经不存在商行为的基础

（一）商行为与法律行为的本质并没有差异

在民事法律行为中，更注重意思表示；而在商行为中，更注重结果。德国民法典中几乎不区分"法律行为"与"意思表示"，学者也认为"这两个概念之间的区别微乎其微"②。因此，在德国，意思表示作为一个法律概念，更多存在于学理解释中。但如法律行为不能等同于意思表示，意思表示不能等同于法律行为一样，二者在内容与功能上的差异不能扼杀。为了保障商事交易的快捷，商事主体被设计为具有专业性与职业性的主体，尤其是商事主体在设置商事交易时具有自己的格式条款，由此使商事主体发挥自由意志支配的空间并不是很大。可以说，在商事交易中，我们很难看到如民事生活那样丰富多彩的意思表示。如学者所言：

> 不少商事行为都有自己的"格式条款"，商事主体自由发挥自由意志的余地已经不是很大，故司法没有必要对其进行过多介入和干预，在确定商事行为不违反法律强制性规定的情况下，商事审判应谨慎介入市场主体的自治领域，充分尊重当事人对合同的自由权利和公司的自治权利，不轻率地以司法判断取代商业判断。③

（二）商行为与法律行为的功能并没有实质区分

商行为的多样性与复杂性，我们已经没有区分其与民事行为的必要。现

---

① 陈醇：《商法原理重述》，法律出版社 2010 年版，第 131—132 页。

② ［德］迪特尔·梅迪库斯：《德国民法总论》，邵建东译，法律出版社 2000 年版，第 190 页。

③ 赖彩明：《商事审判与民事审判理念之比较——江西省赣州市中级人民法院》，《人民法院报》2015 年 11 月 11 日第 7 版。

代社会中的人已经成为商人，而不能简单地作为农业社会的人。的确，商法产生之初，基于商事交易所需要的特别规则，"凡属对商人们安全之至的事物对农民却是危险的，而且也是永恒的社会罪恶的根源所在"①。但这已经不能很好地描述中国现在之社会。可以说，现在是全民经商的年代，② 如果说1804 年《法国民法典》是 19 世纪风车水磨时代的民法典的代表，1900年《德国民法典》是 20 世纪工业社会的民法代表，③ 而制定于 21 世纪的中国民法典必定是商业社会的代表。根据网上信息不完全统计，目前除淘宝和阿里巴巴外，全国在 B2C 购物、航旅机票、生活服务、理财、公益等众多方面，④ 有超过 46 万的商家和合作伙伴支持支付宝的在线支付和无线支付服务。

根据《2015 年双十一中国移动互联网电商行业发展分析报告》数据显示，2015 年双十一（11 月 11 日）当天客户数量超过一个亿。支付宝用户从事的行为属于典型商行为的内容，同一个主体，又如何区分线上民事行为与线下商事行为？日本学者松波仁一郎认为：

> 商事为特别之规定愈多，则以商法为特别法而存在之必要，亦因而益著。⑤

尽管之前商法因快速交易与商事信用的要求，对商法具有特别高的要求，但今天无论民事还是商事交易，交易快速与安全均要具备，因此，"商法之特别规定，渐渐减少"⑥。另外，商行为的营利性已经缺乏了基础。

---

① 巫宝山：《欧洲中世纪经济思想资料选辑》，商务印书馆 1998 年版，第 294 页；程淑娟：《商行为和法律行为：一个虚拟的"纠结"的打开》，王保树主编：《中国商法年刊》（2015），法律出版社 2015 年版，第 511 页；程淑娟：《商行为：一种类型化方法的诠释》，《法制与社会发展》2013 年第 3 期。

② 参见金慧：《长沙新登记市场主体近 4 万户每 12 人中就有 1 个当老板》，《三湘都市报》2016 年 5 月 6 日第 2 版。

③ 参见王利明：《民法典的时代特征和编纂步骤》，《清华法学》2014 年第 6 期。

④ 参见支付宝：《广告大观（综合版）》，2012 年 7 月 1 日第 3 版。

⑤ ［日］松波仁一郎：《日本商法论》，秦瑞、郑钊译述，中国政法大学出版社 2005 年版，第 11—12 页。

⑥ ［日］松波仁一郎：《日本商法论》，秦瑞、郑钊译述，中国政法大学出版社 2005 年版，第 11—12 页。

三、我国对商行为规则构建的完善

（一）商行为司法适用存在的问题

如同商法典的构建是历史而不是逻辑演变的结果一样，商行为从法律行为中分离，也是经验而不是逻辑的结果。商行为构成商主体的行为，也是适用商事法律规范的前提。如同由于商行为是根据商人、营业等类型概念来确定的，商行为在司法适用中存在诸多问题。

第一，不能准确界定商行为类型。对于规定商行为的法国而言，那些既具有民事职业又具有商事职业的人，我们很难确定他们的身份。这时要确定商事职业是主要职业还是次要职业。如果是主要职业，即使他还经常附带地、辅助性地从事其他职业，该从业者便是商人。一般而言，"辅助职业规则"不能确定行为主体为商人，但即使商业经营只是作为副业，并且同行为人本职民事主体身份根本无必然关系，此时也为商人。在法国，还有当商业活动只是对非商事职业的一种必要补充，行为人也不一定成为商人。比如从事民事职业的牙医，在购买牙科仪器再卖给他的顾客的行为属于他职业的辅助活动，因此应该属于民事行为。① 而在德国，也存在同样的问题。为了判断商行为，确定了"经营商事营业"标准，但"商事营业"不仅包括典型的通常行为，还包括"附属行为、辅助行为、准备行为和清算行为"②。但如何确定这些行为内容的多样也就成为问题。

第二，导致法律适用不公平。基于商法规则的独特性，商人具有与民事主体不同的权利与义务。在法国，商人在税收和社会保障方面与自然人具有不同的法律地位，商人具有特别的义务。③ 因此，如果不能很好地确定商行为条款的适用范围，就有可能导致不公平。比如《德国商法典》在适用商人特别规则上，就面临如此问题，"假使某商人面对非商人比面对另一个商人要受到更好的保护，将是不公平的"④。而另外，"在某些场合下，单方商

---

① 参见［法］伊夫·居荣：《法国商法》（第1卷），罗结珍、赵海峰译，法律出版社2004年版，第47页。

② ［德］C. W. 卡纳里斯：《德国商法》，杨继译，法律出版社2006年版，第535页。

③ 参见［法］伊夫·居荣：《法国商法》（第1卷），罗结珍、赵海峰译，法律出版社2004年版，第69—70页。

④ 徐强胜：《商事关系内容的建构》，《河南财经政法大学学报》2014年第1期。

行为也可能给参与交易的非商人带来不利益"①。

（二）对商事行为规则的特殊性关注不够全面

尽管我国是采用民商合一的国家，在规则的设置上已经考虑到了商行为规则的特殊性，但仍然存在诸多问题。

1. 委托合同的民事与商事不分

委托合同本有民事委托和商事委托之分，民事委托中，委托人往往不会额外增加成本费用，而商事委托中，如果委托人随时解除合同，受托人则会遭受重大损失，故应当对其予以周到的保护。日本学者广中俊雄教授从分析实践中的判例得出了一般性规则，认为《日本民法典》第651条第1项关于"各当事人，无论何时，均得将委托解除"的规定，只适用于无偿委托，有偿委托的解除则应当考虑适用该条以外的规则。为了保护商业代理人的利益，法国法律规定，对于与代为招揽业务的代理人订立的代理合同，凡合同中未定终止期限者，被代理人在终止合同以前必须向该代理人预先发出通知。德国、瑞士、意大利、荷兰等国也有类似的规定。②

为解决此类问题，从立法论的层面讲，未来的中国民法典应当明确限定商事委托合同的解除权。《合同法》第410条关于任意解除合同的规定，从整个法律体系的目的审视，其适用范围过宽，应当予以限缩，只适用于无偿的或者非等价的委托合同，不再适用于等价的委托合同。③

2.《合伙企业法》《公司法》对除名决议多数决的规定不清

所谓除名，就是具备法定事由时，由团体其他成员经过多数决原则，剥夺团体成员的法定地位的一种强制性制度。④ 除名作为团体对其成员所实施的一种惩罚措施，表现出制度的强制性⑤与惩罚性。⑥ 除名制度与团体的人

---

① ［德］C. W. 卡纳里斯：《德国商法》，杨继译，法律出版社2006年版，第536—537页。
② 参见孙建：《国际商事法律制度》，南开大学出版社2004年版，第136页。
③ 参见崔建远：《合同解除的疑问与释答》，《法学》2005年第9期。
④ 这里借鉴的是柯芳枝教授关于股东除名的阐述。参见柯芳枝：《公司法论》（上），三民书局2002年版，第130页。
⑤ 梅迪库斯认为"将成员开除出社团是强制性的"。参见［德］迪特尔·梅迪库斯：《德国民法总论》，邵建东译，法律出版社2000年版，第837页。
⑥ 拉伦茨认为"开除出社团具有社团处罚的性质"。参见［德］卡尔·拉伦茨：《德国民法通论》（上册），王晓晔等译，法律出版社2003年版，第230页。

合性紧密相关，当某成员的行为已经严重影响到信赖关系的存在，不利于团体继续存在与发展时，其他团体成员有权强制要求该成员退出该团体。我国《合伙企业法》第49条对除名进行规定：

> 合伙人有下列情形之一的，经其他合伙人一致同意，可以决议将其除名。

《最高人民法院关于适用〈中华人民共和国公司法〉》若干问题的规定（三)》（法释〔2011〕3号）第18条亦作规定：

> 有限责任公司的股东未履行出资义务或者抽逃全部出资，经公司催告缴纳或者返还，其在合理期间内仍未缴纳或者返还出资，公司以股东会决议解除该股东的股东资格，该股东请求确认该解除行为无效的，人民法院不予支持。[①]

姑且不论实质条件规定是否合理，就该条所规定的除名决议而言，是否适用多数决原则，具有争议。依据《合伙企业法》的规定，在由四个合伙人组成的合伙企业中，其中两个合伙人意思表示一致是否可以对其他合伙人作出除名决议？从文义解释而言，只需要经其他合伙人同意作出除名决议似乎为法所允许。我国司法实践也是这么认为的。最高人民法院关于适用《中华人民共和国公司法》若干规定（三）（法释〔2011〕3号）没有要求采取多数决原则，在公司章程对多数决进行规定的情况下尚能自圆其说，但如果章程对此没有规定，如果仍然采用多数决，则明显违背了社团决议的本质。但对于合伙而言，合伙决议全体同意规则是一种法定规则，而多数决规则是一种补充规则。也就是说，在合伙中，只有法律没有进行规定，合伙人之间又协商不成的，才应当根据多数决规则来处理合伙事务。作为共同行为的一种类型，除名决议只有在遵循多数决的原则下才能生效。同样，有限责

[①] 朱慈蕴：《股东违反出资义务应向谁承担违约责任》，《北方法学》2014年第1期。

任公司除名制度的实施也应遵循此一法理。①

3.《公司法》对公司决议的规定之残缺与混乱

公司作为拟制的法律人格，公司的意志实现必须依赖于法人的机关。因此，作为法人机关的董事会、监事会、股东会是以召开定期或者不定期会议的形式，按照法律或者章程的规定行使表决权，从而相应地作出共同意思表示的决议。股东会、董事会、监事会的决议对公司团体、内部机构、团体成员具有法律上的约束力，因而于团体、成员以及利害第三方而言均具有重大意义。为此，法律对这些决议的作出具有严格的条件限制，如《公司法》第112条要求董事会会议的举行应有过半数的董事出席。而如果董事会要作出决议，需要经全体董事的过半数通过。当董事会、监事会、股东会所作出的决议中的意思表示具有瑕疵时，《公司法》第22条将有瑕疵的董事会、股东会决议分为无效与可撤销两类。该种规定存在以下问题。

首先，没有具体区分表决权瑕疵与决议瑕疵。表决权瑕疵与决议瑕疵是两个独立的概念，表决权瑕疵会影响到整个公司决议的形成，但并不一定导致公司决议的瑕疵。如即使董事会、股东会的表决违反了相关程序，但仅仅只是股东的个别表决权受到限制，此时是否可将整个决议予以撤销并不明确。因此，笼统地以决议瑕疵来予以判断撤销权可能犯了以偏概全的错误。何况，因为表决权瑕疵与决议瑕疵在主体、法律依据、诉讼时效、是否需要担保等方面具有不同，对此不予区分，会导致法律适用的混乱。

其次，该规定没有区分决议不成立、决议撤销与无效制度，导致法律规定出现漏洞。决议不成立与决议撤销与无效，具有本质区别。其中，一个重要区别在于决议无效之后，将要承担违法责任，但决议不成立并无此种情形。将本应属于不成立的决议作为无效决议对待，无疑会导致法律适用的混乱。

以上团体决议立法所导致定性错误、撤销标准混乱、规定残缺与混乱局面的出现，不仅带来司法实践对决议效力的不正确判断，也不利于实现团体的自治。②

---

① 参见许中缘：《论意思表示瑕疵的共同法律行为——以社团决议撤销为研究视角》，《中国法学》2013年第6期。

② 参见许中缘：《论意思表示瑕疵的共同法律行为——以社团决议撤销为研究视角》，《中国法学》2013年第6期。

　　第一，不利于司法实践对决议效力的全面正确性认识。如尽管《合伙企业法》多处对决议应该遵循的表决方式进行规定，但并未对决议违背程序所应具有的效力予以规定。《合伙企业法》第 49 条虽规定除名决定应以书面形式作出，但未明确除名决议违背程序所应该具有的效力。实践中，合伙人法律意识淡薄，经常以口头形式作出，该种除名决议效力如何也有待司法解释作出解答。此外，业主委员会与业主大会作出的决议违反程序的效力如何，也需要法律对此进行解答。

　　第二，不利于团体自治。决议作为团体规范内部法律关系的自治性内容，对团体成员具有约束力。但团体决议如要实现自治，需要遵循既定的章程（协议）以及相应的程序，否则其效力就存在瑕疵。但决议不成立、可撤销与无效应该由团体或其成员来予以主张。正因为我国对决议自治的性质认识不清，甚至在有些立法中，直接规定街道办事处、乡镇人民政府有权撤销团体的决议情形。① 此种立法，不仅导致公权力对团体自治赤裸裸地进行干涉，而且会造成行政权对司法权不正当的干涉。

　　我国法律对决议的此种规定，归根到底在于决议的共同法律行为的性质并没有为我国立法所正确认识，由此导致我国司法实践中对决议的规定呈现出五花八门的混乱局面。立法者试图以传统法律行为的规则适用于共同行为。如《物权法》第 78 条对业主大会与业主委员会决议的撤销权以"侵害业主合法权益"作为标准，直接借鉴了《合同法》第 54 条对于意思表示不真实的撤销权由受损害方提起的规定。② 根据《合同法》第 54 条的规定，撤销权通常由因意思表示不真实而受损害的一方当事人享有，如重大误解中的误解人，显失公平中的遭受重大不利的一方。③《物权法》立法对传统意思表示瑕疵规则的直接搬用无疑会导致立法的混乱。庆幸的是，《最高人民法院关于审理建筑物区分所有权纠纷案件具体应用法律若干问题的解释》

---

　　① 参见《北京市物业管理办法》第 44 条。

　　② 参见许中缘：《论意思表示瑕疵的共同法律行为——以社团决议撤销为研究视角》，《中国法学》2013 年第 6 期。

　　③ 参见王利明：《民法总则研究》（第二版），中国人民大学出版社 2012 年版，第 614 页。对《合同法》所确立的撤销权由受损害方提起的规则评析，可以参见许中缘、屈茂辉：《民法总则原理》，中国人民大学出版社 2012 年版，第 363—365 页；马保华：《论合同效力》，硕士学位论文，对外经济贸易大学法学院，2002 年，第 22 页。

第 12 条扩大了撤销权的范围，将"违反了法律规定的程序"也作为撤销的事由，似乎看到了业主大会与业主委员会决议与传统法律行为不同的性质。

此种局面，部分也是由我国民法总则缺乏对于决议的一般性规定所致使的。我国对共同行为的立法，呈现出"碎片化"[①] 的特点，"碎片化"立法使决议等共同法律行为的性质所应具有的共同标准被分割与错位，如以上合伙决议、公司决议都属于共同行为范畴，完全可以统一的标准来予以确定，但却被分割为多样化的标准。"碎片化"的立法既不利于司法的适用，导致立法资源的浪费，也不符合科学立法的要求。[②]

四、民法典对商行为的规定

（一）对商人进行准确界定

对商人进行登记，以类型而非概念看待"商人"，一个非常重要、经常是决定性的标准是考察一个理性的经营者于此是否有采用商事簿记制度的基本原则的必要性。[③] 自从法国商法典确立了客观主义以来，商行为成为商法中的核心内容。《法国商法典》第 1 条即明确规定商人概念，[④] 但是该定义对商人下的定义并不完整，其指出商人需要完成三项条件：完成商事行为、本人以独立名义和以经常性职业的名义。[⑤] 根据一般的立法逻辑，法典应该在随后的条文确定商行为的定义，但直到法典第 632 条，才对商行为的具体类型进行列举，并没有对商行为进行定义。

基于立法者理性限制与列举所固有的弊端，无论立法者如何详细列举，都不能穷尽商行为的具体类型。而且此种立法并不符合简约式立法的特性，该种立法是封闭的。实践中，从《法国商法典》的规定中可知，商行为并不是商人专有的概念，只要实施商行为，不管其是自然人还是法人，均可以

---

① 我国学者也提出"碎片化立法"所带来的危害，参见孙宪忠：《防止立法碎片化、尽快出台民法典》，《中国政法大学学报》2013 年第 1 期。

② 参见许中缘：《论意思表示瑕疵的共同法律行为——以社团决议撤销为研究视角》，《中国法学》2013 年第 6 期。

③ 参见程淑娟：《"商人"的类型化思考》，《河北法学》2013 年第 4 期。

④ "实施商事行为并以作为经常性职业者是商人。"

⑤ 参见［法］伊夫·居荣：《法国商法》（第 1 卷），罗结珍、赵海峰译，法律出版社 2004 年版，第 45 页。

为商行为。可以说，与其说《法国商法典》第 1 条是对商人的定义，还不说是对商行为的论证。而该法典第 632 条对商行为的列举，恰是对第 1 条的补充。但是：

> 由于《商法典》第 1 条规定不很准确，再加上法典第 632 条有关商事行为的例举不太充分，因此有关商人的定义仍然有待讨论。①

《德国商法典》采用了抽象概括式的规定，确定商行为的定义"是指一个商事主体所实施的、归属其商事营利事业经营的所有行为"，并且在该条第 2 款的规定列举了商行为的具体类型，不过，在 1998 年《德国商法典》修改之前，列举性规定已经废止。从立法技术而言，《德国商法典》符合简约式立法的特点，但也增加了法律适用的困难。

（二）对商行为进行准确界定

多数观点认为，商行为是一种营利性活动。营利是商行为的本质。"商行为本质为市场行为，其根本目的乃在于实现利润最大化，此即其营利性。"② 也有学者认为，商事关系只能发生在营利活动中。③ 但问题是，就民法概念而言，营利是社会组织实施行为并将利润具体化的行为，由此，营利变成营利性组织所实施的行为。换言之，非营利性组织实施的行为非属于商行为范畴。因此，学者将营利性作为商行为的终极目的，因为公益机构、宗教机构、政治组织从事的经济活动不具有营利性，从而不是商行为。④ 也有学者对此予以修正，认为，营利只能限定为商行为的具体而非终极目的，从而主张公益性组织从事的行为也是商行为的类型。也就是说，学者认为商行为的营利性并不是严格地从法律概念的视角而是对行为本身目的，即追求营利来予以论证的，或者说，学者所说的商行为的营利性概念只是从生活概念来理解的。

---

① ［法］伊夫·居荣：《法国商法》（第 1 卷），罗结珍、赵海峰译，法律出版社 2004 年版，第 45 页；另参见冯嶅：《营业法律制度研究》，硕士学位论文，重庆大学法学院，2011 年，第 14 页。
② 范健、王建文：《商法总论》，法律出版社 2011 年版，第 162 页；吴慧：《论商行为的法律性质》，《商品与质量》2010 年第 9 期。
③ 参见赵中孚主编：《商法总论》（第二版），中国人民大学出版社 2003 年版，第 9 页。
④ 参见王保树主编：《中国商事法》（新编本），人民法院出版社 2001 年版，第 51 页。

法律对商行为的规制，其实是对以营利为目的的行为的规制。但是否营利或者以营利为目的是一种价值判断呢？如学者所指出的：

> 如果商人实施的某种行为是为了追求营利，则商人所实施的该种行为是商行为；如果商人实施的某种行为是为了追求营利，则商人所实施的某种行为是营利行为；同样，如果非商人所实施的某种行为是营利行为，在符合商行为的其他构成要件的情况下，则非商人所实施的行为构成商行为。①

这就使商行为本身缺乏判断的标准，同时使司法实践中适用商行为本身具有任意性与不可规范性，缺乏规则的可预见性。法律对商行为的规范，是对这一概念内容的抽象。商行为的构成要件中不应以营利目的为核心构成要件，如信息披露行为、管理行为也是商行为。如果以营利性作为商行为概念的必备要素，则很多商行为不能涵盖在内，其实他在作出这个结论之时，已经框定了其认为属于商行为的那些行为的外延，用其外延来衡量营利性的周延性。② 在德国，也有学者主张：

> 营利目标虽然在实际中（de facto）是典型的营业概念和商人身份的特征，但在法律上没有必要使它成为一个必要条件。③

营利在商法具有独特内涵。指的是"为了谋取超出资本的利益并将其分配于投资者的行为"④。营利是商事活动的主要特性。但营利是一种理念，而非事实。也就是说，该行为是否实际取得收益并分配给投资者，并不是商法所关心的内容。商法所关心的是，该种行为属于营利性行为，就应该适用商事特殊规则，从而实现行为的规制。换言之，商事主体因为营利理念，一

---

① 张民安：《商法总则制度研究》，法律出版社 2007 年版，第 266 页。
② 参见王保树主编：《中国商事法》（新编本），人民法院出版社 2001 年版，第 52—55 页。
③ ［德］C. W. 卡纳里斯：《德国商法》，杨继译，法律出版社 2006 年版，第 35 页；刘凯湘、赵心泽：《论商主体资格之取得要件及其表现形式》，《广东社会科学》2014 年第 2 期。
④ 赵中孚主编：《商法总论》（第二版），中国人民大学出版社 2003 年版，第 9 页；邵薇薇：《论法人的分类模式——兼评民法典草案的有关规定》，《厦门大学法律评论》2004 年第 9 期。

方面，表现出行为的专业性与职业性，对其应该课以更重的义务。另一方面，法律为促进商事营利性要求，从而为制度的构建提供相应保障。因此，在法律保障商事主体营利方面，要确定行为有偿理念。基于商事主体营利性理念，不管法律是否规定或当事人是否有约定，均应该属于有偿性的行为。例如，按照《日本民法典》的规定，商行为是一系列交易性活动的总称，其中不仅包括任何主体基于任何目的而从事的"绝对性商行为"，如证券交易与票据交易行为；而且包括商主体专为营利性营业目的而从事的"营业性商行为"，如商业买卖、商业承揽、商业服务、商业运送、商事代理与居间、商事保险等；还包括"商人为其营业而进行的""附属性商行为"，其范围包括商主体为从事营业而进行的一切附属性活动。①

（三）在民法典中规定营业

商行为属于法律行为在商法中的体现，意思表示仍然属于商行为的内容，正如德国著名商法学家卡纳里斯认为，尽管商法学家作了很多努力，迄今他们仍未成功地对大量商法规范给出独特而明确的特征，除了在形式上它们都可以和商人这个概念相联系之外。直到如今都被相当认同的是黑克的尝试性定义：商法是"大型营业的法律行为之法"②。只不过，意思表示在商行为中表现出相应的特殊性。这再一次论证了"商法规范的法理基础或将商法加以理论的升华就是民法的理论"③ 这一论断。

商法典的建构有两种方式，即商人主义与商行为主义立法模式。在现代社会，严格意义上的商人也不复存在，因此，以商人作为法典立法模式已经行不通，由此，采用商行为主义立法模式成为商法典独立存在的必然路径。但商行为本身并不是一个抽象概念，而只是对一些行为或者活动的列举，不管是《法国商法典》对商行为的列举，还是《德国商法典》对商行为的抽象，其实都是对商行为的内容的描述，本身并没有很好地对商行为的内容进行界定。不过，《德国商法典》规定的商行为更加明确，即对民法典关于法

---

① 参见董安生等编：《中国商法总论》，吉林人民出版社 1994 年版，第 90—134 页；练天成：《盗版软件商业使用人须承担赔偿责任》，《人民司法》2008 年第 9 期。

② ［德］C. W. 卡纳里斯：《德国商法》，杨继译，法律出版社 2006 年版，第 8 页；李双元、宋云博：《对我国"商法特征"若干界说的实证分析思考》，《时代法学》2013 年第 6 期；宋云博：《对"商法特征"界定方法的几点思考》，《社会科学家》2010 年第 6 期。

③ 赵旭东：《商法的困惑与思考》，《政法论坛》2002 年第 1 期。

律行为的规定进行的限制、补充和排除。这种排除就是在商法典中对其内容分别进行规定而已。一些主张民商分立、强调商法独立的学者认为，在民法典之中另行制定商事通则是立法的最优模式，但笔者并不能看到该最优模式所具有的优越之处。事实上，传统商法的营利、营利行为和营利组织本身就是一种"陈旧思维"模式，① 当《合同法》已经对行纪合同、融资租赁合同、买卖合同等内容，《物权法》对特殊的担保商行为进行了规定，在我国既有的法律体系下，我们已经不能再选择其他特别规定的路径，规范商事合同的内容。因此，对相关行为进行列举性排除并不可取。如学者所言：

> 法国商法中所规定的商事裁判所之构成法、为非应入于商法中者，而排斥之。以破产为非限于商人或商行为之规定，而渐渐被吸收于民法。虽现在所存者，亦有至他日将入于民法中之倾向。②

---

① 参见徐学鹿：《商法的轨迹——从传统到现代》，法律出版社 2013 年版，第 23 页。

② ［日］松波仁一郎：《日本商法论》，秦瑞、郑钊译述，中国政法大学出版社 2005 年版，第12 页。

第　九　章

商事财产权的独特品格与
我国民法典中的财产法制度

　　商法作为团体法，由此体现出商法财产权制度应具有自己独特的特点。尽管我国现行立法实行民商合一立法模式，但就财产法制度而言，采用的是《德国民法典》所创立的潘德克吞体系下建立的绝对权与相对权二元区分模式，该种模式最为核心的内容是在自然人财产权基础上建立的个人财产权体系，而不是以商法（团体）为基础所建立的团体财产法体系。《德国民法典》建立的该种模式是适应德国采用民商分立立法模式的需要。这势必要求我国立法不能完全照搬《德国民法典》所创立的绝对权与相对权二元区分的模式。本章通过对法人财产法的相关制度进行探讨，试图为我国实现民商合一立法模式的财产法制度的构建提供相应的建议。

第一节　法人财产法的历史考察

一、日耳曼财产制度中的总有制度

（一）日耳曼财产制度中的"马克"与"团体主义"

　　公元前 2 世纪左右，原居住于今天北欧地区的日耳曼民族的先祖曾有一次向东、南与西方的大迁徙，在此前后，日耳曼民族由氏族渐入村落公社体制，即常说的马克（mark）。① 马克团体以及马克成员对于自然资源共同所有的方式即为学说所称的"总有"。总有财产的利用权归属于村民个人，而管理处分权归属于由村民组成的团体。② 在同一土地上存在村民复数的土地利用权，彼此间行使权利时受到他人权利的制约，因此构成所谓"量的分割"③。由村民组成的马克团体，具有法律主体的地位，但并非我国现行法意义上的法人。马克团体由村民集结而成，尽管对总有地的管理处分权由团体享有，但村民仍然对总有地具有使用收益的权利。④ 总有制度是一种以团体决议的方式处理共同财产的方式，团体享有对个人财产的管理处分的权利而个人享有收益权。

随着氏族社会的解体，日耳曼民族逐渐进入封建社会，"马克"也因失去了存在的基础而逐渐消亡。在封建时期，日耳曼财产法的特征体现为团体主义——相对于罗马法中的财产制度而言的。日耳曼法中的团体主义集中地表现在"双重所有权"制度之中，所谓"双重所有权"，是指将同一土地的所有权分为"直接所有权"（dominium directun）和"利用所有权"（dominium utile）两种，⑤ 它们分别代表领主（或地主）对土地的管领权、处分权和耕作人对土地的使用权、收益权。这就不同于罗马法的"一物一权原则"，颇具特色。⑥ 与罗马法中的所有权、他物权、准物权相比，日耳曼法中的所有权和他物权都称为"Gewere"，只有完全自由的所有权与不完全自由（即附有负担）的所有权的区别。⑦

我们必须清楚地认识到，日耳曼法的"团体主义"并非现代意义上的通过团体决议处置财产的法律制度，其形成原因与封建领主统治、王权在法人财产法中的作用密不可分，正如学者坦言：

---

① 参见张力：《"一滴社会主义的油"——日耳曼式总有之于当代法人制度的启示》，《河北法学》2009 年第 5 期。

② 参见尤佳：《团体法视角下业主对公共物业财产权利的性质之反思》，《法学家》2013 年第 2 期。

③ 史尚宽：《物权法论》，荣泰印书馆股份有限公司 1987 年版，第 139 页。

④ 参见古振晖：《共同所有之比较研究》，（台湾）财产法暨经济法研究协会 2006 年版，第 332 页。

⑤ 参见易继明：《日耳曼财产法中的团体主义——与罗马财产法的比较及其历史价值》，《外国法制史研究》2010 年第 6 期。

⑥ 参见李宜琛：《日耳曼法概论》（第 1 版），商务印书馆 1943 年版，第 49—51 页。

⑦ 参见易继明：《论日耳曼财产法的团体主义特征》，《比较法研究》2012 年第 3 期。

中世纪欧洲封建财产权，除了教会财产这一变异形式以外，都源于村落共同体的集体财产，这是与日耳曼统治者统治下的社会经济条件相适应的；而这种团体主义财产法，较之罗马法中的财产观念和财产制度，总的来说，是落后的、低级的。①

法人财产法的概念并未被大陆法系国家所接受。"私有财产神圣不可侵犯"等对个人财产的重视的观念深入人心，使近代私法构建都以个人主义为基石。团体主义最大的现实意义在于，引起人们对于所有制结构的反思。相反，日耳曼早期的总有制度对于现代财产法具有重要的意义。在处理法人财产时应当采用何种方式、团体成员有何种权利义务等问题上，总有制度具有可借鉴性。

日耳曼法和罗马法不同的法人财产制度思想的碰撞，促进了法人财产制度的发展，但"总有"制度的不成熟难以适应社会的发展，意即"总有是法人之母体，而不是法人的成熟形态"，"总有"制度是法人财产制度发展的母体，进而衍生出了诸多适应社会发展的法人财产形态。现有的法人财产制度与日耳曼法"总有"制度较为接近，与罗马法相比，日耳曼财产法对于团体的态度用一句话概括就是：

> 罗马法力求将团体作为"个人"来看待，而日耳曼法则将团体作为"团体"来看待。②

罗马法团体财产制度完全忽视了团体中的个人独立性，而日耳曼法系注重维系团体与成员间"不即不离"③的状态，以及与之匹配的财富共同使用的价值侧重，对于团体财产的管理、处分等支配权能属于团体，而使用、收益等利用权能，则分属于团体成员。

---

① 易继明：《论日耳曼财产法的团体主义特征》，《比较法研究》2012 年第 3 期。
② 张力：《"一滴社会主义的油"——日耳曼式总有之于当代法人制度的启示》，《河北法学》2009 年第 5 期。
③ 李宜琛：《日耳曼法概说》，中国政法大学出版社 2003 年版，第 35 页。

（二）"总有"制度对现代法人财产权制度的启示

日耳曼财产法起源于对土地的开发利用。早期，日耳曼民族为寻找膏腴之地四处迁徙征伐，以夺得更好的农耕之地。

> 日耳曼人强调不动产是收益的源泉，而不强调其本身的价值。除了从土地上获取收益外，日耳曼人并无将土地完全私有的动机。[1]

可以看出，日耳曼民族更加注重于物的保障功能而非商业资本功能。每年将氏族共有的土地分配给从一个氏族分离出来的各血族团体，每家一份，各取收获。同时为了保证地力肥瘦均沾，各家庭占有的土地每年轮换。成员因其团体成员身份享有土地的收益保障，正是因为团体成员的身份，成员可以取得团体的财产份额，所以，成员对土地的支配可以理解为一种身份性的物质份额单位。成员身份消失，其物质份额仍然保留在团体之中，分配给新的成员，这样切断了成员与团体财产的直接联系，降低了团体的运行风险，保障了团体市场交易的稳定性，为团体财产的量化提供了基础。日耳曼人对于土地权利的分配，为法人与成员间财产关系的构架提供了理想框架。

在建立我国农村集体土地制度的法权构架时，将总有与集体经济组织的法人化相联系，认为"集体所有权"的主体是个人化与法人化的契合，集体财产应为集体组织法人所有，法人可以对集体财产享有独立的支配权，而集体组织成员对集体财产权享有股权与社员权。[2]"总有"制度启发了法人财产权理论的研究，不仅极大地拓宽了法人的财产制度基础以及法人的制度外延，还可以突破法人财产理论研究的制度难点。[3] 日耳曼法中团体财产制度的起源也是从部落土地的分配利用开始，利用总有制度，从集体和个人两个维度理解集体组织法人财产，解决了集体财产权的行使以及成员个人利益的实现的双重问题。

---

[1]　梅夏英：《财产权构造的基础分析》，人民法院出版社 2002 年版，第 31 页。

[2]　参见孔祥俊：《民商法新问题与判解研究》，人民法院出版社 1996 年版，第 378 页。

[3]　参见张力：《法人独立财产制研究——从历史考察到功能解析》，法律出版社 2008 年版，第 55 页。

二、教会财产法促进企业法人财产制度的形成

教会式企业是现代股份制的前身，教会的财产是属于教会的，教会经理只是为教会谋求福利的代理人，因而，教会企业是在法律和经济上都拥有自行处理权的独立个体。① "教会通过赠与和税收以及它自己的农业、制造业和商业实体获得了巨大的财富"②，但因教会财产圣事的性质，教皇可以视为教会企业的董事长，但不能将其视为"唯利是图"参与分红的资本家股东，教会的财产只是教会团体的财产，从来都不是教会成员的个人财产，其使用必须出于服务于教会团体的目的，即所谓的"为着一定目的的财产"（zweckvermogen）③，因而，无论教会财产规模大小，都不能将财产量化给教会成员。

教会的财产制度对萨维尼创立"法人拟制说"有重大影响，产生了一个新的团体财产制流派——法人目的财产论。法人财产的运行必须服务于法人团体的利益，而不是任何个人的利益。教会团体责任制并不是由一个或一种法人财产权来实现的，而是由多种不同类型、不同层次的法人套接、联合的作用。④ 由于目的财产论的支撑，教皇作为兼具世俗君王与宗教领袖双重身份的"独任法人"，历史上并没有出现教皇滥用财产权的问题。教会企业财产制形式对法人财产制的存在有启发作用，法人财产制的构建中必须区分团体与个人财产的目的性，必须考虑到法人管理层的道德水平等，适当地保持其与法人财产的"距离"，中古时代的教会企业财产制度为现代股份有限公司的财产制度打下了根基，教皇的专业操守形成了股份有限公司存在的基础，正因如此，教会实在可以被称为第一个现代股份有限公司。⑤ 教会财产制的出现，拉大了教会成员与教会财产的距离，也促进了财产法人的出现。

---

① 参见〔美〕伯尔曼：《法律的革命》，中国大百科全书出版社1993年版，第260—263页。
② 〔美〕伯尔曼：《法律的革命》，中国大百科全书出版社1993年版，第260—263页。
③ 参见〔美〕伯尔曼：《法律的革命》，中国大百科全书出版社1993年版，第260—263页。
④ 参见张力：《法人独立财产制研究——从历史考察到功能解析》，法律出版社2008年版，第55页。
⑤ 参见郎咸平、杨瑞辉：《股份制必须靠良心或强力监管维持，否则股份制就是到奴役之路》，2016年9月25日，见http://bisiness.sohu.com/2004/01/16/90/article218629075.shtml。

三、康孟达开创了"法人所有权"与"经营权"分离的基本格局

中世纪盛行的一种合伙形式——康孟达，将合伙财产制度推向了实质性的发展，在康孟达合伙组织中既有承担有限责任的合伙人，又有承担无限责任的合伙人。首次大规模出现的有限责任形式，催生了一大批只负责经营而不参与资本分配的职业经理人阶层，促进了法人财产独立责任制的产生，开创了"法人财产所有权"与"经营权"的分离的现代法人财产制度的基本格局。

股东有限责任的确立促进了法人人格的发展，但是这种作用是间接存在的，即有限责任促进了法人财产制的独立，最终借助财产与人格的关系，实现了法人人格的独立。① 法人人格的独立确定了法人取得财产和财产性权利的能力，即法人的权利能力，法人权利能力的完善又促进了法人财产权制度的完善，具体而言，法人的财产性权利能力具体包括：

其一，法人在设立中因投资而转让的财产权、在经营中取得的各项财产权的权利能力。

其二，法人利用前项财产性权利，取得的法人财产集合，既包括法人取得的有体物权利，又包括取得的其他财产权，如股权、债权、知识产权等无形财产。

其三，法人对包括股东出资在内的法人财产的经营权，股东的出资相当于以资本所有权换取股权的交易。

纵观法人财产制度发展的进程，可以概括为：完全个人所有权性质的商自然人，为了追求利润聚在一起，顺应"总有"形式建立了多元投资型的企业。为了更好地管理企业财产，赋予了部分投资人直接管理企业的权力，然而投资人总会出现滥用权利损害其他投资人整体利益的情况，进而又组建起集经营权与所有权的分离于一身的"法人"形式，以满足团体经营性资本的稳定性和持续性的本质要求，确立了法人财产权独立的原则，从而使真正独立意义上的法人财产权制度得以发展。

---

① 参见张力：《法人独立财产制研究——从历史考察到功能解析》，法律出版社 2008 年版，第 55 页。

第二节　法人财产的性质分析

对法人财产的性质，学界并未有专门研究，对公司财产、合伙财产等法人财产，研究方法多从共有制度入手。尽管法人财产的表现形式具有多样性，但其性质是统一的，属于团体总有。

一、法人财产的性质并非按份共有

我国立法中的"按份共有"源自罗马法中的共有制度。[①] 罗马法谚："共有乃纷争之母"（cornrnunio mater rixarum），罗马人排斥共有现象的存在，制度设计上尽量使共有人不受他人约束，并使共有关系易于消灭。[②] 法人财产与按份共有的典型区别如下：

首先，按份共有强调对个人财产的绝对支配，法人财产注重个人意志对团体意志的服从，并未考虑团体成员和团体整体的利益。从按份共有财产分割上看，共有人除了因共有物的使用目的不能分割或合同约定不能分割的期限外，可以随时请求分割。[③] 这一点在法人财产上有着不同程度的限制，个人不能随意处分其财产，应当考虑团体利益及意志。例如，《合伙企业法》第45条规定了合伙难以继续、约定条件成就等退伙事由，《公司法》为了限制股东抽逃资金，设立了更为严格的条件。至于业主更不存在所谓的"请求按份分割财产"问题，共有部分不能成为请求分割的对象，并且业主将其作为成员的资格放弃或者转让，都是不允许的。在法人财产中，个人的处分权亦受到限制，要考虑团体利益。按份共有人对于自身份额的转让，是完全可以由自己意志支配的内容，但在法人财产中要考虑优先购买权的问题。其他合伙人、股东都有在对外转让财产时的优先购买权，这也与按份共有的原理不符。

其次，按份共有不能解释团体决议的形成。根据按份共有，意思表示的最终形成取决于份额占多数的人的意志。但在处理法人财产问题时，不能仅

---

① 参见周枏：《罗马法原论》（上），商务印书馆1994年版，第335页。
② 参见古振晖：《共同所有之比较研究》，（台湾）财产法暨经济法研究协会2006年版，第37页。
③ 参见赖荣华：《论共同共有》，硕士学位论文，华东政法大学民商法学院，2010年，第24页。

仅根据所持的表决权的份额作出决议，而应当综合考虑。例如，小区中的共有财产具有"准公共物品"的特性，业主对其享有的平等的合理使用权，并非完全根据持有份额决定其使用权利的大小。① 团体决议的形成并不完全根据表决权的份额，股东的累积投票制度、业主按"套数"而不按面积进行表决等方式，都是法人财产法的特色，有别于按份共有表决机制。此种差异，体现了维护团体整体利益，以及平等保护成员利益的观点，根源于对每一个人的权利的尊重。但按份共有以个人利益为本位，上述观点不在其考虑范围之内。

再次，按份共有不能反映法人财产中成员的人身关系。法人财产中，个人与团体的关系并非简单的财产叠加，每个成员对法人财产都有知悉、维护、监督等权利、义务。例如，《公司法》赋予股东知情权与相应的诉权，合伙人有听取其合伙事务执行人报告、了解生产情况、查询账本等权利，以及《物权法》第70条规定的成员的管理权。② 因此，法人财产中成员是合作、监督的关系。按份共有强调个人对自身份额的处分权以及根据份额对整体享有的权利，数个按份共有人之间应如何维护、监督共同财产，并没有相应的规则。

二、法人财产的性质并非共同共有

从制度起源上看，罗马法中并不区分共同共有与按份共有，认为实际上都是按份共有，份额可依契约等确定，契约等未确定的，法律就推定各共有人份额相等。③ 共同共有的制度起源于日耳曼法。④ 法人财产性质上不属于共同共有，两者存在以下区别：

首先，共同共有中的"共有关系"与法人财产不符。共有关系主要体现为婚姻、家庭、共同继承三类。此三类关系中成员的整体利益一致，并且个体之间的权利不存在冲突，都对整体财产享有权利。法人财产中，成员之

---

① 参见尤佳：《团体法视角下业主对公共物业财产权利的性质之反思》，《法学家》2013年第2期。

② "业主对建筑物内的住宅、经营性用房等专有部分享有所有权，对专有部分以外的共有部分享有共有和共同管理的权利。"

③ 参见周枏：《罗马法原论》（上），商务印书馆1994年版，第334—335页；另参见赖荣华：《论共同共有》，硕士学位论文，华东政法大学民商法学院，2010年，第30页。

④ 参见刘志敭：《民法物权编》，方恒、张谷校勘，中国政法大学出版社2006年版，第143页。

间虽有共同义务以及共同利益，但此种关系并非同等份额、同等享有；并且也存在冲突，例如大业主与小业主、大股东与小股东之间的矛盾，都需要运用表决权机制予以协调。

其次，共同共有与法人财产属性不符。共同共有强调整体而忽略个人，不区分共同财产与个人财产，权利义务的客体都为财产整体。法人财产中必须区分个人财产与共有财产，例如，物权法中建筑物区分所有权是界定业主共有财产的依据。从财产处分权上看，团体决议不能在个人财产上设立负担，亦不能以牺牲个人利益或一部分人的利益来满足团体共同财产的需求。如果认为法人财产的性质是共同共有，则会忽略对个人财产的保护以及对个人的尊重。

最后，共同共有不符合法人财产追求效率、利益的目标。共同共有制度中，个人的地位平等，决策需要共同共有人一致同意。因此，共同共有的财产的处分效率偏低，不能强制形成合意。从外部效应看，第三人不能加入已存在的共同共有关系，这也影响了共同财产的发展。对于法人财产而言，多数情况下1/2、2/3等表决多数即可形成团体决议，使法人财产的处分更加迅速。第三人加入现有法人财产关系具有可操作性，如购买股份、购买某小区的住宅等，自然成为法人财产中的一员。此种流通性并非共同共有关系的特征，在商事法人财产中体现得尤为突出。商事法人财产以营利为目的，追求效率与利益，并不以维护共同财产的稳定为要务。

三、法人财产的性质应当为团体总有

法人财产以日耳曼法中的总有制度为模型，并在其基础上发展以适应现代法的需要，其特征如下：

首先，个人在团体中的权利本质上是一种身份权。基于此种身份，个人对于法人财产享有处分权，此种处分权在不同形式的法人财产中表现为分配利润请求权、共有部分利用权等。同时，成员受团体义务的制约，此种制约体现在利用财产的方式，不得侵犯其他成员以及团体利益，服从团体决议等，成员亦必须遵守团体规章制度，如有违反需要承担相应的赔偿责任。法人财产法中的成员权与民法中的社员权虽然有相似之处，但前者比后者的内涵更加广泛。从组织形式上看，团体不仅包括社团，还包括合伙，公司

（一人公司除外，下文亦如此），法人团体等。

其次，团体组织对其财产享有完全的支配性，并不同于总有。"总有中，在构成总有财产的土地、森林、水流之上，不存在现代法意义上具有全面支配力的所有权。"法人财产并非数个所有权量的聚合，而是只存在一个所有权，归属于团体组织，这并不违背物权法中一物一权的原则，与其成员的请求权不矛盾。团体组织具有独立财产，以自身名义行使占有、使用、收益、处分权能。

再次，团体决议由表决制形成，这与总有的特征一致。早期的总有中，往往根据习惯处理团体内部的权利义务关系，而后期的总有制度则体现了一定的组织化思想，具体表现为：

> 一是团体规约的出现，团体成员必须遵守规约；二是除了一致决议外，团体事务的决定开始采取多数决的方法；三是团体内部意思决定机关、执行机关的形成。[1]

表决制符合团体组织化的制度特征，是中和个体矛盾以形成共同意思表示的最有效方式，可以根据不同事宜采取不同的表决方式以满足实践的需求。

法人财产的性质属于团体总有，反映了多数人共同支配财产的客观存在，并强调成员与成员、成员与团体的权利义务，体现了现代法律的基本精神，超出了共同共有和按份共有的内涵。近代以来物权法都以个人主义为基石，这样有利于私人财产的保护，但在处理团体问题时却束手无策，无法解释个人与团体所有权、团体决议效力以及法人财产的处分。同时，传统的财产权以物权与债权构建的二元结构，也不适用于法人财产——团体成员享有的是身份权。因此，在研究法人财产问题时，应当摆脱传统思路，结合社会发展的实际，以团体总有的方式界定法人财产，并以此为逻辑起点，明确法人财产中表决、权利义务、责任承担等具体规则。

---

[1] 许多奇：《债法现代化的法理基础与债权地位提升》，梁慧星主编：《民商法论丛》（第 31 卷），法律出版社 2004 年版，第 332 页。

第三节　法人财产权规则的确定

一、法人概念重构的必要性

（一）现有法律所确定的法人资格取得标准存在普遍的错误

我国现行法律认为，法人除了"团体性"外最重要的特征就是独立的财产和独立的责任。独立的财产是指法人具有独立于法人成员的可供支配的财产；独立的责任是指法人以自己的财产对自己的债务承担民事责任，而其成员仅承担以其出资为限的有限责任。法人的独立财产和独立责任是相互依存的，前者是后者的基础，后者是前者派生出来的。我国现行的法人制度都是建立在上述法人的独立责任和成员的有限责任的基础之上。① 1986 年《民法通则》第 37 条要求法人须以"能够独立承担民事责任"为设立条件之一；1993 年《公司法》进一步将公司独立责任与股东有限责任联系起来。《公司法》第 3 条明确规定公司类型、主体地位以及责任承担方式，② 至此，股东有限责任与法人独立责任形成了紧密联系，难以分割。

公司法继承"独立承担民事责任"规定，进一步将有限责任作为法人必须具备的要件之一，而将合伙企业等"其他组织"排除在法人的行列之外，然而，这种做法势必难以适应现代企业组织的发展。首先，经登记成立的合伙企业组织具有独立的名称、住所以及财产，可以以自己的名义独立参加民事诉讼，具备相应的权利能力，但却因成员承担的不是有限责任而否定了其团体人格，势必存在理论上的谬误。其次，在民法典编纂中也难以将合伙企业等"其他组织"归入具体的权利主体类型中，同样具有独立团体人格的合伙企业等"其他组织"难以构造出与企业法人相明显区别的权利主体制度体系。王利明教授主持的《中华人民共和国民法典草案建议稿》继续保留了"其他组织"的概念，但是在具体的制度设计上并没有针对"其

---

① 参见柳经纬：《民法典编纂中的法人制度重构——以法人责任为核心》，《法学》2015 年第 5 期。
② "有限责任公司和股份有限公司为公司法人，有限责任公司的股东以其出资额为限对公司承担责任，公司以其全部资产对公司的债务承担责任，股份有限公司股东以其所持股份为限对公司承担责任，公司以其全部资产对公司的债务承担责任。"

他组织"构建具体的制度，只是将合伙企业单独作为主体予以规定；① 梁慧星教授主持的《中国民法典草案建议稿》设置了"非法人团体"主体制度，并将合伙企业和个体工商户等组织纳入其中规定，其中对于"非法人团体"的规定总共6条（第88—93条），关于法人的设计有30条（第58—87条），除了"定义"和"民事责任"规定不同之外，其他四处"非法人团体"的规定均与"法人"的规定相同。② 可见，实践中很难构建出有别于"法人"的类似于"非法人团体"或者"其他组织"的权利主体制度。这是因为我国的法人制度是参照有别于自然人制度设置的，法人有相对于自然人生物属性的"团体性"，而合伙企业等组织同样有"团体性"，而这种团体性并不具备区别于法人团体性的特点。

我国立法之所以会将法人独立责任和股东有限责任等同对待，这是由早期国有企业改革造成的。早期国有企业呈现出"政企不分"的状态，一方面企业高度依赖于政府，不具有独立性；另一方面，政府控制着企业，因而也要对企业负完全责任。当初面对国有企业改革最主要的任务是实现"政企分开"，实现企业独立，摆脱政府对企业的责任。因而采取的改革措施是"国家有限责任"+"企业独立责任"的模式，正是在这种完全着眼于经济体制改革的法人改造背景中，《公司法》得以制定，同样强调实现"出资者所有权与企业法人财产权的分离"，而缺乏对法人制度的科学、全面考量。

（二）法人概念的纠偏与重构

《公司法》将法人独立责任与股东的有限责任赋予了同等的意义。独立人格和股东有限责任是我国现有法人的两个不可分割的特征，任何获准设立的有限责任公司和股份有限公司都满足这两个特征。虽然各国都将法人独立责任作为法人资格的必备因素，但之所以出现截然不同的法人制度是由于各

---

① 参见王利明主编：《中国民法典草案建议稿及说明》（总则编），中国法制出版社2004年版，第45页。

② 两者之间的区别见梁慧星教授主持的《中国民法典草案建议稿》第88条规定："非法人团体，是指不具有法人资格但依法能够以自己的名义参加民事活动的组织"；第58条第1款规定："法人是具有民事权利能力和民事行为能力，依法独立享有民事权利和承担民事义务的组织。"关于两者的民事责任之间的差距，见第93条："非法人团体首先以其享有处分权的财产清偿债务，其享有处分权的财产不足以清偿债务的，应当由非法人团体的设立人或者开办人承担责任"；第63条规定："法人以其全部财产独立承担民事责任。"

国对法人"独立责任"的理解不同。

我国《民法通则》第 37 条确定将"独立责任"作为判断法人资格的标准之一，合伙企业和个人独资企业均可以以自己的名义进行交易活动，具有以自己名义对外承担责任的权利能力。其中"民事责任"以财产责任为主，权利主体对外承担民事责任主要是以财产为基础，只要权利主体具备足够的财产，可以以自己的名义对外承担责任就可以认定其有独立承担民事责任的资格，简单地说，就是权利主体以自己的全部财产对外承担责任就是独立承担责任的体现。这一点，对于合伙企业而言同样可行。1997 年《合伙企业法》第 39 条规定，合伙企业对其债务，应先以其全部财产进行清偿。

可见，合伙企业拥有独立于合伙人个人财产的合伙财产，合伙债务应先用合伙财产清偿，只有在其无法清偿全部债务时，才能请求合伙人清偿。

法人区别于其他权利主体的本质属性应该是其"团体性"。正如德国学者尼奇克（Nitschke）强调法人性质主要体现为其组织本身相对于成员而言的高度独立性；[1] 梅迪库斯认为法人与其他组织相比，其独立性主要表现在四个方面：

> 一是不存在与成员相关的解散事由，诸如某个成员死亡、破产或者宣告终止；二是成员可以更换；三是对于决议，适用多数票通过的原则；四是由机关负责对外，机关成员也可以由法人成员以外的人充任，即所谓"他营机构原则"。[2]

可见，法人的"团体性"表现为法人资格并不因成员的更换而改变。法人财产的独立，就意味着法人有独立的意志，可以以自己的名义享有权利以及对外承担责任三个方面。对于公司法人和合伙企业组织而言，其独立意志的形成机制由团体的组织结构完成，如公司法人通过董事会或股东大会形成公司意志，合伙企业的意志按照合伙协议约定的办法形成；法人依法律的

---

① 参见［德］迪特尔·梅迪库斯：《德国民法总论》，邵建东译，法律出版社 2000 年版，第 808 页。

② ［德］迪特尔·梅迪库斯：《德国民法总论》，邵建东译，法律出版社 2000 年版，第 808 页；朱福娟：《公司人格独立性的判断标准探析》，《商场现代化》2006 年第 4 期。

规定注册登记后，就可以自己的名义从事经营活动，以法人的独立财产对外承担债务。因而，法人的"独立责任"应理解为以自己的名义和自己的财产对外承担责任，这才应该是判断法人资格的条件。

企业法人有独立承担责任的能力，合伙企业和个人独资企业同样具有，三者都具有团体人格的属性。这说明独立责任和有限责任之间并不存在必然的联系，有限责任并不是团体人格的本质属性，只是部分团体组织（如企业法人）的属性而已。有限责任和法人资格之间也并不存在必然联系，并不是因为成员承担有限责任即取得法人资格，成员承担无限责任便取消法人资格，而是因为团体组织依照法定程序、满足法定条件才取得法人资格。不是因为成员负无限责任，才只能成为合伙企业或者个人独资企业，而是因为依法设立的是合伙企业或个人独资企业，成员才承担无限责任。注册为有限公司，才使成员获得有限责任的特权。[①]

综上，民法典编纂过程中应对法人制度进行重构。笔者建议，可以从以下角度进行定义：法人必须依法成立，有必要的财产或者经费，有自己的名称、组织机构和场所的具备权利能力的组织。并且增加成员承担有限责任和无限责任的情形，对于成员负无限责任的法人，当法人的财产不足以清偿全部债务时，负无限责任的成员应当对法人的债务承担责任。

二、法人概念下的法人财产规则体系

如前文所述，财产是独立责任的物质基础，是法人独立人格的保障，法人的财产规则将涉及从法人设立时起至法人解散时止，对法人资金的筹措、累积及运用各方面都产生深远的影响。我国原有的法人财产规则都是围绕公司法人而言的，公司资本确定、资本维持、资本不变构成了公司资本三原则。在民法典编纂中对于法人概念重构的情形下，法人不再仅限于股东承担有限责任的有限责任公司和股份有限公司，其同样包括诸如成员负无限责任的合伙企业等组织在内的法人类型，因而原有的适用于公司法人的"资本三原则"也要进行重新构建。

---

① 参见柳经纬：《民法典编纂中的法人制度重构——以法人责任为核心》，《法学》2015 年第 5 期。

（一）法人财产独立原则

法人财产独立原则是指法人对其财产享有所有权或经营权，这些财产均由法人依法占有、使用、收益和处分，成为法人拥有的独立财产，它与法人成员、法人发起人的财产相分离。法人拥有独立于其成员在内的财产，是法人承担独立责任的前提。① 法人财产最初来源于其成员财产，具体表现具有多样性，包括个人出资、业主将公共部分权利让渡等形式。法人财产形成后就与成员财产区分，属于团体所有。团体组织具有完全的占有、使用、收益、处分权能，成员仅仅基于身份而取得相应的权利。

法人财产独立是法人独立人格的基石，法人享有独立的财产才能实现法人责任的独立。法人财产独立是整个法人财产权制度中最重要的规则，是法人财产维持原则和法人财产确定规则的前提。法人以其全部财产对外承担民事责任时是独立、封闭的，并不牵涉法人成员。只有对于成员负无限责任的合伙企业等法人而言，法人财产不足以承担全部债务时才能要求法人成员偿还债务。法人财产的独立发挥着减少成员奉献的功能，法人财产的独立被视为获得法人人格的条件：一方面，"公司法人人格赋予的目的是创造独立财产的主体，实现法人财产的独立性和法人与构成成员（股东）财产分离的原则"②。财产独立紧随人格独立而产生。另一方面，财产对于法人人格独立的作用远胜于自然人，"无财产即无人格"是对法人财产与法人人格的表达，可以说：

> 个人是否具有人格并不以财产为条件，没有任何财产的自然人仍然是独立的民事权利主体，而团体具有人格则是要以拥有财产为绝对条件，没有财产的团体不可能具有独立人格，财产是法人人格不可缺少的要素。③

---

① 参见黄奕斌：《股份合作产权制度与企业法人化》，《乡镇企业研究》2000年第2期。
② ［日］上柳克朗：《法人论研究序说》，转引自王保树：《股份制的核心是法人制度》，《法学家》2004年第1期；张力：《法人与公司制度融合风险的法律控制——兼论实现国家公司公益性的法人制度支持》，《现代法学》2013年第2期。
③ 参见江平：《法人制度论》，中国政法大学出版社1996年版，第7页；张力：《法人与公司制度融合风险的法律控制——兼论实现国家公司公益性的法人制度支持》，《现代法学》2013年第2期。

（二）法人财产（资产）的维持规则

1. 我国对法人财产（资产）维持原则的误读

何谓"维持"？《牛津英语词典》中的解释为：保持、维护、持续地处于强有力的、有效的或免受损害或减损的状态。按照通常的文义理解，资本维持就是使得法人保持其资本，避免损失或者减损，是保持法人资本始终与其注册资本基本一致。我国大部分商法教科书及专著也都是站在公司法人的角度，从文义解释的角度对"资本维持原则"作出阐释。例如，有学者认为：

> 资本维持原则又称为资本充实原则或者资本拘束原则，是指公司在存续过程中必须经常保持与抽象的公司资本额相当的公司现实资产。资本维持原则的体现方面为：严格规制非货币出资行为，禁止股份公司折价发行，禁止抽逃出资，追究瑕疵出资股东责任，原则禁止公司回购股份，严格限制分红条件，禁止以股抵债等。[①]

类似的主张还有很多，站在法人概念重构的基础上，资本维持原则也可以表达为在法人存续期间，应当维持与其注册资本相当的资本，以达到保护债权人的利益和社会交易安全的目的。这一原则要求实缴资本和注册资本一致，如果不一致也要保证法人维持一个和注册资本相当的实缴资本。[②] 几乎所有的介绍法人资本维持原则的教科书对此都不存在本质的差异，均认为法人必须（应当、尽量、至少）维持（或保持）与法人资本（或资本额、注册资本、发行资本）相当的资本。[③] 然而这种望文生义的解释并未抓住资本维持原则的本质，也出现了逻辑上难以自圆其说的情形：法人资本维持原则作为一种强制性原则，只要法人资本遭受了损失，不论其原因是正常的商业经营活动，还是法人的非法资本返还，都违反了这一强制性义务。法人应当对公司资本减损现象作出相应的填补措施。

---

① 刘俊海：《股份有限公司股东权的保护》，法律出版社 2004 年版，第 11 页。

② 参见邓峰：《普通公司法》，中国人民大学出版社 2009 年版，第 320 页。

③ 参见张保华：《资本维持原则解析——以"维持"的误读与澄清为视角》，《法治研究》2012 年第 4 期。

首先，这对于股东有限责任是一种莫大的冲击。因股东仅承担以其出资为限的有限责任极大保障了股东的交易安全，有限公司才能成为最主要的法人形态。然而，按照上述说法，当公司运营良好的情况下，股东自然以其出资承担有限责任，不存在任何问题；但是市场本身是存在风险的，不可能保证公司永远处在盈利的状态，一旦公司经营状况恶化，出现公司资本低于公司注册资本时，这个状态的存在就违反了资本维持原则这一强制性原则，为保护债权人的利益和交易安全，法人财产必须保持与其资本额相当的财产。此种情况下，如果股东无力在法定期间通过公司经营补足亏损资本，又不愿意减低资本，那么股东只能被迫向公司追加出资补足亏损资本，这就违背了有限责任的宗旨。

其次，资本维持原则实质是对商业风险的否定，违背了市场的基本规律。导致公司资本减损的原因是因为风险的存在，包括商业风险和非商业风险。商业风险是市场本就存在的普遍现象，商事主体即便正常进行经营活动也可能因为商业风险的存在而使资本减损，对于经营的项目本就是高风险的投资等更是如此。非商业风险是指市场因素直接作用以外的、人为操作的，法人以各种方式向成员非法转移注册资本的行为。对于法人并未从事任何非法行为，只是因为市场风险的存在导致经营状况不良，法人资本下降，就认定其违背了商法的强制性原则——资本维持原则，显然是过分注重法人资本对债权人的保护而忽视了资本的融资功能，是极为不公平的。

2. 对于法人财产（资产）维持原则的纠偏

探究法人资本维持原则的起源，要追溯到 19 世纪的英国。在英国 19 世纪中后期，资本维持原则最初是以判例法的形式得以确认。英国 1887 年的 Trevor Vs Whitworth 判例中确立了资本使用的限制：

> 没有法庭许可，资本不得返还给股东。沃特逊法官指出，如果公司和股东之间的任何交易是已经投入的公司资本又返还给了股东，除非法院授权，法院将禁止这样的交易。[①]

---

① Eilis Ferran, *Company Law and Corporate Finance*, Oxford University Press, 1999, pp. 355-356.

可以看出，法官对资本维持原则的理解是禁止将公司资本非法返还给股东，而并不禁止商业风险导致的法人资本亏损。

德国也有法人资本维持原则的规定，《德国股份法》第 57 条禁止退回公司资产和第 71 条规定限制股份的回购；《德国有限责任公司法》第 30—33 条的规定，都是禁止资本返还以及限制资本回购。① 综合以上规定，禁止资本返还主要包括：禁止把股金退回股东，禁止向股东许诺支付股息以及许诺并实际支付股息，禁止向股东做股价保证或者红利保证，只有公司盈利获得利润才可以作为股东红利。以上规定，都是保障公司资本不因向股东返还资本而减少，但都没有规定禁止公司资本因营业风险而引发的亏损。

可见，我国的法人财产维持原则与英美国家和德国都有很大的差异，在现实中也引发了诸多问题。法律并不能干预市场规则的正常运转，不能禁止公司资本因正常的商业活动而遭受损失。法人资本维持原则的真正含义应当是禁止公司等法人将资本非法返还给成员，而不是要求法人必须维持资本而不致其减损。

（三）法人财产的确定规则

所谓法人财产确定原则是指法人设立时应在章程或协议中载明法人的资本总额，并由其成员认足或募足，否则法人不能成立，其目的在于强调资产保守鉴价，杜绝资本虚增灌水，确保成员出资到位。② 法人财产确定规则的含义有：一是要求法人资本总额必须记载于章程或协议之中，法人资本总额必须是具体的、明确的数额；二是经确定的资本总额必须由成员认缴或实额缴付。按照法人财产确定原则，法人资本不仅要确定，还要做到足额认缴。

资本确定原则是资本维持原则的前提，法人必须首先有自己明确数额的财产，才能保证其独立承担责任的能力，以及防止法人资产通过非法手段转移到股东手中的情形发生。目前，资本确定原则的贯彻受到了现实生活的巨大冲击：首先，随着股东出资形式的多样化，法人资本数额越发难以明确。其次，大陆法系国家采取的授权资本制，即实收资本与注册资本分离的授权资本制，并不需要在法人成立之前全部发行或募足，允许在法人成立后，授

---

① 参见 ［德］托马斯·莱赛尔、吕迪格·法尹尔：《德国资合公司法》，高旭军等译，法律出版社 2005 年版，第 303—614 页。

② 参见冯果：《论公司资本三原则理论的时代局限》，《中国法学》2001 年第 3 期。

权有限公司董事会或者合伙成员分次发行招募。因此，法人章程或协议所确定的资本在某种意义上说，它只表明公司在预期的未来可能达到的资本规模，而并不必然反映法人实际收到的资本数额。这样，章程或协议所确定的资本数额与实收资本必然出现脱节，而丧失反映公司财力的指标功能，对债权人几乎全无意义。但是债权人关心的不是注册资本的多少，而是实际经营中法人的实际财产、资信情况如何，而现有的资本确定制度难以满足债权人的需求。最后，股票发行价格与票面金额的不一致，使资本确定原则在有限公司财产领域难以实行。早期公司发行股票，发行价格必须与票面价格一致，公司资本很容易计算，直接用票面金额乘以发行量即可。但现有的股票发行规定，不允许折价发行股票，却允许发行大量的溢价股票。在允许溢价发行的情况下，溢价发行所得到的溢价款一般没有被列入公司资本，而是被列入资本公积金中。这样，公司章程所确定的资本水准通常是不包括公司的溢价所得的。所以，公司的章定资本或者核定资本与公司的实际所得并不相符，导致公司资本难以确定。

因而，解决上述问题的方法就是放宽资本确定原则的适用标准，取消公司最低注册资本的规则即是如此。设置法人资产确定原则的同时保护债权人的利益，现在各国确实已有所改变，不再过分依赖于资本三原则的保障作用，而是更多地转向为对法人成员不当利益输送行为的规制，开始注重信息披露和发挥债权人的积极参与性，为其提供更加真切的保障。[①] 不过，在当今中国，资本三原则对我国法人独立财产仍然具有较强的保障作用。

第四节　我国未来民法典中的财产法制度

一、我国现有财产权二元化体系

（一）财产权二元化体系的历史探究

传统民法理论研究财产权时，将其分为物权和债权。物权是一种支配权，物权人可以依照自己的意思对物进行直接的支配利用，无须征求他人的

---

① 参见冯果：《论公司资本三原则理论的时代局限》，《中国法学》2001 年第 3 期。

意见。而债权是一种请求权，其实现不可依靠自己单独完成，必须要依靠他人的配合。传统民法将物权和债权作为财产权的基本类型，并形成了财产权的二元化体系。民法中财产权二元化体系的形成，归功于德国学者的潜心研究。①

海赛在 1807 年出版的课堂讲义《为了潘得克吞之讲授目的的普通民法体系的基础》将民法分为 6 大部分，依次为总则、物权、债权、家庭、继承、解除和撤销无效的法律关系。② 但是，物权债权区分说的真正起点却是从萨维尼开始的。③ 萨维尼对债权与物权的区分是在法律关系的视野中进行的，首先他将法律关系的本质理解为个人意思独立支配的领域。其次，归纳了意思支配的三类客体——原初的自我、在家庭中扩展了的自我和外部世界，分别构成原权、家庭权和财产权。再次，萨维尼认为原权会导致自杀权的观念，于是排除原权而只研究取得权，即家庭权和财产权。最后，财产权中，以占有或者对物的事实支配为其材料的权利则是物权；以对他人行为的部分支配为其材料的则是债权。④ 所以，由债权和物权关系构成的个人权利关系的总体，被称为"财产"，与之相关的法律制度的总体，即被称为"财产法"⑤。因此，以萨维尼为主的潘德克吞学派对财产权二元体系形成的贡献主要是：

> 从对物权与对人权的混沌状态中直接提出物权与债权的区分，并将二者直接对立；指出了物权和债权的支配权和相对权内涵，即区分二者的内容标准；提出财产权概念，并将其内容涵盖于物权和债权，在学理

---

① 参见郭珊珊：《民商合一视角下民事权利体系的构建》，硕士学位论文，湖南大学法学院，2013年，第 23 页。

② 参见薛军：《略论德国民法潘得克吞体系的形成》，《中外法学》2003 年第 1 期；王木蕾：《物权债权二元体系的困境与出路》，硕士学位论文，暨南大学法学院，2011 年，第 34 页。

③ 参见［日］濑川信久：《物权债权二分论之意义及其适用范围》，其木提译，渠涛主编：《中日民商法研究》（第二卷），法律出版社 2004 年版，第 231 页。

④ 参见金可可：《私法体系中的债权物权区分说——萨维尼的理论贡献》，《中国社会科学》，2006年第 2 期；王木蕾：《物权债权二元体系的困境与出路》，硕士学位论文，暨南大学法学院，2011 年，第 22 页。

⑤ 参见［德］萨维尼：《萨维尼论财产权》，金可可译，《中德私法研究》（2006 年第一卷），北京大学出版社 2006 年版，第 89 页。

上最终形成了财产权的二元体系。①

在学术界理论准备充分的基础上，1900 年颁布的《德国民法典》最终以实证法的形式确立了大陆法系民法财产权的二元体系，将纯粹理论上的学说转变成影响人们实际生活和行为的力量。《德国民法典》第二编为"债务关系法"，规定了合同、无因管理、不当得利和侵权行为等。② 第三编"物权法"，则由所有权、由用益物权和担保物权构成的他物权以及占有组成。③物权和债权的二元划分在德国占有如此重要的地位，以至于德国学者雅科布斯高调评论道：

> 德国的法典编纂的体系特点并不是五编制，也不是在法典的开始设置总则编，而是对物法与债法的截然区分。④

（二）物权债权二元区分的法理基础

1. 罗马法中的"对人之诉"和"对物之诉"是物权债权二元区分的起点

罗马法完全没有形成物权债权区分的模糊雏形，物和所有权的概念在罗马法中占据了绝对重要的地位，⑤ 他物权和债权以无体物的形式成为所有权的客体，使得债权难以跳脱所有权客体的局限而成为与物权并列的权利。相反，罗马法的诉讼制度非常发达，正所谓：

> 法律秩序必须向个人提供通过诉讼的方法而使他的诉讼要求得以实

---

① 余志源：《民法财产权二元体系的反思》，硕士学位论文，中国政法大学国际法学院，2007 年，第 17 页。

② 参见《德国民法典》，陈卫佐译，法律出版社 2004 年版，第 73—274 页；王木蕾：《物权债权二元体系的困境与出路》，硕士学位论文，暨南大学法学院，2011 年，第 41 页。

③ 参见《德国民法典》，陈卫佐译，法律出版社 2004 年版，第 123 页。

④ ［德］霍尔斯特·海因里希·雅科布斯：《十九世纪德国民法科学与立法》，王娜译，涂长风校，法律出版社 2003 年版，第 182—183 页；王木蕾：《物权债权二元体系的困境与出路》，硕士学位论文，暨南大学法学院，2011 年，第 15 页。

⑤ 参见［意］桑德罗·斯奇巴尼选编：《物与物权》（第 1 版），范怀俊译，中国政法大学出版社 1993 年版，第 3 页。

现的可能性。①

因而，诉讼制度必须提供对于私人权利的全面保护，基于此，罗马私法将诉讼分为"对物之诉"和"对人之诉"。萨维尼将"对物之诉"界定为对不以任何名义对他负债的人起诉，而对某人就某物提出争议的诉讼；"对人之诉"指对因契约或因非行为对他负债的人提起的诉讼。② 马俊驹教授进一步阐述为"对物之诉"是指拥有排他性权利的人可以对任何侵犯其占有权的人提起诉讼，以保护对实物的占有；"对人之诉"是指个人对负有义务的人提起诉讼请求，以促使对方履行义务。③ 萨维尼认为：

> 对人之诉只能够针对特定的已知的人，而对物之诉针对的是不特定、未知的人。④

"对物之诉"和"对人之诉"可以作为区分物权债权的标准，区分的关键在于对抗对象的绝对性和相对性，但同时，萨维尼又反对将绝对性和相对性作为区分物权债权的标准，因为这种分类方式会遮蔽家庭权与债权之间的本质区别，因为按照这种分类方式，两者均属于相对权。⑤ 可以看出，罗马法已经开始朦胧地从绝对权与相对权的意义上对权利进行保护了。

2. "对物权"和"对人权"的提出为债权进入财产法体系奠定基础

格劳秀斯将物权债权的二元区分体系进一步完善化和成熟化，提出了对人权和对物权。格劳秀斯在其《荷兰法学导论》一书中采用人法、物法、债法三编，并将权利分为对人权和对物权，对人权是"某人针对另一人享

---

① 马俊驹、梅夏英：《财产权制度的历史评析和现实思考》，《中国社会科学》1999 年第 1 期。

② 参见［德］萨维尼：《萨维尼对人之诉和对物之诉》，田士永译，《中德私法研究》（2006 年第 1 卷），北京大学出版社 2006 年版，第 221 页。

③ 参见马俊驹、梅夏英：《财产权制度的历史评析和现实思考》，《中国社会科学》1999 年第 1 期。

④ ［德］萨维尼：《萨维尼对人之诉和对物之诉》，田士永译，《中德私法研究》（2006 年第 1 卷），北京大学出版社 2006 年版，第 94 页。

⑤ 参见金可可：《债权物权区分说的构成要素》，《法学研究》2005 年第 1 期。

有的、自该他人处取得某物或某种行为的财产权"①。格劳秀斯将对人权定义为一种财产权,为后来法学理论界将物权与债权统一到一个财产法体系中奠定了理论基础。

3."绝对权"和"相对权"开创了区分现代物权债权的新标准

"对物之诉"与"对人之诉"和"对物权"与"对人权"都是以对象为标准进行区分的,康德在其《法的形而上学原理——权利的科学》中首次提出了"绝对权"与"相对权"的区分,第一次从权利的效力方面提供了物权债权二元区分的标准。同时提出了物权的正确定义,物权"是一种反对所有其他人占有该物的权利"②,这一定义完全符合后世对绝对权定义的特性和要件。同样,康德认为对人权是:

占有另一人积极的自由意志,即通过我的意志,去规定另一个人的自由意志去做出某种行为的力量。③

并且对人权的获得,绝对不能是原始的或者专断的,必须符合我的意志的自由与其他每一个人的自由之间取得和谐的原则。④ 这里的对人权就是针对特定人的权利,该特定人负有义务或受到某种特定的约束,即相对权。

康德开创了一种从绝对权与相对权意义上去理解对物权与对人权的区分标准,而绝对权与相对权的区分又是现代意义上区分债权物权的主要标准之一——效力标准。

4."支配权"与"请求权"的提出界定了物权债权区分的核心

萨维尼继承了康德绝对权与相对权区分的思想,从权利效力的角度区分物权与债权,但是并不满足于此。萨维尼进一步将物权界定为"以某人格对某物不受限制的、排他支配的形式表现出来"的,"所有权是个人对某物

① 金可可:《对人权与对物权的区分理论的历史渊源——从罗马法的复兴到自然法学派》,吴汉东主编:《私法研究》(第4卷),中国政法大学出版社2004年版,第489页。
② [德]康德:《法的形而上学原理——权利的科学》(第1版),沈叔平译,商务印书馆1991年版,第73—74页。
③ 王轶、关淑芳:《物权债权区分论的五个理论维度》,《吉林大学社会科学学报》2014年第5期。
④ 参见[德]康德:《法的形而上学原理——权利的科学》(第1版),沈叔平译,商务印书馆1991年版,第87页。

唯一的支配"，"他物权是在所有权内部进行的有限支配"。① 萨维尼将支配性作为物权的核心内容。后来，温德夏特教授从罗马法中"诉"的概念中提出了请求权的概念，并为《德国民法典》最终采纳。支配权和请求权成了物权债权区分的核心内容与标准。

二、财产权利体系的发展及现有财产制度的缺陷

伴随市场经济的繁盛，出现了越来越多的虚拟无形财产，进而衍生了无形的财产权。同时，随着财产权利的发展，物权债权已经不能完全表达所有具有财产价值并且能够以金钱方式确定其价值大小的财产权利形态了，最突出的就是物权债权二元区分体系没有囊括知识产权。法国学者对于财产权利的划分很早即认识到，权利人可能享有在性质上既不是完全的物权，也不是完全的债权，而是同时具有物权和债权的性质，很难将其简单地纳入物权和债权范畴的一种独立的财产权利，并称其为"混合权"，并将财产权体系划分为物权、债权和混合权三种。②

随着权利客体的多元化，众多无形财产权、基于人格利益产生的财产权等逐渐涌现，现有的物权债权二元体系不足以囊括所有的财产权利。

（一）传统物权债权二元区分的财产权利体系面临的困境

传统民法理论研究财产权时，将其分为物权和债权。物权是一种支配权，物权人可以依照自己的意思对物进行直接的支配利用，无须征求他人的意见。而债权是一种请求权，其实现不可依靠自己单独完成，必须要依靠他人的配合。传统民法将物权和债权作为财产权的基本类型，并形成了财产权的二元化体系。然而，随着社会的发展，出现一些财产权既有物权的特征，也有债权的特征。③

1. 物权债权化

物权债权化，从一种动态的视野来看，可以归纳为从物权目的性向债权

① ［德］萨维尼：《萨维尼论财产权》，金可可译，《中德私法研究》（2006 年第 1 卷），北京大学出版社 2006 年版，第 165 页。

② 参见张民安：《法国民法》，清华大学出版社 2015 年版，第 62 页。

③ 参见郭珊珊：《民商合一视角下民事权利体系的构建》，硕士学位论文，湖南大学法学院，2013 年，第 38 页。

目的性的演进，以及由物权用益向债权用益的发展。① 物权债权化分为两种模式：不动产物权债权化与动产物权的债权化。不动产物权债权化还可以体现为不动产所有权的债权化、不动产用益物权的债权化和不动产担保物权的债权化。而这三类物权的债权化都与资产证券化息息相关，因此它们又统称为不动产证券化。② 不动产证券化，是 20 世纪 60 年代产生于美国的一种经济和法律制度，其主要是通过特定主体将不动产物权（有时也将与其相关的债权整合为资产群）再委托特定机构将其拆分为小额债权，并就此发行股票，债券或受益权证书等有价证券的过程。③ 动产物权债权化包括动产使用价值的债权化和动产交换价值的债权化。④ 但就我国的立法体系而言，不动产物权债权化是否成立值得商榷。我国不存在不动产物权债权化的问题，并且动产物权债权化的重要表现形式——动产抵押、质押、让与担保，应当理解为动产物权的利用方式，日本学者我妻荣也承认：

> 把这种现象看作财产债权化不见得适当。⑤

物权是基于物的占有、使用、收益、处分而形成的权利，债权权利则根源于双方合意，此乃两者本质差别。因此，不能因为现代物权利用方式上表现为合同形式而否定物权性质。物权债权化问题就我国而言，实质上难以对财产权的二元体系产生冲击，可以认为物权的债权化问题在我国目前是一个"伪命题"。

信托权是物权债权化所产生的。信托作为一种转移与管理财产的制度，

---

① 参见许多奇：《债法现代化的法理基础与债权地位提升》，梁慧星主编：《民商法论丛》（第 31 卷），法律出版社 2004 年版，第 348 页。

② 参见余志源：《民法财产权二元体系的反思》，硕士学位论文，中国政法大学国际法学院，2007 年，第 35 页。

③ 参见田土城：《不动产证券化初探》，《郑州大学学报（哲学社会科学版）》，2004 年第 2 期；王木蕾：《物权债权二元体系的困境与出路》，硕士学位论文，暨南大学法学院，2011 年，第 25 页。

④ 参见［日］我妻荣：《债权在近代法中的优越地位》（第 1 版），王书江、张雷译，谢怀栻校，中国大百科全书出版社 1999 年版，第 67—101 页。

⑤ ［日］我妻荣：《债权在近代法中的优越地位》（第 1 版），王书江、张雷译，谢怀栻校，中国大百科全书出版社 1999 年版，第 68 页。

起源于中世纪的英国。① 按照英美法系的私权理论，信托权是其财产权法律制度的综合反映。英国的财产法渊源于中世纪的封建土地保有制度，其财产权制度最重要的意义是确认财产的归属，其权利并不是单一的权利，而是多项权利的集合体，亦即在同一财产上可以存在多种所有权。信托权正是在这种前提下产生的，因此，在英美法学家看来，信托关系就是所有权人和信托权利人共享所有权的关系。② 但是在大陆法系却受"一物一权原则"的制约，在一物上只能存在一个所有权，不能存在多重所有关系，这恰恰是与信托法律制度的本质格格不入的。因为信托法律制度的本质在于信托财产的占有、支配与信托财产的受益相互分离，而其法律表象便是同一信托财产上并存的"普通法上的财产权"和"衡平法上的财产权"分属于信托法律关系中的受托人和受益人。信托法律制度的这种法律设计显然与大陆法系的"一物一权"原则基础之上的所有权理念形成法律冲突。③

在大陆法系的理论看来，信托关系意味着信托财产之上"权"与"利"的分离，即所有权权能的分离，受托人对信托财产的权利并不是严格意义上的所有权，而只是以使用和管理为中心的权利，是一种新型的权利组合。④ 处分管理权归于受托人，收益支配权归于受益人。在信托关系中，受托人享有名义上的所有权和完整的管理权，该项权利属于物权性质；而受益人既有请求受托人给予利益之债权，也有行使撤销与追及之物权，⑤ 因而可以说，信托权打破了物权债权二元区分的格局，应作为一种新型的财产权利，不能简单地归于物权或者债权。

2. 债权物权化

"债权物权化"是德国学者杜尔凯特于 1951 年发表同名著作才进入学界视野的，它系指债权"具有某些物权特性"⑥。这里，"物权化"意味着"绝对性"，而"绝对性"是在权利的结构之外，标志"物法上的权利"

---

① 参见吴汉东：《论财产权体系——兼论民法典中的"财产权总则"》，《中国法学》2005 年第 2 期。

② 参见周小明：《信托制度比较法研究》，法律出版社 1996 年版，第 26 页。

③ 参见贾林青：《信托财产权的法律性质和结构之我见》，《法学家》2005 年第 5 期。

④ 参见贾林青：《信托财产权的法律性质和结构之我见》，《法学家》2005 年第 5 期。

⑤ 参见吴汉东：《论财产权体系——兼论民法典中的"财产权总则"》，《中国法学》2005 年第 2 期。

⑥ ［德］赫尔曼·魏特瑞尔：《物权化的债之关系》，张双根译，王洪亮校，《中德私法研究》（2006 年第一卷），北京大学出版社 2006 年版，第 137 页。

（特别是物权）作为支配权的一种要素。① 通常认为债权物权化在我国主要有两种表现形式：租赁物权化与预告登记制度。外国立法中亦有保险契约物权化——买卖不破保险②、分管契约物权化等形式。在我国主要的两种形式中，前者与后两者的"绝对性"权利来源不同。

（1）债权物权化产生的租赁权

租赁权，是指对他人不动产租赁使用的权利，系本身基于租赁合同设定的债权，没有对抗第三人的效力。随着商品经济的发展，物权利用的形式越来越多样化，由原来人对物的支配关系转换到所有人对非所有人之间的权利义务关系。物权的实现途径逐渐通过在所有物上设定他物权的方式来行使，而为了保护不动产承租人的利益，逐渐开始承认租赁权具有物权的效力，出现了"租赁权物权化"的趋势，逐渐强化了租赁权的权利效力，使其具备对抗不动产所有人的法律效力：

> 其一，确立了"买卖不破租赁"原则，在不动产租赁期间，租赁物发生所有权变动的，不影响原有租赁合同的效力；其二，不动产承租人享有"优先购买权"，即出租人出卖其租赁不动产时，应当在出卖之前的合理期间内通知承租人，承租人享有同等条件下优先购买的权利。"租赁权的物权化"现象，使得租赁权不再简单地属于"物权"或者"债权"，而是一种混合型的新型权利。③

（2）债权物权化产生的预告登记权

预告登记权可以描述为"在土地登记簿中进行公示的、具有一定物权效力的、对以物权变动为内容之请求权的担保"④。预告登记制度之所以被

---

① 参见［德］卡尔·拉伦茨：《德国民法通论》（上册），王晓晔等译，法律出版社2003年版，第302页；乐科：《论债权相对性原则及发展》，硕士学位论文，华东政法大学民商法学院，2004年，第33页。

② 参见德国《保险契约法》第69条以下规定，在保险标的物被其所有权人予以转让时，就其享有所有权期间，基于保险关系而生的投保人的权利与义务，取得人取代原所有权人，而成为投保人。

③ 吴汉东：《论财产权体系——兼论民法典中的"财产权总则"》，《中国法学》2005年第2期；江平主编：《民法学》，中国政法大学出版社1999年版，第680页。

④ ［德］鲍尔、施蒂尔纳：《德国物权法》（上册），张双根译，法律出版社2004年版，第444页。

列为债权物权化之重要论据之一，主要是因为该制度具有如下不同于债权之效力：第一，担保效力，也即相对的不生效力。预告登记之后，权利人仍有权处分其权利，但对预告登记被保护者而言，该处分行为相对的不生效力，即在"其会挫败或妨害请求权时"，该处分行为则不生效力。第二，完全效力，也就是说在效力上如同一项限制物权。其一，债务人破产或支付不能时，因预告登记而受保护之债权人，仍可在破产清偿程序之外向破产管理人请求履行该请求权，从而获得破产法上的别除权。其二，强制拍卖中，若预告登记优于申请强制执行之债权人，则预告登记继续存在并生效。① 其三，发生继承时，债务人的继承人不得主张自己责任之限制，而必须对预告登记所保护之请求权负履行责任。第三，顺位效力。针对以权利之赋予为内容的预告登记而言，被预告登记之权利，若嗣后被正式登记，则其时间顺位溯及至预告登记之时。②

　　笔者认为，买卖不破租赁与预告登记制度虽然具有"绝对性"，但难以对财产权的二元体系产生根本的冲击，其根本原因在于两者的"物权化"都有公权力的介入以及公共政策的衡量。租赁物权化的最主要原因是保护弱者利益。尽管在现代社会，承租人不一定是弱者——承租人概念涵盖的社会经济活动者之广泛，从住屋承租到表演场所的承租，到录影带、汽车的承租，如何能作为社会政策的标的？谁又能说，承租人一定是经济的弱者，③但我国买卖不破租赁特指不动产房屋租赁合同，对于承租人基本生存利益的特别照顾，是合情合理的。德国法的理由别无二致，仍然是保护承租人的利益。④ 政策对于弱者利益的保护仍是买卖不破租赁的根本原因。预告登记制度所保护的不动产买受人相对于权利人明显处于弱势地位。对买受人而言，取得不动产的所有权远比违约损害赔偿更具有重要意义。从根源上看，通过在公权力机关进行登记从而取得担保效力与排他效力，完全是基于保护弱者

---

　　① 参见申卫星：《内容与形式之间：我国物权登记立法的完善》，《中外法学》2006 年第 2 期。

　　② 参见［德］鲍尔、施蒂尔纳：《德国物权法》（上册），张双根译，法律出版社 2004 年版，第 430—439 页。

　　③ 参见苏永钦：《关于租赁权物权效力的几个问题——从"民法"第四二五条的修正谈起》，苏永钦：《走入新世纪的私法自治》，中国政法大学出版社 2002 年版，第 338 页。

　　④ 参见［德］鲍尔、施蒂尔纳：《德国物权法》（上册），张双根译，法律出版社 2004 年版，第 107 页。

政策的考量，换而言之，预告登记制度本身即为政策的法律产物。法律引进政策制度是否具有正当性，颇有争议。反对者认为：

> 政策判断难免以违背民法"目的独立"性质为代价，而民法若是失去了"目的独立"性，自由秩序也许亦将随之崩溃。①

现代民法的价值是多元化的，除了意思自治外，公平、正义亦为所追求之价值，此与哈耶克所主张的"'目的独立'的规则（end-independent rules），即那些并不受限于遵循特别指定的目的的规则，也完全无力决定一项特定的行动，而只能界定出它们所许可的某些行动类型的范围——至于是否采取某项特定的行动，则由行动者本人根据他自己的目的加以决定"②，是有本质区别的。基于公平、正义的价值，以保护弱者利益为目的而规定的债权的物权化，与其说是对财产权二元体系的冲击，毋宁说是现代民法对传统体系的补充，是法律随时代进步的体现。

3. 不属于现存物权体系中的新型用益物权

传统意义上的物权具有本身的局限性，随着权利客体的日益丰富，原来不为人们认识或者控制的事物逐渐成为权利的客体，进而产生出不属于传统物权范围内的新型物权。面对物权客体的不断扩张，传统的物权体系面临着重新规制的必要。

（1）环境物权。随着人们越来越认识到环境资源的重要性，"绿色民法"观逐渐被学者提出，一些环境法学者提出：

> 环境资源具有经济价值和生态机制的双重功能，环境资源就其整体而不能为人们所控制，但其局部和部分功能却可以成为人们控制和利用

---

① 朱庆育：《"买卖不破租赁"的正当性》，《中德私法研究》（2006 年第一卷），北京大学出版社 2006 年版，第 123 页；翟新辉：《论租赁权相关法律漏洞的补充——兼谈我国合同法及物权法相关条款的修改》，《学术交流》2011 年第 7 期。

② ［英］弗里德利希·冯·哈耶克：《法律、立法与自由》（第二、三卷），邓正来等译，中国大百科全书出版社 2000 年版，第 57 页；易军：《法律行为生效：一种新要件体系的证成》，《法商研究》2012 年第 3 期。

的客体。①

因而，在新的环境客体上，应创设新的以利用和保护为主的包括环境使用权、环境保护相邻权等在内的物权体系。

（2）区分地上权。一些国家和地区早已经通过司法解释、判例等创设了所谓的区分地上权，②旨在于土地的空间上下进行划分，分别对地面、空中和地下分层利用。

4. 不属于现存债权体系中的新型债权

这类债权主要是指由于债权证券化产生的票据权利，票据权利是一种特殊的金钱债权，是指票据权利人依据票据请求他人支付一定金钱的权利。票据权利与票据合二为一，也就是所谓的"债权的证券化"③。票据权利由证券所有权和证券权利组成，证券所有权是持有证券的人对构成证券的物质（即作为票据存在的纸张）的所有权；证券权利是指构成证券内容的权利，也即证券所表示的权利，是证券持有人依据票据可以享有的权利。④证券权利是一种债权，以票据所有权的存在为前提，它不同于民法上的债权，民法上的债权指享有一次请求权，而票据权利为了保护最后持票人的权利，规定了两次请求权，即付款请求权和追索权。⑤因而，票据权利是一种不同于传统债权权利的新型财产权利，是一种特殊的债权。

综上所述，现有财产权二元体系存在缺陷。上文已经论述到，物权的债权化实质是对物权利用方式的改变，债权的物权化是基于政策考虑而赋予特殊债权对抗效力，两者没有从根本上改变物权与债权的二元财产权体系。但是，随着社会经济的发展，出现了一些既不是传统意义上的典型物权，也不是典型意义上债权的新型权利形态，传统的物权、债权框架已经无法容纳这

①　吕忠梅：《关于物权法的"绿色"思考》，《中国法学》2000年第1期；吴汉东：《论财产权体系——兼论民法典中的"财产权总则"》，《中国法学》2005年第2期。

②　参见谢在全：《民法物权论》（上），中国政法大学出版社1999年版，第346页；吴汉东：《论财产权体系——兼论民法典中的"财产权总则"》，《中国法学》2005年第2期。

③　谢怀栻：《票据法概论》，法律出版社1997年版，第6页。

④　参见赵威：《票据权利研究》，法律出版社1997年版，第53页。

⑤　参见吴汉东：《论财产权体系——兼论民法典中的"财产权总则"》，《中国法学》2005年第2期。

些内容。① 有学者通过"色谱论"作了非常形象生动的说明：

> 自然界中存在红、黄、蓝三种"原色"，其他所有五彩斑斓的色彩都由这三种原色通过不同的种类、比例搭配而成，所有色彩组成的图谱即称为"色谱"。在民法财产权领域，物权、债权则可比作"原色"，其他诸如股权、信托财产权、公司法人财产权等新型权利都是由物权和债权通过不同比例组合而成。②

将财产权简单地分为物权和债权两种类型的二元立法模式，实际上采用的是抽象概念体系化方法。这种体系化方法为了力求其所构建体系的实现，而要求，"最抽象的概念都只能容许有两个——彼此处于矛盾对立关系的——导出概念，唯如是始能保障其所要求的圆满性"。而事实上，法律中经常有介于两者之间混合型的概念出现，类型化体系的开放性则允许这种权利的出现。③

（二）传统物权债权二元区分的财产权利体系难以实现民商合一

1. 物权债权体系外的商事财产权利

（1）股权

关于股权的性质，曾经有过"债权说"和"社员说"的争议。认为其性质为债权是因为股权中的分红权是一种财产请求权。认为其性质为社员权是因为股权中既有共益权又有自益权。④ 那么，股权中的自益权是属于财产权中的物权还是债权呢？关于"债权说"和"社员说"的争论足以证明，股权从整体上看既不是所有权也不是债权：

---

① 参见〔日〕藤冈康宏：《设立债权总则编的必要性与侵权法的发展》，丁相顺译，《人大法律评论》2003 年卷（总第五辑），中国人民大学出版社 2004 年版，第 187 页；〔日〕藤冈康宏：《为中国民法典积极建言》，丁相顺译，《检察日报》2003 年 7 月 15 日第 3 版。

② 刘保玉：《物权体系论——中国物权法上的物权类型设计》，人民法院出版社 2004 年版，第 65—66 页。

③ 参见郭珊珊：《民商合一视角下民事权利体系的构建》，硕士学位论文，湖南大学法学院，2013 年，第 19 页。

④ 参见郭珊珊：《民商合一视角下民事权利体系的构建》，硕士学位论文，湖南大学法学院，2013 年，第 20 页。

其一，股权不符合所有权权能的完整性，而是实现了所有权权能的最大分离；其二，它突破了所有权的单一形式与固有模式，形成了具有"权利束"特征的财产权。[①]

因而，相对于物权与债权来说，股权是一种新型的独立的财产权利，既不归属于物权也不归属于债权。

民事主体通过投资行为，用自己的财产所有权换取企业的股权，享有分享企业收益的权利，股权是连接民事财产权与商事财产权的纽带，因此，在民商合一的财产法一般规则中对股权予以规定是必要的。事实上，将其视为债权无法解决股权内容中的经营管理权利，若将其视为社员权，似乎将公司视为了某一种社团，社团强调的是人合性，而公司则毫无疑问地强调资合性。因此，笔者主张将股权作为一种独立的权利类型。上文在论述股权时，已经将股权分为共益权和自益权，并认为股权中的共益权的性质为身份权。将股权中的自益权纳入财产权体系，有助于解释以下具体问题：

第一，此种区分有利于解释股权抵押行为。如果将股权视为一种独立的民事权利类型，在股权出质的情况下，是否应认为股权的全部权能包括表决权在内，都已经进行了质押呢？如果肯定表决权在质押范围内，该表决权应由谁行使呢？是质权人还是出质人？若不认为表决权在质押范围内，也没有合理的理由予以解释。而此时若将股权中的自益权和共益权分开来，股权出质时，其质押的只是股权中的自益权，也就是财产权。股权中的经营管理权能是一种身份权，不能对其进行质押。这样一来，股权中的表决权仍由出质人行使。[②]

第二，有助于理解新股认购权的性质。对于新股认购权属于自益权或共益权，学者存在理论争议。我国传统观点认为，新股认购权权属于自益权[③]，国外亦有类似观点，如日本学者末永敏和认为，自益权是指股东为

---

①　吴汉东：《论财产权体系——兼论民法典中的"财产权总则"》，《中国法学》2005年第2期。

②　参见郭珊珊：《民商合一视角下民事权利体系的构建》，硕士学位论文，湖南大学法学院，2013年，第33页。

③　参见李有星：《公司规范运作法律研究》，浙江大学出版社2001年版，第76页。

了得到盈余分配为目的的权利，其中就包括新股认购权，[①] 韩国亦有学者指出，自益权是股东以从公司获得经济利益或其他便益为目的的权利，它包括新股认购权。[②] 反对观点认为，行使优先认购权远超于自益权的范围：立法者赋予股东优先认购权，其目的在于保障原有股东的比例性利益。从另一个角度看，优先认购权又是对股东权利的一种限制，因为股东只能按其持股比例认购新股，不得超出这一比例，否则就会损害其他股东的利益；公司赋予股东优先认购权，是要以此来达到有利于公司运营的目的；股东行使优先认购权，会给股东参与公司经营和公司控制权结构带来重大的影响。[③]

笔者认为将自益权纳入财产权体系而将共益权纳入身份权体系，可以解释新股优先认购权的性质，该权利属于自益权。自益权属于财产权，直接体现财产性目的，新股优先认购直接涉及财产变动，关乎股东财产收益，体现自益权的一般特征。共益权的行使以公司整体利益为优先考虑，不直接体现财产性。将股东的个人认购行为解释为以公司利益为第一考虑，不符合市场经济体制下"经济人"的基本假设，论据过于牵强。并且，是否涉及其他股东利益或者公司利益，不为自益权与共益权的区分标准。股权转让权必然也涉及股东利益或公司利益，但其作为自益权的性质是毋庸置疑的。综上所述，只要将自益权归入财产权体系，把握新股优先认购权的财产性本质，以上争议是可以避免的。对于股权的具体规定应结合前文述及的法人财产权形式的表决权规则进行规定。

（2）基于人格利益产生的财产化权利

人格权与财产权是对民事权利的最一般的分类，至今仍有现实意义。但随着法人在经济领域的发展，人格权与财产权出现了越来越多的交叉与融合，逐渐趋于相对。其中最突出的表现即为，在传统人格权之上衍生出的新

---

①　参见［日］末永敏和：《现代日本公司法》，人民法院出版社 2000 年版，第 68 页；苟丹：《自益抑或共益？——新股优先认购权的性质分析》，《黑龙江省政法管理干部学院学报》2003 年第 3 期。

②　参见李哲松：《韩国公司法》，吴日焕译，中国政法大学出版社 2000 年版，第 218—219 页；苟丹：《自益抑或共益？——新股优先认购权的性质分析》，《黑龙江省政法管理干部学院学报》2003 年第 3 期。

③　参见苟丹：《自益抑或共益？——新股优先认购权的性质分析》，《黑龙江省政法管理干部学院学报》2003 年第 3 期。

型的财产权利，体现在法人领域就是由商人人格利益衍生出的资信类的财产权利。某些民法上的人格利益演变成了商业人格利益，继而由商业上的名誉、荣誉产生了商誉权、信誉权；由于对姓名、肖像、形体的商业利用产生了形象权。而商业的人格利益就是指在经营领域中诸如商誉、信用、形象等各种资信。① 这些资信利益虽不具有明显的财产内容，不同于传统的有体物，但都是具有经济利用价值的利益，兼具人格性与财产性的双重属性。对于基于人格利益产生的资信类权利中的商誉权，系指商业信誉和声誉，是商业主体的一种特殊的价值形态。吴汉东教授认为：

> 商誉是一种非物质形态的特殊财产，由此所生之权利当为财产权，应纳入到《民法典》中来，并作为法人的无体财产权加以保护。②

对于基于人格利益产生的资信类权利中的信用权，信用被界定为与赊购、信贷等交易活动有关，是当事人特殊经济能力（即偿付债务的能力）的表现，来源于社会对特定主体的评价。③ 吴汉东教授认为，信用权的内容包括资信利益的利用权，权利主体维持其资产信誉评价完整性的资信利益保有权和排除他人干涉社会评价中正当性的资信利益维护权。④ 信用虽然与特定主体的人身相联系，但信用权具有专属性，不属于名称权、名誉权等传统的人格权，是从一般人格权中分离出来的抽象的财产权。⑤ 对此，笔者认为，对于基于人格利益产生的资信类权利进行性质界定时，必须明确的是，并不是所有具有财产因素的人格利益都能纳入财产权利的范畴。商事主体作为市场经济活动的主要形式，其本身的营利性使建立在其之上的各类权利同时兼具人身属性与财产属性是市场交易的必然结果。法国学者认为，尽管权

---

① 参见吴汉东：《论财产权体系——兼论民法典中的"财产权总则"》，《中国法学》2005 年第 2 期。

② 吴汉东：《财产权客体制度论——以无形财产权客体为主要研究对象》，《法商研究》2000 年第 4 期。

③ 参见［英］戴维·M. 沃克主编：《牛津法律大辞典》，邓正来等译，光明日报出版社 1988 年版，第 381 页。

④ 参见吴汉东：《论信用权》，《法学》2001 年第 1 期。

⑤ 参见吴汉东：《论财产权体系——兼论民法典中的"财产权总则"》，《中国法学》2005 年第 2 期。

利中包含了财产价值与非财产价值，但是其中的财产价值仅居于次要的、从属的地位，这就是所谓的附属财产理论，[①] 其本身涵盖的财产属性并不能掩盖人格权的核心属性。

但如何判断由人格利益产生的资信类权利是人格权还是财产权，是民商合一形势下必须考虑的问题。笔者认为，虽然对于法人而言，名誉和信用本身能够体现为一定的财产利益，可以用货币来计算，但仍不能磨灭其本身浓厚的人身属性。商誉权和信用权的价值体现主要依靠社会评价，对法人不公正的社会评价可能会使其商誉和信用价值骤然下降，因而，对商誉权和信用权的事前保护尤为重要；对于商业秘密亦是如此，商业秘密一旦泄露，便失去了其应有的价值，其损失不能通过简单的金钱赔偿进行弥补，必须进行事前的防御。对此，基于人格利益产生的包括商誉权、信用权和商业秘密权在内的财产化权利不应纳入财产法体系中进行保护。

（3）特许经营权

"特许经营权"是指由于特许权人赋予某企业以从事特许经营事业的资格或能力，而使其获得的使用特许权人的商标服务标志、商业名称等知识产权或整个经营模式来进行商品或服务营销的私权。[②] 政府授予民事主体的特许经营权包括特种行业经营权、垄断经营权、资源开采经营权、资源专用权等；民事主体之间通过合同授予的特许经营权包括许可证经营权、商品或服务连锁经营权等。[③] 特许经营权的客体是作为经营性资信利益的"资格或能力"，其既不能被置于"物"的概念之下（资信利益显然不是有体物或是以权利为代表的无体物），也绝不能将其置于"行为"或"智力成果"的概念之下（智力成果虽同为无形财产，但其创造性的本质要求是经营性资信利益所不具备的），所以，特许经营权的客体——非物质性的"经营资格或能力"只可能以一种新的独立的无形财产形式而存在。[④]

---

① 张民安：《法国民法》，清华大学出版社 2015 年版，第 80 页。

② 参见杨明、曹明星：《特许经营权：一项独立的财产权》，《华中科技大学学报（社会科学版）》2003 年第 5 期。

③ 参见蔡吉祥：《无形资产》，海天出版社 1996 年版，第 15 页。

④ 参见杨明、曹明星：《特许经营权：一项独立的财产权》，《华中科技大学学报（社会科学版）》2003 年第 5 期。

（4）商事租赁权

我国《民法通则》第 37 条规定，法人应当有自己的场所，法人如果没有自己的经营场所，法人将无法设立。《公司法》第 25 条和第 77 条规定，有限责任公司和股份公司应当有自己的经营场所，如果没有自己的经营场所，有限责任公司和股份公司不得成立。[①] 经营场所是商事主体营业招揽顾客的关键场地，也是商事主体获得商人资格的必要条件，商人的经营场所在商法中具有重要意义。早期计划经济时期，商人都会建造自己的办公大楼开展营业活动，商人对自己的经营场所享有不动产所有权；但是现在，商人们不再拥有办公大楼的所有权，而是通过租赁他人的厂房和办公大楼开展经营活动，仅仅拥有租赁权。

商事租赁权与民事租赁权相比具有独特性：第一，商人经营场所的地理位置好坏对商人吸引顾客的流量起着重要作用，如果商人长期在租赁地开展经营活动，已经形成了相对固定的顾客群体，而如果租赁期满出租人不再租赁该经营地给此商人，商人要搬迁到其他地方必然会损失部分顾客群体，造成企业营业资本的下降。第二，商事租赁能够提高租赁物的市场价值。出租人将租赁物出租给商人后，商人在此进行经营活动，随着顾客流量的增多，必然会吸引更多的商人在此开展营业活动，商人承租的经营场所的市场价值也逐渐提高。此时，如果根据《合同法》第 235 条，"租赁期间届满，承租人应当返还出租物"的规定，出租人将其出租给其他商人，必然会获得远远高于原来的租金的价格。第三，民事租赁合同与商事租赁合同的租赁基础不同。民事租赁是建立在出租人与承租人相互信赖的基础上，出租人相信承租人可以良好地利用自己的房屋居住[②]，不会损坏自己的房屋，才会与之签订租赁合同；而商事租赁能够提高租赁物的市场价完全不是出于双方相互信赖的基础上，而是建立在经济利益的考量上。

基于上述民事租赁权与商事租赁权的差异，以及商事租赁权对商事活动的重要性，建立在民事租赁基础上规定的《合同法》相关规则势必难以应对商事租赁权的特殊性，因而，对于商事租赁权应予以特别规定。基于地理

---

① 参见张民安、龚赛红：《商事经营场所租赁权研究》，《当代法学》2006 年第 4 期。

② 参见张民安、龚赛红：《商事经营场所租赁权研究》，《当代法学》2006 年第 4 期。

位置对保护和稳定商业基础设施的重要作用，应赋予商事租赁权主体续约权，即商事租赁权人对其经营活动的场所享有延展租约的权利。如果出租人不同意承租人的请求，又不是出于自己居住或者承租人滥用租赁物的正当理由时，可以要求出租人向承租人支付一笔赔偿金，以弥补承租人因为被剥夺续租权而遭受的损失。①

2. 民商合一视角下现有财产权体系的缺陷

现有的财产权二元体系难以容纳在市场经济发展中出现的商事财产权利，而这些商事财产权利对于法人的经营活动却尤为重要。传统财产权体系建立在民法自然人的基础上，而缺乏统领各类商事权利的法人财产权制度，势必难以迎合民商合一的立法趋势。民商合一趋势下各类财产权的商事属性凸显，欲实现民商合一，必须对民事财产权利与商事财产权利进行整合。

第一，现有财产权体系没有确定法人财产权制度，导致在财产权利领域难以真正实现民商合一。法人与一般团体的本质差异就在于财产权的独立程度，只有具备独立财产的主体才为法人，反之则为一般团体。因而，规定法人财产权非常重要。法人财产权是法人承担责任的基础，但是作为团体形式存在的法人，法人财产权是多数人以组织的形式形成的财产，在财产所有权性质、权利行使规则、个人的权利范围、责任承担方式等方面与传统的物权债权具有明显的区别。然而，我国现行法律是在自然人财产权制度上建立的体系，更加注重的是个人财产权利的保护，而作为市场交易主体的法人的财产权其行使更加注重的是交易安全，体现的是"维护契约"的精神。② 然而，我国现行法对法人财产权的规定仅散见于《公司法》《合伙企业法》《民法通则》之中。《公司法》第 4 条明确规定了法人财产权，③ 标志着我国正式确立了"法人财产权"这一法律术语。然而，也仅是出现了"法人财产权"的概念，但其性质界定及内涵如何并未给出合理的界定。其次，仅对公司的法人财产权做了概括的规定，但法人概念重构后的法人财产不仅包括公司法人的财产权，还包括合伙企业等法人的财产权。

第二，现有财产法体系没有确定法人财产权的行使方式。法人的团体

① 参见张民安、龚赛红：《商事经营场所租赁权研究》，《当代法学》2006 年第 4 期。
② 参见柳经纬：《编纂一部商事品格的民法典》，《比较法研究》2016 年第 1 期。
③ "公司享有股东投资形成的全部法人财产权，公司中的国有资产所有权属于国家。"

性因素注定其行使财产权的方式与自然人行使财产权的方式存在巨大差异，法人是人联合的组织体，但是法人意志的形成并不能由法人成员的意志简单相加。然而，法人财产权是法人享有民事权利、承担民事义务的前提和基础，法人财产权的行使是法人盈利的基本手段，法人成员的意志通过何种程序最终形成法人意志，法人财产权如何行使才能实现法人成员的最大利益，这些都说明在民法典编纂中规定法人财产权的行使规则的重要性。

第三，现有财产法体系没有确定法人财产权的责任承担。重构法人概念后，法人不止包括有限公司形式的团体组织，也将涵盖合伙企业等组织形式。法人承担的责任也不仅是以法人的全部财产承担对外债务，成员仅承担出资风险的有限责任这一种责任承担形式；同样包括法人财产优先清偿法人债务、法人财产不足以清偿所有债务的则由法人成员财产清偿的责任形式。然而，随着社会经济的发展，商事主体形式的增多，必然将产生新的法人形态，如何概括地规定适合于所有法人形态的责任承担方式，必将是民法典编纂中一个重要的问题。

三、未来民法典总则应规定财产法的一般规则

(一) 规定财产法一般规则的必要性

1. 传统的民事财产权利体系难以实现商事财产权利的融合

欲实现现有财产权体系上的民商合一，实现民法对商法的统领和有效规制，在财产权规则上必须进行适当的整合。实现民商合一的一个主要体现即为实现民事财产权利和商事财产权利在同一层次上的定位，加之由于法律体系形成的原因使民法财产法概念体系在技术上很难适用于商法，因而构建一个独立于现有民事财产权利体系的统领民商事财产权利体系的财产法一般规定实为必要。

自罗马法以来，传统大陆法的财产法概念体系的建立是在朴素的财产观基础上的，以具体的"物"为基点展开，依据物的占有和流通形成了"物权"和"债权"二元划分的财产权体系。一直到德国、法国民法典都是以有形物的占有秩序为基点构建财产权体系，然而"物权债权二元体系"也正是早期欠发达商品经济发展的体现，不仅表现为一种单纯的财产权，更体

现了一种国家治理秩序，其物权的分配和界定与社会的秩序紧密相关。① 而商法是商品经济发展到一定阶段的产物，商法的财产流通大多表现为无体财产的特征，没有"物"的介入，只通过无形的票据、营业权和股权的流转就能获得大量的金钱财富，② 商法制度确立的财产权规则是开放的、多元化的，因而商事交易行为规则大多表现为一套严谨的、实务的操作规范。

民法财产权体系以"物"为基点构建的特点使商法财产权体系难以融入其中。然而，现代经济的发展使民法和商法的功能越来越趋于同一，民法的功能由早期社会的基本社会制度和对人权的宣示，蜕变成了对高度发达经济中的人身关系与财产关系的调整，民法典的工具性逐渐增强。而商主体这一特殊的社会阶层也逐渐成为市场交易的活跃阶层，高度发达的市场经济条件下必将实现民商事财产权利的统一与融合。而我国商法大多以特别法、单行法的形式存在，若要实现商事财产权利与民事财产权利的融合，就必须拓展现有民事财产权利体系的构建基点，拓展现有的民事财产权利的形态，必须依靠统领民商事财产权利体系的财产法一般规则来打开商事财产权利进入民法典的大门。

2. 财产法一般规则可以实现民商事财产权利的整合

现代民法总则作为民法的整合工具，体现为对存在于民法领域中的各项制度进行规定，但不可能仅仅涉及某一类型的法律关系的规定，否则将会影响总则与分则间的基本逻辑。③ 制定调整具体财产关系领域的财产法基本规则，可以说是对于民法典中财产权利关系的整合。传统民法中，财产关系和财产权利过于分散化，囿于民法确立的"物权债权二元区分体系"的划分，很多财产关系很难融入传统的财产关系领域，学界也出现了诸多关于新型财产权归属于"物权"还是"债权"的讨论。财产法一般规则是对民商事财产关系的统一规范，既可以克服传统财产关系和财产权利关系的过于分散，又可以扩大现行民法典财产关系的适用范围，真正为实现民商合一奠定理论基础。

---

① 参见马俊驹、梅夏英：《我国未来民法典中设置财产权总则编的理由和基本构想》，《中国法学》2004 年第 4 期。

② 参见宋军亮：《我国未来民法典中财产权总则编之设置》，《平原大学学报》2006 年第 8 期。

③ 参见马俊驹、梅夏英：《我国未来民法典中设置财产权总则编的理由和基本构想》，《中国法学》2004 年第 4 期。

3. 民法总则编的设置需要实现抽象财产权与具体财产权的衔接

真正意义上的总则应该是对各种法律要素进行最大化地概括抽象，从而获得普世效果，只有这样，当新的权利形式出现后，才能通过总则制度将其纳入民法典的调整范围。而现有的民法典模式难以实现对新型财产权利的接纳，笔者认为主要有两方面的原因：其一，目前民法典主要是以权利为线索展开的，进而形成了物权、债权等各编，然而却很难在总则中找到与物权、债权相对应的财产权利抽象物，可以说，现有的民法总则并没有很好地实现对各项财产权利的统合，才会使如知识产权制度、商事财产权制度难以进入民法财产权利体系，而以单行法的形式游离于民法典之外。民法典总则对财产权利体系合功能的缺失，使尽快制定财产法一般规则具有现实的必要性。其二，民法总则应是调整民法各领域的一般规范，但现代社会中的一些财产形式，如无形财产等，常常难以在民法典中找到相关权利规定，既因权利过于具体而难以在总括性的民法典总则中规定，又因传统"物权债权二元区分"的界限过于明确，而难以将新型财产权利归入物权或者债权体系。在总括性的民法典总则与具体的物法、债法等具体权利规定之间，有必要设置财产法一般规则作为过渡的中间层次，这样既能实现一般与多样性的整合，弥补总则权利规范的缺失，又能发挥对民商事财产权利的整合，扩大传统民法典的适用范围，实现其对民事各领域的统领作用。

（二）财产法一般规则编纂体例的选择

1. 制定财产法总则的不可行性

不可否认，诸多学者都认识到了制定财产法一般规则对于实现民商合一的必要性，对于财产法一般规则的具体存在形式也都主张制定"财产法总则"的形式。如吴汉东认为，我国民法典编纂应该借鉴《荷兰民法典》的立法模式，抛弃传统潘德克吞立法体例的"总则—分则"的叙述模式，设立多层次、复合型的"总则—分则"模式，设立"财产法总则"，对民商事财产关系作出一般性规定。[①] 笔者认为，即便制定了财产法总则，也只能是对物权一般规则、债权一般规则进行规定，对于物权、债权的具体规定还是

---

① 参见吴汉东：《论财产权体系——兼论民法典中的"财产权总则"》，《中国法学》2005 年第 2 期。

要放在物权和债权专章中规定，这样便形成了"总则—总则—分则"的形式，一方面，易造成体系的混乱；另一方面，若要与其他领域的法律规定形成融合，也要专门再制定人格权总则。而人格权与财产权的差异决定了制定人格权总则的不可行性，财产关系之所以能够在一定程度上整合，是与财产主体可以在"交易人"这一假设下统一起来相关的。① 所有的财产主体可以被同等对待，对于财产权利形态可以从行为模式的角度统一进行规定，从而建立较为体系化、具有普遍适用价值的财产法总则。而人身关系不仅涉及人身权，更与人身关系主体的地位密不可分。每一个具体的人身关系都是由人身权主体的性质决定的，立法上不能将人身关系脱离人本身而独立建立人身权制度，这也决定了人身权不属于权利制度的整合范畴，也无法脱离于对具体人身关系的描述而归纳出适用于全部人身权利关系的人身权总则。

有学者认为，民法典中必须设立财产法总则，否则在逻辑上将无法涵盖全部财产类型和内容，在法典中必然会遗漏重要的问题，进而对市场经济造成不可估计的损害。② 对此，笔者认为，我国要制定的从来都不是一个大而全的民法典，不是一个完全包容性的民法典，而是一个开放的民法典。任何追求全面的民法典都将难以适应现实的发展，终将被时代所抛弃。只有在民法典总则中对财产权利作出一般规定，既能保证总则的统领性，又能体现民法的开放性，才能为未来出现的财产权利进入民法规制打开渠道。对于财产权利的一般规定，并不要求对每一项现存的或者将来出现的财产权利都作出规定，财产权利一般规定的开放性建立在对基本概念的准确界定之上。首先，对财产权的概念要保持开放性的界定，不能局限于现有的财产权利；其次，对于财产权利类型的规定要兼具包容性，可以采取列举加兜底规定的方式；最后，财产权的一般规定必须打破传统的物权债权二元区分体系。原有的物权债权二元区分体系固有的局限性，使得知识产权、法人财产权等新型的商事领域的财产权利无法进入财产权规制的大门，对于一些新型的权利也囿于归属于"物权"还是"债权"的争论中，因而，只有打破物权债权二

---

① 参见马俊驹、梅夏英：《我国未来民法典中设置财产权总则编的理由和基本构想》，《中国法学》2004 年第 4 期。

② 参见王涌：《财产权谱系、财产权法定主义与民法典（财产法总则）》，《政法论坛》2016 年第 1 期。

元区分的格局才能实现民商合一下财产权利规定的开放性。

2. 财产法一般规则编纂体例的选择

我国目前采取的是德国潘德克吞式的立法体例，法典按编章进行演绎式排列。但目前的民法典总则难以真正实现民商合一的目标。在民法总则中有关于财产的抽象的原则性的规定，又分物权、债权、继承三编对具体的财产关系进行规定。传统的物权债权二元区分的财产体系虽是一个严谨的体系，但过于僵化和封闭，缺乏开放性，亦即物权债权二元区分的财产体系未能充分考虑知识产权、法人财产权和其他财产权利的制度空间，在民商合一形势下的民法典编纂中必须突破传统的物权债权二元区分体系，为知识产权、法人财产权等新型财产权进入财产法体系打开大门。

在财产权利关系民商合一的形势下，民法典总则仍然有存在的必要性。首先，民法典总则中含有普适性的一般规定，如法律行为制度没有在专门的编章结构中存在的余地，只能在总则中单独地予以规定；其次，民法总则中的基本原则可以对普通法和特别法起到一个统率的作用，以适应法律关系的无穷膨胀。保留民法典总则是适应潘德克吞的立法体例的，对于现有民法总则难以统领民商事财产权利的局限，应该做的是改进民法典总则，将财产法一般规则规定纳入民法典总则之中，使其具有对民商事各领域进行统领之功能，从而成为真正的潘德克吞法学意义上的民法总则。①

（三）是否要规定营业资产

1. 营业资产范围的确定

营业是一个具有多重含义和多重属性的词汇。日本商法学中"营业"一词是个非常重要的概念，对于商人和商行为都需借助营业来界定。②"营业"分为主观营业和客观营业，"主观营业"是指商人从事的营利性活动，"客观营业"指的是可以成为转让、出资、租赁及担保等法律行为的对象。③

---

① 参见吴汉东：《论财产权体系——兼论民法典中的"财产权总则"》，《中国法学》2005 年第 2 期。

② 参见徐喜荣：《营业：商法建构之脊梁——域外立法及学说对中国的启示》，《政治与法律》2012 年第 6 期。

③ 参见刘成杰译注，柳经纬审校：《日本最新商法典译注》，中国政法大学出版社 2012 年版，第 6 页；徐喜荣：《营业：商法建构之脊梁——域外立法及学说对中国的启示》，《政治与法律》2012 年第 6 期。

客观意义的营业相当于营业资产，日本学者龙田杰认为：

> 客观意义的营业由积极财产和消极财产构成，不同于简单财产的集合，而是根据一定的目的组织起来的有机体，是具有社会活动的东西。营业资产不仅仅包括物和权利，还包括根据经营活动积累起来的各种事实关系（包括老铺信誉、交易客户、供货商的固定交易关系、地理位置等）作为构成要素而形成的担负完成营业目的的组织，这些甚至比各种财产的总计具有更高的价值。①

关于营业资产的性质，日本学者存有很大的争议："营业财产说"认为，营业是用于营业的各种财产的总体；"营业组织说"则认为应从商人历史影响、商誉等具有财产价值的事实关系理解营业本质；"营业行为说"认为应从营业活动把握营业的本质。现在日本的通说是"修正的营业财产说"，认为营业资产是指物质性财产与营业中固定下来的各种事实关系的组织化、总括性的组织体。② 法国商法用商事营业资产界定客观意义的营业，营业资产一词是个很模糊的概念，主要是"指用于从事商业活动的，由无形财产和有形财产结合在一起的整体物"③，法国商法将商事营业资产界定为一种"无形动产"，商事营业资产是由"用于从事商业活动的全部不动产财产"构成的。④ 法国强调商事营业资产的动产性，将不动产排除在外。我国对于营业资产的界定，以谢怀栻先生的观点为代表，他认为：

> 营业资产包括各种不动产、动产、无体财产、债权等形态的积极财产与消极财产（负债），另外还包括专有技术、信誉、顾客关系、销售

---

① ［日］龙田杰：《商法略说》，谢次昌译，甘肃人民出版社 1985 年版，第 22—23 页；李飞：《营业财产理论评析——构成要素、性质及其在商法上的地位》，《法律科学（西北政法学院学报）》2008 年第 2 期。

② 参见［日］莲井良宪、森淳二郎：《商法总则·商行为法》（第 4 版），法律文化社 2006 年版，第 125 页；刘成杰译注：《日本最新商法典译注》，柳经纬审校，中国政法大学出版社 2012 年版，第 6 页。

③ 刘民安：《商法总则制度研究》，法律出版社 2007 年版，第 327—328 页。

④ 参见［法］伊夫·居荣：《法国商法》（第 1 卷），罗结珍、赵海峰译，法律出版社 2004 年版，第 703 页。

渠道、地理位置等在内的所谓"事实关系"。①

2. 营业资产概念本身的属性

营业资产的概念有诸多不确定之处，它本是属于会计学上的概念，会计学上的营业资产是指企业拥有或者控制的全部资产，包括流动资产、长期投资、固定资产、无形资产、延期资产和其他长期投资等，是可以记在资产负债表，评估企业负债能力的标准。商法上的营业资产不同于会计学上的营业资产，两者之间既有交叉又有互不涵盖的地方，商法上的营业资产不仅包括商品设备等可以纳入资产负债表的资产，同样包括店铺地理位置、商号招牌、顾客群体等具有商业价值，却无法纳入资产负债表中予以衡量的资产。因此，会计学上的营业资产只是营业资产的组成部分而非全部内容，营业资产是具有独特法律属性的财产形态，并且，营业资产由于各种资产的有机整合而具有营业资产的属性，各项独立的财产形态因被用于共同的经济目的而整合在一起时，便失去了其个体性质，原本孤立的财产形态成为一个概括的整体，从而发挥了超越各单项财产的整体价值。这一性质也决定了，营业资产概念必须是在一个概括的权利集合体的意义上使用，单独一项财产权利的让与不构成营业资产的让与，不能适用营业资产让与的规则。

营业资产具有价值的不确定性。不同行业、不同机构，从事不同的活动，其营业资产的构成也有很大的差别。即便是同一要素的财产形态，在不同的营业资产中地位也不相同，并且在营业过程中不断伴随着营业资产组成要素的变化。营业资产具有很大的不确定性，正如叶林教授所言：

> 营业资产价值并不单纯依赖于企业的盈利水平，也不单纯依赖于企业的净资产数额，而是其转让时形成的价格。——营业资产的评估价值并非营业市场的真实市场价值，营业资产具有创造价值的可能性，但最终价值只能通过签约、拍卖等市场交易才能确定。②

---

① 谢怀栻：《外国民商法精要》，法律出版社 2006 年版，第 257 页；徐喜荣：《营业：商法建构之脊梁——域外立法及学说对中国的启示》，《政治与法律》2012 年第 6 期。

② 叶林：《营业资产法律制度研究》，《甘肃政法学院学报》2007 年第 1 期。

每一个营业资产的转让中其营业资产的构成都不甚相同，如清华同方并购山东鲁颖公司和可口可乐公司、并购汇源果汁中的转让的营业资产构成便大不相同。营业资产的范围随买卖合同的变化而变化，它不同于物权、债权价值具有的特定性，法律不可能对其作出统一的规定。

3. 营业资产制度的功能主义角度

各国的营业资产机制大都集中在营业资产的转让制度中，探讨营业资产转让的诸多形式与内容。因而，考虑是否需要特设营业资产制度可以从营业资产转让的功能主义角度出发，探讨营业资产转让欲实现的价值功能，结合我国当前的法律现实规定是否有必要设置营业资产制度。

（1）是否存在营业资产转让的"功能替代物"

日本学者对于营业转让的性质主要有三种争议："营业财产转让说"的观点认为，营业转让的性质就是以转让营业为目的的债权性契约；"营业行为说"观点认为，营业资产的转让最终不过是营业者主体的转换；第三种观点是折中说，认为营业资产转让同时导致了企业的经济性价值的转移和营业主体的变更，具有复合性的效果。[①] 鉴于上述观点，笔者认为，营业资产转让制度欲实现的功能价值体现在两个方面：其一，在主体方面实现营业控制权的转移。通过营业资产的转让，将营业的控制权由转让人转移到受让人手中，完成了企业营业控制权的交换。其二，保持营业技能的完整性。在营业控制权主体转换的过程中，营业资产作为一种整体交易的财产，必须保证转换前后企业营业的完整性、连续性，不会损害企业正常的运作经营。概括起来，营业资产的转让制度欲实现的价值功能在于：在实现营业控制权主体转移的过程中，保持企业营业正常、持续地进行。

如果现有的广泛存在于《公司法》《证券法》《国有资产法》等法律中的法人具体财产权利的转让制度可以实现与营业资产转让同等的功能，那么就没有必要打破现有的资产转让制度而建立新的营业资产转让制度。笔者认为，作为营业资产转让的替代物有二：其一，股权转让。此处的股权转让既包括《公司法》中提及的"有限责任的股权转让"和"股份转让"，也包

---

① 参见［日］奥岛康：《论点汇编——商法1》，法学书院1998年版，第30页；刘成杰译注：《日本最新商法典译注》，柳经纬审校，中国政法大学出版社2012年版，第39页。

括《企业国有产权转让管理暂行办法》第 2、9、12 条和《企业国有交易操作规则》第 23 条中提及的"产权转让"与"产权交易"，还包括最高人民法院相关规则①中提及的"企业出售"。民商合一体制下的营业资产转让强调的不是对营业资产的完全占有，而是实现企业控制权的主体转移，达到受让人对"既有营业"控制的目标。而现有的具体财产权利转让的规则都可以实现，并且，相较于营业转让的复杂性而言，股权转让在债务、企业名称、营业资源处理及劳动关系转移等方面，都具有极大的便利性，这更加符合商法注重的交易自由与快捷的价值目标。② 换言之，股权转让已经实现了企业的经营控制权的功能性转移，即便出现企业资源的泄露与不正当利用的情形，也应交由《反不正当竞争法》等予以规制，而不是在资产转移过程中施加过多的限制。其二，重大资产转让制度。我国《公司法》《证券法》《国有资产法》中分别规定了"重大资产转让""转让主要财产""转让/受让重大财产"等行为，在重大资产转让的过程中，公司的股东不发生改变，原有的企业不会消失，但是会丧失对某些或全部资产的控制权，而由受让人直接取得该部分或全部资产的控制权。重大资产的转让将部分或全部资产"移出公司"的方法，使受让人获得该部分或全部营业的控制权，并继续保持该部分或全部营业的经营，与日本的"营业资产转让"有同等的功能效应。

从功能主义角度探究我国是否需要特设营业资产转让制度，可发现我国现有法律规定中存在营业资产转让的"功能替代物"，因而没有必要建立营业资产制度。

（2）营业资产转让附随义务的强制性消除

营业资产转让后，如果允许转让方继续从事与所转让的营业同种类的经营活动，则转让人就很容易利用保留的原有客户及市场，抢夺受让人的营业市场，损害受让人的竞争利益。因而，很多国家都规定了转让人的竞业禁止义务。如《日本商法典》第 25 条规定：

---

① 参见最高人民法院《关于审理与企业改制相关的民事纠纷若干问题的规定》第 1 条。
② 参见蒋大兴：《营业转让的规制模型：直接规制与功能等值》，《清华法学》2015 年第 5 期。

转让营业时，当事人如无另外意思表示，则转让人在 20 年内不得于同一市镇村内或相邻市镇村内经营同一营业。转让人不经营同一营业有特别约定时，该约定只在同一府县内及相邻府县内，在不超过 30 年的范围内有效。①

《韩国商法典》第 41 条作出了同样的竞业禁止义务的规定，只不过将限制时间缩减了 10 年。《澳门商法典》第 108 条也规定：

自转让之日起，最多 5 年内，商事营业转让人不得自行、透过第三人或为第三人经营另一能因所营事业、地点或其他情况而使被移转企业之顾客转移之企业。由于与转让人之个人关系能使被转移企业顾客转移之人，亦需遵守同样义务。若要订立比前所限制更广之不竞业规定，不得超过该款规定时间之上限，且不得使转让人不能从事任何与企业相关与不相关之职业活动。②

《意大利民法典》第 2557、2596 条也做了相应的规定。法国学者伊夫·居荣认为，出售营业资产的人有义务不得与其继任的经营者开展竞争，是有必要的。③ 因为资产转让人要开展同一类型的竞争业务，势必会夺走部分顾客，这将不利于继任的经营者开展经营业务，因而，营业资产的转让人必须承担竞业禁止的法定义务。④

笔者认为，对于将营业资产转让人的竞业禁止规定为一项法定义务的做法不妥，竞业禁止义务应为当事人之间的一项约定义务，不应带有强制性。民商合一体例下的民法典更应注重商法的从商自由原则。应该最大限度地尊重当事人的自由意志，在保护受让人利益的同时，不能给转让人施加过高的限制。一方面，企业的顾客群体是随商品的质量、企业的声誉好坏移动的，

① 《最新日本民法典》，渠涛译，法律出版社 2006 年版，第 4 页。
② 赵秉志主编：《澳门商法典》，中国人民大学出版社 2010 年版，第 40 页。
③ 参见蒋大兴：《营业转让的规制模型：直接规制与功能等值》，《清华法学》2015 年第 5 期。
④ 参见［法］伊夫·居荣：《法国商法》（第 1 卷），罗结珍、赵海峰译，法律出版社 2004 年版，第 763 页；栾颖娜：《营业转让若干问题探析》，《经济师》2010 年第 5 期。

而不是随着营业控制人而转换。在营业资产转让前后，虽然营业控制人发生了改变，但是只要企业正常经营，商品的质量、品质不会骤然改变，顾客群体不会因为营业控制者的变化而流失，而是随着营业资产转换后所生产的商品质量、营造的企业信誉的改变而改变。所以，营业资产转让人只要按照约定的方式转让了营业资产，其在不违反商事活动的诚实信用原则的范围内，法律没有必要剥夺其从事商事经营的权利自由。另一方面，面对市场经济的飞速发展，即便转让人不参与同行业的竞争，还存在大量的商事主体对受让人的经营活动造成威胁，因而，限制了转让人的竞争机会，也并不能因此使受让人获得明显的竞争优势，充其量只不过是使得被转让的营业资产变得"更有价值"[1]。

综上，对于各国规定的转让人营业资产转移的法定附随义务——竞业禁止义务，已经不再具备强制性意味，而是应遵循契约自由原则，由当事人约定设置。营业资产转移的法定附随义务变得不再必要，进一步降低了营业资产转让制度设置的必要性。

4. 营业资产转让的事实角度分析

营业资产的转让无非涉及物和权利的转让与事实关系的转让，前者包括动产和不动产、物权、债权、知识产权等的转让，后者涉及商业信誉、商业秘密、客户资源、专业劳动力资源、地理条件等的转让。事实上，对于上述营业资产的转让都可以消解于具体的法律规范层面上，而无须专设营业资产制度进行规制。

首先，对于债权债务的转让问题。对于债权债务是否属于营业资产的构成要素，学界一直存在争议。法国的制定法都没有明确规定商事营业资产不包括商人的债权和债务，但是法国的私法、学说和惯例都坚持将债权和债务排除在营业资产的构成要素之外。[2] 保罗迪尔（Paul Didier）等学者认为，将债务从营业资产中排除出去，可以更快地实现商事营业资产的转让；对于债权而言，由于商人保留了自己的债务，也就应当保留债权。[3] 但是这种绝对性的排除会导致与实际经营中的脱节，导致无效率的结局，因而法国商法

---

[1]　参见蒋大兴：《营业转让的规制模型：直接规制与功能等值》，《清华法学》2015 年第 5 期。

[2]　参见张民安：《商法总则制度研究》，法律出版社 2007 年版，第 327—328 页。

[3]　转引自张民安：《商法总则制度研究》，法律出版社 2007 年版，第 319 页。

制定了大量的例外规定进行缓和：

> （1）如果商人的商事经营活动是基于行政机关的授权而进行的，则商人的债权和债务可以随着商人的营业资产的转让而转移，因为这类债权和债务少有相对性的特点；（2）有关商事顾客保护方面的契约，有不得为不正当竞争的条款；（3）劳动契约如果还没有到期，则视为商事营业资产的构成要素，随着商事营业资产的转让而转让；（4）保险契约属于商事营业资产的构成要素，应随之转让。①

可以看出，不论将债权债务放在营业资产的构成要素之中还是排除在其之外，都将规定大量的例外情形。而只要将其视为简单的债权，按照债权的相对性来理解：对于顾客资源的保护参照《反不正当竞争法》的规制，劳动契约以及保险契约由于债的相对性，合同未到期自然不能解除，当然得跟随企业本身而移转。

对于物和债权等权利的转让，参照《物权法》《合同法》《专利法》《商标法》等具体财产权规范进行调整即可，不必在营业资产转让的范畴内进行衡量。

其次，对于事实关系的转让问题。事实关系包括商业信誉、商业秘密、客户资源、专业劳动力资源、地理条件等。其一，关于专业劳动力资源的转让。有学者认为：

> 专业劳动力资源是企业的重要无形资产，其不仅掌握着企业的商业秘密，更重要的是掌握着某些特殊技能，不能将其视为普通员工对待，应随营业资产的转让一并移转。②

然而，对于掌握着企业商业秘密的专业劳动力，其在签订劳动合同时必定有竞业限制条款以及最低服务年限的规定，其只要按照劳动合同的约定继

---

① 李飞：《营业财产理论评析——构成要素、性质及其在商法上的地位》，《法律科学（西北政法学院学报）》2008 年第 2 期。

② 史玉成、王卿：《论营业资产转让的法律效力》，《政法论丛》2011 年第 3 期。

续和企业保持劳工关系即可，也无须放入营业资产的构成要素中予以规制。对于商号的转让，因为商号承载着企业的商业信誉，为避免顾客产生误认，应严格限制商号的单独转让，只有在企业改制的情形下可以允许商号进行转让。同时考虑到商号兼具积极效应和消极效应，如三鹿奶粉的商号消极效应远大于积极效应，在企业并购、改制过程中，不要求商号强制性转让，而是由双方当事人约定是否转移商号。其二，对于商业信誉完全可以纳入法人财产权中的商誉权中进行规制，关系客户资源本应属于企业本身的商业机密，应和商业秘密一起归入法人具体财产权中的商业秘密权中规制。其三，对于企业的地理位置的规定，因为要涉及商事租赁权与民事租赁权的差别对待，为照顾民商合一下商法的特殊性，笔者建议在财产法一般规则中专门制定商事租赁权的相关规定，具体细节笔者将在后文中予以说明。

综上，结合各个角度的考量，我国并不适合专门设置营业资产制度。对于营业资产制度的规定可以由具体的法人财产权的相关规定予以解决。

（四）财产法一般规则的具体设置

1. 设置"财产及其分类"

财产权的"法典化"，首先是要解决财产权的概念界定问题。对此，英美法系与大陆法系有着完全不同的规定。英美法系中的财产权，主要是指以有体物为客体的支配权。"财产权是指存在于任何客体之中或之上的完全的权利"，不仅存在于有体物中，也存在于无形财产之中。[1] 而大陆法系的财产权是指一切以经济利益为内容的权利，包括财产的支配权与请求权。[2]"凡能构成财产的一部分并能占为己有的财富即为物"，并将"物"分为有体物和无体物两种，这种在物质上直接设定的权利被称为"对物权"。[3] 并在"对物权"的概念之上构建了现代大陆财产法的体系，以有体物为客体的支配权称为物权，以精神产品为客体的支配权称为知识产权，设于财产性权利之上的权利称为准物权。并构建了以基础权利的请求权（如合同之债）

---

① 参见［英］戴维·M.沃克主编：《牛津法律大辞典》，邓正来等译，光明日报出版社1988年版，第729页。

② 参见吴汉东：《论财产权体系——兼论民法典中的"财产权总则"》，《中国法学》2005年第2期。

③ 参见法国《拉鲁斯大百科全书》（第3卷），《国外法学译丛·民法》，知识出版社1981年版，第168页。

和救济权利的请求权（如侵权之债）为主的债权结构，以上财产权利也构成了我国的财产权利体系。

因而，财产权一般规定应包括"财产及其分类"。首先对财产进行定义，为构建开放的财产权体系提供基本的概念构成。然而并非所有包含财产要素的关系都是财产关系，尤其是在人身关系与财产关系出现混同的时候。实际上，并非所有的涉及财产的民事关系都可以纳入财产法的调整范围，如人身权遭到损害时，受害人可以主张以金钱为代价的赔偿请求权，但是该项权利的基础是人身权，不能概括地将所有涉及财产因素的权利都纳入财产法的调整范围。如学者所言，我们应当承认：

民法以财产为调整工具的特征并不能代替权利本身价值的定位。①

参照《荷兰民法典》，财产应包括一切物和一切财产性权利。前者是广泛意义上的物，意指物质实体的"有形物"、精神本体的"精神产物"以及其他价值实体的"抽象物"。后者是确定意义的权利，即须为各种类型的财产权利，须为具有金钱价值的权利，须为不含消极债务的权利。② 荷兰民法典对于财产的涵盖范围对我国具有借鉴意义，但是笔者认为，鉴于我国财产权体系已经形成了类型化的权利划分模式，物权债权二元区分的财产权利结构已经占据了相当的地位，完全推翻这种结构实属困难。因而，新民商合一视角下对财产的定义应继续财产权类型区分的模式，但应打破原有的物权债权二元区分的体系，建立涵盖民商事各领域的财产权。具体应由以下三方面的内容构成：

首先，重新界定"物权""债权"体系，物权与债权仍然是两项最基本的财产形式。但此处的"物"应重新界定，"物"仅指有体物，即实质存在的物，包含物理形态上的电、热、光等没有实质形态的物。任何权利不能归于此处的"物"，如以精神产品为客体的知识产权不能归入物权体系，不然

---

① 马俊驹、梅夏英：《我国未来民法典中设置财产权总则编的理由和基本构想》，《中国法学》2004 年第 4 期。

② 参见［德］卡尔·拉伦茨：《德国民法通论》，王晓晔等译，法律出版社 2003 年版，第 410—411 页；吴汉东：《论财产权体系——兼论民法典中的"财产权总则"》，《中国法学》2005 年第 2 期。

又会重新陷入物权债权二元结构体系的泥淖。

其次，财产应包含无形财产。第一，由于知识产权特有的技术性，其在权利体系中已经独树一帜，在规则上形成了完整的体系，因而，解决知识产权入典，并不是专章规定知识产权篇，而是允许保留其民事特别法的单行条例。笔者认为，知识产权是现代财产法的重要组成部分，但其不宜平行移植到民法典中。知识产权规范包含复杂的综合性质的技术性规范，具有极强的独立性，难以用普遍适用的财产权利规范进行规制。在立法史上，凡是范式的民法典都没有知识产权编，凡是规定知识产权编的民法典都不是范式。民法典中不专编规定知识产权已经成为国内学者的共识，[①] 对于知识产权的保护容纳进"财产的分类"中，并对知识产权的性质、效力、范围保护、限制作出一般适用性规定即可。第二，无形财产也应包括因商事活动的繁荣产生的以脱离物的流通形式的票据、证券、信托财产权等基本形式的财产权利，进一步实现商事领域的财产权进入民法典调整的目标。

最后，对于财产的界定还应容纳进成员权，成员权是实现财产权利领域民商合一的纽带。成员权是在团体共同占有财产的情况下，财产不是个人所有时，成员只能通过成员权的行使以获得经济利益的保障。传统民法建立在个人完全占有有体物前提下的所有权理论并不适应成员权的实现，成员权是连接成员民事财产权与团体商事财产权的纽带，通过成员权的界定可以将民法的调整手段延伸至团体财产的权利规制中，增进财产权利民商合一的实现。成员权同样是一种类型化的权利，它包括股东权、合作成员的社员权、集体组织成员的权利以及建筑物区分所有者的共同权利。[②]

2. 设置法人财产权制度

民商合一视角下在民法典总则规定财产法一般规则的同时，为体现商法的独特性，应设置法人财产权规则。在总则中应规定法人财产权的营利性规则、法人财产的独立规则、法人财产优先承担责任的规则，以及法人财产权行使的表决权规则等，对于商事领域特有的，连接民事财产权与商事财产权的纽带——成员权和与在民商事领域有重大区别，承载着巨大商事价值而又无

---

① 参见吴汉东：《论财产法体系——兼论民法典中的"财产权总则"》，《中国法学》2005 年第 2 期。

② 参见马俊驹、梅夏英：《我国未来民法典中设置财产权总则编的理由和基本构想》，《中国法学》2004 年第 4 期。

法在特别法中予以规定的商事租赁权制度也应在财产法一般规则中作出规定。

我国现行法律体系并未采纳法人财产的概念，法人财产的相关立法散见于《公司法》《合伙企业法》《民法通则》《物权法》之中。抽象出法人财产法的一般规则，符合民商合一的法律视角，既可以对现行的公司、法人、合伙等法人财产的规则进行完善，亦可对业主团体、宗教财产、宗嗣财产中一般规则的构建起指引作用，具有积极意义。在民商合一视角下，法人财产在立法上可以采纳以下建议：

（1）采纳广义的法人财产法律概念

法人财产，可以定义为多数人以组织的形式，形成的归属于团体组织的财产。法人财产较个人财产而言，整体的支配力与利用效益更强，可以抵御更大的风险，近代到现代的发展史就是个人主义到团体主义的发展历史。实践中，公司、合伙企业、合伙组织、社团、业主大会或委员会、宗教团体等的财产都应当纳入法人财产的范围。法人财产的法律概念并不局限在一个部门法体系之内，而应当超越民法与商法的界限，从定义方法上坚持以民商合一的视角予以构建。尽管商事法人财产具有特殊的规则，例如商事法人财产适用商事留置权，但在法人财产的归属、团体与个人的关系、团体决议的形成等关键要素上，民事法人财产与商事法人财产并没有实质区别。在民商合一的视角下，法人财产应归属于民事权利体系的财产权。

（2）规定团体财产的成员权

成员权是一项综合性权利，具体表现为对于法人财产的合理占有、使用、收益以及返还财产、停止侵害、恢复原状等物上请求权，但对法人财产不享有处分权。明确成员权的法律概念，有利于阐释成员与团体的法律关系，解决财产属性无法区分的难题。成员权是基于成员的地位而享有的一系列权利，性质上属于身份请求权。成员以及成员权明确了个人对法人财产具有以下特性：首先，权利的专属性。权利专属于成员享有，因此在转让、继承等方面都有不同程度的限制。其次，个人对于法人财产享有不完全的所有权，对于法人财产的处分需要团体决议。以纯粹的债权请求权、物权请求权抑或商事权利、民事权利都无法准确定义并涵盖法人财产中成员权的内容，会产生类似于股权性质的争议。因此，在民商合一视角下，以身份权来定义之是适当的。再次，成员权从侧面论证了团体章程与决议约束效力的正当性。作为成员，理应当遵守团体规章、服从团体决议，此类义务的违反会引发相应的民事责任。

（3）构建一系列具体的法人财产法规则

法人财产的表现形式具有多样性，具体规则的构建以法人财产的类型化为前提，笔者不建议以民事法人财产与商事法人财产为标准进行区分，因为两者存在交叉的可能性。以非法人财产与法人财产为区分标准是可行的，这是社会实践的反映，并且两者的具体规则存在差异。本书将在抽象出团体规则的一般性规则的前提下，有针对性地探讨非法人财产与法人财产的特性规则，具体而言有以下规则：

第一，法人财产独立规则。法人财产最初来源于其成员财产，具体表现具有多样性，包括个人出资、业主将公共部分权利让渡等形式。法人财产形成后就与成员财产区分，属于团体所有。团体组织具有完全的占有、使用、收益、处分权能，成员仅仅基于身份而取得相应权利。法人财产独立规则是所有规则的基础，明确全体财产范围是论证团体权利、探讨成员与团体关系的前提。我国现行法律在区别股东财产与公司财产、个人财产与合伙财产上有相应的规定，但对于业主法人财产、宗教财产等方面存在不足之处，这是导致很难研究此类法人财产有关权利义务的根本原因。

第二，法人财产优先承担责任的规则。法人财产优先承担责任的原因有二：一是法人财产独立性的要求，处置法人财产所获得的收益归团体所有，自然也应当优先运用法人财产承担责任。二是团体以自身对外名义从事民商事法律行为，作为合同等法律关系一方的当事人，就应当先承担责任。此处的责任优先承担并不与具体的成员承担责任相矛盾，尽管非法人团体与法人团体成员是否承担无限连带责任的规定有所区别，但以法人财产优先承担团体债务是其共同特征。

第三，强调法人财产的营利性规则。营利是商事主体最为本质的特征。法人团体以营利为目的，更注重法人财产的流通性。基于此种规则，法人团体需要对外作出更多的意思表示以促进交易，客观上要求表决应当更加宽松与灵活，基本不规定需要全体成员同意的情形，并且可以以某一成员的意志代替团体意志，例如法定代表人、合伙事务执行人；同时，营利原则是适用商事规则的前提，例如商事留置权。

（4）民法典之中法人财产权的内容安排

财产权的内容，如学者所言：

> 用对财产的看法来理解所有权，实际上存在两个可分离的错误。一个是用财产既指所拥有的东西，又指所有权的关系，说穿了只是含糊其辞，后一种说法将财产权与所有权视为等同概念。另一个是错误地把财产完全看作对某种东西的所有权，这是一种全然不同的误解，涉及财产权对象物的各种存在。①

其实，财产权的对象物可能是物权的客体也可能是债权的客体。现代商法的发展使得有限责任不再成为认定法人资格的标准，有限责任与法人人格并没有必然联系，法人并不只局限于有限责任的企业形式，而是包括合伙企业等组织在内的享有独立财产的组织，而法人财产权的清晰认知越发使得拥有财产即享有所有权理论无法自圆其说。传统的物权债权二元区分的财产权利体系再也难以适应民商合一下的财产权利制度，因而，我们必须打破现有的二元区分结构体系，并构建一个独立于民事财产权利体系的统领民商事财产权利体系的财产法一般规定，为知识产权、法人财产权等商事财产权进入民法典打开大门。

事实上，"财产权是一种为了更好地、更有效地保存人类而设计的制度"②。我国民法典总则中应该也必须设立统领民商事财产权利领域的一般规范，并确定法人财产权，充分体现商法财产权的独特性，在实现财产权利领域的民商合一的基础上呈现财产权制度所具有的优势。《民法总则（草案三次审议稿）》在民事权利客体中规定财产权的内容，可以认为采用了该种立法模式，具有进步意义。但是其在民事权利客体一章中规定财产权的内容，混淆了民事关系的内容和客体的性质，同时客体中仅设计两个条款规定了知识产权、企业财产权等内容，过于笼统，根本无法实现对财产权的一般

---

① ［美］克里斯特曼（John Christman）：《财产的神话》，张绍荣译，张晓明校，广西师范大学出版社2004年版，第23—24页。

② 王铁雄：《美国财产法自然法基础》，辽宁大学出版社2007年版，第40页；王铁雄：《格劳秀斯的自然财产权理论》，《海大法律评论》2009年第12期。

性规定。因而笔者主张,我国未来民法典应在民事权利保护的章节中设置一节对财产权作出一般规定,另在法人章节规定法人财产权,对于不具有法人资格的,确定为团体财产权,确立团体(法人)财产权的一般规则,须制定调整财产法的一般规则,从而在财产权利制度中实现民商合一,但无须规定营业资产概念。确定法人财产权的一系列具体规则,包括法人财产独立规则、法人财产优先承担责任规则、法人财产的营利规则等,并对法人财产权的行使方式作出一般性的规定。

第 十 章

商事权利的独特品格与
我国民法典中的权利保护制度

权利保护是权利最为核心的内容。我国采用的是民商合一立法体例，对民事权利的保护方式也蕴含了对商事权利保护的内容。遗憾的是，正如前文所述，我国现有的民事权利保护制度在很大程度上是以物权与债权为核心建立的体系，其中，商事权利保护制度依附于民事权利保护制度，也是以物权与债权二元权利体系为基础构建的。尽管在一定程度上看到了商事权利的特殊性，但因为理论并没有对商事权利的特殊性予以关注，因此，商事权利保护并没有系统性的制度。就我国学者的研究而言，尽管在权利保护方面，即使有学者对商事权利进行了研究，在很大程度上也仅仅是立法的建议，没有探讨出商事权利独特的保护制度，进而缺乏商事权利保护体系。本章试图对构建商法独特的权利保护机制进行探讨。

第一节　商事权利保护的特殊规则

一般而论，学者涉及权利保护机制时，并不区分民事保护机制与商事保护机制。[①] 尽管大多数学者认识到，商事规则与民事规则在价值取向、法律后果、主体范围、行为模式、权利性质以及调整侧重上存在诸多差异，商事

---

① 参见樊成玮：《民商法律责任通论》，中国法制出版社 2005 年版，第 3 页。

规则乃特殊的民事规则，但是有关商事规则的特殊性并未延及商事权利保护规则的特殊性之上。① 实践与立法中，商事保护制度往往直接套用民事保护机制的有关规定。② 典型的如我国《侵权责任法》虽体现了民商合一的立法思想，但并未突出商事权利保护的特殊性。可见，民商合一立法体例背景下的权利保护机制，尤为缺失独特的商事权利保护机制。

一、商事权利需要特殊保护规则的理由

实际上，权利保护就是法律确认的权利人可以使用法律保护措施去保护受到侵犯的权利和制止侵权行为的可能性。因而可以说，商事权利保护制度的起源、发展的路径与商事主体以及商事主体权利制度的起源和发展是相互推进的。商事权利保护制度是对商事主体的商事权利的保护制度，没有商事主体和商事权利谈不上商事权利保护，但是没有对权利的保障也等于没有权利，从这个意义上说，没有救济就没有权利。商事权利是否具有独特性的规则取决于是否具有独特的商事权利保护制度。反之，商事权利的保护是否需要特殊规则很大程度上也取决于商事权利是否具有独特性。

（一）商事权利规则的特殊性

1. 商事主体的职业性、专业性

商事主体与民事主体相比，更具有专业性，由此使得后果承受更具有预见性。而作为民事主体，缺乏商事主体的专业性，因此在违反规则的承担上更注重公平性。尽管所有市场主体都是经济人，由此使得民事与商事主体二者难以区分。但民法所设计的"人"是"根植于启蒙时代，尽可能地自由且平等，既理性又利己的抽象的个人，是兼容市民及商人的感受力的经济人"③。而商法规范的人"是以个人主义的典型商人为形象，根据商人纯粹追逐利润和自私自利的特性而刻画的——众所周知'商场如战

---

① 参见苗延波：《商法通则立法研究》，知识产权出版社2008年版，第196—198页。
② 参见徐开墅：《民商法的理论与实践》，上海社会科学出版社2004年版，第212页。
③ [德]古斯塔夫·拉德布鲁赫：《法学导论》，米健、朱林译，中国大百科全书出版社1997年版，第72页；余能斌、程淑娟：《我国"民商合一"立法借鉴的新选择——由〈俄罗斯联邦民法典〉引出的思考》，《当代法学》2006年第1期。

场'"的专业人。① 在商事交易中，市场对主体的专业知识具有更高的要求，因此，在制度的构建中不能构建与普通的民事主体相同的规则，否则这会降低商事主体的专业性。同时，一般民事主体不具有该种专业性，因此又不能用商事主体的专业要求来规范民事主体。比如格式条款制定者不利解释条款，该条款只能限定在商事主体。如果扩展到所有的民事主体，势必导致对一般自然人过重苛责。另如保证人在责任性质没有约定的情况下，基于商事主体的专业性，令其承担连带责任，符合风险控制的要求，但如果强制性地要求所有的民事主体承担连带责任，则对缺乏风险意识的民事保证人不公平，也容易被恶意利用。② 因此，在商法中，债务人之间的连带关系是一种推定的连带关系，而在民法中，连带关系不得推定。③ 而我国《担保法》第19 条对保证方式未作约定的，按连带责任论的规定看到了商事主体的专业性，但扩大了民事主体对风险控制的基本要求。

　　商事交易是商品经济的最为重要与最为集中的领域。商人作为具有一定的专业知识与技能的主体，更清楚规则的漏洞与如何趋利避害，商事主体作为商事规则的引导者与创制者，与民事主体相比，具有更多的话语权与更多的灵活性。如果将商事主体与民事主体的规则不加区分地同一适用，无论是对民事主体，还是对商事主体均是不公平的。对民事主体而言，可能赋予其更高的义务，而对于商事主体而言，如果以民事主体的义务来规制商事主体，这种义务对其太过于简单，并不能对商事主体形成有效规制。

　　2. 商事主体的营利性

　　在过去，商人的营利性一度饱受非议。如在西方，柏拉图和亚里士多德都认为："一切关于零售商和杂货铺以及开设酒店都得予以斥责并列为不光彩的事。"④ 在中国，重农抑商的思想观念根深蒂固。但社会的进步，人们

---

　　① 参见［美］孟罗·斯密：《欧陆法律发达史》，姚梅镇译，中国政法大学出版社 1999 年版，第73 页；余能斌、程淑娟：《我国"民商合一"立法借鉴的新选择——由〈俄罗斯联邦民法典〉引出的思考》，《当代法学》2006 年第1 期。

　　② 参见范健、王建文：《商法的价值、源流及本体》（第二版），中国人民大学出版社 2007 年版，第45 页。

　　③ 参见［法］伊夫·居荣：《法国商法》（第1 卷），罗结珍、赵海峰译，法律出版社 2004 年版，第75 页。

　　④ ［英］托马斯·孟：《英国对外贸易的财富（中印本）》，商务印书馆 1965 年版，第38 页。

渐渐正视乃至推崇商人的营利性。商人的营利性所带来的拉动内需和促进经济发展也为近现代国家的进步奠定了雄厚的物质基础。与民事权利的行使目的不同，民事主体主要是为了需求而买，即以自身的需求为商品交换的最终目的；而商事主体就是为了营利，为赚取差价而进行商品交换。营利性是商人的内在意思表示，通常用推定原则来规范。例如，德国的立法模式是"新商人主义"，在此模式下，一切商事主体所从事的商业行为都推定为以营利为目的。

商人，更多时候代表的是一种资本的人格化。商人是商事主体最直接，也是最广泛的存在，与民事主体之间最大的区别莫过于，商事主体既以营利为目的，进行商事交易，又有组织、有计划地开展商事交易。因此，并非只要进行了与营利性有关的商事活动就能称为商人，商人还应当以经营行为为业，即"商活动表现为一种持续不断、反复的、继续的运动"[①]。而商事主体之间的契约关系与民事主体之间的合同关系最大的不同也在于商人的营利性，即应当符合一定限度的商业逻辑性。比如，进行商事交易时，违约方对于守约方承担的银行利息责任不应该是存款利息，而应该是贷款利息。因为贷款利息才是商人融资成本的体现，而存款利息显然不能反映出商人的营利目的。商人是利益的最佳判断者，在寻求自身利益最大化的过程中，无不体现了其营利性的特征。为了寻求利益、挖掘商机，商人的商事交易不受国界、文化的限制，逐步趋向国际化。而为了保障商事活动的有序进行，许多商事活动之间的技术性规范也随之产生。因此，商事规则的技术性与商人的营利性是密不可分的。正如有学者指出的："商法属于技术性条款。民法规范大多属于伦理性规范。"[②]

3. 商事交易的快速流转性

民法中对权利保护的"那些琐屑的形式要求……（对商人）就是多余的，无异于耗费商人等同于金钱的时间"[③]。在商事交易中，力求商事行为的快速流转。因为只有这样，才能进行反复交易而达到商事交易的最终目

---

①　魏国君：《变革中的平衡——中国商事法律制度更新初探》，法律出版社 2007 年版，第 25 页。

②　王璟：《商法特性论》，知识产权出版社 2007 年版，第 130 页；宁金成：《〈商事通则〉的立法体系与基本原则》，《国家检察官学院学报》2008 年第 1 期。

③　[德] 拉德布鲁赫：《法学导论》，米健、朱林译，中国大百科全书出版社 1997 年版，第 63 页。

的。在商事活动的时效方面，采取的是短期消灭主义，即把商事交易中请求权的有效期间尽可能缩短，以快捷的方式对商事行为发生效力。这样不仅可以维护当事人自身的权利，而且可以促进商事纠纷的快速解决。如对于票据请求权，世界各国一般规定 6 个月以内的短期时效。又如对于商事合同的违约求偿权，消灭时效一般不超过 2 年。追溯到中世纪商法的产生，商事法院的程序都体现了因交易的快速流转性而带来的短期时效规定。

> 在集市法院中，审判应该在商人脚上的尘土未掉就完结；在海事法院中，审判应该在潮汐之间完结；在行会法院和城镇法院中，审判应该在一天以内完结，上诉常常是被禁止的。[①]

在交易形态和客体方面，商事交易的快速流转性表现为交易定型化规则。交易定型化是保障迅速交易的根本前提，即通过强行法规则对于某些种类的交易方式进行事先规定，以便于任何商事主体从事任何商事交易都可以获得相同的法律效果。例如预先规定，有价证券只需通过交付或者背书即可转让；卖方事先陈列商品及标明价格以便买方提高购买的效率来促进商事交易的快速流转。尽管交易定型化在商事活动的发展中逐渐呈现出一些不足，但不可否认，其提高了交易迅速流转的灵活性。商事交易的快速流转性还体现在商行为的高效率和外观主义上。商行为要求方便、快捷，同时，商行为尤其关注外观主义，这与民法中注重民事主体的真实意思表示具有很大的区别。在商品的流转过程中，需要法律对商事权利进行有效保障，通过建立有序的市场交易秩序，来达到快速流转的商事目的，从而使得利益得到最大化的实现。

（二）商事权利保护基础的特殊性

1. 民法是形成规范

民法是以法律关系的形成为前提条件的规范，具体形式包括形成法律关系主体、法律关系客体以及拟制。其中，形成法律关系主体，是指法律通过

[①]　［美］哈罗德·J. 伯尔曼：《法律与革命》，中国大百科全书出版社 1993 年版，第 432 页；毛健铭：《西方商事法起源探析——对中世纪欧洲商人法的历史考察》，《清华法治论衡》2004 年第 4 期。

赋予当事人民事主体资格从而参与民事法律关系；形成法律关系的客体是指法律规范调整的客体从而形成一定法律关系；拟制则是指立法者基于公共政策的考虑，将某种主体或客体拟制为法律所调整规范的对象。① 尽管不同的形成规范的具体形式上存在差异，但是无论何种形式的形成关系都需要遵循私法自治的基本理念，即由当事人自主形成一定的法律关系。②

后雨果·多诺教授的主观权利理论的提出使民法典的视角从调整对象转向权利。③ 权利由此成为构建民法体系的工具。从权利主义、形成权利的方式以及民事权利的种类到权利的保护方式、权利保护的时间限制，民法完全是以权利为中心的体系，可以说，民法的一切制度都是以权利为轴心构建的。④ 而民法之所以为权利法，乃在于民法规范本质上是形成性规范，即当事人或当事人之间可以自主地形成一定的法律关系。事实上，就此而论，民法实乃形成规范，即侧重于赋予当事人某类的权利而形成一定的法律关系。⑤

当形成某一法律关系后，民法规范的形成性以及权利属性并不意味着当事人可以任意解除或解散该法律关系。相反，当事人意思自治而形成的法律规范具有法律上的约束力，未经对方许可或法律授权不得任意解除或解散一定的法律关系。⑥ 例如《合同法》第 93 条规定的解除权，尽管解除权性质上是形成权，即一方当事人为一定行为就可以发生法律关系变动的权利，但实质上，民事法律关系之中，一方当事人行使解除权，对方还可以在规定的时间内向法院提出异议。⑦ 也就是说，解除权解除合同之效力，最终还是需要获得法院的确认，民法调整的解除权规范只是形成性规范。

建立在形成性规范之上的传统民事保护机制则是一种事后外部救济问责处理机制。⑧ 传统的民事保护机制构建的责任机制主要包括违约责任和侵权

---

① 参见徐国栋：《民法总论》，高等教育出版社 2007 年版，第 78—80 页。
② 参见［日］松冈义正口述：《民法总则》（上），熊元楷、熊元襄编，李婧点校，上海人民出版社 2013 年版，第 23 页。
③ 转引自徐国栋：《民法总论》，高等教育出版社 2007 年版，第 85 页。
④ 参见林诚二：《民法总则》（上），瑞兴图书股份有限公司 2005 年版，第 13 页。
⑤ 参见王利明：《民法总则研究》（第二版），中国人民大学出版社 2012 年版，第 214 页。
⑥ 参见房绍坤：《民法》（第三版），中国人民大学出版社 2014 年版，第 12—16 页。
⑦ 参见王利明：《民法总则研究》（第二版），中国人民大学出版社 2012 年版，第 532 页。
⑧ 参见陈淳：《商法原理重述》，法律出版社 2010 年版，第 221 页。

责任机制。① 体系上，违约责任体系与侵权责任体系相辅相成，构成较为完善的保护救济机制，但是这两种民事保护机制是建构在一定前提条件之上的：第一，事后问责机制，即违约或侵权发生后，才有责任或救济。第二，外部制裁的机制，即需要由法院或仲裁等外部机关辅助当事人解决纠纷。② 由此可知，传统的民事保护机制无法满足商事保护所需要的特殊性规则。

2. 商法则是解散与制裁规范

商法是特殊的民法，在法律属性上，商法是民法，同时还具有不同于民法的特殊品格。商事保护机制也应是特殊的民事保护机制，在救济体系属性上，商法应符合民事保护机制的一般体系，同时还具有不同于民事救济的特殊性机制。商事保护机制具有自己独特的内容，绝不能简单地重复民事保护机制。

首先，商法表现为特别的民法，商事救济机制兼顾事后救济与事前预防。③ 民事责任机制可以通过修补、保障、惩戒、解释倾斜、证据规则等事后调整的手段实现对民事权利的救济。④ 但商事领域仅仅具有事后救济措施显然无法满足金融经济的快速发展，特别是无法保障市场经济之中交易关系中的弱势群体。典型的如，公司"资不抵债"而破产的情况下，并无法从实质上改变公司破产给投资人造成的损失。⑤ 可以说，建立事先的责任预防机制对于商事权利保护而言尤为必要：第一，基于公平考虑，需要建立商事预防制度。责任人有义务按照法律安排防范自己的风险。第二，基于效率的考虑，需要建立商事责任预防制度。事先的预防机制可以对市场风险予以适度控制，有助于市场经济稳步、长期的发展。第三，商事责任预防是商事安全的集中体现。商事预防机制有利于强调商事安全的重要性。第四，商事责任预防机制有利于商事责任制度功能的充分发挥，也符合商事责任制度的发展规律。商事责任预防机制是对传统私法责任制度的一种发展。另外，商事

---

① 参见曾世雄：《损害赔偿法理论》，中国政法大学出版社 2001 年版，第 7 页。
② 参见王卫国：《过错责任原则：第三次勃兴》，中国法制出版社 2000 年版，第 218 页。
③ 当然，也有学者指出，民事规范能够通过为行为提供法律模式的民法调整方法，包括法律规范和法律行为制度，提供事实上以及价值上的范导，从而实现事先救济。然而，事实上，这是法律规范的指导作用，而并非提供事先救济。参见徐国栋：《民法总论》，高等教育出版社 2007 年版，第 78 页。
④ 参见徐国栋：《民法总论》，高等教育出版社 2007 年版，第 80 页。
⑤ 参见丁海俊：《预防型民事责任》，《政法论坛》2005 年第 4 期。

责任的预防是有范围的。商事责任的预防必定要对私人意思自治予以限制，但该限制应当是在合理、合法的范围内予以限制。①

其次，商法所呈现出的独特性，表现为商法保护规则是解散性规范。商事责任的承担主体不同于民事责任的承担主体具有广泛性，商事责任是局限于商事主体的责任。② 那么，商事权利所需要的特殊的保护规则不仅是形成某一法律关系的规范，而且还表现为解除或解散某一法律关系的规范。③ 典型的如我国《合伙企业法》第 7 章所规定的合伙企业的解散、清算责任，即出现合伙协议约定或法定的解散事由时（不具备法定人数、被依法吊销营业执照、合伙目的无法实现、决议解散等），需要解散合伙企业。同样《公司法》第 10 章也规定了公司解散和清算的制度，即公司在约定或营业期限届满，股东会决议解散，公司合并或分立以及被依法吊销营业执照等情形时，应当依法解散。④ 可见，商事保护的解散责任机制表现为商事规则还具有解散法律关系规范的属性，并且该解散是限于商事主体而适用的解散责任，并非广泛地对所有的民事主体适用。

最后，商法保护机制的特殊之处还在于商法保护规则是制裁性规范。不同于传统的民事主体的个人主义方法论及研究视角，商事主体研究更为注重团体主义方法论，也就是说，商事规则的设计上应体现出团体性的特点。⑤ 反映在商事主体之间的责任机制即表现为商事内部制裁的自由。其一，内部决议制裁的自由，即商事主体可以依据约定或者法定事由，实施内部制裁。⑥ 典型的如《合伙企业法》第 50 条规定的除名规则，即在出现约定或法定事由（未履行出资义务、故意或重大过失给合伙企业造成损失、执行合伙企业事务时有不正当行为），合伙人可以一致决定将合伙人除名。其二，"惩罚性"裁决的自由，即依据主体之间的约定或法律的规定对商事主

---

① 参见陈淳：《商法原理重述》，法律出版社 2010 年版，第 220—228 页。

② 参见苗延波：《商事通则立法研究》，知识产权出版社 2008 年版，第 196 页。

③ 参见蒋大兴：《论民法典（民法总则）对商行为之调整——透视法观念、法技术与商行为之特殊性》，《比较法研究》2015 年第 4 期。

④ 参见徐金海：《商法源流论——以商法结构变迁为视角》，中国经济出版社 2011 年版，第 132—152 页。

⑤ 参见熊丙万：《私法的基础：从个人主义走向合作主义》，《中国法学》2014 年第 3 期。

⑥ 参见周林彬、官欣荣：《我国商法总则理论与实践的再思考》，法律出版社 2015 年版，第 458—460 页。

体实施制裁的自由。① 典型的如《消费者权益保护法》第 55 条规定经营者承担法定或约定的违约金，即消费者有权要求违约的商事主体承担具有多倍的惩罚性金钱责任。

（三）商事权利保护机制的特殊性

商事权利的自力救济方式不仅是现代民事立法的必然趋势，其规范化、制度化能够有效促进私权救济机制的完善，而且自治自主救济还充分彰显了商事权利保护方式的独特性。

> 当设定民事自助行为边界时，特别是在法律上对某种民事自助行为的正当性做出否定性评价之前，应当充分反思公力救济机制的有效性，创设出更为安全、快捷的替代机制。②

我国《民法通则》并没有对权利的保护作出相应的规定。该法第 5 章规定民事权利，包括财产所有权和与财产所有权有关的权利、债权、知识产权、人身权等，第 6 章规定民事责任，包括一般规定违反合同的民事责任、侵权的民事责任、承担民事责任的方式，《民法通则》中规定了民事权利和责任，对相应的权利保护方式却没有提到。《民法总则专家意见提交稿》一改《民法通则》的规定，将民事权利和民事责任章节删除，并在第 9 章中规定了民事权利的行使和保护，具有重大的进步意义。一方面，删除民事权利、民事责任等原本不属于民法总则规范的内容，章节设计更符合民法典总则设立的体系；另一方面，创设性规定了民事权利行使与保护的内容，更是设计出相关的条款明确了自助行为，符合国际立法趋势，③ 殊值赞同。

尽管《民法总则（草案）》以及草案二审稿、草案三审稿与《民法通则》一样没有民事权利保护的章节规定，但《民法总则专家意见提交稿》中较《民法通则》增加了第 9 章民事权利的行使和保护，并设计第 201 条到

---

① 参见徐金海：《商法源流论——以商法结构变迁为视角》，中国经济出版社 2011 年版，第 212—215 页。

② 沃耕：《民事自助行为研究》，法律出版社 2012 年版，第 36 页。

③ 如前文所述，德国、法国、俄罗斯、瑞士、意大利、巴西、英国、美国等国家现代民事立法基本都规定有权利自力救济方式。

第 210 条共 10 个条款，包括举证责任、权利不得滥用、及时充分的补充、自助行为、民事权利的限制、容忍义务、民事义务的履行与民事责任的承担、承担民事责任的方式、承担民事责任的顺序及一般免责事由，具有积极意义。但还是有诸多设计不足之处，其中有关权利保护方式的自助行为在第204 条第 1 款规定：

> 权利人为实现其请求权，在情事紧迫并且不能及时获得国家机关保护时，有权在实现请求权的必要范围内扣押义务人之物，或者限制有逃逸嫌疑的义务人的人身自由，或者制止义务人违反容忍义务的行为。权利人在实施上述行为后，必须立即向有关国家机关申请援助，请求处理。

因而实际上，我国民法典总则草案关于民事权利保护方式只设计了一个条款，而且没有体现出商事权利保护方式的特殊性。反观其他民商合一立法例的国家，如《俄罗斯联邦民法典》第 2 章规定民事权利和义务的产生，民事权利的实现与保护，第 11 条规定民事权利的司法保护，第 12 条规定民事权利的保护方式，第 14 条更是明确规定了民事权利的自我保护。[1] 其确定了多样化的权利保护方式，同时突出自主保护方式，即商事权利保护方式的独特性。《意大利民法典》则在第 6 章规定权利保护，设计几十个条款对权利保护作出具体规定，既规定了权利的司法救济，又规定了财产担保救济方式，如代为之诉等。[2]

既然我国未来民法典是在民商合一视角下制定的民法典，而商事权利保护方式又具有其独特性，相应的，民法典就应该体现出商事救济的独特性。诚如学者所言："权利无保护方法，与无权利同，故有自力保护及公力保护。"[3] 另外，可以说，民法规范体系是由权利构成的体系。那么，在民商合一视角下的民法典总则中，我们又如何在合一的民事权利保护规则中实现

---

① 参见《俄罗斯联邦民法典》（全译本），黄道秀译，北京大学出版社 2007 年版，第 38—40 页。
② 参见《意大利民法典》，费安玲译，中国政法大学出版社 2004 年版，第 701—778 页。
③ ［日］松岗义正口述：《民事诉讼法》，熊元襄编，李凤鸣点校，上海人民出版社 2013 年版，第 4 页。

保护方式的多元化而非单一规定权利的保护方式，并呈现出商事权利保护的独特性，从而真正地实现我国现有民商法律体系的民商合一，构建完善的民事权利体系，颇值我们思考。正如耶林所说：

> 没有法律强制作为后盾的法律规定本身就是一个矛盾，就像一团不会燃烧的火，一盏不亮的灯。①

责任制度构建对整个民法典来说显得尤为重要。于法官而言，法律是权威体系或是判决和行政决定的模式、类型，责任则是权威保障。于消费者个体而言，法律则是个体在社会控制之下奉公守法，希望法律规范为他设置行为模式，责任则是损害赔偿或补充。于法学理论家或法学教授而言，一部法律或一个法律规范就是理论学说发展的基础，责任则是理论的必要归依。于经营者而言，法律规范被视为航线图，法律概念则是实施商业计划或经营商企业的使用这种航线图的"仪表"，责任则是保驾护航的警示器。因而，我们应该在认识到责任制度的重要性的同时，学会多方位、多角度思考，从而得以在传统自治性和强制性要素平衡的基础上完善我国商事责任体系的构建。

二、商事权利的保护应尊重商事主体的自治性

（一）商事主体是高度自治的主体

诚如徐学鹿教授所言："市场交易的规则最初表现为市场的交易习惯。"② 中世纪商人之间相互交易往来，订立的商事习惯、创设商事法庭，可以说是现代商法的起源。尽管商事主体制度发展到今天，商事身份早已不再是中世纪享有特权的资格认证，但是如果没有中世纪商人之间的市场经济活动，也难有现代的商法。有学者即明确：

---

① 转引自［美］罗科斯·庞德：《法理学》（第 2 卷），封丽霞译，法律出版社 2007 年版，第 144 页。
② 徐学鹿：《什么是现代商法——创新中国市场经济商法理论和实践的思索》，法律出版社 2003 年版，第 13 页。

人们可以想象，11 世纪、12 世纪和 13 世纪欧洲各大学博学的罗马法学家是能够从罗马法的文献中创立出一种新商法体系的，就像他们从那些文献中创立出一种新的市民法体系一样，人们可以想象在那些大学中的教会法学家以及他们在教皇法庭和主教法庭中的同行们也可以完成同样的事情，尤其是考虑到各种教会法庭社团已经大量地从事商业活动这一事实，就更是如此。然而作为那个时期的特征，商事最初的发展很大程度上——虽然不是全部——是由商人自身完成的。①

例如票据，对于古罗马法和日耳曼法来说都是未知的，直到 11 世纪晚期和 12 世纪才由西方商人创立。进而有学者明确"商法是一种自然法、一种客观规律。是商人在市场交易实践中理性的发现，是商人发现法"②。商法之所以能够是自然法和发现法，尤其是商人的发现法，主要是因为商法是自主性发展的，而商法之所以能够自主性发展，则是因为其发展过程中商事主体的自治性。换而言之，商事主体的自主发展推动在市场交易实践中商法的发现，并最终发现商法。

"即使说迄今为止的全部法律秩序之发达实际上就是作为其前提的人的经济人化的过程，也并非夸张之说。"③　其实，现代各国无论是民商合一还是民商分立立法体例，体例本身都会特别规定专属商事领域的自治规则制度。所以尽管我国采用的是民商合一立法体例，同绝大多数民商合一体例的国家一样，民法典名义上可能不会规定商事主体，但是不可避免地会有实质上的商事主体存在。可见，商事主体在自主发展过程的同时呈现出了商事主体的独特性，这种独特性支撑着商事主体为什么可以自主发展，即很大程度上是因为商事主体的自治性。商事主体是独特的法律主体无疑，坚持民商合一视角，商事主体脱胎于民事主体，既具有民事主体的共性，更为重要的是又具有不同于一般民事主体的独特自治的品性。商事主体是作为营业而存

---

① ［美］哈罗德·J. 伯尔曼：《法律与革命——西方法律传统的形成》，中国大百科全书出版社 1993 年版，第 413—414 页；毛健铭：《西方商事法起源探析——对中世纪欧洲商人法的历史考察》，《清华法治论衡》2004 年第 4 期；杨柱平、杨静：《商法与民法的历史及差异分析》，《重庆科技学院学报（社会科学版）》2013 年第 12 期。

② 徐学鹿：《商法的轨迹——从传统到现代》，法律出版社 2013 年版，第 62 页。

③ ［日］星野英一：《私法中的人》，王闯译，中国法制出版社 2004 年版，第 18 页。

在，要求其具有稳定性、长期性与专业性并且对商事主体更侧重权利的外观，以保护信赖利益，商事主体的这些特性也更加要求自主性、自治性的商事主体支撑。实际上，商事主体发展的自主性很大程度上演化出商事主体的独特性。其中商事主体的自主发展又表现为商事主体全方位的自治性，主要表现在以下几点。

第一，商事主体活动方式的自主性。市场交易过程中，商事主体的交易活动并不是国家或外界某种力量推动的而是商事自发进行的。商法的演变是一个从商事习惯到商事习惯法最后到商事制定法的过程，其实这个过程也就是商事主体在市场交易实践活动中需要商事习惯，然后将商事习惯整理成为商人习惯法，最后到由主权国家机关制定的商事成文法的过程。商事规则本质上是市场交易的实际操作规则，也是客观规律表现的行为规范，这些规则的精神、原则、制度、程序，商人自治机构，其后形成了商法的实质内容。[1] 而实质上，商事规则的这种产生方式是完全由商事主体自主进行的。例如有限责任制度，并不是因为商事规则先规定有限责任商事主体再采用，相反，正是商人们尝试不同风险的商事活动时，自发自主的采用的不同责任形式而产生了有限责任这样一种责任承担制度。[2]

第二，商事主体自主决定交易内容。一方面，商事主体根据市场交易实践活动的需要，创造了各种商法制度，从商事主体组织形式，商事交易行为到商事救济方式，基本上都是商事主体自主创立的，例如商业信用体系、商事风险体制相应地产生了破产制度，产生了汇票、本票、提单以及其他运输单据。商事主体在市场中开展的交易活动内容很大程度上是商事主体在市场实践中不断创设的。[3] 另一方面，商事市场交易内容能自主持续地发展，具有适应市场的生命力，又要求商事主体不断创新，创新不仅是商事主体在商

---

① 参见徐学鹿：《创新是商法的宝贵品格——析从"民商法到现代商法的演进"》，徐学鹿主编：《商法研究》（第一辑），人民法院出版社 2000 年版，第 6—7 页。

② 参见周林彬、官欣荣：《我国商法总则理论与实践的再思考》，法律出版社 2015 年版，第 278—279 页。

③ 参见徐学鹿：《创新是商法的宝贵品格——析从"民商法到现代商法的演进"》，徐学鹿主编：《商法研究》（第一辑），人民法院出版社 2000 年版，第 5 页。

事交易实践中生存的关键，更是市场经济得以繁盛发展的前提。① 正是由于商事主体实践中的创新，商事交易内容才呈现出多样性，并且内容体系才越发完整。

第三，商事主体内部自我制约机制。商事主体作为一个整体层面概念上的主体，实质上是商人共同体，作为一个具体层面概念上的主体，则是商人共同体的成员。在某个商人共同体中，不管是商会组织，或是某个商人团体，在这样的商会或团体中往往有商事主体自我约束性规则。例如中世纪商人基特尔会汇编商业惯例和商事习惯，又根据商事习惯发展出商人法庭解决商事争端，这些商人同业行会自治规则不仅是中世纪商人习惯法的主要内容，也是贸易法规和海上法规的起源。② 现代商事主体的自我约束则主要表现为权利互惠，诚实信用履行合同等观念，表现为正式制度与非正式制度的融合。商法不仅是商事主体心目中具有完全权威、强制约束力的行为准则，更是每个商事主体在市场交易中内心认同并自觉遵守以及自我规制的规范。内部约束机制还表现为对于有关商业纠纷，商事主体倾向采用非讼诉的解决方式，即"私力救济可视为当事人是依自身或私人力量实行的一种合意或者强制的交易"③。这样的"交易"实质上就是主体内部制约机制。

第四，商事救济方式的多样性和自治性。商事主体之间纠纷的解决方式，即商事权利的保护方式呈现出多样性，既可以采取司法诉讼的方式解决商事争端，也可以采用非诉讼的方式，④ 例如和解、调解、仲裁、替代性纠纷解决机制（ADR）等来解决商事纠纷。而且，商事权利的救济方式与一般民事权利的救济方式并不相同，表现为选择形式更为多样化，例如关于商务纠纷的调解，不仅有一般商务调解，即对商务争端，自愿选择第三方作为调解人；同时还有商会调解，即争议双方当事人将争议交由商会，商会作为

---

① 有学者从法的本体论、法的认识论、法的价值论和法的实践论四个角度出发，并论证"四论"是创新的商法的核心，只有如此，才能尽快摆脱近代商法的思想，构建科学的商法理论基础，避免商法衰竭，创建现代商法。参见徐学鹿：《商法的轨迹——从传统到现代》，法律出版社 2013 年版，第 280—285 页。

② 参见何勤华、魏琼主编：《西方商法史》，北京大学出版社 2007 年版，第 112—113 页。

③ 徐昕：《论私力救济》，中国政法大学出版社 2006 年版，第 144 页。

④ 参见杨柱平、杨静：《商法与民法的历史及差异分析》，《重庆科技学院学报（社会科学版）》2013 年第 12 期。

中间人对当事人之间的商事纠纷的调解。① 还表现为其救济方式更具有自主性、自治性，例如商会调解对商事纠纷调解的前提就在于商会的自治性。"商会之所以可以作为中间人调解，其基础在于商会的自治性，自治的内容包括对商会成员提供服务，也包括对商会成员进行自律。"② 正是这样的自治性使得商会能够对不遵守法律法规和行业规则造成纠纷的成员予以约束。

（二）自治性商事主体要求独特的权利保护机制

终归商事主体活动方式的自主性、交易内容的自主性以及内部自我制约机制都反映在商事纠纷的裁判上，即商事救济的高度自治性。③ 相应的，面对高度自治化的商法以及商事主体，民商合一视角下，我国未来民法典应该将其反映在民事权利的保护方式规范上。

> 商法的客观性、它规范的专门性以及它的一致性，日益克服了各种地方差异；权利的互惠性随着契约的机会增多而变得日益重要，也越来越规范化，它的整体自治性程度也不断提高。④

《民法总则专家意见提交稿》第 9 章民事权利的行使和保护仅在第 204 条设计了一个条款规定自助行为，《民法总则（草案二次审议稿）》甚至没有自助行为的相关规定，明显不当。我国未来民法典总则应该设计多样性的权利保护制度，包括诉讼救济方式和非诉讼救济方式，⑤ 其中非诉讼救济方

---

① 商会调解可以利用自己的专业优势促使双方尽可能存在合作关系的余地，并且就纠纷达成合意，这样，就有利于纠纷迅速解决，使企业避免了因陷入诉讼而付出更多的成本机会。目前我国商会调解趋势正在逐渐形成。参见刘莘、李大鹏：《论行业协会调解——制度潜能与现状分析》，中国民商法律网，2016 年 9 月 24 日。

② 徐学鹿、梁鹏：《商法总论》（修订版），中国人民大学出版社 2009 年版，第 401—402 页。

③ 参见郑曙光、胡新建：《现代商法：理论起点与规范体系》，中国人民大学出版社 2013 年版，第 337—338 页。

④ ［美］哈罗德·J. 伯尔曼：《法律与革命——西方法律传统的形成》，中国大百科全书出版社 1993 年版，第 431—432 页；赵学刚：《论商法的理论基础》，《西南民族大学学报（人文社科版）》2003 年第 8 期。

⑤ 也有学者从司法机关很难及时给予主体帮助，和即使能够给予帮助工作负荷量超出能力范围两个方面论证现代民商事立法应该允许主体采取一定行为维护自己的权利或抗拒、反对他人的侵害。因此民事权利保护体系是自力救济和公力救济双重体系。参见高富平：《民法学》（第二版），法律出版社 2011 年版，第 243—248 页。

式也应当设计多样化的规定，包括和解、调解、仲裁等。例如《俄罗斯联邦民法典》第 11 条规定民事权利的司法保护："法院、仲裁法院或公断庭依照讼诉立法规定的案件管辖范围，对受到侵犯的或有争议的民事权利进行保护，只有在法律规定的情况下，民事权利的保护才可以依照行政程序进行，对依照行政程序作出的裁决，可以向法院提出申诉。"第 12 条规定多元化的民事权利保护的方式，包括确认权利、权利的自我保护、确认国家机关或地方自治机关的文件无效等等。① 俄罗斯民法有关民事权利的保护包括司法保护形式与非司法保护形式。② 《巴西民法典》第 19 章规定和解，第 20 章规定仲裁，第 851 条规定："允许法院主持的或非法院主持的仲裁解决有订约能力的当事人之间的争议"③。《西班牙民法典》第 4 卷第 13 集就是和解和调解的规定，第 1816 条规定："和解在当事人间有等同终审判决的效力，不满足法律效力的和解不具有终审的效力。"④

我国未来民法典总则中也不能只是单一地设置自助行为，还要考虑自助行为的程序、限度、错误构成和例外以及其他防卫，具体可以在第 9 章，更为周全地规定自助行为的限度、程序、免责等，另设计正当防卫、紧急避险的条款。例如《德国民法典》第 6 章专门规定了权利的行使、自卫、自助。其中第 227 条规定正当防卫，第 228 条规定紧急避险，第 229 条规定自助，并在第 230 条明确了自助的限度，第 231 条规定错误的自助的赔偿义务。《俄罗斯联邦民法典》第 14 条第 2 款规定："自我保护的方式应与受到侵犯的程度相当，并且不得超过行为制止侵犯所必需的行为的界限。"⑤ 《葡萄牙民法典》第 1 卷第 4 分编即是权利之行使即保护，第 336 条规定自助行为，第 337 条规定正当防卫，第 339 条规定紧急避险，第 340 条规定受害人之同意，第 338 条同样明确错误救助的赔偿义务。⑥ 《瑞士民法典》中也有对自

---

① 参见《俄罗斯联邦民法典》（全译本），黄道秀译，北京大学出版社 2007 年版，第 39 页。
② 参见［俄］E. A. 苏哈诺夫主编：《俄罗斯民法》（第 1 册），黄道秀译，中国政法大学出版社 2012 年版，第 387 页。
③ 《巴西新民法典》，齐云译，中国法制出版社 2009 年版，第 118 页。
④ 《西班牙民法典》，潘灯、马琴译，中国政法大学出版社 2013 年版，第 446 页。
⑤ 《俄罗斯联邦民法典》（全译本），黄道秀译，北京大学出版社 2007 年版，第 40 页。
⑥ "如权利人因误认符合自助行为或正当防卫之前提而做出行为，则必须赔偿由此所致使的损害，但该错误属可原谅者除外。"《葡萄牙民法典》，唐晓晴译，北京大学出版社 2009 年版，第 60—61 页。

助行为、自卫、紧急避险的专门章节规定。① 其实我国《民法通则》第 128 条、第 129 条早就明确认可正当防卫与紧急避险。

另外，在民商合一的视角下，还应当突出商事保护方式的自治性，按照民商合一的逻辑，商法是特殊的民法，商事主体是特殊民事主体，商事权利的保护制度自然是特殊的民事保护制度，作为特殊的民事权利保护方式，其特殊性在于商事主体的自治性，自治性特征使商事权利保护方式更为多样化和自主化，我国未来民法典应当设计相关条款突出民事权利保护中的自治性，实质上就是在民法典权利保护方式中融入商事权利保护方式，从而实现民商合一，具体设计可以是考虑商事主体的自治性，承认商事特别法规定的自治救济方式。我国有学者在其设计的《商事通则》之中专门设置商事责任一章确定了商事责任制裁性等自治救济方式。② 《意大利民法典》中就有体现商事权利保护的独特性的规定，更在第 6 编设计专门章节规定权利的私法救济，和财产责任及财产担保的救济方法。③《巴西民法典》第 1 编第 841 条规定："仅对私人性质的财产权可进行和解。" 第 853 条规定："允许在合同中以特别法规定的形式订立通过法院仲裁解决争议的仲裁条款。"④《西班牙民法典》第 1811 条规定："监护人非依本法典不得为其保管的权利缔结和解。"第 1812 条规定："具有法人性质的机关只得就其财产尽心和解，并须满足财产和解所必须的条件。"⑤ 特别在《法国民法典》中，该法典第 15 编规定和解，第 16 编规定仲裁。其中第 5052 条规定："和解在诸当事人之间具有终审判决的既判力，对此种和解不得以对法律的误解，也不得以显失公平之原因提出攻击。"第 2059 条规定："任何人，对其可以自由处分的权利，均得提请仲裁。"第 2061 条规定："除特别法另有规定外，在基于职业活动之原因订立的合同中订立仲裁条款有效。"按照《法国民法典》第 2061 条的规定与第 631 条的规定，合同对一方当事人来说属于商事性质，而对另一方当事人来说属于民事合同，其中订立的仲裁条款对任何一方当事人均无

---

① 参见《瑞士民法典》，殷生根、王燕译，中国政法大学出版社 1999 年版，第 16 页。

② 参见苗延波：《商事通则立法研究》，知识产权出版社 2008 年版，第 258 页。

③ 参见《意大利民法典》，费安玲译，中国政法大学出版社 2004 年版，第 729—778 页。

④ 《巴西新民法典》，齐云译，中国法制出版社 2009 年版，第 117—118 页。

⑤ 《西班牙民法典》，潘灯、马琴译，中国政法大学出版社 2013 年版，第 445—446 页。

效。上诉法院作出判决宣告，由于此种仲裁条款仅仅属于相对无效，可以由非商人一方当事人默示放弃主张此种瑕疵，不予追究。[①] 该国民法典属于民商分立模式下制定的民事法典却考虑到商事主体的特殊性，即商人自治性，从而在民法典中设计了不同于民事权利保护方式的商事权利保护方式。可见，民法和商法从来不是相互独立的，商法只是特殊的民法，当然权利的保护方式也是如此。

三、对商事权利的救济应当兼顾预期利益

（一）预期利益保护是商事权利保护的核心

商法理论只讨论商事主体和商事行为，不讨论商事主体的权利已经成为惯例，普遍观点认为其权利都已经包括在民事权利之中。对商法理论体系来说，这是一个致命的缺陷，以至于现在商法还常被视为商人法，甚至被质疑其独立存在的价值。[②] 民事权利与商事权利存在内在联系，但商事权利保护的独特之处即在于对侵犯商事权利的赔偿，应当更加注重预期利益的损失赔偿。

民事权利的救济以恢复原状为目的。商事权利的核心在于营利，因此对于商事权利的侵害必然会造成预期利益的损失。预期利益与可预见规则紧密相连。可预见规则，又称合理预见规则，该规则认为，违约损害赔偿的范围不得超过违约方在订立合同时已经预见到或应当预见到的因违约造成的损失。该规则的可预见性理论最早由法国学者波蒂埃在其 1761 年发表的《论债法》一书中提出。他在该书中写道：债务人对债权人即要遭受债务不履行之损害的人损失合同的可得预见之损害和利益负有义务，亦即债务人被看作仅对这些受有约束。[③] 法国民法典对该学说予以采纳。该法典第 1150 条规定："非因债务人故意所致不履行，债务人仅就订立契约时所预见或可预见的损害和利益负赔偿责任。"根据一些学者的解释，该条之规定主要是为了

---

① 参见《法国民法典》（下册），罗结珍译，法律出版社 2005 年版，第 1500 页。

② 参见史际春、陈岳琴：《论商法》，法苑精粹编辑委员会：《中国商法学精粹》，机械工业出版社 2002 年版，第 30—47 页；邢星：《论商事主体的商事权利》，《广西社会科学》2006 年第 6 期；李建华、麻锐：《论商事权利研究范式》，《社会科学战线》2014 年第 10 期。

③ 参见韩世远：《违约损害赔偿研究》，法律出版社 1998 年版，第 197 页。

限定第 1149 条所提及的损害赔偿应包括 "债权人所受现实的损害和所失可获得的利益"①。在合同因一方当事人的违约行为致使合同无法履行时，只能够解除合同，违约方理应当根据可预见性规则赔偿预期利益。对于是否预见，主观标准说认为，确定违约损害是否应当预见，应以违约方的主观预见能力为准：若违约方实际能预见到该损害，则为应当预见的损害。客观标准说主张，确定损害是否应当预见，不能以违约当事人的主观认识为标准，而应当以 "普通有理智的人在那个特定场合所能达到的标准"②。如学者所言："商事权益内涵于民事权益概念之中，但有其内在的特殊性，这与商法是民法的特别法这一属性相照应。"③ 我国民法对于预期利益的赔偿采取保守态度，不仅条件苛刻，而且实践中一般只赔偿必要费用的损失。必须明确的是，可预见性规则是传统民法规则，具体运用到商事权利时，应当注意以下几点。

第一，对于认识标准，原则上要以一般商事主体为准，并且在个案中综合考虑双方当事人所处的特殊环境。以 "普通有理智的人" 应当是日常民事生活中的人为评价标准。

第二，要考虑商事习惯的因素。商事主体的特定行为在交易习惯中所具有的意义也不同于在日常生活中。作为经常从事交易的商主体，遵循交易习惯是必然要求。除非双方另有约定，对于是否预见，应当根据交易认定。

第三，预期利益的损失，要考虑商誉权是否受损的因素。商誉权是商事人格权的一种，对其造成严重侵害时会减少商事主体的正面影响力，间接减少了交易机会，影响其营业而造成损失。这一部分损失应当也包括在预期利益内。此方面具体的赔偿数额以及计算方法，应当考虑该行业的平均利润率、自身的经营状况，以及消除影响的时间等因素。

---

① 韩永红：《违约损害赔偿范围研究》，硕士学位论文，西南政法大学民商法学院，2002 年，第 23 页；韩永红：《论违约损害赔偿中的可预见规则》，《广东外语外贸大学学报》2003 年第 2 期。

② ［英］G. D. 詹姆斯：《法律原理》，中国金融出版社 1990 年版，第 127 页；韩永红：《论违约损害赔偿中的可预见规则》，《广东外语外贸大学学报》2003 年第 2 期。

③ 刘道远：《民事权益结构中的商事权益——兼论商事权益的法律构造》，《河南财经政法大学学报》2012 年第 3 期；刘欢：《论体系化视角下商事权利的立法设计》，硕士学位论文，湖南大学法学院，2013 年，第 17 页。

（二）我国《合同法》应当反映特殊的商事保护规则

遗憾的是，在《合同法》等相关法律中，我国对合同的解除并没有很好地遵循这一原则。《民法通则》第 115 条规定："合同的变更或解除，不影响当事人要求损害赔偿的权利。"《合同法》第 97 条规定："合同解除后，尚未履行的，终止履行；已经履行的，根据履行情况和合同性质，当事人可以要求恢复原状、采取其他补救措施，并有权要求赔偿损失。"第 107 条规定："当事人一方不履行合同义务或者履行合同义务不符合约定的，应当承担继续履行、采取补救措施或者赔偿损失等违约责任。"第 113 条规定："当事人一方不履行合同义务或者履行合同义务不符合约定，给对方造成损失的，损失赔偿额应相当于因违约所造成的损失，包括合同履行后可以获得的利益。"现行《合同法》中对损害赔偿的性质及其范围并未作出明确的规定，这使得理论和实践均出现了较大争议，为解决这一问题，必须对我国合同法定解除后的损害赔偿范围的请求权基础及其范围进行明确界定。

我国司法实践中对合同解除后的损害赔偿范围的确定亦是比较混乱，甚至出现同案不同判的现象。在这种混乱的局面下，最高人民法院将其于 2010 年遴选的"桂冠电力与永臣房屋买卖合同纠纷案"（以下简称"桂冠电力案"）作为《最高人民法院公报》刊载的指导案例。其基本案情为：2003 年，桂冠电力与永臣房产签订委托永臣公司为桂冠电力建设办公综合楼和商品住宅小区的《定向开发协议》，2005 年又签订了《补充协议》，在交付方面，约定永臣房产无法按期交付时，桂冠电力可以选择解除协议或继续等待；在违约责任方面，约定了永臣公司违法抵押条款、逾期完工和未按时取得产权证书的违约金。而后，于 2007 年，桂冠电力诉请法院判令：因永臣房产在签约后存在工程延期和质量不合格等严重违约行为而解除协议，并要求永臣房产返还投资款及利息，支付工程逾期违约金和赔偿办公楼重置的损失。关于违约金，一审裁判摘要为：

《合同法》第 97 条："合同解除后，尚未履行的，终止履行，已经履行的，根据履行情况和合同性质，当事人可以请求恢复原状、采取其他补救措施，并有权要求赔偿损失。"合同解除导致合同关系归于消灭，故合同解除的法律后果不表现为违约责任，而是返还不当得利、赔偿损失等形式的民事责任。①

二审法院亦认为合同解除后违约方的责任承担方式也不表现为支付违约金。综合本案的实际情况，判决永臣房产赔偿桂冠电力损失 1000 万元。而最高人民法院《关于当前形势下审理民商事合同纠纷案件若干问题的指导意见》（法释〔2009〕40 号）第 8 条规定："合同解除后，当事人主张违约金条款继续有效的，人民法院可以根据《合同法》第 98 条的规定进行处理。"又，最高人民法院《关于审理城镇房屋租赁合同纠纷案件具体应用法律若干问题的解释》（法释〔2009〕11 号）第 17 条第 1 款规定：

> 因承租人拖欠租金，出租人请求解除合同时，次承租人请求代承租人支付欠付的租金和违约金以抗辩出租人合同解除权的，人民法院应予支持。

很显然，上述指导案例的判决与我国的司法解释相冲突。本案中，1000 万元的损害赔偿所指向的赔偿的性质不明确，导致对合同解除后的损害赔偿的范围仍有很大争议，若不予明确，就无法界定合同解除情形下，如何适用违约损害赔偿及违约金条款。根据《合同法》第 114 条及《合同法司法解释（二）》第 28、29 条的规定，在适用违约金条款确定违约金数额时，因违约金具有损失填补的功能，因此不得超过当事人违约造成的损失，若违约金与损害赔偿所指向的为同一损害时，要避免重复适用加重违约方的负担。因此，指导案例所要指出的规则为：根据《合同法》第 97 条的规定，如果合同解除后，违约方以赔偿损失的方式承担责任，且其赔偿足以弥补其对非违约方造成的损失，则违约方不再承担支付违约金的责任。②

笔者认为，出现这种混乱的情形，是因为我国立法对合同解除并没有结

---

① 参见最高人民法院（2009）民一终字第 23 号民事判决书，《最高人民法院公报》2010 年第 5 期。

② 参见周江洪：《合同解除与违约责任之辩——桂冠电力与永臣房产房屋买卖合同纠纷案评析》，《华东政法大学学报》2011 年第 3 期；耿真：《论合同法定解除后的损害赔偿》，硕士学位论文，湖南大学法学院，2014 年，第 12 页。

合相关主体来进行考虑。如果作为自然人订立的合同，因为法定违约情形导致合同解除，如果赔偿期待利益，或许对违约人并不公平。但是作为以营利为目的的商事主体，如果不对期待利益进行保护，则不利于商事交易的发展。《合同法（试拟稿）》第104条曾规定：

> 合同的解除，不影响当事人要求损害赔偿的权利。合同解除时，除法律另有规定或当事人另有约定外，债权人可请求损害赔偿的范围：（一）债务不履行的损害赔偿；（二）因合同解除而产生的损害赔偿，包括：债权人订立合同所支出的必要费用；债权人因相信合同能够履行而做准备所支出的必要费用；债权人因失去同他人订立合同的机会所造成的损失；债权人已经履行合同义务时，债务人因拒不履行返还给付物的义务给债权人造成的损失；债权人已经受领债务人的给付物时，因返还该物而支出的必要费用。[①]

这种立法显然是基于民事主体，而忽视了商事主体的存在。因此，基于商事合同法定解除后的损害赔偿首先应当包括因违约而致的债务不履行的损害赔偿，其次包括因恢复原状而产生的损害赔偿，及固有利益的损害赔偿，但该损害赔偿的范围应当受到限制。具体而言，合同法定解除后损害赔偿的范围包括以下方面。

首先，债务不履行的损害赔偿，即履行利益。因本书在合同解除的溯及力方面采取清算关系说，因此，合同并不因解除而消灭，而在合同解除前已经存在的违约损害赔偿并不因合同的解除而不复存在。当事人只是从合同关系的束缚中解脱出来，但仍享有依据合同而产生的救济性权利。因合同解除前合同是有效存在的，对基于合同有效而带来的体系性后果应当予以保护。[②] 此种需要保护的利益当然包括合同的履行利益，因此，合同解除后的损害赔偿应当为对履行利益的保护而非仅限定在信赖利益之中。虽然合同解

[①] 全国人大常委会法制工作委员会民法室编著：《中华人民共和国合同法及其重要草稿介绍》，法律出版社2000年版，第34—35页；甘春平：《合同违约解除的损害赔偿范围研究》，硕士学位论文，暨南大学法学院，2010年，第8页。

[②] 参见李政辉：《合同法定解除原因研究》，中国检察出版社2006年版，第126页。

除是使合同恢复到订立前的状态，如前所述，但此处的损害赔偿并非是基于合同解除而生的，此损害赔偿是基于当事人的违约行为产生，且其目的是填补损害，故合同解除后的损害赔偿请求权应当是使非违约方请求违约方填补损害至合同被履行时的状态，从而对非违约方提供充分的救济。同时通过对履行利益的赔偿，才能够督促当事人守约，费用的损失通常远远少于利润损失。如果只赔偿费用损失，违约的成本就太低了。

其次，应当赔偿非违约方的可得利益的损失。可得利益是指生产者、销售者或者服务的提供者在生产经营的过程中，因对方的违约行为所遭受的利润损失。其特点表现在可得利益损失是一种未来的损失。可得利益的损失必须是可以合理预见的。在可得利益的计算方面，要参照当时的市场价格和平均利润进行计算。若是对生产利润进行计算，则应当参照企业上一年度或者上一季度、上一个月的平均利润进行计算，若该企业是在特定的地区，则应以该区域内同类型的其他企业上一个月、上一个季度的平均利润为参照。若以上两种方法均行不通，则可以根据核算成本后通过正常经营可以获得的收益来确定。对经营利润进行计算时，要充分考虑当时、当地的市场价格来确定，在市场价格上涨时，可得利益的损害赔偿额即为市场价格与合同价格的差额；在价格下跌时，买方若继续接货，则其利益将会受损，因此买方往往会拒绝接收货物，此时，卖方可以要求买方履行其合同义务，接受货物，否则应由买方对损失负责。如果因买方的责任无法交货，此时，买方不能请求经营利润，因为即使合同如约履行，买方经营利润也是无法实现的，因此，该经营利润的损失应由买方自己承担，其只能主张违约金或者其他责任，若为生产企业，还可以主张生产利润。①

第二节　商人私人实施机制

商事主体是高度自治性主体，商事规则也是高度自治性的法律规范。商事主体、规则的高度自治性折射到商事权利所需要的特殊性保护机制，即高

---

① 参见耿真：《论合同法定解除后的损害赔偿》，硕士学位论文，湖南大学法学院，2014 年，第34—36 页。

度自治的救济机制——商人私人实施机制。所谓商人私人实施机制是商事主体凭借自身力量制定和解决商事纠纷的机制。① 事实上，商事权利保护机制不同于民事权利保护机制所呈现出的最大的特征，就在于商人私人实施机制。本节拟对商人私人实施机制的历史发展、存在的必要性以及主要内容予以阐述，旨在进一步构建较为完善的商事权利保护机制体系。

一、商人私人实施机制的历史演进②

权利应当受到保护是任何法律主体享有权利的逻辑结果，商事权利具有独特的保护路径，在不同的历史时期，商事权利保护呈现出不同的表现方式。

> 民法上的人所处的法律状态依个人情况而各不相同，依其所取得的权利以及其所承担或被赋予的义务不同，法律需要考虑应当相对每一个人而给予保护以及保护的方式。③

早在古希腊，墨里亚人与克摩里亚人发生冲突，经亚各斯人仲裁创立了解决诸岛之争的公正判词。后各城邦在等权协议的基础上，缔结了一系列的商业条约，随着等权协议和商业条约的实施，为了解决发生的冲突产生了仲裁观念和仲裁典范，并且率先提出了商事案件要迅速裁决的主张。④ 这时期权利保护的主要方式以自力救济为主，即城邦之间的条约协定的仲裁救济。⑤ 古罗马时期，讼诉已经成为解决商事争端的一种常见方式。"商事纠

---

① 参见周林彬、官欣荣：《我国商法总则理论与实践的再思考》，法律出版社 2015 年版，第458 页。

② 商事权利保护方式中的自力救济，有多种多样表达方式，如私力救济、自力救护、自决、私了、自助行为、自卫行为，其中自力救济和私力救济内涵基本等同，但是自助行为、自卫行为实则至少是自力救济的一个部分，自决、私了，则不是严格的法律术语，故本章采用自力救济术语，并在同一层面上使用私力救济，特此说明。

③ ［德］迪特尔·施瓦布：《民法导论》，郑冲译，法律出版社 2006 年版，第 187 页。

④ 参见胡骏：《古希腊民商事立法研究——以雅典城邦为中心考察》，上海人民出版社 2012 年版，第 193 页。

⑤ 古希腊城邦设有市场管理官员，并有一部比较完整的法典《格尔蒂法典》，但是该法典多是商业税收、婚姻、家事、刑事的规定，并没有提供太多的商事权利的保护途径。而希腊各城邦之间的协议条约，派生出些许商事仲裁的救济方式，但是此时期的商事仲裁并不被古希腊法律承认，属于自力救济的方式。参见林榕年主编：《外国法制史新编》，群众出版社 1994 年版，第 150—161 页。

纷发生后当事人可以通过诉讼程序来维护自己的合法权益，契约之诉是指基于一个人为自己的利益与他人订立的契约产生的诉讼，例如买卖之诉、借贷之诉以及其他类似的诉讼。"① 此时商业权利保护的方式呈现多样化，并从古希腊的私力救济为主的权利保护向公力救济为主的商事权利保护方式演进。罗马的诉讼程序发展史就是从自力救济到公力救济的历史，甚至罗马共和国初期的《关于胁迫的优里亚法》中一度禁止自力救济，该法明文规定："凡是以胁迫手段迫使义务人履行义务的，应受到公法的处罚。"② 当然，古罗马时期还是存在解决贸易往来的自力救济方式——仲裁、和解。其中仲裁为主要的商事权利保护方法，相对而言和解并没有那么重要。"古罗马的商业发达时期，便用仲裁方式解决贸易往来中的正义，如果纠纷自己解决不了，争议双方就找有一定威望的人居中解决。"③

中世纪的商人在社会分层已经作为一个庞大的团体或联盟出现，这个组织的表现形式就是商人基特尔或商人行会。④ 商人基特尔逐渐发展壮大，并凭借其经济实力取得自治权和裁判权，在城市中普遍建立了商事法院。商事法院包括市场法院、集市法院、商人行会法院和城市法院⑤，它们拥有广泛的商事管辖权，是解决商业纠纷的主要机构，但是商事法院并不是现代意义上的法院，该法院的法官主要是由商人行会组织的商人组成，实质上是商事权利的私立救济机构。"这些商事法院无疑是统一的，具有现代调节或仲裁庭的性质，而不是严格意义的法院。"⑥ 商人自治的商事法院裁决方式甚至

① 何勤华、魏琼主编：《西方商法史》，北京大学出版社 2007 年版，第 169 页；郭金鹏：《进步与局限：晚清工商立法与民族商人的权利救济》，《山东大学学报（哲学社会科学版）》2012 年第 5 期。

② 刘士国：《现代侵权损害赔偿研究》，法律出版社 1998 年版，第 243 页。

③ 杨荣新：《仲裁法理论与适用》，中国经济出版社 1998 年版，第 8 页。

④ 其中最为著名的是 1230 年建立的"汉萨同盟"即商人公会，这个时期的商人公会或商人同盟大多会颁布其适用的商事法律，如《汉萨海上规则》《维斯比海商法典》，但是商人同业组织自治规则以及在此基础上形成的商人习惯法分布于不同的商人组织之中，彼此之间并不一样，甚至存在很大的差异，也正是因为如此才出现了 18 世纪席卷欧洲的统一商事立法运动。参见范健、王建文：《商法的价值、源流及本体》（第二版），中国人民大学出版社 2007 年版，第 74—76 页。

⑤ 参见郭金鹏：《进步与局限：晚清工商立法与民族商人的权利救济》，《山东大学学报（哲学社会科学版）》2012 年第 5 期。

⑥ ［英］施米托夫：《国际贸易法文选》，赵秀文译，中国大百科全书出版社 1993 年版，第 7 页；郭金鹏：《进步与局限：晚清工商立法与民族商人的权利救济》，《山东大学学报（哲学社会科学版）》2012 年第 5 期。

得到了国家法律的认可。例如 1154 年，米兰颁布法律允许选举"商人领事"审理商事案件，此后商人领事制度又扩散到许多地区。因为商事纠纷的解决往往涉及比较高的技术问题、商事法庭的裁决快速和高透明度，商事习惯能够适用于不同城市地域，使得中世纪商事规范能够自主性发展。① 正是在商事规则自主蓬勃发展中，商事权利的保护方法也呈现出自主性，不仅表现为救济方式的多样性，如协商、调解、仲裁、审理，救济内容也表现出多样性，如商标专利权、破产制度、海上借贷、违约救济、动产抵押、留置权、商业票据、票据追索权等等。② 可见，在中世纪，自力救济已经成为商事权利保护的主要方式。

中世纪以后，西欧进入中央集权的君主专制时代，国家权力深入社会生活的各个方面，国家对商业交易活动的规制也逐步加强。14 世纪，瑞典有些地方的法院开始承认商事法院（仲裁）作为商事权利保护的合法方式，并赋予其裁决相应的法律强制力。③ 随着政治组织的权力扩张，中世纪商人自主解决纠纷的商事法院消失了，其他延续下来的自力救济方式，国家也有意识地加强控制。公力救济开始渗入私力救济之中。其后越演越烈，一方面认为仲裁损害了法院的执法权从而损害了国家主权，应当予以限制。

> 执法是一项神圣的工作，仲裁也是执法。因而，如果仲裁不在法院的监督下进行，法律的统一性会受到损害，法院的管辖权不容剥夺，相应的法律问题的管辖权不允许当事人通过协议排除。④

另一方面认为仲裁会影响社会的稳定。私法一体化的观念下，禁止民法领域的自力救济的同时也扼杀了商法领域的私立救济机制。"商事权利救济制度在市场交易的进一步发展，不仅受到了影响，而且民法以禁止私立救济

---

① 参见毛建铭：《西方商事法起源探析——对欧洲中世纪商人法历史考察》，《清华法治论衡》2004 年第 4 期。

② 参见徐学鹿主编：《商法研究》（第 1 卷），人民法院出版社 2000 年版，第 6—7 页。

③ 这是国家有权的法院对没有法律约束力的商事法律裁决的适当承认。与此同时，地中海各港口采用的《海事法典》也提到以仲裁解决争议的问题。参见杨荣新：《仲裁法理论与适用》，中国经济出版社 1998 年版，第 9 页。

④ 赵秀文：《国际商事仲裁及其使用法律研究》，北京大学出版社 2002 年版，第 6 页。

为原则，严重阻碍了商事权利救济制度应有的功能。"① 公力救济已然全面渗入私力救济之中。

19 世纪后，商事权利保护方式又重新回归于自力救济。现代各国的立法例中，出于对当事人意思自治的尊重，普遍规定了民事自助行为制度。

> 现代商人法在性质上属于自治法，它试图制定出自己的法规，该法规与国内法无关并独立于任何国内法，这种自成一体的自治规则已存在的法律基础乃是各国对合同法领域的当事人意思自治原则的普遍承认和尊重，也正是各国对司法领域当事人意思自治的普遍承认和尊重，现代商人法的自治才得以通过当事人选择使用的方式进入到私法关系领域从而得到法院和仲裁机关的广泛适应。②

采用民商分立立法模式的《德国民法典》和《法国民法典》都承认了自助的合法性，并规定了自助的程度及程序的限制。例如《德国民法典》第 229 条明确规定了自助救济，③ 采用民商合一立法模式国家的民法典中基本承认了民事自助的合法性。例如《瑞士民法典》第 52 条规定了，正当防卫、紧急避险、自助行为。④《俄罗斯联邦民法典》第 14 条第 1 款也明确承认权利自救，⑤ 同样，英美法系也认可民事自助的合法性。《英国民法汇编》第 177 条规定："动产之权利人，于必要时，得用暴力攫取之，但对于土地之占有，不得用暴力为之。"⑥ 美国侵权法更是以承认自力救济为原则。⑦ 另

---

① 徐学鹿：《商法总则》，人民法院出版社 1999 年版，第 358 页。

② 周林彬、官欣荣：《我国商法总则理论与实践的再思考》，法律出版社 2015 年版，第 78 页；孙蓓：《论国际惯例在中国的适用》，硕士学位论文，中国政法大学国际法学院，2003 年，第 21 页。

③ "以自助为目的而扣押、毁灭或损坏他人财物者，或扣留有逃亡嫌疑之债务人或制止债务人对义务容忍的行为进行抵抗者，如来不及请求官署捐助，而且若非即时处理则请求权无法行使有显著困难时，其行为人不违法。"参见《德国民法典》（第四版），陈卫佐译，法律出版社 2015 年版，第 74—76 页。

④ 参见《瑞士民法典》，殷生根、王燕译，中国政法大学出版社 1999 年版，第 16—17 页。

⑤ "允许民事权利的自我保护。"参见《俄罗斯联邦民法典》（全译本），黄道秀译，北京大学出版社 2007 年版，第 70 页。

⑥ ［英］F. H. 劳森、伯纳德·冉得：《英国财产法导论》，曹培译，法律出版社 2009 年版，第 70 页。

⑦ 参见李亚虹：《美国侵权法》，法律出版社 1999 年版，第 42 页。

外，在各国最新的仲裁立法中，减少司法对仲裁的干预已经成为一个立法趋势。例如 1997 年生效的英国新的仲裁法，极大地减少了法院对仲裁进行司法干预的程度，除了极其有限的情况外，法院不得干预仲裁，并且这种干预必须经过当事人同意。同样，瑞典、西班牙、德国等许多国家都规定仲裁庭有权决定自己的管辖权。[①] 尽管仲裁并不能完全脱离司法，但是商事权利保护方式向自力救济的回归却是不可阻挡的趋势。"当人们卷入一项法律争议时，不愿意把它提交给法院，许多申诉人更喜欢通过司法程序解决他们的争议。"[②] 在商事领域尤是如此，长远来说，自力救济还是应为商事权利保护的主要方式。

商事权利保护方式的历史演进史呈现出"推崇自力救济——禁止自力救济——合理规制自力救济"的曲线发展过程，随着人们对商事规则的认识加深，国家对商事权利自力救济的干涉减少，不同于中世纪商人商事法庭的自治机制，将商事裁决完全交由商人自主决定，也不同于国家君主专制下，对自力救济的绝对禁止，现代各国无论是大陆法系国家还是英美法系国家基于对交易主体意思自治的尊重，对商事权利保护的方式普遍回归自力救济，同时对自力救济施加合理的限制。在本质上，商事权利保护方式特殊的演进路径背后所呈现的是商事权利保护方式从自主自治到禁止自治又回归自主自治的路径，现代商事立法中对商事权利保护方式自主自治的回归，实质上是商事权利保护方式内在的必然性要求。商事规则以及相应的商事权利保护方式的自治性可以说是商事活动、商品经济以及市场经济得以繁盛发展最为关键的推动力。这也是为什么商事权利保护方式的历史发展从绝对禁止自治又回归适当限制自治。这样的适当限制，也只是为了更好地实行自治，其中，从国家对仲裁制度的态度中可窥见一斑。正是由于商事权利保护方式的这种内在的自主性、自治性，也使商事权利保护方式应当具有不同于民事权利保护方式的独特性。

---

① 参见郭理树：《西欧国家晚期仲裁立法改革评书》，《中国对外贸易》2002 年第 2 期。

② ［英］施米托夫：《国际贸易法文选》，赵秀文译，中国大百科全书出版社 1993 年版，第 650 页；郭金鹏：《进步与局限：晚清工商立法与民族商人的权利救济》，《山东大学学报（哲学社会科学版）》2012 年第 5 期。

二、商人私人实施机制存在的必要性

商法是商事主体在市场实践中发现的法，从这个角度来说，商事主体在商事规则的制定和实施过程中起着关键的作用。商事活动方式的自主性、交易内容的自主性、内部自我制约机制，以及商事救济的高度自治性都表明商事主体在市场交易中不断地制定并实施商事自治规范，此即商人的自我实施。其中商事主体私人制定的规则就是商事自治法，即商事主体自主制定的具有法律效力的规则，例如公司章程，合伙企业的合伙协议，证券交易所、证券业协会的章程等。商事自治法不得违反强行法的规定，也不得违法公序良俗和社会公共利益。业务条款在不违反强制性规定、公序良俗和社会公共利益时也可以作为商事自治法。

事实上，商人的私人实施，是指商人凭借自身的力量制定和实施商法制度或活动的总称，[①] 也就是商事主体制定商事自治规则并实施自治管理的机制。当然，没有商事自治规则便谈不上商人的私人实施，商人的私人实施制度存在的前提和基础就是自治性的商事规则，因而在忽视并缺失商事自治规则的国家，必然导致其忽视并缺失商人的私人实施制度。诚如学者所言：

> 一个国家的商事法律一般由两种不同性质的规范构成，一种是公共利益的强制性规范，另一种则是当事人意思自治的选择规范。两种不同规范由不同性质的强制力为后盾。前者以国家的强制力为后盾，后者则是以客观经济规律的强制性为后盾。大陆法系的国家法典化思潮以及对国家强制力的崇拜，从根本上否认示范性、自治性的商事规则，使得商法名存实亡。而现代商法之所以发达，在于它的全部规范放眼于社会，是市场无形之手的法律化、规范化，即使是国家强制性规范也是对客观规律强制性的体现。[②]

总之，商法要持续发展，并不是一味地用国家强制性规范取代商事自治

---

① 参见周林彬、官欣荣：《我国商法总则理论与实践的再思考》，法律出版社 2015 年版，第190 页。

② 徐学鹿：《商法的轨迹——从传统到现代》，法律出版社 2013 年版，第 284 页。

规范，相反，发达的商法必须依靠对商事自治规则的认可与整合。"整个商法体系处于不断演化的过程之中，我们所能做的是不断将过去展现于未来，并对过去传统加以改造，导向新的方向。"① 这样的商事传统其实就是商事主体在市场交易中，不断实践、尊重市场客观规律所形成的商事自治规则。可见，商事自治规则，并在其基础之上开展的商人私人实施机制，是对商法演进发展成发达商法并能够保有旺盛生命力的重要性。商人的私人实施机制存在且必须存在于一国的商事法律体系之中，并且占据重要地位。具体而言，其对整个商事规则体系运行的影响如下。

（一）维护商事交易效率

"商法要反映快捷与效益的价值要求。"② 商事主体经营营业主要是为了营利，要达到营利目的，商事交易必须快速进行方可把握商业机会达成目的，因此，必须确定多种商事制度保障商事交易的快速进行。其实质上也就是要求商事规则的自律性、自治性和灵活性。例如美国《统一商法典》之所以能够保障商事交易的快捷与效益，就在于商事规则的自治性及灵活性，该法典明文规定，"本法各条款的效力可以通过当事人的协议加以改变，但是本法关于善意、勤勉、合理注意义务，则不能通过协议加以排除"，"本法应作灵活的解释和适用"。③《统一商法典》正是通过维护商人交易的自由、商事主体的自治性，从而确定了商人私人实施机制，才得以提高商事交易的效率，实现营利目的。

反之，缺乏自治性商事规则必然不能实现商事交易的效率。商事交易固然需要确定大量的技术手段使交易简化：商事交易时效期间采取短期消灭时效的原则，例如一般的民事诉讼时效为 2 年，但商法中的票据权利诉讼时效一般为 6 个月，我国《保险法》则规定被保险人从通知保险事故之日起 3 个月内不向保险人提供各种有关的文件和资料的，视为放弃索赔权；交易形态和客体上采用交易定型化原则，例如提单、仓单等证券表示提取物品的请

---

① ［美］哈罗德·J. 伯尔曼：《法律与革命——西方法律传统的形成》，中国大百科全书出版社 1993 年版，第 433 页。

② 胡浚、谢卫东：《论商法的法理基础》，《成都理工大学学报（社会科学版）》2004 年第 1 期。

③ ALI（美国法学会）、NCCUSL（美国统一州法委员会）：《美国统一商法典及其正式评述》（第一卷），孙新强译，中国人民大学出版社 2004 年版，第 3—4 页。

求权以及商事交易发生的权利采用证券化的形式；商事交易程序简化原则，例如通过传真、电报等方式签约，并设计商事代理、居间、信托等授权签约制度；沉默有效原则，例如《德国商法典》第362条第1款即明确认可商人沉默的效力；① 商事交易的要式原则，即任何交易的主体都不得任意变更商事交易形式，为了促进并建立交易基础使得交易能够顺利、快捷的进行，实行某些商事文书规定事项必须法定化，例如我国《公司法》中对股份有限公司的招股说明书的规定。但是这些技术性强制规则并不否定商事自治规则。定型化规定以及要式原则、沉默原则等大部分技术性规范实质上都是尊重当事人意思自治从而实现营业自由、合同自由，故技术性手段其实是商法的自治性和灵活性的保障。

　　实际上，商事自治规则才是商法主导性规范。技术性强制规范以及法律强制性规范、公序良俗、公共利益对自治的限制都是为了更好地实现商事自治。"商事交易首重简便，所以商法对商事交易的内容以及方式主要采取自由原则。"② 商事主体在法律范围内可以自由进行交易，表现为商事立法形式上，任意性规范为主，强制性规范为辅。例如我国《公司法》的规定，整体而言大部分还是任意性规范，强制性规范也只是为了确定商事主体的"游戏规则"，从公司章程的记载事项中有关任意记载事项就可见一斑，也表现为法律实质上对当事人意思自治的尊重，有关交易的内容、方式，都由当事人自主约定。法律发展"从身份到契约"的历史进步实质就是对法律主体意志的承认，用实质性意志内容取代形式化的规定，尊重意志自由并赋予主体自主的意思表达的权利。例如公司章程即使是法律强制必须制定的，但是公司章程的制定是由商事主体集体决定的，终究只是意思自治的产物而已。甚至，法国曾在1890年的一项法律中规定，对于商人，除法律规定外，商事合同可以通过任何方法缔结，③ 法律完全认可当事人的自主意思。其实

---

　　① "由一个商人的营利事业经营生产为他人处理事务，并且处理此种事务的要约由某人到达该商人，而该商人与此人具有交易关系的，该商人有义务不迟延地做出答复，其沉默视为对该要约的承诺。处理事务的要约由某人到达一个商人，并且该商人已经向此人求处理此种事务的，适用相同规定。"参见《德国商法典》，杜景林、卢谌译，法律出版社2010年版，第214页。

　　② 徐胜强：《商法导论》，法律出版社2013年版，第133页。

　　③ 参见［法］伊夫·居荣：《法国商法》（第一卷），罗杰珍、赵海峰译，法律出版社2004年版，第45页。

正是因为大量自治性商事规范的存在，市场交易才得以简单、快捷进行，商事交易的效率才得以实现。因而，法院在进行商事审判时，也应当适用遵循市场经济规律的商事规定，尊重商事自治规范以及商人私人实施机制，从而维护、促进交易的自由、快捷并保障市场持续发展。

（二）保障交易安全

商事主体之间的交易与一般的民事主体之间的交易相比较，更具有长期性、普遍性，表现为持续不断流转的交易。此种情况下，商法必须通过相应的法定形式明确商事主体交易的稳定性与确定性以保障商事交易安全，维护良好的市场秩序。"交易主体的确定要求作为交易者的商事主体公示基本信息，交易行为的确定则要求以行为外观确定其真实性。"[1] 因此，对交易安全的保障主要表现为商事交易的外观主义与公示主义原则。其中商事外观主义原则，即对信赖外观的当事人的信赖利益的保护，本质是在特定场合衡量实际权利人与外部第三人之间的利益所遵循的原则，是为了维护交易安全，对外部人合理信赖权利表征所谓的法律行为予以优先保护的原则。[2] 例如，我国《票据法》第 14 条第 3 款即是如此规定的，[3] 该条款就是适用票据外观权利保护信赖利益，从而保护交易安全的典型。商事交易的公示主义原则，则是指商事主体需要在适当的范围内公开交易有关的特定重要的事项，即商事主体对涉及利害关系的事项负有告知的义务。[4] 例如《公司法》设计商事登记、商事公告以及通知等制度就是通过一定方式使交易相对人获得相应的信息，从而保障交易安全。

强制性规范[5]设计的核心要领是安全，自治性规范设计的核心要领则是自由。商法设计稳定、可预期并具有强制执行力的规定，从而维护交易安全，本质上是强制性规范对自治性规范的保障而不是否定商事自治规范。诚

---

① 徐胜强：《商法导论》，法律出版社 2013 年版，第 124 页。

② 参见全先银：《外观主义研究——以商法为中心》，博士学位论文，中国社会科学院研究生院，2003 年，第 9 页。

③ "票据上其他记载事项被变造的，在变造之前签章的人，对原记载事项负责；在变造之后签章的人，对变造之后的记载事项负责；不能辨别是在票据被变造之前或者之后签章的，视同在变造之前签章。"

④ 参见王保树：《中国商法》，人民法院出版社 2010 年版，第 29 页。

⑤ 此处强制性规范是公共利益性质的强制性规范，也即国家强制力保障的规范，而不是市场客观规律保障的强制性规范。

如学者所言："交易安全是具体衡量交易效率的标准，如果交易使得双方利益提升，也没有导致第三人利益受损，法律不会干涉，反而维持该交易的有效，但是如果交易使得双方利益下降，或一方利益下降，法律就有干涉的必要，宣告这个交易为瑕疵交易。"① 可见，安全与自由之间并不冲突，实际上，两者是相互关联的，自由可以保证交易效率、便捷，安全则可以降低交易成本和交易风险。同样，强制性规范与自治性规范也不冲突。就商事交易整体而言，商事主体的自我调节机制必须考虑到提高交易第三方的预期能力以及安全感，以确保商事交易得以便捷、顺利地进行，从而实现利润的最大化。所以，商事主体之间适用的商事自治规范必须在自由与安全之间找到一个合适的平衡点，从而保证其能够长期、持久地开展商事活动。这个平衡点实质上就是市场规律强制性与国家强制性内在的一致性，表现为商事自治规范与商事强制性规范之间反叛与服从的循环，只有符合市场规律的法律才具有生命力，也只有符合国家强制性法律的自治规范才获得约束力。商法演变从商事习惯到商事习惯法到商事制定法，最后归于统一商事国际法，就很好地说明了商事强制性规范与商事自治性规范两者是相互促进的，商事规则总是在寻找两者的平衡点之中发展着。

"交易安全是市场交易发展的必然产物。"② 一方面，由于商品经济的发展，社会化专业分工深化，商事交易方式从最开始生产者对消费者的直接交易向迂回和扩展的间接交易方式发展，其中间接交易的出现主要是产生了介于消费者与生产者之间的中间商，交易链条越来越长，相应的交易也越来越复杂，交易安全问题也越来越严峻。另一方面，商事领域不同于民事熟人领域，商事交易很大程度上是在陌生人之间进行的，而陌生人之间的交易会极大增加商事交易的风险，使得传统的保护市场秩序的规则愈发不适用，从而需要制定适合保护商事交易安全的新规定。而商事自治规范的承认与整合，即商人私人实施机制的构建，本质上就是市场经济的客观规律的规定化。故市场实践中产生的对交易安全的需要最终会反映在商事自治性规范之中。例如间接交易的中间商其实也经历了自主发展与演进的过程，"互易——买

---

① 王延川：《现代商法的生成：交易模式与价值结构》，法律出版社 2015 年版，第 305 页。
② 王延川：《现代商法的生成：交易模式与价值结构》，法律出版社 2015 年版，第 317 页。

卖——委托——代理商——经销商"。再如，票据背书连续的证明力等若干规定，最早并不是法律明文规定的，而是在票据交易制度发达化后才明确为商事自治性规范。同样，外观主义原则最早体现在船舶登记制度，并没有制定法的规定，在实践交易中明确后，才开始在企业的登记制度中普遍使用外观主义原则。可见，商品交易安全是市场发展的必然需求与保障，从这个角度而言，交易安全与商事自治规范具有一致性，商事自治规范就是为了确保交易安全而设置的。

（三）制约经营管理人的需要

现代国家立法中商事主体的经营权与管理权往往是相互分离的。例如《俄罗斯联邦民法典》第 19 章即是经营权与业务管理权，其中第 294 条即明确经营权主体范围，[①] 第 296 条第 1 款即规定业务管理权的行使主体，[②] 并且明确主体的经营权、管理权都不同于所有者的所有权。《俄罗斯联邦民法典》第 295 条第 2 款规定："不经财产所有权人同意，企业无权出卖归它经营的不动产，无权出租、抵押、作为投资投入商业公司或商企业的注册资本或以其他方式处分。"第 296 条第 2 款又进一步明确所有人的所有权，[③] 进而有学者形象地将管理权称为商事主体内部纵向的权利，经营权则为商事主体交易中横向的权利，以示区别。[④] 商事主体经营权是商事主体的外部经营活动，基于商事主体营业而发生的社会关系，即市场交易中主体的经济关系的权利总称。管理权则是商事主体为实现其一定的任务，合理地组织人力和物力，有计划地指挥、调解和监督经济活动中权利的总称。管理权主要包括对人力的支配和对财产的支配两个基本的方面。那么，商人私人实施机制对

---

① "国有或自治地方所有单一制企业，对其财产享有经营权的，依照本法典规定限度内占有、使用和处分该财产。"参见《俄罗斯联邦民法典》（全译本），黄道秀译，北京大学出版社 2007 年版，第 138 页。

② "国库企业以及机构，对划拨它们的财产在法律规定的限度内，根据自己活动的宗旨、财产所有权人的任务和财产用途，行使占有、使用和处分。"参见《俄罗斯联邦民法典》（全译本），黄道秀译，北京大学出版社 2007 年版，第 138 页。

③ "将财产划拨给国库企业和机构的所有人，有权收缴多余、未得到使用或未按照使用的财产，并按照自己的意志进行处分。"参见《俄罗斯联邦民法典》（全译本），黄道秀译，北京大学出版社 2007 年版，第 138 页。

④ 参见张力：《继承与超越——论俄罗斯联邦民法典中单一制企业的经营权与业务管理权》，《河北法学》2005 年第 2 期。

商事主体约束的必要性就应该从外部经营权和内部管理权两个方面加以论述。

就横向关系中的经营权而言，商事自治规范主要通过规定严格责任对商事主体的经营权进行约束。作为"经济人"的商事主体，具备较高的营业能力和投资能力，并且其交易行为具有营利性，基于公平原则，应使得商事主体承担大于普通的民事主体的责任，即严格责任。所谓严格责任，实质上就是要求商事交易中要求交易的商事主体承担更多的责任，以使得商事主体尽到应有的勤勉与谨慎的责任。[①] 严格责任一方面表现为普遍的连带责任，例如合伙企业中的普通合伙人的连带责任，有限合伙人如果参与管理也需要承担无限连带责任；我国《票据法》中的第68条规定的无限制的追索权。另一方面则表现为严格注意义务。例如美国《统一商法典》就明文规定："作为卖方如果是商人，其须在买卖合同中默示担保货物的商销性。"[②] 换而言之，对于非商人不需要承担此种义务。同样，《韩国商法典》第62条也明文规定："商人在其营业范围内代销物品的情形下，即使未领取报酬，也应该尽到善良管理人的义务。"[③] 但是对于没有报酬的民法主体则只需要尽到一般人的管理义务即可。

就纵向关系中的管理权而言，商事自治规范往往会设置内部权力机关的制约和自我惩罚机制对商事主体的管理权进行约束。商事交易中不可避免地存在交易风险，风险是正常交易的重大威胁，从这个角度而言，商事规则其实就是对交易风险进行提示，使得商事主体能够合理地利用商事自治规范分配风险。商事主体需要积极防范风险，然而风险是内生于交易活动本身之中的，是现代商业社会中客观性的存在，而且民事领域与商事领域在风险因子、风险分配方面具有极大的差异，尽管商事领域中的商事主体被定义为"经济人"，具有趋利避害的天性，但是商事主体面临风险的概率与风险因素的复杂性程度也远远大于民事主体面对的，此种情况下，商事主体必须要

---

① 参见范健、王建文：《商法的价值、源流及本体》（第二版），中国人民大学出版社2007年版，第44页。

② ALI（美国法学会）、NCCUSL（美国统一州法委员会）：《美国统一商法典及其正式评述》（第一卷），孙新强译，中国人民大学出版社2004年版，第321页。

③ 《韩国商法》，吴日焕译，中国政法大学出版社1999年版，第40页。

通过内部管理的自我约束来实现对风险的防范与规避。① 例如我国《公司法》中规定，公司必须在章程中明确治理机制对经营管理人或董事会执行机关进行权利制约与分权，设立监事会等等。《公司法》第 25 条规定有限责任公司章程应当载明的事项，第 6 款即是公司机构及其产生办法、职权、议事规则。同时，第 53 条明确规定了监事会的监督职责。可见，商事自治规范能够通过明确商事主体的内部制约机制，以及在商业团体中的经营管理者责任，对免除管理者职位等的内部惩罚责任机制，从而有效规避、防范风险。

三、商人私人实施机制的构建

商事自治规范是整个商事交易管理和运行的前提性要素。诚如学者所言：

> 商人私人自治在商法的制定与实施过程中具有重要作用，是商法适用的一个重要特征，——商人的私人自我实施，在商法的产生与发展中起到举足轻重的作用，商人及其对商法的自我实施，是前述商法适应规律八条②诸多"先行"要素的重要"先行者"与"先行之路"。③

但是在我国，不仅商法体系中的商事自治规范的概念、性质极不明确，而且学术界对自治规范界定的内涵和外延也极其不统一。有学者认为，商事自治规范是企业或其他商事团体自主制定的有法律效力的规则，包括公司章程、合伙企业的协议以及业务条款。④ 也有学者认为商事自治规范，是为合

---

① 参见王延川：《现代商法的生成：交易模式与价值结构》，法律出版社 2015 年版，第 317—319 页。

② 学者所说的八条商事规律是指：先有商法理论后有商法规则；先有商事程序法后有商事实体规则；先有商事裁判规则，后有商事成文法规则；先有商事自治规范，后有商事国家法规范；先有商事基本法，后有商事单行法；先有商事国际法，后有商事国内法；先有商事主体法，后有商事行为法；先有商事私法，后有商事公法。其提出八条规律中最为基础性的因素乃是商事自治规范的定制和实施。参见周林彬、官欣荣：《我国商法总则理论与实践的再思考》，法律出版社 2015 年版，第 45—112 页。

③ 周林彬、官欣荣：《我国商法总则理论与实践的再思考》，法律出版社 2015 年版，第 189—190 页。

④ 参见王保树：《中国商法》，人民法院出版社 2010 年版，第 22 页。

理调整商事公司和其他团体的内部关系，需要在国家法律原则性或一般性规定之外，另行制定与其组织结构与商事交易相适应的章程与约款。商事自治规范在不违反强制性规定时也具有规范意义上的约束力，具体表现形式包括公司章程、交易所等中介组织的业务规则、商业行业规约、商事组织预先制订的格式合同条款等。① 还有学者认为商事自治规范是不由国家立法机关、政府部门制定的，而是由企业和其他社团为实现自主而制定的，为了调整与商事活动密切相关的各种社会关系，以及对商事活动实行自治自律而在法律体系外规定的，或长期商事活动中自发形成的，在法律适用上具有优先地位的规范，包括公司的章程、合伙协议、交易所业务规则、行业规约（行业规范、商会章程）以及国际和国内的商事惯例和条约。② 我国学术界对商事自治规范的认识存在巨大分歧，加上我国制定法中并没有明确商事习惯的性质，也没有明确商事自治法的效力，从而导致司法实践中商事自治规范适用的缺失。例如我国商法体系中极少强调遵从民商事习惯和惯例，2500 件法律文件中，没有任何法律明确提出遵循习惯，只有一件强调了应当遵循商事惯例。③

故"从商法适用角度而言，我国商事自治法规则是缺失的"④。一方面，商事自治法规则的缺失，也必然导致商人私人实施机制的缺失；另一方面，商人私人实施机制具有必要性与重要性。那么，我们应该考虑如何建构完善的商人私人实施机制，以弥补我国目前商法体系的空缺？首先需要考虑的是明确商事自治规范的性质。其实学者们争论的主要是围绕自治规范是否具有法律约束力以及是否包括商事习惯而展开，实际上，学者们一致认可商事自治规范是商法法源，并确定商事自治法优先于制定法适用的原则。既然如此，商事自治规范应该具有法律效力而不仅仅是规范上的约束力。另外，商事自治规范的建立与完善是通过商人私人自我实施而实现的，应当包括商人实践形成的商事习惯。更有学者明确指出，商事自治规范是商事主体和商事

---

① 参见范健、王建文：《商法基础理论专题研究》，高等教育出版社 2005 年版，第 84—85 页。
② 参见周林彬、官欣荣：《我国商法总则理论与实践的再思考》，法律出版社 2015 年版，第 183—185 页。
③ 参见苏力：《当代中国法律中的习惯——一个制定法的透视》，《法学评论》2001 年第 3 期。
④ 周林彬、官欣荣：《我国商法总则理论与实践的再思考》，法律出版社 2015 年版，第 185 页。

自治组织在商事活动中形成的具有法律效力的商事习惯、惯例和自主制定的相关章程及规约，并将商事自治规范类型化为"惯例型自治规范"（交易习惯），"契约型自治规范"（公司章程、合伙协议、定型化契约）以及"行规型自治规范"（商业行业规范、商业行业公约、商业行业标准、商业行业规则）。①

在此基础上，商人私人实施机制则主要是通对商事主体权利的有效保护而予以构建并完善的。商人私人实施机制实现的核心路径就是商事主体积极主动参与程序之中并解决纠纷。商事主体通过正当程序、法定程序能够满足当事人的主体性，使复杂纠纷简单化，从而实现主体的自治管理。② 诚如学者所言："盖权利之本质，在活动不在静止，故权利以行使为必要。权利之行使，当然不受他人之侵害。凡有私权之个人，必得除去其权利之侵害，以享有实益。不然，则权利将有名无实。"③ 就这个角度而言，商人私人实施机制就是通过商事主体私人保护商事主体的权利，从而实现商事自治，进而又能够更好地保障商事权利。商人私人实施机制的逐步完善并最终建成也正是在自治与保护的良性互动之中完成的。这样的互动前提应该是具备和平的权利保护方式。诚如学者明言："法律最主要的任务之一就是保持和保证法律的和平，而法律和平则要求，任何人不得对他人使用暴力，因此当某人权利受到威胁时，和平实现权利救济。"④ 商人私人实施机制实质上就是商人的自我实施，是商事主体借助和平的权利救济方式实现自我权利的机制。如此一来，我们可以将商人私人实施机制类型化为自力救济机制、私人裁决机制以及商会自治机制，并在自力救济机制、私人裁决机制、商会自治机制这三个方向上努力，从而实现商人私人实施机制的构建与完善。

（一）自力救济机制

"自力救济乃权利者因其实益之故，不依赖国家之公力，直接对于相对

---

① 参见董淳锷：《商事自治规范司法适用的类型研究》，《中山大学学报（社会科学版）》2011年第6期。

② 参见徐昕：《论私力救济》，中国政法大学出版社2005年版，第84—90页。

③ ［日］松岗义正口述：《民事诉讼法》，熊元襄编，李凤鸣点校，上海人民出版社2013年版，第3—4页。

④ ［德］卡尔·拉伦茨：《德国民法通论》（上册），王晓晔等译，法律出版社2004年版，第357—358页；马立群：《行政诉讼制度宪法依据质疑》，《公法研究》2012年第5期。

方所为腕力之运用也。"① 关于自力救济的性质有不同的学说。其一制度说，认为自力救济是权利人依自身之力量以救济私权之制度。其二行为说，认为自力救济是在法律关系中，权利人借助自己的力量而非国家机关的力量来保护自己或他人权利的合法行为。其三权利说，认为自力救济是主体在权利受损或面临受到侵害的危险时，依靠自身力量救济被侵害权利的权利。其四措施说，认为自力救济是在紧急情况下，权利人凭借自身之力救济受侵害权利的方式或措施。② 其实，自力救济不同的定位反映的是自力救济研究的不同角度或路径。本质上，所谓自力救济机制就是指商事主体的权利遭受侵害时，不通过国家司法机关和法定程序，法律允许权利人以自己之力维护自己的权利或抗拒他人侵害，从而在没有以中立名义的第三方介入解决纠纷的情况下，纯粹依赖商事主体自身或私人的力量，实现对自我救济的机制。③ 故本书从私力救济制度说的角度出发展开对商人私人实施机制的构建。诚如学者所言：

> 目前我国商人权利的私人救济的主要问题是基本法中缺失私人救济规则，商人权利的私力救济行走在法律灰色的边缘地带。④

商事权利私力救济表现为商事权利自我保护的调解机制。商事权利私力救济与民事权利私力救济的一个最为主要的区别就是商事权利自力救济不会涉及对人身自由的侵害。法律限制民事权利私力救济的一个重要原因，就是避免民事权利自力行使会对他人的人身权利造成限制，影响了他人的人身自

---

① 〔日〕松岗义正口述：《民事诉讼法》，熊元襄编，李凤鸣点校，上海人民出版社 2013 年版，第 4—5 页。

② 参见翟羽艳：《私力救济理论研究》，博士学位论文，黑龙江大学法学院，2010 年，第 12—45 页。

③ 商人私人实施机制中的自力救济并不包括官方或非官方的第三方的参与，商人的自力救济与社会性救济和公力救济都是重要的权利保护方式。公力救济包括司法和行政救济，以国家强制力为后盾；社会救济则包括调解与仲裁，依靠中立的第三方；私人救济则依靠商人自身力量，主要是强制与交涉（当事人的双向互动），可以分为合作与非合作、强力与和平、自益与自损。与前文所述私力救济或自力救济并不一样，特此说明。参见高富平：《民法学》（第二版），法律出版社 2011 年版，第 244 页；徐昕：《论私力救济》，中国政法大学出版社 2005 年版，第 54—80 页。

④ 周林彬、官欣荣：《我国商法总则理论与实践的再思考》，法律出版社 2015 年版，第 192 页。

由。因此现代民法一方面小心翼翼的允许自力救济在一定程度上存在，比如通过自卫与自主行为紧急行使自己权利避免进一步损害，又要求主体在自力救济得意实现时及时行使公力救济；另一方面，即使在对主体的财产权利进行保护的同时，也严格限制私力救济行使的对象。比如说，法律规定民事留置权行使的条件。但商事权利私力救济主要体现在财产权利的保护，因此不会涉及民事权利私力救济有可能侵害自然人人身自由的问题。

商事权利私力救济的存在主要体现在商事主体为实现商事团体的稳定与发展，为实现财产交易便捷与安全所进行的对自我权利的自我维护行为。这包括两个方面：一是维护团体权利的稳定与发展所进行的自我维护行为。比如维护团体的团体性的纯洁性所进行的自我裁决机制；二是维护交易财产的安全与便捷所进行的自我预防式权利保护措施。比如《合同法》第68条所规定的不安抗辩权、《物权法》第231条规定的商事留置权。

一方面，我国商事法规体系中仅仅零星规定了些许自力救济的行为，并未有统领性的规则，也没有形成体系化、系统化的自力救济机制。例如《民法通则》第128条明确规定了正当防卫，第129条则认可紧急避险的合法有效性。《合同法》第203条明确贷款人的自我救济方式，[①]《担保法》第82条则认可合法的留置。另一方面，有关的自力救济规定在实施过程中缺乏合理、正当的程序，致使现行规定也无法发挥私力救济功能。现实中，自力救济实施方式往往太过随意，并且不注重实施程序的诚实信用原则。而自力救济程序控制的缺乏，必然会抹杀当事人意思表示以及寻求司法救济的权利，商事主体也最终无法实现对自身的救济。例如在商事纠纷处理中，商事主体会聘请商务调查机构和私人侦探机构实施私力救济，但是对这样的机构定位不清也没有适当的规范管制。这样一来，商事主体在自力救济中，可能导致出现一些"廉价正义"，即导致非正义救济，过分追求便捷使得商事主体权利无法完全实现。[②]

《民法总则专家意见提交稿》中，改变了《民法通则》设置民事责任一章的做法，废除民事责任章节，并将《民法通则》第6章"民事责任"中

---

① 《合同法》第203条规定："借款人未按照约定的借款用途使用借款的，贷款人可以停止发放借款、提前收回借款或者解除合同。"

② 参见徐昕：《论私力救济》，中国政法大学出版社2005年版，第70—96页。

的第 4 节"承担民事责任的主要方式",规定在《民法典总则》的第 9 章"民事权利的行使和保护"之中,初步实现了从责任观念到权利救济观念的态度转变,对构建自力救济体系具有积极的指引作用。令人遗憾的是,《民法总则(草案三次审议稿)》又回归《民法通则》的体例。然而,由于我国民法缺乏私力救济构建统领性、系统化的规范,自力救济机制仍然游走在法律规范与道德规范的边缘,并且我国民商法体系是在民商合一的视角下构建的,自力救济制度的构建也相应地需要考虑商事自力救济的特性。因此,我们不仅需要自力救济制度而且需要体现商事特殊性的自力救济途径。但是我国目前民商事立法对自力救济的定性模糊,并且缺乏制度性和规范性保障,根本没有形成相应的自力救济体系,更谈不上在自力救济体系中考虑并融入商事特性;如此,自然也无力支撑整个私力救济机制的完善构建与有效运行。所以,我国未来民法典应该考虑健全自力救济的立法(主要从实体和程序两个方面)并完善权利救济制度的体系化结构,实现权利保护从责任观念转变成为权利救济观念,发挥自力救济的良性功能,以便商人私人实施机制得以完善并最终建成。①

(二)私人裁决机制

私人裁决机制,是指在商事主体内部发生商事纠纷时,由商事主体组织适用商事自治规范,在内部进行自我裁决,而不由司法机关裁决的纠纷解决机制。一方面,私人裁决机制的运行主要是依据商事主体内部基于商事自治规范效力产生的内部裁判权。商事自治规范是具有法律效力的规范,是商法的法源,商事主体自然可以依据内部商事自治规范,如章程、商事惯例等,对违反规范的内部成员予以一定的处罚。另一方面,私人裁决机制的完善并构建是商人私人实施机制的题中之义。"制度型构不能不考虑其运行成本,作为制度形态的社会纠纷解决机制同样如此。"② 私人裁决,则意味着不需要诉诸昂贵的司法救济,能够经济有效地解决商事主体内部的纠纷。"在每一种纠纷的解决进程中,每一个当事人都在考虑自己的成本收益。所以,只

---

① 参见周林彬、官欣荣:《我国商法总则理论与实践的再思考》,法律出版社 2015 年版,第 450—457 页。

② 沃耕:《民事自助行为研究》,法律出版社 2012 年版,第 41 页。

要某种纠纷解决机制是有效的，成本是比较低的，人们就会选择它。"①

故私人裁决能够在商事领域赋予商事主体以选择权，从而有效地解决纠纷并实现正义，最终确保市场经济有序发展。

> 对于私益性或偏私益倾向的纠纷，因主要涉及私人秩序，对人类之基本生存利益并无影响，该类纠纷的处理，法律往往贯彻私法自治原则，将纠纷解决程序交由私人决定是否启动——法律仅为该类纠纷的处理供给判定标准，并不设定强制性的公共启动机制。②

如果说私人裁决权的效力来源于法律授权或章程的自治安排，主要威慑力则表现为除名机制。③ 那么其实私人裁决机制，就意味着在商事自治规范中确定的商事主体自身所具备的内部调解恢复机制以及内部惩罚机制。

> 现代社会的大量纠纷都是当事人自我解决的——如同自然人会自我安慰一样，法人也有自我调适、抚平情绪的机制——在公司内部，这种自我调适体现为公司机构对内部纠纷的预裁。④

实质上，私人裁决机制就是商事主体的自我调节机制。例如公司设立的监事会或监事要求董事会停止非法经营管理行动，股东大会否定董事会的越权决议的效力等等，其实都是商事主体自我调节方式，即为私人裁决的具体表现。并且事实上，"最有效的商事纠纷解决机制，既不是司法诉讼机制，也不是其他替代形式，而是商事主体内部自我裁判功能的发挥"⑤。现实中，过度的司法介入不仅不能有效解决商事纠纷反而妨碍了商事主体的自治、自

---

① 朱苏力：《司法的边界》，2016 年 4 月 16 日，见 https：//www. douban. com/note/49587065/。

② 蒋大兴：《团结情感、私人裁决与法院行动——公司内解决纠纷之规范结构》，《法制与社会发展》2010 年第 3 期。

③ 除名机制具体论述参见"商行为的独特品格与我国民法典中的法律行为制度"一章之中"我国对商行为规则构建的完善"的部分。

④ 蒋大兴：《团结情感、私人裁决与法院行动——公司内解决纠纷之规范结构》，《法制与社会发展》2010 年第 3 期。

⑤ 谢文哲：《公司法上的纠纷之特殊诉讼机制研究》，法律出版社 2009 年版，第 125 页。

主管理，不利于构建商人私人实施机制。例如在"南京安盛财务顾问有限公司诉祝某某股东会决议罚款纠纷案"中，法院指出：

> 公司章程关于股东会对股东处以罚款的规定，系公司全体股东所预设的对违反公司章程股东的一种制裁措施，符合公司的整体利益，体现了有限公司的人合性特征，不违反公司法的禁止性规定，应合法有效。但公司章程在赋予股东会对股东处以罚款职权时，应明确规定罚款的标准、幅度，股东会在没有明确标准、幅度的情况下处罚股东，属法定依据不足，相应决议无效。①

"李某某诉上海佳动力环保科技有限公司公司决议撤销纠纷案"中，法院认为：

> 佳动力公司董事会可以行使公司章程赋予的权力作出解聘公司经理的决定。故法院应当尊重公司自治，无需审查佳动力公司董事会解聘公司经理的原因是否存在，即无需审查决议所依据的事实是否属实，理由是否成立。②

我国商法体系中并没有明确私人裁决机制。实践中，私人裁决也仍然没有大规模、体系化并规范化地进入商事纠纷解决的领域。有学者指出：

> 在一种公平理念的追求下，我们今天的社会过于重视社会性的司法裁决，作为纠纷解决主要方式的私人裁决则有意或无意在制度层面被忽视。越来越多的观点甚至病态地以为，只有交给公众或其权威机构评判才可能带来公平。③

---

① "南京安盛财务顾问有限公司诉祝某某股东会决议罚款纠纷案"，《最高人民法院公报》2012年第10期；武翠丹：《股东大会处罚权研究》，《河北法学》2015年第6期。
② 《最高人民法院指导案例10号：李某某诉上海佳动力环保科技有限公司决议撤销纠纷案》，《人民法院报》2012年9月26日第3版。
③ 蒋大兴：《团结情感、私人裁决与法院行动——公司内解决纠纷之规范结构》，《法制与社会发展》2010年第3期。

今天，我们需要重新思考组织系统内部私人裁决的意义，以及这种意义如何在私法结构（尤其是权利结构）中得到体现。团体法的制度设计要尊重和维护团体自解纠纷的能力，贯彻内部裁判优先原则，不能仅仅寄望于以外部机制解决内部问题——外部解纷程序只是迫不得已的最后选择。特别是，由于商事审判柔性化之特质。[①]

私人裁决机制作为商人私人实施机制的重要组成部分，是商人私人实施机制中的先置性权利保护方式，即有关商事主体内部的商事纠纷的解决过程之中，只有在商事主体的内部调解机制不能够予以解决的情况下，我们才考虑自力救济或商会自治或诉讼等其他途径。例如商事组织的成员之间的纠纷（典型如公司股东之间的纠纷）或商事组织与其成员之间的纠纷（典型如公司与股东之间的纠纷），首先应该考虑的组织体内部自我调节，通过内部的预先裁决恢复商事主体的正常机能。但是，我国目前商事法律立法与司法实践中并没有意识到私人裁决机制的重要性，其结果是商事诉讼大量增加，权利保护方式都集中于司法途径，而"当商事纠纷大量转移到法院来的时候，其他的纠纷解决机制就萎缩了"[②]。因此，我国未来民法典应该确定关于商事主体内部纠纷适用私人裁决优先的原则，[③] 赋予商事主体裁决内部纠纷的权力，并设立特定的内部机构以处理商事纠纷，以使商事纠纷能够在内部解决，也尽可能使纠纷能够有效地解决，节约诉讼成本。

[①]　蒋大兴：《审判何须对抗——商事审判柔性的一面》，《中国法学》2007 年第 4 期。

[②]　朱苏力：《司法的边界》，2016 年 4 月 16 日，见 https://www.douban.com/note/49587065/。

[③]　关于私人裁决优先原则，有学者将其细化为两个更具有可操作性的原则：其一，穷尽商事主体内部救济原则。此为商事自治的必然要求，亦为实现商事团结、彰显预裁权的重要方式。在股东代表诉讼、公司依法解散、股东查阅权、股利分配请求权等纠纷解决机制中都有体现。例如，《公司法》第 152 条为股东代表诉讼设立的前置程序，第 34 条为查阅权设置的书面请求程序，第 183 条为解散之诉设置的内部救济程序等等。其二，成员利益优先原则。此为成员主权原则的体现，亦与成员创设商事主体的初衷或本旨相符。因此，必须尊重商事主体内部因机构间的职权划分而形成的职权秩序，在法律上明确规定成员会对商事主体内部纠纷有预裁权。该预裁权并不完全是建立在妥协基础上的软性的"调解或协商"，而是基于法律安排的一种"内在的强制秩序"。因学者有详细论述，故笔者不赘述，特此说明。参见蒋大兴：《团结情感、私人裁决与法院行动——公司内解决纠纷之规范结构》，《法制与社会发展》2010 年第 3 期。

基于民商合一的视角,笔者认为,我国未来民法典应当单独在法人一章的社团法人一节之中设计相应的条款,具体可以设计为:营业社团法人有权设立特定的内部机构以解决纠纷,其内部商事纠纷适用私人裁决优先原则。

(三) 商会自治机制

商会是"工商业者和企业为维护其共同商业利益、消解其内部矛盾而自主设立的"①,"为达到共同目的而自愿组织起来的同行或商人的团体"②或"由城市工商业者组建的民间行业组织,分为两种类型,一指城市商人按其经营的商品类别划分组建的行业性组织,一指多个行业性商会组建的同行业组织和跨行组织"③。或"由某一行业或地区的工商企业自发组成的民间社会团体代表该行业或地区企业的共同利益,并用国家法律法规和商会章程规章来约束和规范会员企业的行为,以维护和促进市场的正常运行和发展"④。目前,尽管我国形成了以工商联为载体的中国民间商会,以中国国际贸易促进委员会为组织形成的中国国际商会,以全国性行业协会为主体的行业商会,这一三足分立、多元并行的中国特色商会格局,⑤ 但是由于法律

① 肖海军:《商会法律制度研究》,中国人民大学出版社 2010 年版,第 228 页。

② 〔美〕格林沃德・道格拉斯主编:《经济学百科全书》,中国社会科学出版社 1992 年版,第 452 页;刘树:《我国民间商会自治法律制度研究》,硕士学位论文,华东政法大学法学院,2009 年,第 13 页。

③ 中国大百科全书编委主编:《中国大百科全书》(简明版),中国大百科全书出版社 1995 年版,第 967 页;王青君:《境外在华商会发展现状、困境及对策分析》,《中国非营利评论》2011 年第 9 期。

④ 管怀鎏:《我国商会的转型发展问题》,《南通大学学报》2012 年第 6 期。

⑤ 其中工商联合会是中国工商业界组织的人们团体,民间的对内对外商会。这些商会组织坚持自愿组建、自主管理、经费自筹的方针,呈现出组织数量不断增长,截至 2012 年,共有 49219 个基层商会。中国国际商会是由中国经济贸易界有代表的人士、企业和团体组成的全国民间对外经济贸易组织,国际商会在各省、自治区、直辖市建立了五十余个地方分会,六百多个支会和县级国家商会。行业协会则是由同一行业的企业法人,相关的事业法人和其他组织依法自愿组成的,不以营利为目的的社会团体,是同行业的企业出于自身利益而集中起来的一种组织形式。当然除了上述三种主要的商会还存在其他商会性组织,如地方会公馆等规模较小的商会组织。参见郑江淮、江静:《理解行业协会》,《东南大学学报(哲学社会科学版)》2007 年第 6 期;肖海军:《论我国商会之制度的起源、演变与现状》,《北方法学》2007 年第 4 期;刘智文:《改革开放后中国商会的崛起与发展》,《中国商会发展报告》(2004),第 17 页;谢经荣:《商会调解的理论与实践》,法律出版社 2013 年版,第 66—110 页。

缺乏对商会组织性质的明确定位，因而对商会的认识存在巨大的差异，① 即使我国存在庞大的商会组织，也无法有效发挥商会应有的功能。诚如学者所言：

> 在成熟的市场经济体制和自由企业制度下出现的自愿互利竞争协调机制，它的组织形式和承担者即是通过商会而得以实现和完成的。②

事实上，商会应为法人，③ 而且是非营利、自律性质的法人，组织秩序和市场治理机制都只是商会作为特殊利益共同体存在的目的。就法律地位而言，商会具有"团体性"，是不同于自然人的组织体。就世界各国的商会立法而言，绝大多数国家也赋予商会法人资格，而且明确其为公益法人。例如《法国工商会法》第 1 条即明确商会为公益组织，④《德国工商会法》第 11 条规定："工商会是公法团体。"⑤《日本工商会议所法》第 2 条第 1 款规定："商工会议所或日本商工会议所为法人。"第 4 条第 1 款规定："商工会议所不得以营利为目的。"⑥《韩国工商会议所法》第 2 条规定："商工会议所或

---

① 关于商会的法律地位及性质，学术界众说纷纭：（1）组织有序说。该说认为商会是具有同一、相似或相近市场地位的特殊部分的经济行为人组织起来的，界定和促进本部门公共利益的集体组织。其认为商会只是一种管制方式，借助于它，实现同行企业相互联合，使行业内成员之间的关系有序化。（2）双重性质说。该说认为商会是具有俱乐部式的组织和代理人的双重属性，商会组织不是一个自在的主体，它的性质必须通过企业和政府的关系确定。（3）非营利社团法人说。该说认为商会是非营利社会团体，认为商会的存在是因为政府提供公共产品太少，需要社团或民间团体自己来提供，正是对公共产品的多样性构成了对非营利性社会的需求的动力。（4）非营利组织说。该说认为商会作为一种重要的中介组织是商品经济发展到一定阶段的产物，是社会生产力和生产关系发展的必然结果，通过市场机制实现社会资源优化配置的重要组织体。参见陈清泰主编：《商会发展与制度规范》，中国经济出版社 1995 年版，第 120 页；陈剩勇等：《组织化、自主治理与民主——浙江温州民间商会研究》，中国社会科学出版社 2004 年版，第 60—77 页；魏静：《商会法律制度研究——以商会自治为视角》，法律出版社 2012 年版，第 9—23 页。

② ［美］查尔斯·奥尔夫：《市场或政府——权衡两种不完善的选择》，中国发展出版社 1994 年版，第 5 页；王青君：《境外在华商会发展现状、困境及对策分析》，《中国非营利评论》2011 年第 9 期。

③ 不过，也有学者认为，商会不是法人，只是契约型的社会组织。参见肖海军：《商会法律制度研究》，中国人民大学出版社 2010 年版，第 84 页。

④ "商会是政府部门中代表各自管辖区工商界利益的机构，它们是公立公益组织。"参见魏静：《商会法律制度研究——以商会自治为视角》，法律出版社 2012 年版，附录：《法国工商会法》，第 207 页。

⑤ 魏静：《商会法律制度研究——以商会自治为视角》，法律出版社 2012 年版，附录：《德国工商会法》，第 221 页。

⑥ 魏静：《商会法律制度研究——以商会自治为视角》，法律出版社 2012 年版，附录：《日本商工会议所法》，第 225 页。

大韩商工会议所为法人。"① 《俄罗斯联邦工商会法》第1条也明确工商会是俄罗斯企业及企业有联合的非商业性的民间社会团体为法人。② 可见，商会的法律地位定性应为非营利性质的社团法人。其实，我国《深圳特区行业协会条例》第3条中也明确规定商会为非营利法人，③ 但是其效力仅仅在深圳经济特区内适用，没有起到明确商会法人地位的作用。

其实，自治是商会能够作为公益法人发挥功能的基础与前提。"商会是一种极具代表性的社会自治模式"④，"系统功能的实现仰赖于构建适当的结构，商会自治的架构是实现商会功能的最佳选择"⑤。商会自治机制，本质上是由于商会独立法人地位所拥有的自治权形成自治机制，主要包括商会自治规范制度以及商会内部救济机制。一方面，商会自治规范是商会开展自治和自律活动、自治机构的设置和运作、商会享有内部惩罚权的出发点与依据，即为商会自治机制运行的逻辑起点。"凡有行会的地方，行会又是立法团体。"⑥ 从商法的历史演变中，可以发现商会很大程度上在"制定"商事习惯和商事习惯法。商会作为法人组织体，在自主地将商事习惯和商事习惯法通过商会章程等规范化、明确化的同时，也实现自治性管理与运行。法律应该明确商会自治规范，如商会章程、商会规定等，具有相应的法律效力，以约束成员的行为，维持商会正常、有序、规范化地运行，实现商会宗旨。⑦ 另一方面，商会内部救济机制则能够保证商会自治规范、商会管理权与惩罚权得以有效实施运行，即为商事自治机制的必要保障。商会能够通过商会调解与商会仲裁等方式自主解决内部商事纠纷，使得商会内部纠纷消弭于内部运作之中，从而保障商会发挥自治管理的功效。从古至今，解决商事

---

① 魏静：《商会法律制度研究——以商会自治为视角》，法律出版社2012年版，附录：《韩国商工会议所法》，第221页。

② 参见魏静：《商会法律制度研究——以商会自治为视角》，法律出版社2012年版，附录：《俄罗斯联邦工商会法》，第260页。

③ "本条例所称的行业协会，是指同行业或者跨行业的企业、其他经济组织以及个体工商户自愿组成，依照章程自律管理，依法设立的非营利性社会团体法人。"

④ 肖海军：《商会法律制度研究》，中国人民大学出版社2010年版，第67页。

⑤ 鲁篱：《行业协会经济自治权研究》，法律出版社2003年版，第114页。

⑥ [美]哈罗德·J.伯尔曼：《法律与革命——西方法律传统的形成》，中国大百科全书出版社1993年版，第421页。

⑦ 参见鲁篱：《行业协会经济自治权研究》，法律出版社2003年版，第174—176页。

纠纷就是商会的一项重要职能。例如英国切斯特商人行会就明确规定，成员之间纠纷必须通过行会内部仲裁解决，不得求助于法律。[①] 这些职能包含：一是自治性惩罚职能；二是居间调解职能；三是商事仲裁职能。[②] 所谓自治性惩罚职能就是商会根据章程与会员大会的授权，按照相关的自治性规则，对违反相关规则的成员进行具有内部约束力的制裁甚至开除其会籍。[③] 商会调解是商事成员民主参与纠纷的解决方式，在中立商会帮助下，自主解决纠纷的权利保护方式。商会仲裁则是对商会成员之间的纠纷，按照商会自治规章以及一定程序进行仲裁的救济方式。商会调解与仲裁具有专业性与信息方面灵活性与保密性的优势，而且能够有效节约纠纷解决成本，结果也更易执行，从而能够有效解决商事纠纷，保障商会自治机制的顺利运行。[④]

可见，自治是商会的灵魂。商会存在的核心在于组织的自治性，即商会是在商事主体追求共同利益的过程中，自治维护市场经济秩序的有序运行。商会自治包括商会自主与商会自律。其中商会自主是指商会是独立的主体，非依法律规定，不受任何其他组织或个人的支配和干涉。商会自律则是商会成员共同制定自我规范、自我管理、自我约束与自我控制的自治性规范进行自律，以实现商会宗旨。[⑤] 我们应该认识到商会自治机制构建的核心在于发挥商会的自治功能。2016 年 10 月 11 日，中央政法委书记孟建柱在全国社会治安综合治理创新工作会议上指出：

> 现代社会政府单打独斗已不适应人们对公共服务需求多样化、社会问题复杂化的新形势。政府、市场、社会只有分工负责、良性互动，才能共同治理好社会。面对纷繁复杂的社会事务，政府要保持必要的谦抑。把政府不擅长、做不好的事情交给社会组织去做，效果可能会更好。社会组织是现代社会治理不可或缺的重要主体，中国将推动社会组织明确权责、依法自治，加快培育与现代社会治理结构相适应的公益

---

① 参见金志霖：《英国行会史》，上海社会科学院出版社 1995 年版，第 58 页。
② 参见肖海军：《商会法律制度研究》，中国人民大学出版社 2010 年版，第 99 页。
③ 参见肖海军：《商会法律制度研究》，中国人民大学出版社 2010 年版，第 99 页。
④ 参见魏静：《商会法律制度研究——以商会自治为视角》，法律出版社 2012 年版，第 112—116 页。
⑤ 参见魏静：《商会法律制度研究——以商会自治为视角》，法律出版社 2012 年版，第 202—203 页。

性、互助性社会组织，支持行业协会商会类组织发展。①

　　因而，我国未来民法典应该承认商会组织体的法人资格，明确其为非营利社团法人，并通过赋予商会组织的商事自治规范以法律效力，以及认可商会调解和仲裁等救济方式的合法性，构建商会自治机制。另外，还需要明确商会章程、商会内部公约、行业标准以及行业纠纷解决规则等商事自治规范效力的相对性，以及自治规范的实体内容、程序必须合法。其中，实体内容合法主要指自治规范不得违反法律的强制性规定，不得违反公序良俗、社会公共利益。程序合法则是指自治性规范产生的程序必须具备合法性，成员平等地获得规范制定的参与权和表决权以及保证国家机关对自治规范的效力审查。内容与程序合法只是适用自治性规范的基础，在具体个案的适用中，还应该考虑个案与自治性规范的关联性，这种关联性表现为适用相关商会自治性规范的主体应为该商会的成员，即商会自治规范效力的相对性。② 相应的条款设置在法人章社团法人一节之中，具体可以设计为：商会是享有制定商事自治规范权力和实施商会调解与仲裁等内部救济方式的非营利性法人，商会自治规范制定应当遵循法定程序，不得违反法律强制性规定、不得违反公序良俗与社会公共利益，且仅对商会内部成员有效，不得以自治规范对抗第三人。③

　　综上所述，商人私人实施机制的完善与构建需要自力救济机制、私人裁决机制、商会自治机制三个方面共同的努力。首先，我们需要明确商事自治组织制定的商事规范的法律效力，其为商法的法源。其次，应该通过商事自治组织制定商事自治规范，可以将商事不同于民事的实体与程序性条款具体化。再次，需要通过商事主体及商事主体自治组织私人实施商事法律和商事审判政策，将有关商事法律和商事自治规范作为商事主体的行为标准。最后，再通过不同类型的商事权利的保护方式完善并构建商人私人实施机制。这样一来，我国民法典总则之中就应该设置商人私人实施机制的一般性规

---

① 孟建柱：《社会治理应更注重开放共治》，2016 年 10 月 14 日，见 http：//news. jxnews. com. cn/system/2016/10/13/015274816. shtml。

② 参见周林彬、官欣荣：《我国商法总则理论与实践的再思考》，法律出版社 2015 年版，第 469 页。

③ 参见郑曙光、胡新建：《现代商法：理论起点与规范体系》，中国人民大学出版社 2013 年版，第 372—374 页。

定，与此同时，还应该在商人私人实施机制中建立类型化的权利保护方式，从而在立法中实现商人私人实施机制一般化与类型化的结合。如此，既能够有效地防止商事主体滥用商事自治权，也能够有效平衡法律的稳定性与灵活性、指导性与可操作性。

四、商人私人实施机制——商事留置权

在民商合一立法体例背景下，《物权法》第 231 条在规定民事留置权之外，规定了商事留置权，改变了《担保法》第 84 条以及最高人民法院《关于适用〈中华人民共和国担保法〉若干问题的解释》第 109 条并没有对此进行明确界分的情况。商事留置权属于商人私人实施机制的必备内容，规定商事留置权是考虑到企业之间交易的频繁以及彼此债权债务关系的复杂，为了更好地保护企业的债权以及商业交易中的安全和便捷。① 在这里，笔者将商人留置权与自然人留置权进行比较后展开分析。

（一）同一法律关系的解释

留置权以通过留置债务人动产及有价证券来达到债权的实现，所以，许多国家都要求留置权所担保的债权与债务人债务之间属于牵连关系。如《瑞士民法典》在第 598 条中指出，商人间的留置仅以占有系商业交易中产生的为限。② 我国台湾地区"民法"第 929 条中规定："商人间因营业关系而占有之动产，与其因营业关系所生之债权，视为有前条所定之牵连关系。"德国在其《德国商法典》第 369 条中也指出，商人基于双方商行为而对相对人享有债权且占有动产或者有价证券，可以行使留置权。③ 可见，在各国的立法中，商事留置权的牵连关系即使较为宽松，但仍要求留置物的占有以及债权的取得都应处在商业活动之中。

根据规定，民事留置权具有牵连关系，即债权和标的物的占有取得因"同一合同关系"而发生。④ 而对商事留置权的规定却不够清晰。只是在

---

① 参见郭珊珊：《民商合一视角下民事权利体系的构建》，硕士学位论文，湖南大学法学院，2013 年，第 26 页。

② 参见《瑞士民法典》，殷生根等译，中国政法大学出版社 1999 年版，第 345 页。

③ 参见《德国商法典》，杜景林、卢谌译，法律出版社 2010 年版，第 315—316 页。

④ 参见王利明：《民法新论》（下册），中国政法大学出版社 1998 年版，第 330 页。

《物权法》第 231 条中略微提及，企业之间的留置不受到"同一法律关系"的限制。史尚宽先生曾指出："就物所生之事实，为债权发生之直接或间接原因之一"；即留置动产所生事实是债权的发生原因之一。①

> 商人因营业所生之债权，与因营业关系而占有之动产，其债权与占有虽基于不同关系而发生，无须有任何之因果关系，即视为有牵连关系，而得成立留置权。②

商事留置权与民事留置权不同，其不要求债权与留置物产生一一对应的关系，以此可以规避对留置权客体范围的限制，从而提高商事债权实现的几率。"商事留置权中的留置物和债权的牵连关系是软弱的，也就是说不需要具备同一法律关系。"③ 由此可见，商事留置权的牵连关系并不具有绝对意义。在商事交易中，为了增强商业信誉以及摆脱举证方面的困难，即使商人因营业而占有的财产与发生的债权基于不同的法律关系前提，也一律认为其存在牵连关系，可成立留置权。

从法律演进的角度而言，《物权法》采用了同一法律关系说，而不是《担保法》所规定的牵连关系说，正是考虑到了牵连关系的概念的抽象性与内涵的无法确定性。关于牵连关系说，主要有"一元说"和"二元说"，④

---

① 参见史尚宽：《物权法论》，中国政法大学出版社 2000 年版，第 500 页。
② 史尚宽：《物权法论》，中国政法大学出版社 2000 年版，第 500 页。
③ ［日］近江幸治：《担保物权法》，祝娅、王卫军等译，法律出版社 2000 年版，第 19 页。
④ "一元说"判断债权与留置物之间有牵连关系，应当依照统一的、单一的标准进行判定，应该就留置权客体与债权之间的关联关系为标准而不区分直接牵连或是间接牵连。但是在具体认定上又存在着不同的几种观点：其一，认为留置物构成债权发生的法律事实之一，就认定债权与留置物之间存在牵连关系；其二，认为留置物是债权发生的原因之一，而且两者之间存在着因果关系就可认定有牵连关系；其三，留置物与债权的发生之间存在相当因果关系，并且在社会观念认为二者之间存在留置的必要时，就可认定二者之间存在牵连关系；其四，如果债权的发生是由于与留置物之间的某种经济关系，此时债务人不履行其债务，却反而要求债权人返还该标的物，若根据社会观念判断为不适当之时，可以认定为该标的物与债权有牵连关系。"二元说"认为，不仅限于留置物与债权之间存在着直接关系，而且留置物是债权发生的间接原因，也可以认为存在牵连关系。直接牵连是指债权由标的物本身所生，如因物之瑕疵所产生的损害赔偿请求权。至于哪些是债权的间接原因，也存在不同看法：一是认为债权与标的物占有之取得，系因同一交易关系或者同一目的而发生的，即有牵连关系；二是认为债权间接因标的物的关系而发生的，二者即有牵连关系；三是标的物为因同一原因而发生的债权之标的物时，即存在牵连关系；四是认为债权因标的物而发生，或者债权与标的物的返还请求权因同一法律关系或者生活关系而发生，即有牵连关系。参见胡康生主编：《物权法释义》，法律出版社 2007 年版，第 23—112 页。

内容非常复杂，现实中，甚至有权利人怕所谓留置权徒增必要的麻烦而弃权。这就使留置权停留在纸上的层面，失去了其应有的功能。为了确切把握"牵连关系"的确切内涵和外延，第三人需要花费大量时间与精力确定交易，这必然会大量增加交易成本。因此，《物权法》为追求认定清晰、操作统一，将原有"牵连关系"要件修改为"同一法律关系"要件。"同一法律关系"规定即保证了"牵连关系"规定中各种应当适用留置权情形被覆盖，又避免"牵连关系"一语所造成的理论纷争和实践混乱。①

另外，关于《物权法》第 231 条"但书"的规定，对此有两种解释：一是商事留置权可以是同一类法律关系；二是商事留置权可以是同一种法律关系。就第一种解释而言，只要是合法占有的财产均可以进行留置，这样在一定程度上能够有效地扩大留置权的范围。但就各法律关系间只要是性质相同就能够适用于留置权，就有可能在其中一个法律关系所对应的标的物失去占有时，可以直接针对下一个法律关系中占有的动产享有留置权，这违背了留置权本身存在的法理。但问题是，严格限定商事留置权的同一种法律关系，不利于商人私人实施机制的实现。因此，对这里的同一法律关系，可以进行目的性扩张，解释为同类法律关系。

（二）商事留置权的内容是否包括非经营关系

如果企业因非经营活动享有债权且占有债务人动产，是不是就不应当适用商事留置权呢？对此有学者认为，既然我国《物权法》第 230 条、第 231 条并没有明确债权的成因，那么，根据"法不禁止即可为"的格言，即便企业享有的是侵权之债、无因管理之债、不当得利之债的，也可以行使商事留置权。② 然而，在比较法的研究中可以发现，一般而言，商事留置权产生债权的基础法律关系被限定在商行为的范畴内。换而言之，若非因商行为而产生的商人之间的债权，则不适用此商事留置权。如《瑞士民法典》第 895

---

① 参见龚婕：《论留置权成立要件之"同一法律关系"》，硕士学位论文，华东政法大学法学院，2008 年，第 35 页。

② 参见孟强：《论我国〈物权法〉上的商事留置权》，《政治与法律》2008 年第 10 期；熊丙万：《论商事留置权》，《法学家》2011 年第 4 期。

条前两款即明确规定商事主体商事交易之间的留置权，① 我国台湾地区"民法典"第 929 条对此有相同规定，② 《德国商法典》第 369 条第 1 款亦将留置权限制在商事主体交易之间。③ 如此，商事留置权只能适用于企业之间的经营活动。④

国外商事留置权可留置动产几乎都有"因商行为而由债权人占有"这一限制条件，而我国商事留置权对企业之间可留置动产却没有如此之限制。有学者认为，我国《物权法》对商事留置权的设计，彰显留置权强势效力的同时，失去了权利配置所要求的均衡关照。⑤ 事实上，商事留置权不限定可留置动产的范围，对企业债权人的过度保护会损害债务人的利益。同时，留置权就留置物而言，其效力优先于抵押权和质押权，若该债务人有多个债权人时，还会损害其他债权人的利益。例如，甲、乙两公司相邻，甲公司对乙公司负有 10 万元已届清偿期的债务，拖欠未还。而甲公司向丙公司购买一批货物，卸货时，甲公司将一部分货物先放置于乙公司。此时，由于乙公司占有的甲公司的货物并非基于营业关系，就不应当认定乙公司对这部分货物享有留置权。

（三）占有的动产是否必然是债务人所有的财产

《担保法司法解释》第 108 条进一步明确留置权人的主观意思，⑥ 据此，诸多学者认为，如果标的物非为债务人之动产而债权人不知情的，可以善意

---

① "（一）债权已到期，按其性质该债权与留置的标的物有关联时，债权人在受清偿前，可留置因债务人的意思而由债权人占有的财产或有价证券。（二）前款关联发生在商人之间的，仅以占有系由商业交易中产生的为限。"参见《瑞士民法典》，殷生根等译，中国政法大学出版社 1999 年版，第 345 页。

② "商人间因营业关系而占有之动产，及其因营业关系所生之债权，视为有前条所定之牵连关系。"

③ "一商人就其对另一商人因在其之间成立的双方商行为而享有的到期债权，对以债务人的意思依商行为已归其占有的动产和有价证券，以其尚对其进行占有，特别可以借助于商运提单、提单或仓单对此进行处分为限，享有留置权。"参见《德国商法典》，杜景林、卢谌译，法律出版社 2010 年版，第 315—316 页。

④ 参见王利明：《物权法研究》（修订版下卷），中国人民大学出版社 2008 年版，第 673—674 页；汪琴：《论商事代理留置权》，《武汉科技大学学报》2006 年第 4 期；刘宏渭：《刍议商事留置权的成立条件》，《齐鲁学刊》2005 年第 2 期。

⑤ 参见杨立新、刘德权：《物权法实施疑难问题司法对策》，人民法院出版社 2008 年版，第 507 页。

⑥ "债权人合法占有债务人交付的动产时，不知债务人无处分该动产的权利，债权人可以按照《担保法》第八十二条的规定行使留置权。"

取得留置权。① 留置权人已经合法占有债务人的动产。这里的"占有"含义，有学者将其表述为，"占有人对物有事实上的管领力的事实"②，也有学者表述为，"人对物事实上的控制和支配"③。相差甚微，笔者认为占有是一种事实，而不是权利，即留置权人对于债务人动产管领控制的事实。"至于占有的方式，自不以直接占有为限，间接占有或利用占有辅助人而为之占有，与第三人共同占有，均无不可。"④

有学者认为，对于非属于债务人的财产进行留置，在动产善意取得的情况下，也可以进行留置，这属于留置权的善意取得。⑤ 笔者认为，债权人取得留置权无需留置权人一定不知情，只需因为正常的业务活动而占有与其债权有牵连关系的他人之动产即可。因为在现实生活中，若顾客去修理一个电磁炉，店家在修理完毕后无需去过问顾客对这个电磁炉是否享有占有或其他权利，顾客也只需要支付相应的修理费用即可。在留置权中，一味地要求债权人应该事先审查或过问该动产是否一定是债务人所有的财产，若不是，债权人只能拒绝接受或要求财产所有人亲自出面，这显然是不符合常理的。因此，不应当在可能发生留置权的关系中，把占有的动产缩小解释为必然是债务人所有的财产。只要符合留置权发生的要件，债权人即可行使应有的且在合理范围内的留置权，而无需以知道占有的动产为债务人所有的财产为前提要件。

"（商事留置）债权只须因营业而发生，无须于动产之占有取得前即已成立。"⑥ 在我国民法典草案建议稿中，就明确指出商事留置权应在债务人与债权人的营业关系中产生。尽管《物权法》关于留置的条文并没有直接规定占有应当发生的营业关系，但若不是如此，即便债权人已经合法占有了债务人的动产，也不会产生商事留置权。事实上，我国《物权法》第230

---

① 参见刘保玉：《物权法中善意取得规定的理解与适用》，《南都学坛》2008 年第 11 期。

② 梁慧星、陈华彬：《物权法》（第 4 版），法律出版社 2007 年版，第 397 页。

③ 江平：《中华人民共和国物权法精解》，中国政法大学出版社 2007 年版，第 307 页。

④ 汪洋、王金凤：《货运代理企业扣留单证、货物相关法律问题分析》，《海大法律评论》2015 年第 12 期。

⑤ 参见刘保玉：《论担保物权的竞存》，《中国法学》1999 年第 2 期；胡康生主编：《中华人民共和国物权法释义》，人民法院出版社 2007 年版，第 509 页。

⑥ 史尚宽：《物权法论》，中国政法大学出版社 2000 年版，第 500 页。

条就是如此规定的。① 可见，留置权人对于债务人动产的占有不可能在债权发生之后。商事留置权制度在此方面并未突破民事留置权的相关规定。

（四）商事留置权是否具有优先受偿性

在现有的立法背景下，商事留置权是作为担保物权的一种类型而存在的，权利人理所当然地享有优先受偿权。这无疑使得留置权人处于的法律地位比其他无担保债权人处于的法律地位更加优越。以此为由，有学者认为，商事留置权的优先受偿性保障了留置权人的利益，而忽视了其他利益保护，具有不公正性。② 归根结底，这乃是由于对商事留置权的性质有不正确理解。事实上，在我国台湾地区的"动产担保交易法"第 25 条中，就明确规定了动产抵押权人的占有不得对抗留置权人。无独有偶，《德国商法典》第 371 条第 1 款也明确规定，德国商事留置权具有就留置标的物优先受偿的权利。③ 因此，为了充分保障商人私人实施机制，我国的商事留置权属于担保物权，留置权人既可留置标的物，也可以就标的物享有优先受偿权。

第三节　商事权利救济法律渊源的特殊性

商事习惯④，是指在特定的商事领域或特定的商事活动中被广泛认可，

---

① "债务人不履行到期债务，债权人可以留置已经合法占有的债务人的动产。"

② 参见刘宏渭：《刍议商事留置权的成立条件》，《齐鲁学刊》2005 年第 2 期。

③ 参见［德］C. W. 卡纳里斯：《德国商法》，杨继译，法律出版社 2006 年版，第 675 页。

④ 关于商事习惯术语，在立法上，《瑞士民法典》《日本商法典》以及《韩国商法典》使用"习惯法"概念，我国台湾地区的"民法"则使用的是"习惯"的概念。此外《瑞士民法典》中还使用"惯例"概念，在学术界，有学者将习惯与习惯法严格区分，认为习惯只是事实上的习惯，即法令所未规定且不违反公序良俗时才能适用之单纯事实，不是法律渊源也不具有法律效力，习惯法则是国家法律渊源具有法律效力。也有学者认为习惯、习惯法、惯例只是在表达方式上存在差异，但均具有法律上的约束力，是法律共同体中长期实践发展而来的。进而学者明确指出商事习惯即指商事习惯以及商事习惯法，广义的商事惯例也包括商事习惯，狭义的商事惯例则应该作为未具有法律约束力的通例使用。在商法实践中，基于商事主体明显的自治性，法院与仲裁机构一般直接适用商事主体之间的商事习惯、商事习惯法，商事惯例，因而在商事领域，三者的区别较民事领域小得多。本书在同一概念层面上使用商事习惯、商事习惯法、商事惯例，主张商事习惯具有法律约束力，并统一概念为"商事习惯"，特此说明。参见任先行、周林彬：《比较商法导论》，北京大学出版社 2000 年版，第 99 页；史尚宽：《民法总论》，中国政法大学出版社 2000 年版，第 9 页；王泽鉴：《民法总则》（增订版），中国政法大学出版社 2001 年版，第 58 页；黄立：《民法总则》，中国政法大学出版社 2002 年版，第 46 页；范健、王建文：《商法总论》，法律出版社 2011 年版，第 107—111 页。

经常存在并被商事主体作为规则反复使用且为国家所承认的具有法律约束力的不成文的法律规范。① 为实现商事交易的快速流转的要求，商事主体对自治具有更高的要求，不仅表现为规则的自治，更多地表现为解决纠纷规则的自治。商事习惯作为自治性规则，能够促进主体对商事交易的调整，体现出商事主体解决争议的创造性与自决性。

现代各国商事立法与司法实践中一般认可商事习惯，并将其作为商法的基本渊源。例如《瑞士民法典》第 1 条规定：

> 本法未规定者，审判官依习惯法；无习惯法者，自居于立法者地位时，依所应制定之法规裁判之。②

美国《统一商法典》第 1—205 条明确规定："当事方之间的商业往来和当事人所从事的职业或行业中为当事方所知悉或理应知悉的交易惯例，使协议条款具有特定的含义，并且起着补充或限制协议之作用。"③ 我国台湾地区"民法"第 1 条也规定："民事法律所为规定者，依习惯，无习惯者，依法理。"④ 可见，商事习惯在商法体系之中具有举足轻重的地位。诚如学者所言：

> 这些都决不是偶然的。这并不仅仅是因为制定法无法规定生活中的一切，或文字无法描述一切，而更多的是因为，无论你承认与否，习惯都将存在，都在生成，都在发展，都在对法律发生着某种影响。习惯将永远是法学家或立法者在分析设计制定法之运作和效果时不能忘记的一

---

① 关于商事习惯的定义，参见任先行、周林彬：《比较商法导论》，北京大学出版社 2000 年版，第 99 页；张民安、龚赛红：《商法总则》，中山大学出版社 2004 年版，第 54—55 页；范健、王建文：《商法基础理论专题研究》，高等教育出版社 2005 年版，第 80—82 页；周林彬、官欣荣：《我国商法总则理论与实践的再思考》，法律出版社 2015 年版，第 374—378 页；王保树：《中国商法》，人民法院出版社 2010 年版，第 21—22 页。

② 《瑞士民法典》，殷生根等译，中国政法大学出版社 1999 年版，第 3 页。

③ ALI（美国法学会）、NCCUSL（美国统一州法委员会）：《美国统一商法典及其正式评述》（第一卷），孙新强译，中国人民大学出版社 2004 年版，第 12 页。

④ 王泽鉴：《民法总则》（增订版），中国政法大学出版社 2001 年版，第 3—4 页。

个基本背景。①

　　这种习惯流变往往是约定俗成，无需国家的强制就会发生，保证了人们在社会生活中的预期，因此，在制定法上注意研究并及时采纳习惯，不仅可以弥补制定法必定会存在的种种不足和疏忽，以及由于社会变化而带来的过于严密细致的法律而可能带来的僵化；更重要的是，吸纳习惯也是保持制定法富有生命力，使之与社会保持"地气"，尊重人民的首创精神的一种不可缺少的渠道。②

我国未来民法典总则的制定，基于民商合一视角下，应该考虑将习惯规定为商法的基本渊源。《民法总则专家意见提交稿》第9条（法律渊源）规定：

　　处理民事纠纷，应当依照法律以及法律解释、行政法规、地方性法规、自治条例和单行条例、司法解释。法律以及法律解释、行政法规、地方性法规、自治条例和单行条例、司法解释没有规定的，依照习惯。习惯不得违背公序良俗。③

较《民法通则》第142条仅认可并确定涉外民商事关系中国际惯例的法律渊源地位，该建议稿明确了习惯的法律渊源地位，可以说是迈出了具有进步意义的、跨时代性的一步。

一、商事习惯优先于任意性规范适用

　　目前，我国学术界关于商事习惯适用的顺位问题存在较大的争议。有学者认为商事习惯不必为商法渊源，仅确定为商事交易的解释依据，将其视为补充性或解释性渊源即可，无须在基本法中赋予其法律渊源的地位。④ 有学

---

① 苏力：《中国当代法律中的习惯——从司法个案透视》，《中国社会科学》2000年第3期。

② 苏力：《中国当代法律中的习惯——一个制定法案透视》，《法学评论》2001年第3期；孙光宁：《民间法源的权威：基于判决的可接受性》，《宁夏社会科学》2011年第1期。

③ 孟强：《经由编纂民法典实现民商合一——兼评〈民法总则专家建议稿〉与〈商事通则立法建议稿〉》，《社会科学战线》2015年第6期。

④ 论者严格区分商事习惯与商事习惯法，商事习惯仅仅具有规范意义上的约束力。参见范健、王建文：《商法总论》，法律出版社2011年版，第110—111页。

者则认为，商事习惯对滞后于快速变化的经济现状的商事制定法具有补充的作用，商事习惯应为商事法律规范的重要渊源，在商事纠纷处理中补充商事制定法或成文法适用，即制定法优先于习惯法，只有在没有制定法时才适用习惯法。① 也有学者结合域外立法和我国立法传统综合考量，认为商事习惯当然是正式商法渊源，可以作为法官裁决商事纠纷的依据，同时商事习惯略后于商事制定法，但优先于民事制定法适用。② 还有学者认为商事习惯是商法基本渊源，作为商事成文法的补充，在商事活动中，除强行性规定，商事习惯优先于商法制定法或商事成文法适用。③ 其实，学者们都认可商事习惯的约束力，很大程度上承认其具有法律效力，将其视为补充性解释渊源的学者也赞同"甚至更进一步，赋予商事习惯以法律渊源的地位"④。认为制定法优先于商事习惯的学者却认可商事自治法应优先于制定法适用。⑤ 如前文所述，商事习惯是商事自治规范的一部分，应该作为商法的基本渊源，优先于制定法适用。至于商事制定法和民事制定法的区分，进而区分民事活动与商事活动，习惯与交易习惯的逻辑思路，实质上否认了民商合一。⑥ 基于民商合一的视角下，笔者赞同商事习惯为商法基本渊源，优先于任意性规范适用，具体原因如下。

---

① 参见王保树：《中国商法》，人民法院出版社 2010 年版，第 21—23 页；苗延波：《中国商法体系研究》，法律出版社 2007 年版，第 105 页；张民安：《商法总则制度研究》，法律出版社 2007 年版，第 94—95 页。

② 参见周林彬、官欣荣：《我国商法总则理论与实践的再思考》，法律出版社 2015 年版，第 378—379 页。

③ 参见魏振瀛、徐学鹿主编：《北京法学百科全书》，北京大学出版社 2004 年版，第 813 页；樊涛：《论我国的交易习惯——商法的视角》，《中国商法年刊（2013）》，第 142—145 页。

④ 范健、王建文：《商法总论》，法律出版社 2011 年版，第 111 页。

⑤ 参见王保树：《中国商法》，人民法院出版社 2010 年版，第 23 页。

⑥ 学者草拟的专家建议稿建议应该区分民俗习惯和交易惯例立法，对第 9 条设计条文如下："民事活动，应依照法律及法律解释。行政法规、地方性法规、自治条例或单行条例、司法解释。法律及法律解释、行政法规、自治条例或单行条例、司法解释没有规定的，依照习惯。商事自治规范（行业规范、企业章程、交易习惯）在调整营业关系中优先于民事法律和行政法规、自治条例或单行条例、司法解释适用。前两款的习惯和商事自治行业规范，不得违反法律行政法规强制性规定，不得违背社会公德、损害公共利益。"实质上，该学者认为应该设置商事基本法总则，并明确"关于商事，本法和其他商事法律没有规定者，适用商事习惯，在民法规定者，适用民法，前款规定的商事习惯，不得违背国家法律和行政法规的强制性规定，对公序良俗亦不得违反。"可见，学者还是基于民商分立逻辑思路对商事习惯的性质、地位进行定位。参见周林彬、官欣荣：《我国商法总则理论与实践的再思考》，法律出版社 2015 年版，第 378—386 页。

首先，作为普通的民事主体而言，尽管在民事交易中适用习惯时具有选择性，但因为习惯的不定期性、非专业性，相较法律明确稳定的规定而言，习惯在当事人所预期的内容中占据的比重较低，因此，如果有明确的法律规定，首先适用民事法律规范，只有在民事法律规范不足的情况下适用民事习惯更能够实现当事人交易的公平。但对于商事主体而言，由于交易主体的职业性、专业性、交易形式定期性、稳定性，为实现交易的快速与便捷，商事习惯在交易主体的视野中比法律中的任意性规范更具有强制力。如果违背商事交易的一般习惯，将会导致某一交易主体在该交易区域失去信任的基础，导致其丧失交易的资格。比如温州与台州等地出现的合会规则，合会会员（比如说 10 人）每人出 10 万元，每个会员拥有"一定数量的货币在一段时间内的使用权"，从而使资金发生巨大的效应。合会会员必须信守该种规则，否则会导致合会资格的丧失。① 又如，在"上海振华港口机械有限公司诉美国联合包裹运送服务公司国际航空快递运输延误赔偿纠纷案"中，法院认为：

> 被告未按行业惯例于当天送往机场报关，以致标书在沪滞留两天半，应当承担相应的民事责任。②

其次，商事习惯作为商事交易中的规则，更主要的是商事习惯体现出商事主体在商事交易纠纷解决的自治性。《国际商事合同通则》（UNIDROIT）和《欧洲合同法通则》（PECL）几十年的发展表明，国际仲裁依据是当事人所缔结的合同与交易习惯，该观点已经去除了"替换传统的基于主权概念的立法论"，国际商事交易当事人与仲裁机构制定的商事习惯是商法复兴

---

① 关于合会的相关资料可以参见张翔：《合会的信息汇聚机制——来自温州和台州等地区的初步证据》，《社会学研究》2006 年第 4 期。

② 法院具体裁决意见："尽管当事人明确约定：被告为原告快递标书费时六天零五个小时，并未超过国际快件中国到也门四到七天的合理运输时间，无延误送达标书的事实。但被告接受标书后，未按行业惯例于当天送往机场报关，以致标书在沪滞留两天半，应当承担相应的民事责任。"参见《最高人民法院公报》1996 年第 1 期。

机制所在。[①] 在发生争议时，法律应该尊重该种规则，否则法律不仅破坏商事自治所体现的规则，而且会纵容不诚信的交易发生，其结果必然产生劣币驱逐良币的效应。个案判决看似损害的是个别交易，其实损害的是整个商事交易体系，最终会破坏社会经济的发展。

再次，我国现有的法律仍然以传统民事交易基础上建立起来的规则为主体，并没有考虑到商事交易的特殊性，也没有考虑到法律规范的性质，仍然简单适用法律规范性文件效力优于习惯的效力规则，无疑会扼制商事交易的发展。笔者认为，在习惯与其他规范性文件何者优先的情况下，应该进一步区分强制性规范与任意性规范。对于强制性规范本身所具有的强制性，司法应该首先适用此类规范当无疑义。但任意性规范主要是赋予行为人从事某种行为的自由，划定自由行使的界线，任意性规范调整的是私人之间的利益，尽管也蕴含了法律对私人之间利益的平衡。不过，基于私法自治的本质属性，这种利益平衡具有补充性，即只有当事人在没有对这种利益进行合适取舍的情况下，法律才能"越俎代庖"地予以规范。[②] 作为商事交易的习惯，为当事人的行为与意思表示，代表主体对法律的变更，因此，对于商事习惯的适用并不能简单地适用法律规范优先于习惯的规则，相反，法律应该确定商事习惯优先于任意性规范的效力。如最高人民法院在"中国工商银行哈尔滨开发区支行与中国光大银行哈尔滨道外支行、黑龙江长兴投资公司借款合同案"中就根据商事习惯确认了不动产收益权可以质押的规定。[③]

最后，无论是在大陆法系国家还是英美法系国家的商法法律体系中，商事规范都表现出对当事人意思自治原则的普遍尊重。其一，在法律适用上，各国都明确商事自治规范为商事法律渊源并有优先适用的法律地位。其二，这种地位在现代各国的商法发展、演进路径中呈现出强化的趋势。这些都说明商事自治法对于商事国家法的产生与发展至关重要，甚至可以说，商事自

---

① See K. P. Berger, *The Creeping Codification of the Lex Mercatoria*, The Hague, Boston, Kluwer Law International, 1999, p. 207.

② 参见王轶：《论合同法的任意性规范》，《社会科学战线》2006 年第 5 期；许中缘：《论任意性规范——一种比较法的视角》，《政治与法律》2008 年第 11 期。

③ 参见最高人民法院民事审判第二庭编：《最高人民法院商事审判裁判规范与案例指导》（2010 年卷），法律出版社 2010 年版，第 170—177 页。

治法规则的形成与完善是商事国家法规则形成与完善的前提条件。诚如学者所言：

> 有关前提条件的成就，首先通过商人对商事自治规则的私人自我实施，实现商事自治规则的建立与完善；其次通过立法者与司法者对有关商事自治规则的优先适用于商事国内法的过程实现的。正是在这个意义上即商事自治法是商事国家法的前提。①

因而，确立商事习惯优先于任意性规范的效力规则其实就是确立商事规则的漏洞填补规则。在商事规则有欠缺的时候，基于商事规则的特殊性，并不能即时运用民事法律规范来对商事规则予以适用，而只有当商事习惯不能解决相应纠纷的时候，才能确立适用民法典的其他法律规范，这才能真正保障商事交易的自治性。②

二、商事习惯的具体表现

（一）行业性惯例

行业性惯例，是商人共同体在长期的商事活动实践中形成的通用性习惯规则，即交易习惯。③ 我国《合同法》司法解释明确了交易习惯的内涵。④ 实际上，交易习惯就是商事主体在长期商事交易中形成规范交易主体之间的行为规则。商事主体需要通过此行为规则分配权利义务并解决商事纠纷，以保证市场的有序与可持续发展，最终实现营利目的。其实，也正是因为商事主体能够自觉遵守并施行自治性规范，行业性惯例才富有生命力。不可否

---

① 周林彬、官欣荣：《我国商法总则理论与实践的再思考》，法律出版社 2015 年版，第 79 页。

② 参见郑曙光、胡新建：《现代商法：理论起点与规范体系》，中国人民大学出版社 2013 年版，第 366—368 页。

③ 百度百科对行业性惯例定义为：行业惯例（Usage of the Particular Trade），是特定行业中经过长期业务活动而形成的一些通用习惯规则，如港口惯例、交易所惯例、拍卖行惯例、银行结算惯例、价格术语、标准合同等等。这些惯例被行业内人所共知，绝大多数是成文的。它们一般不具有强制性，而是一些任意性规则。只有双方当事人在合同中明确约定适用某种惯例规则，才对当事人有约束力。

④ "在交易行为当地或者某一领域、某一行业通常采用并为交易对方订立合同时所知道或者应当知道的做法或当事人双方经常使用的习惯做法。"《最高人民法院关于适用〈中华人民共和国合同法〉若干问题的解释（二）》第七条。

认，我国商事活动的实践中也存在大量的行业性惯例，这些交易习惯对商事活动的规范和商法的发展起到了重要作用。诚如学者所言：

> 尽管我国的社会条件已经发生了诸多转变，但是商事交易习惯在客观上仍然发挥着国家法不可逾越的替代作用。商事交易习惯客观上仍然在规范和引导者商人。①

事实上，我国《合同法》针对整个交易过程都有关于适用交易习惯的具体规定。首先，关于合同的成立适用交易习惯的规定。《合同法》第22条有关承诺生效的规定，第26条第1款关于承诺通知的规定，都言明交易习惯的适用。其次，关于合同的履行适用交易习惯的规定。第60条第2款有关合同履约的一般性规定，第61条明确生效后合同效力补充的规定，进而第62条就明确价格、数量等履行作出了具体规定。实际上，该规定采用的标准都是行业性惯例。再次，关于后合同义务适用交易习惯的规定。第92条明确后合同义务的内容，其为习惯确定义务。最后，关于合同解释适用交易习惯的规定。第125条第1款规定的合同解释规则，也要适用习惯解释。由此可见，从合同的要约承诺、合同履行到后合同义务以及合同条款的解释，行业性惯例都具有补充适用的法律效力。可以说，我国《合同法》中基本将行业性惯例当作商事习惯，赋予并承认其具有相应的法律效力。

一方面，行业性惯例是在长期的商事交易中、在各种市场经济制约条件下通过商事主体的行为互动逐步形成的规范。因而，其融汇了更多的地方的、行业的比较长期有影响的具体情况，并且最重要的是它是以规则表现出来的，是一种内生于社会的制度，可以说它们凝结了有关特定社会的环境特征、人的自然禀赋和人与人冲突及其解决的信息，是人们在反复博弈后形成的在日常生活中（当社会生活主要条件没有重大变化时）必须遵循的"定式"。② 另一方面，由于不同的行业具有不同的交易习惯，行业性惯例是长期实践过程社会生活条件可能发生变化，故行业性惯例并不当然都具有法律

---

① 樊涛：《论我国的交易习惯——商法的视角》，《中国商法年刊（2013）》，第141页。

② 参见苏力：《中国当代法律中的习惯——一个制定法案透视》，《法学评论》2001年第3期；方文霖：《民事习惯司法运用研究》，博士学位论文，中央民族大学法学院，2012年，第18页。

效力。其实，各种行业性的协会规章及其活动之中都存在特定的行业惯例，但是只有不违反法律、行政法规强制性规定，且不违反公序良俗与社会公共利益的行业性惯例下才具有相应的法律效力。

（二）部门规章

部门规章不属于《合同法》第 52 条第 5 项"违反法律、行政法规的强制性规定"的内容，当然不属于合同效力判断的内容。《合同法司法解释（一）》第 4 条对这一规定作了再次重申，[①] 在"西安市商业银行诉健桥证券股份有限公司与西部信用担保有限公司合同纠纷一案"中，[②] 最高人民法院认为，中国人民银行《关于禁止银行资金违规流入股票市场的通知》在规范性上属于行政规章而不能作为确认合同无效的依据。合同单纯地违反了部门规章，其效力不受影响，这主要是因为以下几点。

第一，数量庞大且种类繁杂的部门规章不利于商事交易的有效进行。在各部门制定规章时往往为了自身的利益而添加某些规则以便于扩张自己的权力，若合同受到部门规章效力的干涉则会严重阻碍自由订立合同的积极性。例如，《合同法》颁布后，国家工商总局随即出台了《关于认真做好〈中华人民共和国合同法〉实施工作的通知》（1999 年），许多地方政府也相继出台了《合同法》的监督管理条例。[③] 若法院在认定法律行为的效力时依照的还是相关的部门规章，势必会形成大量的无效合同，这既造成合同订立、履行和纠纷解决费用的巨大浪费，也导致人们不信任合同、滋长欺诈和背信者的侥幸心理。[④]

第二，法院对部门规章缺乏有效、合法的监督权，也没有相应的司法审查权。由于我国立法法在实施过程中困难重重，导致部门规章的制定与实施

---

① "合同法实施以后，人民法院确认合同无效，应当以全国人大及其常委会制定的法律和国务院制定的行政法规为依据，不得以地方性法规、行政规章为依据。"2002 年全国人大法工委《民法典草案》第 67 条第 5 项规定："违反法律的强制性规定或社会公共利益的民事行为无效。"该规定甚至将行政法规排除出了"强制性规定"的规制范围，这体现了我国立法机关对于效力位阶论的坚持。

② 参见最高人民法院（2005）民二终字 150 号民事判决书，《最高人民法院公报》2006 年第 9 期。

③ 参见《山西省合同监督管理条例》（2002）、《辽宁省合同监督条例》（2001）等；谢鸿飞：《论法律行为生效的"适法规范"——公法对法律行为效力的影响及其限度》，《中国社会科学》2007 年第 6 期。

④ 参见王卫国：《论合同的无效制度》，《法学研究》1995 年第 3 期；谢鸿飞：《论法律行为生效的"适法规范"——公法对法律行为效力的影响及其限度》，《中国社会科学》2007 年第 6 期。

没有形成一套有序的机制，所以部门规章违反上位法的现象屡见不鲜。因此，一旦在司法过程中，当事人提出合同无效根据的是部门规章，则由于法院缺乏对部分规章的审查监督权，就只能以部门规章不属《合同法》中规定的法律及行政法规为由不予采纳。①

尽管部门规章不属于对合同效力判断的依据，但如合同的内容与部门规章不符，在合同解释发生争议情形，有关的部门规章也可作为行业性自治法规，可以解释为民事习惯的内容。因此，依部门规章对合同内容进行解释，属于依据商事习惯对此进行解释，遵循习惯解释规则。

（三）现代商人习惯法

所谓现代商人习惯法，是伴随着新商法产生的，即在全球化发展中，由国际性官方或民间机构制定的国际公约、示范法以及国际商会等组织公布的文件资料等。② 可以说，全球化经济的发展，商事交易中，当事人之间约定适用的商事习惯不再局限于一国国内的惯例规范，而是将超越国家边界的现代商事习惯也作为解决纠纷，特别是跨国商事贸易纠纷的重要法律渊源。③《联合国国际贸易法委员会仲裁规则》第33条第3款就规定："在一切情形下，仲裁庭均应按照契约的规定作出决定，并应考虑到适用于该项交易的商事习惯。"

事实上，现代商人习惯法在商法习惯中占据越来越重要的地位，主要是由于全球化交易性质所决定的，即跨国交易中往往涉及不同国家的交易方，如此亟须适用一般的现代商事习惯法以解决双方的纠纷。但由于现代商事习惯法居于时间与空间上的普遍性、自治性、相对的确定性与成文化性以及跨国性，④ 尤其是跨国性的特征需要对现代商事习惯区分适用。有学者就将国际惯例类型化为明示适用、默示适用、补充适用以及参考适用，并且明

---

① 但是也存在例外情况：在"银河证券有限责任公司海口龙华路证券营业部与湖北武汉证券有限公司晓口营业部返还不当得利纠纷上诉案"中，最高人民法院因有价证券回购成交合同违反了中国人民银行的《信贷资金管理暂行办法》，而认定该合同无效。参见最高人民法院2000年（经）终字第188号。

② 参见［英］施米托夫：《国际贸易法文选》，赵秀文译，中国大百科全书出版社1993年版，第247页。

③ 参见郑曙光、胡新建：《现代商法：理论起点与规范体系》，中国人民大学出版社2013年版，第366—368页。

④ 参见曾大鹏：《中国商法通则理论与立法研究》，法律出版社2013年版，第59页。

确国际惯例适用应受到法律与公共秩序保留的限制，① 殊值赞同。笔者认为，现代商事习惯法是商事习惯的重要组成部分，我国未来民法典之中应当确认国际惯例作为商事习惯的一般性渊源，但不能不加区分地完全适用，应当明确国际惯例不得违法公序良俗，并且需要遵循一定的程序性要件才能适用。

三、商事习惯与我国民法典

目前，我国《民法通则》尚未明确商事习惯的法律渊源地位，《合同法》的分则中规定具体情况下适用商事交易习惯，一方面，交易习惯仅仅涵盖了部分商事习惯；另一方面，《合同法》只是针对具体情况而未作出一般性适用规定，且适用局限于契约领域，故该规定还远远不能满足商事审判与仲裁实践的需要。虽然，《民法总则专家意见稿》与《民法总则专家意见提交稿》第 9 条以及《民法总则（草案二次审议稿）》第 10 条确定了习惯的法源性地位，对于实现民商合一具有重要作用，但问题是，该条确定"法律以及法律解释、行政法规、地方性法规、自治条例和单行条例、司法解释没有规定的"才能适用习惯的规则，仍然以狭义民法立场来确定习惯的民事法律适用程序，忽视了商事习惯与国家制定法之间的互动以及其在商事交易的特有作用，具有诸多弊端。诚如学者所言：

> 商事习惯具有坚韧的生命力，会在司法过程中顽强地表现自己，这并不等于说习惯就不受制定法的影响。……现代社会的习惯或民间法已完全不可能保持其在近代民族国家形成之前的那种所谓的"原生状态"，它已必定是在同国家法的互动过程中，不断地重新塑造自己。②

事实上，绝大部分国家都在商事法律中承认商事习惯。甚至有的国家商法中明确规定，在没有商事习惯时，方能适用制定法或成文法。例如《日

---

① 参见周林彬、官欣荣：《我国商法总则理论与实践的再思考》，法律出版社 2015 年版，第 391—400 页。

② 苏力：《中国当代法律中的习惯——从司法个案透视》，《中国社会科学》2000 年第 3 期；刘行玉：《转型期农村人民调解的法制环境分析》，《山东农业大学学报（社会科学版）》2010 年第 12 期。

本商法典》第 1 条就是如此规定,① 《韩国商法典》也有类似的规定,尤其是,该法典还明确指出对合同的内容进行解释或者合同有漏洞需要补充的时候,应当先适用习惯,在没有可以适用的习惯时,才适用任意性法律规范。② 还有的国家商法中虽然并未明确习惯法优先于制定法适用,但是还是在商事交易中强调适用商事习惯。例如《德国商法典》第 346 条明确指出对交易习惯的考虑,③《法国民法典》第 1135 条对于契约的履行过程也如此强调。④ 如学者所言:

> 习惯总是在流变的,实际是生动的。在当代社会经济巨大转型的历史条件下,往日的许多习惯已经被人们自觉废除了,而一些新的、适应现代市场经济和现代国家的习惯或行业习惯已经或正在形成。⑤

面对不断发展的商事习惯,我们必须承认并赋予其法律效力。诚如学者所言:

> 只要人类生生不息,只要社会的各种其他条件还会发生变化,就将不断地产生新的习惯,并将作为国家制定法以及其他政令运作的一个永远无法挣脱的背景性制约因素而对制定法的效果产生各种影响。⑥

因而,商事习惯是也应当是"商法重要渊源,不仅历史上如此,而且还继续为商法适应经济的发展而提供便利条件"⑦。故,首先我国未来民法典应当确定商事习惯的基本法源地位。在确定商事习惯的法律渊源地位后,

---

① "关于商事,本法无规定者,适用商习惯法,无商习惯法者,适用民法。"参见《日本民法典》,王书江、殷建平译,中国法制出版社 2000 年版,第 3 页。

② 参见《韩国商法》,吴日焕译,中国政法大学出版社 1999 年版,第 3—122 页。

③ "在商人之间,在行为和不行为的意义和效力方面,应当顾及在商事往来中适用的习惯和惯例。"参见《德国商法典》,杜景林、卢谌译,法律出版社 2010 年版,第 211 页。

④ "契约,不仅对其中所表述的事项具有约束力,而且对公平原则、习惯以及法律依据债的性质而赋予的全部结果具有约束力。"参见《法国民法典》(下册),罗结珍译,法律出版社 2005 年版,第 840 页。

⑤ 苏力:《中国当代法律中的习惯——一个制定法案透视》,《法学评论》2001 年第 3 期。

⑥ 苏力:《中国当代法律中的习惯——从司法个案透视》,《中国社会科学》2000 年第 3 期;方文霖:《民事习惯司法运用研究》,博士学位论文,中央民族大学法学院,2012 年,第 46 页。

⑦ [法] 伊夫·居荣:《法国商法》(第一卷),罗杰珍、赵海峰译,法律出版社 2004 年版,第 25 页;陈本寒、艾围利:《习惯在我国民法体系中应有的地位》,《南京社会科学》2011 年第 3 期。

商事习惯自然可以作为商事主体商事交易的行为准则和商事权利保护的规范。当发生商事纠纷时，也当然可以适用商事习惯予以处理。其次，还应当考虑商事习惯的特殊性，确定商事习惯具有优先于任意性规范的法律效力。这样一来，在不违反强制性规定时，商事习惯就是商事主体优先适用的行为准则，也是处理商事纠纷优先适用的裁决依据。最后，增加商事习惯优先于任意性规范的效力规则。具体设置可以考虑在《民法总则（草案二次审议稿）》的第 1 章基本原则之中第 10 条的基础之上增加商事习惯的一般性效力规则。其中，有关商事习惯的具体条文可以设计为：民事主体之间的纠纷，应当依照法律以及法律解释、行政法规、地方性法规、自治条例和单行条例、司法解释、商事习惯。其中，商事习惯优先于法律以及法律解释、行政法规、地方性法规、自治条例和单行条例、司法解释的任意性规范适用，且商事习惯不得违反法律和行政法规强制性的规定，不得违背公序良俗和社会公共利益。

四、商事救济的自治性与多元化

商事权利保护方式的历史演进过程是从推崇自力救济发展到禁止自力救济最后又回归合理规制自力救济。现代商事立法中对商事权利保护方式自主、自治的回归，实质上是商事权利保护方式的内在的必然性要求。自主救济回归方式主要是通过商事主体自治组织制定商事自治规范，将有关商事立法与司法审判中的不同于民法的特殊性实体与程序条款具体化，并依法确立商事主体自治组织制定与实施商事自治规范的法律地位和效力，从而完善并构建商人私人实施机制。其中，商事规则以及相应的商事权利保护方式的自治性可以说是商事活动、商品经济以及市场经济得以繁盛发展最为关键的推动力。事实上，商事权利保护规则的自治性，不仅仅反映出商事权利保护的独特性，更是折射出我国民法中保护制度过于单一化问题。然而，在民商合一视角下，我国未来民法典民事权利的保护应当多元化，融合商事于民事的同时突出其特殊性，这样的多元化反过来也能够映射商事保护的独特性，在民法典总则中真正实现民商合一。诚如学者所言：

    在当代中国，单一的文化结果系统已经不复存在，多元的法律规制体系应运而生，即使面对单一的规则，也可能被人们选择或竞争性地运用，即各个利益相关者会通过选择适用某些规则或者选择某种规则的解决获得对自己最为有力的法律成果。①

另外，权利保护方式的自治性与多元化也有助于将司法救济落到实处。一方面，通过商事主体及商事主体自治组织自主实施商事法律，将有关商事国家法律和商事自治规范作为商人的商行为具体标准。商事主体之间的商事纠纷，先于商事自治体内部运用商事自治规范解决，如果不能解决，再寻求外部商事中介机构调解或仲裁，若还是不能解释，最后才寻求法院帮助，这样一来，自治性的权利救济就可以有效地缓解法院司法救济的压力，使法院不必面对"诉讼爆炸"，将有限司法资源用到最需要保护权利之上，切实地成为权利保护最后一道防线。另一方面，确定商事习惯优先于任意性规范的效力规则。即使最后不得不寻求法院司法救济，但是法院在裁决时，适用何种规则处理商事争端，还是有多元化的选择，也正是在多元化的选择中法官能够最大限度地实现对商事主体的权利保护，即：

> 法官对裁判无非是希冀获得一种最有利于实现理性和正义的解决方法，而不是获得立法者的成文法律规范在其文本实现上的满足，那么当一项正式的法律文献表现出可能两种解释的模棱两可性与不确定性时，所谓的"非正式法律渊源"就显得至关重要。②

处理商事纠纷时，法官优先选择与运用商事习惯，能够极大增强商事主体内心的信服力，使判决最大程度得以执行，从而维护司法权威。

---

① 苏力：《中国当代法律中的习惯——从司法个案透视》，《中国社会科学》2000 年第 3 期。
② 姚辉：《论民事法律渊源扩张》，《北方法学》2008 年第 1 期；姚辉、段睿：《民法的法源与法学方法》，《法学杂志》2012 年第 4 期。

结语：中国民法典：什么是你的贡献

　　"盖必有民法法典，然后人民始知有应享之权利，应尽之义务。"① 新的时代要求我国编纂的民法典承担起 19 世纪、20 世纪法典向 21 世纪法典转变的使命。未来"民法典应当是一部具有中国特色、中国风格，体现了时代精神、时代特征的 21 世纪的民法典"②。然而，世界上新近的法典并没有也不能为 21 世纪的法典提供一种完美的、可借鉴的范式。正如意大利学者在反思世界新近颁布的法典时所认为的那样：

　　　　对于那些想要编纂出一部具有 1896 年的《德国民法典》的质量的民法典的人来说，那些新近产生的法典（魁北克法典、荷兰新民法典与巴西新民法典）中有哪些有用的东西呢？用处少得很。最新的法典不过是旧法典的重新抄写，补充了一些来自判例的细节性的规范，以及一些出于学说的癖好而被接受的特殊的定义而已。这些细节性的规定与定义比那些宏大的法典所面临的危险要大得多。……宏大的法典由为数不多的抽象的、普遍的规则组成。当然，在 20 世纪，这种规则的普遍性已经部分地被破坏了。……在这里，统一的、普遍性的规则之所以被大量的个别性的规范所取代，其原因在于法学家没有能够建构一个统一

──────────

　　① ［日］松冈义正口述：《民法总则》（上），熊元楷、熊元襄编，李婧点校，上海人民出版社 2013 年版，第 23 页。
　　② 王利明：《民法典的时代特征和编纂步骤》，《清华法学》2014 年第 6 期；许中缘、熊丙万：《民法典体系化的哲学——评王利明教授的"民法体系化"思想》，《法制与社会发展》2009 年第 3 期。

的普遍规则体系，或者至少是一个数目不多，不过于个别化的规则来代替旧的规则。①

但是，如果我们仍然拘泥于 19 世纪的法典，无疑会使我国将来的民法典失去承担这种使命的机会。

根据学者的用词，我国民法典的编纂是在 21 世纪进行的第四次法典编纂思潮的重要组成部分。我国民法典的编纂是否能够属于第四次法典编纂思潮，是一个主观的范畴，其评价需要一个客观的标准，这取决于我们如何对现代民法典予以合理定位以及我国民法典的内容的制定。如果我国民法典的内容仍然严格沿袭十八十九世纪的法国民法典、德国民法典的内容，其在指导思想、立法理念上不能适应社会的发展要求作出重大改变，即使我国民法典的编纂处于第四次法典编纂的浪潮，其可能仍然属于 "20 世纪法典编纂的尾声，而非 21 世纪法典编纂的序曲"。在 21 世纪，由于各种因素的交互作用，对 19 世纪的德国民法典、法国民法典的简单的撷取与参照已然难以使我国法典保持其先进性与生命力。我们不能仅仅局限于大陆法系国家的民法典的体系而不能超越，也应该对极容易忽视的普通法系的法典进行考察分析。时代的变化与发展，需要法典的内容与体例相应地发展。我们也不一定要躺在德国民法典巨大的 "阴影" 上而不能对其发展。正如学者认为："德国民法不是僵化的、静止的，其内容体系本身还处在发展之中。""中国民法典要在世界民法中占有一席之地，要面向 21 世纪，就不能亦步亦趋，而必须有所创新。"② 只有这样，我们编纂的法典才能兼收并蓄、扬长避短，也才能够真正编纂出一部具有 21 世纪精神的法典。

随着全球化的发展，我国现在民法对社会调整所出现的问题，已经不再或者不全是 19 世纪资本主义国家民法典制定时期所存在的问题，这些问题的出现与 21 世纪资本主义国家民法典存在的问题基本没有任何实质的差别。所以，笔者认为，中国民法典制定既要考虑到民事法律各个部门的框架，又要虑及与各个部门法的协调，同时也需要考虑到各个民法制度已经随着社会

---

① ［意］鲁多尔夫·萨科：《思考一部新民法典》，薛军译，《中外法学》2004 年第 6 期。
② 王利明：《民商法研究》（第 6 辑），法律出版社 2004 年版，第 3 页；许中缘、熊丙万：《民法典体系化的哲学——评王利明教授的 "民法体系化" 思想》，《法制与社会发展》2009 年第 3 期。

的发展"变异"的内容。① 而在此之外的，还要承担来自体制内与体制外的政治压力（有压力也有阻力，甚或参半），所以，任务更加艰巨，路途更加遥远。

> 历史的连续性并不可否认，但是历史发展中法律绝不是僵化不变的，法律必须与一种持续变化的文明相协调。我们必须传承我们的法律材料进行型构，从而使这些材料能增进文明，而非阻碍文明。②

但如《法国民法典》以自然法为基础一样，《德国民法典》总则也是自然法与罗马法相融合的结果，③ 这与"事实上支配那些往返于商业交易所在的文明世界和港口、集市之间的国际商业界普遍适用的国际习惯法规则"的商人法具有迥然的差异。④ 由此得知，《法国民法典》《德国民法典》本身并不具有商人法的气质，更遑论民商合一。民商合一立法模式本质是适应时代发展要求的私法一体化的要求，也是社会经济发展的必然反映。⑤ 时代的发展又不得不使得民商合一立法模式成为我国民法典编纂的必然选择。诚如学者所言：

> 若仍然坚持"排商"的民法观……我们就不能顺利实现对商事关系的有效调整……忽略"商的特别需求"，最终可能会成为一场自负、

---

① 参见许中缘、魏韬：《论民法典视角下消费者的撤回权》，《河南师范大学学报（哲学社会科学版）》2013 年第 2 期。

② 参见［美］罗斯科·庞德：《法理学》（第 1 卷），邓正来译，中国政法大学出版社 2004 年版，第 168—169 页。

③ 艾伦·沃森认为，"自然法法学为了得到普遍的、基本的法律原则而利用非常抽象的推理方法的结果。与此同时，总则到底是不是正宗的自然法和'简化'的自然法相区分的衍生物，这点几乎辨认不出来，因此，《法国民法典》与《德国民法典》在结构上的重大差异，理当由自然法对于德国民法传统的更大渗透性来解释。"［美］艾伦·沃森：《民法法系的演变与形成》，中国政法大学出版社 1992 年版，第 150 页。

④ 参见［英］施米托夫：《国际贸易法文选》，赵秀文译，中国大百科全书出版社 1993 年版，第 4 页。

⑤ 学者认为，法国、德国采取民商分立立法模式的一个重要原因是，民法是适应农业社会的需要，而商法是商业化生产的需求。随着社会化生产，传统民法与商法的区分界限已经消除。See Michel Germain, *Le Code Civil er le Droit Commercial*, Le Code Civil un passé, un présent, un avenu, 2004, p. 641.

失败的法典化运动。①

　　为防止民法典的编纂演变成一场自负的法典化运动，我们应该在民法典中优化商事规则的设计，即开拓商事规则的特别需求与安排。商法应在民法典中享有恰当的位置，而不是些许点缀。我国未来民法典是否能够实现民商合一，既关乎能否对世界民法典作出卓越贡献，也是能否在世界法典编纂历史上具有影响地位的关键因素。

---

　　① 蒋大兴：《论民法典（民法总则）对商行为之调整——透视法观念、法技术与商行为之特殊性》，《比较法研究》2015 年第 4 期。

主要参考文献

一、中文主要参考文献

1. 蔡立东：《法人分类模式的立法选择》，《法律科学（西北政法大学学报）》2012 年第 1 期。

2. 陈清泰主编：《商会发展与制度规范》，中国经济出版社 1995 年版。

3. 崔建远：《合同法总论》（上卷）（第 2 版），中国人民大学出版社 2011 年版。

4. 崔建远：《合同解除的疑问与释答》，《法学》2005 年第 9 期。

5. ［德］C. W. 卡纳里斯：《德国商法》，杨继译，法律出版社 2006 年版。

6. ［德］Wolfgang Sellert：《从德国商法典编纂历史看德国民商法之间的关系》，范健、邵建东译，奎生主编：《中德法律继受与法典编纂》，法律出版社 2000 年版。

7. ［德］茨维格：《比较法导论》（第 2 卷），潘汉典译，法律出版社 2003 年版。

8. ［德］赫尔曼·魏特瑙尔：《物权化的债之关系》（第 1 版），张双根译，王洪亮校，《中德私法研究》（2006 年第 1 卷），北京大学出版社 2006 年版。

9. ［德］霍尔斯特·海因里希·雅科布斯：《十九世纪德国民法科学与立法》，王娜译，涂长风校，法律出版社 2003 年版。

10. ［德］卡尔·拉伦茨：《德国民法通论》（上、下册），王晓晔等译，法律出版社 2003 年版。

11. ［德］康·茨威格特、海·克茨：《瑞士民法典的制定及其特色》，谢怀栻译，《法学译丛》1984 年第 3 期。

12. ［德］科英：《现代欧洲私法的起源与文献手册》（第 1 卷），商务印书馆 1996 年版。

13. ［德］梅迪库斯：《德国民法总论》，邵建东译，法律出版社 2001 年版。

14. ［德］萨维尼：《萨维尼对人之诉和对物之诉》（第 1 版），田士永译，《中德私法研究》（2006 年第 1 卷），北京大学出版社 2006 年版。

15. ［德］萨维尼：《萨维尼论财产权》，金可可译，《中德私法研究》（2006 年第 1 卷），北京大学出版社 2006 年版。

16. ［德］托马斯·莱赛尔：《德国民法中的法人制度》，张双根译，《中外法学》2001 年第 1 期。

17. 董安生、王文钦、王艳萍：《中国商法总论》，吉林人民出版社 1994 年版。

18. 杜景林、卢谌：《德国债法改革》，法律出版社 2003 年版。

19. ［法］克洛德·商波：《商法》，刘庆余译，商务印书馆 1998 年版。

20. ［法］伊夫·居荣：《法国商法》（第 1 卷），罗结珍、赵海峰译，法律出版社 2004 年版。

21. 范健、王建文：《商法的价值、源流及本体》（第二版），中国人民大学出版社 2007 年版。

22. 范健、王建文：《商法基础理论专题研究》，高等教育出版社 2005 年版。

23. 范健、王建文：《商法学》（第四版），法律出版社 2015 年版。

24. 范健：《德国商法：传统框架与新规则》，法律出版社 2003 年版。

25. 费安玲：《1942 年〈意大利民法典〉的产生及其特点》，《比较法研究》1998 年第 1 期。

26. 封丽霞：《法典编纂论——一个比较法的视角》，清华大学出版社 2003 年版。

27. 冯果：《论公司资本三原则的现代局限》，《中国法学》2001 年第 3 期。

28. 高富平：《民法法典化的历史回顾》，《华东政法学院学报》1999 年第 2 期。

29. 葛伟军：《英国公司法要义》，法律出版社 2013 年版。

30. 古振晖：《共同所有之比较研究》，（台湾）财产法暨经济法研究协会 2006 年版。

31. 顾功耘主编：《商法教程》（第二版），上海人民出版社 2006 年版。

32. 官欣宜主编：《新编商法原理》，中国检察出版社 2009 年版。

33. 郭峰：《民商分立与民商合一的理论评析》，《中国法学》1996 年第 5 期。

34. 郭晓霞：《商行为与商主体制度研究》，中国人民公安大学出版社 2010 年版。

35. 韩长印：《共同法律行为理论的初步构建——以公司设立为分析对象》，《中国法学》2009 年第 3 期。

36. 何勤华、魏琼主编：《西方商法史》，北京大学出版社 2006 年版。

37. ［荷］J. 海玛：《荷兰新民法典导论》，王卫国主译，中国政法大学出版社 2006 年版。

38. ［荷兰］亚瑟·S. 哈特坎普：《荷兰民法典的修订：1947—1992》，《外国法译评》1998 年第 1 期。

39. 胡骏：《古希腊民商事立法研究——以雅典城邦为中心考察》，上海人民出版社 2012 年版。

40. 季立刚：《民国商事立法研究》，复旦大学出版社 2006 年版。

41. 江平、张楚：《民法的本质特征是私法》，《中国法学》1998 年第 6 期。

42. 江平：《法人制度论》，中国政法大学出版社 1994 年版。

43. 江平：《西方国家民商法概要》，法律出版社 1984 年版。

44. 蒋大兴：《论民法典（民法总则）对商行为之调整——透视法观念、法技术与商行为之特殊性》，《比较法研究》2015 年第 4 期。

45. 蒋大兴：《商人，抑或企业？——制定〈商法通则〉的前提性疑问》，《清华法学》2008 年第 4 期。

46．蒋大兴：《商事关系法律调整之研究——类型化路径与法体系分工》，《中国法学》2005 年第 3 期。

47．蒋大兴：《审判何须对抗——商事审判柔性的一面》，《中国法学》2007 年第 4 期。

48．金可可：《物权债权区分说的构成要素》，《法学研究》2005 年第 1 期。

49．雷兴虎：《商事主体法基本问题研究》，中国检察出版社 2007 年版。

50．李功国：《中国古代商法史稿》，中国社会科学出版社 2013 年版。

51．李建华、麻锐：《论商事权利研究范式》，《社会科学战线》2014 年第 10 期。

52．李建伟：《从小商贩的合法化途径看我国商个人体系的建构》，《中国政法大学学报》2009 年第 6 期。

53．李永军：《商法学》，中国政法大学出版社 2003 年版。

54．李政辉：《商人主体性的法律建构》，法律出版社 2013 年版。

55．梁慧星：《从近代民法到现代民法》，《中外法学》1997 年第 2 期。

56．梁慧星：《中国人身权制度》，《中国法学》1989 年第 5 期。

57．梁上上：《公司担保合同的相对人审查义务》，《法学》2013 年第 3 期。

58．梁宇贤：《商事法论》，中国人民大学出版社 2003 年版。

59．林咏荣：《商事法新诠》，五南图书出版公司 1990 年版。

60．刘和旺：《诺思制度变迁的路径依赖理论新发展》，《经济评论》2006 年第 2 期。

61．刘宏渭：《商法总则基本问题研究》，华中科技大学出版社 2013 年版。

62．刘俊海：《公司的社会责任》，法律出版社 1999 年版。

63．刘凯湘：《论商法的性质、依据与特征》，《现代法学》1997 年第 5 期。

64．刘民安：《商法总则制度研究》，法律出版社 2007 年版。

65．刘士国：《类型化与民法解释》，《法学研究》2006 年第 6 期。

66. 柳经纬、刘永光：《商法总论》，厦门大学出版社 2004 年版。

67. 龙卫球：《合伙的多种形式与合伙立法》，《中国法学》1996 年第 3 期。

68. 龙卫球：《民法主体的观念演化、制度变迁与当下趋势》，《国家检察官学院学报》2011 年第 4 期。

69. 龙卫球：《民法总论》（第二版），中国法制出版社 2002 年版。

70. 龙卫球：《中国民法"典"的制定基础——以现代化转型为视角》，《中国政法大学学报》2013 年第 1 期。

71. 龙卫球：《自然人人格权及其当代进路：兼论宪法秩序与民法实证主义》，《清华法学》2003 年第 2 期。

72. 鲁篱：《行业协会经济自治权研究》，法律出版社 2003 年版。

73. 马洪主编：《商法》，上海财经大学出版社 2003 年版。

74. 马俊驹、梅夏英：《我国未来民法典中设置财产权总则编的理由和基本构想》，《中国法学》2004 年第 4 期。

75. 马俊驹、童列春：《身份制度的私法构造》，《法学研究》2010 年第 2 期。

76. 毛建铭：《西方商事法起源探析——对欧洲中世纪商人法历史考察》，《清华法治论衡》2004 年第 4 期。

77. 梅夏英：《财产权构造的基础分析》，人民法院出版社 2002 年版。

78. ［美］艾德华·麦克威利：《法典法与普通法的比较》，梁慧星译，陆元校，《法学译丛》1989 年第 5 期。

79. ［美］艾伦·沃森：《民法法系的演变及形成》，李静冰、姚新华译，中国政法大学出版社 1992 年版。

80. ［美］查尔斯·奥尔夫：《市场或政府——权衡两种不完善的选择》，中国发展出版社 1994 年版。

81. ［美］弗兰克·伊斯特布鲁克、丹尼尔·费希尔：《公司法的经济结构》，张建伟、罗培新译，北京大学出版社 2005 年版。

82. ［美］哈罗德·J. 伯尔曼：《法律与革命——西方法律传统的形成》，中国大百科全书出版社 1993 年版。

83. ［美］科斯、阿尔钦、诺斯等：《财产权利与制度变迁——产权学派与新制度学派译文集》，刘守英等译，上海三联书店、上海人民出版社 1994年版。

84. ［美］孟罗·斯密：《欧陆法律发达史》，姚梅镇译，中国政法大学出版社 1999 年版。

85. 苗延波：《商法通则立法研究》，知识产权出版社 2004 年版。

86. 苗延波：《中国商法体系研究》，法律出版社 2007 年版。

87. 钱玉林：《〈公司法〉第 16 条的规范意义》，《法学研究》2011 年第6 期。

88. 钱玉林：《商法的价值、功能及其定位——兼与史际春、陈岳琴商榷》，《中国法学》2001 年第 5 期。

89. 屈茂辉：《民法引论》，商务印书馆 2014 年版。

90. 冉昊：《两大法系法律实施系统比较论：从财产法律的视角》，《中国社会科学》2006 年第 1 期。

91. 任尔昕：《商法体系构建与制度完善》，高等教育出版社 2011 年版。

92. 任满军：《晚清商事立法研究》，光明日报出版社 2012 年版。

93. 任先行：《商法原论》（上、下册），知识产权出版社 2015 年版。

94. ［日］大木雅夫：《比较法》，范愉译，法律出版社 1999 年版。

95. ［日］濑川信久：《物权债权二分论之意义及其适用范围》，其木提译，渠涛主编：《中日民商法研究》（第二卷），法律出版社 2004 年版。

96. ［日］松波仁一郎：《日本商法论》，中国政法大学出版社 2004年版。

97. ［日］藤冈康宏：《设立债权总则编的必要性与侵权法的发展》（第1 卷），丁相顺译，《人大法律评论》2003 年版。

98. ［日］星野英一：《日本民法典编纂中遇到的问题》，渠涛译，渠涛主编：《中日民商法研究》，法律出版社 2003 年版。

99. ［日］星野英一：《私法中的人》，王闯译，中国法制出版社 2004年版。

100. ［日］志田钾太郎口述，熊元楷编：《商法总则》，上海人民出版社 2013 年版。

101. 施天涛：《商法学》，法律出版社 2009 年版。

102. 石少侠：《我国应实行实质商法主义的民商分立——兼论我国的商事立法模式》，《法制与社会发展》2003 年第 5 期。

103. 史际春：《企业与公司法》，中国人民大学出版社 2001 年版。

104. 苏惠祥主编：《中国商法概论》，吉林人民出版社 1996 年版。

105. 苏永钦：《私法自治中的国家强制》，中国法制出版社 2005 年版。

106. 苏永钦：《走入新世纪的私法自治》，中国政法大学出版社 2002 年版。

107. 孙宪忠：《防止立法碎片化、尽快出台民法典》，《中国政法大学学报》2013 年第 1 期。

108. 孙宪忠：《国家所有权的行使与保护研究》，中国社会科学出版社 2015 年版。

109. 孙宪忠：《争议与思考——物权立法笔记》，中国人民大学出版社 2006 年版。

110. 覃有土：《商法学》（第二版），高等教育出版社 2008 年版。

111. 谭启平：《"民法人"的探索》，法律出版社 2009 年版。

112. 童彬：《法国财产法体系之源与流》，法律出版社 2014 年版。

113. 童列春：《商法学基础理论构建》，法律出版社 2014 年版。

114. 汪青松：《商事主体制度建构的理性逻辑及其一般规则》，《法律科学（西北政法大学学报）》2015 年第 2 期。

115. 王保树：《商法总论》，清华大学出版社 2007 年版。

116. 王保树：《中国商法》，人民法院出版社 2010 年版。

117. 王保树主编：《商事法论集》，法律出版社 2007—2014 年版。

118. 王保树主编：《中国商法年刊》，法律出版社 2007—2015 年版。

119. 王璟：《商法特性论》，知识产权出版社 2007 年版。

120. 王利明：《民法典体系研究》（第二版），中国人民大学出版社 2012 年版。

121. 王利明：《民商合一体例下我国民法典总则的制定》，《法商研究》2015 年第 4 期。

122. 王利明：《人格权制度在中国民法典中的地位》，《法学研究》2003 年第 2 期。

123. 王瑞：《中国内地、港澳台商事法比较与统一》，法律出版社 2009 年版。

124. 王铁雄：《美国财产法自然法基础》，辽宁大学出版社 2007 年版。

125. 王卫国：《商法》，中国政法大学出版社 2014 年版。

126. 王文宇、林国全、王志诚等：《商事法》，中国人民大学出版社 2007 年版。

127. 王延川：《现代商法的生成：交易模式与价值结构》，法律出版社 2015 年版。

128. 王轶：《民法价值判断问题的实体性论证规则——以中国民法学的学术实践为背景》，《中国社会科学》2004 年第 6 期。

129. 王中原、龙卫球：《美国商业法律环境研究》，法律出版社 2015 年版。

130. 魏国君：《变革中的平衡——中国商事法律制度更新初探》，法律出版社 2007 年版。

131. 吴汉东、胡开忠：《无形财产权制度研究》，法律出版社 2001 年版。

132. 吴汉东：《财产权客体制度论——以无形财产权客体为主要研究对象》，《法商研究》2000 年第 4 期。

133. 吴汉东：《论财产权体系》，《中国法学》2005 年第 2 期。

134. 吴汉东：《论财产权体系——兼论民法典中的"财产权总则"》，《中国法学》2005 年第 2 期。

135. 吴汉东：《试论人格利益和无形财产利益的权利构造——以法人人格权为研究对象》，《法商研究》2012 年第 1 期。

136. 吴汉东：《知识产权立法体例与民法典编纂》，《中国法学》2003 年第 1 期。

137. 吴建斌：《现代日本商法研究》，人民出版社 2003 年版。

138. 肖海军：《商会法律制度研究》，中国人民大学出版社 2010 年版。

139. 谢鸿飞：《民法典与特别民法关系的建构》，《中国社会科学》2013 年第 2 期。

140. 谢怀栻：《大陆法系民法研究》，《外国法译评》1994 年第 3 期。

141. 谢怀栻：《论民事权利体系》，《法学研究》1996 年第 2 期。

142. 谢怀栻：《外国民商法精要》，法律出版社 2002 年版。

143. 谢经荣：《商会调解的理论与实践》，法律出版社 2013 年版。

144. 谢振民：《中华民国立法史》（上、下册），张知本校正，中国政法大学出版社 2000 年版。

145. 熊丙万：《私法的基础：从个人主义走向合作主义》，《中国法学》2014 年第 3 期。

146. 徐金海：《商法源流论——以商法结构变迁为视角》，中国经济出版社 2011 年版。

147. 徐强胜：《民商合一下民法典中商行为规则设置的比较研究》，《法学杂志》2015 年第 6 期。

148. 徐胜强：《商法导论》，法律出版社 2013 年版。

149. 徐学鹿：《商法的轨迹——从传统到现代》，法律出版社 2013 年版。

150. 徐学鹿：《商法总则》，人民法院出版社 1999 年版。

151. 许中缘、颜克云：《论法人名誉权、法人人格权与我国民法典》，《法学杂志》2016 年第 2 期。

152. 许中缘：《论合同的概念与我国债法总则的制定》，《清华法学》2010 年第 1 期。

153. 许中缘：《论民法典体系化的哲学》，《法制与社会发展》2009 年第 3 期。

154. 许中缘、颜克云：《论商法独特性品格与我国民法典总则编纂》，《中国社会科学》2016 年第 12 期。

155. 许中缘：《论商事规范的独特性而非独立性》，《法学》2016 年第 6 期。

156. 许中缘：《论商誉权的人格权法保护》，《现代法学》2013 年第 4 期。

157. 许中缘：《论意思表示瑕疵的共同法律行为》，《中国法学》2013 年第 6 期。

158. 许中缘：《体系化的民法与法学方法》，法律出版社 2007 年版。

159. 薛军：《略论德国民法潘得克吞体系的形成》，《中外法学》2003年第1期。

160. 薛军：《人的保护：中国民法典编撰的价值基础》，《中国社会科学》2006年第1期。

161. 鄢一美：《俄罗斯当代民法研究》，中国政法大学出版社2006年版。

162. 杨立新、袁雪石：《论身份权请求权》，《法律科学（西北政法学院学报）》2006年第2期。

163. 杨立新：《中国百年民法典汇编》，中国法制出版社2011年版。

164. 杨振山：《民法典制定中的几个重大问题》，《政法论坛》2003年第1期。

165. 姚辉：《论民事法律渊源扩张》，《北方法学》2008年第1期。

166. 叶林：《企业的商法意义及"企业进入商法"的新趋势》，《中国法学》2012年第4期。

167. 叶林：《商行为的性质》，《清华法学》2008年第4期。

168. 易继明：《历史视域中的私法统一与民法典未来》，《中国社会科学》2014年第5期。

169. 易继明：《论日耳曼财产法的团体主义特征》，《比较法研究》2012年第3期。

170. 易继明：《民法典的不巧——兼论我国民法典制定面临的时代挑战》，《中国法学》2004年第5期。

171. 易继明著：《私法精神与制度选择——大陆私法古典模式的历史含义》，中国政法大学出版社2003年版。

172. ［意］阿尔多·贝特鲁奇：《从身份到契约与罗马的身份制度》，徐国栋译，《现代法学》1997年第6期。

173. ［意］鲁多尔夫·萨科：《思考一部新法典》，薛军译，《中外法学》2004年第6期。

174. ［意］桑德罗·斯奇巴尼：《〈意大利民法典〉及其中文翻译》，黄风译，《比较法研究》1998年第1期。

175. 尹田：《论法人的权利能力》，《法制与社会发展》2003年第1期。

176. 尹田:《论法人人格权》,《法学研究》2004 年第 4 期。

177. [英] FH. 劳森、伯纳德·冉得:《英国财产法导论》,曹培译,法律出版社 2009 年版。

178. 虞政平:《股东有限责任:现代公司法律之基石》,法律出版社 2001 年版。

179. 曾大鹏:《中国商法通则理论与立法研究》,法律出版社 2013 年版。

180. 曾世雄:《民法总则现在与未来》,中国政法大学出版社 2001 年版。

181. 张谷:《商法,这只寄居蟹——兼论商法的独立性及其特点》,《东方法学》2006 年第 1 期。

182. 张国键:《商事法论》,三民书局 1980 年版。

183. 张力:《法人独立财产制研究——从历史考察到功能解析》,法律出版社 2008 年版。

184. 张民安、龚赛红:《商事经营场所租赁权研究》,《当代法学》2006 年第 4 期。

185. 张胜利、戴新毅:《美国商事法概论》,中国政法大学出版社 2012 年版。

186. 张新宝、张红:《中国民法百年变迁》,《中国社会科学》2011 年第 6 期。

187. 赵万一:《商法基本问题研究》,法律出版社 2002 年版。

188. 赵万一:《商法学》,法律出版社 2001 年版。

189. 赵秀文:《国际商事仲裁及其使用法律研究》,北京大学出版社 2002 年版。

190. 赵旭东:《商法的困惑与思考》,《政法论坛》2002 年第 1 期。

191. 赵旭东:《商法学教程》,中国政法大学出版社 2004 年版。

192. 赵中孚:《商法通论》(第五版),中国人民大学出版社 2013 年版。

193. 赵中孚主编:《商法总论》(第四版),中国人民大学出版社 2009 年版。

194. 郑曙光、胡新建:《现代商法:理论起点与规范体系》,中国人民大学出版社 2013 年版。

195. 周林彬、官欣荣：《我国商法总则理论与实践的再思考》，法律出版社 2015 年版。

196. 周林彬、任先行：《比较商法导论》，北京大学出版社 2000 年版。

197. 周旺生：《法典在制度文明中的位置》，《法学论坛》2002 年第 4 期。

198. 朱广新：《民事行为能力类型化的局限及其克服》，《法学评论》2014 年第 1 期。

199. 邹海林：《中国商法的发展研究》，中国社会科学出版社 2008 年版。

二、外文主要参考文献

1. A.N.Yiannopoulos, "The Civil Codes of Louisiana", *Civil Law Commentaries*, Winter, 2008.

2. Attila Harmathy, "Codification in a Period of Transition", *U.C.Davis Law Review*, Spring, 1998.

3. Coy Goode, "The Codification of Commercial Law", *Monash University Law Review*, 1988.

4. Dame Mary Arden, "Time for an English Commercial Code?", *The Cambridge Law Journal*, 56.

5. Daniel Berkowitz, Karn Clay, "American Civil Law Origins:Implications for State Consititutions and State Courts", *Northwestern Law School*, April, 2004.

6. Emmanuel Delamarre, *Traité Théorique Et Pratique de Droit Commercia*, Nabu Press, 2010.

7. Gilmore, Grant, "On the Difficulties of Codifying Commercial Law", *Faculty Scholarship Series*, 1948.

8. Grant Gilmore, "On the Difficulties of Codifying Commercial Law", *The Yale Law Journal*, 1948.

9. Gunther A.Weiss,"The Enchantment of Codification in the Common-Law World",*Journal of International Law*,Summer,2000.

10. Hayek, *Law*, *Legislation and Libetty*, The University of Chicago Press,1973.

11. Hermann Korte and Bernhard Schaerfer(Eds.),*Einfuhrung in Hauptbegriffe der Soziologie*,Opladen,1995.

12. J. A. Schulein, *Theorie der Institution*, Zur Theorie der Institution Opladen,1987.

13. James Gordley,*European Codes and American Restatements*：*Some Difficulties*,81 Colum.L.Rev..

14. Jean Louis Bergel, "Principle Features and Methods of Codification", *Louisiana Law Review*,May,1988.

15. ［日］関俊彦:《商法総論総則》(第 2 版),有斐阁 2006 年版。

16. Klaus Peter Berger, *The Creeping Codification of the Lex Mereatoria* (*Second Edition*),The Hague,Boston,Kluwer Law International,2010.

17. Michel Germain, *Traité de Droit Commercial*, Seizème édition, L. G. D. J.,2009.

18. Michel Germain,*Le Code Civil er le Droit Commercial*,Le Code Civil un passé,un présent,un avenu,2004.

19. Presti,*Gaetano Corso di Diritto Commerciale*,Volume 2,Società,2015.

20. *Principles*,*Definitions and Model Rules of European Private Law Draft Common Frame of Reference* (*DCFR*),Full Edition,Volume 1,European Law Publishers GmbH,Munishch,2009.

21. Reinhard Zimmermann, *Codification*, *in XXIVth Colloquy on European Law*,*Reform of Civil Law in Europe*,Council of Europe Publishing,1994.

22. Roy Goode, "The Condification of Commercial Law",*Monash Univercity Law Review*,Vol.14,September 88.

23. Russ versteeg, *Law in Ancient Egypt*,Carolina Academic Press,Durham, North Carolina,2002.

24. ［日］岸田雅雄:《ゼミナール商法総則・商行為法入門》,日本经济新闻社 2003 年版。

25. ［日］户田修三、中村真澄:《商法总则·商行为法》,青林书院 1993
年版。

26. Thaller,*De l' attraction exercée par le Code Civil et par ses méthodes sur le
Droit*,Commercial,Livre du Centenaire du Code Civil,Dalloz,2004.

27. Vernon V.Palmer,*The Death of a Code—The Birth of a Digest*,63 Tul.
L.Rev..

28. Vogel Louis,*Traité de Droit des Affaires*,Tome 1,20e édition,L.G.D.
J.,2016.

索　　引

后　　记

　　商法与民法的关系是一个历史难题。基于特定历史，大陆法系典型国家如德国、法国均采用民商分立立法模式，后进法典化国家如意大利、瑞士等国家采用民商合一立法模式。可见立法模式本应该是立法技术选择问题。但问题是，2011 年国务院新闻办公室发布的《中国特色社会主义法律体系》明确提出实行民商合一立法模式，在民法中保持商法的独特性是我国对社会主义法律体系组成重要部分的民法与商法关系所作出的政治决断。这一政治共识也应成为学术共识与立法共识。无论基于何种立场，我国民法典编纂应该朝着这条路往前走。何况，实行民商合一立法模式具有理论天然的融洽性与合理性。实现民商合一立法模式，一是要避免民法本位主义的立场。诸多民法学者认为，因为商事主体的特殊阶层的消失，商事规则与民事规则并无差异。因此，只需以民事规则来规范商事规则，仅对一些个别规则才考虑商事规则的特殊性。该种观点，与其说是民商合一，其实质是民商不分，或者说是民事规则里面涂抹了一丝商事规则的润滑油而已。二是避免商法本位主义的立场。该种观点认为，商法规范本身具有特殊性，与民法规则具有天然的差异，在立法体例中，应该将商法规范体系化。在商法典制定不能实现的时候，可以借助商事通则以实现商法规范的体系化。本书的目的就是在民法规范中实现商法规范独特性品格，这也就是笔者所致力倡导的实现民商合一立法模式的第三条道路，即创建商法独特性的规范理论。

　　当然，创建一种商法独特性的规范理论，并不是消灭商法，而是在坚持商法独特性的基础上，实现商法的回归。就我们现行教育部法学 14 门核心课程设置而言，民法学与商法学被作为两个非常重要的独立的课程，由此各个高校也分立了民法与商法两个部门法学科。的确，商法学与民法学相比，具有更多的自己特点。但究竟有什么特点，学者之间并没有达成共识。商法学是一个为人所共知却又是一个让人迷惑的学科。每个社会均具有自己的学科存在基础。比如说刑法学的基础在于预防与规范刑事犯罪，民法学存在的基础在于规范社会。就狭义民商法学内部学科设置，证券法存在的基础在于证券交易，保险法规范的基础在于保险行为，破产法规范的基础在于破产。然而，商法规范的基础并没有统一的认识。有人认为是规范的商事交易。但何谓商事交易？该种交易与民事合同究竟有何种区分，并没有明确的认识。有学者认为商法基础在于商事行为。但何谓商事行为？学者更是难以深刻地把握。可以明确的是，商法存在基础在于商业社会，因此说商法是商品经济的法，但商品经济并不是商法的专利，民法更是作为商品经济的一般法，由此决定了商法并不能作为一门独立的学科存在。

一个人的成长离不开他所在的环境。西学东渐以来，我们继承了大陆法系的固有传统。遗憾的是，我们大多借鉴的是采用民商分立立法模式的德国、日本、法国的民法体系，而对采用民商合一立法体例的意大利、瑞士等国家的民法体系几乎没有什么借鉴。成长着的中国民商法学几乎没有认识到这一个粗浅的事实。由此，实现中国民法学的独立与成熟，首先需要对采用民商合一的立法理论进行深入探讨，也需要对我国立法中采用德国、法国、日本的立法民事立法元素进行反思。进而寻找商法独特性的理论。事实上，创建商法独特性而不是商法独立性的理论，代表的就是中国的民商法学的独立与成熟。

我国正在编纂民法典。编纂民法典是中国民法学实现独立与走向成熟的非常好的契机。但这部民法典应该是民商法典，而不是狭义的民事法典。正如笔者在《商法的独特品格与民法典总则编纂》所指出的那样，在当代中国互联网经济迅猛发展、国家大力提倡"大众创业、万众创新"的背景下，涌现出了大量的商事主体。然而，民商分立的视角脱离了民法的根基，传统的商法理论又只是简单地套用民法的原则和制度，都无法为具有特殊性且普遍存在的商事主体提供应有的理论支撑。在此背景下，民法典能够为每个人自由与发展提供平等的机会就显得愈发重要，也有了实现民商合一立法模式的现实需求与理论必要。如果没有考虑到商法规则的独特品格，对民法典乃至整个的经济发展是不利的。作为"衡量市场经济法律体系科学程度的主要标准，也是反映市场经济成熟程度的主要标志"的商法规则成熟与否，关乎市场经济法制建设的成败。毋庸置疑，中国民法典应当超越既有的民商区分的局限，实现商事规则的特殊性。如此，方可成就具有中国特色、彰显时代精神、引领世界潮流的中国民法典。

另外，本书系国家社科基金重大课题"民法典编纂重大疑难问题研究"（14ZDC017）与"法治湖南建设与区域社会治理协同创新中心"阶段性成果。本书的写作在 2010 年开始了，是年"民商合一立法体例下民事权利体系的立法设计"得到国家社科基金立项之后，对这个问题的研究越发深入。在 2013 年完成这个课题之后，思绪仍然停留于团体法相关理论之中不能自拔。团体法研究的缺乏，是大陆法系所有国家理论研究所存在的问题，因生性慵懒，对这个问题的研究走走停停。2016 年年初，当人民出版社经济与管理编辑部吴炤东编辑联系我就国家社科基金重大项目"中外土地征收制度的资料整理与比较研究"相关著作出版时，我提到了该书，商定就该书申报国家哲学社会科学成果文库。感谢他的催促，稿件才能得以如约完成。

本书的部分内容在《中国社会科学》《中国法学》《现代法学》《法学》《法学评论》《法学杂志》等刊物得以发表，文章在发表过程中，编辑与匿名审稿专家的相关意见促进了本书对相关问题的完善。感谢这些杂志的编辑以及匿名审稿专家的意见。感谢国家哲学社会科学规划办公室将此书收入《国家哲学社会科学成果文库》。感谢我的学生博士研究生夏沁、范朝霞、颜克云、黄学理、郭超群以及硕士研究生崔雪炜、翁雯、黄聘慧同学帮我收集了相关资料，夏沁博士帮我收集了本书的外文资料，硕士研究生熊欣叶、高振凯、王冠中帮我校对和制作了索引，为本书的顺利完成提供了相应助力。本书的完成，还得感谢国家社科基金"民商合一立法体例下民事权利体系的立法设计"的立项资助。

责任编辑:吴焰东
封面设计:肖　辉　孙文君
版式设计:肖　辉　周方亚

图书在版编目(CIP)数据

商法的独特品格与我国民法典编纂/许中缘 著. —北京:人民出版社,2017.3
(国家哲学社会科学成果文库)
ISBN 978－7－01－017453－2

Ⅰ.①商…　Ⅱ.①许…　Ⅲ.①商法-研究-中国②民法-法典-研究-中国
　Ⅳ.①D923.994②D923.04

中国版本图书馆 CIP 数据核字(2017)第 048891 号

商法的独特品格与我国民法典编纂

SHANGFA DE DUTE PINGE YU WOGUO MINFADIAN BIANZUAN

许中缘　著

人民出版社 出版发行
(100706　北京市东城区隆福寺街99号)

北京中科印刷有限公司印刷　新华书店经销

2017 年 3 月第 1 版　2017 年 3 月北京第 1 次印刷
开本:710 毫米×1000 毫米 1/16　印张:46.25
字数:690 千字

ISBN 978－7－01－017453－2　定价:160.00 元(上、下)

邮购地址 100706　北京市东城区隆福寺街 99 号
人民东方图书销售中心　电话 (010)65250042　65289539